Handbuch der Spielpädagogik Band 1

Handbuch der Spielpädagogik

mit Beiträgen von

Baer, U. (Remscheid)
Ballstaedt, St.-P. (Tübingen)
Bannmüller, E. (Stuttgart)
Barrét, G. (Montréal)
Behr, M. (Essen)
Beimdick, W. (Dortmund)
Binswanger, R. (Bern)
Bittner, G. (Essen)
Böhm, W. (Würzburg)
Bonk-Luetkens, M. (Hamburg)
Dörger, D. (Berlin)
Engelmann, A. (Bielefeld)
Fend-Engelmann, E. (Köln)
Freudenreich, D. (Reutlingen)
Fritz, J. (Köln)
Fürderer-Schoenmackers, H. (Köln)
Gibas, H. (Düsseldorf)
Goetze, H. (Hamburg)
Goldbrunner, H. (Essen)
Groenewold, P. (Leeuwarden)
Grossmann, K. (Regensburg)
Gudjons, H. (Hamburg)
Hamer, H. E. (Essen)
Hannes, E. (Heiligenhaus)
Hansel, T. (Essen)
Heinig, P. (Bonn)
Hering, W. (Bedburg)
Homann, G. (Lörrach)
Hoppe, H. (Siegen)
Huppertz, N. (Freiburg)
Hüttenmoser, M. (Zürich)
Jendrowiak, H.-W. (Eichstätt)
Jenisch, J. (Essen)
Jeske, W. (Essen)
Kessler, U. (Düsseldorf)
Klinke, J. W. (Gießen)
Klosinski, G. (Tübingen)
Kluge, K.-J. (Köln)
Kluge, N. (Landau)
Kooij, R. v. d. (Groningen)
König, E. (Paderborn)
König, G. (Saarbrücken)
Korte, R. (Hagen)
Kraft, P. (Bielefeld)
Krambrich, V. (Hamburg)
Kreuzer, K. J. (Essen)
Kube, K. (Bornheide)
Kühl, H. (Scheersberg)
Lenzen, H. (Köln)

Lütkenhaus, P. (Regensburg)
Maiwald, R. (Essen)
Martini, U. (Münster)
Meyer, B. (Darmstadt)
Mielke, B. (Duisburg)
Mieskes, H. (Gießen)
Mölter, U. (Köln)
Neumann, U. (Düsseldorf)
Nickel, H.-W. (Berlin)
Niermann, M. (Wuppertal)
Noetzel, W. (Bielefeld)
Nold, W. (Frankfurt)
Oberfrank, W. (Landau)
Oertel-Burduli, B. (Düsseldorf)
Orff, G. (München)
Preising, W. (Köln)
Pütt, H. (Essen)
Reinert, G.-B. (Hamburg)
Reiter, K. (Essen)
Retter, H. (Braunschweig)
Richter, Ch. (Berlin)
Richter, H. G. (Köln)
Röhrs, H. (Heidelberg)
Szatkowski, J. (Aarhus)
Schäfer, E. (Würzburg)
Schaller, H.-J. (Aachen)
Scheel, B. (Frankfurt)
Schenk-Danzinger, L. (Wien)
Schenkel, R. (Basel)
Scheuerl, H. (Hamburg)
Schmack, E. (Dortmund)
Schmidtchen, St. (Hamburg)
Schmidtke, H.-P. (Essen)
Schreiner, K. (Köln)
Schubert, P. (Dortmund)
Schulze-Reimpell, W. (Erftstadt)
Segler, H. (Braunschweig)
Stankewitz, W. (Köln)
Steinmann, P. K. (Berlin)
Stuckenhoff, W. (Dortmund)
Thomas, I. (Essen)
Tiemann, K. (Bremen)
Tschinkel, J. H. (Wien)
Twellmann, W. (Essen)
Warns, E. N. (Bielefeld)
Wegener-Spöhring, G. (Göttingen)
Wegner, R. (Essen)
Wölfert, E. (Hamburg)

Handbuch der Spielpädagogik

Band 1
Das Spiel unter pädagogischem,
psychologischem und
vergleichendem Aspekt

Herausgegeben
von
Karl Josef Kreuzer

Schwann Düsseldorf

CIP-Kurztitelaufnahme der Deutschen Bibliothek
Handbuch der Spielpädagogik / hrsg. von Karl Josef Kreuzer —
Düsseldorf: Schwann
NE: Kreuzer, Karl Josef [Hrsg.]
Bd. 1 — Das Spiel unter pädagogischem, psychologischem
und vergleichendem Aspekt / hrsg. von Karl Josef Kreuzer —
1. Aufl. — Düsseldorf: Schwann, 1983
   (Handbuch der Spielpädagogik; Bd. 1)
   ISBN 3-590-14396-7
NE: Kreuzer, Karl Josef [Hrsg.]

© 1983 Pädagogischer Verlag Schwann-Bagel GmbH Düsseldorf
Alle Rechte vorbehalten
1. Auflage 1983
Satz Brigitte Struve Düsseldorf
Druck Lengericher Handelsdruckerei, Lengerich/Westf.
Bindung Hunke & Schröder, Iserlohn
ISBN 3-590-14396-7

Inhalt

Band 1

Vorwort 1

I. Einleitung 5

Karl Josef Kreuzer
Zur Komplexität der spielpädagogischen Fragestellungen und Bereiche   7

II. Pädagogische Aspekte der Theorie und Praxis des Spielens und der Spiele 29

1. *Hans Scheuerl*
   Die pädagogisch-anthropologische Dimension des Spiels 31

2. *Hermann Röhrs*
   Das Spiel — Eine Grundbedingung der Entwicklung des Lebens .. 43

3. *Rudolf Schenkel*
   Zur Funktionalität des Spiels. Eine vergleichend-biologische Untersuchung 69

4. *Rimmert van der Kooij*
   Empirische Spielforschung. Überblick und neuere Ergebnisse ... 89

5. *Hans Hoppe*
   Pädagogische Funktionen und Implikationen des Kinderspiels ... 159

6. *Wolfgang Stuckenhoff*
   Das Verhältnis von Spielaltern und Spielformen als Basis für eine Spielförderung 181

7. *Walter Twellmann*
   Spielen und Arbeiten — Spielen und Feiern — Spielen und Lernen. Ambivalente Bezüge des Spielens im Raum der Erziehung 197

8. *Ernst Schmack*
   Spielendes Lernen − Lernendes Spielen 211

9. *Karl Josef Kreuzer*
   Zur Geschichte der pädagogischen Betrachtung des Spiels und
   der Spiele 229

10. *Winfried Böhm*
    Wider die Pädagogisierung des Spiels 281

III. Psychologisch-pädagogische Aspekte des Spiels 295

   1. *Rimmert van der Kooij*
      Die psychologischen Theorien des Spiels 297

   2. *Gerd E. Schäfer*
      Spiel, Phantasie und Selbstbezug 337

   3. *Paul Lütkenhaus / Klaus Grossmann*
      Zusammenspiel und Kompetenzentwicklung 357

   4. *Lotte Schenk-Danzinger*
      Zur entwicklungspsychologischen Bedeutung des Spiels 369

IV. Spielmittel und Spielmittelforschung 385

   1. *Hans Mieskes*
      Spielmittel und Spielmittelforschung im Kontext spielpädagogischer
      Fragestellungen 387

   2. *Winfried Klinke*
      Modellentwurf zur Beschreibung, Analyse und Beurteilung von
      Spiel- und Arbeitsmitteln 431

   3. *Wilfried Nold*
      Papierspielzeug − ein pädagogisches Medium? 447

V. Spielpädagogik im internationalen Vergleich 459

   1. *Ingeborg H. Tschinkel*
      Die Spielpädagogik in Österreich − Theoretische Ansätze und
      praktische Erprobungen 461

2. *Marco Hüttenmoser*
   Spielpädagogik in der Schweiz — Theoretische Ansätze und
   praktische Erfahrungen 471

3. *Janek Szatkowski*
   Tendenzen der „Dramapädagogik" in Skandinavien —
   historisch und gegenwärtig 481

4. *Gisèle Barret*
   Expression dramatique — Theorie und Praxis der Spielpädagogik
   in Frankreich, Kanada und Québec 495

5. *Heyo E. Hamer*
   Möglichkeiten der Selbstverwirklichung im Spiel. Ein Vergleich
   Japan und USA 515

6. *Werner Jeske*
   Das Spiel des Vorschulkindes im Sozialismus — dargestellt am
   Beispiel der DDR 531

Personenregister 547
Sachregister 551
Die Autoren 559

Inhalt IX

Band 2

I. Einleitung 1

Karl Josef Kreuzer
Gedanken über das Verhältnis pädagogischer Institutionen zum Spiel . 3

II. Voraussetzungen und Zielperspektiven des Spiels im frühpädagogischen Bereich 19

1. Rainer Korte
   Die Bedeutung des Spiels für die kindliche Entwicklung in den ersten Lebensjahren aus tiefenpsychologischer Sicht 21

2. Reinhard Wegner
   Die Bedeutung des Spiels in den ersten Lebensjahren aus lernpsychologischer Sicht 33

3. Eckard König / Gerda Volmer
   Spiel und Normen 57

4. Hans-Werner Jendrowiak
   Das Spiel und die verschiedenen Wirklichkeiten von Welt 65

5. Toni Hansel
   Die Tätigkeit des Kindes in der Spannung zwischen Spielen und Lernen. Zur pädagogischen Ambivalenz des Einsatzes von Lernspielen 77

III. Das Spielen im vorschulischen Handlungsvollzug 99

1. Wolfgang Hering
   Der pädagogische Einsatz von Spiel in vorschulischen Bildungseinrichtungen 101

2. Norbert Huppertz
   Das Rollenspiel in der Kindergarten- und Vorschulerziehung 119

3. Monika Niermann
   Freies und gebundenes Spiel in Kindergarten und Familie 129

4. Norbert Kluge
   Sexuelle Grunderfahrungen im Spiel 145

5. *Norbert Huppertz*
   Spielnachmittage im Kindergarten für Eltern und Kinder 157

IV. Didaktik und Methodik des Spiels in der Schule 165

1. *Klaus Kube*
   Zur Didaktik, Typologie und Zielsetzung des Spiels 167

2. *Monika Niermann*
   Erzieherische Zielsetzungen beim Einsatz von Funktionsspielen . . 185

3. *Wolfgang Stuckenhoff*
   Der Stellenwert und die pädagogische Verantwortbarkeit „freier
   Spiele" und „freien Spielens" im Unterricht 203

4. *Dorothea Freudenreich*
   Rollenspiel und soziales Lernen im Unterricht 213

5. *Gerd-Bodo Reinert*
   Integrative Spielpädagogik 231

6. *Klaus Tiemann*
   Unterrichtsspiel und Handlungsmodell 251

7. *Monika Bonk-Luetkens*
   Planspiele und Planspielmodelle 269

8. *Hans Hoppe*
   Spiel im Deutsch- und Fremdsprachenunterricht — Begründungen
   und Kriterien für die fächerspezifische Spielauswahl und
   -verwendung 285

9. *Gerhard Homann*
   Verschiedene Spiele in verschiedenen Fächern — Zur fächer-
   spezifischen Spielauswahl und -verwendung am Beispiel des
   Mathematikunterrichts 305

10. *Klaus Kube*
    Zur fächerspezifischen Spielauswahl und -verwendung am Beispiel
    des Sozialkunde- und Politikunterrichts 319

11. *Else Natalie Warns*
    Prozeß- und produktorientierte Spiel- und Theaterarbeit im
    Literaturunterricht der gymnasialen Oberstufe 337

12. *Else Natalie Warns*
    Zur fächerspezifischen Spielauswahl und -verwendung am Beispiel
    des (evangelischen) Religionsunterrichts 359

13. *Hein Retter*
    Spielmittel als Lernmittel – Lernmittel als Spielmittel 377

V. Spiele als Bestandteil des Schulalltags 395

   1. *Burkhard Mielke*
      Schultheater – Schülertheater 397

   2. *Heinz Pütt*
      Der Lehrer als Spielleiter und Animateur 423

   3. *Hans-Wolfgang Nickel*
      Lehrer, Eltern, Schüler spielen 443

   4. *Peter Kraft*
      Spiele bei Festen und Feiern in der Schule? 459

VI. Das Problem einer Qualifizierung zum Spielleiter 469

Karl Josef Kreuzer
Das Spiel in der Aus- und Weiterbildung von Lehrern und Erziehern . . 471

Personenregister 489
Sachregister 493
Die Autoren 497

Vorwort

„Spielzeug

Kind, wie glücklich bist du, wenn du da sitzest und den ganzen Morgen mit einem zerbrochenen Zweig spielst.
Ich lächle über dein Spiel mit diesem zerbrochenen Zweiglein.
Ich bin eifrig bei meinen Rechnungen, stundenlang Zahlen zusammenzählend.
Vielleicht schaust du auf mich und denkst: „Was für ein dummes Spiel, damit deinen Morgen zu verderben?"
Kind, ich habe die Kunst vergessen, in Stöcke und Sandhügel vertieft zu sein.
Ich suche nach teurem Spielzeug und sammle Klumpen von Gold und Silber.
Was immer du findest, du schaffst dir damit deine frohen Spiele; ich verschwende meine Zeit und Kraft an Dinge, die ich niemals erlangen kann.
In meinem schwanken Boot kämpf' ich, der Sehnsucht Meer zu durchkreuzen und vergesse, daß auch ich ein Spiel spiele."
(RABINDRANATH *Tagore*: Der zunehmende Mond, Leipzig 1915, 20)

Nach einer Phase starker pädagogischer Verzweckung des Spiels in den sechziger und siebziger Jahren (man denke zum Beispiel an die *Lernspielwelle* im Gefolge des Sputnik-Schocks, des kompensatorischen Erziehungsglaubens und der Ausrufung des Bildungsnotstands) zeigten sich in jüngerer Zeit neue Orientierungen und eine breiter angelegte Diskussion um spielpädagogisch relevante Fragen.
Die Literatur zum Themenkomplex „Spielpädagogik", hin und wieder mit anderer Nomenklatur versehen, wuchs innerhalb weniger Jahre explosionsartig und wurde zunehmend weniger überschaubar, auch wenn dabei kleine und kleinste Veröffentlichungen oft überwogen.
Nicht zu übersehen ist eine starke Zentrierung auf spezifische Interessenlagen. Scheuklappendenken ist zu entdecken, insulare Selbstgefälligkeit und partikulare Selbstbegrenzung (nicht immer ohne Selbstüberschätzung), und nur selten gehört der Blick über den Zaun zum Selbstverständnis.
Infolgedessen ist das Spiel für die einen in erster Linie mit dem *Sport* verbunden, für andere wiederum mit dem *Theater* oder der *Kunst*.
Wechselnde Dominanzen, so im Bereich der Schule in den letzten Jahren die Dominanz des *Rollenspiels*, vergrößerten eher das spielpädagogische Brachland, als daß sie es zu einer wirkungsvollen Verflechtung und Aktualisierung des komplexen Gegenstandsbereichs kommen ließen.

Die Breite der Beschäftigung mit dem Spiel unter pädagogischer Prämisse entzog vieles Wichtige dem interessierten Blick, erschwerte Zuordnungen, Durchblicke und Verständigungsmöglichkeiten.
Herausgeber und Verlag hielten deshalb den Zeitpunkt für gekommen, mit einem HANDBUCH DER SPIELPÄDAGOGIK sowohl auf den Umfang und die Vielschichtigkeit dieses Bereiches aufmerksam zu machen, als auch die Möglichkeit zur interdisziplinären Auseinandersetzung zu verstärken.
Die umfassende Aufgliederung der wichtigen Teilbereiche in vier Bände (die den Erwachsenenbereich noch weitgehend ausgeklammert lassen und spielanthologische Ziele zurückstellen), erleichtern den Zugriff und die Übersicht.
Bewußt kommen unterschiedliche Positionen zur Geltung, werden klassische und progressive Meinungen nebeneindergesetzt, wird Theoretikern und Praktikern das Wort gegeben, äußern sich hervorragende Fachautoren und Sachkenner aus dem Bereich der Universität, der Fachhochschule, der frühpädagogischen Institutionen, der Schule, der außerschulischen Jugendbildung, der therapeutischen Einrichtungen. Die Bereiche Sport, Umwelt und Theater sind ebenso vertreten wie die der Musik, des Tanzes oder der Kunst. Hinzu gesellen sich übergreifende Aspekte wie die der Kommunikation, der Interaktion und der Gruppendynamik. Vieles durchdringt sich, erscheint auf unterschiedlicher Ebene und in neuer Ortung an verschiedenen Stellen, macht die Grenzüberschreitung anschaulich zum zwingenden Gebot, anderes macht die arteigene Disposition und Sonderstellung deutlich, grenzt ein und ab.

Damit wird das Handbuch
- zu einer interdisziplinären und grenzüberschreitenden Übersicht,
- zu einem universellen Nachschlagewerk für unterschiedliche pädagogische und psychologische Bereiche,
- zu einem Wegweiser in die den Hauptbereich tangierenden Gebiete des Sports, der Kunst, der Musik, des Tanzes, des Thaters, der Medizin,
- zu einer Fundgrube zur theoretischen Grundlegung und praktischen Auseinandersetzung, Anregung und Beispielgebung.

Bei den vorliegenden Aufsätzen handelt es sich fast ausnahmslos um Originalbeiträge. Im ersten Band leisten sie vor allem eine Abklärung theoretischer Grundsatzfragen und tragen der im pädagogischen Kontext aktuellen Akzentuierung Rechnung. Die Fülle des hier ausgebreiteten Materials, der Themen und Fragestellungen, der Standpunkte und Erkenntnisse, der Forschungen und Anwendungen führt den Leser in die Breite der Gesamtthematik ein, verschafft ihm eine solide Reflexionsbasis und schärft den Blick für die außerordentliche Bandbreite des unter dem Begriff des Spielens subsumierten Handelns. Wo bisher Vernachlässigungen vorlagen, so im Bereich der empirischen Spielforschung, werden neue Ergebnisse vorgetragen, wo der Doppelcharakter des Spiel zwischen Freiheit und Regelbindung ein neues und erneutes Bedenken nahelegte, wurden bisher ungewohnte Themenstellungen bearbeitet.

Nicht zuletzt wird mit der Einteilung des ersten Bandes und seinen theoretischen Erörterungen anthropologischer, pädagogischer, psychologischer Art auch die Legitimationsbasis für die Praxis bereitet, an der es nach vielen Erfahrungen häufig mangelt. Die Folgebände über die Bereiche der Frühpädagogik und der Schule, über das Spiel als Erfahrungsraum und Medium und seinen Einsatz im sonderpädagogischen und therapeutischen Bereich werden durch den Inhalt des ersten Bandes gegründet und gleichzeitig entfächert ihre Vielfalt die eigenständigen und pädagogisch bedeutsamen Sachverhalte.

Für den Herausgeber war es nicht immer einfach, die angenommene Dispositionierung auch durchzusetzen. Anders als bei Handbüchern mit zum Beispiel vorrangig wissenschaftlichem Inhalt waren hier auch Autoren zu gewinnen, die über einen reichen Erfahrungsschatz verfügen, aber schreibungewohnt waren. In anderen Fällen wurde die Leitlinie als umfänglicher erkannt als zunächst angenommen, so daß die Zeit knapp wurde. Dafür, daß nunmehr die ersten beiden Bände dennoch erscheinen können, dankt der Herausgeber allen Autoren an dieser Stelle ausdrücklich und herzlich; den einen, weil sie die Geduld aufbrachten, auf das Erscheinen ihres Beitrags zu warten, und weil sie bereit waren, ihn wiederholt zu überarbeiten, den anderen, weil sie zäh das gesteckte Ziel im Auge behielten und trotz vielfältiger Arbeitsüberlastungen ihren Beitrag leisteten.

Die Aufteilung der Bände erleichtert deren Handhabung als Einzelbände in den einzelnen, oft unmittelbar benachbarten Bereichen. Den unterschiedlichen Adressaten sollte aber auch die Beschäftigung mit dem jeweils anderen, mit den „Randgebieten", mit den *weiten* und *engen* Sichtweisen der anderen nahegelegt werden.

Das Spielen erweist sich unter diesem Blickwinkel einmal mehr als definitorisch kaum faßbar, als trotziger Widerpart pädagogischen Bemühens, als uferloses Lebensphänomen, als unverwüstliches aber auch zerstörbares Gebilde, als aktionistisches Treiben oder besinnliches Tun.

Spielen, so wird deutlich, ist neben dem Lernen die pädagogisch bedeutsamste Tätigkeit des Menschen. Aber es steht nicht im Gegensatz zum Lernen, sondern ermöglicht es in vielgestaltiger Weise.

Spielen ist Leben, schafft Leben, ist immer lebendig, leben*svoll*. Als Teil des Lebens ist es kein den Kindern, oder gar nur den kleinen Kindern, vorbehaltenes Tun und als solcher berührt er auch alle Bereiche, die für das menschliche Leben Bedeutung besitzen.

Der Herausgeber hofft, daß sich möglichst viel von diesem weiten Spektrum im Handbuch widerspiegelt und daß dennoch Positionierungen und Akzentuierungen erreicht wurden, die durchschaubar und verfügbar machen, was wir über das Spiel wissen, und die aufzeigen, in welcher Weise das Spiel pädagogisch *nützlich* ist, wo wir es *nutzbar* machen sollten und wo es seinen *Nutzen in sich selbst* hat. Der Leser findet vieles mit einem einzelnen Artikel erschlossen, aber nicht alles Thematisierte erscheint nur in dieser einen Rubrik. Verortungen relativieren sich bereits beim Lesen von zwei oder drei Aufsätze. Und was für einzelne Fachgebiete gilt, daß sie nach

Vereinnahmung trachten und dem Spiel einen ganz bestimmten Stempel aufdrücken, zeigt sich gleichermaßen über die Ländergrenzen hinweg bei der Darstellung der spielpädagogischen Theorien, Erfahrungen und Ergebnisse anderer Länder oder bereits in den Ansätzen und Darlegungen des Autors selbst. Das Spiel erweist sich, um im Angelsächsischen eine Anleihe zu machen, als Game, als Play, als Match oder auch als Drama.

Der Herausgeber steht für die thematischen Schwerpunktsetzungen ein, er verantwortet in den meisten Fällen den Wortlaut oder doch die Leitidee der Themen und auch die Auswahl der Autoren. Letzteres war nicht immer leicht. Manche, die eingeladen waren, erdrückte die Arbeitslast, waren durch andere Veröffentlichungspläne verpflichtet. In nicht wenigen Fällen hätten für ein und dieselbe Thematik mehrere Autoren zur Verfügung gestanden. Was heißt da Auswahl? Bekanntschaften, Begegnungen, Hinweise gaben hier nicht selten den Ausschlag. Geachtet wurde allerdings darauf, neben stärker wissenschaftsorientierten auch praxiserfahrene Autoren zu gewinnen. Für die gute, nicht selten freundschaftliche Zusammenarbeit mit den Autoren und ihre Anregungen und Hinweise sagt der Herausgeber ebenso danke wie für die vielen kleinen, aber so wichtigen Dienste, die ihm in seiner dienstlichen und privaten Umgebung geleistet wurden.

Daß der Verlag sich trotz zunehmenden wirtschaftlichen Wagnisses zur Edition entschloß, beweist seine Eingenommenheit für die Sache, der sich der zuständige Redakteur, Heinz Gibas, vehement und mit Tatkraft widmete. Es ist der Wunsch des Herausgebers, daß mit dem HANDBUCH DER SPIEL-PÄDAGOGIK das Engagement gestärkt wird, mit dem sich Pädagogen, Psychologen, Theaterleute, Sportler, Mediziner, Künstler, Journalisten für das Spiel einsetzen und das mit ihm neue Bestimmungen und Aktivitäten initiiert werden, die das Spielen in pädagogischen Bereichen und darüber hinaus erhalten, anregen und entfalten. Freude, Spaß, Heiterkeit und Vergnügen, Hingabe, Versunkenheit, Leidenschaft und Selbstfindung – das ist nur einiges vom humanen Bestand des Lebens, den wir mit dem Spiel sichern. Dafür lohnt es sich.

Essen, im Mai 1983 *Karl Josef Kreuzer*

I. Einleitung

Zur Komplexität der spielpädagogischen Fragestellungen und Bereiche

Karl Josef Kreuzer

I. Spiel und Pädagogik

1. Die ungeklärte definitorische Ausgangslage

Wo sich die Pädagogik um eine definitorische Abklärung des Spielbegriffs bemühte, griff sie zumeist auf die vorliegenden philosophischen, psychologischen, anthropologischen und literarischen Deutungen, Zusammenfassungen, Beobachtungen und Aussagen zurück. Inzwischen hat sich ein geradezu klassisch zu nennendes Material angesammelt, auf das in vielen spielpädagogischen Veröffentlichungen summierend verwiesen wird (vgl. KREUZER 1981, 532 ff.).
Ausgehend von den unterschiedlichen Positionierungen durch SPENCER (1885), GROOS (1896, 1899, 1923), LANGE (1901), CARR (1902), RAKIC (1911) um die Jahrhundertwende, wird das Spiel vor allem nach seinem *pädagogischen Wert* befragt: dient es der *Abreaktion von Kraftüberschüssen*, der *Einübung*, der *Selbstausbildung*, der *Ergänzung* anderer Lebensformen? Oder enthält es eine Mischung der unterschiedlichen Zuschreibungen? (vgl. FLITNER 1972).
Nachhaltigen Einfluß übte ein Satz SCHILLERs aus:

„(. . .) der Mensch spielt nur, wo er in voller Bedeutung des Wortes Mensch ist, und er ist nur da ganz Mensch, wo er spielt."

Mancher Begründungsversuch der pädagogischen Bedeutsamkeit des Spiels leitete sich im Urgrund bei dieser Aussage ab, wobei allerdings der Interpretationszusammenhang nur selten eine Darstellung fand, und die weiteren Aussagen SCHILLERs über den Wirkungsrahmen und die Bedeutung des „Spieltriebs" im Benehmen mit der *Schönheit* oder der *Wechselwirkung der Triebe* kaum Beachtung fand. Das „geflügelte Wort" genügte. Aber es genügt bei genauerem Hinsehen keineswegs, wenn man bedenkt, daß SCHILLER nicht auf die Spiele des Alltags zielte, sondern sorgfältig zwischen *physischem Spiel* und *ästhetischem Spiel* unterschied, um mit dem letzteren über die menschliche Einbildungskraft jener „freien Bewegung" näher zu kommen, „die sich selbst Zweck und Mittel ist" (SCHILLER, Werke, 1961).
Von Anfang an erwies es sich also als schwierig und zwiespältig, pädagogische Definitionen ohne die Unterscheidung der Dimensionen der Weite und der Enge zu versuchen. Je weiter gefaßt sich der Spielbegriff dartut, um so mehr deckt er ab, aber um so ungenauer wird er auch.

Die Versuche um einige definitorisch dienliche Kategorien sind wohl nicht zuletzt deshalb zahlreich.
Weniger aphoristisch wie beim SCHILLER-Zitat verwiesen Pädagogen häufig auf HUIZINGA. Zwei Textstellen untermauerten und untermauern vor allem die Ansicht vom Spiel als einer „freien Handlung", siedeln es ebenfalls außerhalb des Alltagserlebens an.

„Der Form nach betrachtet, kann man das Spiel also zusammenfassend eine freie Handlung nennen, die als ‚nicht so gemeint' und außerhalb des gewöhnlichen Lebens stehend empfunden wird und trotzdem den Spieler völlig in Beschlag nehmen kann, an die kein materielles Interesse geknüpft ist und mit der kein Nutzen erworben wird, die sich innerhalb einer eigens bestimmten Zeit und eines eigens bestimmten Raumes vollzieht, die nach bestimmten Regeln ordnungsgemäß verläuft und Gemeinschaftsverbände ins Leben ruft, die ihrerseits sich gern mit einem Geheimnis umgeben oder durch Verkleidung sich anders als die gewöhnliche Welt herausheben" (HUIZINGA 1944, 21 f.).

Und weiter:

„Spiel ist eine freiwillige Handlung oder Beschäftigung, die innerhalb gewisser festgesetzter Grenzen von Zeit und Raum nach freiwillig angenommenen, aber unbedingt bindenden Regeln verrichtet wird, ihr Ziel in sich selbst hat und begleitet wird von einem Gefühl der Spannung und Freude und einem Bewußtsein des ‚Andersseins' als das ‚gewöhnliche Leben' " (HUIZINGA 1944, 46 f.).

Die mit diesen beiden Zitaten belegten definitorischen Richtpunkte des *fehlenden materiellen Nutzens, der Zeitbestimmtheit und der Raumbezogenheit, des Andersseins, der Regelhaftigkeit und der Freiwilligkeit* haben bis heute die Diskussion mitbestimmt und sind, wenn auch nicht in allen Fällen unangefochten, weiterhin virulent. Und auch die Auffassung HUIZINGAs, daß nämlich das Spiel vor der Kultur da ist, gab Anlaß zu pädagogischem Widerstreit, wenn ihr die Aussage von Karl MARX entgegengehalten wurde, daß vor dem Beginn aller Kultur die Arbeit liege.

Gestrafft und um einiges ergänzt erscheint der Gedankengang HUIZINGAs bei CAILLOIS:

„Das Spiel ist:

1. eine *freie* Betätigung, zu der der Spieler nicht gezwungen werden kann, ohne daß das Spiel alsbald seines Charakters der anziehenden und fröhlichen Unterhaltung verlustig ginge;
2. eine *abgetrennte* Betätigung, die sich innerhalb genauer und im voraus festgelegter Grenzen von Raum und Zeit vollzieht;
3. eine *ungewisse* Betätigung, deren Ablauf und deren Ergebnis nicht von vornherein feststeht, da bei allem Zwang, zu einem Ergebnis zu kommen, der Initiative des Spielers notwendigerweise eine gewisse Bewegungsfreiheit zugebilligt werden muß;
4. eine *unproduktive* Betätigung, die weder Güter noch Reichtum noch sonst ein neues Element erschafft, und die, abgesehen von einer Verschiebung des Eigentums innerhalb des Spielerkreises, bei einer Situation endet, die identisch ist mit der zu Beginn des Spiels;
5. eine *geregelte* Betätigung, die Konventionen unterworfen ist, welche die üblichen Gesetze aufheben und für den Augenblick eine neue, alleingültige Gesetzgebung einführen;
6. eine *fiktive* Betätigung, die von einem spezifischen Bewußtsein einer zweiten Wirklichkeit oder einer in bezug auf das gewöhnliche Leben freien Unwirklichkeit begleitet wird" (CAILLOIS 1958, 16).

Die Punkte belegen das bei HUIZINGA Vorfindbare und erweitern es um Nuancen und wechseln die Begriffe, wenn zum Beispiel von einer unproduktiven Betätigung gesprochen wird, statt von einer nicht auf einen Nutzen ausgerichteten. Einige Markierungen machen deutlicher, worum es konkret geht, so wenn zum Beispiel im ersten Punkt hervorgehoben wird, daß man zum Spiel nicht gezwungen werden kann, wenn man die fröhliche Unterhaltung als zum Spiel gehörig ansieht. Neu ist der Verweis auf das Glücksspiel, der in Punkt 4 angesprochen wird. Wie CAILLOIS sich mit dem Spiel auseinandersetzt, erweisen im Überblick seine originalen Differenzierungen (vgl. Übersicht 1).

Übersicht 1: Verteilung der Spiele (CAILLOIS o. J., 46)

		Agon (Wettkampf)	Alea (Chance)	Mimicry (Verkleidung)	Ilinx (Rausch)
Paidia Lärm Bewegung Gelächter		Nichtgeregelter Wettlauf, Kampf usw. Athletik	Auszählspiele „Zahl oder Adler"	Kindliche Nachahmung Illusionsspiele Puppe, Rüstung Maske Travestie	Kindliche Drehspiele Zirkus Schaukel Walzer
Drachen Grillenspiel Patiencen		Boxen, Billard, Fechten, Damespiel, Fußball, Schach	Wette Roulette		„volador" Jahrmarktsattraktionen
			Einfache Lotterie	Theater	Ski
Kreuzworträtsel Ludus		Sportwettkämpfe im allgemeinen	Zusammengesetzte Lotterie Lotterie auf Buchung	Schaukünste im allgemeinen	Alpinismus Kunstsprünge

Anmerkung: In jeder senkrechten Rubrik sind die Spiele annähernd so in einer Ordnung klassifiziert, daß das Element *paidia* ständig abnimmt, während das Element *ludus* ständig wächst.

Daran schließt sich der Versuch an, die aufgefundenen Unterscheidungskriterien qualitativ zu unterteilen (vgl. Übersicht 2).
Ganz klar wird nunmehr, auch wenn man den einzelnen Zuordnungen oder Unterscheidungen nicht in allen Fällen folgt, die Notwendigkeit einer Bereichsgliederung (da der Spielbegriff offenbar so unterschiedliche Sachverhalte abdeckt, daß sie auf den ersten Blick gar nicht mehr als zueinandergehörig angesehen werden können), die auch qualitative Aspekte berücksichtigt. Am auffälligsten ist der Hinweis von CAILLOIS auf die Unterschiede zwischen den Wettkämpfen bei Sportspielen, den Glücksspielen, den darstellenden oder mit einer Darstellung verbundenen Spielen und den „Rausch" verursachenden Spielen, zu denen wir heute vielleicht auch die den Geschwindigkeitsrausch auslösenden „Spiele" mit verschiedenen Ver-

Übersicht 2: Qualität der Spiele (CAILLOIS o. J., 65)

	Kulturelle Formen am Rande des sozialen Mechanismus	Institutionelle Formen, die dem sozialen Leben integriert sind	Korruptionen
agôn (Wettkampf)	Sportarten	Wirtschaftliche Konkurrenz Examina Wettbewerbe	Gewalttätigkeit Machtwille List
alea (Chance)	Lotterien Kasinos Pferderennen Wetten	Börsenspekulation	Aberglaube Astrologie usw.
mimicry (Verkleidung, Verstellung)	Karneval Theater Kino Starkult	Uniform Etikette Zeremonie Repräsentationsberufe	Entfremdung Verdopplung der Persönlichkeit
ilinex (Rausch)	Alpinismus Skisprung Trapezkunst Rekordversuch	Berufe, deren Ausübung die Beherrschung des Rausches voraussetzt	Alkoholismus Drogen

kehrsmitteln, wie dem Auto oder dem Motorrad, rechnen würden, in der ersten Übersicht. Bei der zweiten Übersicht ist der Verweis auf die möglichen Korruptionen ein bis heute anregender Hinweis.

Das Spiel erscheint uns als logisch gegliedert in den unterschiedlichsten *Lebensbereichen* und *Lebensformen*. Pädagogisch betrachtet, ergibt sich zwangsläufig etwas Erstrebens- und Verhindernswertes, womit sich die pädagogische Dimension des Spiels unvermittelt eröffnet; auch sie ist lebensintegriert (vgl. auch die Differenzierung von MIESKES in diesem Handbuch).

Liest man die einschlägigen Spalten in den allgemeinen und fachbezogenen Lexika von heute, so wiederholen sich die vorgenannten Argumente immer wieder. Die freie und lustbetonte Betätigung bleibt dabei eine der Ausgangsbestimmungen.

Der Fundus an definitorisch auswertbarem Material ist damit keineswegs erschöpft, und zu den wiederholt vorgetragenen, oft nur unterschiedlich akzentuierenden Aspekten treten immer wieder einige neue, so wenn über phänomenologische Betrachtungsweisen hinaus Raster entwickelt werden sollen, die einer empirischen Beobachtung nützlich sind.

Für die phänomenologische Betrachtungsweise ist Hans SCHEUERLs Versuch, eine „Summe aus allen damals zugänglichen Spieltheorien zu ziehen" (SCHEUERL 1975), kennzeichnend. Vielfach boten seine „Wesensmomente des Spiels" die Leitlinie für weitere pädagogische Überlegungen. Er unterscheidet

- das Moment der Freiheit
- das Moment der inneren Unendlichkeit

- das Moment der Scheinhaftigkeit
- das Moment der Ambivalenz
- das Moment der Geschlossenheit
- das Moment der Gegenwärtigkeit (vgl. SCHEUERL 1954, 16 ff.).

Ob die Annahmen von SCHEUERL, das Spiel sei frei von äußeren Zwängen, frei von Ernst, von Verantwortung und ohne Konsequenzen, in allen Punkten richtig ist, darüber gibt es inzwischen kontroverse Äußerungen ebenso wie zu der Annahme, daß ein Kind, das spielt, nicht an der Wirklichkeit interessiert ist. Vielleicht ist diese Wirklichkeit nur doppelbödig, vielleicht auch ist das Kind zum fliegenden Wechsel zwischen unterschiedlichen Wirklichkeiten fähig. Und überhaupt: was heißt hier *Wirklichkeit*?
Eine Weiterung ergeben die folgenden Bestimmungen.
Für CHATEAU (1964) ergeben sich folgende Fixpunkte:

- Spiele haben keinen materiellen Wert
- Spiele sind charakterisiert durch Lust
- Spielfreude ist aktiv und unmittelbar
- Spiel charakterisiert sich durch einen bestimmten Spielernst
- Spiel ist Wettkampf (wenn nicht mit anderen, so mit sich selbst)
- Spielen ist Aufsuchen von Schwierigkeiten.

Bekanntes reiht sich an neue Sichtweisen, und wenn man bereits willens war, der einen oder anderen Formulierung zuzustimmen, so gerät man bei der anderen wieder ins Wanken oder findet sie erhärtet. Eines aber gibt Sicherheit, von Fall zu Fall erscheint der eine oder andere Gesichtspunkt als unverzichtbar oder er relativiert sich durch die Situation, durch den Spielanlaß, die Spielart, die Spielhandlung usw. Es scheint so, daß man definitorisch vieles festmachen könne, aber eben nicht endgültig und allgemeinverbindlich. Damit entsteht natürlich ein Paradoxon: entweder, so entspricht es dem Charakter der Definition, etwas gilt oder es gilt nicht. Wo also ist *die* Definition zu finden? Ergibt sie sich aus einem Extrakt der gewonnenen Einsichten oder sind permanente Neubestimmungen notwendig? Wenden wir uns einem weiteren pädagogischen „Gedankensteinbruch" zu, wenn es darum geht, zu einer Definition oder einer näherungsweisen Bestimmung des Spiels zu gelangen: den psychologischen Aussagen (vgl. Übersicht 3).
Ähnliche Auflistungen finden sich auch in vielen spielpädagogischen Titeln, allerdings ist es dabei nur sehr bedingt so, wie häufig vorgegeben wird, daß es sich bei den einzelnen Konstrukten um Theorien handelt, sondern es ist vielmehr so,

„daß sich Argumentationsweisen und Deutungen in einem Gefüge finden, das keine spezifische Spieltheorie begründet, sondern lediglich *auch* Aussagen zum Spiel macht. Hierzu gehören die meisten der psychologischen ‚Spieltheorien', ob es sich um die *psychoanalytisch* orientierten von FREUD (1923) und ERIKSON (1950), um *entwicklungspsychologische* (STERN 1921; BÜHLER 1929), um *kognitionspsychologische* PIAGET 1969) oder *motivationspsychologische* (HECKHAUSEN 1963) handelt" (KREUZER 1981, 533).

Noch drei *Fundstellen*, mit denen ja hier keineswegs Vollständigkeit angestrebt werden kann, mögen das Bild der Zielrichtungen definitorischer Be-

Übersicht 3: Verschiedene Klassifikationssysteme zum Kinderspiel
(SCHMIDTCHEN / ERB 1979, 000)

Autoren	Individuelle Spiele		Soziale Spiele
	konkreter Inhalt	fiktiver Inhalt	
GROOS 1899	allgemeine Funktionsspiele Experimentalspiele		spezielle Funktionsspiele
STERN 1914	individuelle Spiele		soziale Spiele
CHATEAU 1954	nicht geregelte Spiele		Regel-, kooperative Spiele
	Spiele der konkreten Intelligenz	Spiele der Selbstbestätigung	
ERIKSON 1957	Spiele in der Mikrosphäre		Spiele in der Makrosphäre
RÜSSEL 1935	Hingabe- und Gestaltungsspiele	Rollenspiele	Regelspiele
1959	Selbstbestätigungsspiele, materialbezogene Spiele	Darlebungsspiele	Partnerspiele
EL'KONIN 1960	Aktionen mit Objekten	Spiele über zwischenmenschliche Beziehungen	Spiele über geregeltes, soziales Verhalten
HETZER 1927	Tätigkeitsspiele	Rollenspiele	erfolggerichtete Spiele
Ch. BÜHLER 1928	Funktions- und Konstruktionsspiele	Fiktionsspiele, Illusionsspiele	Rollen- und Regelspiele
PIAGET 1945	Übungsspiele	Symbolspiele	Regelspiele
weitere Bezeichnungen	funktionale Betätigung, exploratives Verhalten	Nachahmungsspiele; dramtische oder Darstellungsspiele	soziale Rollenspiele

mühungen abrunden (vgl. im übrigen die Definitionen in diesem Handbuch). Von anthropologischer Seite her erscheint die Begriffsbestimmung des Baseler Zoologen Adolf PORTMANN interessant, vor allem weil sie etwas über das Spiel von Tieren aussagt, das in seinem Bedeutungsgehalt für den Menschen nicht unterbewertet werden darf.

„Spiel ist freier Umgang mit der Zeit, ist erfüllte Zeit; es schenkt sinnvolles Erleben jenseits aller Erhaltungswerte; es ist ein Tun mit Spannung und Lösung, ein Umgang mit einem Partner, der mit einem spielt — auch wenn dieser Partner nur der Boden ist oder die Wand, welche dem Spielenden den elastischen Ball zurückwerfen" (PORTMANN 1976, 60, vgl. auch PORTMANN 1975).

Und um wieder eine literarische Bemühung zur Abklärung des Spielbegriffs zu zitieren, verweise ich auf F. G. JÜNGER, mit der eine Annäherung an die mathetische und sozialwissenschaftliche Spieltheorie erfolgen könnte. Im

Vordergrund des JÜNGERschen Interesses steht der Entstehungsgrund der Spiele, die ihm folgende Einteilung nahelegt:

- auf Zufall abgestellte Glücksspiele
- auf Geschicklichkeit abgestellte Geschicklichkeitsspiele
- auf Ahmung abgestellte vor- und nachahmende Spiele (vgl. JÜNGER 1953).

Zur ersten Gruppe zählt JÜNGER die verschiedenen Würfelspiele, das Roulett, die Lottospiele, wobei er dem *Zufall* die Spielentscheidung zuschreibt und es als gleichgültig erachtet, ob der Spieler selbst würfelt oder jemand für ihn (was würden die Spieler dazu sagen!).
Beim Spielen geht es JÜNGER vor allem ums *Gewinnen* und *Verlieren*. Deshalb entscheidet bei den Geschicklichkeitsspielen eben nicht der Zufall, sondern das Geschick, die Fertigkeit, das Können des Spielers, seine Schnelligkeit, seine Ausdauer, seine Beweglichkeit, körperlich wie geistig, wie sich beim Vergleich des Fußballspiels mit dem Schachspiel erweist.
Die Fähigkeit zur Nachahmung ist eine entscheidende Dominante bei den Ahmungsspielen. Und hier begegnen wir wieder dem vorher generell benannten Kriterium in spezieller Zuweisung, die außerhalb des *Normalen* angesiedelte, gewissermaßen geschaffene Wirklichkeit. Rollenspiele wären in diesem Sinne Ahmungsspiele, wie Verkleidungen und Darstellungen unterschiedlicher Art.
JÜNGER sichert sich, wenn er daneben nach dem probaten Mittel greift, um definitorische Schwierigkeiten zu umgehen: es gibt für ihn auch „gemischte Spieltypen". So sind zum Beispiel die Kartenspiele eine Mischung aus Glücksspiel und Geschicklichkeitsspiel. Skat und Bridge erfordern neben dem Glück auch eine gute Kombinationsfähigkeit. Geschicklichkeitsspiele mischen sich mit den Ahmungsspielen: unprofessionell ahmt man einen Spieler, der ein Sportspiel besonders gut beherrscht, nach, und wird so vielleicht unversehens zum Profi, professionell ahmt der Schauspieler einen besonders guten Schauspieler nach, folgt den Ahmungen des Regisseurs.
J. V. NEUMANN nimmt seine Einteilung deutlich mathematischer vor.

„Er unterscheidet zwischen vier Arten von Spielen, nämlich denen
- ohne Zufall, die eine vollständige Information zur Verfügung stellen
- ohne Zufall, die nur eine unvollständige Information zur Verfügung stellen,
- mit Zufall, die aber eine vollständige Information zur Verfügung stellen, und
- denen mit Zufall, die eine unvollständige Information zur Verfügung stellen (vgl. KREUZER 1983).

Die pädagogische Adaption der spieltheoretischen Überlegungen von JÜNGER oder NEUMANN ist, soweit wir sehen können, noch wenig ausgeprägt. Das gleiche gilt für SHUBIK (1965), KRIVOHLAVY (1974) und VAN DER WAERDEN (1976). Allerdings ist hier der Aspekt „Enge" ganz eindeutig und deshalb wird auch die Definition präzise: sie bezieht sich auf mathematische Sachverhalte, wo es um algebraische Formeln und Aussagen zur Wahrscheinlichkeitsrechnung geht, erweitert sich aber bereits bei den strategischen Konzeptionierungen und den Feststellungen zur Aussagenlogik auf sozialwissenschaftliche Bereiche. Da es nach meiner Auffassung keine gebiets- oder altersmäßigen Beschränkungen für das Spielen gibt, kann der Pädagoge auch an solchen spieltheoretischen Fragestellungen nicht vorbeigehen; sie könnten sich gerade für bestimmte Gebiete als unverzichtbares definitorisches Rüstzeug erweisen (man denke zum Beispiel an den Mathematikunterricht und die „Denk- und Knobelspiele").

Daneben bemüht man sich von erziehungswissenschaftlicher Seite, die Vielfalt der Forschung anderer Fachgebiete aufzuarbeiten und zu klassifizieren, um sie so wieder für das eigene Fachgebiet nutzbar zu machen. Die deskriptiven Auseinandersetzungen werden auf ihre Transferierbarkeit hin überprüft, man achtet darauf, dem Praxispostulat nicht durch ein Theoriedefizit zu erliegen. Bereits bei FLITNER (1972) deutet sich, wenn auch noch nicht in einer straffen Ordnung, an, wie sich Pädagogen das vorhandene philosophische, anthropologische, psychologische und sozialpsychologische Material verfügbar zu machen suchen: die wichtigen spieltheoretischen Erörterungen werden untersucht, auf Beschreibungen und Beobachtungen wird verwiesen, die Ergebnisse der Entwicklungspsychologie, der Lernforschung, der Psychoanalyse werden kritisch gewürdigt. Daraus ergibt sich dann, mehr oder weniger zwingend, der Umriß einer „mehrdimensionalen Spieltheorie", die in Verbindung mit der vorliegenden Spielforschung Gelegenheit bieten soll, „Überlegungen über den Nutzen und über die praktische Förderung des Kinderspiels abzuleiten" (FLITNER 1972, 107).

Vorsichtig spricht HERING (1979) denn auch vom „*Weg* zu einer Definition des Begriffes ‚Spiel'" und zählt, nachdem er vorher ebenfalls die einschlägigen theoretischen Ansätze der Spielforschung dargelegt hat, die nach seiner Meinung wesentlichen „Einzelaspekte der Spieldefinition" vor: Spiel und Arbeit, Spiel und Ernst, Spiel und Wirklichkeit, Kinderspiel und Erwachsenenspiel (HERING 1979, 71 ff.). Es klingt fast wie ein Fazit, wenn er anschließend schreibt:

„In der Vielfältigkeit kindlichen Spiels liegt wohl der Anlaß zu immer neuen Versuchen von Ordnungssystemen (HERING 1979, 83).

In sehr ähnlicher Weise geht Norbert KLUGE (1981) vor, bis er die Frage stellt: "Was ist Spiel?" Allerdings erfahren bei ihm einige andere Positionen, so der sozialisationstheoretische Ansatz und der materialistische, eine deutlichere Markierung. Im Grunde bleibt auch er zum Schluß bei der Feststellung stehen: „Selbst die Fülle der vorliegenden Definitionsversuche kann nicht darüber hinwegtäuschen, daß die Klärung der Was-ist-Frage zu den Hauptproblemen der Spielpädagogik gehört" (KLUGE 1981, 33). Der bei KLUGE und anderen aufgewiesene Weg, durch „Spielmerkmale" weiterzukommen, ist einsichtig, reicht aber kaum zu, eine umfassende Spieldefinition zu finden. Das Ergebnis verweist allerdings auf etwas, was seinerseits spieltypisch zu sein scheint: der bei einer globaleren Betrachtung sofort auftretende Facettenreichtum, der dann wiederum die parzellierte Definition nötig macht. Bei HERING wurde hervorgehoben:

- Spiel als der aus der übrigen Wirklichkeit ausgegrenzte Bereich
- Spiel als Prozeß der Auseinandersetzung mit der materialen und sozialen Umwelt

- Spiel als Reflex der umgebenden, Resultat der vergangenen und Vorgriff auf zukünftige Wirklichkeit
- Spiel als Modus des Erlebens und der Perzeption von Wirklichkeit (HERING 1979, 79 ff.).

Bei KLUGE findet sich eine interessante Übersicht (vgl. Übersicht 4).

Übersicht 4: Favorisierte Spielmerkmale aus der Sicht moderner Autoren (KLUGE 1981, 37)

Merkmale des Spiels	Calliess (1975)	Garvey (1978)	Maier (1978)	Sutton-Smith (1978)
Zweckfreiheit (Zweckunbewußtsein)	+	+	+	
Freiwilligkeit	+	+	+	+
Intrinsische Motivation	+	+		+
Spaß, Freude, Vergnügen	+	+	+	+
Quasi-Realität (Scheinhaftigkeit, fiktives Moment, außerhalb des Lebensernstes)	+	+	+	
Handelnde Auseinandersetzung mit der vorgefundenen Wirklichkeit (Aktivität)	+	+		+
Ambivalenz	+	+		+

Es nimmt kaum wunder, daß unter den vorgestellten „historischen" Bedingungen, den verschiedenen Denkmustern, Klassifikationsmodellen, weit gefaßten und eng begrenzten Definitionen heute die Tendenz dahin geht, sich situationsbezogen zu artikulieren, die Definition also in einem anderen Sinne eng begrenzt zu geben, um der Uferlosigkeit spielpädagogischen Wagnisses wenigstens bestimmungsmäßig und im Detail zu entgehen, wo sich die Vielfalt der Gestalt und der Bezüge aus unternommenen Definitionsversuchen hinlänglich erwiesen hat. Was bleibt, sind entweder rudimentäre und auf das Wesentliche zurückführende Bestimmungen oder aber den Augenblicksgehalt treffende, die dann auch der Weite des Gegenstandsbereichs angemessen bleiben, wenn sie sich als solche kenntlich machen. Das geschieht, und das geschieht nicht. *Damit wäre eine Crux pädagogischer Bemühungen um eine eindeutige Begriffsbestimmung benannt, aber auch eine Chance: das Spiel entgeht dem Versuch letztgültiger Vergewaltigung und es erweist sich als ständig neu zu bewältigende Aufgabe.*
Es ist KLUGE zuzustimmen, wenn er die bestehenden Schwierigkeiten, zu einer Definition über das Spiel zu gelangen, nicht als Entbindung von solcher Definitionsverpflichtung gelten lassen will, sondern lediglich dem Versuch der Definition des Spiels als Gesamtphänomen skeptisch gegenübersteht und die praktikable, im Abstraktionsgrad niedrig angesetzte Definition fordert (KLUGE 1981, 37).
Es bleibt aber auch zu fragen, ob sich mit einer solchen Lösung, die leicht in den Geruch des utilitaristischen Bemühens geraten könnte, die alte und stetig neue Sinnfrage erledigt, die ihrerseits mit dem definitorischen Problem aufs engste verknüpft ist. Bleibt zu konstatieren, daß wir bisher über das Aspektologische nicht hinaus gelangt sind, so wesentlich dieses selbst für die

eindeutige Spielbestimmung ist. Anschaulich belegt sich letzteres noch einmal bei RÖHRS (1981a und 1981b), wenn er auf seine Art auf die „Einzelwissenschaftlichen Erfassungskriterien und -aspekte der Spielrealität" (1981b, 51) verweist und zum Schluß Leben und Spiel, Welt und Spiel als in wechselseitiger Durchdringung befindlich charakterisiert (1981b, 71 ff.). Und es erhellt den Sachverhalt, wenn er einerseits die Komplexität bestimmt und deutet, andererseits aber auch die Einzelaspekte zu systematisieren sucht, unter pädagogischer Prämisse zu fassen trachtet:

„Spiele stehen in einer lebendigen Tradition, in der sie Veränderungen erfahren. Spielen als komplexe Aktivität, die neben dem Emotionalen, Motorischen, Kognitiven auch Phantasie und Erfindungsgabe anspricht, lebt zugleich von der Kontinuität *und* Veränderung, die beide wechselseitig dominieren, weil sie das Spielen interessanter und attraktiver machen. Spielen ist — in welchem Medium auch immer — ein Sich-Entwerfen, Sich-Erproben und Sich-Erkennen. In diesem dialektischen Dreischritt entfaltet sich jedes Spiel — mag es sich um Seilspringen, Rollenspiel oder Treibball handeln. Lediglich die Akzentuierungen dieses Dreischritts sind unterschiedlich. Immer geht es aber um die Selbstdarstellung im Sinne eines Sich-Entwerfens, um ein Sich-Erproben sowie um das Sich-Besser-Erkennen aufgrund der Spielfigur, die durch die Mitspieler ihre Kommentierung erfährt (RÖHRS 1981b, 89).

Ohne Zweifel bleibt die bis heute ungeklärte definitorische Ausgangslage ein bedeutender Auftrag. Das bisher Vorliegende an Kategorisierung, Systematisierung, Abgrenzung und Vergleich gibt dabei wertvolle Richtungszeichen. Als Wegemarken können jetzt schon gelten, daß der komplexe Lebensbereich „Spiel" sich zwar der monokausalen Erklärung entzieht, aber sowohl fachtypologisch eingegrenzt werden kann als auch nach überzeitlich und temporär gültigen Gegenstands- und Prozeßmerkmalen befragt werden könnte. Die fließenden Übergänge und Grenzen verweisen zwar auf Relativität, aber sie geben auch Haltepunkte. Die „logische Analyse" kann weiter verfolgt werden. Auf keinen Fall aber sollten theoretische Defizite und Definitionsschwierigkeiten das Spiel als pädagogisch wertvolles Element aus dem Blick oder in eine Randposition bringen. Der Bestand an definitorisch Gesichertem, dem Spiel als Lebensphänomen geltend und als konkretem Handlungsvollzug, ist zu umfassend und gravierend, um eine Negation oder auch nur Verunsicherung zuzulassen. Denn wenn auch die einzelnen vorgestellten Definitionsversuche vielleicht in einem Fall zu umfassend, im anderen zu eingeschränkt sind, so beweist das keineswegs ihre totale Untauglichkeit, zu einer näheren Bestimmung des Spiels zu gelangen und über sie auch die pädagogische Wertung zu untermauern. Vielleicht gehört dieser Rest an mangelnder Eindeutigkeit, an fehlendem universalem Zugriff gerade zum Charakter des Spiels, das uns so nicht nur zur Reflexion aufruft, sondern auch zu eigenem Erleben.

2. Die Hybris spielpädagogischer Auseinandersetzung und ihre Überwindung

Wo sich die Pädagogik des Spiels annimmt, sich mit ihm beschäftigt, ergibt sich fast zwangsläufig ein Widerspruch: der geplante und planbare Vorgang der Erziehung sieht sich konfrontiert mit bestimmten Attribuierungen des

Spielgeschehens, wie zum Beispiel der Zweckfreiheit, der freien Handlung, des freien Umgangs mit der Zeit.

Dort, wo sich Spielen und Lernen, Lernen und Spielen miteinander verbinden sollen, sieht man leicht die Gefahr, daß das Lernen überwiegt oder das *Spiel im eigentlichen Sinne* verhindert wird.

Wenn nur die Hälfte der Merkmale, die im ersten Abschnitt benannt wurden, zutreffen, wenn es um eine Definition des Spiels geht, so erwachsen mit der pädagogischen „Verzweckung" oder „Benutzung" des Spiels vielfältige Schwierigkeiten. Und tatsächlich haben wir ja bei der Entwicklung und dem Einsatz von „Lernspielen" zugeschaut, deren *Programmcharakter* und deren *Belehrungsfunktion* jegliche Möglichkeit zu spielerischem Umgang überwucherten. Man spricht im schulischen Bereich nicht selten von Spielen, wenn spielerische Übungen gemeint sind, Kinder merken die Absicht und sind binnen kürzester Frist verstimmt.

Spiele also als Vehikel zum verbesserten Transport von Lerninhalten? Die Möglichkeiten dazu erscheinen als eng begrenzt, wenn dabei rein funktional gedacht wird, wenn die Lernintention die Spielintention majorisiert.

Ein weiteres Problem stellt sich mit der *Animation zum Spielen*, mit der *Initiierung von Spielprozessen* oder von *Spielaktionen*, mit der *Motivierung zu Spielhandlungen*, mit der *Planbarkeit von Spielen*. Die Grenzen zwischen Manipulation, Entertainment, Gestimmtheit, Begeisterung sind ebenso fließend wie die zwischen einem Sich-öffnen und Sich-verschließen, Tun und Mittun, Laizismus und Professionalismus, Sich-gehen-lassen und Disziplin.

Ein in vielfältiger Weise diffiziles Feld für Pädagogen, zu deren Aufgaben ja gerade die Zielbestimmung erzieherischen Handelns gehört, und die deshalb auf Planung verwiesen sind.

Wenn Pädagogen aber gleichzeitig erkennen, daß es sich beim Spiel um ein hervorragendes Erziehungsmittel handelt, daß mit dem Spiel und im Spiel vieles unversehens gelernt wird, fast im Nebenbei, was sonst zu aufwendigen Lernablaufskonstruktionen zwingt, dann können sie das Spiel nicht unbeachtet lassen.

Hinzu kommt, daß es das Spiel, auch im pädagogischen Bereich, einfach *gibt*. Es kann aus erzieherischen Abläufen nicht ausgeklammert werden. Ganz gleich ob sich Pädagogen oder Psychologen theoretisch mit dem Spiel auseinandersetzen oder nicht, ganz gleich auch, ob Lehrer und Erzieher sich seiner bedienen und aus welchen Gründen sie dies tun, das Spiel ist immer bereits Bestandteil des tatsächlichen pädagogischen Geschehens, bestimmt die erzieherischen Zustände, Eigenschaften und Prozesse mit.

Die Gefahren liegen im „Übermut", in rein lernorientierter Rationalität, in pädagogischem Diktat, in Überorganisation und Finesse.

Man kann das Spiel aus pädagogischem Übereifer oder aus pädagogischer Unfähigkeit „kaputt" machen. Aber man kann es auch in seinen unersetzbaren Wirkkräften erkennen und die im Spiel enthaltenen oder durch das Spiel erfahrbaren und entfaltbaren Wirkkräfte als Erlebnis und Ereignis inszenieren. Daz gehört viel Fingerspitzengefühl. Wer über das Ziel hinausschießt, verschließt sich die mit dem Spiel an die Hand (nicht *in* die Hand) gegebenen positiven Möglichkeiten, die sich am besten entfalten, wenn man ihren implikativen Wirkungen vertraut. Gerade das aber fällt vielen Pädagogen, Theoretikern wie Praktikern, schwer. Deshalb warnt VONESSEN, enge und weite Spielbegriffe zusammenzuziehend:

„So versucht man krampfhaft, durch eine Art Spielwissenschaft die verlorene Welt des Spiels — und den Genuß des Spielens — wiederzufinden. Aber das ist schwer, da wir in einer Spielhölle sitzen: Wer nicht spielen kann, ist zu falschen Spielen verdammt. Nichts ist langweiliger, öder, als das Leben, das sich entzogen hat, spielen zu müssen (VONESSEN 1976, 26).

Der dem Pädagogen zwanghaft zuzuordnende Optimismus verbietet eine so weitreichende „Aufgabe des Spiels"; sie fordert hingegen dazu heraus, das Spiel aus der Verbannung zu befreien, die Verdammnis aufzulösen, das Spielen-können wieder zu entwickeln, auch wenn er die „falschen Spiele" sieht, der „totalen Verglotzung" des Spiels (HASSELBLATT 1983) fast machtlos gegenübersteht, ohnmächtig erleben muß, wie immer mehr Menschen sich entweder *etwas vorspielen lassen* oder aber der Tötungsfaszination elektronischer Spiele erliegen. Die einen sehen vom Sessel aus zu, wie andere im Massenmedium Fernsehen spielen (und bestätigen in ihrer Vielzahl damit gleichzeitig das latente Bedürfnis nach Spielen), strömen zu den „großen Spielen" und berauschen sich oder töten in einer unglaublich kurzen Zeit 263 477 Raupenglieder und nebenbei noch 487 Vampire.

Hier zeigt sich nur, daß Pädagogen das Spiel nicht ruhen lassen können. Korruption und Korrumption der Spiele sind für sie gleichermaßen wichtig wie die Erlebnisfülle oder die Gestaltung und kreative Entfaltung geistiger Fähigkeiten und körperlicher Fertigkeiten. Die Hybris hat zwei Gesichter.

Wer sich pädagogisch mit dem Spiel auseinandersetzt, es für wichtig hält, daß Kinder und Jugendliche spielen, und möchte, daß auch Erwachsene noch spielen können, ist zwar zur permanenten Überprüfung der mit dem Spiel gegebenen Möglichkeiten aufgerufen, aber er muß neben der vorsichtigen Zurückhaltung auch zu expressivem Vormachen und Bereitstellen in der Lage sein. Animation, die zu freudvollem Erleben führt, die die Imagination von Glück und Freiheit für Sekunden oder Minuten aufrecht erhält, darf nicht kritizistisch als autokratischer Eingriff in Persönlichkeitsrechte denunziert werden.

Pädagogisierungen jeglicher Spielhandlungen sind ebenso zu vermeiden wie die Durchsetzung von pädagogischen Freiräumen im Spiel (die in sich schon ein Nonsens sind). Wo Pädagogen mit dem Spiel umgehen, es einsetzen, mit einem Zielkatalog versehen, bewegen sie sich immer auf einer Gratwanderung. Das Bewußtsein davon ist hilfreich, Übersteigerungen zu vermeiden, aber es sollte nicht dazu führen, dem Spiel pädagogisch keine oder eine zu geringe Aufmerksamkeit zu schenken.

Gefährlich sind, in ganz anderer Weise, die Reduktionen und Verkürzungen. Da wird dem Spiel ein altersmäßiger Bereich zuerkannt, über den hinaus sich das Spielen zur Arbeit wandelt. ELKONIN (1980) legt mit viel Sorgfalt den materialistischen Ansatz unter Berufung auf MARX dar, daß es sich beim Spiel um eine den Kindern, vorzüglich den Vorschulkindern zukommende

Tätigkeit handelt, auch dort wo es sich um das Rollenspiel handelt. Aus diesem Grunde greift er auch auf eine Aussage PLECHANOWs zurück:

„Sehr wichtig ist seine These, daß die Arbeit in der Geschichte der menschlichen Gesellschaft älter ist als das Spiel. ‚... zuerst der wirkliche Krieg und dann das aus ihm geborene Bedürfnis an guten Kriegern und dann das Kriegsspiel zur Befriedigung dieses Bedürfnisses.' Diese These, sagt PLECHANOW, macht es begreiflich, warum im Leben des Individuums das Spiel der Arbeit vorausgeht (ELKONIN 1980, 51 f.).

Und noch deutlicher unterstreicht die Heranziehung eines Zitats von Robert ALT, welcher Altersstufe das Spiel zuzuschreiben ist, wo es als bedeutungsvoll gilt:

„Auf das Spiel als Mittel der Erziehung eingehend, stellt Robert ALT fest, daß das Kind dort, wo es an der Arbeit der Erwachsenen, ohne sich speziell darauf vorbereiten zu müssen, teilnehmen kann, daran auch teilnimmt. Wo das nicht der Fall ist, wächst es in die Welt der Erwachsenen durch die das Leben der Gesellschaft widerspiegelnde Spieltätigkeit hinein (ELKONIN 1980, 63).

Aus diesem Grunde sucht man zum Beispiel in der DDR nicht vergebens nach Büchern, die das Spiel im Kindergarten betreffen (vgl. die Darstellung von JESKE in diesem Handbuch), vermißt aber die altersmäßig darüber hinausgehenden Bereiche. Bereits dem Spiel im Unterricht steht man allgemein distanziert und skeptisch gegenüber.
Solche Eingrenzungen mögen zur näheren Begriffsbestimmung und analytisch nützlich sein, für pädagogisch sinnvoll oder vertretbar halte ich sie nicht. Wo es sich um Spiel und nicht im Spielerei handelt, gehört das Spiel sowohl zum Unterricht als auch zum Schulleben. Aus dem Schulalltag ist es ohnehin nicht zu verbannen, mag der Ärger darüber den Pädagogen noch so viel zu schaffen machen: Spiele „unter dem Tisch" oder wenn der Lehrer wegsieht, wird es immer geben. Auch sie verdienen das ungeteilte pädagogische Interesse, denn solche Spiele geben Aufschluß über die Grundbefindlichkeit des Individuums wie der Klasse, sie offenbaren, wo sich Kinder und Jugendliche unangemessen beschränkt fühlen, wo es ihnen an Freiräumen fehlt, wogegen sie opponieren usw.
Für den Bereich der Schule wird auch in anderer Weise häufig eingegrenzt. So wird von vielen das Spiel im Deutschunterricht noch als selbstverständlich anerkannt, hingegen für die naturwissenschaftlichen Fächer für kaum einsetzbar gehalten. Feste Platzzuweisungen für das Spiel, wo man es noch spielen darf und wo nicht mehr, wo es noch sinnvoll ist und wo nicht, sind allenfalls dann gültig, wenn einseitig auf eine dem Lernen und der Arbeit dienende vermeintlich bessere Leistungseffizienz gesehen wird. Damit beschränkt man sich pädagogisch den Blick und beraubt sich wertvoller Möglichkeiten.
Den Verkürzungen und Reduktionen gegenüber treten die Übersteigerungen, treten Spiel*wut* und Spiel*fanatismus,* Spiel*technik* und Spiel*strategie.*
Noch einmal zeigt sich die Notwendigkeit zum abgewogenen und pädagogisch wie didaktisch und methodisch angemessenen Umgang mit dem Spiel. Das Spielen erweist sich dann von einer Seite, die zur Leistung als Produkt und Prozeß neue Zugänge eröffnet, motivationale Gestimmtheiten schafft, die zu lebensvollem Lernen anregen. Echtes und konkretes Sich-

geben ist dem Spiel immanent. Ein gutes Stück vom wahren Selbst fließt in jedes Spiel ein, und das Erleben der Freiheit in Grenzen offenbart sich als ein soziales und gesellschaftliches Politikum ersten Ranges. Spiel ist Ordnung, nicht Chaos, auch wenn dem Zuschauer vielleicht manches Spiel chaotisch vorkommen mag; das beweist nur, daß er die Ordnungsstrukturen, die diesem Spiel zugrunde liegen, noch nicht durchschaut, erkannt hat.

Nicht zuletzt: Das Spiel bietet dem Menschen die *zauberhafte* Möglichkeit zur konstitutiven Grenzüberschreitung, zum *traumhaften* Nacherleben und zum *korrigierenden* Eingreifen ins Verflossene. Im Spiel kann man sogar den verdrängten Tod erleben, *ohne daß unmittelbar Ernst daraus wird*. Das Spiel beschert die Möglichkeit zur Distanz, zur Eroberung von Positionen und Rollen, zum Zerstören, aber auch zum Heilmachen, zum Verstehen ohne den Kopf, zur Welteröffnung, zur Transzendenz.

In Wahrheit hat der Pädagoge keine Chance, dem Spiel auszuweichen, es läuft ihm nach, ob er Erziehungsprozesse deskriptiv, analytisch oder interpretativ zu erfassen sucht, oder ob er handelnd in sie eingreift.

II. Spielpädagogische Fragestellungen

Das, was unter dem Signum *Spielpädagogik* subsumiert werden kann und subsumiert wird, erweist sich als außerordentlich vielgestaltig. Von allgemeinen theoretischen Fragestellungen bis hin zum konkreten und handlungsgebundenen Einsatz ergibt sich eine breite Palette relevanter Tatbestände und Sachverhalte.

Aus diesem Grunde sind auch die spielpädagogischen Fragestellungen breit gefächert.

1. Gehört das Spiel zum anthropologischen Grundbestand menschlichen Lebens, oder ist es eine erworbene Funktion?
2. Unterscheiden sich (und gegebenenfalls: wie unterscheiden sie sich) die Spielhandlungen von Menschen vom Spielverhalten von Tieren?
3. Welche Funktionen und Implikationen bestimmen das Spiel von Kindern?
4. Wie läßt sich aus pädagogischer Perspektive das Verhältnis von Spielformen und Spielaltern näher bestimmen?
5. Wie verhält es sich mit den ambivalenten Bezügen zwischen Spiel und Arbeit, Spiel und Lernen, Spiel und Feiern?

Damit sind nur einige der traditionell zur Diskussion stehenden Fragestellungen neu benannt. Eigens akzentuiert wird die empirische Spielforschung. Daneben gibt es die für Pädagogen unmittelbar bedeutungsvollen Fragestellungen der Psychologen, vor allem diejenigen unter den Aspekten Entwicklung, Kreativität, Behinderung und Therapiebedürftigkeit. Einen immer wieder stark beachteten großen Komplex stellt außerdem der Zusammenhang zwischen Spielmitteln und Spiel, Spielgegenstand und Spiel (vgl. BUTENDIJK 1933, 1973), Spielzeug und Förderung bzw. Entwicklung dar, wozu dann auch die entsprechenden Beurteilungskriterien für „gutes" Spielzeug gehören oder die Entwicklung von Spielzeug unter bestimmten Förderungsaspekten.

Der interkulturelle oder auch nur grenzüberschreitende Vergleich gehört, zumindest in Deutschland, zu den wissenschaftlich weniger beachteten Gebieten, wenn man einmal von der Rezeption absieht, welche die Forschungen von M. MEAD (1928, 1930, 1935) auslösten, und die von H. SBRZESNYs Untersuchung zu den Spielen der ! Ko-Buschleute ebenso ergänzt werden wie von Brian SUTTON-SMITHs (1978) kulturspezifischen und historisch-vergleichenden Untersuchungen bzw. Darstellungen. Es ist vor allem auch in diesen Fällen nur in geringem Maße darauf geachtet worden, wie sich das Spiel unter personalem, kontextualem und kulturalem Aspekt unterscheidet und welche Färbung es annimmt, welche Prämissen gesetzt werden, welche übergreifenden Formen es gibt und welche sich verändern (vgl. den Beitrag von HAMER in diesem Handbuch). Auch ELKONIN (1981) gibt mit dem Hinweis auf ARKIN, SUJEW oder WSEWOLODSKI-GERNGROSS im Zusammenhang mit den ethnographischen Untersuchungen interessante Impulse. Eine entsprechend geordnete und unvoreingenommene bzw. ideologisch nicht festgelegte Aufarbeitung ist hier insgesamt überfällig.

Dem näher nachzugehen ist schon deshalb interessant, weil sich damit zum Beispiel kulturell oder auch anthropologisch neue Sichtweisen auftun. Nimmt man als Beispiel den Sprachgebrauch, so erkennen wir zum Beispiel im angelsächsischen Bereich für Spiel die Begriffe „game", „play", „match" und, im Näherungssinn, auch noch „drama". Im Deutschen müßten wir in all diesen Fällen zu Wortzusammensetzungen greifen. Vergleicht man die asiatische Sichtweise vom Spiel mit der westeuropäischen oder amerikanischen, so ergeben sich wiederum völlig neue Perspektiven, die geeignet sind, die eigene Spieleinschätzung zu verändern.

Vorhandenes zu sichern und in neuer oder auch ungewohnter Weise bereitzustellen, ist eine der hier verfolgten Absichten. Die jeweils gebotenen Themenstellungen und die Aufgliederung bieten sie an und demonstrieren eindrücklich die Fülle der spielpädagogischen Fragestellungen.

III. Spielpädagogische Bereiche

Wenn man nach den spielpädagogischen Bereichen fragt, drängen sich bestimmte Felder, Zeiten, Orte, Räume auf, die bei dem Gedanken an „Spielen" besonders naheliegen. Als erstes wird man zum Beispiel an die frühe Kindheit denken oder an das Grundschulalter. So spielen denn auch bei der pädagogischen Betrachtung des Spiels der *frühpädagogische* und der *schulische* Bereich eine hervorragende Rolle.

Innerhalb des Bereiches der Spielpädagogik interessieren den Pädagogen sowohl die Voraussetzungen und Bedingungen für das Spiel junger Kinder als auch die möglichen Zielperspektiven.

Für den pädagogischen Handlungsvollzug fragt man nach dem sinnvollen Einsatz von Spielen ebenso wie nach den Grenzen einer pädagogisch geleiteten Spielerfahrung.

Tritt die didaktische Fragestellung im frühpädagogischen Bereich bereits zutage, so gewinnt sie im schulischen Bereich eine zentrale Bedeutung. Typologien und Zielsetzungen, Funktionen und Einzelfachanalysen bestimmen das Bild. Spielmittel interessieren jetzt, ob zu Recht oder zu Unrecht, vor allem als Lernmittel; die Ergebnisse, die Zielerreichungen, die Produkte gewinnen an Bedeutung und gefährden in nicht wenigen Fällen das Spiel als freien Handlungsverlauf. Oft wäre es ehrlicher, wenn zum Beispiel der Lehrer von „Übungen mit spielerischem Charakter" sprechen würde.
Daneben steht das Spiel als Bestandteil des Schulalltags und des Schullebens, wie es sich zu Fest und Feier gesellt oder in Schullandheimen, bei Schulfahrten oder auch nur auf dem Schulhof virulent ist.
Das Spiel erweist sich als Erfahrungsraum und Medium zugleich.
Vor allem im Bereich der außerschulischen Jugendbildung nimmt die Bedeutung des Spiels im Zusammenhang mit Kommunikation, Interaktion oder Gruppendynamik zu. Über das Spiel werden zum Beispiel Interaktionen initiiert, gruppendynamische Prozesse in Gang gesetzt, Wahrnehmungsbereiche sensibilisiert, soziale Regeln eingeübt usw.
Das Spiel verbindet sich mit vielfältigen Bereichen oder wird in ihnen präsent.
Kunst, Musik, Tanz, Theater und Sport sind klassisch zu nennende Bereiche spielerischer Aktivität und spielerischen Geschehens.
Mit der Frage, wo Kinder spielen können und wo sie dies am besten könnten, stellt sich auch die Frage nach der Spielumwelt: der Spielraum, der Spielplatz, sie werden zu wichtigen pädagogischen Bereichen, sowohl als pädagogisch gestaltete Umwelt als auch als pädagogisches Experimentier- und Forschungsfeld.
Zu dieser Beziehung des Spiels mit der Umwelt gesellt sich in letzter Zeit in verstärktem Maße „das Spiel als Mittel zur Umwelterziehung".
Einen in mancher Hinsicht besonders zu kennzeichnenden Bereich finden wir dort, wo es um therapeutische und sonderpädagogische Zielrichtungen geht.
Diagnostik, Prävention, Therapie, aber auch Kompensatorik, Rehabilitation und Qualifikation erfahren hier eine intensive Beachtung. Es geht um Problemlösungen, um das Spiel als Gestalterfahrung und als Heilfaktor, um Aggressionsabbau und Bewegungserleichterung, um die positive Beeinflussung von Heilungsprozessen oder die Integration von Außenseitern.
Die spielpädagogisch relevanten Bereiche erweisen sich bereits in dieser skizzenhaften Auflistung als vielfältig, aber sie sind in der von mir angesprochenen Bereichsgliederung auch zu ordnen und damit grenzüberschreitend überschaubar zu machen. Erkenntnisse und die vor allem fehlenden empirischen Untersuchungen werden vor diesem Hintergrund erleichtert.

IV. Dominanzen, Interdependenzen und fließende Grenzen

Die einzelnen Bände des HANDBUCHES DER SPIELPÄDAGOGIK sind über das im Vorwort Gesagte hinaus so konzipiert, daß sie zunächst einen zentralen Bereich und die ihm unmittelbar zu subsumierenden Teilbereiche erfassen und erschließen. Dabei werden mit dem ersten Band die grundsätzlichen theoretischen Fragestellungen angegangen und erörtert, aber auch bereits vereinzelte praktische Hinweise gegeben, wenn es darum geht, den Gesamtzusammenhang mit einem Beispiel zu konkretisieren. Dies geschieht innerhalb der Beiträge und mit einigen Beiträgen (vgl. zum Beispiel Bd. 1, IV. 3., wo ein heute weniger beachtetes Spielmittel vorgestellt wird, oder die Beispiele in Bd. 1, III. 2. und 3.).

Die Binnengliederung eines einzelnen Bandes ist ansonsten so angelegt, daß die spielpädagogisch dominanten Ansprachen unter der bereichsleitenden Idee deutlich werden. So ist zum Beispiel im ersten Band darauf geachtet worden, die klassisch zentralen Fragestellungen unter II., 1. bis 10. durch markante psychologische Aspekte ebenso zu substantiieren wie durch die umfängliche wissenschaftliche und in den Kontext der Spielpädagogik eingebundene Abhandlung von Hans MIESKEs über die „Spielmittel und Spielmittelforschung im Kontext der Spielpädagogik" mit einer eigenständig-eigenwilligen Definition.

Die „psychologischen Themen" artikulieren einmal die den pädagogischen Bereich immer wieder beeinflussenden oder sogar okkupierenden „psychologischen Theorien des Spiels", belegen daneben eine tiefenpsychologische Position, verweisen auf genuin psychologische Forschungsinteressen und führen die dem Pädagogen so nahe „entwicklungspsychologische Bedeutung" vor Augen.

Der Verweis auf die „Spielpädagogik im internationalen Vergleich" dient vor allem dazu, das nationale Blickfeld zu erweitern, die eingeschliffenen kulturalen Denkmuster zu relativieren, zu neuen forscherischen Impulsen zu verhelfen, die Parallelitäten und begrifflichen Divergenzen ansatzweise zu erhellen.

Neben den wechselnden Beeinflussungen (so zum Beispiel die Skandinaviens durch England, oder die Kanadas durch England, die USA und Frankreich) zeigt sich auf der anderen Seite gerade am Beitrag von SZATKOWSKI, das die Weite des Begriffes von Spiel und Spielen keine durchgängig europäische Dimension ist. Bei der Darstellung der Spielpädagogik Skandinaviens fällt auf, daß sie sehr stark auf „Theater" fixiert ist, wobei aber zu vermerken bleibt, daß „dieses Theater" sehr viel mit *dem* Spiel zu tun hat, das wir in Deutschland kennen und meinen. Die unterschiedlich akzentuierte „politische Funktion" von Spielen wird erkennbar, wenn man die eigene Position mit der von SZATKOWSKI für Skandinavien vermittelten, mit der von BARRET oder HAMER und JESKE dargestellten vergleicht. Von nurmehr rudimentären Gemeinsamkeiten (USA – Japan) bis zum engen kulturellen Austausch (Quebec) reicht die Palette, von den Verwandtschaften und Nuancierungen im deutschsprachigen Raum ganz abgesehen (vgl. die Beiträge von TSCHINKEL und HÜTTENMOSER).

Obwohl sicher keiner der Beiträge für sich in Anspruch nehmen kann, das thematisierte Spektrum voll abzudecken (was auch nicht intendiert war – denn die lebendige oder sogar gefühlvolle Wiedergabe des einzelnen Autors war uns da lieber!), so zeigen sie doch, wie weit gefächert die Diskussion und die praktische Inanspruchnahme des Spiels sich ausnehmen kann und welche Gemeinsamkeiten in der Begriffsbestimmung oder der Forschungsansätze es gibt. Auch geschichtlich betrachtet ist es bis heute so, entweder man schreibt *über* das Spiel oder man ist mitten *in* ihm.

Und daneben: Vielleicht kann uns nur ein Schweizer sagen, wie sehr der pädagogische Heros PESTALOZZI dem Spiel gegenüber abgeneigt war, und wie und in welch anschaulicher Form ihm FRÖBEL widersprach. Auch wenn HÜTTENMOSER schreibt: „Nachdem die großangelegten spieltheoretischen Werke geschrieben waren, setzten sich in der Schweiz fast im gleichen Jahre drei Autoren aus völlig verschiedener Sicht eingehend mit ihnen auseinander: Gustav BALLY (1945), Jean PIAGET (1945) und Hans KUNZ (1946)", so haben wir es mit einem interessanten Hinweis auf eine zeitliche Parallelität zu tun, die der „Abstand" eher aus dem Blick bringt.

Inwieweit „drama" und „dramatique" dem deutschen Spielbegriff nahe zu kommen vermögen, erklärt sich, wenn man sie als im Sinne von „action" dargestellt findet (BARRET) und die Annäherung an das Spiel (playing) hervorgehoben wird.

Ob angesichts der in diesem Handbuch ausgebreiteten Materialfülle und angesichts auch der wechselnden Dominanzen, Aspektuierungen, Positionierungen usw., aber auch der Wechselbeziehungen unterschiedlichster Art feste Grenzziehungen heute schon möglich sind, mag der Leser selbst entscheiden. Auch wird es nicht als Aufgabe des Handbuches betrachtet, eine eindeutige wissenschaftliche Begriffsbestimmung von „Spielpädagogik" zu liefern. Allenfalls läßt diese Arbeit es zu, einen solchen Schlußpunkt anzuvisieren. Dennoch sei ausdrücklich auf MIESKES in Deutschland einmaligen Versuch verwiesen, zu einer systematischen begrifflichen Abklärung zu gelangen. Ihre Tragfähigkeit ist zu überprüfen und auch ihre Reichweite, denn es ist zu fragen, ob sie das, was sie für den Bereich der Spielmittel ohne Zweifel leistet, auch für den Bereich der Spielpädagogik insgesamt zu leisten imstande ist, oder ob es sich nicht vielmehr doch so verhält, daß hier um einen Kernbegriff Schutzzäune errichtet werden bzw. eine notwendige Selbstbeschränkung erfolgt, wie wir sie auch bei SCHENKEL antreffen, wenn er seine „Zuordnung eines Kernbereichs zum Terminus ‚Spiel' " vornimmt.

Fließende Grenzen und Interdependenzen zeigen sich im Handbuch, auch in der Form von Grenzüberschreitungen von Band zu Band, häufig. Um bei den Spielmitteln zu bleiben: Dem Beitrag von MIESKES gesellen sich nicht nur die von KLINKE und NOLD hinzu, sondern es ergeben sich Ergänzungen durch die Beiträge von SCHMACK (Bd. 1, II. 8), HANSEL (Bd. 2, II. 4.) oder RETTER (Bd. 2, IV. 13.).

Ähnliche Querverweise horizontaler Art ergeben sich auf unterschiedlicher Ebene: vor allem thematisch, methodisch und aspektologisch. So begegnen wir hermeneutischen Ansprüchen an unterschiedlicher Stelle ebenso wie empirischen. Der anthropologische Aspekt durchzieht Beiträge vom ersten bis zum letzten Band. Innerhalb der Bände und Kapitel ergeben sich verti-

kale Grenzüberschreitungen, wenn zum Beispiel der anthropologische Aspekt, der in Bd. 1, II. 1. thematisiert wird, in II. 2., 3., 7. usw. ebenfalls angesprochen wird.
Solche Verzahnungen waren von Anfang an vorhersehbar, erwünscht und wurden, soweit als möglich, thematisch angelegt.
Das geschah auch deshalb, weil mit den Bandtiteln und auch mit der Benennung der Einzelkapitel lediglich eine bereichsleitende Aspektuierung, eine bestimmte Konzentrierung und Dominierung zu erreichen war, nicht aber eine absolute, systematisch und in sich geschlossene Abhandlung. Ein solches Ansinnen hätte auch dem Konzept der Heterogenität und Interdisziplinirarität des HANDBUCH DES SPIELPÄDAGOGIK widersprochen.
Aus diesem Grunde führen die Beiträge in Band 1, Kapitel II., unter differierenden wissenschaftlichen Interpunktionen in die Ausgangslage ein. Gesichertes stellt sich neben das Ungesicherte, das, zumindest scheinbar, Greifbare neben die zum Beispiel aus dem Beitrag von SCHEUERL sprechende Relativierung. Des letzteren behutsames Überdenken auch eigener Standpunkte stellt sich der zielsicheren ontologischen Bestimmung (RÖHRS) und der fast unbekümmert pragmatischen (VAN DER KOOIJ) gegenüber.
Die Ähnlichkeiten in den Fragestellungen verweisen in gleicher Weise wie die vorfindbaren Divergenzen darauf, daß Spiel und Spielen sich immer als eingebettet in die innere Lage der Kultur (TWELLMANN u. a. 1980) erweisen, der Veränderung unterworfen sind, und doch gleichzeitig einen fast archetypisch zu nennenden Bestand aufweisen. Spiele und Spielen stellen sich nicht zuletzt als Indikatoren ersten Ranges zur Verfügung wenn es darum geht, die Beschaffenheit der inneren Lage einer Kultur (vgl. den Beitrag HAMER oder den von BARRET in diesem Handbuch) auszumachen, und es wirft auch ein Licht auf die Grundbefindlichkeit von Gesellungen und Einzelmenschen, welche Spiele sie spielen.
Das Spiel belegt eindrucksvoll, und *in ihm belegt es sich*, daß der Mensch das Bedürfnis nach Freigabe, Entfaltung, nach Ausdruck und Selbstdarstellung, nach kreativer Gestaltung und Neuschöpfung ebenso hat wie den Wunsch nach Begrenzung und nach der Sicherheit einer zeitlichen und räumlichen Beschränkung. Aber das Spielen kommt auch nicht ohne Expressionismen und Reduktionismen aus. Der Schrei, die große Gebärde, die Clownerie, die momentane Begeisterung und Selbstaufgabe, das schallende Gelächter, das Zu-Tränen-gerührt-sein, die Exzentrik und Sprachlosigkeit, all das und mehr gehört zum Spielen. Ganz anders, wenn die Spiele einen expressionistischen oder reduktionistischen Grundzug bekommen. Dann werden sie zur Brutstätte der Gewalt, der Zügellosigkeit, der Vergewaltigung, degenerieren zum aggressionsableitenden Katalysator oder zur Rebellionsverhinderungsinstanz. Die ganz großen „Spiele" waren in diesem Sinne nicht selten Spiele der militärischen Machtdemonstration, Vorführungen des martialischen Herrschaftswillens. Das alles hat mit einer pädagogisch verantworteten und verantwortbaren Auseinandersetzung mit dem Spiel nichts zu tun. Um eine solche aber soll es, theoretisch wie praktisch, in diesem

Handbuch gehen. Die Beiträge garantieren dazu eine breite Diskussionsgrundlage und Diskussionsanregung. Möge sie dem Fach Spielpädagogik nützen und pädagogisch wie politisch jene Ernstnahme bewirken, die es nach unserer Meinung verdient.

Literatur

Bühler, Ch.: Kindheit und Jugend. Genese des Bewußtseins, 4. Aufl. Göttingen 1964
Bühler, K.: Die geistige Entwicklung des Kindes, 5. Aufl. Jena 1929
Butendijk, F. J. J.: Spiel von Mensch und Tier, Berlin 1933
— Wesen und Sinn des Spieles, Berlin 1933
— Das menschliche Spielen, in: Neue Anthropologie, hrsg. von H.-G. Gadamer und P. Vogler, Bd. 4: Kulturanthropologie, München 1973, 88 — 122
Carr, H. A.: The survival values of play, Colorado 1902
Caillois, R.: Die Spiele und die Menschen. Maske und Rausch, München o. J. (Paris 1958)
Chateau, G.: Das Spiel des Kindes. Natur und Diziplin des Spielens nach dem dritten Lebensjahr, Paderborn 1969 (Paris 1964)
Dorfmann, E.: Spieltherapie, in: Rogers, C. R.: Die klient-bezogene Gesprächstherapie (Client-Centered Therapy), München 1973 (Boston 1951)
Elkonin, D.: Psychologie des Spiels, Berlin (Ost) 1980 (Moskau 1978)
Erikson, E. H.: Kindheit und Gesellschaft, 5. Aufl. Stuttgart 1973 (New York 1950)
Flitner, A.: Spielen — Lernen. Praxis und Deutung des Kinderspiels, München 1972
— (Hrsg.): Das Kinderspiel, München 1973
Freud, S.: Jenseits des Lustprinzips, Leipzig / Wien / Zürich 1923
Groos, K.: Die Spiele der Tiere, Jena 1896
— Die Spiele der Menschen, Jena 1899
— Das Spiel. Zwei Vorträge. I. Der Lebenswert des Spiels, II. Das Spiel als Katharsis, Jena 1922
— Das Seelenleben des Kindes, 6. Aufl. Berlin 1923
Hasselblatt, D.: Totale Verglotzung. Eindrücke von der Nürnberger Spielwarenmesse, in: FAZ, 1. 2. 1983, N 5, 35/25
Heckhausen, H.: Entwurf einer Psychologie des Spielens, in: Graumann, C. F. / Heckhausen, H.: Pädagogische Psychologie 1, Entwicklung und Sozialisation, Frankfurt 1973 (nach Antrittsvorlesung 1963)
Hering, W.: Spieltheorie und pädagogische Praxis, Düsseldorf 1979
Huizinga, J.: Homo ludens, 2. Aufl. Reinbek b. Hamburg 1956 (1. Aufl. 1938)
Jünger, F. G.: Die Spiele, Frankfurt a. M. 1953
Kluge, N.: Spielen und Erfahren. Der Zusammenhang von Spielerlebnis und Lernprozeß, Bad Heilbrunn/Obb. 1981
Kreuzer, K. J.: Spiele, Feste, Feiern in der Schule, in: Twellmann, W. (Hrsg.): Handbuch Schule und Unterricht, Bd. 4.1, Düsseldorf 1981, 532 — 553
— Spiele, Feste und Feiern der Jugend, in: Reumann, K. (Hrsg.): Jugend heute: Aufbruch oder Aufstand?, Köln 1982, 150 — 156
— Dem Spiel eine Chance in der Schule, in: Lehrer-Journal 7/8 (1983)
Krivohlavy, J.: Zwischenmenschliche Konflikte und experimentelle Spiele, Bern / Stuttgart / Wien 1974
Lange, K.: Das Wesen der Kunst, Berlin 1901
Mead, M.: Coming of Age in Samoa, New York 1928
— Growing up in New Guinea, New York 1930
— Sex and Temperament, New York 1935
Neumann, J. V. / Morgenstern, O.: Theory of Games and Economic Behavior, 2. Aufl. Princeton University Press 1947
Portmann, A.: Das Spiel als gestaltete Zeit, in: ZfPäd 3 (1975), 335 — 340

- Das Spiel als gestaltete Zeit, in: Bayer. Akademie der Schönen Künste (Hrsg.): Der Mensch und das Spiel in der verplanten Welt, München 1976
Racic, V.: Gedanken über Erziehung durch Spiel und Kunst, in: Archiv für die gesamte Psychologie II, H. 5, Leipzig 1912
Röhrs, H. (Hrsg.): Das Spiel — ein Urphänomen des Lebens, Wiesbaden 1981a
- Spiel und Sportspiel — ein Wechselverhältnis, Hannover 1981b
Sbrezny, H.: Die Spiele der !KO-Buschleute, München 1976
Scheuerl, H. (Hrsg.): Theorien des Spiels, Weinheim 1955
- Das Spiel, 2. Aufl. Weinheim 1959
Schiller, F.: Werke, Bd.: Gedichte. Prosa, hrsg. von B. v. Wiese, Frankfurt a. M. 1961; darin: Über die ästhetische Erziehung des Menschen in einer Reihe von Briefen (1793/94), 481 — 576
Schmidtchen, St. / Erb, A.: Analyse des Kinderspiels, Köln 1976
Spencer, H.: Principles of Psychology, 2. Aufl. New York 1955 (deutsch: Prinzipien der Psychologie, Stuttgart 1982)
Stern, W.: Psychologie der frühen Kindheit bis zum sechsten Lebensjahre, 2. Aufl. Leipzig 1921; darin: Sechster Abschnitt: Phantasie und Spiel, 179 — 195 und 321 bis 335
Sutton-Smith, B.: Die Dialektik des Spiels, Schorndorf 1978
Trapp, K.: Bantu-Spiele. Ein Beitrag zur ethnologischen Spielforschung, Bonn 1960
Twellmann u. a.: Expressive Pädagogik. Zur Grundlegung einer neuen Kultur- und Erziehungstheorie, Düsseldorf 1980
Vogelsang, R.: Die mathematische Theorie der Spiele, Bonn 1963
Vonessen, F.: Vom Ernst des Spiels, in: Bayer. Akademie der Schönen Künste (Hrsg.): Der Mensch und das Spiel in der verplanten Welt, München 1976
Waerden, B. L. v. d.: Die Theorie der Gesellschaftsspiele, München 1976.

II. Pädagogische Aspekte der Theorie und Praxis des Spielens und der Spiele

1. Die pädagogisch-anthropologische Dimension des Spiels

Hans Scheuerl

An den Anfang eines Handbuchs der Spielpädagogik Betrachtungen über die pädagogisch-anthropologische Dimension zu stellen, erscheint plausibel. Verspricht es doch für die Menge der unterschiedlichen Handbuch-Informationen so etwas wie einen Rahmen oder eine Ausgangsbasis. Doch an der Erfüllbarkeit dieses Versprechens müssen Zweifel erlaubt sein:
Von den Wörtern unserer Überschrift ist (bis auf die bestimmten Artikel) keines unproblematisch. Was etwa *„pädagogisch"* ist, sei es an einer Praxis, sei es in einer Theorie, darüber gibt es Kontroversen. Und ob wir in unserer Gegenwart noch von einem Grundkonsens über ein gemeinsames pädagogisches Selbstverständnis ausgehen dürfen, wird seit anderthalb Jahrzehnten zunehmend bezweifelt. Nicht ob ein solcher Konsens wünschenswert, sondern ob er noch erreichbar ist, steht in Frage.
Was *„anthropologisch"* ist, läßt sich ebenfalls nicht mehr naiv beantworten, seitdem über Möglichkeiten, Formen und Grenzen einer „Lehre vom Menschen" seit Generationen gestritten wird. Schon als das Wort sich zur Bezeichnung einer eigenen Fragestellung im 16. Jahrhundert einzubürgern begann, stand man vor dem Problem, wie man der geistig-körperlichen Doppelnatur des Menschen wissenschaftlich gerecht werden sollte: Das Studium des menschlichen Körpers und seiner Funktionen gehörte ebenso dazu wie die Besinnung auf das Verhältnis von Leib und Seele, Gehirntätigkeit und Vernunft, Sinnlichkeit und Wille. Anthropologie war damit von Anbeginn doppelgesichtig: empirisch und spekulativ, ein Bündel abgegrenzter Einzeldisziplinen und die fächerübergreifende Frage, was der Mensch „eigentlich" sei. „Physiologische" und „pragmatische Menschenkenntnis" hieß es später bei KANT: „Was die Natur aus dem Menschen macht", und „was er als freihandelndes Wesen aus sich selbst macht" (KANT 1798), sind seither die beiden nicht ineinander auflösbaren Fragen der naturwissenschaftlichen und der philosophischen Anthropologie. In den jüngsten Jahren ist man zudem unter dem Stichwort „Anthropologiekritik" skeptisch geworden, ob feststellbare Lehraussagen überhaupt noch gewagt werden dürfen über ein so offenes und vieldeutiges Wesen, das sich durch seine Selbstdeutung selber mitdefiniert und dabei extrem historisch bestimmt und wandelbar ist. Alle inhaltlichen anthropologischen Lehrsätze bleiben notwendig vorläufig, überholbar und fragmentarisch; was möglich bleibt, ist eine nur noch formale Anthropologie.

Über die Fragwürdigkeit des Wortes „*Dimension*" kann man sich kürzer fassen: Der Ausdruck klingt wissenschaftlich, besagt aber in seiner analogisierenden Übertragung aus der Mathematik kaum mehr als: Seht, da gibt es über die vielen konkreten Spezialfragen der Spielpädagogik hinaus auch noch Dinge zwischen Himmel und Erde, für die die Schulweisheit etwas Raum lassen sollte.

Und schließlich der Ausdruck „*Spiel*": Trotz aller Bemühungen, die seit mehr als zweihundert Jahren von Philosophen und Fachgelehrten, von Dichtern und Erziehern unternommen worden sind (vgl. SCHEUERL 1975a), gibt es noch nicht einmal eine allgemein anerkannte Definition, mit der es gelungen wäre, aus dem umgangssprachlichen Wort einen wissenschaftlichen Terminus zu machen! Beginnen wir unsere pädagogisch-anthropologische Besinnung also am besten an diesem Punkt:

In der „klassischen Logik" definiert man einen Begriff, indem man den nächsthöheren Begriff aufsucht und die Unterscheidungsmerkmale zu benachbarten Begriffen angibt („per genus proximum et per differentiam specificam"). Doch was ist für Spiel der nächsthöhere Begriff? Wer sich etwa als Psychologe für Tätigkeiten, psychische Akte, ihre Funktionen und begleitenden Gefühle interessiert, könnte definieren: „Spiel ist eine Tätigkeit, die . . ." Tätigkeit wäre der Oberbegriff. Man denke an die oft zitierte Definition von Karl BÜHLER:

„Eine Tätigkeit, die mit Funktionslust ausgestattet ist und von dieser Funktionslust direkt oder um ihretwillen aufrecht erhalten wird, wollen wir Spiel nennen, gleichviel was sie sonst noch leisten und in welchen Zweckzusammenhang sie eingebaut sein mag" (BÜHLER 1924, 457).

Ohne Zweifel ist es das gute Recht jeder Wissenschaft, ihre Fragestellungen so einzugrenzen, wie es ihrem Sachinteresse und ihren methodischen Möglichkeiten entspricht. So kann sie auch ausgrenzen, was ihren Gegenstand zu komplizieren machen würde. Solange man sich solcher verabredeten Reduktionen bewußt bleibt, ist nichts einzuwenden. Doch bleibt die Frage, ob und wie weit die Wirklichkeit, die unsere Alltagserfahrung umgangssprachlich als „Spiel" bezeichnet, noch in ihrer für Pädagogik und mitmenschlichen Umgang bedeutsamen Vielfalt und Fülle erfaßt werden kann, wenn man sie definitorisch auf „Tätigkeiten mit Funktionslust" zurückschneidet. Ist etwa über ein Singspiel, einen kindlichen Reigen, ein Puppentheater oder ein Fußballspiel von dieser Definition her irgend etwas Wesentliches zu sagen? Und könnte man nicht ebenso gut mit der Behauptung beginnen, die Tätigkeit der an einem Spiel beteiligten Subjekte seien nur ein Moment, nur deren jeweiliger Beitrag zum Spiel; dieses selbst aber müsse als ein „Geschehen", als ein „Ablauf", als „gestaltete Zeit" (PORTMANN 1975) definiert werden? Dann wäre nicht „Tätigkeit" der Oberbegriff, ja nicht einmal das Ineinander von Tätigkeiten in der „Interaktion", sondern die Gesamtheit der Wirkungen, die daraus resultieren, müßten als „genus proximum" auf den Begriff gebracht werden. Darüber hinaus lassen sich Spiele auch noch als „Regelgebilde", als tradierbare Objektivationen betrachten,

so wie Kunstwerke und Sitten, Umgangsbräuche und Rituale sich geschichtlich und vergleichend beobachten, sammeln, beschreiben und als Objektivationen menschlicher Kulturen und Epochen und gesellschaftlicher Gruppen analysieren lassen. Und in der Tat: es gibt eine Geschichte des Skat und des Schach, der Ballspiele, des Puppenspiels und der Kampfspiele. Und Kinder bestimmter Sozial- und Altersgruppen haben ihre eigenen, von den Erwachsenen manchmal unabhängigen Spieltraditionen, wie Hildegard HETZER schon in den zwanziger Jahren beobachten konnte (HETZER 1927).
Schon beim ersten Schritt des Definitionsversuchs, bei der Suche nach geeigneten Oberbegriffen, stehen wir also vor dem Tatbestand, daß Spiel unser menschliches Leben offenbar unter so vielen wechselnden Perspektiven berühren und betreffen kann, daß sich sinnvolle, jeweils begrenzte Definitionen nach sehr unterschiedlichen Gesichtspunkten beginnen lassen. Spiel und Spielerisches hat offenbar an so vielen verschiedenen Phänomenbereichen und Erfahrungsausschnitten Anteil, daß es sowohl Tätigkeiten wie Abläufen, sowohl sozial-kulturellen Objektivationen wie subjektiven Motivationen und Einstellungen begrifflich subsumiert werden kann (vgl. SCHEUERL 1975b, 347).
Spiel – ein Verwandlungskünstler, der sich nicht gerne festlegen läßt. Und dabei haben wir bisher nur über mögliche Oberbegriffe nachgedacht. Wie soll das erst werden, wenn wir nach Einzelmerkmalen suchen, die spielerische von nichtspielerischen Tätigkeiten oder Interaktionen, Abläufen oder Regelgebilden unterscheiden sollen? An was alles läßt sich nicht denken, wenn von Spiel und Spielen die Rede ist? Puppenspiele und Murmelspiele, Olympische Spiele, Klavierspiel, Stratego, Schülertheater, Denksport, Liebesspiel – die Reihe ist nahezu unabschließbar. Besteht auch nur eine geringe Aussicht, daß sich für so Verschiedenartiges gemeinsame Begriffsmerkmale finden lassen? Werden es mehr als vage Formalaussagen sein? Und was erbringen sie für die „pädagogisch-anthropologische Dimension", für die Einschätzung der Bedeutung des Spiels für unser persönliches und gemeinsames menschliches Leben?
In der Gesamtheit menschlicher Aktivitäten und Erlebnisweisen können Spiele bei Kindern, Jugendlichen und Erwachsenen einen sehr unterschiedlichen Stellenwert haben: Einmal sind sie bloße „Kurzweil", Randerscheinungen, nutzlos und überflüssig, solange man „Besseres" zu tun weiß. Ein andermal können sie bis ins Zentrum des Daseins rücken, Leidenschaften erregen, Exzesse der Begeisterung, der Risikobereitschaft, Spannung, Entsagung, auch Enttäuschung, sogar der Gewalttätigkeit provozieren. Spielerisch kann die dominierende Erlebnis- und Ausdrucksweise einer ganzen Lebenshaltung sein. Manchmal ist Spiel aber auch nur ein Reservat, streng ausgegrenzt aus dem Ernst des sogenannten „wirklichen" Lebens. Spiel als Refugium, als „Oase des Glücks" (FINK 1957); oder Spiel als Medium, das alle Lebensäußerungen eines einzelnen, einer Gruppe verbindend durchwirkt. Wir kennen im Spiel Zustände traumhafter Versunkenheit, aber auch gespanntester Wachheit. Spielverhalten reicht von Leichtigkeit, Anmut, Lässigkeit bis zu diszipliniert, berechnender Strategie; vom ausgelassenen,

unbekümmerten Mummenschanz bis zum artistischen Können; und von spontaner Improvisation bis zu streng geregelten Ritualen. Also Vorsicht bei Verallgemeinerungen!

Wer die theoretischen Deutungen überblickt, die das Spiel in Philosophie und Wissenschaften, aber auch in der literarischen Essayistik erfahren hat, findet eine Reihe von Angeboten, Spiel anthropologisch zu deuten. Peinlich nur, daß sich zu beinahe jedem Vorschlag mit wenig Phantasie Gegenbeispiele finden lassen. Welche Art von Spielen sollen wir bevorzugen? An welchen Stellen des Lebensweges sollen wir das tun, wenn wir nach der „anthropologischen" Bedeutung fragen? Und welche Form von Spiel wollen wir dabei als das „eigentliche Spiel" ansehen?

Glücklicherweise sind wir nicht die ersten, die diese Probleme mit allen ihren Unsicherheiten diskutieren. Es gibt „Klassiker" der Spieltheorie, die auf ihre Weise mit dieser Ratlosigkeit auch fertigwerden mußten. Da steht in SCHILLERs Briefen über die ästhetische Erziehung der oft zitierte Satz: „Denn, um es endlich auf einmal herauszusagen, der Mensch spielt nur, wo er in voller Bedeutung des Wortes Mensch ist, und er ist nur da ganz Mensch, wo er spielt" (SCHILLER 1795, 15. Brief). Wahrlich eine anthropologische Aussage! Aber man sollte sie nicht ohne die Anmerkung zitieren, die SCHILLER ihr in der Erstausgabe in den „Horen" beigefügt hat:

„Es gibt ein Kartenspiel, und es gibt ein Trauerspiel; aber offenbar ist das Kartenspiel viel zu ernsthaft für diesen Namen."

Beide Sätze wären es wert, daß man ihren gegensatzreichen Sinnbezügen ausführlicher, als es hier möglich ist, einmal nachginge (vgl. SCHEUERL 1975c, 191 ff.). Spiel wird hier auf zwei Ebenen gesehen: als ein Idealzustand und als dessen realistisch gesehene Verkehrung oder Erstarrung. Offenbar gibt es „echte" und „gekünstelte" Handlungsfolgen und Szenerien unter demselben Namen. Es gibt „Spielereien", gelangweilten Zeitvertreib; es gibt verbissenen Fanatismus des Gewinnen- und Siegenwollens um jeden Preis; es gibt aber auch Spiel als erfüllte, gestaltete Zeit. Wir müßten also schon etwas genauer wissen, durch welche Merkmale sich „gelungene", „geglückte", „erfüllte" Spiele vom bloßen Zeitvertreib einerseits, von der Verbissenheit eines Leistungssports andererseits unterscheiden.

Wir müssen dazu hinter den jeweils partiellen Aussagen und Deutungen reduktiv nach gemeinsamen Merkmalen suchen, die den spielerischen Charakter einer Spieltätigkeit, eines Spielablaufs oder eines konkreten einzelnen Spiels von seinen möglichen Verfehlungen und Entstellungen unterscheiden lassen. Dabei will ich mich vorzeitiger Deutungen möglichst lange enthalten. Ich beginne mit einem Umweg über sehr elementare Beispiele, die mit einer pädagogisch-anthropologischen Deutung noch wenig zu tun haben scheinen:

Der Basler Zoologe Adolf PORTMANN hat in einem Vortrag von 1975 die besonderen Verlaufsformen einfacher Spiele aus der Tierwelt beschrieben. Ich referiere stark verkürzt eine dieser Beschreibungen:

„In Zürich ... wurde eine Verkäuferin auf ein seltsames Klirren aufmerksam ..." Es war „der Klang von fallenden Eisennägeln, die auf einer Zementstiege aufschlugen".
Auf einer Dachtraufe darüber saß ein Taubenpaar.

„Die eine trug von Zeit zu Zeit von einem benachbarten Bauplatz die Eisennägel im Steilflug zum Dach, die andere „drehte sie in die rechte Lage. Beide Vögel setzten sich auf die Kante, ... der Nagel wurde fallengelassen, beide sahen ihm nach und warteten mit Spannung, ... bis das Eisen fünfzehn Meter weiter unten ... aufschlug. Dann übernahm die eine wieder den Zubringerdienst, und das Spiel ging weiter ... Zwei- bis dreihundert Nägel lagen schließlich auf der Treppe ... Zwei Kilo schwer war die ganze Eisenlast".

Nach dieser Schilderung versucht PORTMANN eine Deutung:

„Tauben hantieren in der Brutzeit mit Nistmaterial. Solche Neigungen mögen beim Aufgreifen der Nägel eine Rolle spielen. Aber das Fallenlassen, das Warten auf den Klang, die stete Wiederholung ... läßt kaum einen Zweifel ..., daß hier ein Genießen des selbsterzeugten Lautes mit im Spiel ... ist" (PORTMANN 1975, 56).

Ein zweites Beispiel stammt von Sigmund FREUD, der das selbsterfundene Spiel eines anderthalbjährigen Jungen beschreibt. Ich beschränke mich zunächst auf die Wiedergabe der rein beschreibenden Teile: Der „brave" Junge einer befreundeten Familie hatte die Gewohnheit, alle Gegenstände, deren er habhaft wurde, weit von sich zu werfen und dabei „mit dem Ausdruck von Interesse und Befriedigung ein lautes, langgezogenes o-o-o-o" hervorzubringen, das nach dem Urteil der Mutter und des Beobachters keine Interjektion war, sondern soviel wie „fort" bedeutete. Als er dann einmal eine Holzspule, die mit einem Bindfaden umwickelt war, zum Spielen hatte, spielte er auch mit dieser Spule „Fortsein": Er warf sie über den Rand seines verhängten Kinderbettes, so daß sie darin verschwand,

„sagte dazu sein bedeutungsvolles o-o-o-o und zog dann die Spule am Faden wieder aus dem Bett heraus, begrüßte aber deren Erscheinen jetzt mit einem freudigen ‚Da'. Das war also das komplette Spiel. Verschwinden und Wiederkommen ..." (FREUD 1920, 11 ff.).

Die FREUDsche Deutung, das Kind verarbeite in diesem Spiel aktiv, was es zuvor passiv als Trennung von der Mutter erlebt habe, es erfahre sich im Spiel als „Herren der Situation" und könne dabei sogar uneingestandene Rache gegen die Mutter abreagieren: Ja geh nur fort! Ich laß dich sogar selber verschwinden! — diese Deutung soll jetzt nicht unser Thema sein. Ich will vielmehr fragen, was wohl das typisch Spielerische an diesem Ablauf sein könnte:

Zunächst ist etwas Ähnliches zu beobachten wie bei den Zürcher Tauben auf dem Dach: Da agiert jemand und erzeugt Wirkungen, die von seinem Tun relativ abgehoben sind und etwas für ihn Überraschendes haben: Hier oben gebe ich dem Nagel einen Schubs — und weit da unten klirrt es etwas später. Mit dieser Hand werfe ich die Spule übers Bett, und sie ist „o-o-o"; und wenn ich dann am Faden ziehe, ist sie nach einer ungewissen, erwartungsvollen Spannungszeit wieder „da"! Ein Tun und ein Geschehen hängen irgendwie miteinander zusammen, aber nicht ganz geradlinig und

durchschaubar; sie sind wie durch einen Hiatus getrennt. Das Geschehen verselbständigt sich, läuft dem Täter ein Stück weit davon, kann aber durch neues Tun wieder eingeholt oder wiederholt werden.
Nun könnte die Ähnlichkeit der sonst so verschiedenartigen Beispiele in dieser einen Hinsicht ein purer Zufall sein. Suchen wir deshalb nach andersgearteten Beispielen: Der Psychologe Heinz HECKHAUSEN hat eine seiner Töchter im Alter von 10 Monaten in folgender Szene beobachtet: Das Kind liegt im Laufstall und hat regen Blickkontakt zum Vater. Dieser wirft ein Tuch über ihre Augen. Sie erregt sich stark, sucht sich zappelnd von dem Tuch zu befreien. Sobald das Tuch entfernt ist, beruhigt sich der Atem, das Kind lächelt erleichtert-erlöst. Doch der Vater wirft das Tuch abermals, bis nach einigen Wiederholungen die Mutter hinzutritt und auf Beendigung des „grausamen Spiels" dringt. Doch das Kind erwartet eine Fortsetzung. Es zieht sich selber das Tuch über die Augen und zeigt dieselben ängstlichen Atemstöße, wenn sein Blickkontakt zur Umgebung unterbrochen ist, dieselbe Erleichterung, wenn es sich wieder befreit (HECKHAUSEN 1964, 227).
Dem Autor kommt es in seinem Beispiel auf den Nachweis einer bestimmten psychischen Spannungskurve im Spielerlebnis an: Der Tendenz zum Abbau von Spannungen, die in der psychoanalytischen Spieltheorie ein zentrales Moment war, stehe eine gleich ursprüngliche Tendenz zum Aufsuchen von Spannungszuständen entgegen. Zu hohe Spannung sei ebenso unangenehm wie Spannungslosigkeit etwa bei Langeweile. Die Hoffnung auf baldigen Spannungsabfall könne aber auch das Aushalten sonst unangenehm hoher Spannungsgrade noch als lustvoll erleben lassen. Nicht nur in Kinderspielen wie Jagen, Fangen, Verstecken, bei Selbstbeherrschungs-Wettkämpfen, sondern auch in abenteuerlichen Unternehmungen, in gefährlichen Sportarten (Bergklettern, Skilauf, Rennsport) oder bei riskanten Glücksspielen finde man hierfür anschauliche Beispiele. Wenn ich recht sehe, haben wir hier überall wieder jenen merkwürgen Hiatus zwischen Tun und Geschehen, zwischen gekonnter Aktivität und den diesem Können ständig davonlaufenden Wirkungen, die wieder eingeholt, gebändigt, neu angestoßen werden müssen. Ob dabei Spannung und Entspannung wirklich in ein spielerisches Verhältnis zueinander kommen, hängt freilich vom Könnensgrad des oder der Spielenden ab.
Bei HECKHAUSENs Tochter wie bei dem Anderthalbjährigen, den FREUD beschrieb, dürfte wohl schon wenige Tage später die Zeit kommen, in der die Beherrschung von Tuch oder Garnrolle so weit erlernt und gesichert ist, daß ein spannender Abstand zwischen Tun und Wirkung kaum mehr empfunden wird. Das Spannende, Überraschende, Faszinierende *dieser* Tätigkeit schwindet unweigerlich dahin. Sucht man weitere Spannung, so muß man zu komplizierteren Arrangements übergehen. Der amerikanische Spielforscher Brian SUTTON-SMITH (1978) hat auf ein „dialektisches" Verhältnis hingewiesen, das zwischen „Spiel" und „mastery" besteht: „Mastery", die Meisterung von Tätigkeitsabläufen, der Könnengrad der Sach- und Selbstbeherrschung muß zu einem Minimum bereits erreicht sein,

wenn man ein Spiel beginnen will. Spielen will gelernt sein. Aber durch eben dieses Spielen selbst steigere ich zugleich auch wieder meine „mastery", und zwar unter Umständen so weit, daß der Reiz des ursprünglich begonnenen Spiels dabei verlorengeht, sofern ich die Spannung nicht durch Einführung neuer Schwierigkeitsgrade wie in einem Regelkreis ständig erhöhe. Auch hierfür gibt es Beispiele aus ganz unterschiedlichen Spielbereichen: Man denke an das „Probespiel" mit dem Ball an der Mauer, das vom ersten ungelenken Werfen, Abprallen und Fangen bis zu einer wahren Artistik gesteigert werden kann. In jedem seiner Stadien ist es ein Zwischenspiel zwischen noch Unerreichtem, das Konzentration, Anstrengung, Übung erfordert, dann für kurze Zeit zu souveränem Können, eben „mastery" wird, bevor es gegenüber neuen, gesteigerten, interessanteren Zielen seinen Anreiz allmählich verliert, bestenfalls noch zum Zeitvertreib taugt. Ähnliche Stufenfolgen lassen sich beim Seilhüpfen, bei „Hula Hoop", beim „Gummitwist" und vielen anderen beliebten Spielen beobachten. Auch in der biographischen Entwicklung so hochkomplexer Kampfspiele wie etwa des Fußballspiels finden wir dieses Sich-Hochschaukeln von „Spiel" und „mastery" wie im Regelkreis: Aus dem primitiven „Buffen" und „Boltzen" der Jungen auf dem Hof und dem „Toreschießen" vor der Garageneinfahrt baut sich nach und nach ein eigenes immer komplizierteres Regelsystem auf, das, wenn es gemeistert werden soll, schließlich so viel Training und Perfektion verlangt, daß das spielerische Element darin für manchen in Vergessenheit geraten kann. Aber auch Spiele, bei denen es nicht so dominant auf „Können" und „Leistungssteigerung" ankommt, sondern bei denen der Anteil fabulierender Phantasie in den Vordergrund rückt, zeigen analoge Stufenfolgen: Das Puppenspiel mit seinen vielfältigen Varianten, das durch einfache symbolische Setzungen eine Fülle imaginierter Wirkungen hervorruft, sei es für den einsamen Spieler, dessen Gesichte und Erlebnisse ein anderer kaum wahrnimmt; sei es für eine Gruppe, die verschiedene Rollen unter sich verabredet; sei es schließlich für das Puppentheater, wo Spieler mit einfachen Figuren und Gesten über eine Spielleiste hinweg mit den Erwartungen, Hoffnungen, Wünschen und Ängsten ihres Publikums wie auf einer Klaviatur spielen können, sofern sie den entsprechenden Grad puppenspielerischer „mastery" beherrschen. Auch hier ein differenzierter Entwicklungsgang vom ersten Symbolspiel kleiner Kinder bis zur vollendeten Kunst des Puppentheaters. Und auch hier jedesmal die Pointe, daß ich als Spieler Wirkungen erzeuge, die sich von meinem Tun abheben, ein Eigenleben beginnen, auf das sensibel reagiert werden muß, wenn das Spiel „glücken" und interessant bleiben soll (vgl. SCHEUERL 1957).

Auf welche Merkmale kommt es also an, wenn ein Spiel gelingen, ja wenn es überhaupt als Spiel in Gang kommen soll? Ich versuche resümierend fünf Merkmale herauszuheben:

1. Jedes Spiel bildet in sich eine Art von „*System*", ein in sich relativ geschlosssenes, selbständiges zeitliches Gebilde aus Impulsen und Wirkungen, die wiederum Impulse hervorrufen. Da entsteht etwas aus meinem Tun, erstaunt mich, läuft mir davon; ich muß reagieren, wenn ich es wieder einholen will. Ich muß mich ganz darauf ein-

stellen. Es verlangt eine eigene Art von „Sachlichkeit" und „Ernstnehmen' von mir. Merkwürdig ist, daß es erste Vorformen, gleichsam „Präfigurationen" davon auch schon im Tierreich gibt (BUYTENDIJK 1933), obwohl die Anthropologie doch gewöhnlich davon ausgeht, daß die Fähigkeit zur Sach-Distanzierung, zur Wahrnehmung von Objektivationen erst eine der Bedingungen menschlicher Lebensform sei.

2. Solche spielerischen Ablaufsgestalten benötigen einen „Freiraum", wenn sie sich verselbständigen wollen. Wo die Tauben wirklich nisten, werden sie kaum mit Nägeln spielen. Sie dürfen nicht durch instinktiven Druck (Angst, Not, Hunger, Balz) absorbiert sein. Im tierischen Leben sind es nur bestimmte ausgeglichene Sondersituationen, in denen Spiel vorkommt. Aber auch im menschlichen Leben entstehen und halten sich Spiele nur, wo der Freiraum eines „entspannten Feldes" wenigstens minimal gesichert ist.

3. Innerhalb des entspannten Feldes muß aber eine Binnenspannung als solche interessant genug sein, um unsere „mastery" herauszufordern: Diese Spannung darf weder zu hoch noch zu gering sein, sie muß ein gewisses Gleichgewicht, jedoch mit offenem Ausgang einhalten. Jeder Ablauf erscheint für sich mehrdeutig, labil, *ambivalent*: Das noch unentschiedene Zugleich widerstreitender Möglichkeiten macht die Sache spannend. Bekanntes wird verfremdet, Unbekanntes vertraut; Angriff wechselt mit Flucht oder Verteidigung; Aktivsein mit distanziertem Abwarten. Wichtig ist nur, daß das Gleichgewicht etwa im Lot bleibt: Wo nur noch Flucht oder nur noch Angriff, nur noch Aktivismus oder nur Passivität herrschen, haben wir kein Spiel mehr. Wo alles fremd oder alles schon gekannt und gekonnt ist, reizt nichts mehr zum Spielen.

4. Nur wenn die ersten drei Merkmale — Systemcharakter, Freiraum und ambivalentes Gleichgewicht — gesichert sind, läßt sich ein viertes erleben: die *Bildhaftigkeit* oder der Schein-Charakter des Spiels, seine „Quasi-Realität" auf einer eigenen phänomenalen Ebene. SCHILLER nannte dies den „schönen Schein", eine gleichsam ästhetische Realität eigener Art, die auf nur wenige, aber mit unmittelbar starker Erlebnisqualität ausgestattete Merkmale reduziert ist: Das Auf und Ab, das Hin und Her eines Balles, das Mit- und Gegeneinander realer oder symbolischer Figuren, der variantenreiche Wechsel von Kombinationen und Chancen bei einem Brett- oder Kartenspiel.

5. Schließlich fällt bei allen Beispielen auf, daß sich Tätigkeiten und Wahrnehmungen im Spiel immer auf unmittelbare, relativ kurzfristig absehbare Wirkungen beziehen; es gibt zwar bei Wettkampfspielen auch längerfristige Strategien oder beim darstellenden Spiel szenische Handlungspläne. Doch den eigentümlichen Reiz gewinnen die Handlungen und Erlebnisse im Spiel aus der *Gegenwärtigkeit* starker augenblicksgebundener Eindrücke: Die Spannung muß jetzt steigen oder fallen, eine Wiederholung muß hier den Freiraum gegen außerspielerische Spannungen offenhalten. Es herrscht ein besonderes Verhältnis zu Zeit und Raum. Spiele zielen nicht auf ihr Ende, wollen nicht „erledigt", sondern möglichst immer weiter ausgedehnt sein. In Anlehnung an die Ästhetik Paul VALÉRYs habe ich diese besondere Zeitstruktur früher einmal die „innere Unendlichkeit" des Spiels genannt (SCHEUERL 1954, 72 ff.).

Versteht man unter gelungenen Spielen solche gestalteten Zeitabläufe in den unterschiedlichsten Medien, dann wird man vom aktiven Spieler wie vom teilnehmenden Zuschauer bestimmte Einstellungen und Fähigkeiten erwarten, die ein Spiel überhaupt erst ermöglichen. Zeitweilig ist auch der Spieler immer wieder Zuschauer seines eigenen Spiels, wie der Zuschauer teilnimmt, indem er die Aktivitäten virtuell mitvollzieht. Wenn davon das Glücken des Spiels abhängt, ist auch die „pädagogische Dimension" berührt: Eigenschaften, Formen und Bewegungsweisen der Dinge, mit denen gespielt wird, müssen erkannt, Aktions- und Reaktionsweisen der Spielpartner, ihre Absichten, Motive, Strategien müssen durchschaut und gedeutet werden. Das erfordert Flexibilität und Lernbereitschaft, Offenheit für Korrekturen, aber zugleich auch Stärke im Durchhalten eigener Positionen. Es kommt also auf gegensätzliche, geradezu dialektisch-polare Qualitäten an, die einem guten Spieler und Spielpartner abverlangt werden. Bei aller Ungezwungenheit und Leichtigkeit, die ein Spiel im Stadium der „mastery" annimmt, ist es doch nichts Anstrengungsloses, Weichliches oder Läppisches. Zu seiner Ambivalenz gehört gerade, daß es schwer und leicht, spannend und entspannt, scheinhaft und real zugleich ist.

Anthropologisch und pädagogisch bedeutsam scheint mir am Schwebezustand gelungener Spiele, daß man ihr Gleichgewicht nicht einfach „machen" oder „festhalten" kann, etwa wie einen Film, den man zu Lehrzwecken stückweise wieder ablaufen läßt. Spiele haben alle etwas Einmaliges, das hier und jetzt glücken oder mißlingen kann. Kein Ballspiel, keine Schachpartie gleicht der anderen. Gerade deshalb erzwingen Spiele von allen Beteiligten ein hohes Maß an sachlicher und sozialer Sensibilität inmitten ihrer aktiven und abwartenden, zugreifenden und nachvollziehenden Momente. Und wo es um erziehende oder bildende Wirkungen geht, da sind die Spiele selber unsere Erzieher, nicht wir. Und sie sind es um so mehr, je besser sie gelingen. Also Vorsicht vor falschen Pädagogisierungen!

Doch auch, was das „Machen" betrifft, so sind Spiele wieder doppeldeutig: Zwar besteht die Aktivität hier nicht nur im „Tun", sondern auch im „Lassen"; sie fordert neben der tätigen auch eine „kontemplative" Haltung. Dennoch bleibt eine Menge auch „machbar": Wo die Alltagsumwelt Spiele verhindert, kann schon die Schaffung von Raum und die Bereitstellung von Material etwas Machbares sein. Wo Monotonie oder Einseitigkeit schulischer Beanspruchung kindliche Motivationen vernichtet, sind Anregungen und Initiativen zur Gegensteuerung durch Förderung von Spiel in der Schule etwas Machbares. Und wer in einer verödeten Welt ohne Spiel, Phantasie und Abenteuer zu einer Kinder- oder Jugendgruppe sagt: Kommt, wir machen ein Spielchen – tut auch dann etwas Sinnvolles, wenn er weiß, daß das Gelingen damit noch nicht gesichert ist. Wenn es dann allerdings begonnen worden ist, dann müssen die Eigengesetzlichkeiten dieses ambivalenten, stets gefährdeten und auszubalancierenden, schwebenden, bildhaften Schein- und Zeitgebildes selber glücken. Vom Initiator und Spielleiter werden dann keine anderen Tugenden verlangt als vom guten Spieler: Aktivität und Geduld, Beweglichkeit und Stehvermögen, gelegentlich blitzschnelle Intervention, wenn das Gleichgewicht zu kippen droht; Wachheit *und* Imagination, Beharrlichkeit *und* Lernbereitschaft. Der Mensch spielt nur dort im eigentlichen Sinne, wo er alles dies zugleich erfüllt, wo er – mit SCHILLER gesprochen – „ganz Mensch ist".

Wir haben an mehreren Beispielen gesehen, daß das Vergnügen, der Reiz, das Fesselnde am Spiel sich aus der Unmittelbarkeit seiner Situationsbezüge speist, aus der an den Augenblick gebundenen Frage „Wird es glücken?" (HUIZINGA 1956, 52). Für mögliche Fehlformen, für mißglückende Spiele sind oft zu hohe oder auch zu niedere Ansprüche verantwortlich, die nicht aus der Sensibilität für die Spielsituationen selber kommen, sondern die es von außerhalb, schon vor seinem Beginn mit ferngelenkten programmatischen Absichten befrachten, die in ihren Zumutungen etwa an Kinder dann entweder zu hoch oder in falscher Kindertümelei zu wenig ernst sind. Didaktifizierungen, gesellschaftstheoretische Aufklärungsvorhaben, polit-ökonomische Veränderungsstrategien, Propaganda, Bemühungen um emotionale Einstimmung unter bestimmten Bannern und Fahnen — alle solche Programmatiken haben sich auch schon in spielpädagogischen Veranstaltungen durchzusetzen begonnen und Spiele in ihren Dienst zu nehmen versucht. Ich will mögliche Erfolge hier nicht bestreiten. Wenn die Ziele gut sind, wird auch spielerische Einstimmung und Bestärkung nicht grundsätzlich abzulehnen sein. Dennoch sollten sich Spielpädagogen ihrer Grenzen und Gefahren bewußt sein: Die Offenheit und Unmittelbarkeit spontanen Spiels ist zu zerbrechlich, um nicht durch allzu durchsichtige Eindeutigkeiten von außen her an ihrer Entfaltung und damit auch an ihrer pädagogisch-anthropologischen Funktion gehindert zu werden. Gelungene Spielsituationen sind allemal vielseitig, spannungsreich und gefährdet. Die Vielseitigkeit aufzuschließen, sie nicht zu gängeln, zu verzwecken, festzumauern — ihr vielmehr zu vertrauen, sollte das wichtigste Ziel guter Spielpädagogik sein und auch bleiben.

Literatur

Bühler, K.: Die geistige Entwicklung des Kindes, 4. Aufl. Jena 1924
Buytendijk, F. J. J.: Wesen und Sinn des Spiels. Das Spielen des Menschen und der Tiere als Erscheinungsform der Lebenstriebe, Berlin 1933
Fink, E.: Oase des Glücks. Gedanken zu einer Ontologie des Spiels, Freiburg / München 1957
Freud, S.: Jenseits des Lustprinzips (1920), wieder abgedruckt in: Gesammelte Schriften, Bd. 7
Heckhausen, H.: Entwurf einer Psychologie des Spielens, in: Psychologische Forschung 27 (1964), 225 — 243; wieder abgedruckt in: Flitner, A. (Hrsg.): Das Kinderspiel. Texte (Erziehung in Wissenschaft und Praxis 20), Neuausgabe München 1978, 138 — 155; Zitate nach dieser Ausgabe
Hetzer, H.: Das volkstümliche Kinderspiel, Berlin / Wien / Leipzig / New York 1927
Huizinga, J.: Homo ludens, Reinbek 1956
Kant, I.: Anthropologie in pragmatischer Hinsicht (1798), in: Kants Gesammelte Schriften, hrsg. von O. Külpe, Bd. 7, 1907
Portmann, A.: Das Spiel als gestaltete Zeit, in: Zeitschrift für Pädagogik 21 (1975), 335 — 340; wieder abgedruckt in: Flitner, A. (Hrsg.): Das Kinderspiel, Neuausgabe München 1978, 55 — 62; Zitate nach dieser Ausgabe
Scheuerl, H.: Das Spiel. Untersuchungen über sein Wesen, seine pädagogische Möglichkeiten und Grenzen (1954), 10. Aufl. Weinheim / Basel 1977 (seit 1979 als Beltz-Taschenbuch)
— Spiel und Bildung, in: Westermanns Pädagogische Beiträge 1957; erweiterter und veränderter Abdruck unter dem Titel: Kreisel, Ball, Puppentheater — Bildung im Spiel, in: Flitner, A. (Hrsg.): Das Kinderspiel, Neuausgabe München 1978, 221 bis 228

- Spieltheorien im Wandel, in: Grupe, O. / Gabler, H. / Göhner, U. (Hrsg.): Spiel – Spiele – Spielen (Schriftenreihe des Bundesinstituts für Sportwissenschaft Bd. 49), Schorndorf 1983, 76 – 88
- Zur Begriffsbestimmung von „Spiel" und „spielen", in: Zeitschrift für Pädagogik 21 (1975b), 341 – 349
- Spiel – ein menschliches Grundverhalten?, in: ders. (Hrsg.): Theorien des Spiels, 10. erw. Aufl. von: Beiträge zur Theorie des Spiels, Weinheim 1975c, 189 – 208
- Pädagogische Anthropologie. Eine historische Einführung, Stuttgart 1982

Schiller, F.: Über die ästhetische Erziehung des Menschen in einer Reihe von Briefen (1795), in: Sämtliche Werke, Säcular-Ausgabe, Stuttgart o. J.

Sutton-Smith, B.: Die Dialektik des Spiels (Reihe Sportwissenschaft, hrsg. von O. Grupe), Schorndorf 1978

Valéry, P.: L'infinie esthétique, in ders.: Pièces sur L'Art, Paris 1934, 247 – 252

2. Das Spiel –
eine Grundbedingung des Lebens
Hermann Röhrs

I. Spiel als ontologisches Prinzip

Der These, daß die Entwicklung des Lebens phylo- und ontogenetisch entscheidend durch das Spiel gefördert wird, entspricht die Folgerung, daß Fehlentwicklungen unter dem Aspekt des Spiels zu deuten und durch eine nachträglich zu stiftende Spielgeschichte zu begrenzen oder sogar aufzuheben sind. Das Spiel erweist sich als ein grundlegendes Prinzip (RÖHRS 1981 a, b), das das Leben über die spielerische Bewährung zur Selbstvollendung führt. Diese Deutungsweise ist in jüngster Zeit aus naturwissenschaftlicher Sicht von Manfred EIGEN (EIGEN / WINKLER 1975) und von sozialwissenschaftlicher Seite von Jerome S. BRUNER (BRUNER / JOLLY / SYLVA 1976) nachdrücklich zur Geltung gebracht worden.
Das Spiel stellt im Rahmen der Entwicklung des Lebens gleichsam ein Übergangsplateau dar. Damit sind mehrere Sachverhalte angesprochen, die miteinander in Beziehung stehen, aber einzeln beschreibbar sind. Der Begriff Übergangsplateau läßt sich differenzierter bestimmen, als es bisher (WINNICOTT 1979) geschehen ist. So kann zwischen einem phylogenetischen, ontogenetischen und individuellen Aspekt der Übergangsgestaltung unterschieden werden. Sie sind alle offen für eine spielerzieherische Akzentuierung. Grundsätzlich ist das Spiel als ein entscheidendes Vehikel im Rahmen der Evolution zu verstehen. Spielend entfaltet sich das Leben so plastisch, als sei es von einem Vervollkommnungsstreben geleitet, das die Entwicklung in Gang hält. Dabei zeigen sich verwandte Grundzüge – insbesondere in der Spielhaltung der Säuger und Hominiden. Das Spiel kennzeichnet ein Übergangsplateau in dem Sinne, daß innerhalb der Art ein spielerisches Einüben und Weiterbilden der Grundfähigkeiten gesichert wird.
Um keine falschen Vorstellungen zu stiften, muß deutlich zum Ausdruck gebracht werden, daß die Übergangszone Tier – Mensch weder eine Ein- noch eine Zweibahnstraße ist. Der Übergang von einem subhumanen Status der Hominiden zur humanen Phase, den man als „Tier-Mensch-Übergangsfeld" bezeichnet, liegt in der Zeitspanne von vor sechs bis drei Millionen Jahren, d. h. im oberen Pliozän (HEBERER 1967 – 1972; HEBERER / SCHIDETZKY / WALTER 1975). Der Begriff bezeichnet hier mehr ein historisches Faktum als einen gestaltungsfähigen Zustand.

Der Mensch als geistig-seelische Existenz ist den Primaten zwar noch verwandt, aber von einem Übergang im Sinne eines aufholbaren Entwicklungsrückstandes kann nicht gesprochen werden. Unter dieser Voraussetzung hat die Betonung einer Sonderstellung des Menschen, wie sie seit SCHELER (1949, 12) wiederholt ausgesprochen wurde, auch unter ethologischem Aspekt ihre Bedeutung. Dennoch sind die spielerischen Verhaltensweisen der Tiere pädagogisch aufschlußreich.

Unter Berücksichtigung aller präzisierten Auslegungsweisen soll der phylogenetische Aspekt im Mittelpunkt der folgenden Erörterung stehen. Das Spiel wird gleichsam als ein ontologisches Prinzip verstanden, das das Leben zur Vervollkommnung bringt. Leitmotivisch soll dabei der folgende Gedanke eine Perspektive öffnen:

„. . . nichts wäre abwegiger als zu glauben, man könnte die menschliche Evolution voll verstehen, ohne eine entsprechende Untersuchung der entsprechenden Vorgänge im Tierreich vorzunehmen" (MAYR 1973, 17).

Derartige Untersuchungen dürfen indessen nicht als Grundlage für eine bloße Anwendung oder Übertragung betrachtet werden, aber vieles ist aus dem Studium der Phylogenese im Hinblick auf den Menschen zu lernen. Auch die Humanisierung hat ihren naturgeschichtlichen Aspekt, den es gerade aus Achtung vor der geistigen Selbständigkeit mitzubedenken gilt. Lernen erweist sich so als ein Aufgabenfeld, das in unmittelbarer Beziehung zum spielerischen Erproben und zum Verhalten steht. Dadurch erhält das Spiel einen festen existentiellen Ort in der individuellen Entwicklung.

Das Spiel zeigt für die Entwicklung mehrere fruchtbare Voraussetzungen. Einmal befreit es von den Konsequenzen, die mit dem Ernsthandeln verbunden sind. Es erlaubt ein Handeln à blanc, wie es PIAGET (1975, 157) nennt, das gleichsam simulativen Charakter trägt. Zum anderen erlaubt es Handlungsvariationen, die unter dem Druck der Realität nicht möglich wären, und die dennoch notwendig sind, um ein Wesen handlungsfähig zu machen (BRUNER 1976b, 38).

Die Sozialisation der Jungtiere erfolgt weitgehend durch das Spiel in wechselnden Gruppierungen. Diese sozialen Spiele beginnen bereits früh — bei Rhesusaffen gegen Ende des ersten Monats und bei Schimpansen etwa im sechsten Monat.

„Mit fortschreitendem Alter nimmt das Spiel an Häufigkeit und Komplexität zu. Mit dem Beginn des Spielens verschiebt sich der Mittelpunkt des kindlichen Verhaltens fortschreitend weg von der Mutter und auf die anderen Jungtiere hin, doch fährt das Kind fort, emotional der Mutter nahe. Ihre Gegenwart in einer neuartigen Situation erleichtert wahrscheinlich den Beginn explorativer Aktivitäten und Spiele, und sie wird immer noch gesucht, wenn das Jungtier erschreckt oder ihm Unlust zugefügt wird" (SCHMIDBAUER 1974, 121).

Diese Ergebnisse langjähriger Feld- und Laboratoriumsbeobachtungen, die von verschiedenen Forschern (EIBL-EIBESFELDT 1974, 282 ff.; BRUNER / JOLLY / SYLVA 1976) mit verwandten Ergebnissen vorgenommen wurden, lassen schließen, daß der Weg zur Selbst- und Gemeinschaftsfindung in wechselseitiger Ergänzung über das Spiel führt. Das Spiel beginnt in der Fürsorge der Mutter und führt in allen Situationen des Streits, des Konflikts und der Gefährdung zu ihr zurück bis Individuation und soziale Solidarisierung eine Lösung erwirken. Diese Form des sozialen Spiels beginnt unmittelbar nach der Geburt, sobald das Tierjunge seiner Sinne mächtig geworden ist, wenngleich die bereits früher zu beobachtenden Bewegungsübungen einen spielerischen Grundzug zeigen.

Mit dem Einsetzen der kontrollierten Bewegungsfähigkeit fangen, etwa bei den Welpen, die Balgereien an. Wenn es indessen um die Nahrungssicherung geht, beginnt zugleich ein Sich-Durchsetzen um den Platz an den Zitzen, was sehr bald zu einer hierarchischen Ordnung führt. Das stärkste Tier beansprucht für sich die ergiebigste Zitze und behauptet diesen Platz während der ganzen Epoche des Säugens. Erst nach der Stillung werden im gelockerten oder entspannten Feld (BALLY 1945, 12, 29) erneut die spielerischen Aktivitäten fortgeführt, in denen großmütig das Moment der Stärke und des Sich-Behaupten-Könnens zurückgestellt wird. Spiel setzt demnach die Stillung der Grundbedürfnisse sowie im adulten Zustand das Freisein vom Zugzwang der Instinkte voraus, was eine relative Sicherung im Spannungsfeld des Lebensraums einschließt; es ist erst im Rahmen elementaren Versorgt- und Sicherseins möglich — eine ontologische Erscheinung, die im menschlichen Leben ihre Bestätigung findet.

II. Die Spiel-Appetenz

Der Begriff des entspannten Feldes ist nicht zu Unrecht zu einem Schlüsselbegriff der Diskussion geworden. Selbst im angelsächsischen Schrifttum wird der Begriff so häufig wie kaum ein zweiter (aus deutschsprachigen Untersuchungen) angewandt. Dennoch ist sowohl die Unterscheidung zwischen gelockertem und entspanntem Feld als auch die darin angesprochene differenzierte Auswirkung auf das Appetenz- und Spielverhalten vielfach übersehen worden. BALLY bezeichnet damit einerseits die Gegensätzlichkeiten zwischen der angespannten Lebenshaltung im Banne der Instinkte, die kaum Möglichkeiten der Variation des arteigenen Ablaufs zulassen, und jener anderen Haltung, die frei wird vom Zugzwang der Instinkte (BALLY 1945, 17).

Je größer die Feldspannung, desto weniger Handlungsmöglichkeiten ergeben sich für das Tier, wie die Hantierungen der KÖHLERschen Schimpansen erweisen. Angesichts der hinter dem Gitter liegenden Banane kommt Sultan zu keiner Lösung; erst das Hantieren mit den Stöcken im gelockerten Feld, d. h. in Distanzierung vom Ziel, führt die spielerische Exploration zu einer Lösung (KÖHLER 1963), die indessen zur Konstituierung des eigenen Appetenzbereichs „Spiel mit Stöcken" und nicht sogleich zur Anwendung im Dienst der ursprünglich spannungsvollen Zielsetzung führt.

„Hier aber, wo das Tier im gelockerten Felde seine Möglichkeiten, mit den Stöcken — oder mit anderen Felddingen — umzugehen, entfaltet hat, erhält die Motorik des

Appetenzbereiches eine neue Bedeutung, der gegenüber das ursprüngliche Streben nach dem Instinktziel verblaßt" (BALLY 1945, 24).

Die spielerischen Aktivitäten dienen unter verschiedenen Voraussetzungen der Sozialisation der Primaten; die Aktivitätsspiele stellen Bewegungsspiele in Verbindung von Mobilität und Sensitivität dar. Sie münden immer wieder in Raufspiele ein, die Proben der Stärke und Geschicklichkeit mit Wahrung der stammeseigenen Umgangsregeln verbinden und die Entfaltung von Individualität und Soziabilität einzuüben gewähren. Diese Spiele haben eine erste hierarchische Gliederung zur Folge, die den Älteren und vor allem den Stärkeren eine Sonderrolle zubilligt; sie stellt ein wichtiges Ergebnis des Spielens dar, obgleich die daraus resultierenden Rechte gerade im Spiel aussetzen.

Die Achtung dieser Grundregeln bestimmt das Spiel, wobei deren Verletzung ein Intervenieren der Älteren und die Rückkehr des verletzten Tieres zur Mutter zur Folge hat, die tröstend das Selbstvertrauen wieder aufzubauen versucht. Die nächsten Spiele beginnen je nach dem Grad der Verunsicherung zunächst wieder im näheren oder weiteren Umkreis der Mutter. Die Sozialisation führt in der Wechselwirkung von Mobilität und Sensitivität zu einer Gliederung der Emotionalität den verschiedenen spielerischen Aktivitätsbereichen entsprechend.

Das Lernen ist diesem Spielen in wechselnden Situationen als ein freudvoll getönter spontaner Prozeß eingelagert. Die gesamte Evolution zeigt eine deutliche Tendenz von der bloßen Mobilität und Sensitivität zu einem intensiveren Lernen und differenzierteren sozialen Verhalten. Diese Entwicklung beginnt in der Phylogenese verhältnismäßig früh und schafft über die fest geprägten genetischen Strukturen des Verhaltens und personalen Verarbeitens einen relativ freien Handlungsrahmen. Mit zunehmenden spielerischen Aktivitäten in der Zeit des Aufwuchses reift mit der Distanz gegenüber Notwendigkeiten genetischer und sozialer Art die eigene Entscheidungsbreite aufgrund eines längeren Lernprozesses (ALLAND 1974, 161). Dieser spielerische Lernprozeß schließt alle lebenswichtigen Funktionen von der Perfektion des Beutefanges (HINDE 1973, 521; EIBL-EIBESFELDT 1963; LORENZ / LEYHAUSEN 1968, 243) bis zum Sexualverhalten durch spielerische Ausführung der Kopulationsvorgänge (BEACH 1968) ein.

Die Formen des Lernens durch Spiele sind nicht auf die Säuger begrenzt, sondern kommen auch bei den Vögeln — beispielsweise den Gänsen (LORENZ 1974, 1938; PILZ / MOESCH 1975) und Kolkraben (GWINNER 1973, 307) vor. Aufgrund dieser Spielsituationen ist es den Tieren möglich, „mit ihren Erbkoordinationen zu experimentieren und sie in biologisch sinnvoller Weise anwenden zu lernen" (GWINNER 1973, 307). Die Spiele erfolgen im Umkreis des noch nicht voll funktionablen Instinktinstrumentariums, das sie einerseits aktivieren, aber andererseits in diesem noch relativ unprogrammierten Entwicklungsstadium auch perfektionieren. Vieles spricht dafür, daß gerade diese spielerische Zwischenspanne, die

später nicht aussetzt, aber nie wieder jene Intensivität der variierenden Erprobung erhält, entscheidend für die Entwicklung des einzelnen und der Art ist.
Demnach scheinen relativ zweckfreie phantasierende Interessen das Spiel zu bestimmen. Das nicht festgestellte Wesen (PORTMANN 1974) ist auf das Spiel angewiesen, wenn es zur Entfaltung seiner Möglichkeiten kommen soll. Das partielle „Nichtfestgestelltsein" ist ein Grundzug des Jungseins, das bei allem Lebendigen erst Entwicklung als Variation und Progression der vorgegebenen artspezifischen Strukturen möglich macht.
Gerade die relativ instinktfreie und von realen Absichten unbesetzte Spieltätigkeit ist offen für die Erprobung neuer Formen, die Entwicklung fördern, ohne unter diesem Vorzeichen angestrebt zu werden. Diese Wirkungen sind aber weder mit der Theorie vom Kräfteüberschuß (surplus-energy theory of play), wie sie SPENCER (1882) in starker Orientierung an einer Philosophie des Organischen entwickelte, noch mit einer Theorie der Funktionsschulung zu erklären, wenngleich beide Faktoren sekundär eine Rolle spielen. So bedarf das junge Tier der Freisetzung von Not — Hunger, Krankheit, Bedrohung — als Voraussetzung für das Spiel. Das Vitalitätskriterium muß gesichert sein.
Aber das Spiel ist nicht lediglich Ausdruck des entwicklungsgemäßen Disponiertseins. Selbst im Tierreich bedarf es dazu des Partners und der spielerischen Anmutung durch den Spielrahmen. Das Spiel ist imitativ auf das Verhalten des erwachsenen Tieres gerichtet. Dennoch beginnt das spielerische Verfolgen, Greifen und Stellen bereits früher als der Nackenbiß der Älteren beim Jagen der Beute beobachtet werden konnte. Das Spiel ist orientiert am Jagdinstinkt der Art, wenngleich kein Junges zu früh Anstalten machen würde, um die Älteren auf die Jagd zu begleiten. Daher bietet auch die Funktionslust, die SPENCER in Ergänzung der Überschußtheorie annimmt oder die Funktionsübung wie Karl BÜHLER (1929, 331) in Verlängerung der Gedanken SPENCERs thematisiert, nur begrenzt Deutungsmuster.
Befriedigung der Grundbedürfnisse und Bewegungsfreude sind Grundbedingungen des Spiels, die durch ihre existentielle Sicherungsfunktion Spiel möglich machen. Sie sind indessen nur von sekundärer Bedeutung; primär wichtig ist eine innere Einstellung und Spannung, die einer Antriebsstruktur entspricht. Ob darum ein „Spieltrieb" angenommen werden kann, sei dahingestellt. Eher könnte von einer spielerischen Appetenzhaltung gesprochen werden, die innerlich gespannt eine bestimmte Reizsituation herbeizuführen versucht.
Das Spiel ist wiederholt als ein funktional verbindendes Glied zwischen Tier- und Menschenwelt einerseits sowie zwischen Phylogenese und Ontogenese andererseits betrachtet worden. Das Spiel bildet in jedem Falle die vitale Schwungkraft, die Entwicklung in Gang setzt und steuert. Das Spiel ist gleichsam die List der Entwicklung, die den Augenblick in Selbstvergessenheit preist und dennoch emsig und überzeitlich für die Zukunft vorbereitet, indem es, lustvoll die Funktionen übend, Lebenstüchtigkeit vermittelt. Dar-

um fragt GROOS von Anbeginn nach der „tieferen Bedeutung" des „so zwecklose(n) Spiel(s)" (GROOS 1922, 1). Je höher das Wesen in der Reihe der Säugetiere steht, um so offener wirkt das Instinktinstrumentarium. Darum sind die jüngeren Säugetiere — insbesondere aber das Menschenkind — während der Jugendperiode hilflos und in besonderem Maße auf Selbsterprobung und -erfahrung durch das Spiel angewiesen.

Hinsichtlich dieser Lebensvorbereitung vertritt GROOS im Anschluß an die SPENCERsche Kraftüberschußtheorie die „Selbstausbildungstheorie" (GROOS 1922, 4; 1930, 54). Er spricht in diesem Zusammenhang von der opheletischen Funktion des Spiels ($\omega\varphi\epsilon\lambda\epsilon\iota\nu$: nützen). Mit diesem Hinweis auf den Lebenswert, die Ophelektik des Spiels, will GROOS dessen Nützlichkeit und damit die begrenzte Zwecklosigkeit zum Ausdruck bringen. Die Entwicklung drängt das heranwachsende Wesen gleichsam in das Spiel hinein. Erst im Medium des Spiels werden Funktionstüchtigkeit, Wachstum, Gesundheit und in der Wechselwirkung dieser Faktoren auch Frohsinn und Freude möglich (RÖHRS 1981b, 23 ff.).

Die Frage, ob die Instinkthandlungen, die nur in relativer Eigenständigkeit ablaufen, überhaupt als Spiel bezeichnet werden können, ist wiederholt gestellt worden. Paul LEYHAUSEN (1973, 256), der diese Frage erörtert hat, verneint sie mit dem Hinweis auf den relativ lustvollen und freien Verlauf des Spiels im Gegensatz zum Ernst der Instinkthandlung, die nach Erreichung des Endziels und dessen spezifischen Reizen (consummatory stimuly) ihre Abschaltung erfährt, während der Spielverlauf wiederholbar bleibt. Daher läßt sich die Instinkthandlung als Erbmotorik und die Spielhaltung als Erwerbmotorik kennzeichnen. „Das Wirkmal löscht das Merkmal aus", so hat Jakob VON UEXKÜLL (1937, 34; LEYHAUSEN 1973, 257; EIBL-EIBESFELDT 1974, 24) die Struktur der Instinkthandlung, die mit der Erreichung des Impulszieles ausläuft, klar umschrieben. Die Spielhandlung dagegen wird von Veränderungen, Wiederholungen und Neubeginnen unter Berücksichtigung der Erfahrungen des Erstbeginns in freier absichtsloser Weise gekennzeichnet. Es fehlt nicht nur die „Endabschaltung", sondern es fehlt schlechthin das Ende, weil die spielerische Einstellung fortbesteht und jederzeit durch eine entsprechende Reizsituation reaktiviert werden kann.

Daher hat der Begriff der spielerischen Appetenz, der von EIBL-EIBESFELDT (1974, 288) und HASSENSTEIN (1973, 232) geprägt ist, aber seine gedankliche Vorformung bereits bei GEHLEN fand, seine tiefere Berechtigung. Unter Appetenz ist im Sinne ihrer ursprünglichen Konzeptualisierung ein Verhalten der höheren Organismen zu verstehen, das eine bestimmte Reizsituation sucht, um einen inneren Antrieb zur Auslösung zu bringen. Diese erste auf CRAIG (1918) zurückgehende Auslegung bestimmt noch die gegenwärtige Diskussion bis hin zu TINBERGEN und LORENZ, die das mit dem Appetenzverhalten verbundene Endverhalten, das CRAIG als consummatory action kennzeichnet, was eine Befriedigung des zugrunde liegenden Triebes meint, als Endhandlungen (TINBERGEN 1956, 97) bzw. Instinkthandlung (LORENZ 1965a, 285) übersetzen.

Mit dem Begriff der Spielappetenz oder des spielerischen Appetenzverhaltens wird eine Antwort auf die gestellte Frage nach dem Verhältnis von Instinkt und Spiel in dem Sinne erteilt, daß beide sich keineswegs ausschließen; sie treten vielmehr in einem solchen Verhältnis auf, das das Instinkthafte in den Hintergrund treten läßt — sei es, weil es noch nicht voll ausgebildet ist, oder sei es, weil die spielerische Einstellung das Abhängen der Handlungen von den Antrieben erheischt. LEYHAUSEN spricht in diesem Zusammenhang von einem „spielerische(n) Bewegungsüberschwang" (1973, 254), der die Abkoppelung des Verhaltens von den Antrieben nahelegt.

Damit wird eine Grundeinstellung beschrieben, die die Sicherung durch das Instinktinstrumentarium partiell aufgibt, um im entspannten Feld relativ frei und erfinderisch eine Antwort auf die spielerische Herausforderung zu finden. Kennzeichnend für die Spiel-Appetenz ist auch, daß die spielerische Reizsituation → soweit sie sich nicht ergibt — herausfordernd gesucht wird, selbst wenn damit Gefahren verbunden sind, wie es bei das Spiel provozierenden erwachsenen Tieren beobachtet werden kann. Ähnlich beschreibt HASSENSTEIN die „Spiel-Appetenz":

„Es gibt ein speziell auf Spielen gerichtetes Appetenzverhalten sowie besondere Gesten der Spielaufforderung (manche angeboren, andere angelernt). Zootiere betteln um Spiel mit dem Wärter. Jeder Hundekenner weiß von seinem Hund, welche Gebärden bei ihm der Spielaufforderung dienen" (HASSENSTEIN 1973, 232; 1981, 159).

Jeder Hundekenner kennt aber auch den Variantenreichtum, den eine gepflegte Spielappetenz freizusetzen vermag: aus dem Greifen kann ein Wettlaufen werden, das sich wiederum in ein Lauern, Verstecken oder kämpferisches Stellen verwandelt. Die „Übersprungshandlungen", die in Ernstsituationen beobachtet werden, ziehen ihre Bedeutung auch aus der Spielsituation. Damit ist die Aussage von LORENZ, daß weder „Übersprungshandlungen" noch „Leerlaufreaktionen" (LORENZ 1965a, 182; 1965b, 20) Spiel seien, keineswegs in Frage gestellt; vielmehr ist der Hinweis gegeben, daß Übersprungshandlungen auch im spielerischen Kontext ihren Ort haben können. TINBERGEN beschreibt die Übersprungshandlungen daher in dem Kapitel über „Das Verhalten des Spielers" (TINBERGEN 1955, 69).

Die Übersprungshandlungen zeigen nicht nur einen Bruch im Handlungsablauf, sondern auch eine große Wandlungsfähigkeit, die einem (spielerischen) „aus dem vorgegebenen Felde gehen" gleichkommt. So vermag das Balgen zwischen Mensch und Hund aufgrund einer fremd anmutenden Bewegung plötzlich Ernst zu werden, wie durch das Treffen einer Spur oder eines anderen Tieres das Spiel jäh eine Unterbrechung erfahren kann.

Zwei Faktoren sind wichtig für die Spielappetenz. Einmal ihre deutliche Abkoppelung von der Ernstsituation und damit die Gewähr, im freien Feld die Handlungen und die damit verbundenen sozialen Implikationen zu erfahren. Die spielerische Appetenz kommt daher einer offenen Erprobungssituation sehr viel näher als einem Einüben des Instinktinstrumentariums und der Erbmotorik. Die spielerische Appetenz bietet einen Bewährungsrahmen, der für die höheren Säugetiere Situationen freigibt, die den Formen menschlichen Lernens nahekommen. Unter Berücksichtigung dieser Argumente heißt es bei EIBL-EIBESFELDT:

„Es gibt eine deutliche Spielappetenz, der ein Neugiertrieb zugrunde liegt, d. h. ein Mechanismus, der das Tier dazu drängt, neue Situationen aufzusuchen und mit neuen Dingen zu experimentieren. Ein starker motorischer Antrieb kommt dazu. Spielappetenz und Lernappetenz haben wohl eine gemeinsame Wurzel, Spiel ist eine Form des aktiven Lernens "(EIBL-EIBESFELDT 1974, 288).

Zum anderen sind Übermut und Ernst in der Spielappetenz nahe beieinander, so daß der Übersprung des einen in das andere erklärlich wird. Das Spiel bedarf der unspezifischen Aktivierungsbereitschaft, die auf eine entsprechende Reizsituation lustbetont antwortet. Die entstehende Bewegungsfreude ist verbunden mit einer inneren Gelöstheit als Ausdruck der Abkoppelung von den Antrieben und damit des Freiseins in erfinderischer Selbsterprobung. Die spielerische Appetenz gewährt somit einen existentiellen Zwischenzustand zwischen dem Erfüllungsernst im Rahmen der Instinkthandlung und der freien Handlungsweise des Menschen.

„Die Wurzel zu dieser spezifisch menschlichen Freiheit" — so folgert EIBL-EIBESFELDT — „finden wir jedoch bereits im tierischen Spiel" (EIBL-EIBESFELDT 1974, 287).

III. Grundfunktionen des Spiels

Das tierische Spiel zeigt charakteristische Grundzüge, die den Vergleich mit menschlichen Verhaltensweisen herausfordern. Wenngleich sie oft betont wurden, muß die selbstkritische Distanz gegenüber anthropozentrischen Deutungen beachtet werden. Aber selbst bei Wahrung dieser Grenzen drängt sich angesichts der nachweisbaren Beziehungen zwischen Verhalten und Evolution, die besagen, daß Verhaltensweisen ebenso ihre Evolution haben (MAYR 1973, 19) wie die Artmerkmale, der Vergleich zwischen dem tierischen Spiel und der dadurch entbundenen Erfindungsgabe mit den entsprechenden menschlichen Verhaltensweisen auf.

Dazu gesellt sich im Rahmen der spielerischen Appetenz mit dem Drang nach Soziabilität noch eine weitere Verhaltensweise. Feld- und Laboratoriumsbeobachtungen haben gezeigt, daß die Kontakthäufigkeit und -dichte durch das Spiel so stark ist wie niemals später im Leben (MAYR 1973, 19). Das spielerische Appetenzverhalten ist keine einfache Resultante aus „Versuch und Irrtum", vielmehr Ergebnis einer explorativen Einstellung, die mit den Gegebenheiten zu experimentieren versucht. Die spielerische Appetenzhaltung erweist sich somit als ein echtes Zwischenglied zwischen Phylogenese und Ontogenese, so daß durch die entwicklungsfördernde Funktion des Spiels die Entfaltung von Art und Spezies zur Geltung kommt.

Sie wird am evidentesten im Lachen, der humansten menschlichen Äußerungsform, die sich aber auch bei einigen Arten der höheren Säuge-

tiere — insbesondere wiederum bei den Primaten — in Situationen der äußeren Entlastung und inneren Lösung zeigt (HOFF 1976, 130). Diese Züge offenbaren sich in der Spielappetenz, die am ehesten eine Lösung von Verhalten und Handlung von den steuernden Antrieben (im Sinne GEHLENs) sichert. Dadurch — so folgert EIBL-EIBESFELDT im Anschluß an GEHLEN — „wird ein Leerraum (Hiatus) zwischen den Bedürfnissen und den Erfüllungen geschaffen, in dem sich das planende menschliche Denken sachlich und nicht antriebsgestört entfalten kann (EIBL-EIBESFELDT 1974, 287).
Gegenüber dem Begriff Leerraum, der die falsche Vorstellung von Impuls- und Bewegungssterilität aufkommen läßt, die der Spielappetenz in keiner Weise entspricht, soll der Begriff von einem Zwischenfeld bzw. einem Übergangsplateau vorgezogen werden. In der Tat handelt es sich um eine kreative Übergangssituation, die sowohl für die Entwicklung des Individuums als auch für die Entfaltung der Art äußerst bedeutsam ist. Es ist ein Zwischenfeld, auf dem Qualifikationsstrukturen sich andeuten, wie differenzierte Soziabilität, Kommunikationsfähigkeit bis zu Ansätzen sprachlicher Kundgabe, Ausdrucksfähigkeit, Gemütsregungen wie das Lächeln und das Lachen.
Lächeln und Lachen als Anzeichen humanen Verhaltens finden sich bereits im Tierreich. Der Hundekenner wird es im Spiel mit Hunden gerade dann beobachten können, wenn der spielerische Impuls den Instinkt zu überwinden scheint (TRUMLER 1974, 94). Das Aufleuchten in den Gesichtszügen bei gleichzeitiger Öffnung des Mundes und Freilegung der Zähne ist bei spielenden Primaten wiederholt beschrieben worden (HOFF 1976, 136).
Die Spielhaltung findet auch physiognomisch ihren Ausdruck. So kann man bei Hunden und Affen von einem „Spielgesicht" (play face) sprechen, das sich durch Offenheit der Mimik und Kontaktsuche auszeichnet (CHEVALIER-SKOLNIKOFF 1976, 140; HINDE 1973, 405). Das Spielgesicht der Primaten kann durchaus demjenigen spielender Kinder ähnlich sein (EIBL-EIBESFELDT 1973, 124).
Der Spielhaltung (playful behaviour) entspricht eine innere Gespanntheit (attentional structure), die als Ausdruck der Spielappetenz gleichsam nach dem auslösenden Moment sucht. Wegen dieses Grundcharakters soll von der Vitalitätsspannung des Spiels gesprochen werden. Die Prägung dieses Begriffs geschieht wegen des hohen Grades an Spontaneität und Situativität, die das Individuum im Spiel überkommen. Das Tier wird gleichsam ins Spiel und mit ihm in die Entwicklung „hineingetrieben", wie GROOS (1930; 1921, 68) formuliert hat.
Das Tier wird derart in das Spiel hineingezogen, daß die Instinkte spielerisch nicht nur abgekoppelt, sondern umgebogen werden. Daher spricht HASSENSTEIN davon, daß im Spiel „abgewandelte angeborene Verhaltenselemente" und eine „abgewandelte Dynamik der inneren Bedingungen" (HASSENSTEIN 1981, 290) vorherrschen. Zu der ersteren Form gehören Beißhemmungen sowie das Einziehen der Krallen; zur letzteren das Einstellen

der Flucht auf den Verfolger, so daß der Kontakt, den es im Ernstfall aufzuheben gilt, im Spiel erhalten bleibt. „Ein fluchtspielendes Tier flieht nicht wirklich" (EIBL-EIBESFELDT 1974, 185). Das Tier spielt gleichsam mit seinen existentiellen Möglichkeiten. So kann das Tier kampfspielen, jagdspielen und spielerisch experimentieren, etwa mit seiner Mobilität, Soziabilität, Sensitivität in Bewegungs- und Gemeinschaftsspielen. Dabei bildet der „Aufforderungscharakter der Umwelt" (EIBL-EIBESFELDT 1974, 285) ein entscheidendes Motiv für Art und Ablauf des Spiels.

Diese Entwicklungsspitzen lassen einsichtig werden, daß Evolution sich durchaus als eine kontinuierliche Verhaltensänderung unter dem Einfluß spielerischer Exploration und zunehmend rationaler Kontrolle darstellt (MUNK 1972, 27). Die Funktionen des Spiels in diesem Prozeß, der auf eine Lockerung des artspezifischen Reaktionsschemas („loosing the primate bond" nennt BRUNER [1976b, 33] diesen Vorgang) und auf die Entfaltung rational abwägender Verhaltensweisen hinausläuft, sind vielfältiger Art. Auf die wichtigsten Erscheinungsformen begrenzt, muß das explorative, informative, simulative, soziale und innovative Spiel unterschieden werden. Unter Einwirkung des Flexibilitätskomplexes des Spiels (flexibility complex, wie es bei REYNOLDS [1976, 622] heißt) kommt es zu keiner isolierten Ausfaltung der einen oder anderen Form; vielmehr sind sie in unterschiedlicher Akzentuierung alle in jeder spielerischen Aktivität angelegt.

Unter diesen Voraussetzungen ist unter explorativem Spiel seine manipulierende Variante zu verstehen, die auf spielerischen Erfahrungsgewinn durch ein manipulierendes und experimentierendes Vorgehen gerichtet ist. Exploration ist eine Sonderform des Spiels, die sich auf Objekte, die Umwelt oder auf den eigenen Körper richten kann. Die Übergangssituation zeigt sich darin, daß die Spiele und ihre innere Differenzierung hinsichtlich der charakterisierten Formen bei den höheren Säugetieren zunehmen und ihren Gipfelpunkt bei den Hominiden besitzen; darin ist wohl ein weiteres Zeichen für die Bedeutung des Spiels für die Evolution in ihrer Wechselwirkung von Phylo- und Ontogenese (FAGEN 1981, 251) zu erblicken.

Dabei zeigen vielfältige Situationen einen bemerkenswerten Grad an Erfindungsgabe und wiederum Edukabilität in der Auswertung des durch Erfahrung Nahegelegten und experimentierend Eingesehenen. Das explorative Spiel ist jederzeit offen für das Beobachtungslernen (observational learning) und für den Einbezug des Gelernten in die eigene Verhaltensweise. Traditionsstiftung und Freilegung der Entwicklung sind in ihm unmittelbar verbunden. David HAMBURGER (1968) hat in jahrelangen Feldstudien festgestellt, wie eingehend junge Schimpansen während der ersten fünf Jahre das Verhalten der Älteren beobachten, spielend das Beobachtete nachahmen, um es schließlich ihrem eigenen Verhalten zugrunde zu legen.

Daß Lernvorgänge auf explorativer und spielerischer Basis ablaufen, bestätigen die Beobachtungen von Jane VAN LAWICK-GOODALL an Schimpansen, die der Mutter zuschauend und spielerisch übend, das Fangen von Termiten mit einem Stock erlernen (LAWICK-GOODALL 1971, 94, 141,

190). Die spielerische Sequenz „learning to play with sticks" wird zu einem wichtigen Bestandteil der Lebenslehre. BRUNER, der dieses Beispiel unter diesem Aspekt deutet, resümiert:

„This would suggest, then, that play has the effect of providing practice not so much of survival-relevant instinctive behaviour but, rather, of making possible the playful practice of subroutines of behaviour later to be combined in more useful problem solving. What appears to be at stake in play is the opportunity for assembling and reassembling behaviour sequences for skilled action. That, at least, is one function of play" BRUNER 1976a, 15).

Diese spielerische Verhaltensweise, die sich stark an dem Beobachteten orientiert, charakterisiert HASSENSTEIN folgendermaßen: „Im Rahmen des Spielens besteht bei höheren Säugetieren die Tendenz, Wahrgenommenes (Akkustisches und Visuelles) nachzuahmen, vor allem das Verhalten der Elterntiere. Die spielerische Tendenz, das Verhalten von Artgenossen *nachzuahmen*, dabei also Wahrgenommenes in eigenes Verhalten zu übersetzen und es dabei zugleich zu lernen, gesellt der Weitergabe von genetischer Information die biologische Basis für das Tradieren erworbener Information hinzu" (HASSENSTEIN 1973, 235).

Insofern kann das explorative Spiel jederzeit umschlagen in eine simulative Einstellung, die konstitutiv für das Spiel schlechthin ist. Das Aufsuchen und Sich-Hineinbegeben in Verhaltens- und Handlungsweisen anderer ist ein Grundzug der Spielappetenz überhaupt. Dieser Prozeß kann über das imitative Element hinausgehend durchaus eine imaginative und innovative Komponente freilegen, die dann nicht nur spielerisch nachahmt und existentiell inkorporiert, sondern diesen Prozeß wiederum zum Gegenstand des simulativen Spiels erhebt.

Daher scheint die Metapher WYGOTSKIs (1981, 134; RÖHRS 1981b, 41 f.) von den beiden Schwestern, die spielerisch ihre Existenzlage des Schwesternseins vergegenwärtigen, im Ansatz bei den Primaten bereits angelegt zu sein. Darin zeigt sich ein hoher Grad ontogenetischer Wandlungsfähigkeit („ontogenetic plasticity in behaviour", wie REYNOLDS [1976, 622] formuliert).

IV. Innovation durch das Spiel

Angesichts der distanziert flexiblen Spielhaltung, die nicht nur Rollen übernimmt, sondern sie auch spielend umwandelt, um sie erneut zur spielerischen Disposition zu stellen, ist der Begriff des Meta-Spiels, „meta-play", wie ihn REYNOLDS (1976, 627) eingeführt hat, durchaus berechtigt:

„With the advent of meta-play, the play context ceases to be just a rehearsal of adult skills, and the play group is no longer a mere simulation of adult social structure. The play group acquires a pivotal role in behavioural evolution" (REYNOLDS 1976, 627 f.).

Damit ist in der Tat ein Wendepunkt markiert, der erlaubt, von einem Zwischenfeld zu sprechen, das im Spiel in jener freien Situation der Lösung von den Trieben humane Strukturen aufleuchten läßt. Gerade das Freisein von der Nötigung durch das Instinktinstrumentarium zeigt eine Entwicklungschance für Ausdrucksfähigkeit, Kognition, Kreativität, die der Evolution eine Perspektive eröffnet. Dabei bleiben diese Akte der spielerisch erschlossenen Einsicht jeweils gebunden an die existentielle Grundsituation – ein Anzeichen dafür, daß die Primaten in dieser Zwischensituation stets ungeteilt sich gefordert fühlen.

Diese innovative Potenz des Spiels umschreibt seine herausragende Bedeutung für die Evolution. Daß sie insbesondere im Rahmen der Simulation frei wird, hängt mit deren spielerisch befreiendem Charakter zusammen. Die innovative Kraft kann sich sowohl in der Art des Spielens als auch in der Lösung technischer und sozialer Aufgaben erweisen:

„Innovative play, like innovative research, can produce behavioural and technological novelty. Several recent studies (DANSKY and SILVERMAN 1973, FEITELSON and ROSS 1973, HUTT and BHAVNANI 1972, SYLVA, BRUNER and GENOVA) suggest a relationship between play and innovative potential. Furthermore, it is well known that novel behaviours of unknwon origin can be spread through a group of animals and perpetuated by tradition (EIBL-EIBESFELDT 1970, GWINNER 1966, JONES and KAMIL 1973, KAWAI 1965, KUMMER 1971, MENZEL 1972)".

Die Simulation verkörpert bei den Tieren die substantielle Mitte des Spiels, weil sie ein experimentierendes Erproben der Entwicklungsmöglichkeiten der eigenen Art darstellt; sie ist offen für alle anderen Spielformen, die häufig in sie einmünden. Die simulative Spielsituation ist der Innovation darum so günstig, weil die spielerische Handlung frei von Risiko und der ihm eigenen Frustrationsgefahr bleibt und den Spieler dennoch ganz fordert. Dieser Aspekt wird als ludisches Phänomen betont:

„Because play's ‚low risk' nature allows for experiment and reduces frustration, he sustains activity over a long period of time" (HUTT 1976, 202).

Das Spiel ist eine Grundbedingung für die Entwicklung des Lebens, weil es einerseits durch die imitativen Spielformen Kontinuität und Folgerichtigkeit in der Entwicklung sichert. Andererseits kommen durch das explorative und experimentierende Spiel innovative Elemente zur Geltung, die über die Erhaltung der Art ihre Weiterentwicklung sichern. Im Rahmen des experimentierenden Spiels – insbesondere im Umgang mit Materialien (tools) – können von den Tieren geradezu „Erfindungen" gemacht werden, „die ihnen nützlich sind" (HASSENSTEIN 1973, 292).

Die Abklärung des Einflusses der individuellen Spielgeschichte auf die Entwicklung – insbesondere auf ordinäre „Lösungen" und „Erfindungen" – ist eine ontogenetisch und phylogenetisch fundamental wichtige Aufgabe. Sie birgt aber viele methodologisch schwierige Probleme. In erster Linie geht es um eine überzeugende methodologische Klärung der bisherigen Prägung durch spielerische Situationen. So wird hinsichtlich der Manipulation von Sultan, dem Schimpansen KÖHLERs, immer wieder der Verdacht geäußert, daß diese Form der Problemlösung nur auf dem Hintergrund einer breiten Spielerfahrung im Umgang mit Stöcken möglich gewesen sei

(SYLVA / BRUNER / GENOVA 1976, 244). Damit ist keineswegs die Schärfung des Problemlösungsverhaltens in Frage gestellt, wohl aber ihre situative Wirksamkeit im Sinne einer Erfindung. Daß indessen derartige Erfindungen gerade im spielerischen Kontext bei Tieren und Menschen bündig werden können, ist mehrfach geäußert worden (LEVENSTEIN 1976, 286). Gerade das Spiel mit unterschiedlichen Materialien, das durch kommentierende Gesten begleitet ist, fördert die Entwicklung in mehrfacher Hinsicht.

V. Spiel und soziale Entwicklung

Unter dem Einfluß des ludischen Phänomens wird im entspannten Feld gerade die Fähigkeit der Problemfindung und -lösung gefördert, und zwar in jener zweifachen Hinsicht, daß organisatorische und erfinderische Kräfte frei werden und, wie formuliert wurde, „in both an organized and flexible way" (SYLVA / BRUNER / GENOVA 1976, 245). Die Simulation zeigt auch eine unmittelbare Nähe zum sozialen Spiel, mit dem sie in einem steten Wechselverhältnis steht. Die Entfaltung der Soziabilität bedarf des explorativen und experimentierenden Durchspielens einer Vielfalt sozialer Situationen. Nie wieder im Leben werden so viele Kontakte auf unterschiedliche Weise geknüpft, modelliert, variiert und transformiert wie im Spiel der Tiere.

Unermeßlich viel Zeit und Kraft wird in der Jugendzeit spielend verbracht. Feldstudien haben ergeben, daß junge Affen täglich vier bis fünf Stunden in Spielgruppen verbringen; insgesamt knüpfen die jungen Tiere 16mal soviel soziale Kontakte wie die erwachsenen (SCHMIDBAUER 1974, 124; FAGEN 1981, 388).

Dennoch dient diese Phase, die scheinbar sorglos aus dem momentanen, noch ungebundenen Kraftüberschuß lebt, einer Strukturierung des sozialen Lebens — nicht unter Mißachtung sozioökonomischer Gesetzlichkeiten:

„Play has been described as uneconomical, but this is a judgement that ignores its long-term benefits. In terms of immediate goals, playful activity is expensive in energy and time, but if the eventual behaviours of the adult are considered, it is a good investment in both" (DOLHINOW 1976, 317).

Das Spiel als Wechsel auf die Zukunft, der vielfältig zur Verwirklichung von Entwicklungschancen einlösbar bleibt, ist möglicherweise eine pragmatische Deutung, der es indessen nicht an einer Perspektive gebricht. Die basale Sozialisierung ist eines seiner umgreifenden Ziele.

Die Spielappetenz, die in der Reihe der Primaten zunimmt, gewährt dafür ein differenzierteres soziales Gefüge. So treten in der Aufzucht der Jungen im Rahmen der Lernprozesse keine Strafsituationen auf. Das verlängerte Mutter-Kind-Verhältnis läßt viel Raum für das Spiel, das oft von der Mutter angeregt wird, um das Kind von Verbotshandlungen abzuhalten und um die damit verbundenen Frustrationen zu vermeiden (BRUNER 1976b,

32 f.). KÖHLER (1963) prägte im Zusammenhang mit seinen Affen-Versuchen — insbesondere mit Sultan — den Begriff des „ernsthaften Spiels" (serious play).
Das Schützen vor Frustration (the temporary moratorium on frustration) und damit das Freisetzen der Vitalität in einem „entspannten Feld" ist eine wichtige Voraussetzung für das Spiel. Soweit Tiere aus diesem Verhältnis herausfallen, erfahren sie Rückschritte in der Entwicklung. So wird berichtet, daß ein Schimpansen-Junges, das nach dem Verlust der Mutter von älteren Geschwistern erzogen wurde, nicht den Fertigkeitsgrad seiner Altersgenossen erreichte (BRUNER 1976b, 40).
An der Richtigkeit der These, daß das Spiel in einem gewichtigen Ausmaß entwicklungsfördernd wirkt, kann es nach den vorliegenden Versuchen keinen Zweifel geben. Indirekt wird sie bestätigt durch vielfältige Beobachtungen, daß Abkürzung oder Ausfall dieser Spielgeschichte zu entscheidenden Entwicklungshemmungen und -rückständen führen.
Sie betreffen sowohl die Tiere als auch den menschlichen Entwicklungsgang. So berichtet BRUNER beispielsweise über Mädchen, die weniger explorative und spielerische Erfahrungen sammeln konnten; sie hatten im Alltagsleben mehr soziale Schwierigkeiten als ihre Altersgenossinnen mit einer reicheren Spielgeschichte. Seine Folgerung — „Early unplayfulness may go with a lack of later originality" (BRUNER 1976a, 17) — läßt sich durch viele weitere Beobachtungen erhärten.

VI. Das Spiel im Verhältnis zu Urmißtrauen und Urvertrauen

ERIKSON geht noch einen Schritt weiter, wenn er nach einem Vergleich der Spiele der Tiere und Menschen feststellt, daß das Fehlen der Spiele als Ausdruck des dominierenden „Urmißtrauens" gleichsam „eine spezifische Form der Tödlichkeit hervorbringt" (ERIKSON 1978, 47). Das Urmißtrauen ist als ein Reflex der Naturgeschichte des Menschen zu verstehen. Es erfährt seine Verstärkung durch schwierige Phasen in der individuellen Entwicklung — sei es im persönlichen Bezugsrahmen oder sei es beim Übergang in den soziokulturellen Lebensraum.

„Das erste Symptom, das das Spiel in erheblichem Maße beeinträchtigt, ist (wie auch SPITZ gezeigt hat) depressiver Rückzug und sogar eine verringerte Krankheitsresistenz; es besteht guter Grund zu glauben, daß im Unbewußten des Kindes der gewohnheitsmäßig teilnahmslose Erwachsene die Züge eines gefährlichen, feindlichen anderen trägt" (ERIKSON 1978, 47).

Eine der wichtigsten anthropologischen Aufgaben des Spiels ist es, aus dem ursprünglichen „Kampf zwischen Urvertrauen und Urmißtrauen in der Kindheit" (ERIKSON 1978, 41) Hoffnung und Freude als Ausdruck des gestärkten Urvertrauens hervorgehen zu lassen. Gerade die Such- und Greifspiele, die ein sicherndes Mal kennen, das das Gefahrenmoment ausklammert, sind geeignet, die Urangst zu überwinden. Spiele wie „Hase und Fuchs" vergegenwärtigen diese Fluchtsituation in Gestalt eines geliebten,

aber häufig gejagten Tieres, das dann doch den rettenden Unterschlupf in der offenen Reihe im Kreis findet. Dieses Aufnehmen des Gejagten durch den Mitgespielen vermag die in allen diesen Situationen gegenwärtige Urangst ein erstes Mal spielend unter Kontrolle zu bringen.
Spiele, die die Urangst in sozialen Spielarrangements zu aktivieren, aber auch zu überwinden helfen, bestehen in aller Welt. Beispielhaft genannt seien „cook-a-loo", „London Bridge" (SUTTON-SMITH 1978, 132), das mit unserem Spiel „Die Himmlische Treppe" verwandt ist, und „Peekaboo" (BRUNER / SHERWOOD 1976, 277). Als pädagogisch bedeutsam erscheint an allen diesen Spielen einmal ihre Einbettung in einen sozialen Rahmen, der das Kind in seiner ganzen Komplexität sozial, motorisch, emotional, kognitiv fordert, und daß zum anderen die gewonnenen Einsichten sogleich handelnd umgesetzt werden müssen.
Das gilt selbst von den Fingerspielen, die immer wieder ins dialogische Verhältnis zu den Bezugspersonen führen, weil das spielerisch Gestaltete der Deutung bedarf. Nichts ist hier mechanisch, so daß jene psychologischen Experimente, die aufgrund eines, dem Kinde ins Gesicht gelegten nassen Waschlappens die Art des „Reagierens" beobachten wollen, an der komplexen Struktur der kindlichen Natur vorbeiexperimentieren. Die Elementenpsychologie, die keineswegs auf eine historische Epoche begrenzt ist, mißachtet die geistig-körperliche Interdependenz in allen menschlichen Regungen.
FRÖBEL hat mit seinen Fingerspielen und Spielgaben bereits tiefer ausgegriffen, wenn er ihnen die Aufgabe beimißt, die menschlichen Urerfahrungen des Trennens und Wiederfindens zu vermitteln (FRÖBEL 1982, 1919). Verlieren und Wiedergewinnen bilden das ontologische Grundmotiv in vielen Kinderspielen. Sich-Trennen und Sich-Verlieren verbinden sich zumeist mit der Trennungsangst vom eigenen Haus und der Mutter.
So wird in dem (vorwiegend in Äthiopien bekannten) „cook-a-loo"-Spiel das Mal durch eine (von einem Kind gespielten) „Madonna" verkörpert. Während die Kinder sich verstecken, legt das mit dem Suchauftrag versehene Kind das Gesicht in den Schoß der Madonna. Seine Frage „cook-a-loo?" wird beantwortet: „Nein, es ist noch nicht Abend." Erst nachdem alle Kinder sich versteckt haben, kommt die Antwort: „Jetzt ist es Abend". Die Kinder versuchen nunmehr, nicht gefangen zu werden und zur Madonna zurückzulaufen. Das Kind aber, das durch einen Berührungsschlag gefangen wurde, muß als nächstes die Suchaufgaben übernehmen (PHILLIPS 1967, 70; zitiert nach NITSCH-BERG 1978, 120).
Das Lernen im spielerischen Miteinander führt über den anderen zu einem vertieften Selbstverständnis und damit zu einer ersten Begrenzung des Urmißtrauens. Furcht am Abend und vor dem Alleinsein als Beispiele für die vielen Furchtsituationen im Leben des Kindes werden gleichsam „weg"-gespielt. In steter Orientierung an dem „Mal", das die schirmende Funktion der Erwachsenen verkörpert, erfolgt über ein sich stärkendes Selbstbewußtsein die Ausbildung der Ich-Identität.

So hat auch bei naturnahen Völkern das nachahmende Spiel der Erwachsenen, ihrer Verhaltensweisen und Tätigkeiten, einen großen Einfluß auf die Entwicklung. Spielend wachsen die Kinder in den Aufgabenkreis der Erwachsenen hinein — sei es in Afrika (KLEPZIG 1972; EIBL-EIBESFELDT 1972, 126; LEACOCK 1976, 466) oder auf Samoa (MEAD 1965). BRUNER (1976b, 58 f.) berichtet im Anschluß an TURNBULL (1961, 129) von Pygmäen-Kindern, die sich in ihren Spielen an der Erwachsenenwelt orientieren. Auf diese Weise erschließen sie sich ihre Welt bruchlos, so daß in der Erfüllung der realen Aufgaben auch die Fröhlichkeit der Kinderspiele gewahrt bleibt: „their life is still full of fun and laughter" (BRUNER 1976b, 58 f.).

Die Berichte der Ethnologen über die Spielpraxis naturnaher Völker (BENEDICT 1949, 202; MEAD 1965, 142) zeigen ziemlich einheitlich, wie das Spiel Teil eines Entwicklungsprozesses ist, der die Kinder in die Inhalte der Erwachsenenwelt führt. Dieser Übergang erfolgt nicht spielerisch übend neben der Erwachsenenwelt, vielmehr im schrittweisen spielerischen Realisieren ihrer Aufgaben und Inhalte. Da diese Inhalte in den Industrieländern seit ihrer Konstituierung kompliziert und abstrakt geworden sind, wird die Spielwelt zu einem Vorraum der vollen Reifung und spielerischen Einübung. Das unmittelbare Zugespitztsein führt zusammen mit dem motivierenden Umfeld mit innerer Notwendigkeit in das Spiel. BERLYNE (1974, 248) spricht in diesem Zusammenhang von „Erregung" (arousal), HECKHAUSEN vom „Aktivierungszirkel", SUTTON-SMITH (1978, 196) von der Stiftung eines „Lebenshochgefühls". Dieser Zustand zeigt sehr viel Verwandtschaft mit der Spiel-Appetenz der Tiere. Wegen des hohen Grades der Spontaneität, Affektivität, Situativität, der zum Spiel führt, bietet sich der Begriff Vitalitätsspannung an. Dem Begriff soll darum der Vorzug gegeben werden, weil er das Moment spielerischer Bündigkeit und auch die Steigerungsfähigkeit dieser Situation, die über eine Vitalitätsspirale die spielerische Schwungkraft in Gang setzt, zum Ausdruck bringt.

VII. Spiel und sprachliche Entwicklung

Das Spielen als Entwicklungsmotor und Ausgangsbasis für das Lernen sichert eine stetige Entwicklung. Es vermittelt Grundtugenden der Umgänglichkeit, der Aufgeschlossenheit sowie des Problemerkennens und -lösens, die ohne Spielfähigkeit unterentwickelt bleiben. Ohne die individuelle Spielgeschichte besteht die Gefahr, daß die Offenheit der Person und der Fragewille erlahmen. Das Spiel ist in seinem Ansatz eine stetige Infragestellung und Neuschaffung des Seienden (GOFMANN 1969). Darum kann es kaum verwundern, daß die wenigen vorliegenden empirischen Studien über das Verhalten von Kindern mit reicher Spielpraxis und solchen ohne entfaltete Spielgeschichte zeigen, daß Lernfähigkeit und Soziabilität der ersteren Gruppe differenzierter ausgeprägt sind, daß sie sich in wechselnden Situatio-

nen besser orientieren und daß sie einen lebendigen Fragewillen zeigen (ERIKSON 1978, 83; BRUNER 1976a, 17)
Wie stark diese Kommunikation selbst zwischen Mensch und Tier im spielerischen Kontext gefördert werden kann, zeigen verschiedene Experimente in der Primatologie. Beispielhaft sei das von Paul WATZLAWICK (1976, 150) erörterte Experiment von KEITL und Catherin HAYES genannt, das mit einem Schimpansen im eigenen Haus durchgeführt wurde. Die Schimpansin Viki erfand stets erneut spielerische Situationen, um mit den Bezugspersonen in Kommunikation zu treten, die über einige gelernte Schlüsselworte liegt. Dazu das folgende Beispiel:

„Eines Tages erfand Viki ein neues Spiel. Sie benahm sich, als zöge sie ein an einer Schnur befestigtes Spielzeug im Badezimmer herum. Schließlich gab sie offensichtlich vor, das imaginäre Spielzeug habe sich hinter einem Rohr verheddert. Sie blickte Mrs. HAYES an und rief laut: ‚Mama, Mama!' (eines der wenigen Worte, die sie auszusprechen gelernt hatte).
Plötzlich machte mir die Unwirklichkeit der Situation Angst, aber ich fand, daß ich unserer künftigen Harmonie wegen mitmachen mußte. Ich sagte lachend: ‚Komm, laß dir helfen!' Und indem ich eine umständliche Pantomime in Szene setzte, nahm ich ihr die Schnur aus der Hand und löste sie mit vielem Ziehen und Hantieren vom Rohr. Ich wagte nicht, ihr in die Augen zu blicken, bis ich ihr die Schnur hinhielt, die wir beide (glaube ich) nicht sehen konnte. ‚Hier, Kleine', sagte ich. Dann sah ich den Ausdruck ihres Gesichts. Im Falle eines stummen Menschen hätte man ihn einen Blick reinster Verschämung und Dankbarkeit für erwiesenes Verständnis nennen können. Außerdem hatte sie ein leichtes Lächeln auf ihren Lippen. Und ihr Gesicht spiegelte den Ausdruck eines Kindes wider, das über das willige Mittun eines Erwachsenen in einem Phantasiespiel erstaunt ist (HAYES, 83).

Das Beispiel zeigt im spielerischen Kontext eine breite Verständnisbasis, die sogar das Imaginäre einbezieht. Da die digitale Sprache die dem Menschen eigene Kommunikationsform darstellt, verläuft die Verständigung über die spielerische Imitation, Gestik und die Zeichensprache. Das Spiel erweist sich auch hier als ein Medium, das durch seine motivierende und stimulierende Wirkung, die aus den Konventionen herauslöst, Entwicklung möglich macht. Differenzierter ausgedrückt, ist damit gesagt, daß neben der imitativen Komponente auch ein exploratives Element im Spiel ist, das nicht nur innovativ wirkt, sondern in metatheoretischer Einstellung ein Spielen des Spiels möglich macht, so daß ein Hinweis auf die bereits erwähnte Metapher WYGOTSKIs (vgl. S. 53) von den beiden Schwestern, die das Schwestersein spielend reflektieren, durchaus angebracht ist.
Das Spiel bildet demnach eine entscheidende Schlüsselfunktion für die Aktivierung der Entwicklungsfähigkeit, für die Erschließung der Bildsamkeit (educability) sowie für die Sicherung einer tragfähigen und fruchtbaren Basis hinsichtlich der Gestaltung des erzieherischen Verhältnisses. Erst im spielerisschen Kontext verliert Erziehung ihren formal regulierenden Grundcharakter und wird zu einem lebendigen Miteinander mit unterschiedlicher Verantwortung. Lernen ist unter diesen Voraussetzungen ein natürlicher Akt des wechselseitigen Beispielgebens und -aufnehmens — ein Modelllernen, wie es nicht zuletzt unter Rückgriff auf die organischen Verhältnisse befürwortet wird (BANDURA 1976, BRUNER 1973).

Ähnliche Wirkungen vermögen von den atmosphärischen Werten eines anregungsreichen Spielrahmens auszugehen. So vermag beispielsweise die Sprachbildung in einer lebendigen Situation in ursprünglicher Weise in Gang gesetzt zu werden. Anstelle formaler Sprechakte nötigen die wechselnden Spielaktionen zur Artikulation, zum Ausdruck, zur Mitteilung. Die Anreicherung und Variation der Erfahrungsbasis, wie sie sich natürlich im wechselnden dynamischen Spielverlauf ergibt, stellt die unmittelbarste Form für die Sprachbildung dar, weil es angesichts eines verbindenden Objekts etwas mitzuteilen gibt, was angesichts des weiteren Spielverlaufs eine Überprüfung und Ergänzung fordert und damit in einen Dialog als der lebendigsten Form der Kommunikation hineinhebt.

Die Spielgaben FRÖBELs sind dafür ein ebenso lebendiges Beispiel wie die Materialien MONTESSORIs (RÖHRS 1976. 26), die aber beide laufend der erfindungsreichen didaktischen Ergänzung bedürfen. Dieses materialorientierte Spiel ist in mehrfacher Hinsicht der Sprachentwicklung förderlich. Einmal birgt die spielerische Situation durch ihre innere Spannung unmittelbar die Nötigung zu einer beschreibenden Mitteilung und zum anderen gibt die Dynamik des Spiels in ihrer Kontinuität den Anstoß zu fortlaufender Betrachtung und Mitteilung. Beides zusammen wird immer wieder vorangetrieben durch spielerische Höhepunkte, die die Kommunikationsfähigkeit und die ihr entsprechende Form der sprachlichen Mitteilung entfalten. Hinzu kommt als eine dritte Form das Spiel mit der Sprache. Bereits das Lallen des Kleinkindes ist ein Spielen mit der Möglichkeit des Sprechens.

Sobald die ersten sprachlichen Kommunikationsformen gelernt wurden (in weitgehender Stimulation durch das Spiel), beginnt ein spielerisches Einsetzen der dialogisierenden Form. Der reflektierte Kommunikationsprozeß zur wechselseitigen Erhellung der Vorgänge im spielerischen Kontext und der eigenen Vorstellungen ist eine wichtige Aufgabe der Sprache.

„Just as the pleasure in a joke can be derived from play with words, so does the child enjoy play with words. But analogous to the joke, where there is sense in nonsense in the deliberate use of word play, the child's word play also makes sense. The pleasure of play is structured so that it serves as a systematic linguistic exercise" (WEIR 1976, 610).

Ein weiteres Ziel ist die Überprüfung der Leistungsfähigkeit sprachlicher Kommunikation zur Kontaktstiftung und personalen Kundgabe – gleichsam als Akt der spielerischen Überprüfung der verbalen Währung. Insofern ergänzen sich Spiel, Kognition und Sprachbildung in einer unmittelbaren Weise. Der Sprache ist über ihre kommunikative Funktion hinaus etwas Demiurgenhaftes eigen: ein Nachschaffen der Welt in individueller Deutung.

VIII. Ichfindung im Medium des Lebensspiels

Das vorwegnehmende Erproben unterschiedliche Lebensentwürfe ist im Spiel möglich. Spielend kann der Mensch seine Umwelt, seine Zeit und sich selbst darzustellen und zu deuten versuchen.

Da im Spiel nichts zu fordern und daher nichts einklagbar ist, bleibt alles im Rahmen des Möglichen und Unverbindlichen. Wo die Aktionen unter dem Gebiet von Zeit und Norm ablaufen, sind sie häufig auf eingeübte Funktionen und Routine begrenzt; in den offenen Situationen des Spiels finden indessen neue Lösungsmodalitäten ihre Erprobung. „Spielend können wir sein, was wir im Leben nicht sein konnten oder wollten" (ERIKSON 1971, 208).

Unter diesem Aspekt werden die Grundfunktionen des Lebens spielend vor-, zu- und nachgemessen. Gerade die Sozialibität als die Basis für Menschwerden und -sein erfährt in ihren vielfältigen Verhaltensformen und -weisen ihre Erprobung. Das imitative und explorative Spielen der Eltern sowie der Sozialfunktionen und -personen als deren Träger vom Arzt über den Baggerführer bis zum Lehrer, das Entwerfen, Konstruieren, Erobern und Entdecken unterschiedlicher sozialer Bereiche erlaubt in einer erstaunlichen personalen Plastizität und Flexibilität das Übernehmen und Durchspielen unterschiedlichster Rollen. Dieses Interagieren und Inkorporieren aufgrund gesellschaftlichen Vorwissens ist für die Personalisation fundamental wichtig.

Die Gliederspiele, wie sie auch bei den Säugern, aber insbesondere bei den Primaten aufweisbar sind, machen im individuellen Bezugsfeld, der „Autosphäre", wie ERIKSON (1971, 215) sie nennt, den Anfang. Das Spiel mit den Fingern, das Strampeln mit den Füßen, das Hampeln des Körpers, das beginnende Krabbeln, Greifen und Gehen sowie Kommunizieren sind alle auf Koordination und Funktionalität im Medium des Spiels angewiesen. Erst die Maximierung der spielerischen Ansätze führt zu gekonnten Abläufen. Sie wollen im menschlichen Spiel über das Tollen und Balgen sehr früh auf Sinnerhellung und -stiftung angelegt sein, die mit der Funktionalität auch die sprachliche Deutung, die immer auf Sinnerhellung dringt, einbezieht. Das hat niemand so klar erkannt wie FRÖBEL in seinen „Mutter- und Koseliedern" und seinen „Spielgaben", die gerade wegen ihrer Kindesnähe Lebensspiele sind. Alle Spiele sind mitmenschliche Spiele, die das Beziehungsgeflecht zum anderen zu klären und spielerisch zu erproben versuchen.

Das Sorgen, Lieben, Kranksein, Glücklichwerden, Angsthaben und Mutmachen als die anthropologischen Eckpunkte menschlicher Daseinsverwirklichung werden spielend so häufig eingesehen und durchleuchtet, daß sie in ihren Grundstrukturen vertraut sein müssen, sobald sie existentiell einzulösen sind. Diese Konstruktion der Welt und ihrer tragenden Inhalte im Spiel ist eine weitere wichtige Funktion, die erlaubt, davon zu sprechen, daß das Spiel eine Grundbedingung des Lebens sei. Dazu gehört auch das spielende Einüben, Funktionalisieren und Koordinieren der Körperlichkeit und der Sinnesfunktionen.

Ichfindung und -verwirklichung erhalten auf dieser spielerischen Basis eine weitaus distanziertere und offenere Struktur als in einem Lebensrahmen, in dem die Arbeit und der dazugehörige Pflichtenkreis sehr früh beginnen. Das Spiel verleiht Ding-Distanz als Grundvoraussetzung für Besinnung und Ent-

wurf, die erst Neuerung und Erfindung erlauben. Kreativität als Innovation und Reformation läßt sich nicht erzwingen; sie bedarf vielmehr der spielerischen und perpetuierlich weiterentfalteten Rahmenbedingungen.
Obgleich es widersinnig klingen mag, gibt es im freien Medium des Spiels einen Wiederholungszwang. Er führt dazu, daß die spielerischen Handlungen so häufig ihre Wiederholung finden, bis sie gekonnt ablaufen. Wie die Bewegungsübung an der gekonnten Bewegung orientiert ist, so auch das Spiel. So spielen Kinder mit dem Ball das Fangen oder mit dem Sprungseil das Hüpfen fortlaufend, bis die spielerischen Handlungsabläufe souverän ausgeführt werden. Dieser Wiederholungszwang wirkt wie eine List der Natur, die im Medium des freien Spiels die Vervollkommnung des Indivuums und der Art anstrebt. So erwirkt der Wiederholungszwang eine Auf- und Einarbeitung der seelischen Konflikte und — soweit Defekte vorliegen — eine permanente gedankliche Konfrontation; sie erfordert die beratende Hilfe, die häufig das Spiel als vermeintlich neutrale Aktivitätsform einbezieht, weil sie Ausdruck und (Spiel-)Lösung der Schwierigkeiten am ehesten erlaubt.
Da die traumatisierenden Konflikte wohl gerade dort erfahren werden, wo die Realität unerwartet fordernd entgegentritt, kann die Lösung am ehesten in einer spielerischen Vergegenwärtigung der Welt und ihrer dominierenden Probleme erwartet werden. „Denn das natürliche Mittel der Selbstheilung, das in der Kindheit zur Verfügung steht, liegt im Ausspielen" (ERIKSON 1971, 217; 1974). Jedes Spiel ist bereits seiner natürlichen Anlage nach diagnostisch und therapeutisch, wenngleich diese Funktion konstruierend in der sogenannten Spieltechnik noch verstärkt werden kann.
Dazu ist es naheliegend, die Welt selber oder zumindest repräsentative Situationen exemplarisch in den Mittelpunkt des Spiels zu stellen, wie beispielsweise im „Welttest" (LOWENFELD 1935; BÜHLER 1955) und im „Scenotest" (VON STABS 1951; KNELER 1961). Die damit intendierte „Selbstheilung", ein wiederholt diskutierter, aber zuerst von ERIKSON (1971, 217; RÖHRS 1981b, 86) geprägter Begriff, ist insofern möglich, als das Spiel erlaubt, die erfahrene Schwierigkeit darzustellen; sie kann im „Ausspielen" zum Bewußtsein erhoben und zum Gegenstand eines klärenden Gesprächs werden. Damit wird im Medium des negativen Falles nochmals die Grundfunktion des Spiels einsichtig, die Triebentwicklung zu kanalisieren und die Ich-Identität (PELLER 1981, 99) in der spielerischen Auseinandersetzung mit dem existentiell wichtigen Wertinhalten zu entfalten bzw. dort, wo sie verfehlt wurde, durch ein spielerisches Sichten der Vergangenheit nachträglich zu stiften.
Die breite ontologische Funktion des Spielens, die das Leben in seiner Entwicklung und gegenwärtigen Gestalt betrifft, hat Manfred EIGEN aus naturwissenschaftlicher Sicht eindrucksvoll beschrieben:

„Entstammen nicht alle unsere Fähigkeiten dem Spiel? Zunächst dem Spiel der Muskeln und Gliedmaßen: Aus ziellosem Greifen und Strampeln wird präzis korrelierter Bewegungsablauf. Sodann dem Spiel der Sinne: Aus spielerischer Neugier wird tiefgreifendes Wissen, aus dem Spiel mit Farben, Formen und Klängen unvergängliches Kunstwerk. Das Spiel steht am Anfang der Liebe: das verstohlene, heimliche Spiel der Augen, der Tanz, das Wechselspiel der Gedanken und Gefühle, das Sichhingeben — im

Sanskrit heißt die Verschmelzung der Liebenden *ktidaratnam*, das Juwel der Spiele'"
(EIGEN / WINKLER 1975, 18).

Die Aktivierung des Nutzlosen und die Freude am Ungeplanten, das den Zufall als Weichensteller besitzt, sind Grundmerkmale des Spiels. Gerade die Überraschung über die nicht vorhersehbare Spielsituation fordert schnelles und gelöstes Handeln; sie legt ungeahnte Kräfte für die Ich-Gewinnung und für eine Lebensperspektive frei. Als Grundbedingung und Begleiterscheinung des Lebendigen wird das Spiel im Verlauf der Lebensstadien seine Erscheinungsformen wechseln. Die Spiele der Kleinkindheit unterscheiden sich von jenen der Jugendzeit und des Erwachsenenalters. Eine Spielpädagogik der Lebensspannen hat darüber hinaus in den Formenwandel die Erfahrungen früherer Phasen einzubringen und eine Perspektive für die weitere Entwicklung freizusetzen. Der spielende Mensch sollte unter Berücksichtigung einer Gesamtperspektive gesehen und gedeutet werden. Dabei vermag die Einsicht in die Struktur der Tierspiele den Blick zu schärfen hinsichtlich der Bedeutung der Spiele für die Entfaltung der eigenen Funktionen.

Im Entwicklungsgefüge der Lebensspannen erfährt das Spiel vielfältige Wandlungen, die soweit gehen können, daß es zu einer spezifischen Form der Lebensgestaltung wird (RÖHRS 1981a; 1981b). Das in spielerischer Distanz gestaltete Leben muß keineswegs dessen Ernst, Gehalt und Gewicht mindern; vielmehr vermag es, es seiner Vollendung näherzubringen. So gesehen müssen zwischen Arbeit und Spiel keine Gegensätze bestehen; soweit Spiel seiner Funktion treu bleibt und nicht in bloße Spielerei ausgleitet, kann es in die Arbeitshaltung eingehen — zur Selbstbewährung und nicht zur Erhöhung der Arbeitshaltung, ohne daß diese dadurch gemindert werden müßte.

In einer weitaus unmittelbareren Weise ist das Verhältnis von Spiel und Sport gestaltbar. Der Sport schließt die spielerische Komponente ein, denn selbst in seinen Hochleistungsformen bedarf er des Spielerischen zu seiner Gestaltung. Unter Wahrung des Spielerischen birgt der Sport eine lebensaufschließende und entwicklungsfördernde Kraft (RÖHRS 1982), die bisher noch nicht annähernd erschlossen ist. Viele der Entwicklungsschwierigkeiten und Lebensängste lassen sich begrenzen, wenn die Freude an der geübten Körperlichkeit sowie die sie im praktischen Vollzug begleitende und vertiefende Reflexion über das Wechselverhältnis von Leib, Geist, Seele während des Lebensverlaufs in entwicklungsspezifischer Gestaltung eine gründlichere Pflege erfahren würden.

Diese Funktion des Spiels ist in der Tat existentialpädagogischer Art: Entfaltung und Sicherung des Lebens. So gesehen ist das Spiel auf das existentiell noch Verborgene gerichtet. Wahrheit in der Existenz wird bei den Griechen, die unsere Sicht- und Seinsweise entscheidend bestimmt haben, als ein Offenlegen des Verborgenen verstanden ($\alpha\lambda\eta\vartheta\varepsilon\iota\alpha$), das nunmehr beispielhaft neue Lebensmöglichkeiten erschließt (HEIMSOETH 1958, JAEGER 1947, MARROU 1957). Das Spiel ist ein derartiges Schöpfen aus den menschlichen Tiefen, die Geborgenheit und Wahrheit gegenüber der steten Anfechtung des Lebens durch das Leben zu stiften vermögen.

Das Spiel ist weder eine Alternative noch eine Gegenwelt oder gar eine Scheinwirklichkeit. Es ist vielmehr ein konstitutiver Teil der Existenzgestaltung, der erwirkt, daß der Mensch auch dort Mensch bleibt, wo er nur partikular gefordert wird, wie es in der weitgehend spezialisierten Lebenskulisse der modernen Gesellschaft zutrifft.

Gerade in der modernen Welt mit ihren Verheißungen der Rationalität und deren Äquivalenten der Technisierung, Industrialisierung und Sozialisierung besteht die Gefahr, daß die menschliche Grundspannung der Angst, die zutiefst metaphysische Angst um Selbstvollendung ist, und das frohgemute Schöpfertum in der Gestaltung der eigenen Welt durch die Furcht vor den erdrückenden Rückwirkungen der technisch-zivilisatorischen Kulisse verlorengeht.

In dieser Lage wäre das Versiegen des Spiels der Verlust der Hoffnung auf eine Humanisierung dieser Welt. Gerade das Spiel vermag angesichts der vielfältigen politischen, sozialen, humanen Anfechtungen des Menschseins in der modernen Welt durch das permanente Offenbaren des Verborgenen und durch das Freilegen der schöpferischen Kräfte das Menschliche im Menschen zu verstärken.

„Auf dieser Grenze als der Grenze der Freiheit zu stehen und, im Bewußtsein ihrer Endlichkeit, sich diesem schaurigen, unfaßbaren, unendlichen Nichts, das doch zugleich der Mutterschoß alles Wesens zu sein scheint, geöffnet zu halten, das ist *die* große, erste und letzte Aufgabe des spielenden Menschen" (BALLY 1945, 103).

Der spielende Mensch ist nicht der Sich-Zerstreuende, der den Boden eigentlicher Existenzerhaltung und -gestaltung verlassen hat; das ist ein immer aufkommender Trugschluß. Der spielende Mensch ist vielmehr eine Metapher des Menschseins schlechthin, die die Hoffnung auf die Verwirklichung des Menschlichen im Menschen zu stärken vermag.

Literatur

Alland, A.: Plädoyer für menschliche Maßstäbe bei der Erklärung menschlichen Verhaltens, Frankfurt a. M. 1974
Antoch, R. F.: Von der Kommunikation zur Kooperation, München 1981
Arnold, P.: The Encyclopedia of Gambling, Glasgow / London 1978
Arlott, J.: The Oxford Companion to Sport and Games, Oxford University Press 1975
Bally, G.: Vom Ursprung und von den Grenzen der Freiheit — eine Deutung des Spiels bei Tier und Mensch, Basel 1945
Bandura, A.: Lernen am Modell, Stuttgart 1976
Bateson, G.: Steps to an Ecology of Mind, San Francisco 1972 (deutsch: Ökologie des Geistes, Frankfurt a. M. 1981)
Beach, F. A.: Coital behavior in dogs, III, effects of early isolation on matching in males, in: Behaviour 30 (1968), 218 — 338
Benedict, R.: Kulturen primitiver Völker, Stuttgart 1949
Berlyne, D. E.: Konflikt, Erregung, Neugier, Stuttgart 1974
Bruner, J. S.: Der Prozeß der Erziehung, 3. Aufl. Berlin 1973

- Introduction, in: Bruner, J. S. / Jolly, A. / Sylva, K. (Hrsg.): Play — its role in development and evolution, New York 1976a, 13 — 24
- Nature and uses of immaturity, in: Bruner, J. S. / Jolly, A. / Sylva, K. (Hrsg.): Play — its role in development and evolution, New York 1976b, 28 — 64

Bruner, J. S. / Jolly, A. / Sylva, K. (Hrsg.): Play — its role in development and evolution, New York 1976

Bruner, J. S. / Sherwood, V.: Peekaboo and learning of rule structures, in: Bruner, J. S. / Jolly, A. / Sylva, K. (Hrsg.): Play — its role in development and evolution, New York 1976, 277 — 285

Bühler, C.: Der Welt-Test. Deutsche Bearbeitung von H. Hetzer und E. Höhn, Göttingen 1955

Bühler, K.: Die geistige Entwicklung des Kindes, 5. Aufl. Jena 1929

Chevalier-Skolnikoff, S.: Ontogenesis of the play face among stumptail monkeys, in: Bruner, J. S. / Jolly, A. / Sylva, K. (Hrsg.): Play — its role in development and evolution, New York 1976, 140 — 195

Craig, W.: Appetites and aversions as constituents of instinct, in: Biological Bulletin 34 (1918), 91 — 107

Cuddon, I. A.: The Macmillan Dictionary of Sport and Games, London 1980

Dolhinow, P.: At play in the fields, in: Bruner, J. S. / Jolly, A. / Sylva, K. (Hrsg.): Play — its role in development and evolution, New York 1976, 312 — 319

Dansky, J. L. / Silverman, I. W.: Effects of play on associative fluency in pre-school-aged children, in: Developmental Psychology 9 (1973), 38 — 43

Eibl-Eibesfeld, I.: Angeborenes und Erworbenes im Verhalten einiger Säuger, in: Zeitschrift für Tierpsychologie 20 (1963), 705 — 754
- Ethology: the biology of behavior, New York 1970
- Die !Ko-Buschmann Gesellschaft, München 1972
- Der vorprogrammierte Mensch, Wien / München / Zürich 1973
- Grundriß der Vergleichenden Verhaltensforschung. Ethologie, 4. Aufl. München / Zürich 1974

Eigen, M. / Winkler, R.: Das Spiel. Naturgesetze steuern den Zufall, München / Zürich 1975

Erikson, E. H.: Kindheit und Gesellschaft, Stuttgart 1971
- Jugend und Krise, 2. Aufl. Stuttgart 1974
- Kinderspiel und politische Phantasie, Frankfurt a. M. 1978

Fagen, R.: Modelling how and why play works, in: Bruner, J. S. / Jolly, A. / Sylva, K. (Hrsg.): Play — its role in development and evolution, New York 1976, 96 — 118
- Animal Play Behavior, Oxford University Press 1981

Feitelson, D. / Ross, G. S.: The neglected factor — play, in: Human Development 16 (1973), 202 — 223

Flitner, A. (Hrsg.): Das Kinderspiel, München 1973

Friedrich Fröbels Mutter- und Koselieder, hrsg. von J. Prüfer, 3. Aufl. Leipzig 1919

Fröbels Theorie des Spiels, 3 Bde., hrsg. von E. Blochmann u. a., Weinheim 1982

Garvey, C.: Play, London 1977

Goffman, E.: Wir alle spielen Theater. Die Selbstdarstellung im Alltag, München 1969

Groos, K.: Das Seelenleben des Kindes, 5. Aufl. Berlin 1921
- Das Spiel, Jena 1922
- Die Spiele der Tiere, 3. Aufl. Jena 1930

Gwinner, E.: Über einige Bewegungsspiele des Kolkraben (corvus corax L.), in: Zeitschrift für Tierpsychologie 23 (1966), 28 — 36; wieder abgedruckt in: Wickler, W. / Seibt, U. (Hrsg.): Vergleichende Verhaltensforschung, Hamburg 1973, 307 — 317

Hamburger, D.: Evolution of emotional responses. Evidence from recent research on non-human primates, in: Science and Psychoanalysis 12 (1968), 39 — 54

Hassenstein, B.: Verhaltensbiologie des Kindes, München / Zürich 1973
- Spielen in verhaltensbiologischer Sicht, in: Röhrs, H. (Hrsg.): Das Spiel — ein Urphänomen des Lebens, Wiesbaden 1981, 159 — 167

Hayes, C.: The Ape in our house, New York 1951

Heberer, G. (Hrsg.): Die Evolution der Organismen. Ergebnisse und Probleme der Abstammungslehre, 3 Bde., 3. Aufl. 1967 – 1972
Heberer, G. / Schwidetzky, I. / Walter, H.: Anthropologie, 3. Aufl. Frankfurt a. M. 1975
Heckhausen, H.: Entwurf einer Psychologie des Spielens, in: Flitner, A. (Hrsg.): Das Kinderspiel, München 1973
Heimsoeth, H.: Die sechs großen Themen der Abendländischen Metaphysik und der Ausgang des Mittelalters, 4. Aufl Stuttgart / Berlin / Köln / Mainz 1958
Hinde, R. A.: Das Verhalten der Tiere, Bd. II, Frankfurt a. M. 1973
Hoff, J. A. R. A. M. van: A comparative approach to the phylogeny of laughter and smiling, in: Bruner, J. S. / Jolly, A. / Sylva, K. (Hrsg.): Play – its role in development and evolution, New York 1978, 130 – 139
Hutt, C.: Exploration and Play in Children, in: Bruner, J. S. / Jolly, A. / Sylva, K. (Hrsg.): Play – its role in development and evolution, New York 1976, 202 – 215
Hutt, C. / Bhavnani, R.: Predictions from play, in: Nature 237 (1972), 171 – 172
Jaeger, W.: Paideia. Die Form des griechischen Menschen, Berlin 1947
Jensen, A. E.: Spiel und Ergriffenheit, in: PAIDEUMA 2 (1942), 124 – 139
Jones, T. B. / Kamil, A. C.: Tool-making and tool-using in the northern blue-jay, in: Science 180 (1973), 1076 – 1077
Kawai, M.: Newly acquired pre-cultural behavior of the natural troop of japanese monkeys on Koshima islet, in: Primates 6 (1972), 1 – 30
Klepzig, F.: Kinderspiele der Bantu, Meisenheim a. G. 1972
Kneler, E.: Konfliktgestaltung im Scenotest, München / Basel 1961
Köhler, W.: Intelligenzprüfungen an Menschenaffen, Berlin / Göttingen / Heidelberg 1963
Kummer, H.: Primate societies, Chicago 1971
Lawick-Goodall, J. van: Wilde Schimpansen. 10 Jahre Verhaltensforschung am Gombe-Strom, Reinbek b. Hamburg 1971
Leacock, E.: At play in african villages, in: Bruner, J. S. / Jolly, A. / Sylva, K. (Hrsg.): Play – its role in development and evolution, New York 1976, 466 – 473
Leyhausen, P.: Über die Funktion der Relativen Stimmungshierarchie, dargestellt am Beispiel der phylogenetischen und ontogenetischen Entwicklung des Beutefangs von Raubtieren (1965), in: Lorenz, K. / Leyhausen, P.: Antriebe tierischen und menschlichen Verhaltens. Gesammelte Abhandlungen, 4. Aufl. München 1973, 169 – 271
Levenstein, P.: Cognitive development through verbalized play: the mother-child home programme, in: Bruner, J. S. / Jolly, A. / Sylva, K. (Hrsg.): Play – its role in development and evolution, New York 1976, 286 – 297
Lorenz, K.: Über tierisches und menschliches Verhalten. Aus dem Werdegang der Verhaltenslehre, Bd. I und II, München 1965a, b
– Das sogenannte Böse, München 1974
Lorenz, K. / Leyhausen, P.: Antriebe tierischen und menschlichen Verhaltens. Gesammelte Abhandlungen, 4. Aufl. München 1973
Lorenz, K. / Tinbergen, N.: Taxis und Instinkte in der Eirollbewegung der Graugans, in: Zeitschrift für Tierpsychologie 2 (1938), 1 – 29
Lowenfeld, M.: Play in childhood, London 1935
Marrou, H.-I.: Geschichte der Erziehung im klassischen Altertum, Freiburg 1957
Mayr, E.: Evolution und Verhalten, in: Wickler, W. / Seibt, U. (Hrsg.): Vergleichende Verhaltensforschung, Hamburg 1973, 17 – 40
Mead, M.: Leben in der Südsee, München 1965
Menzel jr., E. W.: Spontaneous invention of ladders in a group of young chimpanzees, in: Folia Primat 17 (1972), 87 – 106
Munk, A.: Biologie des menschlichen Verhaltens, Stuttgart / Berlin / Köln / Mainz 1972
Nitsch-Berg, H.: Kindliches Spiel zwischen Triebdynamik und Enkulturation, Stuttgart 1978

Peller, L. E.: Das Spiel im Zusammenhang der Trieb- und Ich-Entwicklung, in: Röhrs, H. (Hrsg.): Das Spiel — Urphänomen des Lebens, Wiesbaden 1981, 99 — 117
Phillips, R. H.: Children's games, in: Slovenko, R. / Knight, I. A. (Hrsg.): Motivations in play, games and sports, Springfield, Ill., 1967
Piaget, J.: Nachhamung, Spiel und Traum, Stuttgart 1975
Pilz, G. / Moesch, H.: Der Mensch und die Graugans, Frankfurt a. M. 1975
Portmann, A.: An den Grenzen des Wissens, Düsseldorf 1974
Reynolds, P. C.: Play, language and human evolution, in: Bruner, J. S. / Jolly, A. / Sylva, K. (Hrsg.): Play — its role in development and evolution, New York 1976, 621 — 635
Röhrs, H.: Kindergarten, Vorschule, Elternhaus in Kooperation, München 1976
— (Hrsg.): Das Spiel — ein Urphänomen des Lebens, Wiesbaden 1981a
— Spiel und Sportspiel — ein Wechselverhältnis, Hannover 1981b
— Sportpädagogik und Sportwirklichkeit. Eine Einführung in ihre Probleme, Tendenzen, Perspektiven, Bad Homburg v. d. H. 1982
— Die Reformpädagogik. Ursprung und Verlauf in Europa, 2. Aufl. Hannover 1983
— Frieden — eine pädagogische Aufgabe, Braunschweig 1983
Scheler, M.: Die Stellung des Menschen im Kosmos, 2. Aufl. München 1949
Scheuerl, H. (Hrsg.): Theorien des Spiels, 10. Aufl. Weinheim / Basel 1975
— Zur Begriffsbestimmung von „Spiel" und „spielen", in: Röhrs, H. (Hrsg.): Das Spiel — ein Urphänomen des Lebens, Wiesbaden 1981, 41 — 49
Schmidbauer, W.: Evolutionstheorie und Verhaltensforschung, Hamburg 1974
Schwartzman, H. B.: Transformations. The Anthropolgy of Children's Play, New York / London 1978
Spencer, H.: Principles of psychology, 2. Aufl. New York 1955 (deutsch: Prinzipien der Psychologie, Stuttgart 1982)
Stabs, G. von: Der Sceno-Test, Zürich 1951
Sutton-Smith, B.: Die Dialektik des Spiels, Schorndorf 1978
Sylva, K. / Bruner, J. S. / Genova, P.: The role of play in the problem-solving of children 3 — 5 years old, in: Bruner, J. S. / Jolly, A. / Sylva, K. (Hrsg.): Play — its role in development and evolution, New York 1976, 244 — 257
Tinbergen, N.: Tiere untereinander. Soziales Verhalten bei Tieren — insbesondere Wirbeltieren, Berlin / Hamburg 1955
Trumler, E.: Hunde ernstgenommen. Zum Wesen und Verständnis ihres Verhaltens, 2. Aufl. München / Zürich 1974
Turnball, C.: The forest people, New York 1961
Uexküll, J.: Umwelt und Innenwelt der Tiere, 2. Aufl. Berlin 1921
— Umweltforschung, in: Zeitschrift für Tierpsychologie 1 (1937), 33 — 34
Watzlawick, P.: Wie wirklich ist die Wirklichkeit?, 3. Aufl. München / Zürich 1976
Weir, R.: Playing with language, in: Bruner, J. S. / Jolly, A. / Sylva, K. (Hrsg.): Play — its role in development and evolution, New York 1976, 609 — 618
Wickler, W. / Seibt, U. (Hrsg.): Vergleichende Verhaltensforschung, Hamburg 1973
Winnicott, D. W.: Vom Spiel zur Kreativität, 2. Aufl. Stuttgart 1979
Wygotski, L. S.: Das Spiel und seine Rolle für die psychische Entwicklung des Kindes, in: Röhrs, H. (Hrsg.): Das Spiel — ein Urphänomen des Lebens, Wiesbaden 1981, 129 — 146

3. Zur Funktionalität des Spiels
Eine vergleichend-biologische Untersuchung

Rudolf Schenkel

Einleitung

„Human- und Tierpsychologen haben häufig versucht, das Wesen des Spiels zu ergründen ... Wir sind aber heute noch weit davon entfernt, uns ein abgerundetes Bild vom Wesen dieses komplexen Phänomens machen zu können." So schrieb M. MEYER-HOLZAPFEL (1956, 1). Hinter dieser Aussage steht unausgesprochen folgende Annahme: Was mit dem einen Wort „Spiel" bezeichnet wird, müsse ein einziges — wenn auch komplexes — Phänomen sein, und diesem komme sein besonderes „Wesen" zu.
Ist diese Annahme berechtigt? Aufgrund unserer Zugehörigkeit zur deutschen Sprachgemeinschaft beleuchtet das Wort *Spiel* (oder Spielen) gewisse Felder unserer Erfahrung. Die Frage stellt sich nun, ob diese in einem „innern" Zusammenhang stehen, also einen realen Feldzusammenhang darstellen. Nur wenn dies der Fall ist, erscheint es sinnvoll, sich über das „Wesen" oder auch „die Funktionalität des Spiels" Gedanken zu machen.
Bilden die vom Wort Spiel beleuchteten Felder keine Einheit, so bleibt immerhin die Möglichkeit, die Betrachtung auf ein Hauptfeld zu beschränken, dessen innere Geschlossenheit (Einheitlichkeit) man vorher nachgewiesen hat.

I. Spiel, was ist das?

1. Im Mittelalter gehörten zum Terminus *Spiel* drei Bedeutungsfelder:
   - Tanz, vor allem Schautanz — meist als Lebensunterhalt betrieben,
   - musikalische Begleitung zu solchem Tanz, das „Aufspielen",
   - unterhaltende, nicht als „Arbeit" eingestufte Beschäftigung.

2. Im heutigen Sprachgebrauch lassen sich Weiterentwicklungen dieser drei Bedeutungsfelder unschwer aufzeigen.
   Vom Schautanz ist der Schritt nicht groß zu Fest- oder auch Passions-Spielen, zum Theaterspielen, zum Spielen einer Rolle im Stück.
   Aus dem Spielen als musikalischer Begleitung zum Tanz wurde allgemein das Spielen von Musikinstrumenten und Musikstücken. Daß die Militärmusik spielende Truppe eines Regiments als „Regimentsspiel" bezeichnet wird, stellt die Übertragung des Terminus Spiel von der Tätigkeit auf den Aktor dar.

Auch heute noch wird vergnügliches, unterhaltendes Tun als Spielen bezeichnet. Das wird deutlich in Gegensatzpaaren wie Spiel – Arbeit, Spiel – Ernst, spielend leicht – mühsam, verkrampft. Da man vor allem Kindern unbelastetes Tun zubilligt, werden viele mehr oder weniger konventionelle Formen unterhaltender Aktivitäten der Kinder Spiele genannt. Es sei erinnert an Fang-, Versteck-, Ball-, Würfel-, Kartenspiele usw. In vielen Fällen handelt es sich um friedliche, Regeln respektierende Konkurrenz, bei der auch der Zufall als Spannung erzeugende Komponente beteiligt ist.

Wird solche Konkurrenz von Erwachsenen betrieben, so erscheint der Einsatz meist härter, „verbissener". Auch in diesen Fällen und sogar, wenn solche Aktivitäten als Beruf ausgeübt werden, nennt man sie immer noch Spiele. Der Charakter entspannter, vergnüglicher Unterhaltung geht ihnen dann ab. „Der Spieler" kann sogar seine soziale und wirtschaftliche Existenz „aufs Spiel setzen".

Im Laufe der Zeit haben zahlreiche Übertragungen der Wortform ... spiel ... auf Bedeutungsfelder stattgefunden, die mit den ursprünglichen in keinem Realzusammenhang stehen.

3. J. HUIZINGA (1939) hat an Beispielen dargelegt, daß hinsichtlich *Spiel* die Kategorienbildung in den verschiedenen Sprachen durchaus nicht übereinstimmt. Jede ordnet die Erlebnisfelder in ihrer eigenen Weise.

4. In den letzten Jahrzehnten hat die kulturanthropologische, psychologische und biologische Beschäftigung mit der Thematik *Spiel, Spielen* zu einer gewissen Einengung des Bedeutungsfeldes geführt. Dabei haben aber kulturpolitische und kulturphilosophische bzw. ideologische Tendenzen die Semantik stark beeinflußt und die forschende Haltung belastet.

In seinen Briefen *Über die ästhetische Erziehung des Menschen* forderte SCHILLER eine Änderung der Wertung menschlichen Tuns. „Der Mensch spielt nur, wo er in voller Bedeutung des Wortes Mensch ist, und er ist nur da Mensch, wo er spielt." SCHILLERs kulturpolitische Botschaft lautete demnach: Nicht die als Tugend gepredigte Arbeit ist der wertvollste Modus des Menschseins, sondern die „brotlose" Aktivität des „Spielens mit der Schönheit", des künstlerisch-kulturellen Schaffens. Auch NIETZSCHE (1885) ist in diesem Zusammenhang zu erwähnen. Auch nach ihm gehört zum höhern Menschsein das „Spiel des Schaffens". Der Höhere Mensch trage zuerst als „Kamel" willig die Last der tradierten Normen, befreie sich dann von ihnen als „Löwe" und werde dann „Kind", „ein aus sich rollendes Rad, eine erste Bewegung".

In ein Bekenntnis zu dieser Ideologie mündet auch die wissenschaftlich wertvolle Abhandlung von G. BALLY (1945, 123). Das Spiel sei das Lebenselement des geistigen Zeugens, und die „ehrwürdigen Werke der Menschen" setzten „den Spielraum der Freiheit" voraus.

J. HUIZINGA (1939, 342) befaßt sich weniger mit dem schöpferischen Spielen des Individuums als mit dem Spielgehalt der Kultur. Er fordert

dessen Reinheit als Voraussetzung seiner kulurschöpferischen und kulturfördernden Potenz.
Entsprechende kulturpolitische Bestrebungen gehörten zu jeder sogenannten Hochkultur: Elitäre Schichten lebten von der Arbeit der Basis-Schicht; ihre gehobenen Ansprüche legitimierten sie mit ihrem höheren Menschsein bzw. dem überragenden Wert ihrer kulturschaffenden Tätigkeit.

M. MEYER-HOLZAPFEL (1970, 6/7) erwartet vom technischen Fortschritt eine Demokratisierung des kulturschaffenden Tuns. Jener werde allgemein den erwachsenen Menschen von der Last der Arbeit zunehmend befreien und ihm die Möglichkeit verschaffen, bis ins Alter „das Nicht-Lebensnotwendige" zu tun: spielend Kultur zu schaffen.

Die dominanten kulturpolitischen Bestrebungen haben offenbar die Konzeption des zentralen Bereichs der mit *Spiel* angesprochenen Realität beeinflußt. Der Leistung des *erwachsenen Menschen* als Schöpfer und Ausgestalter kultureller Innovationen wird die zentrale Position eingeräumt. Die Befreiung sowohl von Basis-Arbeit wie auch von traditioneller Gebundenheit wird begrüßt, der dadurch mögliche kulturelle „Fortschritt" verherrlicht. Die charakteristischen Verhaltensleistungen *junger Säuger und Menschen* dagegen werden zum trivialen Gleichnis degradiert.

5. Die frühe Ethologie überging das Spiel völlig, obwohl das Werk von K. GROOS (1896) vorlag und äußerst wertvolle Beschreibungen von Spielleistungen für einzelne Tierarten existierten. Das „Dogma", daß alles Verhalten auf Entblockung der den Hauptinstinkten zugeordneten Endhandlungen ziele, schloß eine adäquate Bearbeitung der Thematik *Spiel* zunächst aus.

Es war vor allem M. MEYER-HOLZAPFEL, die sich bemühte, durch Modifikation des ethologischen Modells auch das Spielverhalten zu interpretieren. Beiträge in derselben Richtung erbrachten auch J. EIBL-EIBESFELDT (1950 und 1967), K. LORENZ (1950), P. LEYHAUSEN (1965) u. a.

6. Eigenartigerweise wurde von biologischer Seite das semantische Problem bis 1966 überhaupt nicht gesehen und auch seither nie gründlich angegangen. C. LOIZOS (1966, 1) stellt fest:

„Play is an exclusively human concept used of activity that is other than, or even opposed to work. . . . Since they (animals) do not work, at any rate in our sence of the word, they cannot really be said to play — in our sense of the word."

Trotz dieser Feststellung diskutiert sie dann das Spielen von Tieren, ohne klarzulegen, was sie darunter versteht.

Auch M. MEYER-HOLZAPFEL wirft (1970, 1) die Frage auf, „ob es Spiel als einheitliche, begrifflich faßbare biologische Erscheinung überhaupt gibt". Sie antwortet zunächst mit der Feststellung, daß unmittelbare Beobachtung uns sicher erkennen läßt, ob ein Kind, ein Hund oder eine Katze spielt. Es müsse „also eine grundsätzliche Übereinstimmung zwischen Tier- und Menschenspiel geben".

Außerdem reiht sie das Spiel unter die abbildenden oder injunktiven Begriffe ein (B. HASSENSTEIN 1954, 5), „deren Mittelpunkt (‚echtes' Spiel) sich charakterisieren läßt, deren „Ränder" sich jedoch mit denen anderer Begriffe überschneiden".
Welches ist nun der Mittelpunkt des Begriffs oder — anders formuliert — der Kernbereich „echtes Spiel"? Soweit ich es zu beurteilen vermag, ist diese Frage bisher weder klar gestellt noch beantwortet worden.

II. Zuordnung eines Kernbereichs zum Terminus „Spiel"

1. Den Ausgangspunkt soll die Zuordnung im normalen Sprachgebrauch der Biologen und Psychologen bilden. Ziel ist die Präzisierung der Zuordnung durch Beschränkung des Terminus auf ein weitgehend einheitliches Realitätsfeld.
Hier stellt sich die Frage nach den Kriterien biologischer Einheitlichkeit. Im Bereich der Biologie sind vor allem zwei Prinzipien der „grundsätzlichen Übereinstimmung" — um die Ausdrucksweise von M. MEYER-HOLZAPFEL zu gebrauchen — von Bedeutung:

   - *Analogie*, d. h. Ähnlichkeit der Organisation, die auf konvergente Entwicklung unter der Wirkung derselben Hauptfaktoren der Selektion zurückzuführen ist.
   - *Homologie*, d. h. Ähnlichkeit der Organisation, die eine Folge der Verwandtschaft bzw. der Abstammung von einer gemeinsamen Vorfahrenstufe darstellt.

   Ist im Falle der Homologie die Verwandtschaft eine hinreichend enge, so umfaßt die Ähnlichkeit meist alle, also auch die funktionellen Aspekte der Organisation.
   Im normalen Sprachgebrauch, von dem wir ausgehen, sind weder Analogie noch Homologie Kriterien des Spiels, sondern unser unmittelbares Ansprechen beim Beobachten und Miterleben. Den entsprechenden Verhaltenstyp versuchen wir im folgenden mit Hilfe eines „Steckbriefes", d. h. anhand einer Kombination von Erkennungsmerkmalen, zu charakterisieren. So gelangen wir zu einer rahmenhaften Festlegung des Kernbereichs und können diese dann präzisieren und vertiefen, indem wir den biologischen Zusammenhang herausarbeiten.

2. Die im folgenden aufgeführten Erkennungsmerkmale des Spiels, sind von zahlreichen Autoren hervorgehoben worden:

   - Spielverhalten ist hoch organisiert. Es zeigt oft in rascher Folge Varianten eines Ablaufs. Kurzfristig kann eine Verhaltensgestalt mit einer anderen, ein Szenentyp mit einem anderen wechseln.
   - Das Spiel verrät intensive Motiviertheit; aber es zielt nicht auf eine Endhandlung oder eine Zielsituation, die Befriedigung mit sich bringt. Das Spiel *selbst* wird lustvoll erlebt; es wird nicht eingesetzt als Instrument, um Befriedigung als Ziel zu erreichen.
   - „Ernstverhalten", d. h. Verhalten, das aktuell auf Überleben ausgerichtet ist, tritt im Spiel weder spontan noch aktiviert durch die Situation auf. Diese darf also auch nicht unter der Spannung stehen, die Art- und Sozialfeinde erzeugen. Für das Spiel sind Entspanntheit und Geborgenheit Vorraussetzung.

- Sehr vielen Spielformen lassen sich aufgrund gestaltlicher Ähnlichkeit Ernstformen des Verhaltens zuordnen. Dabei gilt die Regel, daß diejenigen Spielformen besonders häufig zu beobachten sind, denen besonders lebenswichtige Ernstverhaltensweisen entsprechen.
- Innerhalb des Tierreichs tritt Spielen im bisher charakterisierten Sinn nur bei Wirbeltieren auf, und zwar in unvergleichlicher Entfaltung bei höhern Säugern mit Einschluß des Menschen.
- Die eigentliche Spielzeit innerhalb der Ontogenese ist die Jugendzeit. Beschützt und betreut durch das soziale Umfeld, vor allem die Mutter, nimmt das Kind mit Gegebenheiten seiner Umwelt spielend Kontakt auf. Seine Belastung mit Ernstfunktionen im Verlaufe der Reifung geht Hand in Hand mit dem Zurücktreten des Spiels.

Mit diesen Kennzeichen sei der Kernbereich des Spiels umrissen. Ich möchte nicht ausschließen, daß auch Vögel spielen, und daß im Randbereich auch gewisse Verhaltensweisen von Reptilien und Fischen einzuordnen sind. Zum Kernbereich aber zähle ich die betreffenden Verhaltenstypen der Kinder höherer Säuger und des Menschen. Es sei auch nicht von vornherein ausgeschlossen, daß auch bei adulten Individuen Spiel vorkommt. Ohne Zweifel sind gewisse ihrer Verhaltensleistungen dem Randbereich des Spiels zuzuordnen. Für das echte Spiel aber sollen folgende Charakteristika verbindlich sein:

Das Fehlen einer inneren oder von außen wirkenden Notlage, keinerlei Belastung des Verhaltens mit Ernstfunktionen, ein Aktivitätsdrang und – allgemeiner – eine Verhaltensdisposition, wie sie für die erwähnten Jugendformen typisch sind.

Aus allen bisherigen Feststellungen drängt sich die Schlußfolgerung auf, daß allem Spielen, soweit es dem Kernbereich angehört, eine basale Homologie der Verhaltensdisposition zugrunde liegt. Es kann sich dabei nicht um Homologie der einzelnen Bewegungskoordinationen handeln, sondern des Dispositionstyps, welcher sowohl Spielform wie auch Ernstform möglich macht bzw. im Verlauf der Ontogenese über das Spiel zum Ernstverhalten führt.

III. Die Vorbereitungsschritte der Funktionsbestimmung

1. Eine haltbare Funktionsbestimmung einer komplexen Verhaltensklasse erfordert drei Hauptschritte:

    - einen Überblick über die ganze Breite bzw. die *Dimensionen* der betreffenden Verhaltensklasse in formaler Hinsicht;
    - eine Abklärung der *Bedingungen*, unter denen die Verhaltensweisen der Klasse auftreten; dabei ist sowohl der „äußern" Situation wie auch den „innern" Bedingungen des Aktors Beachtung zu schenken;
    - eine Untersuchung der fraglichen Verhaltensleistungen auf kurz- und langfristige *Wirkung* in möglichst vielen Einzelfällen und schließlich die Integration solcher Erfahrungen zu einem Urteil über die Relevanz jenes Verhaltens für den Fortbestand des Lebens.

In 2. und 3. werden die beiden ersten Schritte in knapper Form skizziert, für den dritten Schritt geschieht das unter IV.

2. In manche Spiele sind Komponenten integriert, deren Koordination „angeboren" ist. So zeigen beispielsweise manche junge Säuger im Spiel Bewegungsabläufe der Lokomotion, des Kampfes, der Feindvermeidung, des Nahrungserwerbs, des Fortpflanzungsverhaltens usw., die zum angeborenen Können (J. EIBL-EIBESFELDT 1967) gehören. Man spricht dann von „*Instinkt-Spielen*".

Andere Spiele zeichnen sich durch Verhaltensblöcke aus, die in Interaktion mit der Umwelt — mit Gestaltungen des Substrats, mit Objekten, mit artfremden Tieren und Artgenossen — entwickelt bzw. erfunden worden sind; das jeweils vorhandene Repertoire wird dann immer wieder durch Neuerfindungen bereichert. Man könnte von Entdeckungs-, Untersuchungs- und Erfindungsspielen sprechen; hier werden sie zusammengefaßt als „*Lernspiele*" bezeichnet.

Instinkt- und Lernspiele unterscheiden sich vermutlich nur graduell: durch den Grad der Plastizität und den verschiedenen Umfang der angeboren koordinierten Verhaltensblöcke. Sie markieren gleichsam die Enden einer „Dimension". Bei beiden Spieltypen kommt es zur Neuentwicklung komplexer, koordinierter Ganzheiten und im Verlauf der Ontogenese zu umweltbezogener Entfaltung der Spielformen. Letztere zeigen mehr oder weniger ausgeprägt individuelle Züge.

Als eine zweite Dimension sei der *Umweltbezug des Spiels* beleuchtet — oder genauer die Gegebenheit, an und mit der das Spiel zustandekommt und seine Gestalt gewinnt.

Mit dem Medium (Wasser, Luft, Boden) und mit Subtratsstrukturen operieren vor allem *Lokomotions- und Exkursions-Spiele*.

Die Spiele mit Objekten lassen sich in den meisten Fällen als *Manipulations- und Bearbeitungs-Spiele* bezeichnen. Ähnliche Züge zeigt das Spielen mit eigenen Körperteilen sowie mit vergleichsweise sehr kleinen artfremden Tieren.

Zu manchen Objektspielen gehört zugleich auch spielerisch gestaltete Lokomotion (= Lokomotions-Objekt-Spiele).

Sehr verschiedenartige Möglichkeiten umfaßt die Kategorie der *Sozialspiele*. Zum Spiel allgemein gehört als Bedingung eine entspannte, Geborgenheit bietende soziale Situation. Als Kriterium für Sozialspiele gelte, daß Sozialpartner *mitspielen*.

Auf einige Haupttypen der Sozialspiele sei näher eingegangen.

- Eine einfache Form der sozialen Integration spielerischen Verhaltens liegt vor, wenn die Spielaktivität unter den Sozialpartnern übertragen wird, kein Individuum sich aber im Spiel mit einem Partner abgibt. So können sich etwa Horntierjunge gemeinsam an einem Lokomotionsspiel beteiligen.
- Direkte soziale Interaktionen in Spielform sind die *Kampfspiele*; die *Beutefangspiele* mit einem Partner in der Rolle der Beute, die *Verfolgungs-Flucht-Spiele*, die *Paarungsspiele* u. a.
- Die Spielpartner interagieren über ein *Objekt als „Spielrequisit"* oder „*Spielthema*". Bei Raubtieren ist Kampfspiel um eine „Scheinbeute" häufig zu be-

obachten, bei höhern Primaten spielerische Konkurrenz um temporären „Objekt-Besitz".
- Eine auffällige Kategorie des sozialen Lernspiels ist die *spielerische Imitation*. Sie ist eine charakteristische Leistung der Menschenaffen- und Menschenkinder und wird unter IV. 5 näher betrachtet.

3. Auf *die äußeren Bedingungen des Spiels* wurde bereits wiederholt hingewiesen. Seine Einbettung in den Lebenszusammenhang sollte aber noch kurz beleuchtet werden. Korrekterweise wären Nesthocker, Nestflüchter und Traglinge gesondert zu behandeln; aus Raumgründen verzichte ich hierauf. Die folgenden Ausführungen stellen daher eine Verallgemeinerung und Vereinfachung dar.

Junge Säuger haben einen vergleichsweise geringen Aufwand an Verhalten für ihre Selbsterhaltung — Ernährung, Schutz, Orientierung und zum Teil auch Dislokation im Raum, ihre Körperpflege usw. — zu leisten. Die Mutter erbringt stellvertretend diesen Aufwand. Auch erfordert das Fortpflanzungsverhalten von den Jungen noch keinen Einsatz; es ist durch hormonelle Steuerung in seiner Reifung blockiert.

Das mütterliche Verhalten wird allerdings nur wirksam dank komplementärer Beiträge des Kindes. So ergänzen sich

    Saugen und Säugen
  Sich in Obhut begeben und Schützen
   Sich anklammern und Tragen
    Folgen und Führen

usw.

Außerdem überwacht die Mutter die Situation des Kindes. Sowohl Gefahrcharakter der Situation wie auch Signale des Kindes können ihr Eingreifen auslösen.

Die Aktivität des Kindes erschöpft sich aber nicht in den erwähnten Leistungen. In entspannter Situation entwickelt sich sein Spiel in Interaktion mit Gegebenheiten der Umwelt. Schema 1 veranschaulicht diesen Zusammenhang.

Was nun im einzelnen zum Spiel führt, ist mit den obigen Feststellungen noch nicht erklärt. Welche *Außenbedingungen* reizen zum Spielen? Welche besondere *Bereitschaft des Kindes* läßt es auf diese Außenbedingungen mit Spielen ansprechen?

Auf *die besondere Motivation des Spiels* junger Säuger haben verschiedene Autoren hingewiesen. LORENZ (1950), MEYER-HOLZAPFEL (1956) und andere haben die Neugier-Komponente hervorgeschoben, LOIZOS (1966) den Explorations-Charakter. BUYTENDIJK (1933) hat die Wichtigkeit des nicht voll voraussehbaren feed-back des Spieldings oder -partners betont, HUIZINGA (1939) den „Witz" des Spiels.

Allerdings stellt MEYER-HOLZAPFEL auch fest, daß nicht alles Neugierverhalten Spiel ist, und LOIZOS, daß Entsprechendes für das Explorationsverhalten gilt. Beide ziehen merkwürdigerweise nicht den Schluß, daß es zwei motivationell (und funktionell) verschiedene Formen der Neugier bzw. des Explorierens gibt: eine spielhafte, unbelastete und eine funktionell belastete, ernste.

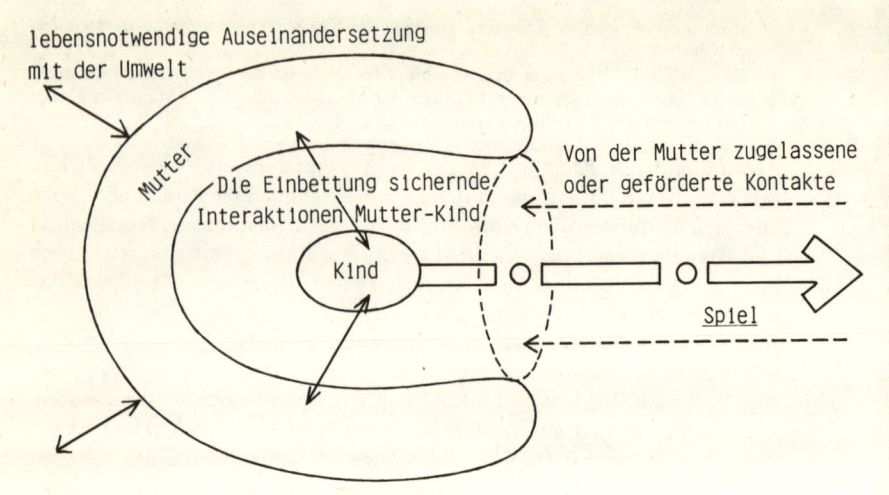

Schema 1: Das Spiel im Lebenszusammenhang

Zum Spielen gehört Geborgenheit als Grundbedingung, aber innerhalb dieses Rahmens eine besondere Spannung: die Spannung des Neuen, Unbekannten, Imponierenden, der begrenzten Herausforderung. Solche Spannung kommt zustande, wenn man im Rahmen der Sicherheit

- sich mit Unbekanntem, Beeindruckendem abgibt,
- Bekanntes auf neue Art angeht,
- Möglichkeiten der Kontaktnahme auf neue Weise kombiniert,
- mit einem Gegenüber interagiert, das man zwar kennt, dessen Reaktionen im einzelnen aber nicht voraussehbar sind, also immer wieder einmal vor eine neue Situation stellen.

Als Gegenüber im letzterwähnten Sinn eignen sich vor allem Sozialpartner. Allerdings besteht bei diesen das Risiko einer Ernst-Reaktion. Eine Abklärung oder Bannung dieses Risikos erfolgt daher in der Spieleinleitung. Zum Antrag des Initiativen gehört meist eine charakteristische Spielgestik oder -mimik („Spielgesicht"). Reagiert der Partner entsprechend, so ist die Einstimmung auf Spiel sichergestellt. Der Spielantrag eines sozial Unterlegenen kann auch mit einem kindlichen Appell an die Elterlichkeit des Überlegenen verbunden sein; so gehören zum Beispiel bei gewissen Caniden Milchtritt und Futterbetteln in symbolisierter Form zum Spielantrag des sozial Unterlegenen (vgl, SCHENKEL 1957). Wenn ein Individuum im Spielen unter Druck gerät, den es als ernst empfindet, so erlischt seine Spielinitiative und weicht dem Streben nach Schutz bzw. Geborgenheit. Oft äußert es dann ein Bedrängnis- oder „Distress"-Signal. Dieses kann

- beim Partner direkt Dämpfung seines Einsatzes auslösen,
- Protektoren zum Eingreifen motivieren,
- den Partner hemmen, indem seine Angst vor den potentiellen Protektoren geweckt wird.

Besonders bei Primatenkindern ist in der Konfrontation mit Unbekanntem oder mit überlegenen Sozialpartnern oft das Schwanken zwischen spielerischer Initiative und Schutzbedürfnis festzustellen: Das Kind versichert sich immer wieder der Gegenwart seiner Mutter.

Die oben erwähnte Herausforderung der Spielsituation besteht darin, dieser gewachsen zu sein, Schwierigkeiten unbelastet zu meistern und den Weg zu weiterer Initiative offen zu halten. Das Spiel als Bestehen der Spannung und Herausforderung wird lustvoll erlebt; es ist als Aktivität ein Vergnügen oder nach D. MORRIS (1972) „self-rewarding". Es zielt nicht auf Befriedigung als Abschluß.

Das Spiel entspringt einer expansiven, „optimistischen" Tendenz: zum Gewinnen neuer Kontakte, neuer Variationen und Kombinationen und somit zur Erweiterung des eigenen Könnens, der eigenen Umwelt und zur Bereicherung der Beziehungen zu ihr. Auch wenn im Spiel – ganz besonders im Instinktspiel – angeboren koordinierte Verhaltensblöcke als eingebaute Komponenten auftreten, so besteht doch das „System-Soll" nicht, wie LEYHAUSEN (1965) annimmt, im Ablaufen dieser Blöcke; sie werden vielmehr auf immer neue Weise appliziert als Mittel zu neuen Kontakten mit der Umwelt.

Diese Betrachtung der äußeren und inneren Bedingungen bezog sich auf das Spiel allgemein. Auf gewisse spezielle Bedingungen der verschiedenen Typen der Sozialspiele wird später eingegangen, wenn deren Funktionen diskutiert werden.

IV. Die Funktionalität des Spiels

1. Aus der bisherigen Betrachtung ergeben sich wichtige Ansätze der Funktionsbestimmung.
    - In Situationen, in denen ernste Dringlichkeit herrscht, wird nicht gespielt. Das Spiel ist nicht Funktionsträger im Falle aktueller Dringlichkeit; es ist nicht aktuell lebenswichtig.
    - Wenn wir nun feststellen, daß in bestimmten Fällen das Fehlen solcher Dringlichkeit nicht zum Nichtstun, sondern zu aufwendiger Aktivität – eben zum Spielen – führt, so können wir nur schließen, daß letztere eine wichtige Funktion erfüllt.
    - Wie wir festgestellt haben, sind es die jugendlichen, in ihrer Existenz durch das soziale Umfeld bzw. die Mutter gesicherten Individuen, welche spielen. Hieraus folgt zwingend, daß das Spielen eine *prospektiv lebenswichtige Funktion* erfüllt.
    - Betrachten wir das Spiel im Lebenszusammenhang (vgl. Schema 1), so ergibt sich folgendes: Die Betreuung des Kindes bedeutet *elterliche Investition*. Das Kind nutzt diese, indem es sie im Spiel in *Eigeninvestition* zugunsten der eigenen Zukunft als Individuum und Sozialwesen und schließlich der Zukunft seiner Gene umsetzt.
    - Die Mutter schirmt das Kind gegen Gefahren ab; sie läßt aber selektiv Kontakte zu, ja fördert sie. Die Abschirmung tritt in Funktion, wenn die Mutter Gefahrenzeichen wahrnimmt oder das Kind Bedrängnis-Signale sendet. In entspannter Situation dagegen können die Tendenzen des Kindes, die wir weiter oben (vgl. III. 3) charakterisiert haben, sein Verhalten bestimmen.

Das „System-Soll" dieser Tendenzen läßt sich sprachlich nur in einer Weise fassen, die auch schon auf die Funktion hinweist. Durch unbelastete, expansive, fortschreitend sich ausgestaltende Interaktion mit der Umwelt wird zu dieser ein funktionell unbelastetes Beziehungsnetz aufgebaut.
Dieses umfaßt Kennen und Können, beide ausgeformt und bewährt in zahllosen Interaktionen. Funktionell wird dieses Beziehungsnetz, wenn die Belastung des jungen Individuums mit Ernstfunktionen einsetzt.

Zur Vertiefung dieser Ansätze soll im folgenden kurz behandelt werden

- die Dimension *Instinktspiel* – *Lernspiel* unter dem Aspekt der Funktion,
- das *Sozialspiel* allgemein,
- das *Spiel um ein „Requisit"* oder *„Thema"* und
- das *Imitationsspiel*.

2. Selbst wenn *Instinktspiele* lediglich angeboren koordiniertes Verhalten und reflexartige Taxiskomponenten umfaßten, so könnte ihnen doch eine wichtige prospektive Funktion zukommen: die Förderung der Bewegungsapparatur – Knochen, Muskeln, Gelenke – in ihrer Leistungsfähigkeit.
Tatsächlich wird in den Instinktspielen die Umweltbeziehung nicht von der angeborenen Koordination dominiert, sondern von den offenen, formsuchenden Komponenten. Das zeigt sich schon in den vielen Variationen in diesen Spielen. Sie stellen entspanntes Explorieren dar. Vor allem aber treten auf dem Niveau der „Taktik" immer wieder „Erfindungen" auf. Nicht das Ablaufen angeborener Automatismen bildet den Funktions-Schwerpunkt der Instinktspiele, sondern das Explorieren der Wirkungen, die sich mit lustvollen Variationen und Erfindungen hervorrufen lassen. So erweitert das jugendliche Individuum seine Kompetenz in bezug auf sein Heimgebiet, im Meistern von Substratstrukturen, im Umgehen mit Objekten und artfremden Tieren und im Verkehr mit Artgenossen bzw. künftigen Sexual- und Sozialpartnern.
Daß zwischen Instinkt- und *Lernspielen* keine präzise Grenze besteht, haben wir schon angedeutet. Das funktionell Besondere der ausgesprochenen Lernspiele sei aber doch kurz charakterisiert.
Das Lernspiel setzt dort an, wo der über die Sinnesorgane einlaufenden Information noch keine differenzierte Bedeutung zukommt, und wo dem Individuum noch keiner der Umwelt adäquat koordinierten Verhaltensblöcke zur Verfügung stehen. Neuheit der Information – bei gewährleisteter Geborgenheit – reizt zu aktiver Auseinandersetzung mit der Informationsquelle. Diese Aktivität erscheint zu Beginn ungeformt, ataktisch. In der spielerischen Auseinandersetzung gewinnt die eingehende Information differenzierte Bedeutung und die Aktivität umweltadäquate Koordination. Diese gekoppelten Vorgänge manifestieren sich im Zuge einer fortschreitenden Entwicklung, unter einem expansiven Drang, gesteuert durch ein Soll, das aus dem Eröffnen weiterer Möglichkeiten zur Expansion besteht.
Der Offenheit seiner Disposition entsprechend erwirbt das jugendliche Individuum im Lernspiel ein spielbezogenes Umweltmodell und damit

auch ein Netz unbelasteter, polyvalenter Beziehungen zu den Instanzen seiner Umwelt. Die sich entwickelnde positiv getönte Zuordnung von Individuum und Umwelt ist nicht aktuell lebensnotwendig, wohl aber prospektiv unerläßlich. Sie ist eine besondere für jedes Individuum – und zwar nicht nur infolge der Einmaligkeit des individuellen Genoms, sondern dank der individuell je besonderen Lebensbedingungen während der Jugendzeit.

3. Die Großzahl der *Sozialspiele* findet unter Individuen geschlossener sozialer Einheiten statt, also innerhalb von Mutter (Eltern)-Kind-Familien oder von komplexeren Gruppen. Diese Spiele zeichnen sich durch zwei wichtige Eigenheiten aus:

- An ihnen sind wohl vorwiegend, aber *nicht* ausschließlich, jugendliche Individuen beteiligt, Auch Junge und Adulte spielen miteinander und – selten – Adulte mit Adulten.
- Die Spielinitiative kann nicht nur ins Streben nach Geborgenheit umschlagen; eine weitere Form der „Umtönung" ist oft zu beobachten: vom Spiel zum Streit, d. h. zu aggressiv getönter Auseinandersetzung unter den Beteiligten.

Diesen Tatbeständen sollte eine Funktionsbestimmung der Sozialspiele Rechnung tragen.

Von den Spielpartnern aus beurteilt, setzen Sozialspiele Geborgenheit voraus, also Vertrauen zum Partner. Sie fördern zugleich das Vertrauen und führen außerdem zu Kompetenz in unbelasteter aktiver Auseinandersetzung unter Sozialpartnern. Daß solcher Kompetenz eine prospektive Funktion zukommt, leuchtet ein. Die Funktionstüchtigkeit individualisierter geschlossener Einheiten – Familien, Gruppen – erfordert aber nicht nur solche Kompetenz der Individuen und Vertrauen unter ihnen, sondern eine gewisse Komplementarität des Verhaltens in der aktuellen Situation. Diese wird prospektiv sichergestellt durch das relativ stabile Gefüge der sozialen Beziehungen. Eine wichtige Komponente des Beziehungssystems ist die *soziale Rangordnung*. Der Ranghöhere kann – sofern der Untergeordnete nicht aus der Gruppe ausscheidet – den Modus der Komplementarität der Rollen bzw. das Verhalten des Untergeordneten bis zu einem gewissen Grad bestimmen.

Erfüllen Vertrauen und Rangordnung prospektive Funktionen, so muß dies auch für die Interaktionen zutreffen, die Vertrauen schaffen bzw. die zur Klärung der Rangordnung führen. Zu ersteren gehören die verschiedenen positiv-sozialen Rituale (wie zum Beispiel soziales Pflegen) und das Sozialspiel, zu letzteren die aggressiv getönten sozialen Interaktionen – sofern sie das Band des Vertrauens, des Zusammengehörens nicht zerreißen. *Spiel und Streit* innerhalb der Gruppe haben demnach *sich ergänzende prospektive Funktionen*, und zwar nicht nur unter jugendlichen Individuen.

Die funktionelle Position des Sozialspiels im Rahmen des prospektiv wichtigen Sozialverhaltens innerhalb einer Gruppe ist in Schema 2 in schematischer und vereinfachter Darstellung festgehalten.

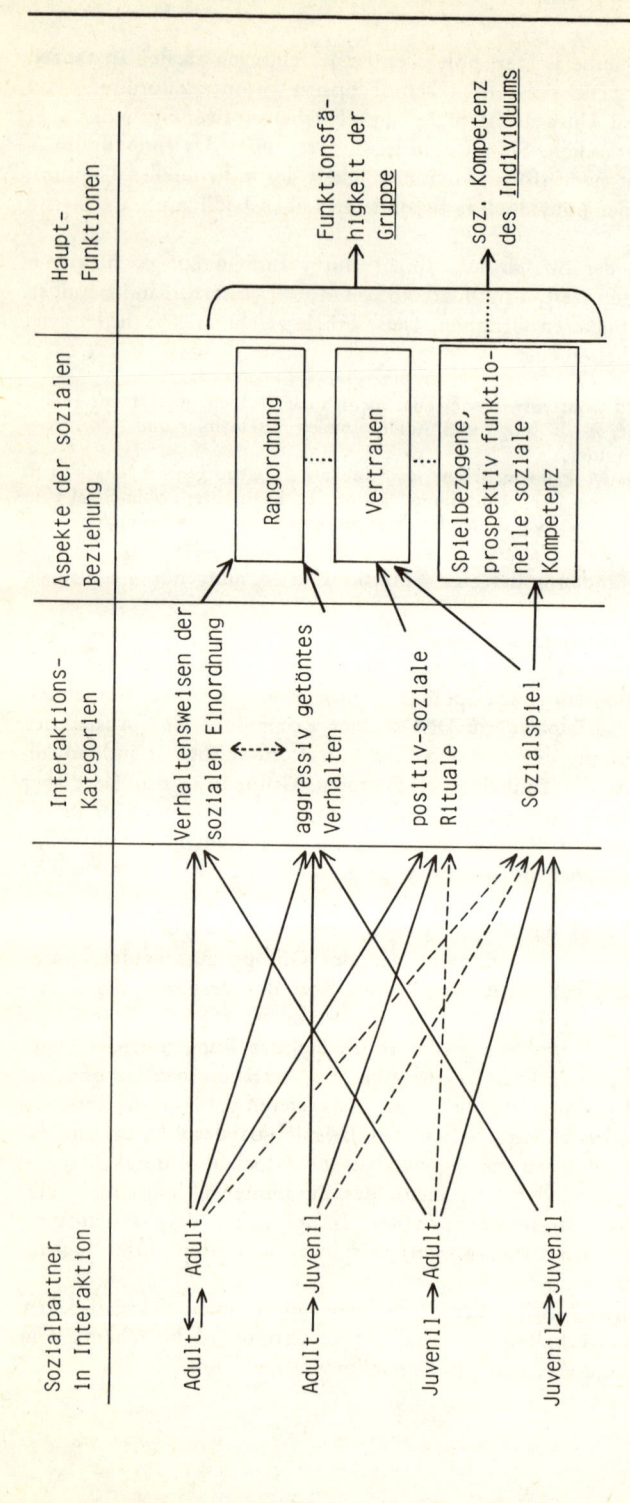

Schema 2: Das Sozialspiel im Netz sozialer Funktionen

An dieser Stelle sollte eigentlich zwischen verschiedenen Typen der Gruppenbildung bei höheren Säugern unterschieden werden. Die soziale Integration des Individuums im Lebensverlauf wäre zu charakterisieren und das Auftreten des Sozialspiels in diesen Zusammenhang zu stellen. Das würde den Rahmen dieser Arbeit sprengen. Hier sei lediglich auf zwei wichtige Möglichkeiten des Gruppenschicksals kurz hingewiesen:

- Die Gruppe ist eine befristete soziale Einheit, gebunden an die Lebensdauer der Mitglieder, die sie einmal konstituiert haben.
  Zwischen den jungerwachsenen Kindern und der Gruppe, die sie aufgezogen hat, kommt es zu einem vorprogrammierten Entfremdungsprozeß. Zunächst leben die Jungen nun als Einzelgänger oder bilden eine Geschwister-Gruppe. Jungerwachsene verschiedener Herkunft nehmen miteinander Kontakt auf. In so zustandegekommenen temporären Gruppen wirkt zwischen gewissen Individuen Anziehung, zwischen anderen Abstoßung. Aus diesen Prozessen resultiert schließlich die Gründung neuer Gruppen.
- Die Gruppe ist ein persistierendes, das individuelle Leben überdauerndes Organisationsfeld. Sie erneuert sich einerseits durch Sozialisierung eines Teils der eigenen Kinder, andererseits durch Aufnahme fremder Individuen. Auch Entfremdungsprozesse kommen vor, das Abwandern einzelner Individuen (vor allem jung-adulter) und sogar die Abspaltung ganzer Untergruppen.

Bei den persistierenden Gruppen der höheren Primaten kommt den Jungen schon früh eine individuelle Rangstellung in der Gesamthierarchie zu, und entsprechend früh ist bei ihnen auch die Umtönung vom Sozialspiel zu aggressiver Interaktion zu beobachten.

Damit steht in Zusammenhang, daß bei diesen Arten Rangentscheide nie dyadisch, als „Privatsache" zweier Individuen, zustandekommen, sondern unter offener oder latenter Beteilung weiterer Mitglieder der Gruppe. In Auseinandersetzung stehende Tiere „appellieren" sehr oft an Parteigänger oder Protektoren, indem sie „um Hilfe schreien", den Opponenten „verklagen" oder gegen ihn „hetzen". Der Erfolg solcher Appelle hängt vor allem von zwei Bedingungen ab: von der „persönlichen" Verbundenheit von Appellierendem und Aufgerufenen und davon, ob letzteren ein Eingreifen als Möglichkeit zur Stärkung der eigenen Position „einleuchtet". Rangentscheide sind dementsprechend Entscheide der ganzen Gruppe; dabei kommt der sozialen „Taktik" der Individuen, insbesondere der Beurteilung des hochkomplizierten Beziehungsnetzes und seiner zu erwartenden Auswirkung auf die aktuelle Situation, größte Bedeutung zu.

4. Beim *Sozialspiel mit einer Umweltinstanz* als „Requisit" oder „Thema" ist jeder Beteiligte sowohl dem Sozialpartner wie auch der betreffenden Umweltinstanz positiv zugeordnet. Prospektive Lernprozesse ereignen sich im Rahmen beider Zuordnungen in enger Koppelung und unter gegenseitiger Förderung.

- Jedes Individuum kann entsprechend seiner spielerischen Initiative Umweltinstanzen und Kontaktweisen mit diesen in die Spielszene einführen. Fehlte dem Partner bisher eine entsprechende Erfahrung, so erweitert sich durch das Spiel seine Umwelt, und zwar in Richtung auf eine *gemeinsame Spielumwelt* der Spielpartner.

- Die Möglichkeiten der sozialen *Kommunikation* werden außerordentlich *bereichert* durch das Einbeziehen von Umweltinstanzen und Kontaktweisen mit diesen; erwähnt seien beispielshalber das Vorführen solcher Kontaktweisen, das Sich-Ausstatten mit Objekten, die spielerische Konkurrenz um „Objektbesitz".

Die Sozialspiele dieses Typs schaffen nicht nur Vertrauen und spielbezogene soziale Kompetenz, sondern auch Teilhabe jedes Individuums an der Gesamt-Spielumwelt der Gruppe.
Auch bei diesen Sozialspielen ist Umtönung häufig zu beobachten. Aus dem Spiel wird dann aggressiv getönte Konkurrenz um ein Objekt, imponierendes Demonstrieren einer Kontaktweise, das Erkämpfen und Durchsetzen von Privilegien bzw. der rangbezogenen Komplementarität der Beziehungen zwischen Gruppenangehörigen und Umweltinstanzen.
Vergegenwärtigen wir uns nun noch die funktionelle Besonderheit der Sozialspiele mit Umweltinstanzen im Funktionszusammenhang gemäß Schema 2:

- Das *Individuum* wird durch das Gruppenleben – und ganz besonders das zur Diskussion stehende Sozialspiel – sowohl in seiner Umwelt-Kompetenz wie auch in seiner sozialen Kompetenz gefördert.
- Die *Gruppe* gewinnt an Durchschlagskraft durch die sozial gesteigerte Umwelt-Kompetenz der Individuen, die im Spiel vorbereitete Gemeinsamkeit der Umwelt und die durch das Spiel geförderte Vertrauensbasis.

5. *Die spielhafte Imitation* kann in ihren Funktionen nur erfaßt werden, wenn man die Imitation überhaupt in die Untersuchung einbezieht. Im Rahmen dieser Arbeit ist die Beschränkung auf eine Reihe hervorstechender Sachverhalte unumgänglich.
Zunächst sei auf den Unterschied zwischen „einfacher Stimmungsübertragung" und Imitation hingewiesen. Bei ersterer handelt es sich um die Auslösung *angeboren* koordinierten Verhaltens durch dessen Auftreten bei Sozialpartnern. Bei der Imitation dagegen wird eine Verhaltensleistung in einem besonderen Lernprozeß *neu erworben*: sie wird einem in bestimmter Weise wahrgenommenen Vorbild nachgestaltet. Die erstmalige Imitation als Lernvorgang setzt Offenheit der Verhaltensdisposition voraus. Löst dagegen das gleiche Vorbild später wieder Nachahmung aus, so liegt kein erneutes Lernen vor, sondern eine sekundäre Verfestigung der Disposition im Sinne der Gewohnheitsbildung. Die Wiederholung einer durch primäre Imitation erworbenen Verhaltensweise kann auch in Abwesenheit des Vorbilds vorkommen. Die Auslösefunktion hat sich dann vom Vorbild auf andere Aspekte der Situation verschoben.
Imitation spielt eine große Rolle im Verhalten – besonders im Spielverhalten – der *Menschenaffen*; in unvergleichlicher Entfaltung finden wir sie beim *Menschen*.
Im folgenden sei kurz auf *Gemeinsamkeiten* und *Unterschiede* zwischen *Menschenaffen* und *Mensch* hinsichtlich der Imitation hingewiesen.

Der Kanal, über den der Imitierende Information über das Verhalten des Vorbilds gewinnt, ist *bei den Menschenaffen* nur der *optische*. Sie imitieren dementsprechend Gesten und Handlungen — wie Gestaltungen der Lokomotion, das Manipulieren von Objekten, das Sich-Ausstatten mit ihnen — aufgrund optischen Erfassens ihrer Erscheinung. Bei Menschenaffen sind Auslösung und Motivation der Nachahmung relativ einheitlich. Sie ahmen nur Sozialpartner nach. Vorbild ist für sie, was imponiert und fasziniert: Verhaltensweisen ranghoher Sozialpartner, Leistungen, die als Erweiterung des Könnens einleuchten, und Bewegungsweisen, mit denen sich die spielerische Kommunikation beleben läßt.

Beim Menschen erweist sich zunächst die optisch gesteuerte Imitation als viel reichhaltiger und differenzierter. Das gilt zum Beispiel sehr deutlich für die mimische Nachahmung.

Der Mensch imitiert aber auch *akustische* Erscheinungen. Er kann ein Vorbild nur optisch oder nur akustisch imitieren oder beide Komponenten zu einer Einheit integrieren.

Vor allem aber umfassen die äußeren Bedingungen und die Motivationen, die zu Imitationsleistungen führen, beim Menschen viel reichhaltigere Spektren als bei den Menschenaffen. So werden keineswegs nur Sozialpartner imitiert, sondern sehr verschiedenartige in der Umwelt optisch und/oder akustisch wahrgenommene Erscheinungen. Diese expansive Imitation des Menschen (SCHENKEL 1964) ist von größter Tragweite.

Sie bildet eine wichtige Grundlage für die Bildung von *Repräsentanten* für erfahrene Realität.

Nehmen wir an, primäre Imitationsleistungen würden in ihrer Repräsentanz-Funktion von der Gruppe anerkannt, nachimitiert und in dieser Form zu Themen der Kommunikation, so wäre eine Möglichkeit erreicht, über Nicht-Gegenwärtiges anhand der Repräsentanten zu kommunizieren. Stünden als Repräsentanten durch primäre Imitation gewonnene Lautgestalten im Vordergrund, so wäre eine äußerst elementare Lautsprache verwirklicht.

Was nun die Motivation betrifft, so ist vor allem auffällig, daß beim Menschen „ernste" Nachahmung viel stärker betont ist als bei den Menschenaffen. Entsprechendes gilt auch für die Umtönung vom Spiel zum Ernst. Der Ernst kann vorwiegend das *soziale* Interaktionsfeld betreffen oder die Interaktion mit *außerartlichen* Umweltinstanzen oder aber beide Interaktionsbereiche zugleich.

Im Sinne einer vereinfachten Übersicht werden im folgenden einige wichtige Möglichkeiten der Nachahmung stichwortartig charakterisiert.

Als Möglichkeiten *spielerischer* Imitation seien erwähnt:

- Rein formales Nachahmen einer faszinierenden Instanz oder Erscheinung ohne Beziehung zu einem Zweck oder einer Funktion.
- Nachahmen einer Leistung als Mittel zum Erreichen eines einleuchtenden spielerischen Ziels.
- Nachahmung — eventuell wechselweise — als Form spielerischer Kommunikation.
- Chorische Imitation im Rahmen einer Spielgruppe.

Zu diesen Möglichkeiten existieren mehr oder weniger ausgeprägte ernste Entsprechungen:

- Formale Nachahmung eines dominanten Sozialpartners gegenüber Dritten kommt als imponierendes Auftreten vor.

- Durch Imitation als Mittel soll ein Ernst-Ziel erreicht werden.
- Im Rahmen mehr oder weniger ernster Kommunikation wird Imitation verlangt oder verboten.
  Dabei kann es vor allem um das *sachliche* Resultat der Leistung gehen oder um diese selbst als Manifestation der *sozialen* Rangbeziehung.
- Chorische Nachahmung tritt sowohl als zielgerichtetes Arbeiten wie auch als ernste weihevolle Handlung oder Demonstration der Disziplin auf; in gewissen Fällen stellt sie gemeinsames Droh-Imponieren der Gruppe gegenüber einer Gegenpartei oder einem Feind dar.
- Eine Form des Imponierens zwischen Spiel und Ernst, die vermutlich nur dem Menschen eigen ist, stellt verspottendes, degradierendes Nachahmen dar. Nachahmung in diesem Sinn entspringt der Tendenz, seine Überlegenheit durchzusetzen.
- Kultische Imitation außermenschlicher Instanzen war sehr vielen menschlichen Kulturen eigen. Die Motivation schwankte dabei zwischen von Ehrfurcht getragener Identifikation und dem Bestreben nach Einflußnahme und Beherrschung.
  Daß durch Repräsentanten — insbesondere auch Bild und Wort — die Realität beherrscht, ja erschaffen werden könne, war eine auch in Hochkulturen verbreitete Überzeugung.

Betrachten wir nun die Imitation im Lebenszusammenhang.
Die Fähigkeit zu *spielerischer Imitation entfaltet* sich durch ihre Betätigung. Für Schimpansen haben das die Untersuchungen von K. und C. HAYES (1952) besonders eindrucksvoll gezeigt.
Ähnlich wie durch das individuelle Lernspiel erweitert sich auch durch spielerische Imitation das Verhaltensinventar (das steuernde „Soll" allerdings ist bei diesen beiden Spieltypen verschieden). Bereits zum Inventar gehörende Verhaltensganzheiten werden als „Mittel zum Zweck" eingesetzt. Zweck kann dabei eine höher integrierte Verhaltensganzheit sein oder auch eine besonders faszinierende Zielsituation. Im letzteren Fall kann es um eine „sachliche Errungenschaft" oder um Bereicherung der spielerischen Kommunikation gehen.
Imitationsspiele sind selbstverständlich Lernspiele. Die Lernprozesse werden induziert und gesteuert — bei Menschenaffen ausschließlich, beim Menschen zu einem großen Teil — durch Vorbilder der sozialen Mitwelt.
Was wir für Sozialspiele mit Umwelt-Instanzen festgestellt haben, gilt für Imitationsspiele in noch ausgeprägterem Maß: das jugendliche Individuum wird spielend zum Träger von Tradition, es lernt gruppentypisch handeln und wird zum Teilhaber an Merk- und Wirkwelt der Gruppe — zunächst in ihren spielbezogenen Aspekten.
Viel ausgeprägter als bei den Menschenaffen dient beim Menschen auch die ernste Imitation diesen Funktionen.
Imitation von Artgenossen als Mittel, um ernste sachliche Ziele zu erreichen, kennen wir auch von Menschenaffen. Wenn bei uns Menschen Methoden gelehrt und gelernt werden, so haben wir es stets mit diesem Sachverhalt zu tun.
Auch bei Menschenaffenmüttern wurde beobachtet, daß sie die spielerische Imitation des Kindes anregen und so gezielt Einfluß auf dessen Ver-

haltensentwicklung nehmen. Aber nur beim Menschen fordert vielfach der Ranghöhere vom Untergeordneten Nachahmung. Die Tradierung von Verhaltensnormen durch ein „Du sollst" dürfte nur dem Menschen eigen sein.
Fassen wir nun nochmals zusammen, in welche funktionalen Zusammenhänge das Imitationsspiel eingegliedert ist.
Im Imitationsspiel manifestiert sich zunächst der unbelastete Drang des Kindes, sich mit den imponierenden Instanzen der Gruppe zu identifizieren. Dieser Identifikationsprozeß entfaltet sich fortschreitend und trägt in intensiver Weise dazu bei, daß das Kind zum Traditionsträger wird. Sein Stehen im Leben gewinnt – zunächst unbelastet – gruppentypische Züge. Im Verlaufe der Reifung tritt zum inneren Drang der äußere Druck hinzu, Druck sowohl von seiten des sozialen Feldes wie auch seitens der äußeren Umwelt. In enger gegenseitiger Abhängigkeit entwickeln sich der Erstbezug zu letzterer und die Integration des Individuums ins Beziehungs- bzw. Rollensystem der Gruppe.
Beim Menschen erweist sich dabei die Imitation nicht nur als äußerst vielseitig, sondern auch als vielseitig einbezogen in ernste, gespannte Lebenslagen. Imitation und Identifikation werden bei ihm zu Mitteln der Repräsentation von Realität, zum „Weltbild". Dieses beschränkt sich nicht auf kognitive Funktionen; es integriert auch Wertsetzungen, Verbote und Gebote, es ist somit „Weltanschauung". Die in Repräsentanten bzw. Symbolen gefaßte Welt-Schau ist das wichtigste Führungsmittel der Gruppe bzw. Kulturgemeinschaft. Sie leitet und begrenzt in weitem Maße die direkte Realitätserfahrung des Individuums und stattet dieses mit einer inneren Führungsinstanz aus, die in jeder Entscheidungssituation mitwirkt. Über lange Zeiträume kam den Weltanschahungen menschlicher Gemeinschaften hoher Selektionswert zu. Auf der Erfahrung vieler Generationen gründend, waren sie das wichtigste kulturelle Instrument der Lebensstrategie der Gemeinschaften.
Menschliche Entscheidungen müssen lang-, mittel- und kurzfristig tragfähig sein, sollen sie das Überleben sicherstellen. Dementsprechend sind meist drei Autoritäten an Entscheidungen beteiligt: diejenige der auf der Erfahrung von Generationen aufbauenden Tradition, die der Träger der „Weisheit" innerhalb der Gruppe und schließlich die der aktiv an der Überlebensfront stehenden Altersklasse. Tradition bestimmt nicht starr das Verhalten der Individuen. Individuen beeinflussen auch die Tradition, modifizieren und ändern sie und relativieren ihre Geltung.
In allen Hochkulturen, ganz besonders aber in jüngerer und jüngster Zeit haben Tradition und Weisheit eine gewaltige Autoritätseinbuße erlitten. Erforschen, Erfinden, Entdecken, Erschließen und Erobern werden verherrlicht, Kreativität und Innovation propagiert. Langfristige Strategien sind von kurzlebigen Opportunismen verdrängt worden. Der „Zauberlehrling" regiert unsere Zivilisation.
Betrachten wir vor diesem Hintergrund das sogenannte „Schaffen neuer kultureller Werke", so erscheint seine Zugehörigkeit zum Bereich des Spielens fragwürdig.

V. Zusammenfassung

Ausgehend vom Sprachgebrauch der Biologen und Psychologen versuchen wir, einen möglichst geschlossenen, einheitlichen Kernbereich des Spiels zugleich festzulegen und zu charakterisieren. *Spiel ist intensives, lustvolles und hochorganisiertes, aber nicht mit Ernstfunktionen belastetes Verhalten. Es tritt auf bei den Kindern hochentwickelter Wirbeltiere, insbesondere hochentwickelter Säuger mit Einschluß des Menschen. Sein Auftreten sowie seine Beziehung zum Ernstverhalten zeigen, daß es auf basaler Homologie der Verhaltensontogenese beruht.*
Voraussetzung des Spiels ist die Betreuung des Kindes durch sein engstes soziales Umfeld, insbesondere die Mutter, über den Zeitabschnitt der Jugend. Diese Betreuung ist elterliche Investition. Aufgrund der relativen Offenheit seiner Verhaltensdisposition nutzt das Kind diese Investition, indem es durch Spielen in unbelasteter Auseinandersetzung mit der Umwelt sein später lebenswichtiges Kennen und Können vorbereitet.
Spiel ist prospektiv-funktionelles Lernen. Die Fähigkeiten entfalten sich durch ihre Betätigung im Spielen; dabei baut sich ein Inventar umweltadäquat organisierten Verhaltens auf, das später der Bewältigung von Ernstfunktionen dienen wird.
Zum Spiel gehören Sicherheit, Geborgenheit, aber auch die Spannung des Neuen, Nicht-Voraussehbaren, des Imponierenden und der begrenzten Herausforderung. Das „Soll" des Spielenden umfaßt einerseits den optimistischen expansiven Vorstoß, der zu neuem Kennen und Können führt, andererseits das Offenhalten des Feldes zu neuer Spannung und neuen Erfahrungen. In dieser Hinsicht dürften sich Instinkt- und Lernspiele nur graduell unterscheiden. Bei den ersteren bilden größere Blöcke angeboren koordinierten Verhaltens vorgegebene Bausteine, und das Lernen beschränkt sich auf Modifikationen der Blöcke und auf deren taktischen Einsatz; bei den Lernspielen dagegen formen sich alle umfangreicheren koordinierten Verhaltensblöcke erst in den Lernprozessen des Spiels.
Wichtige Sondermerkmale zeichnen die Sozialspiele der in geschlossenen Gruppen lebenden Säuger aus. Das Sozialspiel fördert nicht nur prospektiv die Lebenstüchtigkeit des Individuums, sondern, indem es eine Basis des Vertrauens schafft, auch den Zusammenhalt der Gruppe. Damit tritt es in Beziehung zu einer weiteren Kategorie von Interaktionen, die prospektiv für die Funktionstüchtigkeit der Gruppe wichtig sind: die aggressiv getönten Auseinandersetzungen, welche die Rangordnung festlegen bzw. sicherstellen. Die soziale Integration der Individuen setzt „Komplementarität" der sozialen Rollen voraus und diese wiederum sowohl eine etablierte Rangordnung wie auch Vertrauen.
Die Sozialspiele mit einer Umweltinstanz (Objekt) als „Requisit" oder „Thema" und ganz besonders die Imitationsspiele bringen eine prospektiv-funktionelle Eingliederung des Individuums zustande, die direkt an seinem Kennen und Können ansetzt. Das Individuum wird Teilhaber an einer gemeinsamen Gruppenumwelt und – im Falle der Imitationsspiele – an tra-

dierten Normen des Handelns. Diese unbelastete Teilhabe erfährt Differenzierung und wird mit Spannung belastet im Autoritätsfeld.
Die expansive, auf die verschiedensten Erfahrungsbereiche ausgerichtete Identifikation und Imitation des Menschen bilden eine Grundlage für ein Repräsentantensystem.
Werden Repräsentanten zum „Thema" der sozialen Kommunikation, und liegt das Hauptgewicht der Imitation auf der akustischen Erscheinung, so ist eine einfache Lautsprache erreicht. Verflochten mit dem Autoritätsfeld bildet das Repräsentantensystem die Grundlage der Weltanschauung, des wichtigsten, dynamischen Führungssystems der menschlichen Kulturgemeinschaften.

Literatur

Bally, G.: Vom Ursprung und den Grenzen der Freiheit; eine Deutung des Spiels bei Tier und Mensch, Basel 1945
Eibl-Eibesfeldt, J.: Über die Jugendentwicklung des Verhaltens eines männlichen Dachses (Meles meles L.) unter besonderer Berücksichtigung des Spiels, in: Zeitschrift für Tierpsychologie 7 (1950), 327 − 355
— Grundriß der vergleichenden Verhaltensforschung, München 1967
Fox, M. W.: Behaviour of Wolves, Dogs and Canids, London 1971
Groos, K.: Die Spiele der Tiere, Jena 1896
Hassenstein, B.: Abbildende Begriffe, in: Verh. Dtsch. Zool. Ges. Tübingen (1954), 197 − 202
Hayes, K. I. / Hayes, C.: Imitation in a home-raised chimpanzee, in: J. Comp. and Physiol. Psychology 45 (1952), Nr. 5
Huizinga, J.: Homo Ludens, Versuch einer Bestimmung des Spielelementes der Kultur, Amsterdam 1939
Leyhausen, P.: Über die Funktion der Relativen Stimmungshierarchie, in: Zeitschrift für Tierpsychologie 22 (1965), 412 − 494
Loizos, C.: Play in mammals, in: Symp. Zool. Soc. Lond. 18 (1966), 1 − 9
Lorenz, K.: Ganzheit und Teil in der Gemeinschaft, in: Stud. Generale 3 (1950), 455
— Plays and Vacuum Activities, in: L'instinct dans le comportement des animaux et de l'homme, Paris 1956, 633 − 638
Meyer-Holzapfel, M.: Das Spiel bei Säugetieren, in: Krückenthals Handbuch Zoologie 8, 10. Teil (1956), 1 − 36
— Spiel in biologischer Sicht, in: IBW-Journal 8 (1970), 1 − 7
Nietzsche, F.: Also sprach Zarathusthra, 1885
Schenkel, R.: Zur Ontogenese des Verhaltens bei Gorilla und Mensch, in: Z. Morph. Anthrop. 54 (1964), 233 − 259
— Submission: Its Features and Function in the Wolf and Dog, in: Am. Zoologist 7 (1967), 319 − 329
Schiller, F.: Über die ästhetische Erziehung des Menschen in einer Reihe von Briefen, Werke, o. J.

4. Empirische Spielforschung
Überblick und neuere Ergebnisse

Rimmert van der Kooij
[Aus dem Niederländischen von Peter Groenewold]

Einführung

Im Rahmen dieses Kapitels ist es nicht möglich, einen Überblick über die vielen Forschungen zu geben, die in den letzten zwanzig Jahren durchgeführt wurden. Elizabeth NEWSON wandte sich 1974 an sämtliche Universitäten und Technologie-Institute in Großbritannien mit der Bitte um Informationen, ob wissenschaftliche Untersuchungen auf dem Gebiete des Spiels und des Spielzeugs durchgeführt würden.
Verschiedene Institute teilten daraufhin mit, an Spielprojekten zu arbeiten, was bis dahin international kaum bekanntgeworden war. Seit der Zeit hat es aus diesen Projekten in England wenig Publikationen gegeben. Möglicherweise sind die Ergebnisse wenig zufriedenstellend gewesen.
International liegen einige aufschlußreiche Bibliographien vor:

1. „Children's Play, a research bibliography", Motor Performance Laboratory, Children's research center, University of Illinois 1967
2. „Dokumentation, Bibliographie Spiel im Kindesalter", Deutsches Jugendinstitut, München 1971. 1974 revidiert vom International Council for Children's Play, 1974
3. D. VON HASE und P. MÖLLER: „Thema Spielplatz. Eine kommentierte Bibliographie", Juventa Verlag, München 1976
4. Brigitte SCHRÖDER: „Kinderspiel und Spiel mit Kindern". Eine Dokumentation, Deutsches Jugendinstitut, München 1980
5. J. ZIEGENSPECK: „Spielen in der Schule. Sachstandsbericht und systematischer Literaturnachweis", Verlag für Pädagogische Dokumentation, Duisburg 1980
6. Centre de Documentation pour le Jeu et le Jouet, l'Université Paris-Nord", U. E. R. des Lettres et Sciences Humaines, Mme. M. ALGARRA

In diesen Bibliographien findet man wenige Hinweise auf aktuelle Untersuchungen. Mehrere europäische Forscher auf dem Gebiet des Spiels und des Spielzeugs traten mit dem International Council for Children's Play in Verbindung. Informationsaustausch fand in verschiedenen Konferenzen statt.
Wir haben eine Anzahl von Untersuchungsformen zur weiteren Beschreibung ausgewählt. Um diese Untersuchungsformen zu systematisieren, haben wir folgende *vier* Kategorien vorgeschlagen:

1. Untersuchung von Spielzeug.
2. Forschung zum Spielverhalten.
3. Erforschung der Beziehungen zwischen Spielverhalten und anderen Verhaltensformen.
4. Analyse von spielbestimmenden und spielbeeinflussenden Faktoren.

Wir glauben, daß es von großer Wichtigkeit ist, ein Kapitel über die Forschung zusammenzustellen, in welchem nicht nur die Endresultate referiert werden, sondern auch gezeigt wird, wie die Daten gesammelt und welche Methoden in statistischer Hinsicht angewandt wurden.
Im letzten Teil dieses Kapitels wollen wir versuchen, die Ergebnisse der wissenschaftlichen Forschungen zu integrieren und es wagen, Linien für die Zukunft vorzuzeichnen.

I. Untersuchung von Spielzeugen

Da das Bestreben, international zusammenzuarbeiten, welches zur Gründung des International Council for Children's Play 1959 und der International Playground Association 1962 führte, besonders auf der Kritik am vorhandenen Spielzeug und Mangel an Spielzeug basierte, war es nicht überraschend, daß sich die ersten Forschungsprojekte mit einem internationalen Überblick über Spielzeug befaßten.

1. Spielzeugübersicht

Aufgrund einer nationalen Spielzeugübersicht, die Wilhelmina BLADERGROEN (1961) in den Niederlanden mit Eltern von Kindern im Kindergartenalter durchführte, wurde eine internationale Spielzeugübersicht im Rahmen der Vorbereitungen für eine I. C. C. P.Konferenz im Jahre 1962 organisiert. Die Ergebnisse wurden in „Spel en Speelgoed in onze Tijd" („Spiel und Spielzeug in unserer Zeit") von BLADERGROEN / VAN VEENEN (1964) veröffentlicht, woraus wir die nachfolgenden Informationen bezogen haben.
Da die Untersuchung vor zwanzig Jahren durchgeführt wurde, halten wir es für angebracht, nur die Hauptaspekte der Endresultate darzustellen und nicht auf Details einzugehen; für diesen Zweck verweisen wir auf die Originalveröffentlichung, die nahezu 50 Seiten graphische Darstellungen und Tabellen umfaßt.
Abbildung 1 zeigt die Häufigkeit der gezählten Spielzeuge und Aktivitäten, wobei vor allem auch das Wohngebiet in Erwägung gezogen wurde. Die Unterteilungen I, II und III pro Land in der Graphik beziehen sich auf den Wohnort: Großstadt (schwarz), Stadt mittlerer Größe (schraffiert) und ländlicher Raum (weiß). Man kam zu dem Schluß, daß im allgemeinen die Stadt mittlerer Größe die größte Vielfältigkeit bei Spielformen und Spielzeugen zeigte und daß in fast ganz Europa die ländlichen Gebiete die geringste Anzahl an Spielzeugen aufweisen. Weiterhin hat das italienische Kind im Vergleich zu Kindern anderer Länder relativ wenig Spielzeug zur Verfügung, so daß man von einer Spielzeugarmut sprechen kann. Weiter stellte sich heraus, daß wahrscheinlich kulturelle Faktoren und nationale Bräuche der Länder die Art der Spielzeugwahl beeinflussen. So sah man in Schweden weniger Kinderautos, während Seilspringen dort wie in Großbritannien sehr

Empirische Spielforschung 91

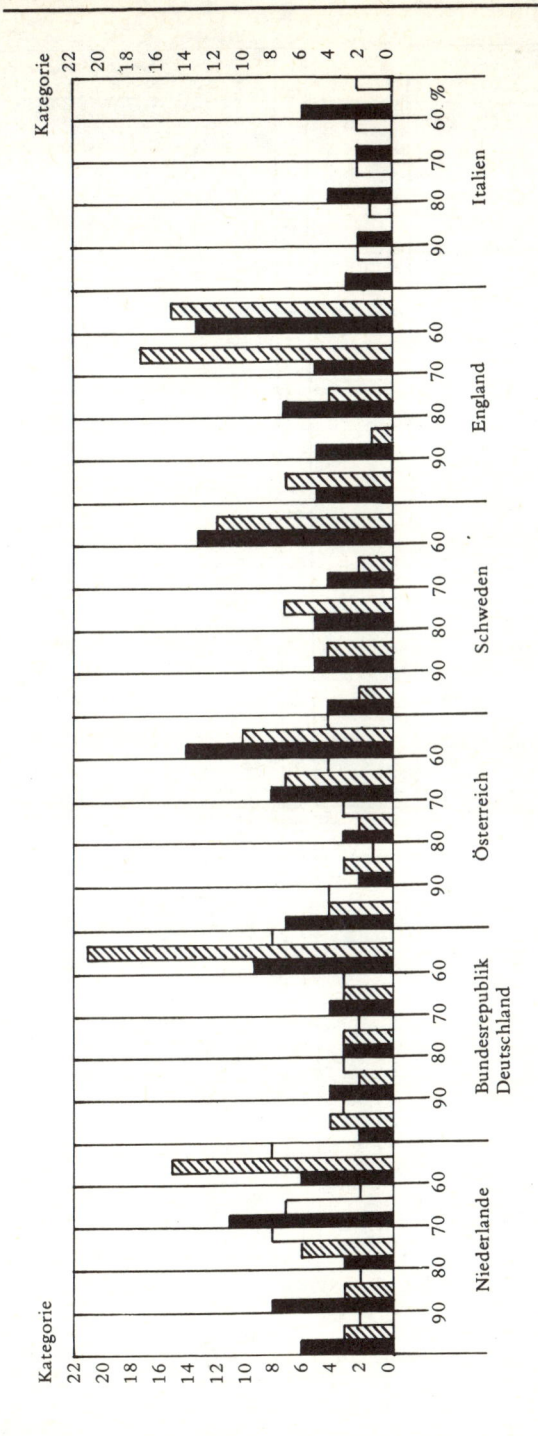

Abbildung 1: Graphische Darstellung der Verschiedenartigkeit der vorgefundenen Spielzeuge in verschiedenen europäischen Ländern. Dargestellt sind die „deciles" 6 bis 10, in Wohngebiete unterteilt (schwarz = Großstadt, schraffiert = mittelgroße Stadt, weiß = ländliche Gebiete). Auf der Ordinate des Graphs ist die Verschiedenartigkeit der Spielzeuge pro „decile" dargestellt (BLADER-GROEN 1964)

Tabelle 1: Prozentzahl der Spiele im Haus und im Freien in verschiedenen Ländern (aus: BLADERGROEN 1964)

Im Freien

Wohngebiet I

Spiel im Freien	N	BRD	Ö	S	E	It
auf der	92,7	89,7	98,9	96,7	91,7	90,0
Straße	87,3	27,5	7,6	36,7	16,7	5,0
gefährlich	40,0	46,6	70,7	43,3	44,4	3,7
anderswo	23,6	28,4	9,7	20,0	61,1	23,7
Feld	21,8	28,4	40,0	40,0	8,3	18,8
Spielplatz	20,0	44,1	35,9	56,7	25,0	10,0
Wald	18,2	16,7	58,7	16,7	11,1	5,0
Park	7,3	23,0	31,5	43,3	47,2	35,0
Hof	5,4	34,3	53,5	20,0	11,1	38,8
			15,2			

Wohngebiet II

Spiel im Freien	N	BRD	Ö	S	E	It
auf der	93,1	97,1	94,9	94,1	96,5	—
Straße	74,9	51,1	11,2	58,8	16,4	—
gefährlich	37,2	56,9	40,8	25,5	56,3	—
anderswo	27,1	22,1	5,1	3,9	72,0	—
Feld	25,0	29,0	35,7	29,4	35,0	—
Spielplatz	45,7	39,9	27,6	58,8	14,0	—
Wald	15,8	25,0	27,6	39,2	28,0	—
Park	10,1	20,3	26,5	60,8	22,4	—
Hof	19,4	32,6	29,6	17,7	5,6	—

Wohngebiet III

Spiel im Freien	N	BRD	Ö	S	E	It
auf der	94,3	95,3	97,0	—	—	97,2
Straße	71,6	26,8	27,2	—	—	36,8
gefährlich	46,1	24,9	48,8	—	—	13,2
anderswo	24,9	19,2	12,7	—	—	13,2
Feld	24,9	47,6	44,2	—	—	51,0
Spielplatz	30,2	15,8	26,7	—	—	23,6
Wald	15,3	23,2	31,6	—	—	4,7
Park	8,4	4,7	15,3	—	—	12,3
Hof	13,9	23,0	32,4	—	—	69,0

Im Haus

Wohngebiet I

Spiel im Haus	N	BRD	Ö	S	E	It
Wohnzimmer	85,4	97,5	94,6	86,7	97,2	97,5
Kinderzimmer	81,8	43,6	73,9	43,3	80,6	31,2
Korridor	32,7	60,8	47,8	66,7	52,8	50,0
anderswo	27,3	25,0	—	16,7	30,6	33,7
Dachkammer	27,3	39,2	13,0	10,0	52,8	21,3
Flur	21,8	6,4	—	6,7	8,3	5,0
Küche	20,0	1,5	—	23,3	44,4	8,8
Treppe	73,0	40,7	27,2	43,3	47,2	30,0
	7,3	3,9	—	3,3	25,0	7,5

Wohngebiet II

Spiel im Haus	N	BRD	Ö	S	E	It
Wohnzimmer	58,7	97,5	91,8	82,4	93,7	—
Kinderzimmer	74,1	58,7	62,2	43,1	66,8	—
Korridor	33,2	53,6	43,9	52,9	37,0	—
anderswo	26,3	12,7	7,1	3,9	25,0	—
Dachkammer	17,0	23,9	6,1	5,9	60,1	—
Flur	12,9	4,3	2,0	3,9	9,8	—
Küche	14,2	8,3	4,1	5,9	36,7	—
Treppe	23,0	31,9	46,9	62,8	38,5	—
	12,5	6,2	5,1	9,8	26,0	—

Wohngebiet III

Spiel im Haus	N	BRD	Ö	S	E	It
Wohnzimmer	73,7	98,7	76,8	—	—	94,5
Kinderzimmer	77,2	42,3	46,0	—	—	10,4
Korridor	21,0	41,6	40,0	—	—	12,3
anderswo	22,4	20,5	13,0	—	—	16,1
Dachkammer	26,5	16,4	8,6	—	—	24,6
Flur	15,5	7,3	10,1	—	—	3,8
Küche	15,8	14,2	11,2	—	—	19,8
Treppe	32,9	66,9	59,2	—	—	75,5
	13,2	11,0	6,6	—	—	17,0

beliebt ist. In der Tabelle 1 findet man die Ergebnisse bezüglich des Ortes, wo die Kinder spielen. Diese sind aufgeteilt in: Spiele im Freien (obere Hälfte der Tabelle) und Spiele im Haus (untere Hälfte). Die römischen Zahlen I, II und III betreffen wieder die Größe des Wohngebietes. Bei der Informationsanalyse möchten wir uns an den Konferenzbericht (I. C. C. P. Conference, Groningen 1962) halten:

„Die Küche ist das Spielgebiet in der westdeutschen Großstadt, in Schweden, England und zu einem Drittel in Italien, in der mtitelgroßen Stadt besonders in Schweden, im ländlichen Gebiet in Westdeutschland, Österreich und zum größten Teil in Italien. Fast alle Kinder spielen im Freien; in den Niederlanden spielt das Kind im Vergleich am wenigsten im Haus. Holländische Kinder sind Straßen- und Wohnzimmerkinder, in großem Maße an das Leben der Erwachsenen gebunden. Die holländischen Parks und Spielplätze reizen nicht zum Spielen. Dies sieht in Österreich, Schweden und England ganz anders aus, wo die Kinder viel mehr im Park spielen, besonders Großstadtkinder und Jungen und Mädchen in mittelgroßen Städten.
Österreich und Schweden geben auch Prozentzahlen für Spielplatzbesuche an, in Schweden sind sie für die beiden Wohngebiete ungefähr gleich hoch: nämlich mehr als 50 %. Ein wichtiger Punkt für weitere Ermittlungen ist die Frage, warum Spielplätze und Parks in diesen Ländern viel häufiger als Spielort gewählt werden als in den Niederlanden und den restlichen Ländern. Es ist augenfällig, daß das holländische Kind am meisten auf der Straße spielt. Wenn es im Haus spielt, so hauptsächlich im Wohnzimmer. In Westdeutschland spielen weniger als ein Drittel der Kinder auf der Straße; in Österreich halten die Menschen in den Großstädten das Spielen auf der Straße für sehr gefährlich. Nur 7,6 % der Kinder spielen dort auf der Straße. Sie spielen, genau wie in Schweden, hauptsächlich auf Spielplätzen, in Parks und in Höfen. Dies ist in England vollkommen anders, wo „anderswo" häufig auf der Liste steht. In Italien spielt das Kind aus ländlichem Gebiet meist im Hof, wohingegen dies in den Niederlanden fast überhaupt nicht vorkommt. Italienische Kinder spielen meist in freien Feldern. Das Kinderzimmer ist in den meisten Ländern neben dem Wohnzimmer das Hauptspielgebiet im Haus.
Die Dachkammer spielt ungefähr bei einem Drittel der holländischen Familien eine Rolle, in anderen Ländern kaum."

Einige Schlußfolgerungen der Spielzeugumfrage von 1961 halten wir für erwähnenswert:

1. Die Hauptsituation bei der Wahl der Spielzeuge sowie die Art und der Ort der Spielzeuge sind in ganz Westeuropa ungefähr gleich.
2. Durch die Lebens- und Wohnsituation gehen alte Spielformen verloren. Damit meinen wir Spielzeuge wie Stelzen, Reifen und Deckel, die anscheinend durch Kinderautos, Fahrräder und Rollschuhe ersetzt werden. Große Spielzeuge machen in Verbindung mit begrenzten Unterbringungsraum in modernen Häusern mehr und mehr den kleinen Spielzeugen Platz.
3. Die hauptsächlichen Merkmale der ausgewählten Spielzeuge sind:
    a) Identifikation mit Dingen, die im Leben der Erwachsenen sichtbar sind und eine Bedeutung für die Angleichung an das tägliche Leben haben,
    b) imitative Konstruktion der umgebenden Welt mit Material, das soweit wie möglich zusammenpaßt und vorgefertigt ist,
    c) wenig Raum einnehmend und so wenig wie möglich Lärm erzeugend — dies reicht vom Material für den Fußboden bis zum Material für den Tisch, was Spiel im Haus anbelangt; Material, das gleitet und wenig Platz beim Spiel im Freien braucht. Ein Ball wird für Spiele gegen die Wand benutzt, für Murmeln wird nur ein kleiner Platz auf dem Gehweg benötigt, Seilspringen kann an fast jeder be-

liebigen Stelle gemacht werden und Hüpfen kann unterbrochen werden, falls Verkehr aufkommt. Die Spiele werden international gespielt.
4. Das Wohngebiet, das Haus und der Raum um das Haus haben genausoviel Einfluß auf die Bevorzugung und Häufigkeit von Spielzeugen wie Berufsgruppen oder sozioökonomischer Status.
In der Gruppe der Intellektuellen wurden die Spielzeuge am bewußtesten ausgewählt. Die soziale Richtung der Familie wird in den Spielzeugen manifestiert. Die Beziehung, die zwischen Spielen im Freien und Spielen im Haus gefunden wurde, drückt sich darin aus, wie stark sich die Eltern für ihre Kinder und deren Spiel interessieren. Man kann beobachten, daß in verschiedenen Ländern bestimmte Unterschiede auftauchen.
5. Faktoren wie Raum, Bauart der Häuser, Planung neuer Städte und die Haltung der Erwachsenen gegenüber dem Spiel sind alle sehr wichtig.
6. Eine Einschränkung der Spielaktivitäten *trotz großer Auswahl an Spielzeugen* ist bestätigt worden. Häufig fand man Material für Identifikations- und Imitationsspiele. Alle Formen der Bewegungsspiele sind zurückgegangen, wahrscheinlich wegen der Veränderung der Möglichkeiten im Freien. Auch kreatives Spiel und Familiengesellschaftsspiele sind seltener geworden.
7. Wenn man das Kind nicht beim Spiel einschränken will, läßt man es allein, und es wird dann mit Erde, Wasser und Feuer und der sogenannten „dritten Dimension" — Höhe, Tiefe, Entfernung usw. —, was wir die vier Grundelemente nennen möchten, untersuchen, experimentieren und konstruieren. Es sind gerade diese Spielmedien, die das Kind „anderswo" sucht, und welche es trotz des Mangels findet. In Großstädten werden sie in verbotener Form gefunden, im Grünen und in großräumigen Umgebungen in angemessener Form.

Viele Schlußfolgerungen dieser europäischen Spiel- und Spielzeugumfrage sind auch heute noch aktuell. Wir wissen, daß seit dem Anfang der sechziger Jahre der Spielzeugverkauf sich verfünffacht hat. Die Frage bleibt, ob sich das irgendwo in der Spielqualität des Kindes bemerkbar gemacht hat.

2. Taktile Unterscheidung von Spielzeugmaterial

Anläßlich der Diskussion in professionellen Kreisen über Vor- und Nachteile moderner Materialien bei der Spielzeugherstellung wurde im Institut für Heilpädagogik der Reichsuniversität Groningen ein Experiment durchgeführt, bei dem Kinder gebeten wurden, folgende Materialien zu befühlen: Holz, Stein, Papier, Stoff, Metall, Glas und Plastik. Jedes Kind sollte zwei Materialien der gleichen Sorte finden.

Die Experiment-Gruppe bestand aus
88 Kindern im Kindergartenalter   4;6 bis 6;0 Jahre
45 Grundschulkindern   6;7 bis 8;0 Jahre
30 „schulbaren, zurückgebliebenen" Kindern   7;0 bis 16;0 Jahre (Imb.)
34 „erziehbaren, zurückgebliebenen" Kindern   7;0 bis 10;0 Jahre (Deb.)
48 Kindern in Lernbehindertenschulen   8;0 bis 16;0 Jahre (Sirt.)

Das ursprüngliche Ziel bestand darin, mehr Informationen über die Entwicklung des Tastsinns bei Kindern im Alter von 4 bis 8 Jahren zu sammeln, und die Entwicklung von normalen Kindern mit der von behinderten Kindern zu vergleichen.

Tabelle 2 zeigt die Prozentzahlen der richtigen Antworten. In Abbildung 2 kann man die Resultate in einer graphischen Darstellung sehen. Die untere Kurve zeigt das Material, das von den Kindern am schlechtesten interpretiert

Tabelle 2: Taktile Unterscheidung verschiedener Materialien in Prozentzahlen der richtigen Wahl

	SIRT	DEB	IMB	4 Jahre	5 Jahre	6 Jahre	7/8 Jahre	Durchschnitt
Plastik	53,1	17,8	63,4	45,1	34,2	46,9	46,9	43,9
Glas	57,5	76,5	80,0	64,5	50,0	56,3	59,4	63,5
Stein	72,3	64,7	83,4	54,9	71,1	78,1	71,9	70,0
Papier	83,6	88,2	96,7	87,8	81,6	93,2	100,0	88,7
Textilien	93,6	88,2	74,7	80,7	89,5	93,3	100,0	88,9
Holz	78,7	70,6	83,4	61,3	76,3	75,0	78,1	74,8
Eisen	85,1	47,1	70,0	64,5	65,8	84,4	81,2	72,0

wurde. Die höhere Linie stellt das Gegenteil dar: wie oft das Material richtig interpretiert wurde. Diejenigen, die die Untersuchung durchgeführt haben, sind zu folgenden Schlußfolgerungen gekommen:

1. Holz- und Metallmaterialien unterscheiden sich deutlicher und werden klarer erkannt als Glas und Plastik. Steinmaterial liegt dazwischen.
2. „Schulbare zurückgebliebene" Kinder interpretieren das Material besser als die Gruppe der „erziehbaren zurückgebliebenen" Kinder.
3. Während die Kurven der meisten Materialien über das Alter von fünf Jahren niveauveränderlich bleiben, ändert die „Holz"-Kurve sich nicht.
4. Bei allen Materialien tritt eine Verbesserung zwischen dem vierten und fünften Lebensjahr ein, jedoch werden die beiden am wenigsten erkannten Materialien, Glas und Plastik, in diesem Jahr noch schlechter interpretiert. Danach ändert sich das Verhältnis wieder etwas, was aber am deutlichen Rückstand dieser Materialien nichts ändert.
5. Anders als bei der vorhergehenden Information kann zwischen dem fünften und sechsten Lebensjahr bei keinem Material eine auffallende Verbesserung festgestellt werden.
6. Papiermaterial spricht „schulbare zurückgebliebene" Kinder genauso an wie sechs, sieben und acht Jahre alte, normal entwickelte Jungen und Mädchen. Dies ist bedeutend weniger der Fall bei Vier- und Fünfjährigen.

3. Untersuchung technischer Spielzeuge und ihres Verständnisses bei Kindern

ROTH (der diesen Text bezüglich seiner Forschung selbst für uns formulierte) führte eine systematische Untersuchung mit 85 Jungen und Mädchen durch, um festzustellen, wieviel Wissen und Verständnis für mechanisch-technische Prinzipien vorhanden ist. Mit einem derartigen Projekt setzen wir die Tradition der Wiener und Leipziger Schule fort (BÜHLER 1928; HETZER 1968; SANDER 1962 und VOLKELT 1963), die ähnliche pragmatische Projekte untersuchten. Sie betrieben zum Beispiel Forschungen zu der gewünschten Größe der Bausteine und Blöcke für Kindergärten und wollten herausfinden, welche Formen zum Kind passen, um erfolgreich zu bauen. Andere betreffende Projekte sind zum Beispiel: die Vorliebe für Formen und Farben, Unterschiede zwischen Jungen und Mädchen, die Entwicklung

Prozent

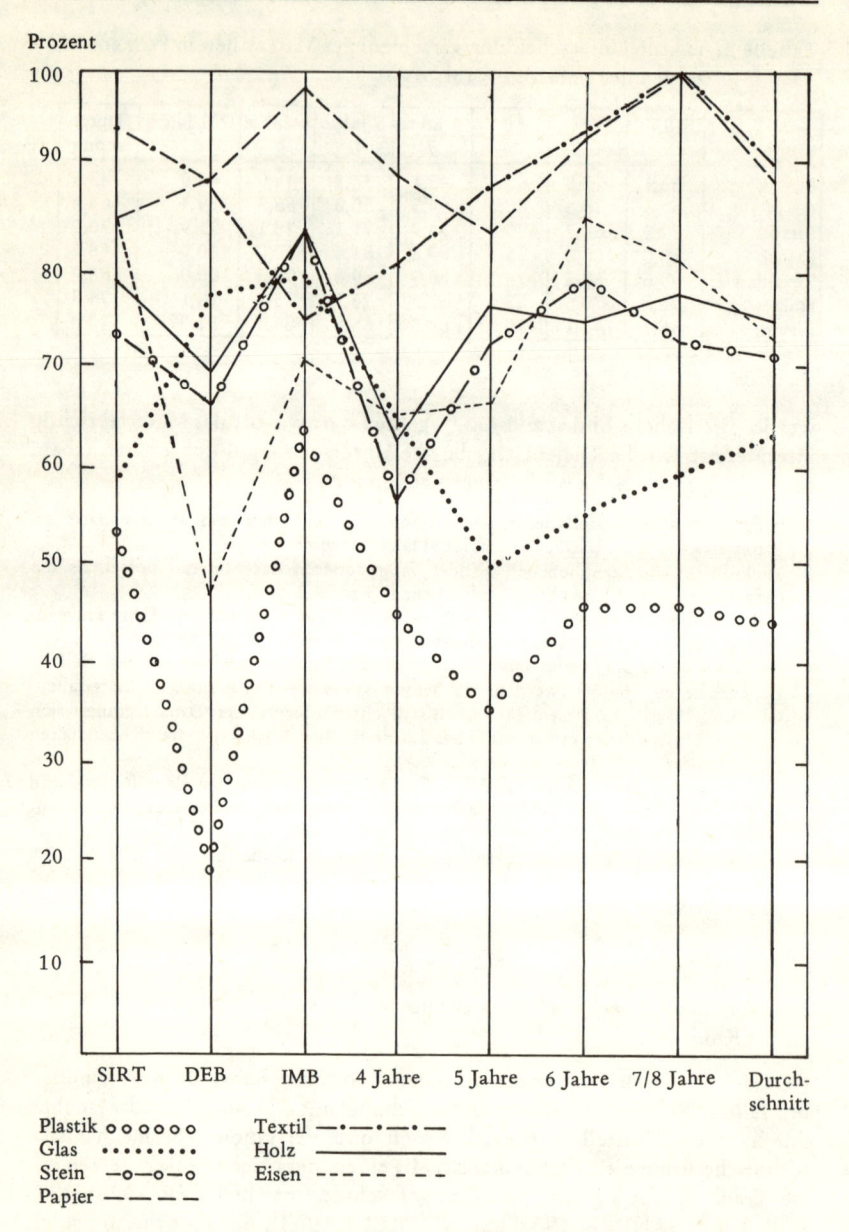

Plastik	o o o o o o	Textil	—·—·—·—
Glas	··········	Holz	————
Stein	—o—o—o	Eisen	— — — —
Papier	— — — —		

Abbildung 2: Taktile Unterscheidung unterschiedlicher Materialien.
Graphische Darstellung der Prozentzahlen der korrekten
Antworten pro Kindergruppe

der Baugeschicklichkeit und Themen beim Spielen und Bauen. Eine Zusammenfassung dieser Untersuchungen kann man bei ROTH (1974) finden.

Als erstes fiel uns bei der Zusammenstellung einer Untersuchungsserie auf, daß ein Großteil der mechanisch-technischen Prinzipien (Hebel, schiefe Ebene, Rolle, Rad) entweder gar nicht oder nur in solch komplexer Form vertreten ist, daß sie uns als Mittel zur Erfragung und zur Erweiterung des technischen Wissens und Verständnisses der Kinder in diesem Alter nicht geeignet erschienen.

Aus diesem Grunde konstruierten wir eine Reihe von Spielsachen selbst und setzen sie neben handelsüblichen Spielsachen als Untersuchungsmaterial ein (die selbstentworfenen Spielgeräte sind mit einem Stern gekennzeichnet). Schließlich ergab sich folgende Untersuchungsreihe, mit der die wesentlichen Probleme der mechanischen Technik angesprochen werden konnten:

1. Herstellen technischer Geräte (Material: Matador und Bilo-toy)
1.1 Freies Bauen mit Bilo-toy
1.2 Bauen nach Modell
1.3 Bauen nach perspektivischer Zeichnung
1.4 Bauen nach verbaler Zielangabe („Baue aus diesen Teilen ein Auto").
2. Umgang mit fertigen technischen Geräten (aus dem Bereich der Mechanik)
2.1 Schiefe Ebene, die unterschiedlich steil zu stellen war und an der Gegenstände mit unterschiedlich großer Reibung zu vergleichen waren
2.2 Hebel in Form einer Waage, an der — in unterschiedlich großem Abstand vom Drehpunkt in der Mitte des Waagebalkens — verschieden große bzw. schwere Gewichtssteine zu vergleichen waren.
2.3 Zahnradgetriebe: Sechs Zahnräder unterschiedlicher Größe waren auf einem Brett montiert; es wurde nach dem Drehen der Räder, nach der Drehrichtung und nach der Drehgeschwindigkeit gefragt.
2.4 Transmissionsgetriebe: Drei unterschiedlich große Räder waren auf ein Brett montiert. Die Räder waren zuerst durch einen Transmissionsriemen (Gummiring) untereinander zu verbinden, außerdem wurde wie beim Getriebe nach der Drehrichtung und nach der Drehgeschwindigkeit gefragt.
2.5 Kurbelgetriebe, wobei der Zusammenhang von Länge der hin und hergehenden Bewegung (Translationsbewegung) und Entfernung des Ansatzpunkts der Kurbelstange am Kurbelrad (Rotationsbewegung) zu erkennen war.
2.6 Windmühle und Hammerwerk (Fischer-Technik), bei denen die Prinzipien von Zahnradgetriebe, Transmission und Umformung einer Rotations- in eine Translationsbewegung verkleinert und im Funktionszusammenhang vorgestellt wurden.
2.7 Wasserrad, an dem die kindlichen Vorstellungen zum Wasser als Antriebskraft (des Schaufelrades) geprüft wurden.

Außerdem wurde an einem „Problembrett" das Problemlösungsverhalten der Kinder beobachtet.

Das Verhalten der Kinder und ihre Äußerungen — besonders auch auf die Fragen und sukzessiv gegebenen kleinen Hilfen des Versuchsleiters — wurden in einem 37 Seiten starken Protokollheft festgehalten und anschließend in Punktwerte für eine quantitative Auswertung transformiert. Dabei ergab sich eine Unterteilung nach a) dem Umgehen-Können (technisches Können), b) Wissen *von* den jeweiligen Dingen und c) (tieferes) Verständnis für sie und ihre zugrunde liegenden Prinzipien.

II. Darstellung einiger Ergebnisse

Wir wollen uns hier auf den letzten Teil unserer Untersuchungen, das Verständnis für den Umgang mit fertigen technischen Geräten (aus dem Bereich der Mechanik) beschränken.

1. Verständnis für das Prinzip der schiefen Ebene

An der schiefen Ebene haben wir folgende Fragen geprüft:

1. Richtige Vorhersage über das Verhalten von runden vs. eckigen Gegenständen an einer schiefen Ebene.
2. Richtige Vorhersage der Ablaufgeschwindigkeit eines runden Gegenstandes an zwei verschieden steilen Ebenen.
3. Richtige Vorhersage der Ablaufgeschwindigkeit bei simultaner Variation von Gegenstandsbeschaffenheit (rund — eckig) und Ebenensteilheit (steil — flach): Runder Gegenstand an der flachen, eckiger Gegenstand an der flachen und eckiger Gegenstand an der steilen Ebene.
4. Richtige Vorhersage der Ablaufgeschwindigkeit zweier gleichgroßer und -runder, nur verschiedenfarbiger Räder an einer schiefen Ebene.

Die nachstehende Tabelle 3 gibt an, von wieviel Prozent per Versuchsperson, die zu drei Altersgruppen zusammengefaßt worden waren, die volle Punktzahl erreicht wurde, d. h. das jeweilige Problem ohne Hilfe seitens des Versuchsleiters spontan und vollkommen richtig lösten.

Tabelle 3: Prozentzahlen der Kinder, die die Maximalpunktzahl erreichten, in drei Altersgruppen und vier Problemstellungen

Fragestellung	Altersgruppen		
	4;0 bis 4;11	5;1 bis 6;9*	7;10 bis 10;0
1	24	76	89
2	52	88	89
3	0	0	0
4	32	48	86

* Es handelt sich hierbei ausschließlich um Vorschulkinder.

Die Tabelle zeigt deutlich, daß bereits die Fünf- bis Sechsjährigen bei Variation nur einer Dimension (Steilheit der Ebene bzw. Beschaffenheit des Gegenstandes) nahezu vollzählig richtige Vorhersagen über die Ablaufgeschwindigkeit machen können. Hingegen werden noch von rund der Hälfte der Kinder dieser Altersstufe einem unterschiedlich erscheinenden Gegenstand auch unterschiedliche Qualitäten bezüglich der Ablaufgeschwindigkeit zugedacht. Ein offensichtlich unlösbares Problem selbst für die dritte Altersstufe stellt die simultane Variation zweier Dimensionen dar.

Bei dieser einfachen Feststellung nun ließen wir es nicht bewenden, sondern versuchten, durch kleine, sukzessive Hilfen die Latenz des Verständnisses zu testen, wobei sich folgende Steigerung der erreichten gegenüber den erreichbaren Punkten (in Prozent) ergab:

Tabelle 4: Anstieg der vorher erreichten Punktzahlen nach kleinen, aufeinanderfolgenden Hilfeangeboten

Fragestellung	Altersgruppen		
	4;0 bis 4;11	5;1 bis 6;9	7;10 bis 10;0
1	66	94	95
2	70	88	94
3	46	68	63
4	43	63	86

Obgleich bei den gebotenen Hilfen keineswegs von Training oder dergleichen gesprochen werden kann, zeigt sich ein deutlicher Effekt, der die enorme Steigerbarkeit andeutet, die auf diesem Gebiet möglich wäre.

2. Verständnis für das Prinzip des Hebels

Dies wurde an einem Waagebalken (Wippe) versucht, an dessen beiden Armen man in zwei verschiedenen Abständen vom Unterstützungspunkt in der Mitte verschieden schwere Gewichtssteine anhängen konnte. Es wurden folgende Fragen geprüft:

1. Vorhersage darüber, welcher Klotz — bei Anhängen eines bestimmten Klotzes auf der einen Seite — als Gegengewicht auf der anderen Seite in gleicher Entfernung von der mittleren Unterstützung anzuhängen ist, damit die Waage wieder zum Ausgleich kommt. Insgesamt waren sieben Gewichtssteine gegeben.
2. Dieselbe Fragestellung wie unter 1., wobei die Angleichung allerdings nur durch eine Kombination mehrerer Gewichtssteine möglich war, da ein entsprechendes Pendant fehlte.
3. Die Verkürzung des Waagebalkens an der einen Seite ist durch entsprechende Manipulation an der anderen Seite (Verkürzung auch dieses Hebelarmes, Veränderung des Gegengewichtes) auszugleichen.

Folgende Versuchspersonen (in Prozent) haben das Problem voll erfaßt:

Tabelle 5: Prozentzahl der Kinder, die die vorliegenden Hebelprobleme lösten

Fragestellung	Altersgruppen		
	4;0 bis 4;11	5;1 bis 6;9	7;10 bis 10;0
1	16	68	80
2	0	32	74
3	0	24	54

Der Hebel bereitet den Kindern aller Altersstufen in der Form, wie er vorgestellt wurde, offensichtlich größere Verständnisschwierigkeiten als die schiefe Ebene. Dies mag zu einem nicht beträchtlichen Teil daran liegen, daß mit diesem System Erfahrungen zu sammeln die Kinder im Laufe ihrer Entwicklung weniger Gelegenheiten hatten, wie dies auch aus einer kleinen, von uns durchgeführten Studie hervorgeht. Die meisten Kinder zeigen auch an diesem Gerät ein sehr hohes Interesse und waren geradezu fasziniert von der selbständigen Auf- und Abbewegung der Waagebalken, je nachdem welcher Gewichtsstein angehängt wurde. Dementsprechend waren die Leistungen mit den kleinen Unterstützungen des Versuchsleiters, die im Programm vorgesehen waren, auf folgende Punktwerte (in Prozent) zu steigern:

Tabelle 6: Die Prozentzahlen der korrekt gelösten Probleme nach kleinen Hinweisen durch die Führungsperson (Hebel)

Fragestellung	Altersgruppen		
	4;0 bis 4;11	5;1 bis 6;9	7;10 bis 10;0
1	56	92	91
2	16	72	88
3	28	66	82

Die Hilfen bestanden darin, daß die komplexe Fragestellung in mehrere kleine Schritte aufgelöst wurde. Außerdem sollte durch sie sichergestellt werden, daß das notwendige Wissen vorhanden war, aufgrund dessen die Beantwortung der weiterführenden Frage erst möglich war. Grob formuliert läßt sich das Verständnisniveau durch derartige Hilfen um eine Altersstufe vorverlagern. So sehr nun diese Aussage für unseren konkreten Fall zutreffen mag, so sicher wird ihre Verallgemeinerung einerseits daran scheitern, daß es auf die Relation von Komplexität der Aufgabe und Anzahl der gegebenen Hilfen ankommt. Andererseits wird man wahrscheinlich mit WYGOTSKI (1964) Spontan- und Wissenskonzepte unterscheiden müssen, wobei sich die spontanen im Gegensatz zu den Wissenskonzepten nur sehr begrenzt fördern lassen (KOHLBERG 1968).

3. Verständnis für die Getriebeaufgaben

Die speziell technischen Geräte: Zahnrad-, Transmission- und Kurbelgetriebe, die bezüglich der an ihnen gezeigten Leistungen untereinander sehr hoch korrelieren, bereiten durchweg mehr Schwierigkeiten als die vorstehend beschriebenen, eher physikalischen Prinzipien.
Von den erreichbaren Punkten wurden bei den hierzu gestellten Fragen — einschließlich der Hilfen des Versuchsleiters — insgesamt tatsächlich erreicht:

Tabelle 7: (Transport-Mechanismus) Prozentzahl der Maximalpunktzahl, die durch Lösung der Transport-Mechanismus-Aufgaben erreicht wurde

	Altersgruppen		
	4;0 bis 4;11	5;1 bis 6;9	7;10 bis 10;0
Punkte in %	19,1	57,4	70,0

Im einzelnen wurden — wie bereits beschrieben — das Zahnrad-, das Transmissions- und das Kurbelgetriebe jeweils a) am großen Modell isoliert und

b) verkleinert im Funktionszusammenhang einer Windmühle mit einem Hammerwerk untersucht. Bei Zahnradgetriebe und Transmission wurden Fragen zur Mitbewegung der übrigen Räder, zur Drehrichtung und zur Drehgeschwindigkeit gestellt. Die beiden Systeme unterscheiden sich in der Fragestellung allerdings darin, daß die Beziehung der Räder zueinander beim Zahnradgetriebe bereits optisch gegeben ist, während dieser Bezug bei der Transmission von der Versuchsperson erst hergestellt werden muß. Beim Kurbelmechanismus wurde geprüft, inwiefern der Zusammenhang von Größe des Kurbelrades und Länge des Weges, den die Kurbelstange zurücklegt, erkannt wurde.

Es wurden folgende Punkte (erreichte gegenüber den erreichbaren in Prozent) — einschließlich der Hilfen seitens des Versuchsleiters — erreicht:

Tabelle 8: Ermittelte Punktzahlen in Prozent mit Hinweisen durch die Führungsperson

	Altersgruppen		
	4;0 bis 4;11	5;1 bis 6;9	7;10 bis 10;0
Zahnradgetriebe	14,1	53,4	61,8
Transmission	22,7	54,8	78,5
Kurbelmechanismus	28,2	63,8	79,7

Transmission und vor allem Zahnradgetriebe schneiden gegenüber dem Kurbelmechanismus deshalb so schlecht ab, weil diese Systeme im Funktionszusammenhang der Windmühle nicht so gut erkannt wurden. Das Verständnis der Kinder in dieser Altersstufe erweist sich noch vorwiegend — falls überhaupt vorhanden — als ein „konkretes" und nicht als ein „formales", das in der Lage wäre, die Strukturprinzipien in ihrer wechselnden Konkretisierung eindeutig zu erkennen.

4. Beziehung des technischen Verständnisses zu anderen Variablen

Schließlich wurden das technische Können, Wissen und Verständnis mit anderen Daten zur Person (Alter, Größe, Gewicht, Geschlecht, Intelligenz, Interesse, allgemeine und spezielle Erfahrungen mit Bau- und Bastelmaterial, Verhalten im Kindergarten, Familien- und Geschwistersituation) korreliert.

Die deutlichste Beziehung zeigt sich zwischen den physiologischen Entwicklungsdaten (Alter, Größe, Gewicht) und dem technischen Verständnis. Unterschiede zwischen den Geschlechtern zeigte sich zugunsten der Jungen erst in der dritten Altersstufe (der 7- bis 10jährigen) im Wissen und Verständnis. Innerhalb der Intelligenz scheinen vor allem die Faktoren schlußfolgerndes Denken und Raumorientierung wichtig zu sein. Während sich der Besitz eines auch in der Untersuchung verwandten Baukastensystems alleine noch nicht positiv, weder allgemein auf die gezeigten Leistungen, noch speziell bei den Aufgaben zu dem betreffenden Baukastensystem auswirkte, hat das Vorbild eines zu Hause bastelnden Vaters, dem das Kind zuschaut bzw. hilft, einen deutlich positiven Einfluß. Außerdem erweist sich – bei Auspartialisierung der Intelligenz – der soziale Status der Familie (Vaterberuf) positiv bedeutsam für das technische Wissen, nicht aber für das technische Verständnis (r = .32 bzw. .16). Darum ist unseres Erachtens unter anderem erkennbar, daß technisches Wissen nicht mit technischem Verständnis gleichzusetzen ist. In der Tatsache, daß die privilegierten Kinder den unterprivilegierten zwar im technischen Wissen (also verbal) überlegen sind, nicht aber in gleichem Maße auch im technischen Verständnis (also kognitiv), sehen wir eine Chance, über die Bearbeitung technischen Materials und technischer Probleme die verbalen Schranken zwar nicht direkt abzubauen, sie aber zu umgehen und auch den ‚schlechteren' Schulkindern echte Erfolgserlebnisse zu vermitteln.

5. Verschiedene Formen der Auseinandersetzung mit technischem Spielmaterial

In einer weiterführenden Untersuchung sollte geklärt werden, ob Kinder in ihrem Verständnis eher durch gezielte Fragen und entsprechende Unterweisung oder eher durch selbständiges Tun gefördert werden können. Als Material wählten wir aus den bereits beschriebenen das Getriebe, die schiefe Ebene, die Waage und die Transmission aus.

In einer Faktorenanalyse wurden diese Aufgaben auf verschiedene Faktoren übertragen, die zum Lösen komplexe Fähigkeiten voraussetzten:

1. Handgeschicklichkeit;
2. Optische Differenzierungsfähigkeit;
3. Technisch-produktive Kombinatorik (erfahrungsabhängiges Wissen auf neue Situationen übertragen können; Sachverhalte und deren Eigenschaften miteinander vergleichen und ihr Verhalten in neuen Situationen bestimmen können);
4. Arbeitstechnisches Wissen (einschließlich der Bildung von Begriffen für technische Gegenstände und Sachverhalte);
5. Arbeitstechnisches Können, Werkzeugbenutzung;
6. Technisches Vorstellungsvermögen (von der direkten Anschauung teilweise unabhängige Erfassung von Drehgeschwindigkeiten bei Rädern in Abhängigkeit vom Durchmesser der Räder u. ä.).

Der Kurbelmechanismus und die Windmühle wurden nicht in die Trainingsphasen einbezogen, sondern dienten als Transfer-Test.
Als Versuchspersonen dienten neunzig Kinder im Alter von 5, 7 und 9 Jahren. Auf jeder dieser drei Altersstufen wurden drei parallelisierte Stichproben von jeweils zehn Kindern gebildet.
Alle drei Gruppen je Altersstufe (insgesamt also neun Gruppen) absolvierten einen Vortest und einen Nachtest, in denen ihnen die wesentlichsten Fragen zu diesen Geräten gestellt wurden.
Die erste Versuchsgruppe auf jeder Altersstufe wurde zwischen Vor- und Nachtest während drei Wochen einem Training unterzogen (sechs Sitzun-

gen), wobei ihnen systematisch Fragen gestellt und Hilfen bei der Beantwortung gegeben wurden.
Die jeweils zweite Gruppe je Altersstufe wurde in ihrer Auseinandersetzung mit den verschiedenen Geräten weitgehend sich selbst überlassen. Die Versuchsleiter gaben allerdings gelegentlich Anregungen, was mit diesem Gerät alles zu machen sei.
Die dritte Gruppe blieb als Kontrollgruppe ohne jegliches Training.
Im Anschluß an den Nachtest wurde allen Gruppen das Problem Kurhelmechanismus und Windmühle als Transfer-Testaufgabe vorgelegt (Fragestellung hierzu s. oben).

Tabelle 9: Vergleich des Spielverhaltens der Kontroll- und Versuchsgruppen (Kg sowie V 1 und V 2). Die Versuchssituation änderte sich bezüglich des Maßes an Hilfe von seiten der Erwachsenen

Altersstufe	Versuchs-/ Kontrollgruppe	Erreichbare Punkte	Tatsächlich erreichte Punkte im Vortest	Steigerung vom Vor- zum Nachtest		Signifikanz	
				absolut	prozentual		
5jährige	V 1			3,7	23	zu V 2	= ns
						zu Kg	= ns
	V 2	33	15,9	3,5	22	zu V 1	= ns
						zu Kg	= ns
	Kg			1,6	10	zu V 1	= ns
						zu V 2	= ns
7jährige	V 1			3,2	16	zu Kg	= ns
						zu V 1	= ss
	V 2	33	19,7	7,2	37	zu V 1	= ss
						zu Kg	= ss
	Kg			1,7	9	zu V 1	= ns
						zu V 2	= ss
9jährige	V 1			3,6	15	zu Kg	= ns
						zu V 2	= ns
	V 2	33	23,7	4,3	18	zu V 1	= ns
						zu Kg	= s
	Kg			2,6	11	zu V 1	= ns
						zu V 2	= s
5- bis 9jährige zusammen	V 1			3,5	18	zu V 2	= ns
						zu Kg	= ns
	V 2	33	20,0	5,0	25	zu V 1	= ns
						zu Kg	= ss
	Kg			2,0	10	zu V 1	= ns
						zu V 2	= ss

ns = nicht signifikant
s   = signifikant
ss = sehr signifikant

6. Auswirkung verschiedener Umgangsformen mit technischem Material

Aus der Tabelle 9 ist ersichtlich, daß die Versuchsgruppe 2 (ständige Auseinandersetzung mit dem technischen Material) in der Stufe der 7jährigen, aber auch in der Stufe der 9jährigen bessere Erfolge bringt als die Versuchsgruppe 1, die systematisch trainiert wurde.

Insgesamt betrachten wir die Ergebnisse als eine Stütze der Forderung, den Kindern einen möglichst großen Freiraum für selbständige Auseinandersetzung mit ihrer Umwelt zu gewähren.

Für den Pädagogen wird es nach wie vor eine Aufgabe sein, diese Umwelt in einer Weise zu präparieren, daß diese selbständige Auseinandersetzung fruchtbar werden kann. Darüber hinaus betrachten wir die hier vorgelegten Untersuchungen als einen empirischen Beitrag zur Begründung einer Spiel- und Spielzeugpädagogik. Einerseits läßt sich aus solchen systematischen Vergleichen zwischen einzelnen Sachbereichen (wie hier der mechanischen Technik) und dem Spielzeugangebot ermitteln, welche weiteren Erfahrungsmöglichkeiten den Kindern geboten werden sollten, damit sie mit möglichst vielen Grundprinzipien unserer Welt in Berührung kommen können und Erfahrungen sammeln. Zum anderen ergeben sich aus solchen Untersuchungen Hinweise darauf, wie diese Grundprinzipien in Spielmaterialien und Spielsysteme umzusetzen sind.

III. Eine Untersuchung der spontanen Spielzeugwahl

Bei vielen Alltagssituationen sind es die Eltern, die das Einführen von Spielzeug regeln. In den letzten Jahren zeigt sich eine Tendenz, welche das Verblassen der alten, ziemlich scharfen Grenze zwischen Jungen- und Mädchenspielzeug ermöglichte.

HARTMANN / HEGINGER / RIEDER (1976) schreiben:

„Mädchen spielen auch mit Autos, Buben auch mit Puppen. Durch das Spiel sollen die Kinder auch auf die Anforderungen ihres künftigen Lebens vorbereitet werden. Es ist nicht richtig, Mädchen und Buben verschiedenes Spielzeug zu geben, im allgemeinen helfen auch Buben gern beim Kochen und Mädchen beim Reparieren einer Maschine."

Um das Problem der spontanen Spielzeugwahl noch einmal in experimenteller Form zu analysieren, haben wir (VAN DER KOOIJ / VAN DER STAAIJ-SAAL / MOSTERT 1974) die Spielzeugwahl achtzig kleiner Kinder im Alter von drei Jahren untersucht.

Für diesen Zweck wurde eine repräsentative Probe der Kinder-Population in einer Stadt mit 160 000 Einwohnern im nördlichen Teil der Niederlande durchgeführt. Bei der Zusammenstellung der Probe wurde die Schulbildung der Eltern in Erwägung gezogen und auf einer 5-Punkte-Skala dargestellt. Die fünf Ebenen der Skala umfaßten:

1. ausschließlich Grundschule
2. Berufsschul- oder Polytechnikumausbildung
3. höhere Schule

4. höhere Fachschulausbildung
5. Universität oder Technische Hochschule

Kriterien wie Altersposition innerhalb der Kinder der Familie, Lebenssituation, Parterrewohnung oder Etagenwohnung wurden in dieser Probe ebenfalls verwendet. Die Mütter dieser achtzig Kinder (vierzig Mädchen und vierzig Jungen) wurden eingeladen, in das Institut zu kommen und mit ihren Kindern für eine halbe Stunde im Spielzimmer zu spielen. Während ihr Sohn oder ihre Tochter spielten, wurde die Mutter in einer Ecke des Beobachtungsraumes zu der Fähigkeit ihres Kindes, in einer sozialen Situation tätig zu sein, interviewt.

Die Spielzeuge wurden auf dem Boden des Spielraumes ausgebreitet und die kleinen Kinder konnten frei spielen. Die angebotenen Spielzeuge wurden u. a. aus dem Informationsbuch des „Arbeitsausschusses Kinderspiel + Spielzeug e. V." (1974) entnommen und durch Material aus der holländischen Informationsbroschüre „Wegwijzer in Speelgoedland" (1979) ergänzt.

Die Untersuchenden bestimmten zuvor, welches Jungen-, Mädchen- und neutrale Spielzeuge waren. Die Spielzeugsammlung schloß folgende Spielzeuge ein:

1. Jungenspielzeug
Fahrzeuge (dinky toy)
kleine Holzeisenbahn
große Holzeisenbahn
großer Bus
Tankstelle
Lastwagen aus Holz

2. Mädchenspielzeug
Puppenwagen
Baby-Puppe
Puppenkleider
Baby-Flasche
Bett
Geschirr
Portemonnaie mit Spiegel
Perlen mit Fäden
Besen

3. Neutrales Spielzeug
Blockwagen
Ringpyramide
Tiere zum Reiten
Holzpuzzle
Jigsaw-Puzzle
Holztiere
Weichtiere

Bauernhof
Xylophon
Trommel mit Stücken
Telefon
Schachtel mit Bauklötzen
kleine runde Schachteln, die man aufeinanderstellen kann
Intelligenzkasten

Das Spiel der Kinder wurde für eine halbe Stunde mit Hilfe eines Rundum-Fernsehens, das an einen Videorecorder angeschlossen war, aufgezeichnet. Durch den Gebrauch eines elektronischen Registriergerätes, das für diesen Zweck entworfen wurde (siehe VAN DER KOOIJ 1974), konnte exakt registriert werden, wieviele Sekunden lang das Kind mit jedem einzelnen Materialtyp spielte.

In der Tabelle 10 sehen wir die Ergebnisse der Spielzeugwahl der Dreijährigen. Aus dieser Information wird ersichtlich, daß schon mit drei Jahren Jungen eine klare Vorliebe für Jungenspielzeug und Mädchen eine klare Vorliebe für Mädchenspielzeug haben. Vor allem wurde der Grad des Wechsels bei der Wahl des Spielmaterials verfolgt, in dem Sinne, daß Jungen ihr Spiel mit Jungenspielzeug begannen und danach vielleicht zu Mädchenspielzeug übergingen.

Tabelle 10: Spielzeugwahl der Dreijährigen in Prozentzahlen der Spielzeit ausgedrückt

	Jungen N = 40	Mädchen N = 40	Durchschnitt N = 80
Jungenspielzeug	42,4	15,6	29,0
Mädchenspielzeug	17,8	40,4	29,1
Neutrales Spielzeug	25,2	29,5	27,3
Klein-Spielzeug	14,6	14,2	14,4

Es zeigte sich, daß Jungen in den ersten 10 Minuten genauso viel mit Jungenspielzeug spielten wie in den letzten 10 Minuten, und sie genauso wenig mit Mädchenspielzeug spielten. Für die Mädchen kann man die gleiche Schlußfolgerung ziehen. Während des Spiels findet kein Wechsel bei der Vorliebe für Jungen- und Mädchenspielzeug statt. Aus der Untersuchung wird auch ersichtlich, daß im Durchschnitt das dreijährige Kind die gleiche Zeit mit Jungen-, Mädchen- und neutralem Spielzeug spielt. Schließlich zeigt sich, daß Dreijährige ungefähr 15 % der Spielzeit ohne Spielzeug spielen. In dieser Spielperiode ohne Spielzeug sieht man oft, daß das Kleinkind seine Umgebung erforscht.

IV. Forschungen zum individuellen Spielverhalten

SCHMIDTCHEN / ERB (1976) und KLUGE (1980) unterstrichen erst kürzlich wieder den Mangel an empirischen Untersuchungen des kindlichen Spiels. Schon für die sechziger Jahre haben wir einen enormen Mangel an quantitativen experimentellen Ergebnissen festgestellt. Zuverlässige Untersuchungen gibt es nur zum Vorhandensein von Spielzeug überhaupt (siehe Kapitel I).
Wie das Kind in verschiedenen Altersstufen spielt, wurde nur vermutet, aber nachdem Margret VAN WYLICK 1936 einen begrenzten Versuch unternahm, sind eigentlich keine weiteren Bestandsaufnahmen im größeren Rahmen mehr durchgeführt worden.
Was die Ergebnisse der Spieluntersuchung angeht, sind BÜHLER (1928), BÜHLER / HETZER (1961), KAMP (1947), TOLICIC (1963) und VAN WYLICK (1936) aufgrund heutiger methodischer und statistischer Grundlagen zu kritisieren. Man muß jedoch daran denken, daß zur Zeit dieser Untersuchungen die Methodologie und die Statistik viel weniger fortgeschritten waren als sie es jetzt sind. BLURTON-JONES (1972) behauptet, daß die komplexen Wahrnehmungskategorien, die unregelmäßigen Beobachtungsintervalle und die statistische Ausarbeitung der Informationen Zweifel in bezug auf die Objektivität und Verläßlichkeit dieser Information aufkommen lassen.

Viele Theoretiker verbinden das Spielverhalten mit der Entwicklung. Von diesem theoretischen Standpunkt aus ist es sehr wichtig, eine zutreffende Liste des Spielverhaltens des Kindes in den verschiedenen Altersstufen aufzustellen.

Wir wollen jetzt eine Zusammenfassung aller individuellen Spieluntersuchungen geben, die wir (VAN DER KOOIJ 1974; VAN DER KOOIJ / DE GROOT 1977; VAN DER KOOIJ 1979a und VAN DER KOOIJ / VRIJHOF 1981) durchgeführt haben, ergänzt mit den jüngsten Ergebnissen unserer Spielforschung.

1. Arten des Spielverhaltens der Kinder zwischen drei und neun Jahren
Aufbau der Untersuchung

Nachdem wir eine Inventur der verschiedenen Beobachtungskategorien und Einteilungen gemacht haben, wie sie auch in den Werken von Charlotte BÜHLER (1928), Margret VAN WYLICK (1936), KAMP (1947), Edith VERMEER (1955), PIAGET (1972) CHATEAU (1964), Wilhelmine BLADERGROEN (1971) und Hildegard HETZER (1972) zu finden sind, sind wir zu den folgenden Beobachtungskategorien gekommen, wobei die Art und Weise, wie das Kind sich mit dem Spielmaterial beschäftigt, klar im Vordergrund steht.

Wir haben ein Kategoriensystem gewählt, das Auskünfte über die Umgangsform mit Material gibt, weil wir der Überzeugung sind, daß gerade dieser Aspekt klare Unterschiede auf verschiedenen Altersstufen zeigen kann.

Die Zahlen hinter den Kategorien sind ein Code, den wir benutzt haben.

Aufräumen (0)
Wegräumen der Spielzeuge in die Spielzeugregale ohne Beobachtung um festzustellen, ob die Spielzeuge in die gleichen Regale zurückgelegt werden wie vorher oder nicht.

Wiederholungsspiel
   Wiederholtes Bewegen (1)
   Mit Spielzeugen Bewegungen ausführen, die mehr als zweimal wiederholt werden, wobei die Aufmerksamkeit des Kindes nicht auf die Bewegungsausführung konzentriert ist.
   Explorierendes und experimentierendes Bewegen (2)
   Die Spielsituation oder die Spielzeuge werden erforscht oder untersucht oder das Kind versucht herauszufinden, welche Spielqualitäten und -möglichkeiten die Objekte haben.

Imitationsspiel
   Realisierendes Bewegen (3)
   Einfache Ereignisse der Wirklichkeit durch Ausführen von Bewegungen mit oder ohne Spielzeug nachahmen.
   Identifizierendes Bewegen (4)
   Nachahmung von Ereignissen der Wirklichkeit durch Ausführung von Bewegungen mit Spielzeugen; gleichzeitig werden Laute mit der Stimme erzeugt, die zu dem bewegten Spielobjekt passen.
   Regieführendes Bewegen (5)
   Durch Gebrauch von Spielzeugen Ereignisse der Wirklichkeit inszenieren, indem verschiedene Rollen gleichzeitig oder nacheinander gespielt werden.

Konstruktionsspiel
Bauen (6)
Bedeutungslose Spielzeugelemente zusammenfügen, um ein vernünftiges und sinnvolles Ganzes zu schaffen, wobei ein Kontakt zwischen den Elementen hergestellt wird.
Für einen größeren Zusammenhang bauen (7)
Zusammenfügen bedeutungsloser Spielzeugelemente, um ein vernünftiges und sinnvolles Ganzes zu schaffen, wobei ein Kontakt zwischen den Elementen hergestellt wird. Das gebaute Objekt wird in einen größeren Spielzusammenhang eingebracht.

Gruppierungsspiel
Juxtaposierendes Gruppieren (8)
Gruppieren von sinnvollen Spielzeugelementen, wobei die Beziehung zwischen den Elementen nicht adäquat ist und als solche nicht in der Realität auftaucht.
Realistisches Gruppieren (9)
Gruppieren von sinnvollen Spielzeugelementen, wobei das Ordnen und Plazieren der Spielzeuge so aussieht, daß eine lebensechte Nachahmung der Wirklichkeit stattfindet.

Was die Bezeichnung der Observationskategorien angeht, haben wir beschreibende Begriffe für das Spielverhalten gewählt. Das Wiederholungsspiel stimmt in vieler Hinsicht mit dem Begriff Funktionsspiel von BÜHLER überein. Das Gruppierungsspiel wird oft „Weltspiel" genannt. Es schien jedoch nicht richtig, die Kategorien entsprechend dem vermuteten Effekt zu benennen, den Spielverhalten auf die Entwicklung des Kindes hat. Bei unserem Versuch wurden Kinder ab 6 Jahre im Spielzimmer des Instituts und Kleinkinder zu Hause oder im Kindergarten beobachtet. In dem Spielzimmer waren die Spielzeuge, die im Schema 1 gezeigt werden, in einem offenen Schrank zu finden. Sie waren zu Beginn jeder Beobachtung an der gleichen Stelle. Die Kleinkinder (3 Jahre alt) wurden mit folgenden Spielobjekten in ihrem Elternhaus beobachtet.

Zweistöckige Tankstelle, Hebebühne, schließbare Türen und Benzinsäule Matador
Derrick-Lastwagen mit Anhänger, mit magnetischen Klötzen beladen
Metallbus (15 cm) mit Klappen und Türen, die sich öffnen und schließen lassen
Bett, Kleider, Schrank und Flasche (Baby), Bett und Schrank sind eins
Rollrad aus Holz, mit drei Glocken
Geschirr (4 Tassen mit Kaffeekanne, Zuckerdose, Milchkännchen, Löffel)
Intelligenzkasten: hölzerner Kasten mit farbigen Klötzen
3 Dinky-Spielzeugautos verschiedener Größe

kleiner Transporter mit 2 Kühen
Bauernhof mit beweglichen Tieren, an und vorn einer Hundehütte
kleiner Metallastwagen (15 cm)
Babypuppe aus Hartplastik (30 cm) mit beweglichen Gliedern
offenes Haus mit Zäunen und Tieren aus Holz in vagen Formen
Bauklotzkiste mit farbigen Klötzen
kleine Eisenbahn mit Lokomotive und Glocken, 4 Anhängern (6 cm)
Puppe aus weichem Plastik (40 cm), bewegliche Glieder und Kleider
BLADERGROENs mathematischer Baukasten
kleiner Ball

Für die Kinder, die im Kindergarten beobachtet wurden, wurde eine andere Spielzeugsammlung zusammengesetzt. Vor allem wurde hier aus praktischen Gründen viel konstruktives Spielzeug angeboten, denn die Kindergärten befanden sich weit von unserem Institut entfernt (mehr als 150 km!) und das

Schema 1: Überblick über die Spielzeuge im Spielraum, auf drei Büchergestelle verteilt (VAN DER KOOIJ 1974)

Mittleres Büchergestell

Schloß	2 Viadukte	Tunnel	Matador	Ziehbrücke
militärischer Schloß Schleppzug Postlieferwagen Lieferwagen Rotes-Kreuz-Auto militärischer Lastwagen mit Gewehren	11 offene Holzzäune	9 Ritterfalken	Schlange, um einen Baumstumpf geschlungen kleines Elefantenjunges Krokodil	2 Lämmchen 2 Hühner 2 Gänse Katze Krähe 2 Küken Storch Pinguin
	9 Tannenbäume		5 stehende Indianer 4 sitzende Indianer liegender Indianer	5 Gerüstarbeiter 2 Putzfrauen 2 Melkerinnen Bauer Schäfer Mann mit einem Sack auf seinem Rücken
Holzhütte	7 Indianer auf auf Pferden	Plastikschienen	10 geschlossene Holzzäune	7 Ritter zu Pferd
	Plastiklokomotive und 4 Anhänger		6 Personenautos	militärischer Lastwagen mit Anhänger Dinky-Autoservice
Tankstelle	Xylophonbaukasten		Bahnhofsuhr	hölzerne Eisenbahn 2 Lastwagen mit farbigen rechteckigen Klötzen Lastwagen mit farbigen viereckigen Klötzen Lastwagen mit farbigen zylinderförmigen Klötzen
			Wendesignal	

Höchster Teil des hohen Büchergestells

Ofen und Bügeleisen		????????	Lego-Haus	Steine	Mosaike
Schilderhaus 2 schießende Soldaten mit Fahnen Soldat zu Pferd 2 Soldaten in Hockstellung 2 marschierende Soldaten liegender Soldat Offizier	9 hölzerne Zäune	4 Personenautos Jeep Panzerwagen	8 Tannenbäume	2 Pulte mit Burgen Pult mit Autos Pult mit einem Jungen und einem Mädchen	
Verkehrspolizist 21 Verkehrsschilder	5 Bauernhofarbeiter Schäfer Jäger 2 Putzfrauen Melkerin Mann mit einem Sack auf dem Rücken	stehender Indianer sitzender Indianer liegender Indianer Kochstelle Feuer 2 Totem-Pfähle Hütte	2 Pferde weibliches Füllen 2 Kühe Kalb 2 Schafe	Wagen mit Anhänger Bus Personenauto Wagen mit Steinen 2 Lastwagen	blaues Milchkännchen grüne Teekanne weißes Milchkännchen 6 Tassen und Untertassen 6 Löffel
schwarzer Bär brauner Bär kleiner brauner Bär Tiger Zebra	5 Weißdornbäume 3 Orangenbäume	militärischer Tankzug Feuerwehrzug Personenauto militärischer Artilleriezug	3 große Flugzeuge 2 kleine Flugzeuge	Cowboy mit erhobenen Händen stehender Cowboy Cowboy mit Lasso sitzender Gefangener 2 Cowboys mit Pistolen 2 Cowboys mit Gewehren 4 Cowboys mit einem Knie kniend	Tanker Lastwagen militärischer Lastwagen 2 Personenwagen

Empirische Spielforschung

Niedrigster Teil des hohen Gestells

6 Cowboys zu Pferde	Rotes-Kreuz-Wagen 2 Personenwagen Coca-Cola-Auto 2 Lieferwagen	Dromedar Eisbär Tiger	Tisch mit ????? Pult mit Mädchen Tafel Rechenmaschine	Plastiktribüne	13 silberfarbene Ritter
Kirche 10 Häuser Garage Tankstelle mit Benzinsäulen		Kirche 6 Häuser 2 Bauernhöfe		11 grüne Bäume 5 blühende Bäume	

Niedriges Büchergestell

	In einer Ecke des Spielraumes

Spaziergänger
Kiste mit großen Bauklötzen
Puppenstube: Vater und Muter
                3 Kinder
                Sofa, 3 Stühle, 2 kleine Stühle, hoher Stuhl,
                2 Tische, 2 Büchergestelle, 2 Schränke, Tisch
                mit Telefin, Lampe, Uhr, Toilette, Kinder-
                wagen, 1 Bett, 2 kleine Betten, 1 Wiege,
                Wäscheschrank, Kommode mit Schubkasten
	Puppenbett mit Puppe
	2 Stühle
	Tisch
	Puppenkleiderschrank mit Kleidern
	Bauklotzkiste

Material mußte in zwei Koffern zu transportieren sein. Vielleicht hat dadurch Konstruktionsspielzeug eine etwas zu dominierende Rolle gespielt. Folgendes Material wurde für die vier- und fünfjährigen Kinder gebraucht.

3 Dinkytoys (u. a. ein Traktor)	4 Pferde, 4 Cowboys, 3 Indianer
Holzstühlchen	Kasten mit Griff mit naturfarbenen und bunten Klötzen
Babypuppe im Schlafanzug	
Waage	Trommel mit Stöcken
Kasse mit Spielzeuggeld	Telefon
kleiner Ball	Rover mit Pferdetransportanhänger
Holzlastwagen	Sio-Montage Baukasten
2 Zäune, 2 Pferde, 1 Gänseküken und 1 Lamm	roter Plastik-Doppeldecker-Bus
	Puppenservice
5 Figuren, zum Bauernhof gehörend	2 Puzzle mit 35 Teilen
Holzhäuschen mit 8 Figuren	Xylophon
Bauernhof	Puppenbett
Besen	Parkgarage mit Tankstelle und Waschanlage
Holzpuzzle	
Holzperlenkette	Selbstbedienungsregal mit Gemüsekasten
Kasten mit Naturholzklötzen	
3 Bäume	
3 Plastikhäuser	

Durch den Gebrauch von zwei Fernsehkameras wurde das Spielverhalten jedes Kindes, das ins Institut zum Spielen kam, auf Videokassetten aufgenommen. Zuerst haben wir die Kinder ab 6 Jahren observiert, später observierten wir die jüngeren Kinder. Das Spielverhalten wurde anschließend gemäß den obengenannten Beobachtungskategorien aufgezeichnet. Hierbei wurde die Methode des „time sampling" angewandt. Die Kinder unter 6 Jahren spielten 30 Minuten im Spielzimmer, die älteren 45 Minuten.

Das Verhalten wurde für jede Minute des Beobachtungszeitraums registriert, d. h. de facto daß das Verhalten während *einer* von sechzig Sekunden beobachtet wurde. Dieses Zeitintervall wurde gewählt, weil man auf diese Art 45 bzw. 30 Beobachtungen pro Kind erhält, was eine hinreichende Beobachtungsdichte für statistische Berechnungen ergibt. Aus den „Pilot"-Untersuchungen konnte man erkennen, daß durch das 59-Sekunden-Intervall keine wesentlichen Informationen verlorengingen. Später waren wir in der Lage, dies zu bestätigen: wir benutzten elektronische Beobachtungsinstrumente, mit denen das gesamte Spielverhalten aufgenommen werden konnte.

Die prozentual ausgedrückten Ergebnisse der beobachteten Kategorien pro Kind wiesen bei den beiden Beobachtungsmethoden — Beurteilung des gesamten Spielverhaltens bzw. „time sampling" — keine Unterschiede auf. Bei jedem Aufzeichnungssystem für Beobachtungskategorien bleibt immer die Frage offen, ob zwei oder mehrere verschiedene Beurteiler das Spielverhalten eines Kindes in die gleichen Beobachtungskategorien einstufen. Die Übertragbarkeit unserer Kategorien schien uns auszureichen. Zwei Beobachter zeichneten das Spielverhalten von fünf Kindern auf, die jeweils 45 Minuten spielten. Das Ergebnis waren 225 Paare von Verhaltensbeurteilungen. Die Übereinstimmung betrug 92 %. Unter Anwendung des pi-

Koeffizienten von SCOTT (1955) wurde die Übereinstimmung nochmals überprüft. Der pi-Koeffizient kann zwischen 0 und 1 variieren. In unserer Untersuchung betrug er 0,90.

Die Zusammensetzung unserer Stichprobe sah folgendermaßen aus:

			Durchschnittsalter
29 Kleinkinder	18 Jungen	11 Mädchen	3;0
16 Kindergartenkinder	8 Jungen	8 Mädchen	4;0
31 Kindergartenkinder	16 Jungen	15 Mädchen	5;0
42 Kindergartenkinder	18 Jungen	24 Mädchen	6;0
99 Siebenjährige	48 Jungen	51 Mädchen	7;0
80 Achtjährige	40 Jungen	40 Mädchen	8;1
80 Neunjährige	40 Jungen	40 Mädchen	9;0

Bei der Auswahl der Stichprobe wurde in der Gruppe der Schulkinder die Varianz eingeschränkt. Da das Ziel der Untersuchung war, ein repräsentatives Bild des Spielverhaltens in verschiedenen Altersstufen zu ermitteln, wurde soweit wie möglich versucht, das „Durchschnittskind" zu beobachten. Kinder aus unvollständigen Familien (Scheidung, Tod eines Elternteils) wurden nicht in die Stichprobe aufgenommen. Auch Kinder aus schlecht funktionierenden Familien (Alkoholismus, lange Krankheit des Vaters und der Mutter) wurden nicht berücksichtigt.

Die Kinder selbst sollten nicht länger als einen Monat außerhalb der Familie verbracht haben (Krankenhaus, Kuren usw.). Des weiteren wurden Schulversager sowie extrem gute Schüler aus der Beobachtungspopulation herausgenommen. Wir waren uns dabei bewußt, daß eine Einschränkung der Varianz bei statistischen Berechnungen den Nachteil hat, daß wichtige Korrelationen, wie die Bestimmung von SPEARMANs rho, auf diese Weise unter Umständen schwieriger feststellbar sind.

In Tabelle 11 finden wir die Ergebnisse der registrierten Häufigkeiten bei den einzelnen Beobachtungskategorien, in Prozentzahlen ausgedrückt. Die für zehn Kategorien aufgeschlüsselten Prozentangaben vermitteln zusammen ein Bild des Spielverhaltens in verschiedenen Altersstufen. Die Prozentzahlen sind bei einigen Kategorien ziemlich klein. Darum haben wir die Aufzeichnungen nochmals in vier Hauptgruppen aufgeteilt: Wiederholungs-, Imitations-, Konstruktions- und Gruppierungsspiel. Diese Prozentzahlen sind in Abbildung 3 dargestellt.

Die Informationsanalyse zeigt folgendes:

1. Konstruktionsspiel nimmt in fast allen Kindergruppen relativ wenig Raum ein. Nur bei den Fünfjährigen wird die 20 %-Grenze erreicht, wahrscheinlich als Folge der Zusammensetzung des angebotenen Spielmaterials. In den anderen Gruppen wird nirgends die 10 %-Grenze erreicht. Die oft gehörte Beschwerde der Eltern und Lehrer bezüglich des kleinen Anteils, den das Konstruktionsspiel am gesamten Spielverhalten hat, scheint wohlbegründet zu sein.
2. Der Prozentsatz des Wiederholungs- und Imitationsspiels bleibt unabhängig vom Alter hoch.
3. Das Kind im Kindergartenalter spielt relativ viele Imitationsspiele. In der Kinderpsychologie wird oft behauptet, daß das Kindergartenalter-Kind sehr phantasiereich ist; es wird auch „Märchen-Kind" genannt. Die Ergebnisse stimmen mit diesem Gesichtspunkt überein.

Tabelle 11: Liste des Spielverhaltens von 377 nicht abweichenden Kindern in verschiedenen Altersstufen, in Prozentzahlen ausgedrückt. Manche Zeilen dieser Tabelle sind leer, weil bestimmte Spielformen erst später in der Entwicklung auftreten oder, wie bei Vier- und Fünfjährigen, ist das Spielverhalten nur gescored in Hauptkategorien

	Keine Spielaktivität	Aufräumen	Wiederholtes Bewegen	Explorierendes und experimentieres Bewegen	Wiederholungsspiel	Realisierendes Bewegen	Identifizierendes Bewegen	Regieführendes Bewegen	Imitationsspiel	Bauen	Für einen größeren Zusammenhang bauen	Konstruktionsspiel	Juxtaposierendes Gruppieren	Realistisches Gruppieren	Gruppierungsspiel	Durchschnittsalter	Jungen	Mädchen
29 Kleinkinder	0,7	1,7	1,1	63,4	64,5	25,2	2,4	1,7	29,3	3,4	—	3,4	—	—	—	3;0	18	11
16 Kindergarten-kinder	—	—	—	—	45,2	—	—	—	45,3	—	—	9,3	—	—	—	4;0	8	8
31 Kindergarten-kinder	—	—	—	—	39,0	—	—	—	36,9	—	—	20,0	—	—	4,1	5;0	17	14
42 Kindergarten-kinder	—	6,0	0,3	27,1	27,4	37,2	2,3	6,0	45,5	2,9	4,1	7,0	5,2	8,8	14,0	6;0	18	24
99 Siebenjährige	—	7,9	0,7	28,4	29,1	28,2	2,0	2,3	32,5	4,3	4,4	8,7	5,7	16,0	21,7	7;0	48	51
80 Achtjährige	—	5,1	1,2	24,0	25,2	32,4	3,4	5,2	41,0	3,3	4,8	8,1	5,6	14,9	20,5	8;1	40	40
80 Neunjährige	—	8,5	1,2	25,0	26,2	26,2	1,8	4,9	32,9	3,2	3,8	7,0	3,4	22,0	25,4	9;0	40	40

Prozent

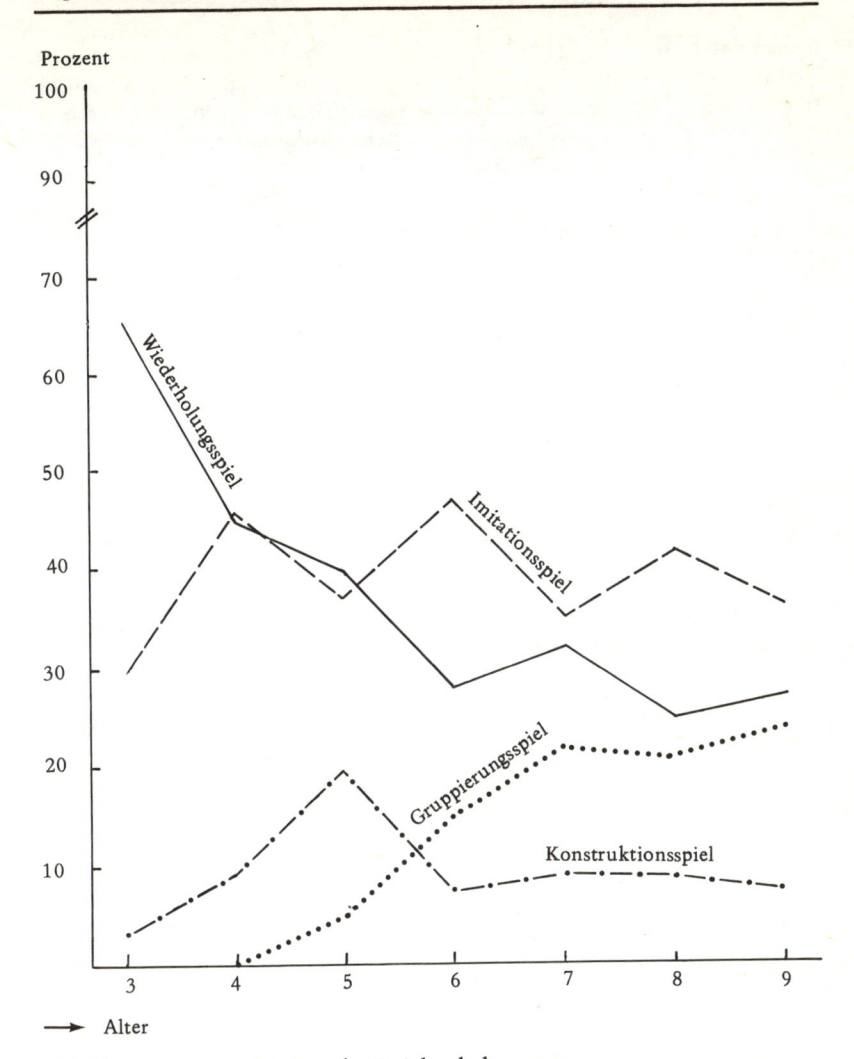

Abbildung 3: Reproduktion des Spielverhaltens von
377 nicht-abweichenden Kindern verschiedenen Alters, in
Prozentzahlen der Gesamtspielzeit in den vier Hauptkategorien ausgedrückt

In „Spelen mit Spel" (VAN DER KOOIJ 1974) wurde der Versuch unternommen, einen Vergleich zu VAN WYLICKs (1936) quantitativen Untersuchung zu ziehen. Dafür mußten einige *Kunstgriffe* angewandt werden, wie zum Beispiel die Verbindung zweier Beobachtungskategorien. So haben wir Konstruktions- und Gruppierungsspiel zusammengenommen, weil beide Kategorien zusammen mit etwa den Darstellungen VAN WYLICKs übereinstimmen. Es stellt sich heraus (Abb. 4), daß die Gruppen der Sechs-, Sieben- und Achtjährigen im Vergleich zu 1936 mehr Wiederholungsspiel und weniger Imitationsspiel aufwiesen und auch weniger „Darstellungen" (die unserem Begriff des Kombinationsspiels entsprechen). Aufgrund der Tatsache, daß die Stichprobe von VAN WYLICK wahrscheinlich ungenau ist (sie nahm nur

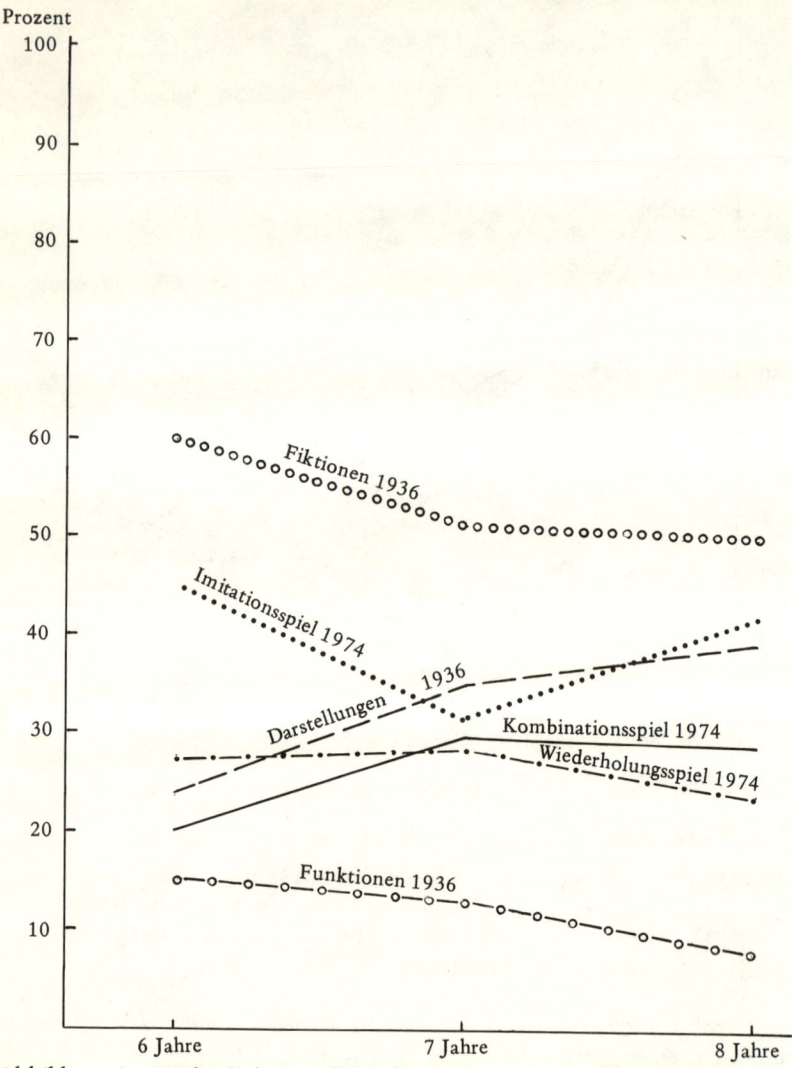

Abbildung 4: Vergleich des Spielverhaltens von Sechs-, Sieben- und Achtjährigen in 1936 (VAN WYLICK) und 1974 (VAN DER KOOIJ). Verglichen sind Funktionen 1936 und Wiederholungsspiel 1974, Fiktionen 1936 und Imitationsspiel 1974 sowie Darstellungen 1936 und Kombinationsspiel 1974

Kinder auf, die bereit waren, mit dem Material zu spielen), muß man mit solch einer Manipulation vorsichtig sein.
Es sind leider keine anderen Untersuchungsergebnisse bekannt, daher sind andere Vergleiche nicht möglich.
Die von uns festgestellten Ergebnisse sind in erster Linie als Entscheidungshilfe für Eltern und Erzieher bei der Abwägung der Frage gedacht, ob sie mit dem gegebenen Spielverhalten ihres Kindes zufrieden sein können oder ob Gründe gegeben sind, spielstimulierende Maßnahmen zu ergreifen. Die Zahlen sprechen eine klare Sprache, auch bei neueren Untersuchungen fanden wir immer etwa dieselben Ergebnisse. Wir haben diesen Umstand in diesem Kapitel nicht erwähnt, weil die Stichproben klein waren, die Umstände, unter denen die Kinder observiert wurden, manchmal variierten, und weil die Zielsetzungen sich nicht direkt auf die Gewinnung eines Spiel-Bildes bezogen, sondern auf die Beziehungen zwischen dem Spielverhalten der Kinder und anderen Verhaltensformen abzielten. Wir betrachten unsere Ergebnisse als „alterstypisch".

2. Weitere Analyse des Spielverhaltens der Dreijährigen

Die Untersuchungsgruppe der Dreijährigen war in Kapitel IV. 1 vom Umfang her ziemlich begrenzt (N = 29). Außerdem stellte sich heraus, daß die Beobachtungskategorien für kleine Kinder nicht differenziert genug waren, so daß Wiederholungsspiel 65 % und Imitationsspiel 30 % der Spielzeit ausmachte. Es wird auch gezeigt, daß die untersuchte Stabilität (I. 3), die in dieser Gruppe hoch war, ein übertriebenes Bild lieferte. Es ist auch wichtig, daß man möglichst viele Informationen über das Kleinkind erhält, da generell angenommen wird, daß kleine Kinder leichter als ältere Kinder beeinflußt werden können.
In der Sozialwissenschaft ist ein deutlich wachsendes Interesse an der Entwicklung des Kleinkindes zu konstatieren. Eine weitgehende Analyse des Spielverhaltens der Dreijährigen schien äußerst wünschenswert. Wir (VAN DER KOOIJ / MOSTERT / VAN DER STAAY-SAAL 1974) führten eine Untersuchung mit achtzig Kleinkindern durch, vierzig Mädchen und vierzig Jungen, die am Tag der Beobachtung mindestens 2 Jahre und 10 Monate und nicht älter als 3 Jahre und 2 Monate waren – eine ziemliche begrenzte Spanne. Für eine präzise Beschreibung der Stichprobe weisen wir auf III. zurück. Die Beobachtungen wurden im Institut an der Universität durchgeführt (im Gegensatz zu der in IV. 1 beschriebenen Gruppe der Dreijährigen), wobei die Mutter auf psychologischer Ebene passiv anwesend war.
Sie wurden vom Versuchsleiter in einer Ecke des Spielraums interviewt, während ihr Sohn oder ihre Tochter spielten. Die angebotenen Spielzeuge bestanden aus Jungen-, Mädchen- und neutralem Spielzeug, welches nochmals in III. aufgeführt wird. Der Mangel an Differenzierung bei der Aufzeichnung des Spielverhaltens durch Beobachtungskategorien, wie in IV. 1 beschrieben, machte es notwendig, neue Kategorien zu entwickeln. Durch

Hinzuziehen der Spielverhaltensanalyse bei den Pilot-Untersuchungen der Dreijährigen kamen wir zu folgenden Beobachtungskategorien:

Kategorie 1: Wiederholung der Bewegung
Mangel an Richtung bei ausführenden Bewegungen. Erkundung des Körpers, aber keine Erkundung des Materials.
Kategorie 2: Erkundung der Situation
Gerichtetheit in einer Handlung als Ganzes. Erkundung des Körpers in der Situation
Kategorie 3: Erkundung des Materials
Gerichtetheit des Handelns auf das Material. Erkundung des Materials mit dem eigenen Körper (im Sinne von „was ist das?")
Kategorie 4: Experimentieren mit Material
Gerichtetheit des Handelns auf das Material. Versuch, das Material mit dem eigenen Körper durch Experimentieren zu meistern (im Sinne von „was kann ich damit tun und wie?")
Kategorie 5: Imitation
Auf vernünftige Art und Weise, durch Beherrschung des eigenen Körpers und des Materials die Wirklichkeit imitieren. Ein kreatives Element spielt hier eine Rolle.
Kategorie 6: Kombination
Bedeutungslose Elemente, die nur auf eine Art miteinander verbunden werden können, durch Beherrschung des eigenen Körpers und des Materials verbinden. Einfache Organisation innerhalb des Gefüges ist dafür Voraussetzung
Kategorie 7: Konstruktion (Bauen)
Bedeutungslose Elemente zu einem sinnvollen Ganzen verbinden, was auf verschiedene Art getan werden kann

Die Intersubjektivität wurde nochmals überprüft und erschien mehr als ausreichend.

Mit Hilfe der elektronischen Registrierinstrumente (VAN DER KOOIJ 1974) war es möglich, das gesamte Spielverhalten mit der Videokassette aufzuzeichnen und gleichzeitig die vorher beschriebene „time-sampling"-Methode anzuwenden.

In Tabelle 12 sehen wir die Prozentzahlen des gesamten Spielverhaltens (ohne „time-sampling") auf die sieben Beobachtungskategorien verteilt.

Tabelle 12: Spielverhalten der Dreijährigen (N = 80), ausgedrückt in Prozentzahlen der Gesamtspielzeit, auf die sieben Beobachtungskategorien verteilt

	Durchschnitt	Jungen	Mädchen
Wiederholung der Bewegung	0,3	0,1	0,6
Erkundung der Situation	10,6	11,3	10,0
Erkundung des Materials	16,4	14,1	18,7
Experimentieren mit Material	30,8	32,2	29,4
Imitation	30,9	32,1	29,7
Kombination	6,8	—	—
Konstruktion	0,4	—	—

Gleichzeitig mit der Liste des Spielverhaltens wurde untersucht, ob die Kinder unabhängig waren oder ob sie eine Abhängigkeit von der Mutter,

die passiv auf dem Spielfeld anwesend war, zeigten. Zu diesem Zweck wurde das gesamte Spielverhalten (1800 Sekunden) in zwei Aufzeichnungskategorien aufgeteilt:
1. Abhängigkeit, die jede Gelegenheit, bei der das Kind seine Mutter in der Spielsituation braucht, umfaßt. Zum Beispiel das Kind spricht mit seiner Mutter oder sitzt auf ihrem Schoß oder versucht, die Mutter in sein Spiel einzubeziehen.
2. Unabhängigkeit: Während des Spiels besteht kein Kontakt zwischen Mutter und Kind wie oben beschrieben.

In Tabelle 13 sehen wir die Ergebnisse dieser Untersuchung.

Tabelle 13: Aufgezeichnetes Spielverhalten bezüglich Abhängigkeit oder Unabhängigkeit von der Mutter, in Prozentzahlen der Gesamtspielzeit ausgedrückt

	Durchschnitt	Jungen	Mädchen
abhängig	17,7	15,7	19,8
unabhängig	82,3	84,3	80,2

Aus der Tabelle wird ersichtlich, daß dreijährige Kinder während 18 % der Spielzeit in ihrem Spielverhalten von der Mutter abhängig sind. Angesichts der Tatsache, daß wir versucht haben, die Mutter soweit wie möglich aus dem Verhalten ihres Kindes auszuschließen — sie wurde interviewt —, kann man aus dieser hohen Prozentzahl erkennen, daß viele Dreijährige nicht ohne die Sicherheit eines Elternteils in einer ungewöhnlichen Situation auskommen können.

Man kann auch erkennen, daß Jungen während des Spielens etwas weniger von ihren Müttern abhängig sind als Mädchen. Wegen der gegenseitigen Abhängigkeit der Variablen sind statistische Signifikanztests nicht möglich.

3. Untersuchung der Stabilität und des Wechsels beim Spielverhalten

Wir (VAN DER KOOIJ 1974) untersuchten zwei Möglichkeiten, um den Begriff Stabilität beim Spielverhalten zu operationalisieren. Zunächst ist es möglich, den Beobachtungszeitraum in der Untersuchung, wie schon in IV. 1 beschrieben wurde, in drei Zeiträume von jeweils 15 Minuten aufzuteilen. Durch Vergleich des Spielverhaltens in diesen kurzen Abschnitten kann man einen Einblick in den Verlauf des Spielverhaltens erlangen.

Die Teile Wiederholungs-, Imitations-, Konstruktions- und Gruppierungsspiel weisen im ersten, zweiten und dritten Viertel einer Stunde fast keine Unterschiede auf. Ein geringer Anstieg besteht beim Wegräumen der Spielzeuge und dementsprechend eine Abnahme beim Gruppierungsspiel. Wenn ein Kind sein Spielverhalten ändern möchte, muß es oft erst Spielzeug entfernen, bevor es mit etwas anderem spielen kann. Der Anstieg des Aufsammelns scheint damit erklärt zu sein. Wegen der gegenseitigen Abhängigkeit der Variablen ist es nicht möglich, statistische Tests anzuwenden. Für die genaue Analyse der Information verweisen wir auf die ursprüngliche Publikation.

Eine zweite Möglichkeit für die Stabilisierungsanalyse wurde aufgrund der von HUTT / HUTT (1970) behandelten Reihenanalyse entwickelt.
Wir wählten eine Variation des „chi-square"-Modells. Im Institut für Heilpädagogik der Reichsuniversität Groningen wurde zu diesem Zweck ein Computer-Programm geschrieben. Mit diesem Programm konnten wir 45 Spielverhaltensbeurteilungen, die aus einer Reihe von 45 von 0 bis 9 reichenden Aufzeichnungen bestand, in einem relativen System analysiert werden. Für eine weitere Beschreibung des Aufzeichnungssystems weisen wir zurück auf IV. 1. Für diesen Zweck gingen wir von der Voraussetzung aus, daß die Beobachtungskategorien von 1 bis 9 eine Ordinalskala darstellen. Wir hatten zwei Gründe dafür.
Es ist offensichtlich, daß die verschiedenen Spielformen, so wie sie in unserem Kategoriensystem angeordnet sind, im Laufe der kindlichen Entwicklung in dieser Anordnung auftauchen. So ist allgemein bekannt, daß das Wiederholungsspiel dem Imitationsspiel in der Entwicklung vorangeht. Auch wissen wir, daß das Imitationsspiel früher gespielt wird als das Konstruktionsspiel. Margret VAN WYLICK weist darauf hin, daß das Gruppierungsspiel erst nach dem vierten Lebensjahr entsteht. Zweitens sieht man eine wachsende Komplexität bei dem Modell für die Handhabung der Dinge, wenn man von Kategorie 1 „höher" zu Kategorie 9 geht. Es gibt zwar Ausnahmen von diesem Anstieg der Komplexität, aber man muß die Häufigkeit in der Tabelle 11 in Erwägung ziehen, aufgrund derer diese theoretischen Einwände praktisch ohne Bedeutung sind. In Abbildung 5 sehen wir die Reproduktion der Häufigkeiten von insgesamt 44 Folgen von 45 Beobachtungsmomenten bei *einem* Kind. Die Diagonale von links oben nach rechts unten zeigt die Häufigkeit, mit der auf ein bestimmtes Spielverhalten bei zwei aufeinanderfolgenden Beobachtungen ein Verhalten des gleichen Typs folgte. Von den 44 möglichen Aufeinanderfolgen waren 18 von der gleichen Spielart.
Die Summe der Frequenzen auf der Diagonale wurden als ein Stabilitätsmaß für das Spielverhalten angesehen, sie wurde in einer Proportion ausgedrückt, die wir „relative track" (R. S. P.) genannt haben. Die Formel sieht folgendermaßen aus: (Summe der Aufzeichnungen auf der Diagonalen) : (Gesamtzahl der Beobachtungen). In unserem Beispiel bedeutet das 18;44 = .41.
Aus Abbildung 5 kann man in der oberen Hälfte der Abbildung auch die Gesamtzahl der Frequenzen, welche die auftretenden Wechsel von niederen zu höheren Spielformen betreffen, ablesen. In unserem Beispiel beträgt die Gesamthäufigkeit 13. Auf die gleiche Weise können wir eine Proportion feststellen, die wir „Relative oberste Summe" (R. B. S.) genannt haben. Das gleiche ist für die untere Hälfte des Diagramms möglich. Hier finden wir Änderungen im Spielverhalten von hoch zu niedrig. In der gleichen Art wie die R. B. S. kann nun die R. O. S. (Relative unterste Summe) erstellt werden. In unserem Beispiel ist R. O. S. (1 + 3 + 1 + 2 + 1 + 1 + 4) : 44 = .30.
Wir haben für die Kinder unserer Stichprobe, welche in IV. 1 beschrieben ist, mit Ausnahme der Vier- und Fünfjährigen, die R. S. P., R. B. S. und die

Empirische Spielforschung 121

Kodierte Spielkategorien		0	1	2	3	4	5	6	7	8	9
Aufräumen	0	2	0	3	0	0	0	0	0	0	0
Wiederholtes Bewegen	1	0	0	0	0	0	0	0	0	0	0
Explorierendes und experimentierendes Bew.	2	1	0	1	0	0	0	0	0	1	2
Realisierendes Bewegen	3	0	0	0	0	0	0	0	0	0	0
Identifizierendes Bewegen	4	0	0	0	0	0	2	0	0	0	2
Regieführendes Bewegen	5	0	0	0	0	3	5	0	0	0	3
Bauen	6	0	0	0	0	0	0	0	0	0	0
Bauen im Kontext	7	0	0	0	0	0	0	0	0	0	0
Juxtaposierendes Gruppieren	8	0	0	0	0	1	0	0	0	1	0
Realistisches Gruppieren	9	2	0	1	0	1	4	0	0	0	9

Track (Diagonale 18 relative „track"   0,41 (R. S. P.)
Oberste Summe   13 relative oberste Summe 0,30 (R. B. S)
Unterste Summe 13 relative unterste Summe 0,30 (R. O. S.)

Abbildung 5: Beispiel zur Spielverhalten-Reihenanalyse von 45 Beobachtungen bei einem Kind. „Time-Sampling"-Methode, Spielverhalten aufgezeichnet in zehn kodierten Spielkategorien

Tabelle 14: Untersuchung der Spielverhaltensreihe von 45 Beobachtungen bei nicht-abweichenden Kindern unter Verwendung der „time-sampling"-Methode (VAN DER KOOIJ 1974)

	Durchschnitt R. S. P. (Stabilitätsindex)	Durchschnitt R. B. S. (Änderung von niedrig nach hoch)	Durchschnitt R. O. S. (Änderung von hoch nach niedrig)	Absolute Differenz zwischen R. B. S. und R. O. S.	Durchschnittsalter
29 Kleinkinder	0,69	0,16	0,15	0,02	3;0
42 Kindergartenkinder	0,60	0,20	0,21	0,03	6;0
99 Siebenjährige	0,59	0,20	0,20	0,03	7;0
80 Achtjährige	0,64	0,18	0,18	0,03	8;1
80 Neunjährige	0,63	0,19	0,19	0,03	9;0

R. O. S. berechnet. Die Ergebnisse sind in Tabelle 14 dargestellt. Daraus ergibt sich folgendes:

1. Die Stabilität des Spielverhaltens der Kleinkinder würde am größten sein. Man kann dem nicht zuviel Wert beimessen, da der Umfang der Spielaktivität gering war; vgl. Tabelle 11.
2. Ein signifikanter Unterschied taucht nur zwischen Sieben- und Achtjährigen auf (anhand des Man-Whitney U-Tests $Z_u = -2,051$ geprüft). Vom Standpunkt der

Entwicklungspsychologie ist es auffällig, daß zwischen diesen beiden Altersgruppen Unterschiede auftreten; verschiedene Kinderpsychologen wie zum Beispiel HANSEN (1965, 6) und PIAGET (1950) setzen in ihrer Phasenklassifikation bei diesem Alter die Grenze.

3. Die Durchschnitts-R. B. S. und -R. O. S.-Werte sind pro Altersgruppe fast gleich. Überdies ist die durchschnittliche absolute Differenz zwischen R. B. S. und R. O. S. sehr klein. Das bedeutet, daß genauso viele Änderungen des Spielverhaltens von niederen zu höheren Spielformen stattfinden wie von höheren zu niederen Spielarten. Eine zeitweilige Koppelung der Spielkategorien tritt nicht auf. Deshalb scheint es experimentell erwiesen zu sein, daß Spiel durch ein großes Maß an Handlungsfreiheit charakterisiert ist.

4. Unterschiede zwischen Jungen und Mädchen beim Spielverhalten

In der Literatur ist es etwas schwierig, Informationen zum unterschiedlichen Spielverhalten von Jungen und Mädchen zu finden.
ERIKSON (1961) beschreibt das Ergebnis einer Untersuchung von Zwölfjährigen. Er hatte eine Spielszene aufgebaut. Die Jungen würden das Spielmaterial auf eine andere systematische Art benutzen als die Mädchen. Überall in der Literatur finden wir Unterschiede zwischen Jungen- und Mädchen-Spielzeug erwähnt (vgl. auch III.).
In der Stichprobe der in IV. 1 beschriebenen Kinder schauten wir bei 330 Jungen und Mädchen nach, ob ein Unterschied zwischen dem Spielverhalten beider Geschlechter bestand. Die Ergebnisse, die in Tabelle 11 gezeigt werden, wurden in zwei Gruppen aufgeteilt, um den Unterschied zwischen dem Spielverhalten von Jungen und Mädchen zu untersuchen.
In Tabelle 15 werden diese Ergebnisse in Prozentzahlen ausgedrückt. Es kam folgendes heraus:

1. Die Prozentzahlen des Wiederholungsspiels waren bei den Jungen konstant größer als bei den Mädchen.
2. Imitationsspiel taucht bei Mädchen jeder Altersstufe konstant häufiger auf als bei Jungen.
3. Die Prozentzahl des Gruppierungsspiels ist bei Jungen konstant größer als bei Mädchen.

Es ist nicht möglich, diese Unterschiede in statistisch signifikanter Form zu testen, da die Variablen voneinander abhängig sind.
Es wurde, da wir an der Relevanz dieser Unterschiede interessiert waren, eine Methode gefunden, Spielverhalten in Indices auszudrücken. Wir haben uns die Freiheit genommen, die Prozentzahlen des Konstruktions- und Gruppierungsspiels zu verbinden, da die Proportionen des Konstruktionsspiels in den meisten Gruppen sehr niedrig waren. Wir haben beide Kategorien zusammen Kombinationsspiel genannt. Der Grund dafür war die Tatsache, daß bei diesen Spielformen ein konstantes Verbinden von Spielzeugelementen vorlag. Wir haben die drei folgenden Spielindices bestimmt:
Wiederholungsspielindex (h. i.) =

Zahl der Häufigkeiten in der Kategorie Wiederholungsspiel

Summe der Beobachtungen — (Aufräumen + keine Spielaktivität)

Tabelle 15: Vergleich des Spielverhaltens zwischen Jungen und Mädchen in Prozentzahlen der Gesamtspielzeit ausgedrückt, in vier Hauptbeobachtungskategorien (N = 330)

	Frequenz	Durchschnittsalter	Keine Spielaktivität	Aufräumen	Wiederholungsspiel	Imitationsspiel	Konstruktionsspiel	Gruppierungsspiel
Jungen	18	3;0	0,49	1,36	71,73	23,96	2,47	–
Mädchen	11	3;0	1,01	2,02	52,93	37,98	6,06	–
Jungen	18	6;0		7,41	29,14	27,90	13,34	22,22
Mädchen	24	6;0		4,91	26,11	58,79	2,31	7,87
Jungen	48	7;0		7,82	33,43	20,92	11,06	26,76
Mädchen	51	7;0		7,89	25,10	43,91	6,45	17,08
Jungen	40	8;1		6,50	28,11	24,33	9,99	31,05
Mädchen	40	8;1		3,78	22,27	57,55	6,28	10,11
Jungen	40	9;0		9,94	26,84	18,89	8,94	34,39
Mädchen	40	9;0		7,11	25,56	45,89	5,00	16,44

Auf ähnliche Art und Weise erhielten wir einen Imitationsspielindex (i. i.) und einen Kombinationsspielindex (k. i.). Bei den letzten beiden waren die Nenner des Bruches dem h. i. gleich, aber die Zähler trugen die Frequenzen der Kategorien Imitationsspiel und Konstruktionsspiel + Gruppierungsspiel.
Genau wie bei dem Stabilitätsindex (R. S. P.) im Kapitel IV. 4 schwanken die Wiederholungs-, Imitations- und Kombinationsspielindices zwischen 0 und 1.
Mit Hilfe des Man-Whitney U-Tests wurden die Spielindices von Jungen und Mädchen in verschiedenen Altersstufen gegeneinander geprüft. In den Spalten 5, 8, 11 und 14 in Tabelle 16 sind die Z_u-Werte angegeben. Wenn der absolute Z_u-Wert größer als 1,96 oder 2,58 ist, kann man von einem Unterschied zwischen Jungen- und Mädchengruppen sprechen auf einer Signifikanzebene von jeweils 5 % und 1 %.
Folgende Schlußfolgerungen wurden gezogen:

1. Außer bei Kleinkindern war die Stabilität des Spielverhaltens der Jungen konstant kleiner als das der Mädchen.
2. Jungen, außer Dreijährige, spielen mehr Konstruktions- und Gruppierungsspiel als Mädchen.
3. Mädchen spielen mehr Imitationsspiel als Jungen.
4. Wiederholungsspiel unterscheidet sich signifikant zwischen Drei- und Siebenjährigen auf einer 5 %-Ebene.

Tabelle 16: Unterschiede beim Spielverhalten zwischen Jungen und Mädchen, durch Stabilitätsindex (R. S. P.), Wiederholungsspielindex (h. i.), Imitationsspielindex (i. i.) und Kombinationsspielindex (k. i.) bestimmt, mit dem Man Whitney U-Test geprüft
$|Z_u| \geq 1{,}96$ ist auf zweiseitigem 5 %-Niveau signifikant
$|Z_u| \geq 2{,}58$ ist auf zweiseitigem 1 %-Niveau signifikant

	Frequenz	Alter	M R.S.P. x 100	Standard deviation R.S.P. x 100	Z_u R.S.P. Jungen / Mädchen	M h.i. x 100	Standard deviation h.i. x 100	Z_u h.i. Jungen / Mädchen	M i.i. x 100	Standard deviation i.i. x 100	Z_u i.i. Jungen / Mädchen	M k.i. x 100	Standard deviation k.i. x 100	Z_u k.i. Jungen / Mädchen
Jungen	18	3;0	68,56	18,11	− 0,180	72,72	16,92	+ 2,296	24,61	16,90	− 1,485	2,67	4,27	− 1,336
Mädchen	11	3;0	69,36	11,97		54,55	20,29		38,64	21,91		6,82	9,27	
Jungen	18	6;0	52,17	7,27	− 3,606	31,44	14,72	+ 1,145	30,61	16,73	− 3,623	37,94	22,44	+ 4,081
Mädchen	24	6;0	65,25	13,53		27,58	16,62		61,38	23,74		11,46	15,23	
Jungen	48	7;0	54,05	12,47	− 3,643	36,81	20,35	+ 2,389	23,15	16,04	− 4,420	40,08	20,78	+ 3,481
Mädchen	51	7;0	64,24	14,39		27,49	18,41		47,00	26,92		25,51	24,20	
Jungen	40	8;1	59,88	15,79	− 2,864	29,75	22,35	+ 1,084	25,73	20,36	− 5,251	44,53	26,87	+ 4,583
Mädchen	40	8;1	68,65	11,58		23,15	15,27		59,78	25,55		17,07	21,72	
Jungen	40	9;0	57,43	14,92	− 3,022	29,93	18,75	+ 0,669	20,90	16,40	− 4,284	48,65	22,56	+ 4,257
Mädchen	40	9;0	67,95	13,09		27,55	18,31		48,70	29,41		24,00	25,35	
Jungen total	164	—	56,98	14,35	− 6,464	37,29	22,47	+ 3,317	25,56	18,07	− 9,059	37,35	24,96	+ 7,106
Mädchen total	166	—	66,07	13,07		29,98	19,66		50,01	26,80		20,12	21,78	

Wenn man das Spielverhalten aller Jungen (N = 164) und aller Mädchen (N = 166) vergleicht, tritt ein signifikanter Unterschied zwischen allen vier Spielindices auf. Dies scheint die Annahme zu bestätigen, daß bei Jungen und Mädchen ab drei Jahren ein großer Unterschied beim Spielen besteht. Bei den Dreijährigen muß man mit Schlußfolgerungen vorsichtig sein. Die Frage bleibt bestehen, ob der Mangel an offensichtlichen Unterschieden das Ergebnis von Unzulänglichkeiten bei der Operationalisierung von Spielverhalten ist (vgl. unsere Bemerkungen zur Stabilität in IV. 4) oder ob in diesem Alter noch keine klaren Unterschiede bestehen.

In Tabelle 12 fanden wir keine Unterschiede, auch nicht mit Kategorien, die enger mit Dreijährigen verbunden waren. Wir wir schon in III. sagten, haben schon Kleinkinder eine klare Vorliebe für Jungen- und Mädchenspielzeug. Wenn Unterschiede zwischen Jungen und Mädchen nicht durch die Handhabungsart des Materials ausgedrückt werden − dies wurde in den Beobachtungskategorien festgestellt −, würde das bedeuten, daß Geschlechtsunterschiede zwischen 3 und 6 Jahren auftauchen. Dies würde die neopsychoanalytischen Vorstellungen unterstützen, daß der Identifikationsprozeß mit männlichen oder weiblichen Rollen in dieser Phase eintritt. Schon Charlotte BÜHLER (1928) bemerkte, daß das Entwicklungsbedürfnis des Kindes eine Determinante für die Art, wie es mit dem Spielzeug spielt, darstellt. Für die Entwicklungsperiode zwischen drei und sechs Jahren könnte dieses Bedürfnis ein Identifikationsbedürfnis sein.

5. Einfluß der Anwesenheit von Erwachsenen auf das Spielverhalten

Bei 120 Kindern war der Spielleiter während des Spiels im Spielzimmer nicht anwesend. Die Kinder wurden auf normale Art und Weise in die Spielsituation eingeführt, d. h. ihnen wurde gezeigt, wo die Spielzeuge waren und welche Materialien vorhanden waren. Als nächstes wurde ihnen gesagt: „Viel Spaß beim Spielen, ich bin nebenan und arbeite, falls du mich brauchst, oder etwas wissen möchtest, klopfe an die Tür und ich werde herüberkommen."

Vom erzieherischen Gesichtspunkt aus schien es nur gerechtfertigt, Siebenjährige und ältere Kinder eine Weile allein spielen zu lassen. Aus unseren eigenen Erziehungserfahrungen wußten wir, daß das Verhalten einer Schulkindergruppe sich oft ändert, wenn der Lehrer das psychologische Feld verläßt.

Die Untersuchungssituation ist jedoch in zweierlei Hinsicht unterschiedlich. Erstens waren die Kinder in unserem Fall am Spiel interessiert, während die Schulsituation sich durch einen Arbeitscharakter auszeichnet. Zweitens ist in Schulen das Funktionieren der Gruppe die Hauptsache, während das Kind im Beobachtungsraum konstant allein war.

Auf die gleiche Art wie wir den Unterschied beim Verhalten zwischen Jungen und Mädchen erforschten (IV. 4), wurde auch in diesem Fall ein Teil der Stichprobe wie in IV. 1 beschrieben benutzt.

Tabelle 17: Vergleich des Spielverhaltens, in Indices ausgedrückt, durch Gruppenpaare mit (a) und ohne (b) Spielleiter mit dem Man Whitney U-Test geprüft $|Z_u| \geq 1,96$ ist auf zweiseitigem 5 %-Niveau signifikant

	Freqenz	Alter	M R.S.P. x 100	Standard deviation R.S.P. x 100	Z_u R.S.P. Jungen / Mädchen	M h.i. x 100	Standard deviation h.i. x 100	Z_u h.i. Jungen / Mädchen	M i.i. x 100	Standard deviation i.i. x 100	Z_u i.i. Jungen / Mädchen	M k.i. x 100	Standard deviation k.i. x 100	Z_u k.i. Jungen / Mädchen
Jungen a)	20	7;0	52,80	12,30	− 0,190	35,45	16,87	− 0,108	27,55	17,32	+ 2,127	37,05	20,14	− 1,502
Jungen b)	20	7;0	54,40	13,75		38,65	23,18		16,15	12,91		45,25	19,81	
Mädchen a)	20	7;0	66,45	18,24	− 1,843	24,45	22,50	− 1,246	52,20	29,19	+ 0,731	23,35	25,22	− 0,732
Mädchen b)	20	7;0	61,35	9,21		26,55	13,62		46,60	25,50		26,85	24,44	
Jungen a)	20	8;1	61,95	14,57	+ 1,031	26,55	23,55	− 1,726	21,15	18,86	− 1,518	52,30	27,80	+ 1,799
Jungen b)	20	8;1	57,80	17,04		32,95	21,19		30,30	21,23		36,75	24,13	
Mädchen a)	20	8;1	71,55	12,80	+ 1,494	25,10	19,49	+ 0,379	57,15	30,76	− 0,244	17,75	25,49	− 0,653
Mädchen b)	20	8;1	67,75	9,67		21,20	9,52		62,40	19,48		16,40	17,83	
Jungen a)	20	9;0	54,85	15,06	− 1,219	28,60	18,00	− 0,108	24,40	16,99	+ 1,327	46,00	25,35	− 0,595
Jungen b)	20	9;0	60,00	14,69		31,25	19,85		17,40	15,40		51,30	19,69	
Mädchen a)	20	9;0	68,70	12,77	+ 0,353	27,95	20,26	− 0,189	49,80	29,77	− 0,217	22,75	26,25	− 0,476
Mädchen b)	20	9;0	67,20	13,70		27,15	16,66		47,60	29,77		25,25	25,02	
Jungen und Mädchen a)	120	8;0	67,72	15,73	− 1,046	28,02	20,15	+ 1,111	38,71	28,26	− 0,505	33,20	27,79	+ 0,514
Jungen und Mädchen b)	120	8;0	61,08	13,74		29,62	18,42		36,74	27,02		33,63	24,69	

Weiterhin benutzten wir die gleichen Spielindice – Stabilitäts-, Wiederholungsspiel-, Imitationsspiel- und Kombinationsspielindex. Die vier Spielindice wurden in drei Gruppen von sieben-, acht- und neunjährigen Kindern, die sich mit oder ohne Leiter in der Spielsituation befanden, bestimmt. Durch Gebrauch des Man Whitney U-Tests wurde untersucht, ob Unterschiede zwischen den Spielindice auftraten.

Tabelle 17 zeigt die Ergebnisse dieser Berechnungen. Es wurde zwischen Jungen und Mädchen unterschieden, also auf eine Verbindung der Informationen verzichtet. Der Grund dafür waren die ermittelten Unterschiede beim Spielverhalten zwischen beiden Geschlechtern. Eine Verbindung der beiden hätte zu einer Beeinträchtigung des Bildes geführt. Aus den Z_u-Werten geht hervor, daß nur der Imitationsspielindex bei Siebenjährigen einen Unterschied auf der Signifikanzebene von 5 % aufweist.

Wenn alle Jungen und Mädchen in einer Gruppe zusammengefaßt werden, wie in den beiden untersten Reihen der Tabelle gezeigt wird, kann man keinen Unterschied feststellen. Daraus könnte man die Schlußfolgerung ziehen, daß die Anwesenheit von Erwachsenen keinen Einfluß auf die Stabilität und die Art des Spielverhaltens von Kindern der ersten drei Grundschuljahre hat.

Einerseits läßt sich das Ergebnis als Betonung der Tatsache interpretieren, daß Unterschiede zwischen Arbeits- und Spielsituation existieren, wodurch der freie Charakter des Spiels nochmals unterstrichen wird. Andererseits muß man die Fremdartigkeit der Situation für das Kind im Institut in Erwägung ziehen. Dies könnte einen strukturierenden Einfluß auf das kindliche Spielverhalten haben. Es ist möglich, daß die Ergebnisse unterschiedlich ausgefallen wären, wenn man zwei oder mehreren Kindern erlaubt hätte, zusammenzuspielen. Wir glauben, daß die einleuchtendste Erklärung darin besteht, daß Kinder ab sieben Jahren nicht mehr so von der möglichen direkten Anwesenheit der Erwachsenen auf psychologischem Gebiet abhängig sind; dies steht im Gegensatz zu der Spielsituation des Kleinkindes.

V. Untersuchungen der Beziehung zwischen Spielverhalten und anderen Verhaltensformen

In Kapitel 2 haben wir schon eine Anzahl von Spieltheorien diskutiert, die als repräsentativ für den biologischen, kognitiven oder emotionalen Aspekt angesehen werden können. Spielverhalten ist ein Teil aller Verhaltensformen, die wir unterscheiden. Den gleichen Gedankengang kann man bei BERLYNE (1969) und bei SINGER (1973) finden.

Für uns war es wichtig, anhand einer etwas größeren Stichprobe festzustellen, bis zu welchem Grad eine Beziehung zwischen Spielverhalten und anderen Verhaltensformen oder Umweltvariablen ermittelt werden kann, um einen Einblick zu erlangen, welche Funktionen Spiel für die Entwicklung des Kindes erfüllt.

1. Beziehung zwischen Spielverhalten und intellektuellem Verhalten

TOLICIC (1963) gibt einen Bericht zu seiner Untersuchung mit 95 Kindern zwischen 3;6 und 7 Jahren. Er untersuchte, ob es eine Beziehung zwischen der Komplexität des Spielverhaltens, das durch eine Fünf-Punkte-Beurteilungsskala ausgedrückt wurde, und den Aufzeichnungen eines individuell durchgeführten Intelligenz-Tests gab. Er bemerkte eine hohe Korrelation (.82) zwischen der geistigen Reife und der Komplexität des beobachteten Verhaltens. Auch HETZER (1955) weist auf die Beziehung zwischen Weltspiel und dem Maß an Schultauglichkeit hin. Kinder, die reif genug für die Schule sind, würden besser in der Lage sein, sich in ihrem Spiel den objektiven Forderungen der Realität anzupassen.

Da wir nicht die Möglichkeit hatten, individuelle Intelligenz-Tests bei der Erstellung unserer Untersuchung durchzuführen, haben wir versucht, dieses Problem des Unterschieds bei der intellektuellen Funktion auf andere Art zu lösen.

Das holländische Schulsystem ist so aufgebaut, daß neben den Grundschulen für normal lernende Kinder Schulen für Kinder mit Lern- und Verhaltensstörungen bestehen (L. O. M.-Schulen). Der größte Teil der Population dieses Schultyps ist durch ein relativ gutes intellektuelles Funktionsniveau gekennzeichnet. Als Aufnahmekriterium wird oft ein I. Q. über 90 genommen. Die Kinder haben oft typische Lernschwierigkeiten im sprachlichen Bereich oder bei der Arithmetik. Für Kinder, die schwer lernen und deren I. Q. meist unter 80 liegt, gibt es spezielle Schulen, die sogenannten M. L. K.-Schulen (Schulen für schwer lernende Kinder). Die besten Kinder dieses Schultyps sind in der Gruppe der „erziehbaren zurückgebliebenen" und die schwächeren in der Gruppe der „schulbaren zurückgebliebenen".

Wir wählten drei Gruppen von neunjährigen Kindern von jedem der drei Schultypen.

40 Grundschüler	20 Jungen	20 Mädchen
30 L. O. M.-Schüler	15 Jungen	15 Mädchen
30 M. L. K.-Schüler (höchste Gruppe)	14 Jungen	16 Mädchen

Die ersten beiden Gruppen der Grund- und L. O. M.-Schule sind bezüglich des intellektuellen Verhaltensniveaus nicht sehr unterschiedlich. Dies galt um so mehr, als bei den Kindern der regulären Grundschulen die Stichprobe der beschränkten Varianz angewandt wurde (vgl. IV. 1).

Im Gegensatz hierzu scheint es einen großen Unterschied zwischen „erziehbaren zurückgebliebenen" Schülern einerseits und Grundschul- und L. O. M.-Schuljungen und -mädchen zu geben.

Die drei Gruppen wurden für eine Dreiviertelstunde in dem Institut beobachtet. Alle Kinder waren neun Jahre alt. Das Spielverhalten wurde gemäß den Beobachtungskategorien (vgl. IV. 1) unter Anwendung der dort genannten „time-sampling"-Methode registriert. Die Prozentzahlen zum Spielverhalten, die wir festgestellt haben, sind in Tabelle 18 aufgelistet. Da keine Schlüsse gezogen werden können und eine statistische Überprüfung in

Tabelle 18: Spielverhalten von neunjährigen Schülern drei verschiedener Schultypen, ausgedrückt in Prozentzahlen der Gesamtspielzeit, auf die Hauptbeobachtungskategorien verteilt

	Anzahl der Kinder	Durchschnittsalter	Aufräumen	Wiederholungsspiel	Imitationsspiel	Konstruktionsspiel	Gruppierungsspiel
Grundschulkinder	40	9;0	8,5	26,2	32,9	7,0	25,4
Kinder mit Lernschwierigkeiten	30	8;11	4,3	33,9	33,3	13,4	15,1
„Erziehbare, zurückgebliebene Kinder	30	9;1	4,8	41,9	36,2	9.6	7,4

dieser Form unmöglich ist, wurde die in IV. 4 beschriebene Methode angewandt, um Spielverhalten in vier Spielindice auszudrücken: Stabilitätsindex (R. S. P.), Wiederholungsspielindex (h. i.), Imitationsspielindex (i. i.) und Kombinationsspielindex (k. i.). Um festzustellen, ob irgendwelche Unterschiede bei den drei Gruppen auftreten, wurden die Indice mit dem Man Whitney U-Test geprüft. Die Ergebnisse dieser Berechnung werden in Abbildung 6 gezeigt; die breite Linie drückt die signifikanten Unterschiede auf 5 %-Niveau aus.
Aus dieser Abbildung kann man folgendes ersehen:
1. Es treten keine Unterschiede bei den Stabilitäts- und Imitationsspielindice der drei Gruppen auf.
2. Grundschul- und L. O. M.-Schulkinder weisen keinen signifikanten Unterschied in irgendeinem der vier Indice auf.
3. „Erziehbare zurückgebliebene" Kinder weisen signifikant mehr Wiederholungsspiel und weniger Kombinationsspiel auf als Grundschüler.
4. L. O. M.-Kinder zeigen signifikant mehr Kombinationsspiel als Kinder von M. L. K.-Schulen.

Die gefundenen Ergebnisse entsprechen unseren Erwartungen. Es ist bekannt, daß das Verhalten der zurückgebliebenen Kinder oft durch Wiederholung der Handlungen gekennzeichnet ist. Dies tritt auch beim Spielverhalten auf. Wenn wir die Aktivität des Kombinationsspiels analysieren, sehen wir, daß die Kinder dauernd auswählen, kombinieren und organisieren müssen. Diese Verhaltensweisen gehören wahrscheinlich am ehesten zu dem, was wir intellektuelles Verhalten nennen möchten. Aus der Arbeit von Margret VAN WYLICK wissen wir, daß das Weltspiel erst ab vier Jahren auftaucht. Das bedeutet, daß bestimmte Entwicklungsvoraussetzungen erfüllt sein müssen, bevor das Kind in der Lage ist, diese Spielform zu wählen. Sie benennt diese Voraussetzungen folgendermaßen: ein gewisses Maß an Werkreife, eine Vorstellung von der Umwelt haben und Dominanz der Darstellungsintention. Wir wissen, daß das geistig behinderte Kind sich erheblich

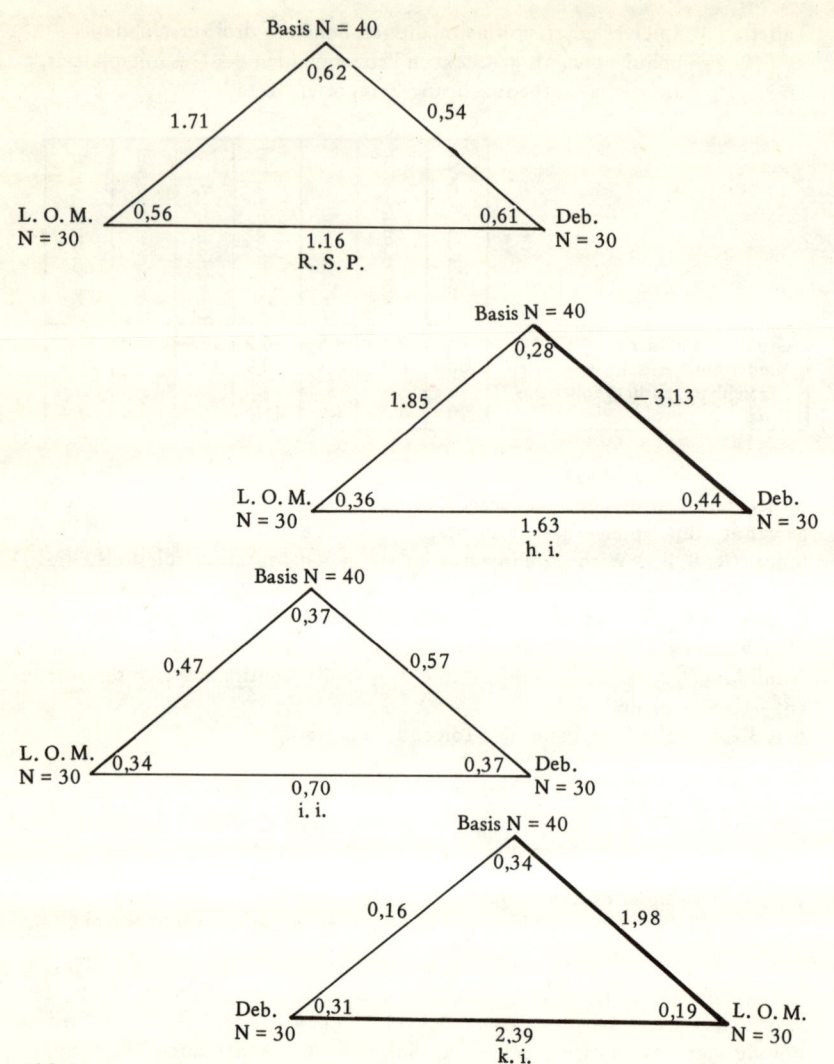

Abbildung 6: Unterschied beim Spielverhalten neunjähriger Kinder aus Grundschulen (Basis), Schulen für Kinder mit Lernschwierigkeiten (L. O. M.) und Schulen für „erziehbare, zurückgebliebene" Kinder (Deb.)
In den Dreieckwinkeln sind die Durchschnittswerte der Spielindices (R. S. P.; h. i.; i. i. und k. i.) eingetragen. An den Seiten der Dreiecke stehen die Z_u-Werte des Man Whitney U-Tests.
$Z_u \geqslant 1{,}96$ ist auf zweiseitigem 5 %-Niveau signifikant
$Z_u \geqslant 2{,}58$ ist auf zweiseitigem 1 %-Niveau signifikant

langsamer entwickelt als das Durchschnittskind. Mit diesem Hintergrund vor Augen sprechen die Ergebnisse für sich selbst. Für weitere Analysen verweisen wir auf VAN DER KOOIJ (1974).

2. Beziehung zwischen Spielverhalten und Konzentration

Bei 98 Kindern, die wir beobachteten, hatten wir die Gelegenheit, den BOURDON-WIERSMA Konzentrationstest durchzuführen. Der BOURDON besteht aus 25 Reihen mit Gruppen von drei, vier und fünf Punkten. Nach einem kurzen Übungsabschnitt auf einem Übungspapier wurde jedem Kind die Anweisung gegeben, von Reihe zu Reihe zu gehen und einen vertikalen Strich durch jede Gruppe von vier Punkten und einen horizontalen Strich durch jede Gruppe von fünf Punkten zu ziehen. Die Dreier-Gruppe sollte ausgelassen werden. Die Zeit, die das Kind pro Reihe braucht, wird in Sekunden ausgedrückt. Durch Addition der individuellen Zeit pro Reihe ergibt sich die Gesamtzeit. Die durchschnittliche Abweichung kann, basierend auf der Durchschnittszeit pro Reihe in Sekunden festgestellt werden. Diese Durchschnittsabweichung ist ein Maß für die Regelmäßigkeit des Arbeitstempos. Ein Aufmerksamkeitsabfall würde durch die Größe der Durchschnittsabweichung offensichtlich werden.

Zusätzlich kann man die Zahl der Durchschnittsfehler zählen und sie auf die Kategorien Verbesserungen, wirkliche Fehler und ausgelassene Gruppen verteilen.

Um das Spielverhalten zu quantifizieren, haben wir die schon beschriebenen Spielindice verwendet (IV. 4). Zwischen diesen und dem BOURDON-Variablen wurde ein SPEARMAN-Rang-Korrelationskoeffizient berechnet. Aufgrund der Methode der beschränkten Varianz bei der Stichprobe kann man keine hohen Korrelationen erwarten. Dennoch zeigt Tabelle 19, daß eine signifikante negative Korrelation zwischen dem Stabilitätsindex des Spiels und der Durchschnittszeit des Konzentrationstests besteht. Eine negative Korrelation existiert auch zwischen der Regelmäßigkeit der Aufmerksamkeitskurve und der Stabilität des Spielverhaltens. Außerdem finden wir eine signifikante Korrelation zwischen der Durchschnittsabweichung und der Häufigkeit des Wiederholungsspiels.

Tabelle 19: Rang-Korrelationskoffizient (SPEARMANs rho) zwischen Spielverhalten und Konzentrationstest-Variablen der nichtabweichenden Kinder (N = 98)
|rho| ≥ 0,20 ist auf zweiseitigem 5 %-Niveau signifikant

	1	2	3	4
5	−.19	.18	−.15	.02
6	−.21	.18	−.15	.02
7	−.25	.25	−.19	.02
8	.05	−.12	−.05	.02
9	−.12	−.10	.00	.01
10	−.13	.16	−.15	.03

1 = Stabilitätsindex (R. S. P.)
2 = Wiederholungsspielindex (h. i.)
3 = Imitationsspielindex (i. i.)
4 = Kombinationsspielindex (k. i.)
5 = Gesamtzeit beim BOURDON-Test (Konzentration)
6 = Durchschnittszeit beim BOURDON-Test
7 = Durchschnittsabweichung beim BOURDON-Test
8 = korrekte Gruppen
9 = falsche Gruppen
10 = ausgelassene Gruppen
11 = Gesamtzahl der Fehler

Wenn man sich die Aktivitäten ansieht, die in der Kategorie Wiederholungsspiel aufgezeichnet sind, scheint es, daß von allen unterschiedlichen Spielformen das Wiederholungsspiel die geringste Konzentration erfordert, da das Maß an Organisation bei der Manipulation ziemlich niedrig ist. Schließlich können wir sagen, daß die schwache Konzentration eines Kindes mit niedriger Spielstabilität und relativ hohem Anteil an Wiederholungsspiel einhergeht.

3. Beziehung zwischen Spielverhalten und Identifikationsergebnis

Während der Spielverhaltensuntersuchung (IV. 4) traten klare Unterschiede beim Spielverhalten zwischen Jungen und Mädchen auf. Daher wurde beschlossen, eine Anzahl von projektiven Teiltests durchzuführen, die Informationen zu der Frage liefern könnten, auf welche Art und Weise das Kind sich selbst als Junge oder als Mädchen erlebt.

Vier Bilder (Nummer 2, 5, 6 und 8) aus dem Children Apperception Test von BELLAK (1949) wurden ausgewählt. Die Bilder zeigten Tierfiguren und den Kindern wurde aufgetragen, sich eine Geschichte auszudenken. Wir wählten auch drei Fabeln aus dem DÜSS-Test (1951) Nummer 1, 6 und 8 aus. Dieser Test besteht aus Tierfabeln, bei denen der Anfang den Kindern erzählt wird und die Kinder die Geschichte vervollständigen müssen. Bei diesen sieben Testaufgaben beurteilten wir, ob das Kind die Tierfiguren „er" oder „sie" nannte. Wir bezogen bei Bild 2 des C. A. T und bei der ersten Fabel des DÜSS-Tests auch die Wahl der Kinderfigur in bezug auf Vater und Mutter in Betracht. Den Antworten wurde ein angenommene Bewertung gegeben. Falls ein Junge oder ein Mädchen den kleinen Tieren ihr eigenes Geschlecht gaben, zählte das 1 Punkt. Die Punktzahl 3 wurde gegeben, wenn das Geschlecht des Kindes und das im Test gebrauchte Geschlecht gegenteilig waren. Wenn keine Information über das Geschlecht gegeben wurde, folgte die Punktzahl 2. Dieses Identifikationsergebnis wurde durch Addition der Punktzahlen 1 und 3 und Division durch die Anzahl der Bilder, für die 1 bzw. 3 Punkte gegeben wurden, bestimmt. Eine Punktzahlserie 2, 1, 3, 1, 2, 3 und 2 führte zu einer Endpunktzahl von $(1 + 3 + 1 + 3) : 4 = 2,0$. Bei keinem der Kinder aus der Versuchsgruppe kam es vor, daß keine Information über das Geschlecht in irgendeinem Teil des Tests gegeben wurde.

Bei 218 nicht-abweichenden Kindern aus der in IV. 1 erwähnten Stichprobe wurde ein Identifikationsergebnis bestimmt. Dann wurde eine Reihenfolgen-Korrelation zwischen dem Identifikationsergebnis und den schon erwähnten Spielindice (IV. 4) berechnet. Das Ergebnis dieser Berechnung findet sich in Tabelle 20.

Die Korrelationsberechnung wurde für die Jungen- und Mädchengruppe getrennt wiederholt (s. Spalte 2 und 3). Genau wie in V. 2 müssen wir auf die Stichprobe hinweisen, bei der eine Einschränkung der Varianz angewandt wurde, wodurch die Chance, hohe Korrelationen zu finden, kleiner wird.

Tabelle 20: Rang-Korrelationskoeffizient (SPEARMANs rho) zwischen Identifikationsergebnis und den vier Spielindices bei verschiedenen Kindergruppen

	Jungen und Mädchen 6 bis 9 Jahre alt	Jungen 6 bis 9 Jahre alt	Mädchen 6 bis 9 Jahre alt	Kinder aus Sonderschulen
Anzahl der Kinder in jeder Gruppe	N = 218	N = 76	N = 142	N = 60
Signifikante Werte von rho in jeder Gruppe	⩾.14	⩾.23	⩾.17	⩾.25
Stabilitätsindex R. S. P.	.07	.05	.09	.34
Wiederholungsspielindex h. i.	−.06	.14	−.16	−.14
Imitationsspielindex i. i.	.14	−.03	.21	.26
Kombinationsspielindex k. i.	−.13	−.04	−.12	−.18

Wir sehen, daß eine Korrelation nur zwischen dem Imitationsspiel und dem Identifikationsergebnis besteht; davon abgesehen zeigen weitergehende Analysen, daß dieses Ergebnis eine Folge der Korrelation bei der Mädchengruppe ist. In der Jungengruppe fehlt diese signifikante Korrelation.
Eine Kombination einer höheren Proportion von Imitationsspiel und einem hohen Identifikationsscore würde mit unserer (VAN DER KOOIJ 1978) formulierten Ansicht übereinstimmen, bei der wir sagten, daß Verhalten die Struktur des sich verhaltenden und entwickelnden Organismus beeinflußt, was bedeutet, daß Imitationsspiel möglicherweise einen strukturierenden Effekt hat und daß der Identifikationsprozeß gefördert würde. Der Korrelationsunterschied bei Jungen und Mädchen würde dann bedeuten, daß der Identifikationsprozeß bei Mädchen mehr Übung durch Imitationsspiel erfordern würde. Dieser bedeutende Unterschied würde mit den psychoanalytischen Vorstellungen zur Entwicklung übereinstimmen, in denen BRENNER (1957) sagt, daß das Mädchen während der ödipalen Phase einen komplizierteren Weg zur Mädchenrolle geht als es der Junge in dieser Periode tut. Man muß jedoch solche Behauptungen mit Vorsicht betrachten. Es wäre nämlich auch möglich, daß kulturelle Einflüsse den Spielunterschied beider Geschlechter verstärken. So wird die Spielzeugwahl zweifelsohne vom Spielzeugangebot der Eltern beeinflußt. Dadurch wird auch die Art des Spiels mitbestimmt. Wenn wir unser Postulat einer Beziehung zwischen Verhalten und Struktur aufrecht erhalten, stellt sich nun die Frage, wie zu erklären ist, daß sich trotz verschiedener Verhaltensformen von Jungen und Mädchen zwischen drei und sieben Jahren ein in etwa gleiches Niveau der Entwicklung bei der Einschulungseinstufung ergibt.
Vielleicht muß man zur Schlußfolgerung kommen, daß Spielaktivitäten *gleichzeitig* auf verschiedene Funktionen einwirken. Das würde darauf hinweisen, daß beide Gedankengänge (psychoanalytisch und Kulturbeeinflus-

sung) zutreffend sein könnten. Die gefundenen niedrigen Korrelationen weisen ebenfalls in diese Richtung.

4. Beziehung zwischen Spielverhalten und sozialer Kompetenz

Bei der Gruppe der Kleinkinder, die wir untersuchten (siehe IV. 2), wurde den Müttern die „Cain Levine Soziale Kompetenz Skala" (1963) gegeben, die aus einer Anzahl von Fragen über das Kind bestand. Die Fragen betreffen die unabhängige soziale Fähigkeit, Beherrschung der Sprache, Pflichtbewußtsein und den sozialen Kontakt des Kindes. Die Spielqualität der Kleinkinder wurde durch Spielindice bestimmt (Frequenz der Imitation + Kombination + Konstruktion) : (Frequenz in allen Beobachtungskategorien 1 bis 7). Für die Beschreibung der Kategorien verweisen wir auf IV. 2. Es wurde erforscht, ob eine signifikante Korrelation zwischen dem Endergebnis der sozialen Kompetenzskala und dem Spielindex, zwischen der Sprachentwicklung, gemessen an der sozialen Kompetenzskala, und der Häufigkeit des Imitationsspiels und zwischen dem Maß an abhängigem Spielverhalten (IV. 2) und sozialen Kompetenzergebnissen bestand.

Keiner der Korrelationskoeffizienten erreichte das Signifikanzniveau. Das bedeutet, daß unabhängige soziale Fähigkeit, die mit dem Cain Levine Test ermittelt wurde, keine Korrelation des Niveaus der Dreijährigen mit der Art des gezeigten Spiels aufweist. Es ist besonders auffällig, daß Abhängigkeit bei der Spielsituation, d. h. Orientierung zur Mutter hin, anscheinend nichts mit der Unabhängigkeit des Kleinkindes zu tun hat.

Das Fehlen einer Beziehung zwischen Imitationsspiel und Beherrschung der Sprache könnte vielleicht hinsichtlich der Korrelation, die zwischen Imitationsspiel und Identifikationsscore gefunden wurde, erklärt werden. Imitationsspiel könnte für den kognitiven Sprachprozeß weniger und für das emotionale Auftreten der Identifikation mehr bedeuten.

Diese Erklärung geben wir mit vielen Vorbehalten und mit der Absicht, weitere Forschung in diese Richtung anzuregen.

VI. Untersuchung spielbestimmender und möglicher spielbeeinflussender Faktoren

Bei spielbestimmenden Faktoren denken wir eher an situationsbestimmende Komponenten wie Lebensbedingungen des Kindes oder den Platz, den es aufgrund des sozialen Status der Eltern einnimmt. Bei den Einflußfaktoren denken wir eher an den spezifischen Aspekt der sozialen Interaktion. Beide Komponenten gehören zu den ökologischen Faktoren, die Spiel zu beeinflussen scheinen und über die man mehr Klarheit gewinnen muß, wenn in Zukunft pädagogische Diskussionen in Verbindung mit Spiel wünschenswert sind.

Die I. C. C. P.-Konferenz von 1970 befaßte sich mit dem zentralen Thema „Spielpädagogik in der Welt von morgen". Uns scheint es, daß immer noch viele experimentelle Fakten fehlen, um die Fragen, die aus der Diskussion eines solchen Themas entstehen, zu beantworten.

1. Untersuchung der Beziehung zwischen Spielverhalten und situationsbestimmenden Faktoren

Aus den Ergebnissen der internationalen Spielzeugübersicht (I. 1) war bekannt, daß manchmal Beziehungen zwischen der Zahl der vorgefundenen Spielzeuge und der Berufsgruppe der Eltern aufgezeigt werden konnten. Weitere Untersuchungen zur Verbindung von Beruf und Spielverhalten kamen nicht vor.

CHATEAU nahm an, daß es eine Beziehung zwischen der chronologischen Folge bei Geschwistern und der Art des Spielverhaltens gab. Seine Äußerung „Herausforderung des Älteren" (l'appel de l'aîné) bedeutet, daß der Ältere, also der ältere Bruder und die ältere Schwester, das Spielverhalten der jüngeren Familienmitglieder beeinflussen würde. Jüngere Kinder würden motiviert beim Spiel so zu handeln, daß sie Mitglied der älteren Kindergruppe werden.

Wir untersuchten das Ausmaß der Beziehung zwischen Spielverhalten, welches durch die schon erwähnten Spielindice (IV. 4) ausgedrückt wurde, und:

a) den Beruf der Eltern, in einer Drei-Punkte-Skala dargestellt. Aufgrund der Spielzeugübersicht zeigte sich, daß Kleinkinder aus intellektuellen Familien, aus Kreisen des höheren Verwaltungspersonals und aus der Gruppe des höheren technischen Personals bezüglich des Spiels und der Spielzeuge die gleichen Möglichkeiten hatten; diese Gruppen wurden gemischt. Dies traf auch auf die Berufsgruppen des niederen Verwaltungspersonals, des niederen technischen Personals und der großen Geschäftsleute zu.
b) dem chronologischen Platz des Kindes unter seinen Geschwistern.
c) der Motivation, welche das Kind hinsichtlich Kindergarten oder Grundschule zeigt, von den Eltern auf einer Drei-Punkte-Skala eingetragen.
d) der Gesundheit des Kindes, von den Eltern auf einer Drei-Punkte-Skala beurteilt.
e) der Beurteilung des kindlichen Verhaltens durch die Eltern bezüglich des Ausmaßes an Ruhelosigkeit in seinem Verhalten zu Hause (Drei-Punkte-Skala).
f) der Gesamtzahl der Kinder in der Familie.
g) der Schulklasse.
h) dem Alter.
i) dem Geschlecht.

Wir hatten diese Information über die Vorgeschichte von 301 Kindergarten- und Grundschulkindern zur Verfügung. Tabelle 21 zeigt die Ergebnisse des ermittelten Rang-Korrelationskoeffizienten zwischen Vorgeschichten-Information und Spielverhalten, in Spielindice ausgedrückt.

Man konnte zu dem Schluß kommen, daß fast keine der Vorgeschichten-Variablen eine Korrelation mit der Art und Weise zeigte, unter der das Spielverhalten kategorisiert wird. Nur Alter und Geschlecht zeigen eine klare Beziehung mit dem Spielverhalten. Dies ist jedoch nicht neu, da wir in IV. 1 zu dem gleichen Schluß kamen. Es wurde auch eine signifikante, aber niedrige Korrelation zwischen Motivation bezüglich der Schule (von den Eltern beurteilt) und der Proportion des Wiederholungsspiels festgestellt.

Tabelle 21: Rang-Korrelationskoeffizient (SPEARMANs rho) zwischen
Vorgeschichteninformation und Spielverhalten (N = 301)
|rho| ≥ .12 ist signifikant auf einem zweiseitigen 5 %-Niveau

	1	2	3	4	5	6	7	8	9
10	−.03	−.03	.11	.02	−.01	.03	.12	.11	.37
11	.02	.03	−.13	.05	−.00	−.04	−.07	−.07	−.16
12	.05	−.05	−.00	.06	.02	−.03	−.10	−.11	−.52
13	−.03	.05	−.05	−.10	.01	.05	.12	.14	−.47

1 = Verhalten zu Hause (3 = ruhig, 2 = mäßig, 1 = ruhelos)
2 = Gesundheit (1 = gut, 2 = mäßig, 3 = schwach)
3 = Motivation bezüglich Schule (3 = gut, 2 = mäßig, 1 = schwach)
4 = chronologische Position unter Geschwistern
5 = Kinderzahl
6 = Beruf des Vaters (3 = höher, 2 = durchschnittlich, 1 = niedrig)
7 = Schulklasse
8 = Alter
9 = Geschlecht (1 = jungen, 2 = Mädchen)
10 = Stabilitätsindex (R. S. P.)
11 = Wiederholungsspielindex (h. i.)
12 = Imitationsspielindex (i. i.)
13 = Kombinationsspielindex (k. i.)

Kinder, die in bezug auf Schule weniger motiviert waren, zeigten mehr Wiederholungsspiel.

Aus dem überwiegenden Mangel an Korrelationen zwischen Umweltfaktoren wie Beruf des Vaters etc. einerseits und Spielverhalten andererseits erkennen wir, daß Umweltfaktoren anscheinend wenig Zusammenhang mit der Art des gezeigten Spiels haben.

Eine ähnliche Art von Untersuchung zu Umweltkomponenten mit achtzig Kleinkindern (IV. 2), die beobachtet wurden, zeigen gleichfalls keine Korrelation in dieser Richtung. Darüber hinaus wurde sogar die Wohnsituation, Parterre- oder Etagenwohnung, in Betracht gezogen.

Wir schließen daraus, daß Spielverhalten scheinbar mehr durch spezielle Faktoren wie Interaktion mit den Eltern beeinflußt wird, weil auch die Spielzeugübersicht zeigte, daß Mangel an Spielzeug nicht der Grund für eine Verschlechterung des Spielniveaus sein kann. Daher wählten wir die Untersuchungen, die soziale Interaktion betreffen, so aus, daß sie als letztes in diesem Kapitel erscheinen.

2. Untersuchung der sozialen Interaktion während des Spiels

WOOD / MIDDLETON (1975) berichten von einer Untersuchung über das Problem der Eltern-Kind-Beziehung in der Spielsituation. Sie observierten zwölf drei- bis vierjährige Kinder, die mit ihrer Mutter zusammen eine Pyramide aus Bauklötzen bauen sollten. Das Material war mit Löchern konstruiert. Die Klötze waren unterschiedlicher Größe, was in Betracht gezogen werden mußte. Die Länge der vorspringenden Teile war auch unterschiedlich. Jedes Teil paßte jedoch in jedes beliebige Loch. Das Material selbst besaß Merkmale, die gemäß dem Grad der richtigen Lösung bewertet werden konnten.

Den Müttern wurde zunächst erlaubt, mit dem Material vertraut zu werden, und es wurde ihnen gezeigt, wie man eine Pyramide baut. Dann wurden die Mütter aufgefordert, es ihren Kindern zu zeigen. Den Müttern wurde wörtlich gesagt:

„Wir wissen nicht, wie Mütter dies ausführen werden, also machen sie es so natürlich wie möglich und wie sie es für sinnvoll halten. Aber wir legen Wert darauf festzustellen, wie weit Ihr Kind eigenständig kommt."

Dann wurde jeder Eingriff der Mutter in einer der folgenden Kategorien eingetragen:

a) Allgemeine verbale Instruktionen, zum Beispiel Bemerkungen wie „Das war gut, kannst Du noch einen machen?" oder „Was willst Du nun machen?"
b) Spezifische verbale Instruktionen wie zum Beispiel „Kannst Du nun einen großen finden?" oder „Nun brauchst Du einen mit einem Loch".
c) Auf Material zeigen, wie zum Beispiel „Du brauchst jetzt diesen".
d) Material reichen und zum Zusammensetzen vorbereiten.
e) Demonstration, während das Kind zuschaut.

Nicht nur das Eingriffsniveau der Mütter wurde festgelegt, sondern auch, ob die Kinder nach Anweisung der Mütter erfolgreich konstruierten oder nicht.
Da die Untersuchung von WOOD / MIDDLETON (1975) in bezug auf die Stichprobengröße und folglich auf die Generalisierbarkeit der Ergebnisse kritisiert worden ist, haben wir (VAN DER KOOIJ u. a. 1981) die gleiche Untersuchung in Holland nochmals durchgeführt, und zwar mit einer Stichprobe von 29 Dreijährigen (15 Jungen und 14 Mädchen). Da wir das originale englische Konstruktionsmaterial nicht zur Verfügung hatten, wählten wir ein Mosaik aus acht Quadraten und acht Rauten. In einer Pilot-Studie haben wir festzustellen versucht, ob für unsere Zwecke auch ein Mosaik verwendet werden könnte. Dies wurde positiv bestätigt. In Tabelle 22 haben wir gleichzeitig die Ergebnisse von WOOD / MIDDLETON und unsere eigenen Zahlen wiedergegeben.
Aus den Prozentzahlen für den Erfolg auf jeder Ebene (Tabelle 22, die unteren beiden Reihen) geht hervor, daß die Instruktionen auf dem höchsten Niveau am schwierigsten zu befolgen waren und daß dort die Erfolgschance für das Kind am geringsten war. Im Gegensatz dazu war die Erfolgschance bei der wesentlich niedrigeren Ebene 4 am größten. Aus der ansteigenden Erfolgschance bei den niedrigen Instruktionsniveaus wird auch ersichtlich, daß die unterschiedlichen Eingriffsebenen einen klaren Unterschied bezüglich des Schwierigkeitsgrades zeigen. Anders ausgedrückt stellen die fünf Begriffsebenen eine psychologische Realität dar. Aus der gleichen Untersuchung geht hervor, daß eine Art Sensitivitätszone bei der Interaktion

Tabelle 22: Die obere Hälfte der Tabelle gibt die Häufigkeit der Eingriffe an, auf fünf Eingriffsniveaus verteilt
Die untere Hälfte zeigt die Häufigkeit der erfolgreichen Spielaktivitäten des Kindes, ebenfalls in fünf Eingriffsniveaus aufgeteilt

Eingriffsniveaus	1	2	3	4	5
% Frequenzen der Eingriffe auf jedem Niveau in Nottingham	21	34	14	10	21
% Frequenzen der Eingriffe auf jedem Niveau in Groningen	9	35	21	11	23
% Frequenzen des Erfolgs auf jedem Niveau in Nottingham	28	33	57	96	—*
% Frequenzen des Erfolgs auf jedem Niveau in Groningen	21	41	48	51	—*

* Hier können keine Prozentzahlen errechnet werden, da das Erfolgskriterium aus der Handlung besteht, die damit endet, daß das Kind ein Bauteil richtig plaziert.

existiert. die man als das niedrigste Instruktionsniveau, auf dem das Kind nicht erfolgreich ist, definieren könnte.
Ein homogenes Leistungsniveau fehlte bei den meisten dieser Kleinkinder, so daß die Sensitivitätszone während dieser Periode konstant schwankt. Dies lief darauf hinaus, daß die Mutter fortwährend auf die Bauergebnisse des Kindes reagieren mußte, d. h. die Bauergebnisse wurden zum feed back für die Mutter, das sie für ihre Ratschläge berücksichtigen mußten. Wenn das Kind bei einem bestimmten Teil des Bauens versagte, zeigte sich, daß die Mutter im Kontakt mit dem Kleinkind so reagierte, daß sie ihm Hinweise auf einem niedrigeren Niveau gab. Diese Angleichung der Mutter an das Leistungsniveau des Kindes bei der Interaktion kann experimentell genau bestimmt werden. Es wurde die Korrelation zwischen dem sich verändernden Niveau des Ansprechens und den Bauergebnissen des Kindes bestimmt. Zwischen Mutter und Kind gibt es anscheinend ein natürliches Verhaltensmuster, welches folgendermaßen beschrieben werden kann: Wenn ein Kind versagt, erhält es weitere Hilfe, wenn es erfolgreich ist, bekommt es weniger Hilfe. Die Mütter schienen dem Erfolg beim Bauen gegenüber besonders sensibel zu sein, und zwar in dem Sinne, daß sie darauf mit einem höheren Eingriffsniveau reagierten. Wenn ein Versagen auftrat, spielte sich die entsprechende Kommunikation auf einer niedrigeren Ebene ab.
Prozentmäßig kümmerten sich die Mütter mehr um die positiven Ergebnisse beim Bauen als um die negativen.
In Nottingham wurde ebenfalls eine Untersuchung durchgeführt, und zwar über die Art, wie Mütter bei anderen Kindern handeln. Dafür wurden die Mütter, die an der ursprünglichen Untersuchung teilgenommen hatten, nochmals in das Institut eingeladen und gebeten, mit einem ihnen unbekannten Kind zu spielen, das das gleiche Geschlecht und das gleiche Alter wie ihr eigenes Kind hatte. Aus diesem letzten Experiment konnte man klar erkennen, daß die Mütter wieder dem gleichen Reaktionsmuster folgten, bei

dem sie sich sofort der Leistung des Kindes anpaßten. Es trat jedoch ein deutlicher Unterschied auf: bei dem unbekannten Kind kümmerten sie sich mehr um das Versagen des Kindes und waren prozentmäßig den Erfolgsmomenten beim Bauen gegenüber bedeutend weniger sensibel.

Man kann daraus den Schluß ziehen, daß Mütter auf ihre eigenen Kinder anders reagieren als auf fremde. Bei fremden Jungen und Mädchen zeigte sich die Tendenz, die Demonstrationsmethoden zu wählen, also das niedrigste Instruktionsniveau. Infolge der Tatsache, daß diese Unterschiede im Verhaltensmuster der Mütter beobachtet wurden, erschien es logisch zu untersuchen, wie berufsmäßig geschulte Menschen auf die Kinder reagieren. Es wurde festgestellt, daß alle Studenten, die an der Untersuchung teilnahmen, ungefähr das gleiche Interaktionsmuster zeigten wie die Mütter, die mit unbekannten Kindern spielten.

Sie waren dem Versagen des Kindes gegenüber besonders sensibel. Es gab jedoch einen klaren Unterschied bezüglich des Niveaus; der zukünftige Kindergartenlehrer sprach viel häufiger auf dem verbal höchsten Niveau mit den Kindern und viel weniger auf den beiden niedrigsten Ebenen. Die Bauergebnisse der Kinder waren mit den Studenten etwas geringer als mit den Müttern.

Wenn man die Ergebnisse der gesamten Untersuchung genau betrachtet, kann man eine Reihe von Schlußfolgerungen ziehen:

1. Das kindliche Spiel eröffnet ausgezeichnete Möglichkeiten, die Interaktionsmuster zwischen Eltern und Kindern zu analysieren.
2. Die Art wie der Elternteil auf das Kind reagiert, hängt stark von den Spielergebnissen ab. Bei Versagen wird das Kind auf einer niedrigeren Ebene angesprochen als beim Erfolg, wo das Gegenteil der Fall ist.
3. Mütter reagieren auf ihr eigenes Kind anders als auf ein fremdes; ihrem eigenen Kind gegenüber sind sie bei einer Aufgabe mehr auf Erfolg ausgerichtet, während sie bei einem fremden Kind mehr auf Versagen ausgerichtet sind.
4. Kindergartenlehrer wählen besonders häufig die verbale Reaktion, erreichen dadurch aber ein niedrigeres Leistungsniveau. Sie zeigen den Kindern fast nie, wie sie etwas machen sollen.

Die letzte Schlußfolgerung muß noch weiter untersucht werden. Es ist gut möglich, daß, abgesehen von den viel zu großen Kindergruppen, mit denen die Kindergartenlehrer fertigwerden müssen, die Haltung und vielleicht auch das praktische Training während ihrer Ausbildung dieses Kommunikationsmuster verursachen.

Der Akzent, der auf dem Kommunikationsprozeß liegt, sollte nicht als eine Art Alternativlösung für Akzente oder Methoden, die bis heute in der Kinderpsychologie benutzt wurden, interpretiert werden, sondern viel mehr eine Ergänzung zu schon bestehenden Theorien. Laut PIAGET ist die Fähigkeit, Bilder hervorzubringen, stark von Erfahrungen der frühen Kindheitshandlungen abhängig. PIAGET glaubt, daß kognitives Wissen teilweise erworbenes Wissen ist. Im Gegensatz dazu sagt BOWER (1974), daß schon sehr kleine Babys in der Lage sind, ihr Verhalten vollkommen ihrer Umgebung anzupassen. Er nimmt an, daß der kindliche Organismus viel komplizierter ist als viele Psychologen glauben. BOWER sagt mehr oder weniger indirekt, aber manchmal auch ausdrücklich, daß es um das Problem des angeborenen Wissens geht. Auch BRUNER (1968) geht mit rein kognitiven Experimenten in die gleiche Richtung. Aus den zwei Ansichten über die kindliche Entwicklung hat NEWSON / SHOTTER (1974) den Schluß gezogen, daß das Kleinkind in außerordentlichem Maße den Dingen gegenüber sensibel ist, die in seiner Umgebung passieren. Er ist besonders an der Art und Weise interessiert, wie Kinder manipulierende kleine Personen werden, und nicht so sehr an der Analyse der kindlichen Verhaltensmuster. Er ist überzeugt, daß Kinder von ihrer Geburt an sozial aktiv sind. Als Ergänzung zu PIAGETs Vorstellungen einerseits und denen BOWERs andererseits möchte er die Analyse der sozialen Interaktion unterstützen und sie zum Thema seiner Untersuchungen machen. Er befaßt sich besonders mit den Effekten der kindlichen Entwicklungen. Eine Längsuntersuchung ist das notwendige Ergebnis dieser Methode. NEWSON verweist auf die Arbeit von TREVARTHEN (1977), der als Verhaltensembryologe bezeichnet werden kann.

TREVARTHEN ist überzeugt, daß das Baby die angeborene Fähigkeit hat, an komplexen sozialen Interaktionsritualen teilzunehmen. Er nennt diese Fähigkeit „angeborene Intersubjektivität". NEWSON betont nochmals den reziproken Charakter der Interaktion. Dies ist der Grund für sein Interesse an der Analyse der Interaktionsketten zwischen Mutter und Kind.

3. Ein spielaktivierendes Programm für Dreijährige

In IV. 2 diskutierten wir die Untersuchung des Spielverhaltens dreijähriger Kinder. Die Ergebnisse unterschieden sich nicht sehr von jenen Dreijährigen, die Teil der großen Gruppe von Kindern waren, deren Spielverhalten in IV. 1 beschrieben wurde. Es war auffällig, daß der Prozentsatz an Imitations- und Konstruktionsspiel ziemlich niedrig war. Daher machte das Spiel keinen kreativen Eindruck.

Aus diesem Grund haben wir ein Experiment durchgeführt mit dem Ziel, das Spielniveau zu heben. Für die Operationalisierung haben wir den schon in V. 4 erwähnten Spielindex gewählt.

Das Spiel der Dreijährigen wurde folgendermaßen kategorisiert: wiederholte Bewegung, Erkundung des Materials, Erkundung der Situation, Experimentieren mit dem Material, Imitation, Kombination und Konstruktion.

Für die genaue Beschreibung verweisen wir auf IV. 2. Der Spielindex wurde durch Teilung (Frequenz der Imitation + Kombination + Konstruktion) durch die Häufigkeit in allen Kategorien berechnet. Das Spielniveau wurde in einer Gruppe von achtzig Kindern bestimmt. Mit Hilfe des Indexes stellten wir fest, welche Hälfte bei dieser Stichprobe am schwächsten spielte; wir bildeten zwanzig Kinderpaare, die sich bei diesem Spielindex um nicht mehr als 0,05 unterschieden, und die ebenfalls den gleichen chronologischen Platz unter den Geschwistern in der Familie hatten.

Von diesen zusammenpassenden Paaren wurde mit einem Kind zweimal wöchentlich für zwölf Wochen zu Hause mit einem Studenten gespielt, der

erst kürzlich praktiziert hatte. Bei dem anderen Kind bestand kein solcher Spielkontakt. Nach Ende dieser Beeinflussungsperiode wurden alle Kinder sowohl der Versuchs- als auch der Kontrollgruppe nochmals individuell während ihres Spiels im Spielraum des Instituts beobachtet.
Wegen der Zufallsbedingungen wie Umzug, Ferien, Krankheit etc. konnte die Gesamtinformation nur bei 17 Kinderpaaren verglichen werden. Bevor wir uns in die Untersuchungsergebnisse vertiefen, möchten wir noch etwas näher auf das entwickelte Aktivierungsprogramm eingehen. Wir haben versucht, die Spiele, die von den Kindern gespielt wurden, in die am wahrscheinlichsten angewandten Funktionen einzuordnen. Drei Niveaus wurden unterschieden.

a) Beeinflussung eines Funktionsfeldes
b) Beeinflussung zweier Funktionsfelder
c) Beeinflussung dreier Funktionsfelder.

Spielbeispiele der verschiedenen Niveaus sehen folgendermaßen aus:

a) Bewegungsposen-Spiele und Bewegungsspiele, sensorische Unterscheidung von Lauten, Formen, Farben und Gewichten.
b) sensomotorische Spiele — Spiele, die Auge-Hand- oder Auge-Fuß-Kombinationen erfordern.
c) kognitive Spiele — Spiele, die Begriffsbildung fördern oder das Gedächtnis trainieren.

Für einen vollständigen Überblick verweisen wir auf die Originalveröffentlichung (VAN DER KOOIJ / SMIT-VOETH 1977). Hier treffen wir eine Auswahl, die eine Vorstellung von der Zusammensetzung des Programms vermittelt. Viele Spiele wurden von Schritt zu Schritt schwerer gemacht. Einen würfelförmigen Turm zu bauen, war zunächst darauf beschränkt, die Elemente zusammenzusetzen, neun Farben auszusortieren, und wurde dann auf richtiges dreidimensionales Bauen ausgedehnt.
Zu der Gruppe der Bewegungsspiele gehörten folgende: Bewegungsimitationsspiele, eine Geschichte erzählen und entsprechende Bewegungen machen, Sprungspiele, Balancierspiele, Spiele mit dem Ball, Kegeln, Ringe werfen, Murmelspiel und Schusterbank.
Spielen durch Materialgestaltung umfaßte: Zerreißen, Muster ausstechen, schneiden, färben und falten in Verbindung mit dem Ausschneiden eines Musters.
Unterscheidungsspiele: Triangel, Trommel, Marakas, Kombination sensomotorischer und kognitiver Spiele: Lottos, Puzzles, Zusammensetzspiele, Einlegemosaiks, Mosaike, Perlen, Farbdominos, Kindergarten-Memory.
Konstruktionsspiele: Würfeltürme, Bauklotz-Set mit farbigen Klötzen und Naturholz-Bauklotz-Set mit Bauklötzen verschiedener Größe.
Jedesmal wenn mit dem Kind zu Hause für 45 Minuten gespielt wurde, gab man dem Kind die Initiative. Dann übernahm der Spielleiter während der letzten halben Stunde die Führung. Dem Leiter wurde ausdrücklich Anweisung gegeben, den freien Spielaspekt soweit wie möglich beizubehalten und sowenig wie möglich von Instruktionen Gebrauch zu machen. Jedes

Spiel, das Teil des Aktivierungsprogramms war, wurde mit jedem Kind durchgeführt. Jeder Leiter besaß einen thematischen Überblick sämtlicher Schritt-für-Schritt-Aktivitäten, den er nach dem Spielkontakt ausfüllen sollte.

Während der ersten zwei Wochen wurde die Initiative ganz den Kindern überlassen, so daß sich das wirkliche Aktivierungsprogramm über eine Periode von zehn Wochen erstreckte, in der zwanzigmal mit dem Kind gespielt wurde. In Tabelle 23 sind die Ergebnisse der beobachteten Kinder aufgeführt; die Beobachtungszeit betrug 30 Minuten. Es wurde mit Hilfe von Videoaufzeichnungen gearbeitet, und unter Anwendung der schon erwähnten elektronischen Aufzeichnungsinstrumente wurde das gesamte Spielverhalten in sieben Beobachtungskategorien festgehalten.

Tabelle 23: Vergleich des Spielverhaltens, in Prozentzahlen der Gesamtzeit ausgedrückt, in acht Beobachtungskategorien eingeteilt, zwischen einer Gruppe, mit der geübt wurde, und einer Gruppe, mit der nicht geübt wurde (N = 17)

	Experimentelle Gruppe erste Observation	Kontrollgruppe erste Observation	Experimentelle Gruppe zweite Observation	Kontrollgruppe zweite Observation
Wiederholung der Bewegung	0,4	0,7	0,3	0,0
Erkundung der Situation	12,8	13,4	13,0	11,8
Erkundung des Materials	16,8	20,7	5,7	7,4
Experimentieren mit Material	34,4	32,2	35,7	37,2
Imitation	27,1	23,4	22,4	26,2
Kombination	3,4	7,4	12,3	10,7
Konstruktion	0,7	0,1	4,3	2,3
Keine Spielaktivität	4,2	2,2	6,3	4,5

Um festzustellen, ob unser Aktivierungsprogramm einen Effekt hatte, wurde mit Hilfe des Wilcoxon Matched Pairs Signed Rank-Test überprüft, ob ein Unterschied zwischen dem Ergebnis der Versuchs- und der Kontrollgruppe festgestellt werden konnte. Mit dem Wilcoxon-Test wurden die Häufigkeiten bei den Kategorien fünf, sechs und sieben zusammen pro Paar verglichen. Es existierte *kein* Unterschied auf einem Signifikanzniveau von 5 %.

Es ist enttäuschend, daß wir zu dem Schluß kommen mußten, daß unser Aktivierungsprogramm, wie wir es durchführten, keinen positiven Einfluß auf das Spiel hatte. Man kann sich die Frage stellen, ob die Einflußperiode zu kurz war oder ob man intensiver hätte üben sollen. Man kann auch diskutieren, ob es nicht besser gewesen wäre, anstelle von Fremden die Eltern dazu anzuregen, bei der Interaktionsuntersuchung mitzuwirken. Auch muß man die Frage stellen, ob andere Methoden denkbar sind, mit denen Unterschiede in Prozessen leichter festzustellen sind, denn der Weg der Beweisführung ist lang: zuerst muß ein dynamischer Prozeß in einen Index umgesetzt werden, bevor man prüfen kann, ob Unterschiede vorhanden sind.

VII. Bewertung der bisher beschriebenen Forschungen zum kindlichen Spiel

Aufgrund der Ergebnisse der internationalen Spielzeugübersicht (I. 1) und der Übersichten über die Marktinformationen des European Toy Institute (die europäische Wirtschafts- und Industrieorganisation) erscheint es unwahrscheinlich, daß das heutige Kind nicht genug Spielzeug besitzt. Es gibt wahrscheinlich in verschiedenen sozialen Schichten einige Unterschiede bei dem zur Verfügung stehenden Spielzeug, und es ist nicht ganz ausgeschlossen, daß Kinder in ländlichen Gebieten weniger Spielzeug zur Verfügung haben als Kinder in Großstädten. In Deutschland, Österreich und der Schweiz wird vor allem die Selektionsarbeit des „Arbeitsausschuß Kinderspiel + Spielzeug e. V." begrüßt, der pädagogisch verantwortbarem Spielzeug die Bezeichnung „Spiel gut" gibt. Die Übersicht gibt keine Informationen über die Qualität des auf dem Markt erhältlichen Spielzeugs. Wir wissen nicht, ob die untersuchten Autos aus Holz, Metall oder Plastik hergestellt sind. Im letzten Jahrzehnt war eine Qualitätsverbesserung bei fast allem Spielmaterial festzustellen. Es gibt nur wenige Zweifel daran, daß das Kind heutzutage in Westeuropa allgemein mit Spielzeug gut ausgestattet ist.

Es bleibt jedoch die Frage, ob die Einführung von Spielmaterial durch die Eltern zur richtigen Zeit der Entwicklung geschieht, und ob die Einführung in die Spielsituation auf richtige Art und Weise vor sich geht. Anhand der Untersuchung über das individuelle Spielverhalten des Kindes wurde gezeigt, daß das Bewegungsspiel einen relativ großen Raum einnimmt. Da wenig quantitatives Informationsmaterial aus der Vergangenheit bekannt ist, ist es schwierig, zutreffende Schlußfolgerungen zu ziehen. Einige Vergleiche mit der von Margret VAN WYLICK (1936) durchgeführten Untersuchung sind möglich. Es zeigt sich, daß Funktionsspiel tatsächlich zugenommen hat und daß der Anteil des Imitations-, Konstruktions- und Gruppierungsspiele zurückgegangen ist. Die Ergebnisse der Spieluntersuchung müssen auch als Weitergabe von Information an Erzieher angesehen werden, damit diese sich eine Meinung über das Spielbild machen können. Wir fanden es erschwerend, daß die verwendeten Beobachtungskategorien kein prägnantes Grundklassifikations-Kriterium hatten. Die verwendeten Kategorien waren mehr oder weniger der kleinste gemeinsame Nenner der europäischen Auffassungen über Spiel und Spielzeughandhabung. HETZER wies darauf hin, und wir haben diesen Gedanken bereits in Kapitel IV. 1 dargelegt. Der Vorteil dieser Methode liegt darin, daß sie ziemlich leicht übertragbar ist. Der Nachteil bezüglich des Fehlens *eines* Kriteriums als Basis für die Beobachtungskategorien wird in der Untersuchung von TOLICIC (1963) nicht angesprochen. Er verglich die Komplexität des Spielverhaltens mit dem intellektuellen Verhalten, das durch einen Intelligenztest nachgewiesen wurde. In seiner Untersuchung gibt es jedoch keine Information über die verschiedenen Spieltypen.

Eine andere bekannte Untersuchung wurde von KAMP / KESSLER (1970) durchgeführt. Sie arbeiteten in erster Linie an der Untersuchung der Endresultate des Weltspiels. Hier kann man wieder kritisieren, daß nicht alle Spielhandlungen zu einem quantifizierbaren Endergebnis führen.

Informationen über Funktions- und Imitationsspiel fehlten bei ihrer Untersuchung. Ein anderes Problem kann darin gesehen werden, daß keine Ergebnisse über die soziale Interaktion der Kinder während des Spiels bekannt sind, was von LIPPITT u. a. (1952) und HELANKO (1958) untersucht wurde.

Wahrscheinlich erklärt sich das Interesse am individuellen kindlichen Spiel aus der Wichtigkeit, die hauptsächlich der Beziehung zwischen Spielverhalten und Entwicklungsstand beigemessen wird. Aus Amerika erreicht uns jetzt eine Reihe von Untersuchungen zur Beziehung zwischen Spielverhalten und kognitiven Verhaltensformen: SALTZ / JOHNSON (1974), YAWKEY (1980), McCUNE-NICOLICH (1981).

Im Grunde hat dieses Problem damit zu tun, daß wir noch nicht wissen, welche Folgen das Spiel für die Entwicklung in allen Facetten hat. Wir sahen, daß Intelligenzunterschiede sich auch durch Unterschiede beim Spielen äußerten, und daß gute Konzentration bei der Arbeitssituation mit einer höheren Stabilität des Spielverhaltens einhergeht. Vor allem für die Gruppe der Schulkinder wird es immer wichtiger, mehr Einsicht in die Folgen des Spiels, auch für mehr spezifisch schulische Forderungen zu bekommen. ROST (1980) berichtet über ein Experiment, in dem er Neunjährige mit verschiedenen räumlichen Spielformen trainiert. Er zeigt, wie die experimentelle Gruppe bei Faktoren wie „visualization" und „space" größere Fortschritte macht. Obwohl auch in Zukunft noch verschiedene Untersuchungen durchgeführt werden von diesem Typ „Was sind die Folgen des Spielverhaltens für die Entwicklung des Kindes", muß man sich doch fragen, ob die theoretische Basis für derartige Fragestellungen ausreichend fundiert ist, denn nur zu leicht geht man bei diesen Untersuchungen von einer Art linearen Kausalität aus. Die Tatsache, daß Umweltfaktoren wenig Einfluß auf das Spielverhalten haben, scheint mit einer schwedischen Untersuchung übereinzustimmen. JOHANNESSON (1973) stellt keinen Verhaltensunterschied zwischen Kindern fest, die in Hochhäusern, und Kindern, die in Einfamilienhäusern lebten.

Wenn wir das ganze Gebiet der Spiel-Research überblicken fällt besonders auf, daß wir eigentlich noch keine Einsicht in die spielbestimmenden Faktoren bekommen haben. Es scheint so, daß die physische Umweltkomponente nicht unbedingt die wichtigste ist.

Über die sozialen Einflüsse auf das Spielniveau wissen wir nur wenig. Sind die Gedankengänge der Eltern innerhalb der Familie am wichtigsten? Wohl ist bekannt, daß nicht der Beruf der Eltern primären Einfluß auf das kindliche Spiel hat. Auch wissen wir, daß meistens genügend Spielzeug vorhan-

den ist. Aber wir wissen nicht, wie Eltern dem spielenden Kind gegenüberstehen. Der weiße Fleck in dem heutigen Stand der Spiel-Research scheint darin zu liegen, daß wir noch immer nicht wissen, welche Umgebungsfaktoren hauptsächlich für ein differenziertes Spielbild, wie wir es festgestellt haben, verantwortlich sind.
Ein zweites Problem liegt mehr auf theoretischer und methodologischer Ebene. Die theoretische Behauptung wurde u. a. durch unsere Spielforschungsergebnisse begründet.
Spiel ist ein sehr komplexer *Prozeß*. Methodologisch gesehen ist es immer noch notwendig, diese Spielprozesse auf statistische Variablen zu reduzieren. Wir fürchten, daß dadurch die wesentlichen Aspekte des Spiels mit verschwinden, vielleicht werden auch dadurch manche existierenden Beziehungen zwischen Spielverhalten und anderen Verhaltensformen vertuscht. Das Problem der Prozeßmessung läßt sich nicht leicht lösen, obwohl multivariate Techniken einen ersten Ansatz bieten.
Wir wollen zum Abschluß dieses Kapitels über Spieluntersuchungen versuchen, zwei Aspekte der oben geäußerten Kritik zu berücksichtigen: Wir wollen uns den Prozessen zuwenden, die innerhalb der Familie in bezug auf das Spiel stattfinden, und wir wollen das Spielverhalten jedenfalls zweidimensional betrachten: einerseits mit Hilfe der in IV. 1 genannten Beobachtungskategorien (Wiederholungsspiel usw.) und andererseits unter Verwendung einer neu konstruierten Beobachtungsskala, in der intrinsische Motivation, Internal Locus of Control und das So-tun-als-ob operationalisiert sind.

VIII. Anwendung einer neuen Beurteilungsskala des Kinderspiels

1977 schrieben wir (VAN DER KOOIJ / DE GROOT):

„Wir wissen immer noch zu wenig über die Haltung der Eltern zum Spiel in der Familien-Situation."

Deswegen starteten wir 1978 eine Untersuchung zu diesem Thema. Wir haben einen Fragebogen mit 52 Fragen für Eltern entworfen, in dem fünf Themen zentral standen:

a) Wohnsituation des Kindes
b) Grad der sozialen Offenheit der Familie
c) Stimulierende Haltung dem Spiel gegenüber
d) Permissivität der Eltern dem Kinde gegenüber
e) Unterstützung des Unabhängigkeitsstrebens des Kindes.

Wir wählten die obengenannten Aspekte, weil wir der Überzeugung waren, daß sie auf die Spielart der Kinder Einfluß haben. Wir konnten über eine Allgemeine Kinderberatungsstelle des Gesundheitsamtes 78 Eltern von vierjährigen Kindern erreichen (maximale Varianz 3 Monate).

Eine Faktorenanalyse der letzten 42 Fragen unserer Interviewskala (die ersten zehn Fragen wurden ausgelassen, weil es schwierig war, eine ordinale Skala herzustellen) ergab vier ziemliche klare Faktoren:

Faktor 1: Die Eltern sind sehr kindbezogen, sie widmen dem Kind viel Aufmerksamkeit.
Faktor 2: Die Eltern pflegen Kontakte außerhalb der Familie, das Kind nimmt daran teil, wird aber nicht dazu gezwungen.
Faktor 3: Die Eltern widmen dem Kind nicht viel Aufmerksamkeit; das Kind muß sich eher den Erwachsenen anpassen.
Faktor 4: Die Eltern sind sehr direktiv. Das Kind muß gehorchen.

Anschließend wurden für alle 78 Elternpaare Faktorenscores berechnet. Es wurden 16 Versuchspersonen ausgewählt, für jeden Faktor vier, von denen zwei einen hohen und zwei einen niedrigen Score aufwiesen. So entstanden zwei Gruppen von Eltern mit hohem bzw. niedrigem Score in bezug auf einen der vier Faktoren. Anschließend haben wir die 16 Kinder im Kindergarten observiert, wo sie mit dem in IV. 1 beschriebenen Spielzeug spielen durften. Das Spielverhalten wurde mit Hilfe der im selben Kapitel beschriebenen Beobachtungskategorien festgelegt.
Wiederholungs-, Imitations-, Konstruktions- und Gruppierungsspiel.
Weil wir das Spielverhalten beider Gruppen vergleichen wollten, mußten wir leider wieder den Umweg über die Spielindice wählen. Wir berechneten: Wiederholungsspielindex, Imitationsspielindex und Konstruktionsspielindex (siehe auch IV. 4). Wir konnten leider keine signifikanten Unterschiede im Spielverhalten beider Gruppen feststellen, obwohl bei Kindern aus den niedrig scorenden Familien eine klare Tendenz zu schwächerem Spiel festzustellen war. Diese Studie haben wir als Pilot-Studie betrachtet und im vergangenen Jahr eine neue Untersuchung entwickelt, in der einige Verbesserungen angebracht wurden.

a) Verbesserung des Fragebogens
b) Vergrößerung der Stichprobe bei den Eltern und den Kindern
c) Anwendung einer neuen Spielbeurteilungsskala in bezug auf die Begriffe Intrinsische Motivation, Internal Locus of Control und So-tun-als-ob.

Wir hatten 1981 die Gelegenheit, über Kindergärten (in allen Teilen der Niederlande) mit 136 Eltern Kontakt aufzunehmen. Der Fragebogen wurde verbessert, indem unzureichend diskriminierende Fragen durch neu formulierte ersetzt wurden. Die Kategorien wurden dagegen beibehalten: Grad der sozialen Offenheit der Familie, stimulierende Haltung dem Spiel gegenüber, Permissivität der Eltern dem Kinde gegenüber und Unterstützung des Unabhängigkeitsstrebens des Kindes. Unser neuer Fragebogen enthielt 52 Fragen. Die Kinder, deren Eltern wir befragten, waren fünf Jahre alt; Varianz nicht mehr als drei Monate.
Wir (VAN DER KOOIJ / BEENEN / VAN DER BLIJ) konstruierten eine neue Spielverhaltensskala, in der wir die Begriffe Intrinsische Motivation, Internal Locus of Control und So-tun-als-ob (Suspension of Reality) operationalisierten. In Abbildung 7 wird gezeigt, wie diese Spielobservationsskala aussieht. Aus dem Aufbau der Skala geht hervor, daß es sich um eine

Abbildung 7: Spielobservationsschema bezüglich intrinsische Motivation, Internal Locus of Control, Suspension of Reality (VAN DER KOOIJ / BEENEN / VAN DER BLIJ 1981)

	1	2	3	4
A. Explorationsdrang	(wie neugierig, wie energisch, wie initiativreich, Start- / Ausgangsverhalten, das Material löst Reize aus, auf die eingegangen wird)			
	das Kind neigt zu ständiger Wiederholung derselben Verhaltensformen, stereotypes Verhalten	das Kind verhält sich abwartend, ist wenig initiativ, neigt nicht dazu, etwas zu unternehmen	das Kind ist initiativ, es muß nicht dazu ermutigt werden, aktives Verhalten	das Kind ist sehr neugierig, probiert alles aus, unternimmt viel, initiativreiches Verhalten
B. Intentionalität	(auswählen, wissen was man will, Ziele setzen: das will ich machen, selbst bestimmen was man macht, d. h. der locus of causality liegt bei einem selbst, eine eigene Vorliebe für etwas zeigen, ein Ziel vor Augen haben, kein Vermeidungsverhalten, sondern direktes, bestimmtes Auswahlverhalten)			
	das Kind scheint im Spiel keine Ziele zu verfolgen, es wählt kein Spielthema	das Kind zögert bei der Wahl eines Spielthemas	das Kind wählt zwar ein Spielthema, hat aber Schwierigkeiten, ein Ziel zu bestimmen	das Kind trifft eine deutliche Wahl, ist zielgerichtet beschäftigt, geht selektiv mit dem Spielmaterial um
C. Spielstrategie	(wie ist die Vorgehensweise, die Methodik, die Form, in der gehandelt wird, die Ordnung, hat das Kind sein Handeln im Griff: so möchte ich es gerne machen, kognitive Beherrschung im Hinblick auf den Ablauf)			
	das Kind ist impulsiv, handelt auf gut Glück, trial and error, zusammenhanglos, chaotisch	unzureichender Aufbau der Spielhandlungen, zwar ist ein Zusammenhang erkennbar, es fehlt jedoch an Systematik, assoziatives Handeln	klarer Aufbau des Spiels, aber die Systematik wird ab und zu durchbrochen	das Kind handelt systematisch, logischer Zusammenhang der Spielhandlungen, konsequentes Handeln

Fortsetzung der Abbildung 7

D. *Verhaltensdauer* (anhaltendes Interesse, Feed-back-Prozesse, bleibender Anreiz, anhaltender Charakter des Verhaltens, anhaltende Aufmerksamkeit, nicht materialgebunden, sondern themagebunden)

1	2	3	4
das Kind zeigt ein sprunghaftes Spielverhalten, verliert Lust und Interesse, wechselt häufig das Spielthema	das Kind hat für kurze Zeit Interesse, das Spielthema wird regelmäßig gewechselt	das Kind zeigt für längere Zeit Interesse am Thema, das Spielthema wird ab und zu gewechselt	das Kind bleibt bei einem Thema und zeigt ein starkes Interesse daran

E. *Kreativität* (Überwindung der ursprünglichen Funktion des Materials, Umgang mit dem Spielmaterial)

1	2	3	4
das Kind benutzt das Spielmaterial nur zu den traditionell vorgesehenen Zwecken	das Kind weicht ab und zu von der ursprünglichen Funktion des Spielmaterials ab	das Kind benutzt das Spielmaterial auch zu anderen Zwecken als den vorgesehenen	das Kind verhält sich sehr originell im Umgang mit dem Spielmaterial, benutzt es zu mehreren nicht vorgesehenen Zwecken

F. *Komplexität* (Organisationsgrad der Spielabsichten, Komplexität der Spielphantasie, Breite bzw. Umfang des Spiels)

1	2	3	4
keine Spielhandlungen, nur Umgang mit dem Spielmaterial, kein inhaltliches Spiel	wenig differenziertes Spielthema, die Spielhandlungen weisen Komplexität und Variation auf, bleiben aber einfach	differenziertes Spielthema, das Spiel ist ziemlich variiert und durch wechselnde Spielhandlungen charakterisiert	sehr differenziertes Spielthema, das Spiel ist sehr variiert und durch komplexe Spielhandlungen charakterisiert

G. *Spielbeherrschung* (Gefühl des Kindes, was strahlt es aus, das Gefühl, es zu können, Sicherheit, Selbstvertrauen, Unabhängigkeit, braucht keine Hilfe)

1	2	3	4
das Kind ist unsicher, es verhält sich unselbständig	das Kind zeigt kein Selbstvertrauen, wohl aber einige Sicherheit im Spiel	das Kind ist weitgehend sicher und unabhängig	das Kind ist unabhängig und selbstsicher, es hat Selbstvertrauen

Empirische Spielforschung

H. *Verhältnis zur Wirklichkeit*	(inwieweit setzt das Kind eine eigene Phantasie um, schafft es eine eigene Komposition der Wirklichkeit – die Elemente existieren in der Wirklichkeit, aber das Ganze nicht, Maß des So-tun-als-ob, Assimilation der Wirklichkeit)			
	das Spiel ist eine völlige Kopie der Wirklichkeit, Imitation, reine Nachahmung	im Spiel sind hauptsächlich Wirklichkeitskomponenten zu erkennen	im Spiel sind hauptsächlich Phantasiekomponenten zu erkennen	das Spiel stellt eine Phantasiewelt dar, eine eigene Wirklichkeit
	1	2	3	4

I. *Intensität des Spielverhaltens*	(wie stark, wie intensiv, wie tief, Konzentration, Einsatz)			
	das Kind geht nicht im Spiel auf, ist nicht wirklich ins Spiel vertieft, kein Einsatz, es ist schnell abgelenkt	das Kind geht kaum im Spiel auf, wenig Einsatz	das Kind geht im Spiel auf, bleibt sich aber seiner Umgebung bewußt, guter Einsatz	das Kind geht völlig im Spiel auf, ist sich nicht mehr der Umgebung bewußt, intensiver Einsatz
	1	2	3	4

J. *Spielplan*	(den Überblick über mögliche Ereignisse haben, das Ergebnis vorherbestimmen können, das Ganze übersehen, vorausplanen können)			
	hat keine Übersicht über das Ganze, scheint das Ergebnis der Spielhandlungen nicht vorausgesehen zu haben, das Ergebnis ist überraschend	scheint das Ergebnis des Handelns nicht völlig vorausgesehen zu haben, hat wenig Übersicht über das Ganze	das Kind ist über das Ergebnis seiner Spielhandlungen nicht überrascht, hat damit gerechnet, es hat eine gute Übersicht über das Ganze	das Kind scheint das Ergebnis seiner Handlungen vollständig erwartet zu haben, findet es durchaus nicht überraschend, es hat eine völlige Übersicht über das Ganze
	1	2	3	4

Fortsetzung der Abbildung 7

	1	2	3	4
K. Spielfreude (wieviel Freude macht die Beschäftigung, die Belohnung besteht im Handeln selbst)	das Kind findet das Spiel langweilig, es hat eigentlich keine Lust dazu	das Kind hat zwar ab und zu Spaß am Spiel, könnte sich aber etwas Schöneres vorstellen	das Kind hat sichtlich Freude am Spiel, die Beschäftigung gibt ein positives feed back	das Kind spielt mit Enthusiasmus, es hat viel Freude an seinem Handeln
L. Erfolgserlebnis (affektives Selbstvertrauen, wird der Erfolg dem Zufall zugeschrieben oder dem eigenen Handeln)	das Kind schreibt das Ergebnis nicht dem eigenen Handeln zu, bleibt einem positiven Ergebnis gegenüber gleichgültig, es strahlt keine Zufriedenheit aus	das Kind schreibt das Ergebnis teilweise dem eigenen Handeln zu, es ist einigermaßen zufrieden	das Kind zeigt Genugtuung über ein positives Ergebnis, es ist sich dabei seiner eigenen Rolle bewußt	das Kind ist stolz und sehr zufrieden mit dem Ergebnis, das es völlig dem eigenen Handeln zuschreibt
M. Maß der Phantasie (Aufgabe des realen Selbst zugunsten eines zeitweiligen Phantasieselbst, Annahme einer anderen Rolle, Einleben in eine andere Rolle)	das Kind nimmt im Spiel keine Rolle an, ist selbst kein Teil des Spiels, distanziertes Spiel	das Kind macht sich ab und zu einem Teil des Spiels, nimmt darin eine Rolle an, großenteils bleibt es mit seinem Bewußtsein jedoch in der Wirklichkeit	das Kind bezieht sich regelmäßig in das Spiel ein, es kehrt aber zwischendurch auch in die Wirklichkeit zurück	das Kind bezieht sich völlig in das Spiel ein, es nimmt während des gesamten Spiels eine Rolle an
N. Persistenz des Spielverhaltens (Durchsetzungsvermögen, etwas auf jeden Fall wollen, Arbeitshaltung, Beharrlichkeit)	das Kind gibt schnell auf, setzt sich nicht durch, wenn Schwierigkeiten auftauchen, es verliert sofort den Mut	das Kind versucht, auftretende Schwierigkeiten zu überwinden, gibt aber schnell auf	das Kind versucht eine Weile, Schwierigkeiten zu überwinden, gibt aber schließlich auf	das Kind zeigt Durchsetzungsvermögen, es läßt sich nicht entmutigen

O. *Dynamik der Phantasie*	(wie lebendig ist die Durchführung der Rolle, wieviele Aspekte gibt es)		
starre, eintönige, zähe Durchführung einer oder mehrerer Rollen, phantasiearm	wenig abwechslungsreihe Durchführung einer oder mehrerer Rollen	abwechselnde Durchführung einer oder mehrerer Rollen	dynamische, lebendige Durchführung einer oder mehrerer Rollen, sehr phantasievoll
1	2	3	4

Intrinsische Motivation: A, D, I, K, N
Internal Locus of Control: B, C, G, J, L
Suspension of reality: E, F, H, M, O

Vier-Punkte-Skala handelt, d. h. Minimumscore ist 15 Punkte, Maximumscore 60 Punkte.

Die Befragung der 136 Elternpaare erbrachte ein Ergebnis, das nicht ohne weiteres für die von uns gewünschte Einteilung in zwei Gruppen brauchbar war. Es stellte sich heraus, daß der Koeffizient alpha unseres Fragebogens ziemlich niedrig war und nur .26 betrug. Wir konnten durch Eliminierung von zwanzig Fragen erreichen, daß der Konsistenzkoeffizient bis .52 anstieg. Übrig blieben:

   5 Fragen in bezug auf soziale Offenheit der Familie
  15 Fragen über stimulierende Haltung zum Spiel
   4 Fragen zur Permissivität
   8 Fragen zum Unabhängigkeitsstreben des Kindes

Wir bevorzugten die Homogenisierung unseres Fragebogens über eine faktoranalytische Bearbeitung, weil auf diese Weise vermieden wurde, daß *gleichzeitig* mehrere Aspekte in Erwägung gezogen werden mußten. Wir waren vor allem damit zufrieden, daß 15 Fragen sich auf den Aspekt der Stimulierung bezogen.

Die Varianz der Scores auf dem Fragebogen lief von 66 bis 105.

Aus dieser Stichprobe setzten wir zwei Gruppen zusammen: eine Gruppe mit einem Score von 66 bis 79 (= wenig spielstimulierende Elterngruppe) und eine Gruppe mit einem Score von 96 bis 105 (= gut spielstimulierende Elterngruppe). Die erste Gruppe umfaßte 16 Familien, die zweite 15 Familien.

Die Kinder aus beiden Gruppen haben wir wieder im Kindergarten observiert, wie es auch in der Pilotstudie der Fall war. Dasselbe Spielzeug wurde angeboten. Der Unterschied zur Pilotstudie bestand darin, daß Spielverhalten nicht nur in den bisher benützten Beobachtungskategorien festgehalten wurde, sondern auch mit Hilfe der neu konstruierten Spielverhaltensskala.

Es zeigte sich, daß wir keinen Unterschied im Spielverhalten feststellen konnten, wenn mit den bisher verwendeten Beobachtungskategorien (Wiederholungsspiel usw.) gearbeitet wurde. Ganz anders sah es bei den Ergebnissen der Beurteilungsskala aus. In Tabelle 24 finden wir die Resultate der zwei Gruppen; die Unterschiede wurden mit dem Students T-Test geprüft. Wir stellen signifikante Unterschiede zwischen beiden Gruppen fest, für den Gesamtscore sogar auf 2 %-Niveau.

Wir sind der Überzeugung, daß die Operationalisierung der Begriffe Intrinsische Motivation, Internal Locus of Control und So-tun-als-ob gelungen ist und wahrscheinlich mehr Informationen über das Spielverhalten eröffnet als die bislang gebrauchten Beobachtungskategorien. Weil wir beide Beurteilungsmethoden (Spielbeobachtungskategorien und Spielverhaltensskala) erstmals gleichzeitig angewandt haben, ist es selbstverständlich, daß man die Frage stellt, wie beide Methoden sich zueinander verhalten. Gerade dadurch bekommt man wahrscheinlich mehr Einsicht in das Spielphänomen. Wir waren in der Lage, beide Beurteilungsmethoden bei drei verschiedenen Altersgruppen *nebeneinander* anzuwenden: bei Dreijährigen, Fünfjährigen und Neunjährigen. Die Gruppe der dreijährigen Jungen und Mädchen be-

Tabelle 24: Vergleich des Spielverhaltens mit einer Beurteilungsskala von zwei Kindergruppen
Gruppe I kommt aus spielstimulierenden Familien (N = 16)
Gruppe II stammt aus weniger gut das Spiel stimulierenden Familien (N = 15)
Kritischer t-Wert = 1,699 (5 % Signifikanz-Niveau)

	Durchschnitt Gruppe I	Durchschnitt Gruppe II	Standard Deviation Gruppe I	Standard Deviation Gruppe II	Student Test t-Wert
Intrinsische Motivation	14,6	11,9	2,6	3,5	2,36
Internal Locus of Control	14,2	10,6	3,6	3,7	2,74
Suspension of Reality	10,3	7,9	3,8	2,6	2,02
Gesamt-Punktzahl Beurteilungsskala	39,0	30,4	8,9	8,5	2,74

stand aus 29 Kindern, die der Fünfjährigen aus 31 und die der Neunjährigen aus 20 Kindern. In Tabelle 25 finden wir die Korrelationskoeffizienten (SPEARMANs rho) zwischen unseren beiden Beobachtungsmethoden. In jeder Zelle der Tabelle sind untereinander die Ergebnisse der Drei-, Fünf- und Neunjährigen angegeben. Aus den Ergebnissen kann man klare Entwicklungstendenzen erkennen. So ist leicht zu verstehen, daß Intrinsische Motivation in zunehmendem Maße negativ korreliert mit dem Wiederholungsspiel; dieselbe Tendenz sehen wir bei Internal Locus of Control. Weiter ist es nicht erstaunlich, daß das Imitationsspiel vor allem mit Suspension of Reality korreliert, was schon seit dem dritten Lebensjahr der Fall ist. Wenn die Kinder älter werden sehen wir keine Beziehung zwischen Imitationsspiel und Motivation und Control-Variablen. Eine hohe Korrelation finden wir bei Neunjährigen zwischen Konstruktionsspiel und Locus of Control. Gerade beim Konstruktionsspiel auf höherem Niveau erfordert das Spielmaterial Beherrschung, und zwar in höherem Maße als Motivation. Es ist weiter sehr auffallend, daß fast keine der Variablen der Spielverhaltens-Skala mit dem Gruppierungsziel korreliert, sondern daß diese eher zu negativen Korrelationen tendieren. Dies würde bedeuten, daß wenig intrinsische Motivation erforderlich ist, um ein Weltspiel zu spielen und daß das Spielmaterial wenig Internal Locus of Control erfordert.

Wenn es tatsächlich so ist, daß Beziehungen existieren zwischen Imitationsspiel und Konstruktionsspiel einerseits und den Begriffen Motivation, Control und So-tun-als-ob andererseits, so würde das gerade für die Spielpädagogik von großer Bedeutung sein. Es sieht danach aus, daß das Stimulieren von Imitationsspiel und Konstruktionsspiel positive Folgen haben kann für die Motivationsprozesse, den Beherrschungsaspekt und die Vorstellungswelt, denn imitative Betätigungen erfordern Vorstellungen. Weil verschie-

Tabelle 25: SPEARMANs rho (Rang-Korrelationskoeffizient) zwischen
Spielbeobachtungskategorien und Spielbeurteilungsskala
Obere Zahl in jeder Zelle: Gruppe der Dreijährigen (N = 29)
Mittlere Zahl in jeder Zelle: Gruppe der Fünfjährigen (N = 31)
Untere Zahl in jeder Zelle: Gruppe der Neunjährigen (N = 20)

	Wiederholungsspiel	Imitationsspiel	Konstruktionsspiel	Gruppierungsspiel
Intrinsische Motivation	.01	.39	.22	—
	−.47	.13	.22	.18
	−.65	.16	.39	−.25
Internal Locus of Control	.14	.30	.23	—
	−.47	.09	.27	.04
	−.63	.01	.62	−.39
Suspension of Reality	−.14	.54	.23	—
	−.30	.49	−.14	.07
	.01	.61	−.39	−.15
Gesamt-Punktzahl der Spielbeurteilungsskala	.00	.38	.26	—
	−.46	.27	.12	.08
	−.56	.29	.29	−.28

dene Korrelationen signifikant sind ist deutlich, daß es Beziehungen zwischen beiden Methoden (Beobachtungskategorien und Beurteilungsskala) gibt. Der multiple Ansatz unter gleichzeitiger Verwendung beider Methoden scheint jedoch gerechtfertigt zu sein, weil die vorgefundenen Korrelationen nicht so hoch sind, daß eine der Methoden durch die andere ersetzt werden kann.

Wir waren auch in der Lage, zwischen den Variablen Intrinsische Motivation, Internal Locus of Control und Suspension of Reality auf verschiedenen Altersstufen untereinander Vergleiche anzustellen. Zum Schluß nennen wir in Tabelle 26 die SPEARMAN rho Rang-Korrelationskoeffizienten der Variablen der Beurteilungsskala für die drei obengenannten Gruppen der Drei-, Fünf- und Neunjährigen.

Wir stellen fest, daß auf allen Altersstufen eine hohe Korrelation zwischen Intrinsische Motivation und Internal Locus of Control besteht. Dies stimmt mit den Auffassungen überein, die in der Literatur vertreten wurden. Weil es aber ziemlich große Unterschiede zwischen diesen Variablen und den in Tabelle 15 genannten Beobachtungskategorien gibt, sehen wir noch keinen Grund, eine dieser beiden zu eliminieren.

Weiter sehen wir, daß bei jungen Kindern die Zusammenhänge zwischen allen drei Variablen sehr hoch sind und geringer werden, je älter das Kind wird. Diese Differenzierung in der Entwicklung kann sehr gut demonstriert

Tabelle 26: SPEARMANs rho (Rang-Korrelationskoeffizient)
I = Intrinsische Motivation
II = Internal Locus of Control
III = Suspension of Reality
IV = Gesamtpunktzahl der Spielbeurteilungsskala
Obere Zahl in jeder Zelle: Gruppe der Dreijährigen (N = 29)
Mittlere Zahl in jeder Zelle: Gruppe der Fünfjährigen (N = 31)
Untere Zahl in jeder Zelle: Gruppe der Neunjährigen (N = 20)

I	1,00 1,00 1,00			
II	.87 .86 .84	1,00 1,00 1,00		
III	.83 .60 .21	.76 .59 .25	1,00 1,00 1,00	
IV	.97 .91 .87	.93 .93 .90	.90 .79 .57	1,00 1,00 1,00
	I	II	III	IV

werden an den abnehmenden Korrelationen zwischen Suspension of Reality einerseits und Intrinsischer Motivation und Locus of Control andererseits.

Der Entwicklungsprozeß im Spielverhalten scheint also von der von uns entworfenen Skala adäquat erfaßt zu werden.

Man könnte noch Kritik in bezug auf die Intersubjektivität äußern, d. h. ob zwei verschiedene Beobachter dasselbe Spielverhalten auch auf dieselbe Weise *scoren* würden. Wir haben dies bei fünf neunjährigen Kindern untersucht, denn gerade hier ist die Differenzierung des Spielverhaltens am größten. Wir kamen zu einem Inter-Beurteilungsscore von 91 %, den wir als ausreichend betrachten.

Bei derselben Gruppe von Neunjährigen untersuchten wir die interne Konsistenz durch Feststellung des Koeffizienten alpha. Für die gesamte Skala betrug dieser .89. Den niedrigsten Wert hatte die Variable Intrinsische Motivation mit .84.

Wenn wir die in diesem Abschnitt beschriebenen Ergebnisse unserer multidimensionalen Annäherung betrachten, so sind wir der Auffassung, daß es gerechtfertigt ist, uns weiter in dieser Richtung mit dem Spielphänomen zu befassen. Wir meinen, daß durch Verwendung unserer Skala das Spielverhalten als ein „ganzer" Prozeß behandelt wird. Dies ist sehr wichtig, denn gerade eine zu weit führende Analyse des Spielverhaltens läßt den spielerischen Aspekt verschwinden. Spiel ist eine komplexe Tätigkeit, die man nicht in wissenschaftlichen Untersuchungen zu weit reduzieren sollte.

Der Nachteil ist, daß man oft bei komplexen Verhaltensformen nur niedrige Zusammenhänge (Korrelationen) feststellen kann. Unsere Spielbeurteilungsskala scheint nach dem augenblicklichem Stand der Dinge eine brauchbare Methode zu sein, die die bisher angewandten Methoden, wie sie in diesem Kapitel beschrieben sind, nicht ersetzen, aber doch zumindest ergänzen kann und Aussagen über einen wesentlichen Aspekt des Spiels ermöglicht, nämlich die *Intensität* des Spielverhaltens. Wichtig für die zukünftigen Untersuchungen ist, ob wir imstande sind, neue Dimensionen zu entdecken. Vielleicht ist es auf diese Weise auch möglich, wie wir (VAN DER KOOIJ / VRIJHOF 1981) bereits formuliert haben, Beziehungen zwischen emotionalem und kognitivem Spielverhalten zu entdecken. Gerade in dieser Hinsicht fehlt es im Augenblick an einem theoretischer Rahmen, der beide im Imitationsspiel möglichen Aspekte umfaßt.

Ein Plädoyer für eine multidimensionale Behandlung des Spiels soll nicht bedeuten, daß das Wesen des Spiels mit dem Schnittpunkt der Dimensionen zusammenfällt. Eher sind wir der Meinung (VAN DER KOOIJ 1979), daß es sich beim Spiel um ein Gebiet handelt, in dem sich die verschiedenen Dimensionen überschneiden.

Literatur

Arbeitsausschuß Kinderspiel + Spielzeug e. V.: Gutes Spielzeug von A – Z, Ulm 1974
Bellak, L. / Bellak, S. S.: Children's Apperception Test, New York 1949
Berlyne, D. E.: Laughter, Humor and Play, in: Lindzey, G. / Aronson, E.: Handbook of Social Psychology, Vol. 3, Cambridge, Mass., 1969
Bladergroen, W. J.: Waarmee spelen onze kleuters?, IJmuiden 1961
– Kinderspel, in: Aspecten van de kleuteropvoeding, 4. Aufl. Groningen 1971
Bladergroen, W. J. / Veenen, J. van: Spel en speelgoed in onze tijd, Assen 1964
Blurton-Jones, N. G.: Ethological Studies of Child Behavior, London 1972
Bower, T. G. R.: Development in infancy, San Francisco 1974
Brenner, Ch.: An elementary Text of Book of Psychoanalysis, New York 1957
Bruner, J. S.: Processes of Cognitive Growth in Infance, Vol. 3, Clark Univ. Press 1968
Bühler, Ch.: Kindheit und Jugend, Leipzig 1928
Bühler, Ch. / Hetzer, H.: Kleinkindertests, 3. Aufl. München 1961
Cain, L. F. / Levine, S.: Social Competency Scale, Palo Alto, Calif., 1963
Château, J.: Das Spiel des Kindes, Paderborn 1964
Düss, L.: La méthode des fables en psychoanalyse, in: Arch. Psychol. 28, 1 – 51
Erikson, E. H.: Sex differences in the Play-configuration of pre-adolescents, in: Amer. Journal Orthopsychiatry XXI (1951), 4
Hansen, W.: Die Entwicklung des kindlichen Weltbildes, München 1955
Hartmann, W. / Heginger, W. / Rieder, A.: Spiel, Baustein des Lebens, Wien 1976
Helanko, R.: Theoretical Aspects of Play and Sozialization, Annales Universitatis Turkuensis, Ser. B, Tom. 70 (1958), 1 – 48
Hetzer, H.: Das Spiel des Hilfsschulkindes, in: Zeitschrift für Heilpädagogik 12 (1955) und 1 (1956)
– Grundprobleme der technischen Erziehung, in: Lebendige Schule 23 (1968), 8
– Spielmaterial für verschiedene Formen des Säuglings- und Kleinkindspiels, in: Hundertmark, G.: Kleinkinderziehung, München 1972
Hutt, S. J. / Hutt, C.: Direct observation and measurement of behavior, Oxford 1970
ICCP Proceedings: Conference 1962 in Groningen
Johannesson, J. / Höweler, M.: Study of children in high-rises and low-rises residential districts, Rep. nr. 38, Dept. of Education, University Lund, Sweden, 1973

Kamp, L. N. J.: Speldiagnostiek, Utrecht 1947
Kamp, L. N. J. / Kessler, E. S.: The World Test: Developmental Aspects of a Playtechnique, in: Child Development II, 1970
Kluge, N.: Spielpädagogik, Bad Heilbrunn (Obb.) 1980
Kohlberg, L.: Education: a Cognitive Development View, in: Child Development 39 (1968)
Kooij, R. van der: Spelen mit Spel, Ijmuiden 1974
— Diagnostiek, in: Groot, R. de, et al.: Leermoeilijkheden, Visie op behandling, 2. Aufl. Groningen 1978
— Dimensionen der allgemeinen Sonderpädagogik, in: Zeitschrift für Heilpädagogik, Februar 1979, 67 — 75
— Situation actuelle de la recherche sur la jeu et le jouet, in: L'Education par le jeu, Mars 1979 a, 5 — 15, Juin 1979, 4 — 14
Kooij, R. van der / Beenen, G. / Blij, E. van der: Beurteilungsskala des Spielverhaltens, Institut für Heilpädaogigik, Groningen 1981
Kooij, R. van der / Corvers, L. B. J. / Verhoeven, H. W. A. M.: Spielgedrag — analyse van de interaktie tussen moeder en kind in een spelsituatie, Institut für Heilpädagogik, Groningen 1981
Kooij, R. van der / Groot, R. de: That's All in the Game, Theory and Research, Practice and Future of Children's Play, Rheinstetten 1977
Kooij, R. van der / Smit-Voeth, A.; Een spelactiveringsprogramma bij driejarigen, Institut für Heilpädagogik, Groningen 1977
Kooij, R. van der / Staaij-Saal, J. M. / Mostert, P. G.: Vroegkinderlijk spel, Institut für Heilpädagogik, Groningen 1974
Kooij, R. van der / Vrijhof, H. J.: ‚Play and Development', in: Topics in Learning and Learning Disabilities, April 1981, 57 — 67
Lippit, R. et al.: The Dynamics of Power: a Fieldstudy of social influence in groups of children, in: Human Relations 5 (1952)
McCune-Nicolich, L.: Toward Symbolic Functioning: Structure of Early Pretend Games and Potential parallels with Language, in: Child Development 52 (1981), 785 — 797
Newson, J. / Shotter, J. D. S.: How babies communicate, in: New Society 8 (1974), 8
Piaget, J.: The psychology of intelligence, New York 1950
— Play Dreams and imitation, 3. Aufl. London 1972
Rost, D. H.: Playing games as a mean for improving spatial abilities in primary school children, in: Core. An International Journal of Educational Research in Microfiche 4 (1980), No. 2, Fiche 2 E 4 — 3 Az
Roth, W. K.: Entwicklung des technischen Verständnisses, Ravensburg 1974
Saltz, E. / Johnson, J.: Training for Thematic-Fantasy Play in Culturally Disadvanged Children: Preliminary Results, in: Journal of Educational Psychology 66 (1974), 189 — 194
Sander, F.: Kindes- und Jugendpsychologie als genetische Ganzheitspsychologie, in: Sander, F. / Volkelt, H.: Ganzheitspsychologie, München 1962
Schmidtchen, S. / Erb, A.: Analyse des Kinderspiels, Köln 1976
Scott, W. A.: Reliability of content analysis: the case of nominal scale coding, Reb. Op Quart. 19 (1955), 321 — 325
Singer, J. L.: The Child's World of Make-believe, New York 1973
Tolicic, J.: Die wechselseitige Beziehung zwischen Spielverhalten und geistiger Entwicklung von Kindern, in: Schule und Psychologie (1963)
Trevarthen, J.: Descriptive Analysis of Infant communication Behavior, in: Schaffer, H. R.: Study in mother-infant Interaction, London 1977
Vermeer, E. A. A.: Spel en spelpedagogische problemen, Utrecht 1955
Volkelt, H.: Grundfragen der Psychologie, München 1963
Wegwijzer in Speelgoedland, Stichting K. en O., 's-Gravenhage 1979
Wood, D. / Middleton, D.: A Study of Assisted Problem Solving, in: British Journal of Psychology, July 1975

Wygotski, L. S.: Denken und Sprechen, Berlin 1964
Wylick, M. van: Die Welt des Kindes in seiner Darstellung, Wien 1936
Yawkey, T. D.: An Experimental Investigation of Correlates of Imagination, Pretend and Cognitive Learning in Five Year Old Children, ICCP-Conference, Turino 1981

5. Pädagogische Funktionen und und Implikationen des Kinderspiels

Hans Hoppe

Einleitung

Die pädagogische Diskussion über den Stellenwert des Spiels für die Entwicklung und Erziehung der Kinder hat eine lange Geschichte, wenngleich festzustellen ist, daß sie in den letzten zehn Jahren sowohl an Umfang als auch in dem Bemühen um theoretische und empirische Fundierung der dabei vertretenen Standpunkte beträchtlich zugenommen hat (SCHMEISER 1971, SCHRÖDER 1980). Schon in den staatsphilosophischen Schriften von PLATON und ARISTOTELES finden sich dezidierte Aussagen über den erzieherischen Wert und Nutzen des Kinderspiels. Wie historische Zeugnisse belegen (COLOZZA 1900; SCHEUERL 1975), nimmt die Auseinandersetzung mit dem kindlichen Spiel und seinen erzieherischen Funktionen und Implikationen in dem Maße zu, wie die geschichtliche Entwicklung der gesellschaftlichen Produktions- und Lebensformen es möglich oder erforderlich macht, der Aufzucht und Erziehung der Kinder in einem von den Lebens- und Arbeitsbereichen der Erwachsenen weitgehend abgetrennten Schonraum besondere Aufmerksamkeit zuteil werden zu lassen.

Die Geschichte dieser Auseinandersetzung ist über die Jahrhunderte hinweg durch eine doppelte Polarität in der Einschätzung des kindlichen Spiels gekennzeichnet. Auf einer ersten Ebene äußert sich diese Polarität im Widerstreit der Ansicht, daß es sich beim kindlichen Spielen um ein „törichtes Treiben" und um „nutzlose Tändelei" handle, mit der entgegengesetzten Ansicht, daß es sich dabei um eine grundlegende Form kindlichen Lernens und kindlicher Selbstausbildung handle (CALLIESS 1975, 15). Auf einer zweiten, im engeren Sinne pädagogischen Betrachtungsebene steht nicht mehr grundsätzlich der Lern- und Erziehungswert kindlichen Spielens in Frage. Der Gegensatz der Auffassungen ergibt sich aus der unterschiedlichen Beantwortung der Frage danach, ob und in welchem Umfang eine zielgerichtete pädagogische Einwirkung auf das Spiel der Kinder erfolgen kann oder soll (FLITNER 1976, 90 f.). Dabei ergeben sich die Widersprüche in beiden Fällen nicht zuletzt aus den im einzelnen sehr unterschiedlichen Anschauungen darüber, was unter Spiel im allgemeinen und unter Kinderspiel im besonderen eigentlich zu verstehen sei.

Angesprochen sind damit zugleich die Problembereiche, mit denen wir uns im folgenden näher befassen werden. Im ersten Teil soll eine genauere Bestimmung des Phänomens ‚Kinderspiel' in Abgrenzung zu anderen kindlichen Tätigkeitsformen vorgenommen werden. Im zweiten Teil wird die Frage nach dem Verhältnis von Spielen und Lernen, die Frage nach dem funktionalen Erziehungswert des kindlichen Spiels behandelt. Im dritten Teil schließlich werden wir uns mit den Möglichkeiten und Formen der pädagogischen Einflußnahme auf das kindliche Spiel und mit den Bedingungen seiner zielgerichteten erzieherischen Nutzbarmachung befassen.

I. Zum Begriff des kindlichen Spiels

1. Verwirrung um den Spielbegriff

Im alltäglichen Sprachgebrauch ist es durchaus üblich, alles kindliche Tun und Tätigsein, das nicht so offensichtlich wie etwa Essen, Trinken, „Schmusen" oder auch Schlafen der Befriedigung primärer körperlicher oder affektiver Bedürfnisse dient, pauschal als Spiel zu bezeichnen. Das gilt vor allem für die Aktivitäten kleinerer Kinder und für die älteren in der Regel solange, wie sie weder in Schule oder Vorschule ausdrücklich mit „Lernen" bzw. Schularbeit befaßt sind, noch im elterlichen Haushalt, Betrieb oder auch anderswo zur Verrichtung irgendwelcher Aufgaben, Hilfsarbeiten und Dienstleistungen herangezogen werden. Indem so die verschiedenartigsten kindlichen Betätigungen von den frühen Körper-, Tast-, Greif- und Hantieraktivitäten des Kleinkindes bis hin zu handwerklichen, künstlerischen oder sportlichen Betätigungen des Schulkindes unterschiedslos als Spiel bezeichnet werden, erfährt der Spielbegriff eine Ausweitung, durch die er als Form der definitorischen Abgrenzung und der Erkenntnis von etwas Bestimmtem, eben des Phänomens Kinderspiel, problematisch wird. Derartige Bedenken werden auch von OERTER (1967), BERLYNE (1969) und SCHEUERL (1975) geäußert angesichts der Divergenzen und Widersprüche, die sie hinsichtlich der theoretischen und begrifflichen Erfassung des Spiels zwischen den verschiedenen spieltheoretischen Ansätzen feststellen.

Dennoch weist die oben angedeutete Tendenz zur Abgrenzung der als Spiel bezeichneten kindlichen Aktivitäten von primären Lebensvollzügen wie Essen, Trinken etc. einerseits und von Schul-, Haus- oder Hilfsarbeit andererseits darauf hin, daß trotz der allgemein konstatierten „Verwirrung um den Begriff Spiel" (PORTELE 1976, 115) dieser sich offenbar dennoch — und trotz seines beklagten Mangels an Trennschärfe — auf eine Kategorie von Tätigkeits-, Handlungs- und Verhaltensformen bezieht, die eben nicht ohne weiteres in die Kategorie der primären Lebens- und Arbeitstätigkeiten einzuordnen sind.

Eine Beantwortung der Frage nach den erzieherischen Funktionen, den Lernmöglichkeiten und den Möglichkeiten der pädagogischen Nutzbarmachung des kindlichen Spiels ist jedoch nicht möglich, ohne genauer benennen zu können, um welche Aktivitäten es sich dabei eigentlich handelt, was sie wesentlich ausmacht und durch welche spezifischen Merkmale sie sich von anderen, nicht-spielerischen Lebensäußerungen der Kinder unterscheiden. Erforderlich ist daher zunächst eine präzisere Bestimmung des

Spielbegriffs, wenn vielleicht auch „alle Definitionsversuche beim gegenwärtigen Stand der Spieltheorie nur vorläufigen Charakter haben können" (CALLIESS 1975, 19). In einer Reihe von spieltheoretischen Erklärungsversuchen werden dem Spiel jeweils nur bestimmte, einander zum Teil widersprechende Einzelfunktionen und Entstehungsursachen zugeschrieben — wie zum Beispiel Abbau triebbedingter Bedürfnisspannungen, Erholung ermüdeter Systeme und Sammlung neuer Kräfte, Abreaktion überschüßiger Kräfte etc. — und zugleich zu wesentlichen Bestimmungsmerkmalen von Spiel überhaupt erhoben (vgl. SCHEUERL 1975, 51 ff.; 74 ff.). Im Gegensatz dazu ist davon auszugehen, daß weder die Frage nach den objektiven (materiellen oder gesellschaftlichen) Ursachen und nach den subjektiven Beweggründen für das Zustandekommen von Spielaktivitäten noch daß die Frage nach deren jeweiliger Funktion für das spielende Subjekt einheitlich und allgemeinverbindlich für die verschiedenen historischen Erscheinungsformen des Spiels beantwortet werden können. Möglich erscheint es hingegen, worauf auch die zum Teil übereinstimmenden Aussagen der verschiedenen spieltheoretischen Ansätze hindeuten, in bezug auf den Vorgang des Spielens selber, in bezug auf die konstitutiven Faktoren seines Vollzugs, eine Anzahl von Merkmalen anzugeben, durch die sich menschliche Spielaktivitäten — ungeachtet ihrer jeweiligen Entstehungsursachen, Erscheinungsformen und Funktionen für die Spieler — von anderen Lebenstätigkeiten und -vollzügen des Menschen wesentlich unterscheiden. Insofern bei einem solchen Definitionsansatz zunächst dem konkreten Kontext von Spielen, d. h. den konkreten Ursachen, Motiven und Funktionen ihrer Auswahl und ihres Vollzuges, keine besondere Beachtung geschenkt wird, können die darin getroffenen Bestimmungen für das Spiel der Kinder und für das der Erwachsenen als gleichermaßen gültig angesehen werden (HERING 1979, 82).

2. Bestimmungsmerkmale menschlicher Spieltätigkeit

Entgegen der Ansicht SCHEUERLS (1975, 199), daß „auf den Spielbegriff angewandt . . . alles schief und verworren werden (muß), wenn ich Spiel unter den Oberbegriff ‚Tätigkeit' bringe", wird hier davon ausgegangen, daß es sich beim Spielen, als dem praktischen Vollzug von „Spiel"-Handlungen durch menschliche Subjekte, um eine spezifische Form menschlicher Tätigkeit handelt (RUBINSTEIN 1971). Diese ist gegenüber anderen menschlichen Tätigkeitsformen insbesondere durch die ihren Vollzug bestimmenden Handlungsziele, -wirkungen, -voraussetzungen und -strukturen gekennzeichnet.
Als allgemeine Bestimmungsmerkmale menschlicher Spieltätigkeit lassen sich unter Bezugnahme auf diesbezüglich übereinstimmende Aussagen insbesondere auch der phänomenologisch orientierten Spielforschung (HUIZINGA 1962; CAILLOIS 1958; HENRIOT 1976; CALLIESS 1975; HOPPE / KÜHL / NÖTZEL 1979) im einzelnen angeben:

a) Beim Spielen handelt es sich um eine vom Menschen selbst gewählte oder gewollte Betätigung der ihm — je nach Entwicklungs- und Ausbildungsstand — eigenen körperlichen, geistigen und emotionalen Kräfte und Vermögen, und zwar um eine Betätigung, die ihr Ziel in ihrem Vollzug selbst hat. Die spielerische Betätigung wird vom Menschen also um ihrer selbst willen vollzogen, d. h. sie wird um ihres besonderen Inhalts und um des mit ihrem Vollzug unmittelbar verbundenen Lustgewinns willen durchgeführt. Im Unterschied zu extrinsisch motivierten und belohnenden Aktivitäten, die nur das Mittel zu einer Belohnung sind, insofern sie als Mittel zur Erreichung eines außerhalb ihres Vollzuges liegenden Zieles, Zweckes, Ergebnisses dienen, handelt es sich bei Spieltätigkeiten um „intrinsisch belohnende" Aktivitäten, die auch als „autotelische" bezeichnet werden, „weil sie ihre Ziele und Motivationsquellen in sich selbst haben" (MOORE / ANDERSON 1976, 33).

Für die Dauer ihres freiwilligen Vollzuges gewährt die Spieltätigkeit dem Spieler Gefühle des Wohlbefindens und der Befriedigung, wie sie einerseits aus dem Erlebnis erwachsen, dem eigenen Willen und den eigenen Neigungen ohne äußere Einschränkungen, soziale Repressionen und formelle Sanktionen entsprechen zu können, und wie sie sich andererseits dann einstellen, wenn es einem gelingt, eben *das* Ziel zu verwirklichen und zu erreichen, das einem für den Augenblick als das wichtigste erscheint — für den Spieler also: der Vollzug der von ihm gewollten inhaltlich bestimmten Betätigung (LJUBLINSKAJA 1975, 141).

b) Als allgemeine Voraussetzungen für das Zustandekommen menschlicher Spielaktivitäten wären zu nennen: *erstens* das Vorhandensein einer Ich-Instanz, die über ein bloß instinktives oder reflexhaftes Funktionieren hinaus zur Durchführung willensgesteuerter Handlungen fähig ist (PIAGET 1969, 12); *zweitens* das Vorhandensein einer Situation, in der für das Ich nicht die unmittelbare und zwingende innere oder äußere Notwendigkeit besteht, ergebnisorientiert zum Zwecke der eigenen Lebenssicherung, -erhaltung und -bewältigung tätig zu sein, und in der es daher die Freiheit hat, sowohl den Inhalt als auch das Ziel seiner jeweiligen Betätigung, entsprechend seinen eigenen Interessen und momentanen Wünschen und Neigungen, selbst zu bestimmen. Nur wenn der Mensch es sich aufgrund seiner materiellen, seiner physischen, psychischen und sozialen Existenzbedingungen — und sei es auch nur momentan — erlauben kann, nicht ausschließlich zum Zwecke der Erreichung bestimmter Ergebnisse und der Hervorbringung materieller oder ideeller Produkte tätig zu sein, eröffnet sich für ihn die Möglichkeit, Tätigkeiten auch nur um ihrer selbst, um ihres besonderen und für ihn reizvollen Inhalts willen aufzunehmen.

c) Im Unterschied zur inhaltlichen Begrenztheit anderer menschlicher Lebenstätigkeiten und -vollzüge sind die Möglichkeiten der inhaltlichen Ausrichtung der spielerischen Betätigung unbegrenzt. Alle menschlichen Lebensäußerungen, alle Arten von Tätigkeiten, alle wahrnehmbaren oder vorstellbaren Erscheinungen und Vorgänge der belebten und der unbelebten Welt können in jeder nur denkbaren Auswahl und Form zu Inhalten der spielerischen Betätigung werden: „alles, schlechthin alles kann gespielt werden, kann in der Form des Spieles erlebt sein" (FISCHER 1975, 85). Nicht der besondere Inhalt oder die besondere Art einer Tätigkeit an sich entscheidet also darüber, ob es sich bei deren Vollzug um Spiel oder Arbeit oder noch etwas anderes handelt. Ein und dieselbe Tätigkeit kann einmal als Spiel, ein andermal als Arbeit vollzogen werden. Als was sie im konkreten Fall jedoch betrieben und erlebt wird, hängt letztlich von dem Ziel und der Einstellung ab, die das handelnde Subjekt mit dem Vollzug der betreffenden Tätigkeit verbindet.

d) Spielerische Betätigungen sind ihrem äußeren Ablauf nach dadurch bestimmt, daß die Spieler die Regelungen und Anweisungen für ihr Handeln und Verhalten, die mit dem jeweiligen Inhalt der von ihnen gewählten bzw. gewollten Betätigung explizit oder implizit gegeben sind, freiwillig einhalten.

Seiner inneren Struktur nach ist der Vorgang des Spielens allgemein dadurch gekennzeichnet, daß die individuellen, sozialen und materiellen Gegebenheiten der „primären" Lebensrealität der Spieler (also die existenzbestimmenden Faktoren oder kurz: die „Existenzbestimmung" der menschlichen Träger des Spiels) durch die mit dem jeweiligen Betätigungsinhalt vorgegebenen Handlungsanweisungen und Verhaltensregelungen (also durch die „Inhaltsbestimmung" der im Spielvorgang zu vollziehenden Tätigkeit) in ihrer „primären" Gültigkeit, Bedeutung, Wirkungsweise und Entfaltungsmöglichkeit eingeschränkt werden und daß sie nur noch in dem Maße und in der Weise in Erscheinung treten, wie es die jeweilige Inhaltsbestimmung des Spielvorgangs vorschreibt oder zuläßt.

Inhaltsbestimmung und Existenzbestimmung sind als die konstituierenden Momente eines jeden Spielvorgangs anzusehen. Dessen konkrete Formbestimmung ergibt sich aus der Art ihres jeweiligen Verhältnisses zueinander. Die formalen Ausprägungen dieses Verhältnisses, wie sie sich in den verschiedenen Erscheinungsformen menschlicher Spieltätigkeit darstellen, reichen von der minimalen Modifikation der konkret vorhandenen primären Lebensrealität der Spieler bis hin zu deren mehr oder weniger vollständigen Überformung, Umwandlung und Umdeutung gemäß den jeweils inhaltlich vorgegebenen Bestimmungen und Regelungen des Spielvorgangs (HOPPE 1978, 97 f.).

e) Spielerische Handlungsvollzüge manifestieren sich aufgrund ihres Selbstzielcharakters und aufgrund ihrer Doppelbestimmtheit durch Inhaltsbestimmung einerseits und Existenzbestimmung andererseits als eine Handlungsrealität eigener Art, als eine „sekundäre" Realität (SPENCER 1897; CAILLOIS 1958) oder Meta-Realität jenseits der primären Lebensvollzüge der Spielsubjekte, auf denen sie zugleich doch basieren.

3. Besonderheiten des kindlichen Spiels

Die hier in thesenhafter Form aufgeführten allgemeinen Bestimmungen der menschlichen Spieltätigkeit sind im Hinblick auf die Besonderheiten des kindlichen Spiels in einigen Punkten zu ergänzen und zu präzisieren. Das betrifft nicht nur den quantitativen und qualitativen Stellenwert, den Spielaktivitäten im Leben und im Prozeß der Entwicklung der Kinder einnehmen. Es betrifft auch deren Abgrenzung von kindlichen Aktivitäten, die im oben definierten Sinne eben nicht, nicht mehr oder noch nicht als Spiel zu bezeichnen wären.

Aus den obigen Ausführungen geht hervor, daß die spezifisch spielerische Betätigung außer von solchen Lebensvollzügen, die der lebensnotwendigen Befriedigung materieller oder affektiver Bedürfnisses dienen, auch von solchen Tätigkeitsformen zu unterscheiden ist, die – wie die verschiedenen Arbeitstätigkeiten und wie auch künstlerische oder sonstige werkschaffende Betätigungen – der zielgerichteten Hervorbringung materieller oder ideller Produkte dienen, die als objektiv gegebene Resultate der jeweiligen Tätigkeit nicht nur für das tätige Subjekt, sondern auch für andere Personen einen wie auch immer gearteten „Gebrauchswert" haben können. Wenn die Spieltätigkeit daher auch nicht als eine Produktionstätigkeit im engeren Sinne angesehen werden kann, so kann sie doch auch nicht als „unproduktive Betätigung" (CAILLOIS 1958, 39) bezeichnet werden. Zwar wird durch den Spieler kein außerhalb seiner selbst existierendes ideelles oder materielles Produkt hervorgebracht. Der produktive Charakter der spielerischen Betätigung ist jedoch darin zu sehen, daß der Spieler sich durch ihren Vollzug in gewisser Weise selbst, d. h. als ein mehr oder weniger verändertes Selbst, hervorbringt, daß er also selbst als das Werk, das Produkt seines Spielens betrachtet werden kann (HENRIOT 1976, 63). Zumal für das Kindesalter, in dem zum einen vielfältige Selbst-Entwicklungsaufgaben von den Kindern zu bewältigen sind und in dem zum anderen — und zumindest in Gesellschaften wie der unseren — das Spielen eine dem Kind unmittelbar zugängliche Betätigungsform darstellt, kommt daher dem Spielen als einer Form der praktischen Selbst-Produktion, als einer Möglichkeit der Entwicklung, Ausbildung und Ausformung des kindlichen Wahrnehmungs-, Erkenntnis-, Verhaltens- und Handlungspotentials, eine nicht zu unterschätzende Bedeutung zu.

Dabei ist zu betonen, daß das Spielen nicht nur insofern als eine dem Kind unmittelbar zugängliche Betätigungsform anzusehen ist, als den Kindern in unserer Gesellschaft im Regelfall der Schutz, die Fürsorge und der Freiraum gewährt werden, die ihnen ihre spielerischen Betätigungen ermöglichen. Ebenso gewichtig wie diese objektiven sind die subjektiven, in der Antriebsstruktur des Kindes liegenden Bedingungen für dessen bevorzugte Hinwendung zu spielerischen Betätigungen. „Aus dem Kontakt mit der äußeren Welt erwachsen ihm vielgestaltige innere Antriebe, die es durch ihre unmittelbare Anziehungskraft zum Handeln anregen" (RUBINSTEIN 1971, 729), und zwar zu einem Handeln, das um der in ihm liegenden Anziehungskraft willen erfolgt und dessen Vollzug mit Befriedigung oder Lustgewinn verbunden ist, solange die in ihm liegende Anziehungskraft nicht erschöpft ist. Zu solcher Art der Betätigung, der spielerischen Betätigung, drängt das Kind im frühen Kindesalter von dem Zeitpunkt an, wo es als Ich seine eigenen, auf unmittelbare Befriedigung ausgerichteten Antriebe, Wünsche und Absichten zu realisieren versucht (WYGOTSKI 1973, 17).

Deren Realisierung in der Form spielerischer Betätigung ist jedoch nur dann möglich, wenn keine stärkeren inneren oder äußeren Reize, Stör- und Verunsicherungsfaktoren das Kind dermaßen in Anspruch nehmen oder beeinträchtigen, daß es sich — ob es will oder nicht — mit der Hervorbringung darauf bezogener Reaktionen befassen muß. Letzteres wäre nach PIAGET (1969) etwa bei kindlichen Reaktionen der Fall, „die eine Lösung von Problemen mit Resultaten von informativem Wert anstreben" (HERING 1979, 20). Ähnlich unterscheidet HUTT (1971) zwischen spielerischer Betätigung und explorativem Verhalten des Kindes. Dieses wird als ein streng reizbezogenes und reizdeterminiertes Verhalten angesehen, das ausschließlich auf den Erwerb von Informationen über die als auslösende Reize fungierenden unbekannten Objekte ausgerichtet ist.

Als Voraussetzung für das Auftreten spielerischen Verhaltens wird demgegenüber die ausreichende Bekanntheit der das Kind umgebenden Objekte und auf es einwirkenden Umweltreize angegeben. Während exploratives Verhalten geleitet wird von der Frage: „What does this object do?" ist spielerisches Verhalten bestimmt durch die Frage: „What can I do with this object?" (HUTT 1971, 246). SUTTON-SMITH (1974) spricht in diesem Zusammenhang von „mastery behaviour" im Unterschied zu „play behaviour".

Mastery, d. h. „das Erkunden von Dingen (exploration), das Erproben der eigenen Handlungs- und Bewegungsmöglichkeiten (testing), das Nachahmen (imitation) und das Konstruieren (construction)" (RETTER 1975, 468), bezeichnet die verschiedenen Arten der direkten Auseinandersetzung des Kindes mit seiner Umwelt und wird als eine Grundform der frühkindlichen Situations- und Problembewältigung verstanden. Gegenüber solchen „Vorformen dessen, was im späteren Alter als ‚Arbeit' die Existenzbewältigung des Erwachsenen bestimmt, ... vollzieht sich Spiel (play) nicht in direkter Auseinandersetzung mit der realen Welt, sondern stellt ein von der Wirklichkeit abstrahierendes Handlungsfeld dar, in dem sich der Spieler frei von äußeren Zwängen fühlt und nach eigenen Regeln handelt" (RETTER 1975, 468 f.).

Auch für SUTTON-SMITH bilden Vertrautheit und Bewältigung der dinglichen und personellen Umwelt die allgemeinen Voraussetzungen für das Zustandekommen kindlicher Spielaktivitäten. Darüber hinaus vertritt er die Ansicht, daß — abgesehen von einer allgemeinen, kulturunabhängigen Tendenz des Kindes zu spielerischen Verhaltensäußerungen — „der Übergang von Erkundungs- zu Spielverhalten in der Regel einer erheblichen Modelleinwirkung (modelling) durch die Erwachsenen bedarf" (SUTTON-SMITH 1975, 326).

II. Kindliches Spielen und Lernen

Die eingangs erwähnte Tendenz, die Gesamtheit der nicht unmittelbar lebenserhaltenden kindlichen Aktivitäten als Spiel zu bezeichnen, findet ihre Entsprechung in der Anschauung, daß wenn nicht alles, so doch ein Großteil dessen, was das Kind vom Kleinkindalter bis zum Schuleintritt lernt und zu lernen hat, vorzugsweise im Spiel gelernt werde: „Die Spiele dieses Alters sind die Herzblätter des ganzen künftigen Lebens; denn der ganze künftige Mensch entwickelt sich und zeigt sich in denselben in seinen feinsten Anlagen, in seinem innern Sinn" (FRÖBEL 1961, 36). Demgegenüber mag die genauere Abgrenzung der kindlichen Spielaktivitäten von primären Lebensvorgängen, von Explorations- und Bewältigungsvorgängen einerseits und von ergebnisorientierten Lern- und Produktionstätigkeiten andererseits, die Vermutung nahelegen, daß im Vergleich zu diesen die spielerische Betätigung im Grund nur geringe Lernmöglichkeiten für die Kinder enthalte. Denn nach HUTT (1971) ist das Spielen, wie HERING (1979, 40) ausführt, „informationstheoretisch ein ‚hochgradig redundantes Verhalten', das per definitionem wesentlich auch Wiederholungscharakter trägt". Ähnlich wie SCHEUERL (1979, 185) gibt FLITNER (1975, 119) daher zu bedenken, „daß man nicht einen zu kurzschlüssigen Zusammenhang zwischen Spielen und Lernen herstellen darf und daß die Kataloge von Lernwirkungen, die von der Kameradschaft bis zur Leistungshaltung reichen, mehr dem Reich der Wünsche und Spekulationen als dem gesicherter Tatsachen oder auch nur des Wahrscheinlichen angehören".

Um eine Entscheidung darüber treffen zu können, ob in den verschiedenen Erscheinungsformen kindlicher Spieltätigkeit letztlich nur zum Ausdruck und zur Anwendung kommt, was bereits in anderen, nicht-spielerischen

Lebens- und Handlungszusammenhängen gelernt wurde, oder ob es sich beim Spielen in der Tat um eine grundlegende und dem jeweiligen Entwicklungsniveau der Kinder angepaßte Form des Lernens handelt (RÜSSEL 1965), bedarf es einer eingehenderen Klärung des Verhältnisses von Spielen und Lernen. Unter Bezugnahme auf die oben angegebenen Bestimmungsmerkmale kindlichen Spielens sollen daher im folgenden auf der Grundlage der Ergebnisse, die aus den verschiedenen Bereichen der theoretischen und empirischen Spielforschung vorliegen, die im kindlichen Spielen liegenden Lernmöglichkeiten näher bestimmt werden.

1. Zur theoretischen Begründung des kindlichen Spielens als Lernform

Als wesentliches Strukturmerkmal spielerischer Handlungsvollzüge wurde herausgestellt, daß sich die Spielenden für die Dauer des Spielvollzugs zum einen zwar in einer Handlungsrealität eigener Art bewegen, daß sie dabei aber zugleich auch ihrer eigenen primären Lebensrealität verhaftet bleiben. Denn in welcher Form und unter welchen inhaltlichen Bedingungen das spielerische Handeln sich auch vollziehen mag und wie sehr es im einzelnen auch – etwa als phantastisches Rollenspiel oder in der aktiven Auseinandersetzung des Kindes mit den gegenständlichen und figürlichen Erscheinungen seiner Spielzeugwelt – von den primären Lebensvollzügen, Handlungs- und Verhaltensweisen der Spieler abweichen mag, es ist zugleich doch immer mit einer primär wirklichen Betätigung der den Spielern eigenen körperlichen, geistigen und emotionalen Kräfte und Dispositionen verbunden. Beim Spielen handelt es sich um eine Form der praktischen Aktivierung des jeweils vorhandenen menschlichen Verhaltens- und Wahrnehmungspotentials, die sich zwar ihrer Zielrichtung, Organisationsform und Bedeutung nach, nicht aber ihrer physischen und psychischen Natur nach von dessen Aktivierung und Betätigung im Rahmen anderer praktischer Lebenstätigkeiten des Menschen unterscheidet (vgl. SCHEUERL 1979, 180 f.).

Wie in allen anderen Formen des frühen und späteren kindlichen Tätigseins, können daher auch im Rahmen spielerischer Betätigungen beim Kind bereits ausgebildete Fähigkeiten, Fertigkeiten, Kenntnisse, Motivationen und Werthaltungen durch deren praktische Aktivierung und Anwendung verstärkt und gefestigt werden. Je nach den Handlungsanregungen, Leistungsanforderungen und den mit ihnen verbundenen neuen Erfahrungsinhalten, die eine vom Kind um ihrer Anziehungskraft willen aufgenommene Tätigkeit enthält, können durch deren Vollzug auch Veränderungen und speziell Erweiterungen im kindlichen Handlungs-, Orientierungs-, Motivations-, Wertungs- oder Steuerungssystem (ROTH 1976, II) bewirkt werden: „Das Spiel fördert, indem es fordert" (SCHEUERL 1979, 182). Insbesondere die häufig bis zur Erschöpfung ihrer Anziehungskraft wiederholte Durchführung der gleichen spielerischen Betätigung kann dabei eine Festigung und Differenzierung der in ihr erstmalig hervorgebrachten Leistungen, Handlungs- und Reaktionsweisen bewirken.

Was nun aber im konkreten Fall eines bestimmten Spielvorgangs von den daran Beteiligten wirklich gelernt, d. h. relativ dauerhaft angeeignet wird, läßt sich letztlich nur durch eingehende Analyse ermitteln. Dabei ergibt sich jedoch das Problem, daß Spielvorgänge sich aufgrund ihres besonderen, nicht ergebnisorientierten Prozeßcharakters und aufgrund der Vielzahl der in ihnen wirksamen Variablen als eher „analyseresistent" erweisen und daß sie von daher hinsichtlich der durch sie erzielten Lerneffekte nur begrenzt valide und generalisierbare Aussagen zulassen (HERING 1979, 141). Ohne daher ausschließen zu wollen, daß im Einzelfall auch noch anderes und weiteres in einem bestimmten Spielvorgang erfahren und gelernt werden kann, läßt sich dennoch generell festhalten, daß dabei prinzipiell zumindest all die Kräfte, Fertigkeiten und Dispositionen gefestigt, ausgebildet und neu erworben werden können, die zum angemessenen und befriedigenden Vollzug der vom Kind gewählten oder gewollten inhaltlich bestimmten Betätigung erforderlich sind. Außer von den konkreten subjektiven und objektiven Bedingungen, also vom Reifegrad, Entwicklungsstand, von der momentanen Verfassung des Kindes sowie von den äußeren Bedingungen der Spielsituation, hängt es also wesentlich vom jeweiligen Inhalt der spielerischen Betätigung, von der besonderen Inhaltsbestimmung des Spielvorgangs ab, welche Kräfte und Vermögen des Kindes im einzelnen aktiviert, betätigt, gefordert und dadurch eventuell gefestigt, gefördert, ausgebildet oder neu erworben werden. Dieser Einschätzung entspricht ansatzweise auch die funktionsorientierte Klassifizierung von Kinderspielzeug, wie sie der Arbeitsausschuß Gutes Spielzeug in seinem Handbuch „Gutes Spielzeug" (1967) vornimmt: Auf der Grundlage einer inhaltlichen Bestimmung der durch ein bestimmtes Spielzeug determinierten Betätigungsmöglichkeiten des Kindes erfolgt dessen schwerpunktmäßige Zuordnung zu den entsprechenden Bereichen beispielsweise des motorischen, emotionalaffektiven oder sozialen Verhaltens und Lernens.

Es wurde bereits angeführt, daß dem Menschen letztlich alle denkbaren Erscheinungen und Vorgänge der belebten und unbelebten Welt zum Inhalt seiner spielerischen Betätigung werden können. Ebenso können dem Kind, wann immer sich ihm ein von primären Lebensbewältigungsaufgaben entlasteter Spielraum eröffnet, alle von ihm aus irgendeinem Grund als reizvoll und anziehend wahrgenommenen eigenen oder fremden Lebensäußerungen zum Inhalt von Lernerfahrungen werden. Durch den mit Lustgewinn und Befriedigung verbundenen Vollzug der Spielaktivität kann mit einer allgemeinen Verstärkung des dabei geäußerten Verhaltens gerechnet werden.

Denn „werden Bedürfnisse befriedigt, erlebt ein Lebewesen Verstärkung und Belohnung seiner Aktivität, und es wird in ähnlichen Situationen ähnliche Ziele verfolgen" (ROTH 1976, II 288).

Dabei ist fraglos der einschränkenden Feststellung FLITNERs (1975, 119) zuzustimmen: „Beim Spielen lernt das Kind in erster Linie – spielen". Und nach SCHEUERL (1979, 180) sind hinsichtlich der spielbezogenen Lerneffekte „zwei Arten von Leistungen, die dem Spiel dienen, zu unterscheiden:

Erstens solche, die auf Herstellung, Erhaltung und Verbesserung der Spielrahmen gerichtet sind, und zweitens solche, die unmittelbar das Erzeugen und Erhalten des Spielgeschehens bezwecken". Doch mehr noch als bei den spielerischen Betätigungen der Erwachsenen kann bei denen der Kinder davon ausgegangen werden, daß über den Erwerb spielspezifischer Leistungsfähigkeiten und -bereitschaften hinaus eben auch solche Fähigkeiten, Kenntnisse und Dispositionen angeeignet werden können, die von den Kindern in ihre primäre Lebenswirklichkeit eingebracht und für deren Bewältigung nutzbar gemacht werden können. Die allgemeine Begründung dafür ergibt sich aus der spezifischen Realitätshaltigkeit und der möglichen Realitätsbezogenheit spielerischer Handlungsvollzüge. Denn die in diesen erfolgende sekundäre Aktivierung, Betätigung und Entfaltung der dem Spielenden jeweils eigenen Kräfte und Vermögen unterscheidet sich ja von deren Aktivierung und Betätigung im Rahmen primärer Lebensvollzüge nur insofern, als sich aufgrund der jeweiligen Inhaltsbestimmung des Spielvorgangs für sie bestimmte Modifikationen, Einschränkungen, Erweiterungen oder Umdeutungen ergeben können. In dem Maße aber, wie Inhaltsbestimmung des Spielvorgangs und Existenzbestimmung der Spielenden übereinstimmen und miteinander vereinbar sind, und sofern von den Spielenden selbst keine eindeutige Trennung oder gar kategorische Abgrenzung zwischen ihren spielerischen Handlungen und Leistungen einerseits und ihren sonstigen primären Lebensvollzügen andererseits vorgenommen wird, erhöht sich die Wahrscheinlichkeit, daß auch in primären Lebenszusammenhängen wirksam wird, was im Spiel gelernt wurde. Vom Grad der objektiven strukturellen, inhaltlichen und formalen Übereinstimmung der im Spiel gegebenen Verhaltensbedingungen und -anforderungen mit den primären Lebensbedingungen und -anforderungen der Spieler sowie vom Grad ihrer subjektiven Vereinbarkeit hängt es also wesentlich ab, ob und in welchem Umfang ein im Spiel erlerntes Handeln, Denken, Fühlen oder Verhalten auf primäre Lebenssituationen der Spieler übertragen werden kann.

Als zusätzliche Begründungen für die spielüberschreitende Lernrelevanz kindlicher Spielvorgänge wären zum einen die besondere Realitätsauffassung der Kinder und zum anderen deren entwicklungsbedingte Neigung anzugeben, all das auch selbst tun zu wollen, was sie am Tun und Treiben ihrer Umwelt beeindruckt: Das Kind im frühen Kindesalter „spielt, ohne die fiktive Situation von der realen zu trennen" (WYGOTSKI 1973, 37). Doch auch später noch und bis ins Schulalter hinein, wenn es sich des Unterschiedes zwischen spielerischer und nicht-spielerischer Betätigung sehr wohl bewußt ist, bleibt ihm die erstere doch noch eben so wichtig, wenn nicht gar wichtiger, und ebenso wirklich wie die letztere. Und indem die Kinder sich, wenn auch mit begrenzten operativen Möglichkeiten, etwa in der Form des einfachen oder sozialen Rollenspiels mit dem befassen, was sie vom Leben ihrer Umwelt, vom Leben der Erwachsenen wahrnehmen und was ihnen als primäre Lebenspraxis noch nicht zugänglich ist, vermögen sie sich – je nach dem Grad der Entsprechung zwischen den als Spielinhalt gewählten primären Realitätsvorgängen und der Art und Weise ihres spiele-

rischen Vollzuges — einzelne Seiten der Erwachsenenwelt in Gestalt dafür relevanter Kenntnisse, Einstellungen, Handlungsfähigkeiten oder Verhaltensdispositionen anzueignen (RUBINSTEIN 1971, 729 ff.).
Zur Konkretisierung und zur empirischen Untermauerung des theoretischen Aufweises der im kindlichen Spiel enthaltenen Lernmöglichkeiten sollen im folgenden einige Untersuchungsergebnisse über Lernwirkungen des Spiels im Bereich des kognitiven und sozialen Verhaltens herangezogen werden.

2. Empirische Belege für Lernwirkungen kindlichen Spielens

Auf die generelle Problematik der empirischen Erforschung von Spielwirkungen wurde bereits verwiesen. „Zum einen haben die meisten bisherigen Arbeiten einen gewissen ad-hoc-Charakter, und die Auswahl der Meßinstrumente wird häufig nicht mit einer allgemeinen Theorie der Spiele und der Sozialisation in Verbindung gebracht. Zweitens wurden in vielen Arbeiten Lernerfolgsmaße mit unbekannter Validität und Reliabilität verwendet" (INBAR / STOLL 1976, 149). Ohne daher die Beweiskraft der im folgenden angeführten empirischen Untersuchungen überschätzen zu wollen, können sie dennoch als tendenzieller Nachweis von Lerneffekten gewertet werden, wie sie mit bestimmten spielerischen Betätigungen der Kinder — zumal wenn sie nicht einmalig erfolgen — verbunden sein können.
Auf der Grundlage von Beobachtungen, die er von der Geburt bis zum 6. Lebensjahr an seinen eigenen Kindern vorgenommen hat, stellt PIAGET (1969) fest, daß das Kleinkind schon vom 4. Monat an einzelne Handlungen und vom 7. Monat an bereits erworbene Verhaltensschemata losgelöst von ihrer ursprünglichen Zielrichtung und in immer neuen Zusammenhängen mit sichtbarem Vergnügen an ihrer Hervorbringung wiederholt. Mit der spielerischen Wiederholung und Übung der zu ihrer Durchführung erforderlichen motorischen Leistungsformen ist nach PIAGET zugleich auch die Aneignung der ihnen entsprechenden kognitiven Schemata verbunden. In Übereinstimmung damit kommt TAIT (1972) in einer vergleichenden Untersuchung blinder und sehender Kinder zu dem Ergebnis, daß die durch Blindheit bedingte Einschränkung der motorisch-spielerischen Betätigungsmöglichkeiten bei den blinden Kindern feststellbare Beeinträchtigungen im kognitiven Bereich zur Folge hat.
In einer Reihe von Untersuchungen sind die Beziehungen zwischen Spielverhalten und kreativem Verhalten bei Kindern erforscht worden. Festgestellt wird durchweg eine hohe Korrelation zwischen beiden Verhaltensformen, ohne daß dabei jedoch immer mit Sicherheit gesagt werden könnte, welches Verhalten jeweils Ursache und welches Wirkung sei. In einer Untersuchung an Kindergartenkindern kommt LIEBERMANN (1965) zu dem Ergebnis, daß Kinder mit ausgeprägter Spielfreudigkeit („playfulness") auch entsprechend hohe Leistungen in einem Kreativitätstest erbringen, in dem Gedankenfluß, Originalität und Flexibilität gemessen werden.

DANSKY / SILVERMAN (1973) weisen in einem Experiment mit durchschnittlich 5 Jahre alten Kindern nach, daß Kinder, die im freien Spiel unter Bedingungen tätig waren, die ihren Assoziationsfluß und ihre Ideenfindung anregten und forderten, auch in einer anschließenden nichtspielerischen Befragungssituation mit ähnlichen Leistungsanforderungen signifikant mehr Antworten gegeben haben als Kinder, die vorher nicht unter gleichen Bedingungen gespielt hatten.

In einem Versuch mit 5jährigen Unterschichtkindern aus Kindergartenklassen in New York untersucht FREYBERG (1973) die Auswirkungen eines Phantasiespiel-Trainings auf das Spielverhalten der Kinder. Dabei werden ihre Hypothesen, daß das Training erstens einen größeren Einfallsreichtum, zweitens einen verstärkten Ausdruck positiver Empfindungen und drittens ein höheres Maß an Konzentration im Spiel der Kinder bewirkt, für die Versuchsgruppe signifikant bestätigt. Ebenfalls auf der Grundlage von Beobachtungen des systematischen Trainings soziokulturell benachteiligter Kinder im thematischen Phantasiespiel kommen SALTZ / JOHNSON (1977) zu dem Ergebnis, daß dabei sowohl die Entwicklung der Fähigkeit zur Speicherung als auch die zur Identifizierung und Beschreibung von Sachverhalten und Ereignissen in ihrer zeitlichen Abfolge gefördert werden.

Im Zusammenhang mit der Entwicklung von Förderungsprogrammen für Kinder aus soziokulturell unterprivilegierten Schichten wurde von SMILANSKY (1973) in Israel an 4- bis 6jährigen Vorschulkindern untersucht, „wie man die Fähigkeit zu sozialem Rollenspiel bei unterprivilegierten Kindern entwickeln" (1973, 154) und damit zugleich die Entwicklung intellektueller und sozialer Fähigkeiten fördern kann. Als Beobachtungskriterien dienen dabei sechs Spielelemente, die nach SMILANSKY „als die wesentlichsten Bestandteile jedes gut entwickelten sozialen Rollenspiels" (1973, 157) anzusehen sind, nämlich:

a) nachahmendes Rollenspiel,
b) „Tun-als-ob" in bezug auf Gegenstände,
c) „Tun-als-ob" in bezug auf Handlungen und Situationen,
d) Ausdauer,
e) Interaktion,
f) sprachliche Kommunikation.

Bei den Kindern der Versuchsgruppen, die während des Experiments eine aktive Spielanleitung durch Erzieher erfuhren und bei denen vorher gar kein Rollenspiel (70 %), nur begrenzt einfaches Rollenspiel ohne die Faktoren (e) und (f) (20 %) und kaum soziales Rollenspiel (10 %) beobachtet wurden, werden eindeutige Fortschritte in allen sechs Dimensionen, und zwar nach der Größe des Leistungsfortschritts in der Reihenfolge (a), (e) und (c), (d), (f), (b), festgestellt. In Verbindung mit der Veränderung des Spielverhaltens werden von SMILANSKY auch Veränderungen in der Sprachaktivität der Kinder beobachtet. Am deutlichsten treten die Fortschritte in der Quantität der spielbezogenen sprachlichen Äußerungen, im Umfang des Wortschatzes und in der Satzlänge hervor.

Die in den genannten Arbeiten untersuchten kognitiven Leistungsformen äußern sich vorzugsweise auch im sozialen Kontext. Als konstitutive Komponenten sind sie zum Teil unmittelbar mit grundlegenden und generell als

wünschenswert angesehenen sozialen Handlungskompetenzen verbunden. Deren Entwicklung und Förderung durch bestimmte Formen der spielerischen Betätigung wird durch die Untersuchung SMILANSKYs zumindest hinsichtlich der quantitativen Zunahme der sozialen Interaktion im Spiel und der sprachlichen Kommunikation in bezug auf das Spielgeschehen bestätigt. Mit der Entwicklung grundlegender Qualifikationen des sozialen Spielhandelns, wie sie nachweislich über die Praxis des sozialen Rollenspiels und auch anderer Formen des sozialen Spiels bewirkt wird, können darum bei ausreichender struktureller und inhaltlicher Gleichartigkeit von spielerischer und primär realer Verhaltensanforderung zugleich auch entsprechende Qualifikationen und Dispositionen für das soziale Handeln und Verhalten in nicht-spielerischen Anwendungsbereichen entwickelt werden. Ähnlich wie SALTZ / JOHNSON (1977) in ihrer Untersuchung zum thematischen Phantasiespiel eine eindeutige Steigerung der Empathiefähigkeit bei den Kindern der Versuchsgruppe konstatieren, so kommt auch FLAVELL (1974) in bezug auf das Rollenspiel zu dem Ergebnis, daß es erstens zur Entwicklung der allgemeinen Fähigkeit beitrage, „sich gedanklich in die Rolle des anderen hineinzuversetzen", und daß es zweitens beitrage zur Entwicklung „der spezielleren Fähigkeit, die gewonnenen Vorstellungen von der Rolle des anderen als ein ‚Werkzeug' für wirkungsvolle Kommunikation mit ihm zu nutzen" (1974, 281).
Dabei scheint es hinsichtlich der Qualität der im kindlichen Spiel beobachtbaren Verhaltensleistungen typisch zu sein, wie HERING (1979, 153) unter Bezugnahme auf GARVEY (1978) und SUTTON-SMITH (1975) schreibt, „daß die hier gezeigten kognitiven und sozialen Leistungen ein deutlich höheres Niveau haben als entsprechende Leistungen außerhalb des Spiels", daß im Spiel also zum Teil etwas antizipiert wird, was in primären Lebenszusammenhängen des Kindes erst zu einem späteren Zeitpunkt in Erscheinung tritt. Einschränkend ist dazu jedoch zu bemerken, daß vom antizipatorischen Charakter kindlichen Spielhandelns wohl nur in dem Maße die Rede sein kann, wie die inhaltliche Ausrichtung der spielerischen Betätigung, ihr Anregungsgehalt und ihre Anforderungsstruktur, es dem Kind erlauben, über bereits angeeignete und praktizierte Leistungsformen hinauszugelangen. Dieses zu gewährleisten und die Voraussetzungen dafür zu schaffen, wäre sicherlich — wie im folgenden auszuführen sein wird — eine der Aufgaben, die von pädagogischer Seite gegenüber dem kindlichen Spiel wahrzunehmen wären.

III. Kinderspiel und intentionale Erziehung

Die Spielaktivitäten der Kinder, wie sie mehr oder weniger spontan und ohne gezielte äußere Anleitung und Lenkung durch die Erwachsenen in Erscheinung treten, wurden im vorigen Abschnitt ausschließlich unter dem Gesichtspunkt ihrer funktionalen Bedeutung für kindliche Lern- und Entwicklungsvorgänge behandelt, mit anderen Worten: in ihrer Funktion als

Form kindlicher Selbsterziehung. Vom Stellenwert des kindlichen Spiels im Rahmen intentionaler Erziehungsbemühungen und -maßnahmen, von den Möglichkeiten und Erfordernissen seiner gezielten Förderung einerseits und seiner zielgerichteten erzieherischen Indienstnahme und Nutzbarmachung andererseits, soll im folgenden die Rede sein.

1. Zum Problem der pädagogischen Einflußnahme auf das kindliche Spiel

Wie bereits erwähnt, bewegt sich die spielpädagogische Diskussion in dieser Frage zwischen zwei konträren Positionen. Ausgehend vom funktionalen Lern- und Erziehungswert kindlichen Spielens wird es zum einen für möglich und für pädagogisch sinnvoll gehalten, auf die Spielaktivitäten der Kinder im Sinne und zum Zwecke der Erreichung bestimmter Lern- und Erziehungsziele Einfluß zu nehmen (HOPPE / KÜHL / NOETZEL 1979). Demgegenüber wird unter Bezugnahme auf die Spielmerkmale Zweckfreiheit, Freiwilligkeit, Spontaneität jede pädagogische Einflußnahme, die über die Ermöglichung des freien Spielens der Kinder hinausgeht, als spielzerstörender Eingriff (HEINSOHN / KNIEPER 1975) gewertet und als wesensfremde Verzweckung (FLITNER 1976), als „Perversion des Spiels" (SPIES 1976, 35) abgelehnt.

Ein Ansatz zur Vermittlung dieser beiden Positionen, die sich wechselseitig entweder Aufhebung des Spiels durch dessen didaktische Überorganisation oder Aufhebung der Pädagogik durch deren Demission von ihrer eigentlichen Aufgabe vorwerfen (HOPPE / KÜHL / NOETZEL 1979, 17 ff.), findet sich bei CALLIESS (1975). Zwar lehnt sie es ab, Spiel einfach übergehen zu lassen „in die Form einer organisierten Sequenz von Lernerfahrungen, die auf bestimmte Ziele im Sinne von Verhaltensdispositionen gerichtet sind" (HERING 1979, 157). Zugleich betont sie aber auch die Notwendigkeit einer „Didaktik des Spielens" (CALLIESS 1975, 25 f.), wenn das Spielen seine Funktion als „eine grundlegende Form des Lernens" (1975, 18) erfüllen soll. Dabei geht sie davon aus, „daß Spiele Freiwilligkeit und Spontaneität brauchen, daß Kinder selbst bestimmen und entscheiden können müssen, was sie wann und wie spielen wollen", und daß daher die Lernprozesse im Spiel wesentlich durch ihre „prinzipielle Unverfügbarkeit" gekennzeichnet sind (1975, 33). Dem wäre zum einen mit SCHEUERL (1979, 204) entgegenzuhalten, daß es ein Vorurteil ist, „zu meinen, Spieltätigkeiten müßten immer spontan entstehen, und ein aufgegebenes Spiel sei schon kein Spiel mehr". Zum anderen ist HERING — gerade auch angesichts mancher mit Spielleiter operierender Formen des spontanen kindlichen Spiels — darin beizupflichten, „daß Spiel eingeleitet und gesteuert werden kann, ohne daß für das Kind sein spontaner Charakter verlorengeht" (1979, 160). Und schließlich ist unter Bezugnahme auf unsere Ausführungen über die Inhaltsbestimmung des Spielvorgangs als Indikator für die im Spiel jeweils enthaltenen Lernmöglichkeiten der Behauptung einer „prinzipiellen Unverfügbarkeit der Lernprozesse im Spiel" (CALLIESS 1975, 33) entschieden zu widersprechen. Genauso wie jede spielerische Betätigung über den mit ihrem Vollzug verbundenen Lustgewinn hinaus für den Spieler noch weitere, ihm selbst bewußte oder unbewußte Funktionen und Wirkungen haben kann, so können auch mit jedem Spielvorgang über dessen eigentliches, im Spielvollzug selbst liegendes Ziel hinaus noch weitere, dem Spieler bewußte oder unbewußte, von ihm gewollte oder ihm dienliche Ziele und Wirkungen angestrebt werden. Von daher erscheint es auch prinzipiell möglich, wie im folgenden Abschnitt (vgl. III. 2. c) erläutert wird, Spielvorgänge ihrem Inhalt nach so zu gestalten, daß sie zugleich als Mittel zur Erreichung bestimmter Lern- bzw. Verhaltensziele wirksam werden können.

Dabei sollte auf jeden Fall gewährleistet sein, daß die im Spiel verfolgten Lernziele — wenn schon nicht von den Kindern selbst oder mit ihnen gemeinsam — zumindest unter angemessener Berücksichtigung ihrer eigenen subjektiven und objektiven Lebens- und Lerninteressen festgelegt werden. Darüber hinaus sollten gerade auch in didaktischer Absicht organisierte Spielsequenzen von ihren Betätigungsmöglichkeiten her so konzipiert sein — zumal wenn sie für Kinder im Kindergarten- und Vorschulalter gedacht sind —, daß sie von den Kindern auch selbst gewollt und um ihrer selbst willen vollzogen werden können. Ein eigenständiges, in der praktischen Handlungsorganisation sich auswirkendes Hervortreten des mit dem Spiel verfolgten Lernzieles und damit eine partielle Aufhebung oder Reduktion des spezifisch spielerischen Charakters der betreffenden Betätigung wären nur dann vertretbar, wenn diese auch von den Beteiligten selbst nicht eigentlich als Spiel, sondern eher als eine spielerische Lernform angesehen wird, als ein von ihnen akzeptiertes und eventuell bevorzugtes Mittel oder Verfahren zur Hervorbringung von ihnen selbst angestrebter Lerneffekte.

2. Formen pädagogischer Einflußnahme auf das kindliche Spiel

Unter Aufnahme der begründeten Argumente und Bedenken der angeführten Positionen wäre daher eine Konzeption des Verhältnisses von intentionaler Erziehung und kindlichem Spiel denkbar, in der einerseits das Spiel in seinen wesentlichen Elementen unangetastet bleibt und in der andererseits die Pädagogik sich weder ihrer Verantwortung gegenüber den Lebens- und Entwicklungsansprüchen der Kinder noch ihrer Verantwortung gegenüber gerechtfertigten Erziehungsansprüchen der Gesellschaft entledigt. In einer solchen Konzeption wären drei Formen oder Stufen der pädagogischen Einflußnahme bzw. des pädagogischen Verhaltens gegenüber dem kindlichen Spiel zu unterscheiden:

a) die Ermöglichung und positive Verstärkung des spontanen kindlichen Spiels ohne jegliche direkte oder indirekte äußere Einwirkung im Sinne von Zielvorstellungen, die über den Spielvollzug selbst hinausgehen;
b) die Förderung des freien Spiels der Kinder durch indirekte und direkte materielle, ideelle und personelle Vorgaben, Anregungen, Vorschläge auf der Grundlage einschlägiger entwicklungspsychologischer, psychoanalytischer, sozialisationstheoretischer Erkenntnisse und pädagogischer Zielvorstellungen, und schließlich

c) die zielgerichtete pädagogische Indienstnahme des Spiels durch dessen erziehungs- und lernzielbezogene Planung, Anleitung, Lenkung und Auswertung.

a) Die Ermöglichung kindlichen Spielens

Die Ermöglichung und positive Verstärkung spontaner spielerischer Betätigungen des Kindes bilden – nicht zuletzt auch durch die „vorbeugende und therapeutische Wirkung des freien Spielens" (SCHEUERL 1979, 199) – die allgemeine Voraussetzung für alle weitergehenden Spielaktivitäten und deren zielgerichtete pädagogische Förderung und Nutzung. Die von SUTTON-SMITH (1975) angenommene allgemeine und kulturunabhängige Tendenz des Kindes zu spielerischen Verhaltensäußerungen bedarf – wie schon dargelegt wurde – neben bestimmten materiellen, sozialen und psychischen Voraussetzungen weiterer Anregungen und Verstärkungen durch die personale und gegenständliche Umwelt des Kindes, damit sie sich auch praktisch entfalten kann. Außer einem „grundlegenden Sicherheitsgefühl" (FLITNER 1975, 109) des Kindes sind dazu insbesondere ein ausreichender Spielraum und eine ungestörte Spielzeit erforderlich. Die zeitliche Begrenzung bzw. die einfache Unterbrechung spontaner Spielvorgänge, wie sie zum Beispiel auch im Kindergarten häufig zum Zwecke der Einhaltung vorgegebener Zeit- und Organisationspläne erfolgt, trägt daher keineswegs zur spielerischen Selbstentfaltung des Kindes bei. Aus psychoanalytisch orientierter pädagogischer Sicht wird sie schlicht als schädlich betrachtet, verhindert sie doch mit der Unterbindung des spontanen Spiels zugleich auch die Möglichkeit, daß es die ihm zugeschriebenen Funktionen der Erfahrungs-, Konflikt- und Angstverarbeitung sowie der stellvertretenden Wunschbefriedigung für die Kinder erfüllen kann (HEINSOHN / KNIEPER 1975).
Zur Ermöglichung des freien Spielens gehört nach FLITNER (1975, 109) ebenfalls – „beim einen Kind mehr, beim anderen weniger – eine Art von Regie, deren Ziel freilich darin liegt, den Erwachsenen so wenig bemerkbar und so bald entbehrlich zu machen, als immer möglich ist". Dabei sollte die Funktion des Erwachsenen nach DAUBLEBSKY (1975, 129 f.) vor allem darin bestehen:

a) anwesend zu sein,
b) zu beobachten,
c) wenn nötig, Wärme, Schutz und Trost zu geben,
d) als Spielpartner erreichbar zu sein,
e) wenn erforderlich, auf der Spielebene hilfreiche Instruktionen zu geben,
f) nicht als Initiator, sondern lediglich als Katalysator der kindlichen Aktivitäten zu wirken.

b) Die gezielte Förderung kindlichen Spielens

Die so ermöglichten spielerischen Betätigungen der Kinder unterliegen zwar keiner spielbestimmenden inhaltlichen Einflußnahme durch die anwesenden Erwachsenen oder Pädagogen. Dennoch entstehen sie sozusagen auch nicht aus dem Herzen der kindlichen Unschuld und ohne jeden fremden

Einfluß von außen, wie eine „kindertümelnde" Erziehung vom Kinde aus es manchmal glauben machen möchte. In ihrer Art und ihrer inhaltlichen Ausrichtung sind sie außer durch die vorherigen Lebens-, Welt- und Werterfahrungen der Kinder vor allem auch durch die unmittelbare dingliche, personale und soziale Umwelt bedingt und bestimmt, in der sie sich ereignen. Insofern aber – neben dem jeweiligen Entwicklungs- und Erfahrungsstand der Kinder – einerseits deren unmittelbare Umwelt mit entscheidend dafür ist, was sie im einzelnen zum Inhalt ihrer spielerischen Betätigung machen, und insofern andererseits die Kinder sich eben das lernend anzueignen vermögen, was ihr Spiel verhaltens- und leistungsmäßig von ihnen fordert und ihnen ermöglicht, erlangt die Qualität ihrer Umwelt eine nicht zu unterschätzende Bedeutung für die Qualität der im freien Spiel realisierbaren Lernprozesse.

Die Aufgabe einer zielgerichteten pädagogischen Förderung des freien Spiels wäre daher im wesentlichen in der besonderen Art der Gestaltung der gegenständlichen, personalen und sozialen Umweltgegebenheiten der Kinder zu sehen. Die damit verbundenen indirekten und direkten Anregungen, Angebote, Herausforderungen und Hilfen für die freie Spieltätigkeit der Kinder wären insgesamt so auszurichten, daß sie – gemessen an den vorrangig zu verfolgenden Entwicklungs- und Erziehungszielen – von ihrem inhaltlich bestimmbaren Anregungs- und Anforderungsgehalt her den Kindern zugleich ein Maximum an Lernerfahrungen in den für ihre Entwicklung relevanten Verhaltensdimensionen ermöglichen.

„Dabei ist es jeweils die Fortschrittstendenz, die das Hinstreben auf die nächste Entwicklungsrichtung anzeigt, diejenige, die im besonderen erzieherische Beachtung, Unterstützung und Anreicherung verdient" (ROTH 1976, II, 275).

Als allgemeine Bedingungen und Forderungen, die bei einer solchen spielfördernden Umweltgestaltung zu berücksichtigen und zu erfüllen wären und deren konkrete Umsetzung jeweils in Abhängigkeit vom Entwicklungsstand und von den zentralen Entwicklungs- und Lernaufgaben der Kinder zu erfolgen hätte, wären in Anlehnung an CALLIES (1975, 27 ff.) insbesondere zu nennen:

1. *in bezug auf die Gestaltung der räumlich-gegenständlichen Umweltgegebenheiten:*
   - ein vielfältiges Angebot und eine kindgemäße, gefahrenlose und abwechslungsreiche Ausstattung von Räumen, die dem kindlichen Betätigungsdrang die verschiedenartigsten Entfaltungsmöglichkeiten eröffnen,
   - eine Vielfalt von Spielmaterialien und von damit herstellbaren Spielanlässen und Spielsituationen, die für die Kinder zum einen ein hohes Maß an spielspezifischer Reizqualität enthalten und die zum anderen von ihrer Anregungs- und Anforderungsqualität her die als wünschenswert angesehenen Entwicklungs- und Lernfortschritte der Kinder ermöglichen und unterstützen;
2. *in bezug auf die sozialen Interaktionsbedingungen:*
   - eine entspannte und fröhliche Atmosphäre, durch die auch ängstlichere und weniger spielfreudige Kinder zum Mitmachen animiert werden und in der sich die Kinder, frei von Leistungsdruck und Sanktionen, akzeptiert fühlen können,
   - freie Entscheidungsmöglichkeiten der Kinder hinsichtlich der Gestaltung eigener und hinsichtlich ihrer Teilnahme an vorgeschlagenen Spielaktivitäten,

- keine Einschränkung der Kinder hinsichtlich der Möglichkeit, im Spiel eigene Gefühle und Bedürfnisse, auch negative, ungewöhnliche und sonst nicht tolerierte, zum Ausdruck zu bringen und auszuleben.
- Unterstützung der Kinder bei der selbständigen Organisation ihres Spielbereichs, bei der Festlegung von Vereinbarungen und Regelungen, die ihnen das Spielen und den Umgang miteinander erleichtern;

3. *in bezug auf die Rolle des Pädagogen:*
    - grundlegende Kenntnisse über das allgemeine Entwicklungsniveau und die daraus resultierenden zentralen Entwicklungsaufgaben der Kinder, ohne die auch eine pädagogisch verantwortliche Realisierung der obigen Forderungen für die räumliche Gestaltung, dingliche Ausstattung und sozial-emotionale Organisation der Spielumwelt nicht möglich ist,
    - kontinuierliche Beobachtung des Verhaltens der Kinder und möglichst genaue Diagnose ihres jeweiligen Entwicklungsstandes, ihrer psychischen und physischen Verfassung, ihrer momentanen Probleme, Bedürfnisse und Handlungsdispositionen, die als wesentliche Voraussetzungen für jede Art der gezielten spielpädagogischen Anregung und Intervention zu betrachten sind,
    - eine langfristige, den vorrangig verfolgten Entwicklungsaufgaben und Erziehungszielen entsprechende Planung von Spielanregungen und Spielvorschlägen und eine situationsbezogene Flexibilität hinsichtlich der Einbringung, Abwandlung oder Absetzung des jeweils geplanten Spielprogramms.

c) *Die lernzielbezogene Organisation kindlichen Spielens*

Wie die vorangehenden Ausführungen zeigen, ergibt sich ein fließender Übergang von der gezielten pädagogischen Förderung des freien Spiels zur zielgerichteten pädagogischen Indienstnahme des Spiels in der Form der didaktisch-methodischen Organisation und Anleitung lern- bzw. verhaltenszielbezogener Spielvorgänge. Die Erfüllung der verschiedenen Bedingungen und Forderungen, die für die letztgenannte Form spielpädagogischen Handelns formuliert wurden, sollte auch die Grundlage dieser Form des zielgerichteten pädagogischen Spieleinsatzes bilden. Zum Abschluß können wir uns daher darauf beschränken, lediglich noch einige Hinweise zum methodischen Vorgehen zu geben, die als Anhaltspunkte bei der Konzeption lernzielbezogener Spielsequenzen dienlich sein können:

1. Durch Verhaltensbeobachtung und -diagnose erworbene Kenntnisse über den Entwicklungsstand der Kinder, über deren Leistungsfähigkeiten und -defizite, über konkret vorhandene individuelle und gruppenspezifische Schwierigkeiten, Probleme, Konflikte, Bedürfnisse und Wünsche bilden die Grundlage und liefern konkrete Ansatzpunkte für die Formulierung und operationale Definition von Lern- bzw. Verhaltenszielen, die mit dem Einsatz des Mediums Spiel verfolgt und erreicht werden sollen.
2. Je präziser und detaillierter bestimmt wird, welches Zielverhalten in welcher Verhaltensdimension (zum Beispiel motorisch, kognitiv oder sozial) im einzelnen durch den Spieleinsatz ermöglicht, gefördert oder erreicht werden soll, desto eher können die betreffenden Zielbestimmungen auch als konkrete inhaltlich-thematische Orientierung dienen für die Auswahl spielerischer Betätigungsinhalte, die zum einen den jeweils verfolgten Zielen und die zum anderen sowohl den entwicklungsmäßigen und existentiellen Gegebenheiten der Kinder als auch deren momentaner Handlungsdisposition entsprechen.
3. Auszuwählen sind dabei im einzelnen zum Beispiel
    - körperliche, intellektuelle, verbale, non-verbale etc. Einzel-, Partner- oder Gruppenaktivitäten,

- individuelle, interpersonale, soziale etc. Verhaltensregelungen,
- physische, psychische, kognitive, affektive, soziale, ästhetische, moralische etc. Leistungsanforderungen,

die *erstens* von ihren handlungs- und verhaltensmäßigen Implikationen her und die *zweitens* von ihrer spielspezifischen Reiz- und Vergnügungsqualität her sowohl den gesetzten Zielen als auch den momentanen Leistungsfähigkeiten und -bereitschaften der Kinder so weit wie möglich entsprechen.

4. Wichtig ist dabei vor allem, daß die ausgewählten Betätigungsinhalte für die Kinder einen hohen spielspezifischen Reizwert haben. Gegebenenfalls wären sie also zusätzlich mit solchen spielerischen Handlungselementen (-prinzipien, -strukturen, -regeln, -aufgaben) zu versehen, die an sich selbst für die Kinder besondere Reiz- und Vergnügungsqualität besitzen. Derartige Handlungselemente, die je nach Entwicklungsstand, dominierenden Tätigkeiten und Interessen der Kinder variieren, lassen sich durch die vergleichende Analyse der von den Kindern bevorzugten spielerischen und nicht-spielerischen Betätigungen ausfindig machen. Dabei kann man davon ausgehen, daß gerade diejenigen Handlungsprinzipien, -strukturen, -regeln und -aufgaben, die in ihren bevorzugten Tätigkeiten häufig auftreten, auch deren besondere Anziehungskraft ausmachen oder zumindest mitbedingen.

Schlußwort

Die hier unterschiedenen spielpädagogischen Verhaltens- und Verfahrensweisen sind nicht als einander ausschließende Gegensätze, sondern als dialektische Einheit zu begreifen. Sie ergänzen sich wechselseitig und sind in Abhängigkeit von den konkreten Lebens- und Entwicklungsbedürfnissen und -aufgaben der Kinder jeweils schwerpunktmäßig zu praktizieren. Eine solche Konzeption des Verhältnisses von Kinderspiel und intentionaler Erziehung erscheint nicht nur pädagogisch vertretbar und wünschenswert. Sie steht, selbst im Hinblick auf die letztgenannte Form spielpädagogischen Vorgehens, auch nicht im Widerspruch zum eingangs definierten Spielbegriff, sofern die Kinder erstens selbst wählen und entscheiden können, was sie spielen wollen, und sofern sie zweitens die von ihnen gewollte spielerische Betätigung einfach um ihrer selbst willen und ohne Einschränkung durch solche Eingriffe vollziehen können, die nicht durch das eigentliche Spielziel, sondern lediglich durch bestimmte, mit dem Spiel verfolgte Lernziele begründet sind. Denn unabhängig davon, ob mit einem Spiel über dessen Vollzug selbst hinausgehende Lern- oder Erziehungsziele verfolgt werden, bleibt es seinem Wesen nach doch als Spiel erhalten, sofern die Erreichung des eigentlichen Spielziels für die Beteiligten gewährleistet ist. Die Realisierung des im Spielvollzug selbst liegenden Betätigungszieles wäre nach dieser Konzeption zugleich als conditio sine qua non für die Erreichung weiterer, über den Spielvollzug hinausgehender pädagogischer oder didaktischer Zielsetzungen anzusehen.

Literatur

Arbeitsausschuß Gutes Spielzeug (Hrsg.): Gutes Spielzeug. Kleines Handbuch für die richtige Wahl, 10. Aufl. Ravensburg 1967

Berlyne, D. E.: Laughter, humor and play, in: Lindzey, G. / Aronson, E. (Hrsg.): The handbook of social psychology, Bd. 3, Reading, Mass., 1969, 795 — 852

Caillois, R.: Les jeux et les hommes, Paris 1958

Calliess, E.: Spielendes Lernen, in: Deutscher Bildungsrat (Hrsg.): Spielen und Gestalten. Gutachten und Studien der Bildungskommission, Bd. 48/1, Stuttgart 1975, 15 — 43

Colozza, G. A.: Psychologie und Pädagogik des Kinderspiels, Altenburg 1900

Dansky, J. L. / Silverman, I. W.: The effects of play on associative fluency in preschool children, in: Developmental psychology 9 (1973), 38 — 43

Daublebsky, B.: Spielsituationen, in: Deutscher Bildungsrat (Hrsg.): Spielen und Gestalten. Gutachten und Studien der Bildungskommission, Bd. 48/1, Stuttgart 1975, 117 — 150

Fischer, A.: Psychologie der Arbeit (1925), Auszüge in: Scheuerl, H. (Hrsg.): Theorien des Spiels, Weinheim / Basel 1975, 83 — 88

Flavell, J. H.: Die Entwicklung der Rollenübernahme- und Kommunikationsfähigkeiten bei Kindern, in: Kochan, B. (Hrsg.): Rollenspiel als Methode sprachlichen und sozialen Lernens, Kronberg 1974, 281 — 315

Flitner, A. (Hrsg.): Das Kinderspiel, München 1973, Neuausgabe München 1979
— Spielen — Lernen. Praxis und Deutung des Kinderspiels, 4. Aufl. München 1975
— Das Kinderspiel — seine Förderung und sein Mißbrauch durch die Pädagogik, in: Flitner, A. / Kamper, D., u. a.: Der Mensch und das Spiel in der verplanten Welt, München 1976, 73 — 92

Flitner, A. / Kamper, D., u. a.: Der Mensch und das Spiel in der verplanten Welt, München 1976

Freyberg, J. T.: Increasing the imaginative play of urban disadvantaged kindergarten children through systematic training, in: Singer, J. L., u. a.: The child's world of make-believe, New York / London 1973, 129 — 154

Fröbel, F.: Die Menschenerziehung, in: Ausgewählte Schriften, hrsg. von E. Hoffmann, Bd. 2, 2. Aufl. Düsseldorf / München 1961

Garvey, C.: Spielen. Das Kind und seine Entwicklung, Stuttgart 1978

Groos, K.: Die Spiele der Menschen, Jena 1899
— Das Spiel. Zwei Vorträge, 2. Aufl. Jena 1922

Heinsohn, G. / Knieper, B. M. C.: Theorie des Kindergartens und der Spielpädagogik, Frankfurt 1975

Henriot, J.: Le Jeu, Paris 1976

Hering, W.: Spieltheorie und pädagogische Praxis, Düsseldorf 1979

Herron, R. E. / Sutton-Smith, B.: Child's Play, New York 1971

Hoppe, H.: Zur Theorie und Methode pädagogischer Spielverwendung, in: Harms, P. A. (Hrsg.): Lehrtheater Lerntheater. Analysen, Kriterien, Beispiele, Münsterdorf 1978, 95 — 110

Hoppe, H. / Kühl, H. / Noetzel, W.: Spielpädagogik kontrovers. Diskussionsbeiträge zur didaktischen Begründung pädagogischer Spielpraxis, Scheersberg / Flensburg 1979

Huizinga, J.: Homo ludens. Vom Ursprung der Kultur im Spiel, Hamburg 1962

Hutt, C.: Exploration and play in children, in: Herron, R. E. / Sutton-Smith, B.; Child's play, New York 1971, 231 — 251

Inbar, M. / Stoll, C. S.: Spiele und Lernen, in: Lehmann, J. / Portele, G. (Hrsg.): Simulationsspiele in der Erziehung, Weinheim / Basel 1976, 137 — 151

Kochan, B. (Hrsg.): Rollenspiel als Methode sozialen Lernens, Königstein/Ts. 1981

Kooij, R. van der / Groot, R. de: That's all in the game. Theory and research, practice and future of children's play, Rheinstetten 1977

Liebermann, J. N.: Playfulness and divergent thinking: An investigation of their relationship at the Kindergarten level, in: Journal of genetic psychology 107 (1965), 219 — 224

Ljublinskaja, A.: Kinderpsychologie, Köln 1975

Moore, O. K. / Anderson, A. R.: Einige Prinzipien zur Gestaltung von Erziehungsumwelten selbstgesteuerten Lernens, in: Lehmann, J. / Portele, G. (Hrsg.): Simulationsspiele in der Erziehung, Weinheim / Basel 1976, 29 — 73

Oerter, R.: Moderne Entwicklungspsychologie, 15. Aufl. Donauwörth 1975 (1. Aufl. 1967)
Piaget, J.: Nachahmung, Spiel und Traum, Stuttgart 1969
Portele, G.: Arbeit, Spiel, Wettbewerb, in: Lehmann, J. / Portele, G. (Hrsg.): Simulationsspiele in der Erziehung, Weinheim / Basel 1976, 115 - 133
Retter, H.: Brian and Shirley Sutton-Smith: How to play with your children (and when not to), in: Zeitschrift für Pädagogik 3 (1975), 467 — 470
Röhrs, H. (Hrsg.): Das Spiel — ein Urphänomen des Lebens, Wiesbaden 1981
Roth, H.: Pädagogische Anthropologie, Bd. 1, 4. Aufl. Hannover 1976, Bd. 2, 2. Aufl. Hannover 1976
Rubinstein, S. L.: Grundlagen der allgemeinen Psychologie, 7. Aufl. Berlin 1971
Rüssel, A.: Das Kinderspiel. Grundlinien einer psychologischen Theorie, 2. Aufl. München 1965
Saltz, E. / Johnson, J. E.: Phantasie und kognitives Vorstellungsvermögen bei soziokulturell benachteiligten Kindern, in: Fthenakis, W. E. / Kasten, H.: Neuere Studien zur kognitiven und sozialen Entwicklung des Kindes, Donauwörth 1977
Scheuerl, H.: Das Spiel. Untersuchungen über sein Wesen, seine pädagogischen Möglichkeiten und Grenzen, Weinheim / Basel 1979
— Theorien des Spiels, 10. Aufl. Weinheim / Basel 1975
Schmeiser, G. (Bearb.): Bibliographie Spiel im Kindesalter, München 1971
Schmidtchen, S. / Erb, A.: Analyse des Kinderspiels. Ein Überblick über neuere psychologische Untersuchungen, 2. Aufl. Königstein 1979
Schröder, B.: Kinderspiel und Spiel mit Kindern. Eine Dokumentation, München 1980
Smilansky, S.: Wirkungen des sozialen Rollenspiels auf benachteiligte Vorschulkinder, in: Flitner, A. (Hrsg.): Das Kinderspiel, München 1973, 151 — 187
Spencer, H.: The Principles of Psychology, New York 1897
Spies, W.: Perversion des Spiels, in: Frommberger, H. / Freyhoff, U. / Spies, W. (Hrsg.): Lernendes Spielen — Spielendes Lernen, Hannover 1976, 35 — 38
Sutton-Smith, B.: Forschung und Theoriebildung im Bereich von Spiel und Sport, in: Zeitschrift für Pädagogik 3 (1975), 325 — 333
Sutton-Smith, B. / Sutton-Smith, S.: How to play with your children, New York 1974
Tait, P.: Play and the intellectual development of blind children, in: New outlook for the blind, 1972, 361 — 369
Wygotski, L. S.: Das Spiel und seine Rolle für die psychische Entwicklung des Kindes, in: Ästhetik und Kommunikation 11 (1973), 16 — 37

6. Das Verhältnis von Spielaltern und Spielformen als Basis für eine Spielförderung
Wolfgang Stuckenhoff

I. Die Intentionen und ihre Begründung

Es soll der Versuch unternommen werden, das kindliche Spielverhalten in seinem Wandel aufzuschlüsseln, die sich hierbei abzeichnenden Spielformen herauszukristallisieren und eine sich an diesen entwicklungspsychologischen Fakten orientierende Spielförderung darzustellen. Dabei geht es sowohl um die Initiierung von Spielen ganz allgemein als auch um den Einsatz von kommerziellem Spielzeug und Material zum Spielen, worunter solche Gegenstände zu verstehen sind, die zuerst einmal nicht zum Spielen gedacht sind (zum Beispiel Naturmaterialien, Haushaltsgegenstände, Abfallmaterialien), aber von Kindern für ihr Spiel genommen und in diesem Sinne verfremdet werden.

Die Intentionen dieses Beitrages sind im einzelnen:

1. Darstellung des kindlichen Spielverhaltens im entwicklungspsychologischen Wandel und seine — des kindlichen Spielverhaltens — Manifestierung in bestimmten Spielformen.
2. Der entwicklungsgerechte Einsatz von kommerziellem Spielzeug und Material zum Spielen.

Die Intentionen machen deutlich, daß alle Überlegungen auf eine gezielte Förderung des Kindes durch das Spiel gerichtet sind, und zwar eine Spielförderung durch den Erwachsenen, wobei auch die Bereitstellung von Gelegenheiten und Zeit durch den Erwachsenen mitgemeint ist.

Was hier angesprochen wird, läuft demnach auf Anregung und Förderung spielenden Lernens hinaus, von dem gerade mit Blick auf das erhebliche Pensum dessen, was ein Kind von 0 bis zur Einschulung lernen muß, gesagt wird, daß dies nur deshalb möglich sei, weil die Lernweise des Kindes eine spielerische ist, die aus der spezifischen Disposition des Kindes zum spielenden Verhalten erklärbar wird.

Dabei wird Spiel — zugegebenermaßen in notwendig verkürzter Umschreibung — als ein lust- und freudegetragenes Tun bezeichnet, das von Neugier- und Forschungsdrang, von Umgestaltungswillen und Risikobereitschaft bestimmt ist.

Spielendes Lernen gewinnt so verstanden die Qualität eines Verinnerlichungsprozesses.

Menschliches Lernen vollzieht sich auf folgenden Ebenen:

1. der sensomotorischen und pragmatischen Ebene,
2. der emotionalen Ebene,
3. der kognitiven Ebene,

und es ist das kindliche Spiel, das dieses Lernen aktivieren und tragen soll. Es ist dabei das unbestrittene Ziel, eine „Vermehrung des Könnens als Persönlichkeitszuwachs" (FLITNER 1972, 120) zu erreichen.

Auf der sensomotorischen Ebene geht es vor allem um die Sensibilisierung beziehungsweise Differenzierung der Sinne und der Motorik, um die Zunahme der Bewegungsmöglichkeiten des Kindes, um die „Geschicklichkeit des Bewegungsapparates" (FLITNER 1972). Es geht aber auch unter dem pragmatischen Aspekt um die spielerische Hinführung des Kindes zu sachgerechtem Gebrauch von Umweltgegenständen, zum sachbezogenen Handeln in seiner Umwelt. – Vorbildhaft ist hier wie bei der Emotionalität vor allem das elterliche Verhalten. Die Zuwendung, die Zärtlichkeit der Eltern wird vom Kind aufgenommen und *ebenso* gegenüber anderen (selbstverständlich auch gegenüber den Eltern) geäußert. Auch die Fähigkeit zu Freude und Glücklich-Sein entwickelt sich und wird vom Kind spielend verinnerlicht: in Spielen mit Puppen und Tieren, vor allem aber mit Kindern und Erwachsenen. Daraus erwächst der Bestand an Emotionalität, der dem schließlich zum Erwachsenen gewordenen Kind zur Verfügung steht.

„Daß ein Kind Freude erlebt, ist grundlegend für seine künftige Fähigkeit, glücklich zu sein" (B. BIBER, in: FLITNER 1978, 28), was im übertragenen Sinne eben auch für die Gefühlsfähigkeit gilt.

Die kognitive Ebene ist jene Ebene, die gerade in unseren Schulen am meisten bemüht wird, aber fast ausschließlich ohne Spiel, obwohl die Kleinkindentwicklung eigentlich einen anderen Weg, einen spielerischen Weg weist, wobei durchaus nicht in Frage gestellt wird, daß immer ein vernünftiges Verhältnis von rein kognitivem und spielendem Lernen zu herrschen hat. Aber es kommt auf die Ausgewogenheit an; denn wieviel von seiner Umwelt lernt das Kind im Spiel kennen; im Spiel lernt es, mit ihr umzugehen und sich in ihr zu behaupten.
Spielend vertieft und differenziert es seinen Erfahrungs- und Erkenntnishorizont. So werden Zusammenhänge erschlossen, spielerisch Strategien zur Umweltbeherrschung, zur Verfügbarmachung von Umwelt entwickelt. Leben mit seinen Problemen und Konflikten, Freuden und Leiden wird spielend simuliert. So wird der ganze Kreis des menschlichen Seins im Spiel abgeschnitten. Es liegt an den Erwachsenen, hier die besten Voraussetzungen zu schaffen, an ihrer Erkenntnis der qualitativen Steigerung des Lernens durch den so sehr wesentlichen Beitrag des Spiels hin zur Verinnerlichung, um von hier aus beim Kind die Bereitschaft und Fähigkeit zu schaffen, erneuern, verändern, ja erfinden zu können.
Die dazu notwendigen Voraussetzungen soll die Erörterung der mit den Intentionen genannten Aspekte schaffen.

II. Entwicklungspsychologischer Wandel kindlichen Spielverhaltens

Will man eine erfolgversprechende Spielförderung realisieren, dann ist eine erste Voraussetzung dafür die Kenntnis des kindlichen Spielverhaltens und der sich hier abzeichnenden Spielformen bzw. Spielmöglichkeiten. Die folgenden Ausführungen sollen die Entstehung des Spielens in den kindlichen Aktionen und Reaktionen nachzeichnen und die darauf aufbauende Entwicklung der unterschiedlichen Spielformen und Spieläußerungen darstellen. – Hierbei wird u. a. auf die Untersuchungen von J. PIAGET (1969) Bezug genommen.

Der wenige Tage und Wochen alte Säugling versucht, in der Vielfalt der auf ihn einstürmenden Umwelt-Eindrücke immer „diejenigen wiederzufinden, die das Funktionieren seiner Organe begleiten" (PIAGET 1969, 112).

Dieses Bestreben zeigt sich in den Reaktionen, aber auch in den erst sehr geringen sich dann jedoch langsam steigernden eigenen Aktionen des Säuglings. Zwei Bewegungsrichtungen werden also im Verhalten des Säuglings bemerkbar: eine (an den Reaktionen ablesbare) Reiz-Aufnahme und, sozusagen gegenläufig, der Versuch einer aktiven Anpassung an diese neuen Eindrücke. Es werden also Reiz-Reaktionszusammenhänge sichtbar, die jeweils in sich geschlossene Schemata (nach PIAGET 1969) bilden. Diese so entstandenen Funktionsabläufe wiederholt der Säugling, und zwar zunehmend mit Lustgewinn.

Was anfänglich für den Beobachtenden rein reaktives Aufnehmen ist, erfährt mit der Zunahme an Bewußtsein des Säuglings so etwas wie eine immer bewußter werdende Verinnerlichung; und in der Tat ist dies der Vorgang einer selektiven Einordnung in den im Säugling entstandenen Reiz-Reaktionszusammenhang. Diese Schemata sind sowohl motorisch als auch sinnlich wahrnehmend, betreffen also die Motorik des Körpers und den (sinnlichen) Wahrnehmungsapparat. Mit zunehmender Bewußtheit und Differenzierung des Denkens versucht das Kind, die neuauflaufenden Schemata in den Einzelheiten zu verstehen und nachzuahmen.

Zuerst kann dies als nachahmendes Üben bezeichnet werden, dessen Antrieb aus dem Unterbewußtsein erfolgt. In das Bewußtsein gehoben, wird der Nachahmungsprozeß zur bewußten Wiederholung, aus der das Kind in sich steigerndem Maße Lustgewinn zieht. Hier beginnt Spiel, ist Spiel im Grunde zugleich lustvolles Tun und spielendes Lernen: Nehmen wir ein kleines Spielzeugauto, das die Mutter vor dem auf dem Bauch liegenden Baby hin- und herbewegt. Nun greift das Kind danach und muß sogleich lernen, daß es seinen Wunsch, das kleine Auto in Bewegung setzen zu wollen, den Fahrmöglichkeiten desselben anpassen muß. Das hat es bald gelernt, und nun wird dieser Prozeß aus Freude am Gelingen des In-Bewegung-Setzens lustvoll immer wiederholt (STUCKENHOFF 1975). Mit dieser Freude hängt engstens das Bewußtsein zusammen, Ursache für diese Aktion zu sein, dem wiederum das Gefühl zugrunde liegt, „Schwierigkeiten überwunden zu haben" (PIAGET 1969, 209).

Diese ersten Spiele sind getragen von der Lust am Funktionieren der Gliedmaßen und Gegenstände, mit denen das Kind umgeht, nach denen es greift, die es bewegt, in den Mund nimmt, und die es etwas später wegwirft und zurückholt, sobald ihm das möglich ist. „Eine Tätigkeit, die mit Funktionslust ausgestattet ist und von dieser Funktionslust direkt oder um ihretwillen aufrecht erhalten wird, wollen wir Spiel nennen" (BÜHLER 1929), man muß hinzusetzen: eine Form des Spiels und nicht das Spiel schlechthin.

Am Anfang stehen also die Spiele der Funktionslust, Spiele mit den eigenen Gliedmaßen, mit der Stimme, körperzentrierte Spiele, die mit Zunahme des Bewußtseins und mit der Differenzierung der Denkstrukturen auf Gegenstände der engeren und später auch der weiteren Umwelt ausgedehnt werden und damit eine neue Qualität gewinnen: Der sich entwickelnde Vorgang geht vom unsachgemäßen, lustbetonten Umgang mit den Gegenständen durch die sich in zunehmendem Maße vertiefende Erkenntnis derselben zum sachgemäßen Umgang. Dabei sind sicherlich die Differenzierung der Feinmotorik und der Zuwachs an technischem Vermögen von großer Wichtigkeit. Allerdings ist das damit einhergehende Gefühl, etwas selbst erreicht zu haben, immer mehr bewirken zu können, von herausragender Bedeutung, weil das zu der so notwendigen Ich-Stärkung, zu Mut und Risikobereitschaft führt. – Dieser Wachstumsprozeß kann, ja muß von den Erwachsenen sowohl durch eine unmittelbare spielerische Beteiligung als auch durch eine mittelbare Beteiligung im Sinne einer Eingabe von entsprechendem Spielzeug gestützt und gefördert werden.

In der Folge sollen nun der Wandel des kindlichen Spielverhaltens und die Spielformen-Differenzierung in ihrem Verhältnis zueinander dargestellt werden. Dabei wird als entwicklungspsychologischer Rahmen das Konzept PIAGETs genommen, weil der Wandlungsprozeß hier überzeugend aufgeschlüsselt ist. Dieser Wandlungsprozeß vollzieht sich nach PIAGET (1969) in drei Phasen:

1. *Die Phase der sensomotorischen Übungsspiele* ist durch solche Spiele gekennzeichnet, die ausschließlich die Sinne und die Motorik betreffen.
   „Gewisse Spiele setzen keine besondere Technik voraus: Als einfache Übungen setzen sie eine vielfältige Gesamtheit von Verhaltensweisen ins Werk, ohne aber ihre Struktur so zu verändern, wie das bei einer aktuellen Anpassung der Fall wäre. Nur die Funktion definiert diese Spiele: Sie üben diese Strukturen sozusagen ‚leer', ohne ein besonderes Ziel, nur aus Vergnügen am Funktionieren" (PIAGET 1969, 146).
2. *Die Phase der Symbolspiele* ist durch eine Spiel-Kategorie charakterisiert, die man so einfach wie treffend als Spiele des So-tun-als-ob bezeichnen kann. PIAGET beschreibt diese Spiele so: „Im Gegensatz zum Übungsspiel, das weder das Denken noch eine spezifisch spielerische Vorstellungsstruktur voraussetzt, setzt das Symbol die Vorstellung eines abwesenden Objektes voraus" (1969, 148), das Kind tut also nur so, als ob der Gegenstand vorhanden sei, es tatsächlich aber nicht ist und auch nicht sein muß, weil das Vorstellungsvermögen für den Spielvollzug selbst eine ausreichende Voraussetzung schafft.
3. *Die Phase der Regelspiele* ist durch die Tatsache gekennzeichnet, daß für die Spiele eine alle Beteiligten bindende Regel gilt, und das jedes willkürliche Aufgeben dieser Regel von einem der Beteiligten das Spiel gefährdet, ja es sogar zum Scheitern bringen kann.

Drei charakteristische *Merkmale* kennzeichnen das Verhalten des Kindes in dieser *Entwicklungsphase*:

1. Das Kind muß Mitspielenden gegenüber soziales Verhalten üben;
2. es muß eine Regel, sprich: eine Abmachung einzuhalten in der Lage sein;
3. es muß die Tragweite einer Regel abschätzen können.

Es versteht sich von selbst, daß die Befähigung zu Regelspielen vor allem eine Frage der Entwicklung des Sozialverhaltens ist. In der Phase der Symbolspiele beginnt zum Beispiel in der Form von spontanen spielerischen Erwachsenen-Imitationen das Rollenspiel, für das auch das So-tun-als-ob Gültigkeit hat: Das Kind tut in seinen spontanen Rollenspielen so, als ob es etwa der Vater oder die Mutter sei (STUCKENHOFF 1978). Zuerst spielt es diese Spiele mit seinen Puppen; etwas später wird wohl auch der Versuch unternommen, mit einem Kind ein solches Rollenspiel zu spielen, was zuerst mehr ein Parallel- denn ein Kooperationsspiel ist. Es dauert eine Weile, und es müssen schon eine ganze Reihe solcher Spiele abgelaufen sein, bis man davon sprechen kann, daß erste Voraussetzungen für soziales Verhalten erreicht worden sind.

Nicht zugeordnet sind nun noch die Konstruktionsspiele und solche Spiele, die durch ein mehr oder weniger starkes Potential an Erfindungsgeist, an Eigenschöpferischem gekennzeichnet sind. Diese Spiele sind sicherlich nicht eine der Phase der Regelspiele folgende Gruppe, sondern haben dort ihren Ort, wo Vorstellungsvermögen und strukturierendes, planvolles Denken gefordert sind.

Diese Voraussetzungen sind *in einfacher Form* in der Phase der Symbolspiele gegeben.

In letzter Konsequenz muß das Kind hierbei

1. eine Vorstellung des noch nicht vorhandenen Produktes und
2. einen Plan der Vorgehensweise zur Erreichung dieses Ziels haben und muß
3. dann zielgerichtet — also auf das vorgestellte Produkt hin — konstruieren, was PIAGET so formuliert:
   „... daß die Konstruktionsspiele nicht ein Stadium u. a. definieren, sondern auf dem zweiten und vor allem auf dem dritten Stadium (Symbolspiel, Regelspiel) eine Position einnehmen, die halbwegs zwischen dem Spiel und der intelligenten Arbeit oder zwischen dem Spiel und der Imitation liegt" (1969, 150 f.).

Zu den einzelnen Phasen ist die folgende ungefähre Altersangabe zu machen:

I. Phase: ca. ab 3. Monat
II. Phase: ca. ab 16. / 17. Monat
III. Phase: etwa im 5. Lebensjahr langsam beginnend, mit allen Konsequenzen aber erst zwischen dem 7. und 11. Lebensjahr.

Es muß nicht weiter ausgeführt werden, daß dies nur Richtzahlen sein können, weil jede kindliche Entwicklung anders verläuft.

Der so gegebene Rahmen muß nunmehr, will man eine einigermaßen gesicherte Basis für eine effektive und gezielte Spielförderung schaffen, durch die Darstellung der sich in den einzelnen Phasen herauskristallisierenden Spielfomen ausgefüllt werden. Es wird also der Versuch einer Formendifferenzierung unternommen, woran die fördernde Zuordnung von Spielzeug und die unmittelbare oder mittelbare Erwachsenenbeteiligung an Spielen orientiert werden kann.

I. Den *sensomotorischen Übungsspielen* lassen sich *drei Grundformen kindlichen Spielverhaltens* subsumieren:

1. *Spiele der Funktionslust*,
„bei denen der Säugling ein schon bekanntes, interessantes Ereignis wiederzufinden sucht" (CHATEAU 1969, 345), Spiele also, die von lustvoller Wiederholung verschiedenster (kleindimensionierter) Aktionen bestimmt sind. Es sind dies in einer Formendifferenzierung Spiele mit den eigenen Gliedmaßen, mit der Stimme und mit solchen Gegenständen der näheren Umwelt, deren Aufforderungscharakter aus Farbe, Form, Funktionalität und Geräuschvariationen das Kind zu einer freudegetragenen Beschäftigung anregt.

2. *Spiele der Neugier und des Erforschens*:
Wenn die Spiele der Funktionslust noch eine stark reaktive Grundtendenz aufweisen, also fast ausschließlich von einem Reagieren auf Reize von außen bestimmt sind, so deutet sich bei diesen Spielen ein in zunehmendem Maße zielgerichtetes Agieren des Kindes zur Erforschung der Umwelt und der Menschen und Gegenstände in ihr an. Es sind Spiele mit Gegenständen einer bereits weiteren Umwelt, in denen die Gegenstände allerdings noch unsachgemäß behandelt werden. Mit Zunahme an Bewußtsein und Erfahrungen wird dieser spielerische Umgang immer sachgemäßer und mündet ein in solche Spiele, deren sehr deutliche Tendenz hin zum spielerischen Gebrauch von zweckgebundenen Gegenständen, zum Beispiel der häuslichen Umgebung geht.

3. *Spiele des Veränderns, des Formens und Umformens:*
Bei den frühen lustgetragenen Spielen dominiert das Reagieren auf Reize von außen. Dann werden erste zaghafte Versuche mit rudimentären, verändernden Impulsen sichtbar: zum Beispiel Wassertropfen auf dem Tisch mit dem Finger auseinanderziehen und neue Formen daraus bilden; auf Papier kritzeln, Aufgehäuftes umwerfen, wobei hier auch noch rein Funktionales enthalten ist. Aus dem Reagieren ist ein Agieren geworden, aus dem Bestreben des zufallsorientierten Veränderns wird in nächsten Schritten immer bewußteres Gestalten mit verformbarem Material (zum Beispiel Matsch, Knete) oder mit solchem Material, das man zerreißen oder zerschneiden kann.

Reagieren — agieren — verändern / umformen — formen ist eine steigende Linie in der Zunahme an Ich-Bewußtsein und Selbstbestätigung. CHATEAU spricht in diesem Zusammenhang von dem Bestreben des Kindes, Ursache für etwas sein zu wollen (1969). Diese Gruppe umfaßt die Spiele mit Sand und Wasser, mit einfachen, formbaren Materialien, mit Zeichenmaterialien, um Striche, Kreise, aber auch Undefinierbares zu produzieren, also zu kritzeln; und es sind Spiele mit dem Ziel, etwas zu zerreißen oder auch zu zerschneiden.

Die drei umschriebenen Grundformen der sensomotorischen Übungsspiele zeigen zum einen die markierte steigende Linie des Ich-Wachstums und zum anderen die Zunahme des Gestaltungsradius, der sich schließlich aus der Gegenwartsgebundenheit in die auf Vorstellungsfähigkeit beruhenden zukunftsorientierten Aktionen erweitert.

II. Hier — und nun gelangt das Kind in die Phase der *Symbolspiele* — gewinnt es sich durch die Erweiterung des Denkens, durch die Differenzierung der Denkstrukturen sozusagen die dritte Dimension nach der Bindung an das Hier und Jetzt, die Erweiterung also in den Vorstellungsbereich, hinzu. Diese Phase ist von drei Grundformen gekennzeichnet:

1. Erwachsenen-Imitationen sind, wie weiter vorne gesagt, Spiele des So-tun-als-ob, die Urform des Rollenspiels: „Hier kann das Kind sich in die Höhe schwingen, hier braucht es nicht länger Kind zu bleiben. Es kann sich selbst verwandeln und Macht verleihen: es wird ein Wolf oder ein Ingenieur, oder eine Mutter, oder ein Baby, das schreit" (BIBER, in: FLITNER 1978, 28).
    Auch hier wird gleich das Bestreben des Kindes nach Ich-Stabilisierung sichtbar. Ganz wichtig dabei ist, daß der Wunsch nach einer Ich-Stabilisierung auf dieser Entwicklungsstufe positiv ist: das Kind handelt noch nicht aus einer Position bewußt-gewordener Schwäche den Erwachsenen, sprich den Eltern, gegenüber, sondern es will so sein wie diese, und ist davon überzeugt, das auch zu können.

Zu einem späteren Zeitpunkt (Schulanfangszeit und Pubertät) versucht es diese Ich-Stabilisierung erneut, nun aber aus mehr oder weniger stark geschwächter Position heraus, also von Minderwertigkeitskomplexen belastet; hier wurde der Erwachsene in seiner Überlegenheit sehr bewußt erfahren! Hat er diese Überlegenheit stark betont, dann ist die Ich-Schwächung besonders bedrückend und weitreichend. Die Kommunikationsstrukturen im Verhältnis der Eltern zu ihrem Kind in dieser Phase legen nämlich die Basis für die Kommunikationsfähigkeit des Kindes, für seine sozialen Fähigkeiten überhaupt.

Die spontanen Rollenspiele dieser Phase sind zuerst einmal kritiklose Nachahmung, auch falsches wird völlig wertfrei nachgespielt. — Aus der Imitation wird schließlich dramatisiertes Eigenerleben; es findet also, gebunden besonders an die familiale Situation, spielendes soziales Lernen statt. Soziale Basisfähigkeiten wie Einfühlungsvermögen, Konfliktfähigkeit, Toleranz anderen gegenüber aber auch eine immer differenzierter werdende Kenntnis der sozialen Rollen werden in diesen frühen Rollenspielen gelernt.

2. Damit sind zugleich (bei der Formendifferenzierung) die *Arbeitsspiele* (CHATEAU 1969) angesprochen, weil sie auch diese Berufsspiele umfassen.
    Aus dem unsachgemäßen Gebrauch der Objekte haben sich mit Zunahme der Kenntnis derselben und mit der Differenzierung der Feinmotorik die Voraussetzungen entwickeln können, die schließlich zu einem objektbezogenen, einem sachgemäßen Gebrauch führen. Mit dieser qualitativen Erweiterung nehmen für das Kind die Möglichkeiten zu, Erwachsenenaktionen zu imitieren, was sich in den bereits apostrophierten Arbeitsspielen deutlich zeigt. Die Vorliebe der Kinder für diese Spiele, die sich über einen relativ langen Zeitraum halten, läßt nun besonders jene Objekte in den Vordergrund rücken bzw. an Bedeutung gewinnen, die solche Spiele tragen: (Spiel-)Objekte mit Werkzeug-Charakter. Beispiel für diese Spielform ist das Anlegen eines eigenen kleinen Gartens, wie ihn die Erwachsenen haben, eine eigene Werkstatt, Berufsspiele, Kinderessen u. ä.:
    „Diese Spiele erlauben dem Kind, die objektive Natur mit Hilfe eines Werkzeugs zu erkennen . . . Sie nähern sich nachher immer mehr der Arbeit . . ." (CHATEAU 1969, 347).
    Hier wird übrigens deutlich, wie die Grenze zwischen Spiel und Arbeit verschwimmt. Hinter diesen Spielen steht, wie das schon einmal betont worden ist, das Bestreben des Kindes, sein Ich zu stabilisieren, sich *in seinen Spielen groß zu zeigen*, den Erwachsenen also gleich sein zu können, womit die zweite Grundform innerhalb der Phase der Symbolspiele angesprochen ist.

In der *Formendifferenzierung* finden wir ausgesprochene Spiele der Ich-Stärkung, wie sie schon bei der ersten Grundform tendenziell bemerkbar sind. Damit sind solche Spiele gemeint, bei denen sich ein Kind zum Beispiel vor anderen produziert, wo immer wieder der Satz zu hören ist: „Schau mal, was ich alles kann!" Diese Spiele sind von dem Bestreben des Kindes getragen, sich mit dem jeweils Größten und Stärksten zu vergleichen, selbstverständlich in der naiven Unwissenheit um die Unmöglichkeit dieses Unterfangens.

Für das Kind aber ist der Erfolg immer gesichert, weil der Vergleich verbal ist und in der einfachen Imitation des reinen Bewegungskanons, des Gehabes des Großen besteht. – Auch in den Spielen einfacher Mutproben, also Spielen mit einem gewissen Risiko, findet sich dieses im übrigen jetzt immer latent vorhandene Sich-groß-zeigen-wollen. Ist das jetzt noch vergleichsweise harmlos und erschöpft sich etwa in Spielen wie: über einen Baumstamm balancieren o. ä., so wird das im Laufe von Monaten und Jahren an Kompliziertheit zunehmen.

Auf dieser Linie liegen auch die ersten *Spiele mit Wettkampf-Charakter* – 3. Grundform –, in denen sich das Kind mit anderen sozusagen wettkampfmäßig vergleicht, jetzt noch in Spielen wie: wer wirft am weitestesten? oder: wer läuft am schnellsten? Auch hier wird im Laufe der Zeit eine Verschärfung der Konkurrenzhaltung eintreten.

Wie bei den sensomotorischen Übungsspielen die steigende Linie des Ich-Wachstums deutlich gemacht werden konnte, so findet in der II. Phase (der Symbolspiele) eine Fortsetzung dieser Linie in Form von spielerischen Bestrebungen des Kindes zur Stabilisierung der Ich-Stärke statt. Dieser positive Verlauf einer Ich-Ausdehnung des Kindes bleibt annähernd ungebrochen bis etwa in die Anfangsphase der Schulzeit hinein. – Man kann grundsätzlich sagen, daß die in den Spielaktionen der Kleinkind- und Vorschulphase gewonnenen Fertigkeiten und Fähigkeiten erheblich hierzu beitragen, wobei zu betonen ist, daß die Förderung des Erwachsenen
1. durch seine mittelbare Beteiligung am Spiel des Kindes im Sinne der Eingabe von Spielzeug und Material zum Spielen,
2. durch eine unmittelbare eigene Beteiligung an Spielaktivitäten und
3. durch seine Anteilnahme an den Spielen des Kindes (Beratung, Erläuterung und Lob)

diesen Prozeß unterstüzen muß, um den Erfolg der Persönlichkeitsentwicklung des Kindes zu sichern.

Es wurde bereits weiter vorne angedeutet, daß sich in dieser Phase das Denken des Kindes von der Gegenwartsbindung befreit und in steigendem Maße eine zukunftsperspektivische Erweiterung erfährt. Das ist die Voraussetzung für jene Spiele, für die zuerst in einfacher, dann aber ständig differenzierender Form vorausschauende Planungen notwendig wird. Gemeint sind die *Kontruktionsspiele*, bei denen *zwei Grundformen* zu unterscheiden sind:

1. Die Spiele einfachen Konstruierens, also Spiele mit Baucharakter (zum Beispiel Auftürmen von Bausteinen), die aber noch keine echten Bauspiele sind; bei ihnen kommt es auf den Spielverlauf und nicht auf das Ergebnis an. Ihr Hauptcharakteristikum ist die Prozeßorientiertheit.
2. Die Bau- und Bastelspiele, die planvolles Bauen und Basteln voraussetzen. Hier hinein gehören selbstverständlich alle Bau- und Modellbausätze, mit denen sich das Kind bei zunehmenden Fertigkeiten und steigendem Schwierigkeitsgrad in den fol-

genden Jahren spielend auseinandersetzt. Die qualitative Veränderung gegenüber der ersten Grundform liegt in der Produktorientiertheit der Spielaktion.

III. Phase der Regelspiele

In der Phase der Symbolspiele wird in den Spielen des So-tun-als-ob, den spontanen Rollenspielen, die Basis für das soziale Verhalten des Kindes gelegt. Es lernt Grundqualifikationen für das spielerische Zusammenwirken und darüber hinaus für das zwangsläufig geforderte Miteinander im täglichen Leben, an dem das Kind ja teilnimmt, und wo ihm schließlich der Schonraum von Kindheit und Jugend genommen wird bzw. es diesem Schonraum entwächst. In der sich hier eröffnenden Entwicklungsphase werden denn auch andere Spiele als bisher bedeutsam. Zwar bleiben Reste der vergangenen bzw. überlebten Spielformen (Übungs- und Symolspiele) erhalten, die zentrale Form aber, die dann lebenslang bestimmend bleibt und sich sozusagen spielend differenziert, ist das *Regelspiel*:

„Das Regelspiel ist die spielerische Aktivität des sozialisierten Wesens. Wie das Symbol aufgetaucht ist, so ersetzt in der Tat die Regel das Symbol und ordnet sich die Übung ein, sobald gewisse soziale Beziehungen aufgebaut worden sind ..." PIAGET 1969, 183).

Hier sind *drei Grundformen* zu unterscheiden, wobei die alle beteiligten bindende Regelung Basis jeder dieser Grundformen ist.

1. Die „kooperativen Wettspiele" (CHATEAU 1969) sind Regelspiele, bei denen eine in sich geschlossene Mannschaft sozusagen in den Wettkampf eintritt. Getragen werden solche Spiele „durch die Einigkeit, die die Glieder der Mannschaft verbindet" (CHATEAU 1969, 351). Es ist unschwer einsehbar, daß hier von jedem einzelnen Mitglied eines solchen Teams ein sehr differenziertes Sozialverhalten erwartet wird. Spiele wie „Räuber und Gendarm", „Reise nach Jerusalem", Ball- und Laufspiele nach feststehenden Regeln (zum Beispiel Völkerball, Versteckspiel) sind Beispiele für diese erste Grundform innerhalb der Gruppe der „kooperativen Wettspiele". Wie für diese gilt für die beiden anderen Grundformen —
a) Tänze, Singspiele, Abzählreime und
b) Gesellschaftsspiele —,
daß das Kind die Regel nicht etwa wegen ihrer Bedeutung wählt, ein Garant für gleichberechtigtes Zusammenspiel zu sein, sondern vor allem — und das haben zahlreiche Beobachtungen ergeben — aus der Freude an einer Selbstdisziplinierung in der Unterwerfung unter eine Regel. Das Ausbrechen aus Regeln, wie das Kleinkind von drei oder vier Jahren es immer noch tut, wird von den Älteren zwar geduldet, für sie selbst aber ist eben der Schritt zur Selbstdizilinierung in der freiwilligen Regelanerkennung das erstrebenswerteste Ziel. Dadurch gewinnt das Kind nämlich die Überzeugung, den Großen, den Älteren gleich zu werden, „jenen moralischen Genuß (zu) erlangen, der ihm das Bewußtsein einer Vollendung gibt" (CHATEAU 1969, 265). Also auch hier ist die Ich-Stabilisierung, die Ich-Ausdehnung unübersehbar.

Das Kind strebt dem Älteren als einem Vorbild nach, indem es sein eigenes Verhalten diesem immer mehr anzugleichen versucht und alle jene Verhaltensweisen über Bord wirft, die seine Spiele bisher bestimmten, wobei allerdings auch ein Stück Spontaneität zugunsten einer starken Selbstregulierung auf der Strecke bleibt. Es überwindet seine Abhängigkeit von Stimmungen und unkontrollierten Wutausbrüchen, um sich durch diese innere Reinigung zu disziplinieren und damit sein Ich zu stärken, seine Persönlichkeit weiterzuentwickeln.

Die beiden folgenden Grundformen nach den kooperativen Wettspielen zeichnen sehr deutlich die immer rigider werdende Regelbefolgung, der sich das Kind und der Jugendliche unterwirft, was ganz besonders die Auswahl der Spiele signalisiert:

Spiel-Rubrizierung 1

I. **Sensomotorische Übungsspiele**
   ab 3. Monat

   Formendifferenzierung

   1. Spiele der Funktionslust
      a) Spiele mit den eigenen Gliedmaßen
      b) Spiele mit der Stimme
      c) Spiele mit Gegenständen (Aufforderungscharakter)

   2. Spiele der Neugier und des Erforschens
      a) Spiele mit Gegenständen der weiteren Umwelt
      b) Neugier-getragene Spiele zur Erforschung der häuslichen (familialen) Umwelt und der in ihr befindlichen Gegenstände

   3. Spiele des Veränderns, des Formens und Umformens
      a) Spiele mit Sand und Wasser, Matsch
      b) Spiele mit einfachen formbaren Materialien
      c) Spiele mit Zeichen-Materialien, um Striche, Kreise zu produzieren, also zu kritzeln
      d) mit dem Ziel, etwas zu zerreißen, umzustoßen, um es zu verändern

II. **Symboldspiele**
    ab 16. / 17. Monat

    Formendifferenzierung

   1. Erwachsenen-Imitationen
      a) Rollenspiele (Vater-Mutter-Kind etc.)
      b) Arbeitsspiele (CHATEAU 1969) (Gartenarbeit, Berufsspiele, Kinderessen)

   2. Spiele des Sich-groß-Zeigens
      a) Spiele der Ich-Stärkung (zum Beispiel sich vor anderen produzieren)
      b) Spiele einfacher Mutproben, also Spiele mit einem gewissen Risiko (zum Beispiel über einen Baumstamm balancieren)

   3. Spiele mit Wettkampf-Charakter

      Spiele des Sich-vergleichens
      (zum Beispiel Wer wirft am weitesten? wer läuft am schnellsten?)

Konstruktionsspiele
   ab 16. / 17. Monaten

   1. Spiele einfachen Konstruierens

      Spiele mit Baucharakter
      (zum Beispiel Auftürmen von Bausteinen)
      – *prozeßorientiert*

   2. Bau- und Bastelspiel

      Planvolles Bauen und Basteln – *produktorientiert*

III. **Regelspiele**
     (im 5. Lebensjahr langsam beginnend, mit allen Konsequenzen erst zwischen dem 7. und 11. Lebensjahr)

     Formendifferenzierung

   1. Kooperative Wettspiele
      (CHATEAU 1969)

      Spiele mit bindender Regelung,
      zum Beispiel Räuber und Gendarm,
      Reise nach Jerusalem,
      Ballspiele, Laufspiele

   2. Tänze, Singspiele, Abzählreime

      zum Beispiel Reigen, Kreisspiele, Ritual-Spiele

   3. Gesellschaftsspiele

      Brett-, Karten-, Würfelspiele

die Nachahmung der Erwachsenen wird jetzt in anderer Form (als in der Phase der Symbolspiele) mit Tänzen, Singspielen und Abzählreimen als zweiter Grundform fortgesetzt. Es beginnt sozusagen mit den rhythmisierten Abzählreimen und Singspielen und führt hin zu den Tänzen, den Reigen, was neben der strengen Regelung zugleich auch einen qualitativen Zugewinn mit sich bringt: die Tanzspiele imitieren bereits Erwachsenen-Tänze, zu denen schon recht viel Körpergefühl gehört.
Um diese Imitation noch zu verdichten, werden auch Rituale der Erwachsenen spielerisch nachgespielt: Jahresfeste, Hochzeit, Taufe, Totenfeier sind nur einige Beispiele dafür. All das geschieht vor allem im Zeichen der Selbsterhöhung des Ich.

Im gewissen Sinn sind die Gesellschaftsspiele (3. Grundform), also die Brett-, Karten- und Würfelspiele als Erwachsenen-Überlieferungen — denn so werden sie verstanden — von geradezu magischer Faszination; dies zeigt sich in solcher Intensität erst jenseits des 10./11. Lebensjahres. Die sie tragenden festgeschriebenen Regeln lassen nun in der Tat keine spontanen Änderungen mehr zu, weil das im Sinne der bereits betonten Selbstdisziplinierung für das Kind und den Jugendlichen einem Qualitätsverlust an Persönlichkeit gleichkäme.

III. Der entwicklungsgerechte Einsatz von Spielmaterialien im Sinne einer Spielförderung

Den bisherigen Ausführungen ist zu entnehmen, daß nach Kenntnis des entwicklungspsychologischen Wandels kindlichen Spielverhaltens eine Förderung zum einen durch ein angemessenes Spielzeug-Angebot und zum anderen durch die eigene Beteiligung des Erwachsenen möglich ist. Man kann davon ausgehen, daß die Grundqualifikationen für die Lebensbewältigung in der Entwicklungsphase bis zur Einschulung gelernt werden. Ein weiterer Ausgangspunkt für Überlegungen zur Spielförderung ist, daß alle jene Fähigkeiten und Fertigkeiten am dauerhaftesten verinnerlicht werden, die das Kind in dieser Phase spielend gelernt hat. Diese beiden Postulate sind es, die eine Spielförderung als geboten erscheinen lassen.
In diesem Zusammenhang wird, wiederum von dem Phasen-Modell PIAGETs ausgehend, der gezielte Einsatz vor allem des kommerziellen Spielzeugs beschrieben. — Selbstverständlich gilt hier die weiter vorn gemachte Altersangabe, die immer den ungefähren Beginn einer Phase bezeichnet. Dabei soll nicht vergessen werden, daß der Beginn einer Phase nicht zugleich das Ende der vorausgehenden Phase bedeutet. Die Grenzen sind fließend, und so tauchen dann auch zum Beispiel in der 3. Phase (Regelspiele) noch Spielformen der vorangegangenen wieder auf. Bevor in einer schematischen Auflistung anhand von Beispielen die Spielzeug-Eingaben markiert werden, sollen einige wichtige Hinweise eine gezielte Spielförderung transparent machen und damit erleichtern.
Der Erwachsene sollte bei seinem Entschluß, Spielprozesse von Kindern mittelbar oder unmittelbar beeinflussen zu wollen, immer davon ausgehen, daß seine Funktion zuerst einmal nur eine sehr untergeordnete zu sein hat. Er stellt Raum, Zeit und Material zur Verfügung und übernimmt, wenn ihn

Spiel-Rubrizierung 2

1. Stadium: Sensomotrische Übungsspiele

1. Spielzeug zur Fortbewegung des eigenen Körpers
   Beispiele: Tretauto, Schlitten, Roller, Rad etc.
2. Spielzeug zur Bewegung des gesamten Körpers
   Beispiele: Schaukelpferd, Wippe, Springseil, Hopsball, Schaukel, Reifen etc.
3. Nachzieh- und Tragespielzeug
   Beispiele: Tiere, Fahrzeuge, Windmühlen und Räder, Puppen etc.
4. Spielzeug mit Werkzeugcharakter
   Beispiele: Sandspielzeug, Werkbank, Nagelspiele, Werkzeugkästen für Kleinkinder etc.
5. Geschicklichkeitsspielzeug
   Beispiele: Kugel- und Murmelspiele, Turmbaubecher, Wurfspiele, Angelspiele, Ballspiele etc.
6. Tast-, Greif- und Hantierspielzeug
   Beispiele: Rasseln, Beißringe, Kugelketten, Stoff- und Quiektiere etc.
7. Material, das man verarbeiten und verändern kann
   Beispiele: Fingerfarben, Knetmasse, jede Art von Bastelmaterial (auch leeres Verpackungsmaterial) etc.
8. Sensibilisierende Zuordnungsspiele
   Beispiele: Lernspiele ohne Regelbindung

Einige Thesen, die sich in der Gruppendiskussion ergeben haben
a) Die meisten Spiele sind nicht nur *einer* Spielkategorie zuzuordnen.
b) Je älter ein Kind wird, desto vielseitiger verwendbar wird ein Spielzeug, desto weniger läßt sich das Spielzeug in Spielzeugkategorien einordnen.
c) *Die ersten Phasen des Konstruktionsspiels* gehören zum Bereich der sensomotorischen Übungsspiele.

2. Stadium: Symbolspiele

1. Unterteilung des Spielzeugs in Symbole für:

Partner	Objekte	Rollenspiele
Stofftiere	Puppenhaus	Ausrüstung für
Puppe	Bauernhof	Indianerspiele
Barbiepuppen	Kaufladen	Cowboyspiele
	Barbiepuppen	Kaufladen
	Ritterburg	Arzt
	Eisenbahn	Schaffner
	Fahrzeuge	Post
	Einzelgeräte für Haushalt	Familienspiele
	Werkzeuge	Figurenspiele
	Werkzeuge	

2. Schematische Veranschaulichung des zweifachen Bezugs von Spielzeugen

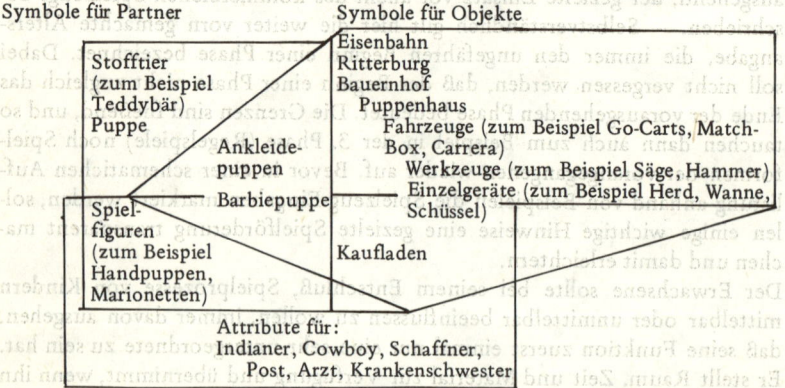

Symbole für Partner   Symbole für Objekte

```
┌─────────────────┬─────────────────────────────────────┐
│                 │ Eisenbahn                           │
│ Stofftier       │ Ritterburg                          │
│ (zum Beispiel   │ Bauernhof                           │
│ Teddybär)       │ Puppenhaus                          │
│ Puppe           │ Fahrzeuge (zum Beispiel Go-Carts,   │
│         Ankleide│        Match-Box, Carrera)          │
│         puppen  │ Werkzeuge (zum Beispiel Säge,       │
│ Spiel-   Barbiepuppe                    Hammer)       │
│ figuren         │ Einzelgeräte (zum Beispiel Herd,    │
│ (zum Beispiel   │          Wanne, Schüssel)           │
│ Handpuppen,     │                                     │
│ Marionetten)    │ Kaufladen                           │
│                 ├─────────────────────────────────────┤
│           Attribute für:                              │
│           Indianer, Cowboy, Schaffner,                │
│           Post, Arzt, Krankenschwester                │
└───────────────────────────────────────────────────────┘
```

                                                   Rollenspiele

3. Stadium: Regelspiele

I. Sensomotorisch orientierte Regel-Spiele
1. Ballspiele: Volleyball, Fußball, Korbball, Völkerball, Federball, Tischtennis, Boccia etc. . . .
2. Wurfspiele: Pfeil und Bogen, Ringe
3. Suchspiele (Verstecken)
4. Laufspiele: Wer fürchtet sich vorm Schwarzen Mann, Fangen
5. Kreisspiele: Plumpsack
6. Geschicklichkeitsspiele: Hinkeln, Gummitwist, Springseil, Flohspiel

II. Gesellschaftsspiele
a) Glücksspiele
  1. Kartenspiele, zum Beispiel Schwarzer Peter
  2. Würfelspiele, zum Beispiel Sand, General, Barenbek etc.
  3. Brettspiele, zum Beispiel Mensch ärgere Dich nicht
b) Intellektuelle Spiele bzw. Lernspiele
  1. Ratespiel: Ich sehe was, was Du nicht siehst . . .
  2. Gedächtnisspiele: Kofferpacken, Memory
  3. Buchstabenspiele: Scrabble
  4. Schreibspiele: Stadt-Land-Fluß
  5. Brettspiele: Schach, Mühle, Dame; Zuordnungsspiele
  6. Steckspiele: Ministeck
  7. Anlegespiele
  8. Lottospiele
  9. Kartenspiele: Quartett, Skat
  10. Geduldsspiele: Puzzle
  11. Geschicklichkeitsspiele

Konstruktionsspiele

	frei	vorgegeben	mit Anleitung des Erwachsenen
1. Des Vorschulkindes (3 bis 6 Jahre)			
Rohmarerial	Sandkasten, Modellieren (Knetgummi)		
flächige Konstruktion	Haftspiele (Magnettafel), Klebearbeiten (Buntpapier, Brettsteckspiele)	Systemlegespiele (Domino, Puzzle, Mengenlehre)	
räumliche Konstruktion	Würfelbausatz, Holzbausteine, Lochbausteine („Konstri"), zusammenschraubbare Spiele, Steckspiele (Lego)	Stadt-Dorf-Bausteine, Holzeisenbahn, Figurensteckspiele	Strickliesel, Basteln
2. des Schulkind (6 bis 10 Jahre)			
Rohmaterial	Sandkasten, Modellieren (Knetgummi, Ton)		
flächige Konstruktion	Haftspiele, Klebearbeiten, Brettsteckspiele	Systemlegespiele	
räumliche Konstruktion	Lochbausteine, zusammenschraubbaure Spiele	Holzeisenbahn	Strickliesel, Basteln
3. Des Jugendlichen (10 bis 14 Jahre)			
Rohmaterial	—		
flächige Konstruktion	Haftspiele		
räumliche Konstruktion	Steckspiele, zusammenschraubbare Spiele, Werkzeugkasten	Modellbaukasten	Handarbeit, Basteln

das Kind dazu einlädt, im Höchstfall eine gleichberechtigte, am besten aber nur eine untergeordnete Rolle. Im übrigen sei er Berater, Anreger, jemand also, der Hilfestellung gibt, wenn ein Kind sie braucht.
Bei Hindernissen und Problemen sollte er das Kind motivieren, zuerst einen eigenen Lösungsversuch zu unternehmen, indem er es stärkt und ermutigt; erst wenn das nicht ausreicht, sollte er sehr vorsichtig und immer auf die Eigeninitiative des Kindes Bedacht Hilfen geben. Dann wird das Kind letzten Endes das Ziel selbst erreichen, was sehr zur Ich-Stärkung beiträgt. Damit soll noch einmal unterstrichen werden, daß Verlauf und Ziel eines Spielprozesses immer in den Händen des Kindes liegen sollten.
Der Erwachsene muß sich vor Augen führen, daß das gestaltende Spiel des Kindes einen qualitativen Wandel durchmacht, was von ihm bei welcher Beteiligung auch immer sehr viel Sensibilität verlangt: aus der imitativen Grundhaltung *nachgestaltenden* Spielens in den ersten Monaten wird mit Zunahme des Bewußtseins und der Denkfähigkeit sowie mit dem Erlernen erster einfacher sozialer Verhaltensweisen (vor allem in Parallel-Spielen) ein *mitgestaltendes* Spielen, das bis in die ersten Schuljahre hinein seine Bedeutung behält; allerdings tauchen immer wieder auch imitative Momente auf. — Während dieser Zeit einer Dominanz der imitativen Grundhaltung beginnt bereits mit den Umformungsversuchen eine Bewegung des kindlichen Spielens hin zu kreativen Verhaltensweisen: sie müssen durch permanente Förderung erst entfaltet werden, um sich wirklich zu erfolgversprechendem Kreativverhalten wandeln zu können, was dann ganz selbstverständlich zu *neugestaltenden* Spielen führt.
Diese Verlaufslinie umschreibt die für eine Spielförderung wohl wichtigste Aufgabe: Die Entfaltung des Kreativpotentials beim Kind, zu der als weitere Aufgaben u. a. noch kommen:

- „die Förderung der Spielfreude, die das Kind zu immer neuem Gestalten und zu neuen Versuchen anregen soll" (SCHENK-DANZINGER 1972, 99);
- die Förderung der Freude an einem gewissen Maß an Risikobereitschaft;
- die Förderung des spielenden Lernens;
- die Förderung des kindlichen Bestrebens, fremdbestimmtes Handeln zugunsten der Ausweitung der Eigeninitiative aufzugeben.

Bei der Eingabe von Spielzeug kann dies gezielt oder unzielig geschehen, d. h. beim gezielten Einsatz verfolgt der Erziehende ganz bestimmte Ziele, die das Kind durch das Spiel mit dem Spielzeug erreichen soll; die Lernziele sind ein Beispiel für diese Form des Einsatzes, die zugleich Eingriffe und Korrekturen seitens der Erwachsenen mit sich bringt. Es muß nicht besonders betont werden, daß hiermit der Eigeninitiative des Kindes stark entgegengewirkt wird.
Beim unzieligen Einsatz liegt das, was mit dem Spielzeug erreicht werden soll, ganz in den Händen des Kindes. Dabei ist bedeutsam, daß selbstmotiviertes Spiel bei jeweils eigener Auswahl auch des Materials zum Spielen eine große Lernbereitschaft mit sich bringt.
Einer solchen erstrebenswerten Einstellung der Erwachsenen zum freien Spielen ihrer Kinder entspricht „eine pädagogische Umwelt, in der die

Eltern und Erziehern ihre Kinder an ihrem Leben teilhaben lassen, so daß diese genügend Vorbilder und Modellsituationen haben" (DOLLASE 1978, II, 232), an denen sie sich orientieren können.

Die schematische Auflistung (in einem Forschungsseminar des Autors erarbeitet vgl. hier S. 192 – 193) gibt in Anlehnung an die Grobeinteilung des PIAGET-Modells eine Übersicht, welche Spielzeug-Eingaben und Spielanregungen auf welcher Entwicklungsstufe gemacht bzw. gegeben werden sollten; zum besseren Verständnis und als Anregung werden Beispiele für Spielzeug und Spiele mitgenannt.

Literatur

Château, J.: Das Spiel des Kindes, Paderborn 1969
Daublebsky, B.: Spielen in der Schule, Stuttgart 1973
Dollase, R.: Handbuch der Früh- und Vorschulpädagogik, 2 Bde., Düsseldorf 1978
Flitner, A.: Spielen-Lernen, Praxis und Deutung des Kinderspiels, München 1972
– Das Kinderspiel, München 1978
Piaget, J.: Nachahmung, Spiel und Traum, Stuttgart 1969
Schenk-Danzinger, L.: Entwicklungspsychologie, Wien 1972
Stuckenhoff, W.: Rollenspiel in Kindergarten und Schule, Paderborn 1978
– Spiel, Persönlichkeit und Intelligenz, Ravensburg 1975

7. Spielen und Arbeiten — Spielen und Feiern — Spielen und Lernen
Ambivalente Bezüge des Spielens im Raum der Erziehung
Walter Twellmann

I. Das Spiel in seiner Ambivalenz

Das Spielen gehört ebenso wie das Arbeiten oder das Feiern zu den Verhaltensformen, in denen sich menschliches Leben in der Weise äußert, daß der Mensch im Sinne SCHILLERs „ganz Mensch" sein kann. Zwischen dem Spielen und dem Arbeiten oder dem Spielen und dem Feiern gibt es fließende Übergänge. Oft ist nicht festzustellen, ob eine Verhaltensform noch als Spielen oder schon als Arbeiten zu bezeichnen ist; ebenso ist selten eindeutig bestimmbar, wo die Grenze zwischen dem Spielen und dem Feiern liegt.

Spielen, Arbeiten und Feiern treten auch im Raum der Erziehung auf. Hier bietet sich ihnen jedoch nur selten Gelegenheit zur freien Entfaltung. In der Regel sind sie pädagogischen Prinzipien gemäß arrangiert und werden in den Dienst der Erziehung gezwungen. Aus der Lebensform wird so die Kunstform.

Auch zwischen den freien Formen des Lebens und den arrangierten Formen im Raum der Erziehung gibt es fließende Übergänge. Es kommt vor, daß die

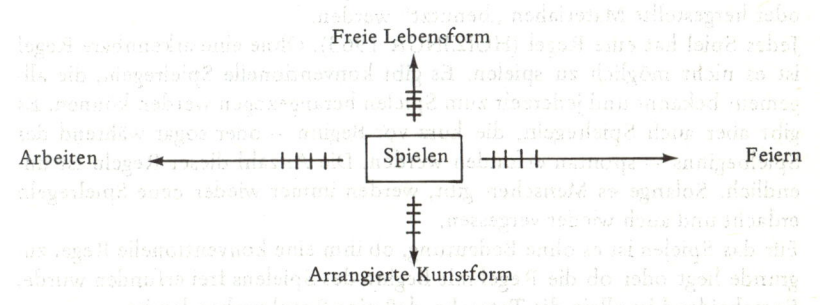

```
                    Freie Lebensform
                          ↑
                          ┼
                          ┼
                          ┼
                          ┼
Arbeiten  ←——┼┼┼┼——  Spielen  ——┼┼┼┼——→  Feiern
                          ┼
                          ┼
                          ┼
                          ↓
                   Arrangierte Kunstform
```

Die Striche auf den Pfeilen sollen andeuten, wie sich das Spiel wandeln kann. Eine Spielweise kann sich einerseits weniger oder mehr der freien Lebensform oder auch der arrangierten Kunstform nähern, bis sie selbst zur freien Lebensform oder zur arrangierten Kunstform wird, andererseits kann sie sich auch weniger oder mehr der Arbeit oder der Feier angleichen, bis nicht mehr bestimmbar ist, ob es sich noch um Spielen oder schon um „echtes" Arbeiten oder „echtes" Feiern handelt. Die Äußerungsform des Spielens ist damit gekennzeichnet durch eine Fülle ambivalenter Bezüge.

Abbildung 1: Ambivalente Bezüge des Spielens

arrangierten Kunstformen dem Erzieher als Arrangeur entgleiten und sich den freien Formen des Lebens nähern. Umgekehrt können auch die freien Formen des Lebens in den Raum der Erziehung eindringen: Das Leben selbst bedient sich des Spielens, Arbeitens oder Feierns und wird so zum Erzieher (vgl. TWELLMANN 1981).
Bezogen auf die Verhaltensformen des Spielens, läßt Abbildung 1 die Verhältnisse deutlich werden.
Im folgenden wird versucht, zu dieser Ambivalenz — unter besonderer Berücksichtigung des Raumes der Erziehung — einige Aussagen zu machen.

II. Spielraum, Spielmaterial, Spielregel

Die Äußerungsform des Spielens setzt das Vorhandensein eines Spielraums mit dem Spielmaterial und einer Spielregel voraus. Spiel entsteht nur dort, wo es einen Spielraum, Spielmaterial und eine Spielregel gibt. Nur der kann allein oder mit anderen spielen, der bereit ist, sich einem Spielraum mit dem Spielmaterial ein- und einer Spielregel unterzuordnen.
Der Spielraum setzt Grenzen und hält gleichzeitig die Möglichkeiten des Spielens — das „Mater"ial des Spielens — bereit.
Grundsätzlich kann alles, was vorhanden ist und von Menschen angetroffen wird, Spielraum oder Spielmaterial werden. Es gibt nichts, was sich der Äußerungsform des Spielens entzieht, mit dem also nicht gespielt werden könnte. Der Mensch „durchspielt" die Welt und „erspielt" sich damit seine Welt (BUYTENDIJK 1933; GEHLEN 1966).
Es gibt aber auch eigens zum Zwecke des Spielens hergerichtete Spielräume und eigens zum Zwecke des Spielens konstruiertes Material.
Für das Spielen selbst ist es unwichtig, ob irgendein Raum und/oder irgendein Material oder eigens zum Zwecke des Spielens konstruierte Räume und/oder hergestellte Materialien „benutzt" werden.
Jedes Spiel hat eine Regel (HUIZINGA 1963). Ohne eine erkennbare Regel ist es nicht möglich zu spielen. Es gibt konventionelle Spielregeln, die allgemein bekannt und jederzeit zum Spielen herangezogen werden können. Es gibt aber auch Spielregeln, die kurz vor Beginn — oder sogar während des Spielbeginns — spontan erfunden werden. Die Anzahl dieser Regeln ist unendlich. Solange es Menschen gibt, werden immer wieder neue Spielregeln erdacht und auch wieder vergessen.
Für das Spielen ist es ohne Bedeutung, ob ihm eine konventionelle Regel zugrunde liegt oder ob die Regel mit Beginn des Spielens frei erfunden wurde. Entscheidend ist allein die Tatsache, daß eine Regel vorhanden ist.
Der Spielraum mit dem Spielmaterial und die Spielregel müssen auf besondere Weise zueinander passen. Nicht jeder Spielraum und jedes Spielmaterial „vertragen" jede Regel, wie umgekehrt bestimmte Spielräume und Spielmaterialien bestimmte Arten von Regeln geradezu erfordern. Zwischen beiden kommt es zu einem eigenartigen Zusammenwirken. Nur dort ist die Äußerungsform des Spielsn möglich, wo diese Korrespondenz besteht.

Der Spielende oder die Spielenden müssen bereit sein, die Grenzen des Spielraums und die Gegebenheiten des Spielmaterials zu respektieren und sich der Spielregel zu unterwerfen. In dem Augenblick, in dem der Spielraum überschritten, die Gegebenheiten des Materials mißachtet oder die Spielregel umgangen werden, ist das Spiel zerstört.
Spielraum, Spielmaterial und Spielregel üben eine gewissen Macht auf die Spielenden aus. Die Beteiligten müssen bereit sein, sich dieser Macht zu unterwerfen. In dieser Bereitschaft — aber auch nur in dieser Bereitschaft — liegt das Moment der Freiheit im Spiel. Ansonsten bedeutet Spielen nicht Freiheit, sondern freiwillige Bindung.
Die Bereitschaft zur Bindung ist zum Spielen notwendig. Wer nicht bereit ist, sich zu binden, kann nicht spielen. Die Konsequenz der Bindung, wenn sie von allen Beteiligten eingehalten wird, führt zu jener typischen Erlebnisweise, die von vielen für Freiheit gehalten wird: Nicht die Spielenden spielen ein Spiel, sondern das Spiel spielt mit den Spielenden. Sie spielen mit etwas, das mit ihnen spielt (BUYTENDIJK 1933). Auf diese Weise entsteht jener eigenartige Schwebezustand, bei dem die Spielenden sich und ihre Umwelt nahezu völlig vergessen können. Das Spiel wird zum Geschehen, das in sich selbst seinen Sinn findet. Dieses Schwebezustandes wegen spielen nicht nur die Kinder, sondern auch die Erwachsenen. Er ist die „Belohnung" für den Zwang, dem sich die Spielenden freiwillig unterwerfen. Sogar Zuschauende können mit in diesen Schwebezustand hineingenommen werden.

III. Spiel als freie Lebens- und als arrangierte Kunstform

Betrachten wir nun die Weisen des Spielens, die sich zwischen den Polen der freien Lebensform und der arrangierten Kunstform bewegen, genauer.
Wir alle kennen jenen Augenblick, in dem wir in einer Arbeitspause mit dem Kugelschreiber auf dem Schreibtisch, mit dem Schraubenzieher auf der Werkbank oder mit dem Draht unseres Telefons zu spielen beginnen. Kugelschreiber, Schraubenzieher oder Draht werden zunächst irgendwie bewegt. Plötzlich stellt sich eine bestimmte Bewegung ein, in der eine Regelmäßigkeit erlebt wird. Die Bewegung wird — dieser „Regel" gemäß — mehrmals wiederholt. Das Einhalten der „Regel" löst ein irgendwie befreiendes Gefühl aus, was zur erneuten Wiederholung der Bewegung führt, so daß schließlich dieselbe Bewegung minutenlang vollzogen werden kann. Auch die geringste Änderung würde den Spielcharakter zerstören. Dies schließt jedoch nicht aus, daß schon bald nach einer neuen „Regel" wiederum mit denselben Gegenständen ein Spiel begonnen werden kann. Die Zahl der zu entdeckenden Regeln ist unendlich. Damit wird die Anzahl möglicher Spiele mit den Gegenständen, die uns umgeben, unbegrenzt.
In dieser — seiner vielleicht am meisten geöffneten — Form ist das Spiel am ehesten eine freie Äußerung des Lebens. Sie ist schon bei Kleinkindern möglich. Bereits das Kleinkind entdeckt plötzlich eine bestimmte Bewegung, deren Wiederholung ihm Freude bereitet. Dabei kann es sich seiner Hände

oder beispielsweise einer Schnur seines Bettchens bedienen, um sie auf eine bestimmte Weise immer wieder zu bewegen. Die Länge der Arme bzw. der Schnur steckt den Spielraum ab. Die Hände bzw. die Schnur dienen als Spielmaterial. Die „Regel" steckt in der Gleichförmigkeit der Bewegung, die permanent vollführt wird.

Auch Laute können als Material dienen, mit dem gespielt wird. Aus einem absichts- und regellosen Lallen heraus formen sich wiederum bereits beim Kleinkind bestimmte Lautkombinationen, die kurzzeitig behalten und wiederholt werden. Diese Lautkombinationen sind nach bestimmten Gesetzmäßigkeiten zusammengefügt. In ihnen steckt die Regel, die zur Wiederholung Anlaß gibt. In ähnlicher Weise können sich Erwachsene der Worte als Material bedienen, um sie auf bestimmte Weise zu kombinieren und mit ihnen zu spielen.

Jeder Erwachsene, der sich einen Blick für freie Lebensäußerungen bewahrt hat, weiß, daß besonders Kinder dazu neigen, plötzlich mit nahezu allen sie umgebenden Gegenständen ein Spiel zu beginnen. Wie oft ermahnen Lehrer ihre Schüler, nicht mit dem Lineal zu spielen. Hinter dieser Ermahnung steckt entweder die Furcht, das Spielen könne die Aufmerksamkeit des Schülers vom Lehrer ablenken, oder die Besorgnis, die scharfe Kante des Lineals könnte durch die Benutzung als Spielmaterial beschädigt werden, denn nur selten steht der spielerische Umgang in Einklang mit dem eigentlichen Zweck des Gegenstandes.

Das Gegenteil dieser Art des Spielens als freier Lebensform ist das Spielen als arrangierte Kunstform. In diesem Falle sind der Spielraum und das Spielmaterial präpariert und eigens zu bestimmten Spielen entworfen. Spielraum und Spielmaterial enthalten „versenkte" Befehle, denen man sich unterzuordnen hat. Man denke etwa an den genau vermessenen und markierten Spielraum eines Fußballfeldes. Jede Art des Überschreitens und jede nicht zugelassene Bewegung innerhalb bestimmter Bereiche dieses Raumes führen unweigerlich zur Unterbrechung des Spielens. Auch der Ball als Spielmaterial ist so aufbereitet, daß er bestimmte Arten des Umgangs mit ihm gestattet, andere jedoch verbietet.

Zwischen den Extremen des Spielens als freier Lebensform und arrangierter Kunstform sind zahlreiche Übergänge möglich. Es gibt besonders straffe Regeln, die keinerlei Variationen zulassen und damit jede Spontaneität im Erfinden neuer Möglichkeiten unterdrücken. Es gibt sehr lockere Regeln, die nur einen Rahmen setzen und damit zur Variabilität geradezu herausfordern. Es gibt Spielregeln, nach denen nur in einem einzigen Spielraum mit ganz bestimmtem Spielmaterial gespielt werden kann. Es gibt andere Regeln, nach denen in den verschiedensten Spielräumen mit unterschiedlichstem Material gespielt werden kann. Umgekehrt gibt es Spielräume und Spielmaterialien, die nur eine Regel zulassen, oder auch Spielräume und Spielmaterialien, die das Erfinden immer neuer Regelvarianten besonders begünstigen.

Die Äußerungsform des Spielens – sofern es sich im Raum der Erziehung ereignet – ist dadurch gekennzeichnet, daß sie fast ausschließlich in den beiden Extremen – Spiel als freie Lebensform oder Spiel als sorgfältig arrangierte Kunstform – auftritt.

Die freie Lebensform des Spielens tritt – meist gegen den Willen des Erziehers – immer dann auf, wenn der Zögling zur ungewünschten Zeit mit ungewünschten Objekten zu spielen beginnt. Es gibt aber im Laufe der Erziehungsprozesse auch Freiräume, die bewußt der freien Lebensäußerung zur Verfügung gestellt werden. Dies ist in der Schule etwa während der Pausen auf dem Schulhof der Fall. Hier zeichnen sich gerade kreative Kinder dadurch aus, daß sie nahezu alle Gegebenheiten des Schulhofs zu einem Spielraum oder zu Spielmaterial werden lassen und zu ihnen passende Spielregeln erfinden. Auf den Pausenhöfen alter Schulen ist oft festzustellen, daß bestimmte Spiele an bestimmten Stellen schon seit Generationen gespielt werden.

Auch die nachmittägliche Freizeit, die viele Kinder in den Städten auf den Straßen verbringen, ist angefüllt mit derartigen Spielen. Die Gegebenheiten der Straße werden zum Spielraum und zum Spielmaterial. Es gibt eine Fülle bestimmter Regeln. Manche werden erfunden, kurzzeitig benutzt und wieder vergessen. Andere bleiben erhalten, sind allgemein bekannt, werden sogar mit Namen versehen und stehen damit jederzeit blitzschnell zum Abruf bereit. Auf das Stichwort hin kann sofort mit dem Spielen begonnen werden.

Kennzeichnend für das Spielen im Raum der Erziehung ist dennoch die arrangierte Kunstform des Spielens. Der Erzieher arrangiert bestimmte Arten des Spielens, weil er sich von ihnen erziehende Wirkungen erhofft. Arrangieren heißt, daß der Erzieher bestimmte Spielräume mit bestimmten Spielmaterialien übernimmt oder selbst herstellt und bestimmte Regeln entwirft oder sich bestehender Regeln bedient, nach denen gespielt werden muß.

Die Schwierigkeit für den Erzieher besteht darin, die Korrespondenz zwischen Spielraum und Spielregel zu erreichen, so daß es mit dem von ihm arrangierten Material für die Kinder wirklich zum Schwebezustand der Selbstvergessenheit kommt, den wir spielen nennen. Meist reichen die von einem Erwachsenen „gesetzten" Spielräume mit dem von einem Erwachsenen erdachten Spielmaterial und den wieder von einem Erwachsenen erfundenen Regeln nur aus zu einem mehr oder weniger gezwungenen und daher unlebendigen Umgang der Kinder mit dem Material. Es kommt zu einem gewissen Selbstbetrug des Erziehers, der leicht geneigt ist, ein mechanistisches Hantieren für Spielen zu halten.

Die Bereitschaft, straff arrangiert zu spielen, wird von den Schülern aller Schulformen und Schulstufen erwartet.

In beiden Phasen der Ausbildung wird den Lehrern immer wieder der Einsatz derartiger Spiele empfohlen. Die Möglichkeiten reichen vom Leselotto der Primarstufe bis zum politisch orientierten Rollenspiel der Sekundarstufe I.

Im Raum der Erziehung wird das Spielen schon seit langem auch zu diagnostischen und therapeutischen Zwecken „benutzt". Auch hier bedient man sich entweder der extrem freien Lebensform oder der extrem arrangierten Kunstform. Insbesondere sensible, nervöse oder gestreßte Kinder läßt man gern frei spielen, um sie zu beruhigen. Darüber hinaus gibt es komplizierte Materialien und komplizierte Anweisungen, mit deren Hilfe die Kinder zum Spielen gebracht werden können. Zur Deutung des spielenden Verhaltens der Kinder stehen ebenso komplizierte Handbücher bereit. In vielen Fällen dient das zur Diagnose benutzte Spielgerät auch zur Therapie der Störungen, die mit seiner Hilfe diagnostiziert werden.

IV. Das Spiel zwischen Arbeit und Feier

Die Lebensäußerung des Spielens pendelt auch zwischen den Polen Arbeiten und Feiern. Es gibt Weisen des Spielens, die sich dem Arbeiten so sehr angleichen, daß sie fast mit ihm identisch werden, und es gibt Weisen des Spielens, die sich so weit dem Feiern genähert haben, daß sie beinahe als Feiern zu bezeichnen sind.
Dem Spielen und dem Arbeiten gemeinsam ist das Leistungsprinzip. Häufig geht es beim Spielen um den Vergleich bestimmter Leistungen. Spielen mehrere miteinander, werden ihre Leistungen aufeinander bezogen, und eine Rangreihe wird ermittelt. Spielt ein einzelner allein, vergleicht er seine Leistungen im selben Spiel zu unterschiedlichen Zeiten und an verschiedenen Orten miteinander, wobei häufig auch die äußeren Bedingungen mit in Betracht gezogen werden.
Ein Kind, das allein mit einem Ball spielt, wird zunächst mehrere Male den Ball auf einfache Weise gegen eine Wand oder zu Boden werfen, um ihn wieder aufzufangen. Bald wird es versuchen, seine Leistungen zu steigern. Das kann grundsätzlich auf verschiedene Weise geschehen. Entweder es behält die ursprüngliche Form des einfachen Werfens gegen die Wand oder zu Boden bei, versucht aber, durch Vergleich der Anzahl von Würfen in einer bestimmten Zeiteinheit seine Leistungen zu steigern, oder es erschwert die Regel, indem zum Beispiel der Ball nur mit einer Hand geworfen und gefangen werden darf oder indem sich der Werfende in der freien Zeit, die der fliegende Ball ihm läßt, einmal oder mehrmals herumzudrehen hat.
Noch spannender wird dieses Vorgehen, wenn mehrere beteiligt sind. Hier kann es mit Hilfe der geschilderten Verfahren vom Leistungsvergleich über die Leistungssteigerung bis hin zum Wettkampf kommen. Im Wettkampf begegnet der Spielende dem „gefährdenden Leben". In dieser Begegnung wird er seiner selbst inne und erkennt sein Ich (HAIGIS 1941).
Spielen kann im Grunde nur, wer danach strebt, entweder – wenn er allein spielt – eine gleichbleibende Leistung zu vollbringen bzw. seine Leistung zu verbessern oder – wenn er mit mehreren spielt – mindestens ebenso gut zu sein wie die Mitspielenden bzw. sie zu übertreffen. Mangelnder Leistungswille läßt entweder gar kein Spiel aufkommen oder läßt es erlahmen. Nichts führt schneller zu einer Beendigung des Spiels als ein plötzlich auftretender Mangel in der Leistungsbereitschaft. Von einem Spielenden ausgehend, kann

er sich schnell auf die Mitspielenden übertragen. Das Spiel bereitet keine Freude mehr; es fällt regelrecht in sich zusammen. Ihm fehlt — so paradox es klingen mag — der „nötige Ernst".

Der Wille, etwas zu leisten, ist auch ein Kennzeichen der Arbeit. Auch Arbeit kann — ähnlich wie das Spiel — Daseinsfreude bereiten. Dies setzt aber die Fähigkeit zur Leistung und das Gefühl voraus, etwas leisten zu wollen und zu können. Arbeit zu mehreren macht nur Spaß, wenn alle bereit sind, zuzugreifen, und wenn das Leistungsvermögen aller Mitarbeitenden ungefähr auf gleicher Höhe liegt, Das plötzliche Nachlassen der Leistungsbereitschaft eines einzelnen läßt das Leistungsstreben der gesamten Gruppe erlahmen. Auch der Arbeit fehlt dann der „nötige Ernst". Sie kommt nicht mehr recht voran und bereitet keinerlei Freude mehr.

Arbeits- und Spielprozesse können auch mißlingen, wenn sie zu ernst genommen werden. In diesem Falle wird der Wille zur Leistung übertrieben. Es kommt zur „starren Angestrengtheit". Spielen und Arbeiten verlassen jenen mittleren Bereich, der allein als angenehm empfunden wird, weil in ihm jede Arbeit „spielerische" und jedes Spiel „arbeiterische" (laboristische) Züge trägt. Aus dem spielenden Menschen wird der Spieler, und der arbeitende Mensch wird zum Arbeiter.

Spielen und Arbeiten werden im Raum der Erziehung gern als Mittel angesehen, die Kinder und Jugendlichen zur Entfaltung ihrer vollen Leistungsfähigkeit zu bringen. Insbesondere der Einsatz des Spielens ist in diesem Sinne hervorzuheben: Da die Autorität der Erzieher nicht ausreicht, die Kinder und Jugendlichen zu bestimmten Höchstleistungen zu bringen, bedienen sie sich des Spielens. Die Freude am Fortgang des Spielens bringt die Heranwachsenden eher zu ihrer Höchstleistung als die Autorität der Erzieher.

Von hier aus wird deutlich, daß der Einsatz des Spielens ebenso wie des Arbeitens im Raum der Erziehung vor allem auf die Entfaltung der Selbsttätigkeit der jungen Menschen zielt. Es kommt weniger darauf an, etwas auf den Wunsch des Erziehers hin zu tun, als vor allem um des Fortgangs der Sache selbst willen.

Betrachten wir nun das Spielen in seiner Ambivalenz zum Feiern:

Zunächst einmal ist dem Spielen und Feiern gemeinsam eine gewisse Abgehobenheit vom Alltäglichen. Wer spielen oder feiern will, tritt heraus aus dem „gewöhnlichen" und „eigentlichen" Leben. Er befreit sich vom unmittelbar Notwendigen und schafft sich damit eine relative Abgeschlossenheit und Begrenztheit (HUIZINGA 1963).

Der so geschaffene Freiraum wird nach Maßgabe des Spielens und Feierns gestaltet. „Die Feste fordern ihre Spiele", stellt KREUZER (1981, 546) fest. Ebenso wie es eigens zum Zwecke des Spielens entworfene und vom Alltag abgegrenzte Spielräume gibt, finden wir auch zum Zwecke des Feierns entworfene Feierräume. Aber auch jeder andere Raum kann dem Feiern dienen, wenn er entsprechend hergerichtet wird.

Ebenso wie die Spielräume mit Spielmaterial ausgestattet sind, muß es auch in den Feierräumen „Feiermaterial" geben. Damit es zum Erlebnis des

Spielens kommt, muß das Material den Regeln entsprechend gehandhabt werden. Dies gilt auch für das Feiern. Man kann immer nur feiern, wenn man sich bestimmten Regeln, bestimmten Ritualien unterwirft. Das Erlebnis des Spielens und das Erlebnis des Feierns werden um so intensiver, je mehr alle Beteiligten bereit sind, die Regeln einzuhalten. Wer Feierraum und Feierregel übertritt, stört die Feier, ja vernichtet sie. Auch bei einer Feier können die Beteiligten so sehr vom Erlebnis des Feierns ergriffen werden, daß sie sich und ihre Umwelt vergessen.

Die Selbst- und Weltvergessenheit können zu Formen der Entäußerung führen, die rauschartigen Zuständen nicht unähnlich sind. Bestimmte Bereiche des Ichs werden unterdrückt, andere werden intensiv angesprochen, so daß es zu besonders tiefem Erleben kommt. Auch beim Feiern kann wie beim Spiel jener Schwebezustand entstehen, der gern als Freiraum empfunden wird, weil viele Bindungen zum Alltäglichen gelöst sind. Man denke an die Intensität, mit der auch heute noch zahlreiche Menschen in ihren Familien oder mit ihren Vereinen feiern können, oder an den Glücksspieler, der sich ein ähnliches Erleben zu verschaffen sucht mit Hilfe der Spannung, die von einer ins Ungewisse rollenden Kugel ausgeht.

Besonders Jugendliche, aber auch Kinder brauchen Situationen, die feierähnlichen Charakter tragen. Gern lassen sie sich von ihnen ergreifen. Deshalb hat die Lagerfeuerromantik der Jugendbewegung vielleicht heute im Zeremoniell der Teestuben auf andere Weise ihre Fortsetzung gefunden.

V. Spielen und Lernen

Besonders enge Beziehungen wurden seit jeher vermutet zwischen dem Spielen als Lebens- oder Kunstform und den Prozessen, die wir lehren und lernen nennen. Es ist möglich, das Verhältnis der Spiel- und Lernprozesse zueinander auf dreifache Weise zu charakterisieren:

1. Man muß etwas lernen, um spielen zu können.
2. Das Spiel selbst trägt dazu bei, Gelerntes zu vertiefen und zu sichern.
3. Der Lernvorgang schließt ab mit einem Zustand, in dem das Gelernte so beherrscht wird, daß es „spielend" zur Verfügung steht.

Zu 1.: Jeder, der spielen möchte, muß zunächst bereit sein, etwas zu lernen. Wer nicht bereit ist, bestimmte Dinge zu lernen, wird niemals spielen können, sei es mit sich selbst, sei es mit anderen. Die Frage, was gelernt werden muß, um spielen zu können, ist leicht zu beantworten: Nur der kann spielen, der bereit ist, den Spielraum mit dem Spielmaterial und die Spielregel kennenzulernen. Jedes Spiel setzt eine gründliche Kenntnis des Spielraums mit dem Spielmaterial und der Spielregel voraus. Je gründlicher diese Kenntnisse sind, desto besser kann gespielt werden. Es gibt sogar Spiele, deren „Sinn" darin besteht, im Ablauf der Spielprozesse Spielraum, Spielmaterial oder Spielregel immer gründlicher kennenzulernen.

Genau an dieser Stelle „haken" die Erzieher ein, wenn sie das Spiel in den Dienst ihrer Absichten zwingen wollen. Das Kind möchte spielen. Es bringt

das Bedürfnis zum Spielen mit. Die Erzieher verheißen die Befriedigung dieses Bedürfnisses, aber nur mit Hilfe bestimmter Spiele, eben der Spiele, die die Kenntnis eines ganz bestimmten Spielraums mit ganz bestimmtem Spielmaterial und ganz bestimmten Spielregeln voraussetzen.
Wer spielen möchte, muß zunächst Art und Umfang der Spielräume kennenlernen und bereit sein, sie zu respektieren. Das gilt schon für das Zweijährige, das, auf dem Schoße seiner Mutter sitzend, mit den eigenen und den Fingern der Mutter spielen möchte. Es muß mit dem Tisch, auf dem gespielt werden soll, vertraut und bereit sein, nicht über die Fläche des Tisches hinauszustreben, die von der Mutter aus erreichbar ist. Der Erstkläßler, der mit seinem Banknachbarn in der Schule Leselotto spielen möchte, muß bereit sein, die Fläche des Pultes, die genau zwischen ihnen liegt, als Spielraum kennen- und akzeptieren zu lernen. Nur der Schüler der Sekundarstufe I kann an einer „gespielten" Aussprache in einem kommunalen Parlament über die Vor- und Nachteile eines Kernkraftwerkes teilnehmen, der bereit ist, die Möglichkeiten zu berücksichtigen, die der Klassenraum bietet, in dem das Spiel stattfinden soll. Die fehlende oder mangelnde Bereitschaft, die Gegebenheiten des Klassenraumes als Spielraum zu berücksichtigen, lassen das Spiel erst gar nicht aufkommen oder führen unmittelbar zu seinem Ende.
Das gilt in noch stärkerem Maße für das Spielmaterial. Nur das Zweijährige kann zusammen mit der Mutter an einem Spiel mit den Fingern teilnehmen, das vorher bereit war, sich die Namen wenigstens der Finger einzuprägen, die als Spielmaterial dienen sollen. Nur der Erstkläßler kann mit seinem Nachbarn Leselotto spielen, der vorher alle die Wörter zu lesen gelernt hat, die als Spielmaterial benutzt werden. Nur der Schüler der Sekundarstufe I kann an dem Diskussionsspiel über die Kernkraft teilnehmen, der bereit ist, sich vorher über die Argumente oder Gegenargumente zu informieren, die als „Spielmaterial" auftreten können. Ebenso wie eine mangelnde Anpassung an den Spielraum oder seine Verletzung, läßt eine zu geringe Kenntnis des Spielmaterials das Spielen erst gar nicht aufkommen oder führt wiederum schnell zu seinem Ende.
Unverzichtbar ist die Beherrschung der Spielregel. Beherrschung heißt Kenntnis der Spielregel und die Bereitschaft, sie einzuhalten. Das Zweijährige kann nur an den Fingerspielen mit der Mutter teilnehmen, wenn es weiß, daß es auf ein bestimmtes Wort des Verses, den die Mutter vorspricht, bestimmte Finger zu heben oder zu senken hat. Der Erstkläßler kann nur mit dem Banknachbarn Leselotto spielen, wenn er weiß, daß er immer die Hälfte des Kärtchens, auf der ein bestimmtes Wort steht, der Hälfte eines anderen Kärtchens anzulegen hat, auf der der entsprechende Gegenstand abgebildet ist. Nur dann kann der Schüler der Sekundarstufe I mit seinen Klassenkameraden „Parlament" spielen, wenn er bereit ist, die „Spielregeln" von Debatten einzuhalten.
Es kann in der Absicht der Erzieher stehen, das Spiel zum Kennenlernen von Spielräumen (Familientisch, gemeinsame Zone des Pultes, Klassenraum), Spielmaterialien (Namen bestimmter Finger, Lesefähigkeit bestimmter Wörter, Kenntnis von Argumenten zur Kernkraft) oder Spielregeln (Re-

aktionen auf Signalwörter in den Versen, Verbindung von Wort und Bild, Verhalten bei öffentlichen Diskussionen) zu „benutzen". In jedem Fall werden die Kinder oder Jugendlichen, wenn sie spielen wollen, gezwungen, vorher bestimmte Dinge zu lernen. Vieles wird gelernt nur im Hinblick auf die Aussicht, später damit spielen zu können.

Zu 2.: Wer etwas gelernt hat, kann damit spielen. Der Spielprozeß selber wirkt jedoch auf das Gelernte zurück, und zwar in der Weise, daß das Gelernte vor allem trainiert und mechanisiert, gefestigt und geübt wird. Gelerntes, mit dem man einmal gespielt hat, steht für die Zukunft schneller zur Verfügung.

Wer auf einem bestimmten Tisch mit seinen Fingern gespielt hat, wird die Eigenschaften dieses Tisches (Art und Farbe seiner Oberfläche) weitaus gründlicher kennen als der, der denselben Tisch nur betrachten durfte. Wer mit seinen Klassenkameraden im Spiel einen Grenzbereich zwischen zwei Pulthälften „abstecken" konnte, wird diesem Bereich in Zukunft anders gegenüberstehen als bei einer rein „theoretischen" Absprache. Wer sich mit den Ausmaßen und dem Mobiliar einer Schulklasse als Debattenredner auseinanderzusetzen hatte, wird dieselbe Klasse in Zukunft mit anderen Augen betrachten und sich die gewonnenen Erfahrungen in ähnlichen Situationen zunutze machen.

Das Zweijährige, das seine Finger als Spielmaterial benutzt, lernt seine Finger kennen und zu gebrauchen. Der Erstkläßler, der bestimmte Wörter nicht nur lesen kann um des Lesens willen, sondern sie lesen muß, um spielen zu können, wird unbeabsichtigt während des Spielvorgangs seine Lesetechnik vervollständigen. Ein Argument für oder gegen die Kernkraft, das in hitziger Debatte mit den Mitschülern vorgetragen und auseinandergelegt wurde, wird mehr die künftige Lebensführung prägen als das bloß im Stillen „angelesene" oder im Unterricht verbal vermittelte Wissen.

Das im spielerischen Wettstreit mit der Mutter probierte Assoziieren eines bestimmten Wortes mit einem bestimmten Finger trägt dazu bei, daß in Zukunft auch andere ähnliche Assoziationen besser gelingen. Regeln parlamentarischer Aussprachen, die als Spiel praktiziert wurden, werden einen größeren Stellenwert im Leben des jungen Menschen erreichen als Regeln, die nur in der Form bloßer Information bereitgestellt werden.

Das Spielen, in dessen Begleitung gelernt wird, das also dem Lernen dient, ist vielleicht die am häufigsten im erzieherischen Raum praktizierte Art des Spielens. Im Gegensatz zum Lernen vor dem Spiel, in dem das Lernen dem Spielen dient, handelt es sich hier jedoch um ein Spielen, das bewußt dem Lernen dient. Das Spielen ist damit kein Selbstzweck mehr; es dient vielmehr „außerspielerischen" Zwecken und wird zum bloßen Hilfsmittel pervertiert. Damit tritt die Frage auf, ob es sich hier überhaupt noch um ein wirkliches Spielen handelt. Die Frage ist um so berechtigter, weil die Heranwachsenden, mit denen die Erzieher spielen, bald erkennen, daß es den Erziehern zunächst einmal nicht um ein „echtes" Spielen geht, sondern daß sie mit dem Spielen eine bestimmte didaktische Absicht verfolgen. Diese Absicht besteht zum Beispiel in der Schule darin, den Schülern die trockene

Tätigkeit des Trainierens und Mechanisierens, des Festigens und Übens, ohne die kein Lernvorgang abgeschlossen werden kann, ein wenig zu erleichtern und zu verschönen. Die Freude am Spiel interessiert den Erzieher weniger. Er ist vielmehr darauf bedacht, nach dem Spiel bei seinen Zöglingen einen — wie auch gearteten — Leistungszuwachs feststellen zu können. Die Zöglinge „spielen" mit, weil auch sie erkennen, daß die Teilnahme am Spiel zu diesem letztlich auch von ihnen gewünschten Leistungszuwachs führt.

Zu 3.: Es gibt auch eine Weise des Spielens nach dem Lernen. Gemeint ist jeder Zustand, in dem das Gelernte vom Lernenden „spielend" beherrscht wird. Bestimmte Fertigkeiten gehen dem Lernenden so leicht von der Hand, bestimmte Kenntnisse stehen ihm so sicher zu Verfügung, daß er sie handhaben kann wie im Spiel. Das Spiel stellt sich hier als höhere Stufe von Können dar. Vielleicht ist zur Kennzeichnung dieser Phase des Lernens das Adjektiv „spielerisch" am ehesten anwendbar.

Zwei wichtige Kennzeichen des Spielens, die bisher nur wenig beachtet wurden, werden im Spielen nach dem Lernen sichtbar: Wer spielt, bewahrt und schafft gleichzeitig neu. Das bewahrende Element steckt im Umgang mit dem erworbene Wissen. Zur Neuschaffung kommt es durch die Benutzung des erworbenen Wissens als Spielmaterial innerhalb immer wieder neu „gesetzter" Spielräume nach ganz bestimmten immer wieder neu gefundenen Spielregeln. Mit anderen Worten: Im spielerischen Umgang wird das Gelernte zum Material, mit dem man innerhalb stets wechselnder Spielräume nach einer Fülle neuer oder bekannter Regeln spielen kann. Im Wechsel der Spielräume und Spielregeln liegt das Element des Neuschaffens. Es entsteht ein Prozeß permanenter Bewahrung und Neuschaffung, in dem das Gelernte immer wieder aktiviert wird. Dieser Prozeß bringt sich und hält sich selbst in Gang. Es bereitet Freude, ihn zu vollziehen, so daß wiederum jener Schwebezustand erreicht wird, der dem Erleben während aller laufenden Spiele vergleichbar ist.

Obwohl diese Fähigkeit zum spielerischen Umgang mit einem Gelernten in einem Lernprozeß die Phase größter Vollkommenheit darstellt, wurde in der Literatur bisher kaum auf sie verwiesen. Als abschließende Phase der Lernprozesse werden in der Regel die Erfolgssicherung im Sinne des Trainierens und Mechanisierens, des Festigens und Übens, gelegentlich die Anwendung genannt.

Leicht verdeutlichen läßt sich das Gemeinte am Beispiel des Erlernens eines Musikinstruments. Jeder Instrumentalschüler kennt jenen eigenartigen Unterschied zwischen den neu zu erlernenden und daher zu übenden Kompositionen und den Stücken, die bereits vor einiger Zeit behandelt wurden und nun im eigentlichen Unterricht nicht mehr herangezogen werden. Durch das Fortschreiten in der Beherrschung des Instruments erreicht ihr Vortrag plötzlich jene Leichtigkeit, die notwendig ist, soll ihre Wiedergabe wirklich zum Vergnügen werden. Erinnert sei an Robert SCHUMANNs Wort: „Wer nicht mit dem Instrument spielt, spielt es nicht." Der Instrumentalschüler spielt jene Stücke in der Regel zum Abschluß seines täglichen Pensums im

Rahmen einer besonderen Zeitspanne, d. h. innerhalb eines ganz bestimmten Spielraumes, den er sich eigens für diese Form des Spielens reserviert hat. Gern wird dieser Spielraum zusätzlich verändert durch die Hinzuziehung von Verwandten oder Freunden, die vorher als Zuhörer ausgeschlossen wurden, jetzt aber im Rahmen eines neuen Spielraums erwünscht oder sogar notwendig sind. In dieser Phase des Lernprozesses kommt es zum Erfinden neuer Regeln: Die Stücke werden in eine andere Tonart transponiert oder in eine andere Taktart übertragen; an bestimmten Stellen wird Eigenes hinzugefügt, oder ein weiteres Instrument wird hinzugezogen; beliebt sind auch Experimente mit Tonaufzeichnungsgeräten. Kennzeichnend für alle diese „Spielereien" sind ihre Freiwilligkeit und ihre Position jenseits des „normalen" Unterrichts. Alles wird „spielerisch" vollführt und bereitet Vergnügen.

Ähnliches läßt sich auch gut beobachten beim Erlernen einer Fremdsprache. Der Umgang mit den Bereichen der Sprache, die einige Etappen „hinter" den Inhalten liegen, die der Unterricht gerade zum Gegenstand hat, erreichen einen Grad an Sicherheit des Besitzens, der jene Leichtigkeit zur Voraussetzung hat, die zum spielerischen Umgang mit der Sprache notwendig ist.

Auch hier kommt es zum Bewahren und zur Neuschöpfung:
Zwei Jungen, die mit Hilfe kleiner Sprechfunkgeräte in englischer Sprache den Funkverkehr zwischen dem Tower eines Flugplatzes und einer anfliegenden Maschine nachahmen, benötigen zunächst die in der Schule erworbenen Kenntnisse. Ihr Wissen wird jedoch „erneuert" und erweitert durch den Spielraum und die Spielregeln des Funkverkehrs, denen sie sich bewußt „ausgeliefert" haben, um mit ihrem Wissen nach Maßgabe dieses Spielraums und dieser Spielregeln spielen zu können. Das gelingt freilich nur, wenn beide Jungen über ein bestimmtes Maß an Kenntnissen in der englischen Sprache verfügen, die ihnen „spielerisch" zur Verfügung stehen.

Zwei Freundinnen, die sich kurze Briefe in englischer Sprache schreiben, bewahren als Spielmaterial das in der Schule Gelernte. Gleichzeitig setzen sie einen neuen Spielraum – die Form des Briefes – und erfinden eine neue Spielregel – die Notwendigkeit der Beantwortung der Briefe der Freundin.

Der Schüler, der nachmittags in einer Schülerzeitschrift Silbenrätsel in lateinischer Sprache löst, bewahrt als Spielmaterial das in der Schule erworbene Wissen, gleichzeitig überantwortet er sich einem neuen Spielraum und einer neuen Spielregel, die beide durch das Rätsel gesetzt sind. Zwingt ihn das Rätsel zur Erschließung oder Bildung neuer Wörter, kommt es sogar zur Neuschaffung von Spielmaterialien.

Der Erwerb der Technik zur Lösung biquadratischer Gleichungen ist gewiß keine leichte Tätigkeit. Als abgeschlossen kann dieser Vorgang eigentlich erst dann gelten, wenn es dem Schüler Freude bereitet, unaufgefordert biquadratische Gleichungen zu lösen, einfach deshalb, weil er die Zusammenhänge so beherrscht, daß er sie wie im Spiel handhaben kann. „Wie im

Spiel" heißt in diesem Falle, daß es dem Schüler Freude macht, nicht auf Wunsch des Lehrers, sondern freiwillig bekannte Regeln mit immer wieder neuem Zahlenmaterial „durchzuspielen". Motiv zu diesen Prozessen ist die Freude am Erkennen der gleichen Zusammenhänge trotz unterschiedlichen Spielmaterials. In diesem Falle wird die Spielregel bewahrt, das Schöpferische besteht im permanenten Anwenden der Regel auf immer wieder geändertes Spielmaterial. Dieser Zustand wird in den meisten Fällen erst dann erreicht, wenn der Unterricht längst zu neuen Stoffbereichen fortgeschritten ist.

Im Grunde läßt sich bei allen Lernprozessen, die in Etappen fortschreiten, die Erscheinung beobachten, daß immer die Inhalte, deren Aneignung eine gewisse Zeitspanne zurückliegt, durch das Fortschreiten im gewissen Sinne rückwirkend in den Zustand des Spielerischen erhoben werden, so daß mit ihnen gespielt werden kann. Es scheint, als ob gerade das Neue rückwirkend das Alte in der Weise beeinflusse, daß es dem Lernen „spielend" zur Verfügung steht.

Auf diese Weise trägt der Spieltrieb dazu bei, heranwachsende und erwachsene Menschen vor der Erstarrung zu bewahren. Im Spielprozeß wird Altes — meist als Spielmaterial, aber auch als Spielregel und Spielraum — zwar bewahrt, aber durch Neues — meist als Spielregel, aber auch als Spielraum oder Spielmaterial — immer wieder verändert und zum Leben erweckt. Gerade diese Eigenschaft des gleichzeitigen Bewahrens und Neuschaffens macht das Spielen zu einer Lebensäußerung, in der der Mensch „ganz Mensch" sein kann.

Literatur

Buytendijk, F. J. J.: Wesen und Sinn des Spiels, Berlin 1933
Gehlen, A.: Der Mensch, 8. Aufl. Frankfurt a. M. 1966
Groos, K.: Die Spiele der Menschen, Jena 1899
Haigis, E.: Das Spiel als Begegnung. Versuch einer materialen Spieldeutung, Leipzig 1941
Huizinga, J.: Homo ludens, 6. Aufl. Hamburg 1963
Kreuzer, K. J.: Spiele, Feste, Feiern in der Schule, in: Twellmann, W. (Hrsg.): Handbuch Schule und Unterricht, Bd. 4.1, Düsseldorf 1981
Scheuerl, H.: Das Spiel, Weinheim 1954
Twellmann, W.: Die „Arbeit" im Unterricht, in: Twellmann, W. (Hrsg.): Handbuch Schule und Unterricht, Bd. IV, Düsseldorf 1981

8. Spielendes Lernen – Lernendes Spielen
Ernst Schmack

I. Einführende Sentenzen – Thematische Tendenzen

Einige kulturgeschichtliche, anthropologische, pädagogische und didaktische Sentenzen wollen auf den Gedankengang hinlenken und an längst bekannte Erfahrungen erinnern:

- „... In manchen archäologischen Museen findet man unter den Gerätschaften des täglichen Lebens auch ein unscheinbares Knöchelchen ausgestellt. Man hat es in vielen Exemplaren vor allem in Kindergräbern gefunden. Es ist unregelmäßig geformt und hat fünf Flächen. Es stammt aus dem Sprunggelenk des Schafes, und man kann es heute noch leicht auf dem Schlachthof besorgen. Die Fachleute nennen es den Astragalknochen ... In Gestalt des Astragalknochens (hat man) eines der ältesten und bekannten Spielgeräte vor sich. Seit der Antike benutzt man dieses Knöchelchen, wie man aus vielen Quellen weiß, für ein beliebtes Würfelspiel, und in manchen archaischen Landschaften des Mittelmeerraums würfelt man heute noch auf diese Art ..." (WEINRICHs Vorwort, in: DIRX 1981, 5).
- „... Das Spiel ist ein Teil unseres Lebens. In der Frühzeit hatte es seinen festen Platz – im Alltag wie im Gottesdienst. Als es diesen Sinnzusammenhang verlor, entstanden ihm mancherlei Gegner ... Das christliche Mittelalter bringt dem Spiel tiefes Mißtrauen entgegen. Aber, je mehr man es schmäht, verdrängt und verbietet, desto leidenschaftlicher wird gespielt ... Die Zeit der Aufklärung will den Menschen bilden und erziehen, dabei entdeckt sie im Spiel einen wertvollen Bundesgenossen ... Seitdem die Pädagogen das Spiel aus seinem Schattendasein befreit haben, nimmt es in der Kinderstube, in unserer Freizeit und sogar in unserem Berufsleben einen wichtigen Platz ein ..." (Die vier Kapitelüberschriften zum Inhalt, DIRX 1981, 3 f.).
- „... GOETHEs Gedanken kreisten oft um das Kinderspiel. Er erzählt immer wieder von den Erlebnissen seiner eigenen Kindheit und weist in ‚Dichtung und Wahrheit‘, im ‚Werther‘ und in seinen Briefen oft auf die Bedeutung des Kinderspiels hin. ... SCHILLER wird noch deutlicher, wenn er das Spiel als den höchsten Grad der menschlichen Entwicklung betrachtet ..." (DIRX 1981, 248).
- „... Spiel ist für FRÖBEL die ‚freiheitliche und notwendige Darstellung des Inneren, welche das Bedürfnis hat, sich zu äußern'. Er beschwört die Eltern und Erzieher, das Spiel doch nicht als unnütze Spielerei zu betrachten: ‚Es hat einen so hohen Ernst als tiefe Bedeutung.' – ‚Denn der ganze Mensch entwickelt und zeigt sich in demselben in seinen frühesten Anlagen, in seinem innersten Sinn.' Im Spiel, so sagt FRÖBEL, spürt das Kind, wie seine Kraft wächst, seine körperliche und geistige, und dieses Gefühl bereitet ihm Vergnügen. In der Spielgesellschaft erkennt er aber auch schon die ersten Regungen der Gerechtigkeit, Mäßigung, Freundschaft, Selbstbeherrschung, Wahrhaftigkeit und Treue, er entdeckt die beginnenden Tugenden der Beharrlichkeit, der Entschlossenheit und Besonnenheit. Gebt den Kindern Raum zum Spielen, so rät er den Erwachsenen, und ihr werdet beobachten, ‚wie hier die schönen Blumen der Nachgiebigkeit, des Wohlwollens gedeihen, der Schutz

der Schwächeren und Kleineren, die Rücksichtnahme auf Kameraden, die das Spiel noch nicht kennen' . . . Um den Spieltrieb des Kindes möglichst wenig einzuengen, beschränkt sich FRÖBEL auf die einfachsten Spielsachen. Die ersten ‚Spielgaben', wie er sie nennt, sind Ball oder Kugel, Walze und Würfel. Mit diesen Grundformen entwickelt das gesunde Kind eine Fülle von Spielformen und Beschäftigungen . . . Beim freien Spiel lernt das Kind durch eigene Erkenntnisse und durch Nachahmung, durch eigene Findung und Erfindungen. Schöpferisches Spiel ist also immer Erfindung und Ausführung zugleich . . ." (DIRX 1981, 249 f.).

- „. . . Aus der Beschäftigung mit dem Kinderspiel gewinnt FRÖBEL eine Einsicht, die erst heute voll gewürdigt werden kann: daß auch der Erwachsene eigentlich immer noch dazulernen muß. Noch bis in unsere Zeit hinein hat man sich im großen und ganzen darauf beschränkt, den Menschen in der Jugend und vor allem in der Schulzeit lernen zu lassen. Man hat ihm einen Bestand an Wissen vermittelt und auf einen Beruf ausgebildet . . . Die moderne Industriegesellschaft stellt den Menschen jedoch vor ganz neue Aufgaben . . . In einem Menschenleben, das nicht nur einmal, nämlich in der Schule, lernt, sondern sein ganzes Leben hindurch umlernen muß, gewinnt das spielerische Tun – auch für den Erwachsenen – eine ganz neue Bedeutung. Um seinen Geist, seinen Körper, seine verschiedensten Fähigkeiten beweglich zu halten, wird der Mensch – viel mehr als früher – spielen, spielen in einem ganz ähnlichen Sinne, wie das Kind spielt . . ." (DIRX 1981, 252).

- „. . . Zum Spielen braucht man Zeit und Freiheit. Gerade an diesen beiden Dingen hat es aber den Menschen in der Vergangenheit gefehlt. Daß sich in der Zukunft unsere Arbeitsstunden verringern werden, darf als ziemlich sicher gelten. Ob wir auch mehr Freiheit genießen dürfen, hängt zu einem großen Teil von unserem Wollen und Handeln, von unserem Mut und unserer Phantasie ab. Bei diesem Prozeß ist das Spiel unmittelbar und aktiv beteiligt. Je mehr Freiheit der Mensch hat, desto stärker kommt die Spielfreude zu ihrem Recht – und das spielerische Tun macht den Menschen freier . . ." (DIRX 1981, 285).

- „. . . Die Beurteilung des Verhältnisses von Spiel und Bildung schwankt in der Pädagogik. Es gibt eine ganze Reihe von Erkenntnissen über Funktion und Sinn des Spiels im kindlichen Leben, die sich im Verlauf unserer Erziehungsgeschichte allgemein durchgesetzt haben. Man weiß: Das Kind braucht Spielraum, um zu gedeihen, so wie es Luft braucht und Sonne, es übt sich im Spiel, es reagiert sich ab; es verarbeitet seine Erlebnisse; es offenbart dabei seine Wesensart und erfährt zugleich umgekehrt einen wichtigen Anteil an Prägung und Läuterung seines Wesens; außerdem hat das Spiel seinen Erholungswert . . . Dies alles und manches andere gilt heute als gesicherter Bestand. Es ist in entsprechenden Theorien niedergelegt; man weiß es: man kann es lernen . . ." (SCHEUERL, in: FLITNER 1973a, 18).

- „. . . Die klassischen Spieltheorien betonen in vielfachen Abwandlungen, das Kind ‚lerne' oder ‚übe das Leben ein' im Spiel. Damit erschiene aber der kindliche Symbolismus zu sehr als das Unvollkommene, als die Vorstufe zu anderen Formen, in denen das Leben direkter erlernt wird oder selbst stattfindet. Dieses als Lernen oder Üben Bezeichnete steht ja nur bedingt in Beziehung zu dem, was das Kind später tun wird. ‚Übt' das Kind im Puppenspiel etwa die Mutterschaft ein? Wohl ebenso wenig, wie es die Tätigkeiten des Räubers, Cowboys oder Kranführers, der Verkäuferin oder des Arztes einübt. Es ergreift auf symbolische Weise Besitz von Möglichkeiten und Rollen, von historischen oder literarischen Figuren, die seiner psychischen Lage und seiner Ich-Phantasie entsprechen . . ." (FLITNER 1973b, 110).

- „. . . Wir werden auch gern spielende Möglichkeiten für unsere Kinder auf allen Lebensalters- und Schulstufen schaffen, indem wir mutig mit dem Stegreifspiel zu kleinen Begebenheiten und Szenen beginnen, zum einfachen Handlungsspiel gelangen und Kinder zu größeren Rollenspielen in geschichtlichen, politischen, religiösen oder mythischen Stoffkreisen führen. Dann bilden sich ungezwungen Spielgemeinschaften und später Laienspielgruppen, und partnerschaftliche Arbeit erhält einen gestalteten Höhepunkt. Nachhaltig erleben Gruppen Erfolg und Geschehen ihres Spiels, wenn sie es sinnvoll und spontan, vielleicht aus dem Kreis, mit Wort, Bewegung, Lied und Instrumenten erarbeitet haben . . ." (SCHMACK 1966, 60).

- „. . . Das operative Moment (beim Lesenlernen) erfährt heute durch das Angebot von Wortkarten, Lesespielen, Buchstabenwürfel und kleinen Lesetafeln für das Auflegen und Zusammenstellen von Wörtern und kleinen Sinneinheiten eine sichtbare Verstärkung. Der Weg zur Individualisierung ist durch das Lesematerial angebahnt und für methodenintegriertes Lernen eingerichtet. Es überrascht heute die Fülle von Lern- (und Spiel-)Materialien für den individuellen Lernprozeß des Kindes . . ." (SCHMACK, in: BRAUN / KRALLMANN II 1983, 50).
- „. . . Im Rahmen dieser dreifachen Kompetenzüberlegungen (nach Heinrich ROTH) lassen sich die Spielregeln für ein an der Situation orientiertes (simuliertes) Handlungsmodell (einer Bürgerinitiative) gewinnen. Sind die sachlichen, individuellen und sozialen Zuständigkeiten deutlich herausgestellt, so können sich auch die zutreffenden Aufgaben und Aussagen auf die einzelnen Vertreter der Aktion und der jeweiligen bürgerlichen und behördlichen Interessen verteilen. Nachempfundene Handlungsspiele verdeutlichen das Ineinander und Lösungsvorgehen unter schwierigen Umweltsituationen . . ." (SCHMACK, in: KREIS / VON DER BURG 1982 c, 153).

Auf dem Hintergrund des Meinungsspektrums verstärkt sich der Sinnzusammenhang zwischen Spielen und Lernen immer nachhaltiger und präziser, bis es schon in den fünfziger Jahren zu ersten Formulierungen eines redewendungsähnlichen Begriffspaares kommt; heute vielfach geläufig, verwenden wir die Gegenüberstellung von zwei wichtigen anthropologischen, pädagogischen und didaktischen Aktionsweisen mit der charakteristischen Beifügung des handelnden Mittelworts in gegenseitiger Beziehung. Worin die Berechtigung und der Sinn dieser modernen, fast terminologischen Bezeichnung eines beide Sachverhalte verbindenden Geschehens liegen, erscheint heute erklärungsbedürftig, soll nicht purer Verbalismus und modische Attitüde den sinnhaften Gebrauch verdecken. Gewisse Einseitigkeiten und übertriebene Wucherungen in der einen oder anderen typischen Aufnahme des Begriffspaares fallen auf.

Die erste Verbindung „Spielendes Lernen" erscheint sich besonders häufig anzubieten, um auszudrücken, daß heutiges Lernen (vor allem auf früher Stufe) den Charakter des Spielens annehmen kann, darf und soll. Über das Spielen wird es zur Erleichterung des Lernens kommen, Spielen überbrückt oder überwindet den Aufwand der Anstrengung des Lernens. Lernen kann einem Spiel gleichen, zeitweise, bei bestimmten Gelegenheiten und Teilgebieten, und das Annehmliche und Gelöste verdrängen das Soll und Muß sowie manche Zwänge. Diese Zuordnung weist eindeutig dem Lernen die Priorität zu und stellt das Spielen in seinen Dienst. Und sofort meldet sich Skepsis an, inwieweit eine solche Haltung alle Lernanlässe umgreift und zu bewältigen hilft.

Die zweite Verbindung setzt auf pädagogische Substanz und Kraft des Spielens und möchte es um des Lernens willen so einrichten, daß im „zweckfreien" Raum des Spielgeschehens möglichst intensive Lernweisen und -ergebnisse ablaufen und zustandekommen. Hier soll sich Spielen bewußt und besonders aus der Sicht des Lernens vollziehen. Spielen wird nicht — wie historisch längst erkannt und aufgewiesen – auch und allmählich mit Lernzuwachs verbunden, sondern deutlich und im Übermaß verfremdet und Zwecken unterstellt.

Um hier liegende offene und versteckte Verkehrungen und Auswüchse freizulegen, ist die Zulänglichkeit der Aussage und die Sinnrichtung solcher Zusammenhänge zu überprüfen. Angesichts mancher oberflächlichen Einstufung pädagogischer und didaktischer Absichten ist die Reflexion über einen nicht leicht zu klärenden Komplex eine Aufgabe. Trugschlüsse und versprochene Erleichterungen, die beiden Redewendungen entspringen können, verlangen, nach dem Umfang, Wert und der Gültigkeit zu fragen. Tatsächlich begegnet uns in beiden Sinnzusammenhängen ein hohes Maß von innerer und äußerer Spannung, die auch die Tragfähigkeit und Angemessenheit solcher Begriffsprägungen angeht bzw. auszuhalten hat.

Es ist nützlich, aber auch ein Zeichen von aktueller Umsicht, jüngst und gegenwärtig Versuche zu unternehmen, allgemein und besonders die manchmal ‚sloganhaft' gebrauchten Bezeichnungen in den möglichen Tendenzen zu eruieren, um zu einer verantwortbaren Verwendung der charakteristischen Spiel- oder Lerneinstellung bzw. -einstufung zu kommen. Sofort melden sich beim Theoretiker praktische Fälle, auch Beispiele, um das Gemeinte und Beabsichtigte, aber auch das Intendierte und Mögliche zu präzisieren. Generell sollten bereits hier jede Gewißheit und Sicherheit, in der einen oder anderen Weise zu todsicheren Ergebnissen zu kommen, abgewiesen werden, weil sowohl im Begriff des Lernens als auch des Spielens perfekte und vorausberechenbare Erfolge nicht sicher vorausgesehen wie programmiert sein können, so sehr gerade die Lerntheorie die Wirksamkeit ihrer Methode, die Berechenbarkeit der Effektivität in den letzten beiden Jahrzehnten unter anderen Maßgaben und Maßnahmen untersucht und bevorzugt als dominante Kriterien einbezieht. Hinter dieser Feststellung steht also bereits die beobachtbare Tatsache, ein Phänomen unserer gegenwärtigen wissenschaftsbetonten Epoche, im Lernen Weg und Ziel zur Bewältigung des sich weitenden Aufgabenradius des heutigen Menschen zu sehen und zu wirksamen Verbesserungen der Lernmethoden zu kommen.

Die Geläufigkeit der Redewendung und ihr Gebrauch sind also nicht zufällig. Um der Beliebigkeit oder anmaßenden Einstufung von pädagogischen Handlungsvollzügen terminologisch zu wehren, stützen wir uns im weiteren auf Aussagen, die die Zulässigkeit und den Zusammenhang der tragenden Begriffe in ihrer attributiven Verschränkung bestätigen, aber auch im Widerspruch sehen. Ob wir die „neuen" Aktionsweisen quantitativ, qualitativ und temporär auf bestimmte Lebensaltersstufen besonders beziehen bzw. begrenzen müssen, ist zu fragen. Offensichtlich neigen wir, nach obigen Einzelmeinungen, heute dazu, zwar in Kindheit und Jugend bevorzugte Möglichkeiten dafür zu sehen, aber auch das Erwachsenenleben bis in hohe Alter zumindestens als eine mögliche Erweiterung für die aus dieser nicht nur äußeren Verbindung stammenden kreativen Kräfte immer bewußter zu sehen. Beide, Spiel- und Lerntheorie, haben frühe nur intuitive Annahmen inzwischen deutlich präzisiert und hinsichtlich einer Verengung der Wirkungsweisen und -notwendigkeiten von Spielen und Lernen gerade die zahlreichen Entfaltungs- und Entwicklungsmöglichkeiten aus anthropologischen, psychologischen und pädagogischen Gründen herausgestellt. Ein breiter Spielkanon ist im Rahmen der Medien auch für Erwachsene ‚heimisch' geworden, und die Aufforderung zur Ausübung oder Mitwirkung, vielleicht auch nur zur interessierten Beobachtung und unterhaltsamen Teilnahme geht von Quiz, Wettspiel, Gesellschaftssspiel, Theater, Hörspiel, Musiziergruppe und sportlicher Betätigung aus. Es kann strittig bleiben, ob solche Spielräume und -formen frei von Lernabsichten, -chancen und -erfolgen da oder dort zustandekommen. Überdeutlich verbindet sich das Spielerische mit der Ernstsituation, die sich aus Lerneifer, Training, Erfolgserwartung aufbaut, so daß manchmal — wie beobachtbar — beim nicht erfolgreichen Ausgang einer Partie der Hinweis: „Es ist ja alles ein Spiel" kaum tröstend wirkt. Jedenfalls sieht der Anthropologe den „homo ludens" (HUIZINGA 1956; BUYTENDIJK 1933) lebenslang bei sich und in der Hingabe an Tätigkeiten; ob diese menschliche Option, zur sinnerfüllten Ausfüllung seiner Zeit und seines Ichs zu gelangen, allen gleichermaßen zukommen kann und ob ein „homo ludens" absichtlich oder unbewußt auch ein „homo discens" wird, kann ohne eine absolut für alle Menschen gültige Feststellung offen bleiben. Wir können uns hier aber auch auf die Weisheit des Sprichworts zurückziehen: „Man wird so alt wie ein Haus und lernt nicht aus!" Im übrigen sei an dieser Stelle noch vermerkt, daß Spruchgut zum Wirkungszusammenhang „Spielen — Lernen" nicht gefunden werden konnte.

II. Bestimmungsversuch: Redewendungen oder Begriffspaare

Mit einer gewissen Vorläufigkeit müssen bisherige Erörterungen solange gesehen werden, bis über eingehendere — hier nur skizzenhaft mögliche — Bestimmungsversuche die angesprochenen Tendenzen eine Bestätigung erfahren. Das versteht sich wiederum nicht allein als die übliche Vorbehaltsmaßnahme bei solchen Darstellungen; vielmehr gilt eine solche Zurückhaltung, weil die Vielzahl der möglichen Standpunkte und Theoriemodelle grundsätzlich signifikant ist und sich im Raum der Humanwissenschaften in unterschiedlichen Ausprägungen darstellt. Jedes Literaturverzeichnis (vgl. die Bibliographie der Handbuchbeiträge in vier Bänden oder nur die Literaturauswahl eines einschlägigen Buchtitels, zum Beispiel DIRX 1981, 289 — 292, hinsichtlich des „Spielens" und in bezug auf „Lernen" die Literaturquellen im Gutachtenband „Begabung und Lernen", hrsg. von H. ROTH 1969) verdeutlicht das Spektrum der Auffasssungen und Meinungsbildung. Wird hervorgehoben, daß innerhalb der wissenschaftlichen Theoriebildung zu den leitenden Begriffen vor allem Pädagogik und Psychologie ihr spezifisches Interesse geäußert haben und wir regelmäßig in Nachschlagewerken (zum Beispiel GROOTHOFF / STALLMANN 1971, 695 f. und 1101 f.), Handbüchern (zum Beispiel TWELLMANN VI — Register —

1982, 222 f. und 270; FROMMER I/II 1982, 507 und 509 – Stichwortregister; WIECZERKOWSKI / OEVESTE I/II/III 1982, Stichwortregister) und spezifischer pädagogischer und psychologischer Fachliteratur breite und ausführliche Standpunkte, differenzierte Unterscheidungen sowie spekulative oder konkrete Bewertungen von Modellvorstellungen und -entwürfen vorfinden, so ist die Auffindung eines für unser Anliegen verbindlichen Fundaments eine kaum zu leistende Aufgabe. So wird man von den gemeinsamen Grundaussagen ausgehen müssen und von da aus die mögliche Deutung der zusammengeführten Begriffe „Spielen und Lernen" in den Redewendungen und deren Leistung als neues Begriffspaar einschätzen bzw. sogar bestimmen.

Hier kann nur ein „verkürzter" Weg beschritten werden. Weil im Inhalt der Handbuchbeiträge ausführlich der Begriff des Spiels und Spielens definiert, expliziert und in seiner theoretischen Reichweite dargestellt ist, genügen aus der Sicht A. FLITNERs (1973) (und im Zusammenhang der Sentenzen in I.) thesenhafte Äußerungen; sie beziehen sich auf die „Praxis und Deutung des Kinderspiels" und stehen bereits in dem zu klärenden Verhältnis von „Spielen und Lernen". Nehmen wir diese wichtige Schrift zum Ausgangspunkt, um den „spieltheoretischen" Bezugsrahmen zu markieren, so wären FLITNERs „lerntheoretische" Theorieelemente durch solche der „modernen" Lernpsychologie weiterzuführen, weil, wie bereits oben erwähnt, gerade diese Einflüsse sich verstärkt in der Prägung bzw. Interpretation der der Redewendung innewohnenden Aufgabenstellung ausgewirkt haben. Man könnte auch bildlich formulieren: Der im Spielen wirkende Motor als Antrieb bzw. Impuls, zum Lernen zu gelangen und beim Spielen gelernt zu haben, wird zum Anlaß einer jeweils gezielten und betonten Maßgabe, spielend zu lernen oder lernend zu spielen. Die Ableitung entsprechender Maßnahmen kann sich danach zeigen einerseits in dafür geeigneten „Spielmitteln" oder andererseits in der Bereitstellung zweckmäßiger „Lernspiele".

1. Elementare Aussagen zu den tragenden Kategorien: Spielen und Lernen

a) „Spielen" und „Lernen" und ihr Bezugsverhältnis bei A. FLITNER (1973 a)

- FLITNER stellt ausdrücklich das Spiel selbst in den Mittelpunkt, nicht „seine Verzweckung und Nutzbarmachung für bestimmte Lernaufgaben" (11).
- Das Kinderspiel als „Universum kindlichen Denkens und Handelns" bezeugt und bildet die „Gefühle des Kindes, seine Ausdrucksfähigkeit und seine Intelligenz" (11).
- Wir stehen vor einem „Labyrinth der Spielerscheinungen"; zu diesen komplexen psychischen Phänomenen gibt es „mehrere theoretische Zugänge". So ist die Spieltheorie gegenwärtig nur in mehreren sich ergänzenden Denkmodellen zu entwickeln. Nur methodisch vielfältig läßt sich das Kinderspiel begrenzen (106).
- Jede der vier Hauptrichtungen zum Verständnis der Erscheinungen des Spiels (mit Phänomenologie – Beschreibung, Beobachtung der Spielerscheinungen –, mit Entwicklungspsychologie und Lernforschung – Theorie der kognitiven Entwicklung

durch Spiel –, mit psychoanalytischer Spieltheorie – Spieldiagnose und therapeutische Möglichkeit im Sinne Sigmund FREUDs –, mit Sozialpsychologie und Gruppenforschung – Rollenspiel –) hat generell Bedeutung und ist für die Spielforschung auf allen Lebensaltersstufen gültig. Ausgeformt sind die einzelnen Richtungen nach ihren Schwerpunkten und immanenten Interessen durch eingehende Interpretationen ihrer Vertreter (18 f.).
- Die spontane Fähigkeit und die Lust zum Spielen sind die wichtigsten Voraussetzungen. In elementare Spiele mischen sich Elemente zum Aufbau der Ich-Funktion, zur Orientierung in der Gesellschaft Gleichaltriger und Erwachsener. Mit zunehmendem Alter werden die Spielsituationen komplizierter. Die Freiheit des Spielens ist an eine „Zone freimachender Bedingungen und Voraussetzungen gebunden". Kinder spielen mit dinglichen Symbolen, und ihre Phantasieentfaltung ist ernstzunehmen. Freude an Abwechslung, Originalität in den Spiellandschaften beeinflussen die Spielatmosphäre (108 f.).
- „Beim Spielen lernt das Kind in erster Linie – spielen. Es erlernt die Geschicklichkeit, die Verhaltensweisen, die Techniken, die Improvisationen, die Sozialsysteme, die für die jeweiligen Spielweisen erforderlich sind. Es wird heimisch in einer Lebensform, die für die Humanität, für die Behauptung des Menschen innerhalb von Systemzwängen unentbehrlich ist und die ihm in seiner Welt der Leistung und der Zweckmäßigkeit Räume der Freiheit und des Glücks zu erhalten vermag" (119 f.).
- Spielen als „humane Grundfähigkeit" bedarf keiner Rechtfertigung, es zu lernen und sich „darin zu Hause zu fühlen, es über die Kindheit hinaus zu bewahren". Sensomotorisches Können, Auffassung und Geschicklichkeit – Inhaltliche Beherrschung des Spiels und seiner Regeln – Ausdrucksfähigkeit und spielerhaltende Erfindung – Erfassung der kognitiven Aufgaben und Elemente – Beherrschung der sozialen Anforderungen des Spiels sind „Teilfähigkeiten", die im Spiel gefördert werden und deren vereinzelte Interpretation einen weiten Rahmen sowie ein reiches Spektrum von Lern- und Bildungsmöglichkeiten auf den Weg bringen (120 f.).
- Gerade unter dem Gesichtspunkt der „entwicklungspsychologischen Lernforschung" begegnen uns zahlreiche Kräfte, die das „Lernen" strukturieren, motivieren und das Kognitive verstärken. Hier ist auch ausdrücklich „das Verhältnis von Lernen und Spielen" eine Frage; welche Bedeutung „Spielprozessen auch im Bereich der kognitiven Entwicklung" zukommt und, hinsichtlich des Kreativen, sich anzeigt, veranlaßt zu Untersuchungen (39, 44 f.).
- Der „Bindestrich" soll das Verhältnis der „zwei Schlüsselwörter" „Spielen – Lernen" – so wie sie heute in der Erziehungsdebatte stehen – im unklaren lassen: „Es soll damit angedeutet werden, daß im Kindesalter nicht von zwei scharf trennbaren Begriffen und Lebensbereichen die Rede sein kann" (9). Im Rahmen der „institutionellen Früherziehung" sollte man auf das Spiel „zurücklenken" bei einer beobachtbaren „Überbetonung der Lernprogramme" (10).
- „Es spricht manches dafür, daß Spielen und kognitive Entwicklung in einem Funktionszusammenhang stehen. Aber die Beziehung ist gewiß eine lockere, das Spiel ist ebenso wie andere Formen expressiven Verhaltens (Lachen, Humor, Kunst) nicht im eigentlichen und utilitaristischen Sinne für andere Funktionen zu vereinnahmen. Es bildet eine Größe, die nicht ohne weiteres in der kognitiven Entwicklung aufgeht . . ." Ohne das Spiel als einen wesentlichen Faktor, Hintergrund und eine Ausdrucksform kann man kein „zutreffendes Bild von der Entwicklung der kindlichen Intelligenz und der Handlungsmöglichkeiten" gewinnen (47).
- „Es ist der Sinn des pädagogischen Eigen- und Lernraumes, der den Kindern einzuräumen ist, daß sie darin die Fähigkeiten erwerben, die sie zum Leben in der Gesellschaft brauchen . . ." Über das Spiel erfahren die Kinder die „Freiräume des Soziallebens, sie lernen gesellschaftliche Anforderungen individuell zu erfüllen. Lebensformen, Denkmöglichkeiten und Gesellungsweisen können darüber hinaus entwickelt werden (102).

- Ein „kurzschlüssiger Zusammenhang" zwischen „Spielen und Lernen" darf nicht hergestellt werden. Immer noch zu spekulativ und als Wünsche sind die „Kataloge der Lernwirkungen" — Kameradschaft bis Leistungshaltung — anzusehen. Gesicherte Tatsachen oder auch nur Wahrscheinlichkeiten wird man ausschließen. Zweifelhaft müssen auch Übertragungen von Spieltugenden auf andere Lebensbereiche bleiben, weil nicht ohne weiteres erwiesen ist, wie sich zum Beispiel Fairneß im Spiel in „fairer Haltung im Straßenverkehr, im Geschäftsleben oder in der Politik" zeigen kann (119).

FLITNERs Leitsätze strukturieren unsere Problematik zwar für die Situationen des Kindesalters, enthalten jedoch darüber hinaus die grundsätzlichen anthropologischen Dimensionen der Spieltheorie in Verbindung mit dem Lernen. Eine Isolierung der Einzelelemente für Spielen und Lernen stößt an ihre Grenzen; ausschlaggebend ist hier die Dominanz des Spielphänomens, das zugleich — berücksichtigt man bevorzugt die Erklärungen der entwicklungspsychologischen und lernpsychologischen Spieltheorie — das Lernen aufnimmt, geschehen läßt und solche Möglichkeiten in verschiedener Ausbildung von humanen Kräften gewährt. Keine der beiden Redewendungen ist ausdrücklich (an dieser Stelle) angeführt oder angesprochen; das schließt nicht aus, daß nach diesem Erklärungsversuch Verbindungen denkbar oder möglich sind, jedoch in der hier dem Spielen und Lernen im Kindesalter zukommenden Wirkung, „daß sich im Spiel wesentliche Teile kindlichen Lernens und kindlicher Lebenserfahrung vollziehen" (FLITNER 1973a, 9).

b) Verstärkungen des „Lernbegriffs" als Motiv

Die didaktische Zielperspektive im allgemeinen gilt in unserer Zeit dem Lernen. Seine Hervorhebung als realistische und traditional unbelastete Deutung und Aufgabe didaktischer Anstrengungen ist vor allem durch intensive und vielseitige lernpsychologische Forschung (ROTH 1969) sowie durch curriculare Einstellungen verstärkt worden. Der Lernbegriff erscheint als Bezugspunkt und versteht sich in extremen Ansätzen als realistische Wende gegenüber einer auf Bildung hin gerichteten Anstrengung.
Lerntheoretische Standpunkte sind in einem breiten Spektrum maßgeblich geworden, Lernarten und -formen, Lernhindernisse und ihre Überwindung, Stufen des Lernens, die Reichweite von Lernhilfen, konditionierende und beschleunigende — instruktionsgerichtete — Maßnahmen werden zum Angelpunkt von Bemühungen, die Qualität des Ergebnisses zu verbessern und das Eintreten solcher Methoden von früh an zu betreiben. Alle hier möglichen Beziehungen, aus personaler Sicht bis zu den Arten des Lernens und möglichen taxonomischen Einordnungen, werden vielfach innerhalb des großen Zielrahmens angeordnet, „das Lernen des Lernens" auf den Weg zu bringen. Lernbeschleunigung und -effektivierung rücken in der Diskussion in der Vordergrund. Oft stehen sie im Mittelpunkt, um die Lernmotivation und den Lernerfolg möglichst sicher und greifbar zu machen, ohne zugleich immer die Reichweite auch nach den Grenzen zu befragen.
Die Didaktik hat die Ergebnisse der modernen Lernforschung zu verarbeiten versucht und gerade über die curricularen Einschnitte seit 1967 (ROBIN-

SOHN 1967) Lernzielsuche, -bestimmung, -organisation und -überprüfung zu den wichtigsten didaktischen Schritten gemacht, sofern entsprechende Lerninhalte gefunden oder Lerngegenstände deklariert worden sind. Im wissenschaftsorientierten Lernen unserer Zeit übernahm die Schule eine Einstellung, die, verbunden mit dem Lernzielaspekt, zu Beginn der achtziger Jahre jedoch auch Zweifel an der überdehnten Lernstrategie anmeldet, wenn vor allem Überbürdungen, stoffliche Überhöhung sowie wissenschaftsorientierte Verfahren die realen Möglichkeiten des Kindes überschreiten.
Jedoch haben auch die außerschulische Wirklichkeit einer Gesellschaft, die auf intelligente Produkte ihrer Industrie angewiesen ist, und der Fortschritt der Naturwissenschaften, Technologien und Techniken die Notwendigkeit dieses gesteigerten Lernanspruchs auf allen Lebens- und Alters- und Schulstufen verschärft. Rationalität und Kreativität, waches Interesse und rasche Reaktionsfähigkeit werden zu Kennzeichen für beruflichen Fortschritt und aktive Teilhabe sowie im Konkurrenzfall auch zum Beweis für individuelle Leistung und Mobilität. In der Verschärfung der arbeitsökonomischen Grundbedingungen und bei zunehmenden Ansprüchen an den Ausbildungsgrad wird Lernen zum Schlüssel, um Zugang zu den Anforderungen der programmierten und durch Computer und Elektronik gesteuerten Wirtschafts-, Berufs- und Lebenswelt zu erreichen. Sehr sensibel reagieren die vielfach verschränkten Prozesse aufeinander, betrachtet man unter ökologischer Perspektive die Brennpunkte unseres Daseins und die Möglichkeiten des Menschen, mit Wissen, Können, Einsicht und Besonnenheit zukünftige Entwicklungen einzuschätzen, sie zu bestehen. Auch hier wird „Lernen für die Zukunft" ein Appell von internationaler Relevanz (SCHMACK 1982 a, 21 – 51 und 70 – 82).
Lernen wurde wie andere didaktische Begriffe (u. a. Unterricht, Lehren) im vergangenen Jahrzehnt vielfach durch Attribute spezifisch zu neuen didaktischen Aufgaben ausgeformt: „Soziales Lernen", „Kreatives, Entdeckendes, Forschendes usw. Lernen" sind hier als Beispiele für besondere Entwürfe zu nennen, die allgemeine Geltung oder Einstellung erlangten und zum Teil, wie das „Soziale Lernen" eine Welle von Fachliteratur auslösten (vgl. SCHMACK 1982 b, 77 – 92). Die bevorzugte Ausformung aus gegenständlicher, schülerbezogener und organisatorischer Sicht gibt dem Lernen – und das ist die Grundintention in dieser vom „Lernen" so überzeugten heutigen Epoche – eine besondere Qualität. In dieser Bezugnahme auf andere Formen eines besonderen Lernvorgangs kann man nun die Beifügung des „Spielenden" einerseits und die Hervorhebung des „Lernenden" andererseits bei den jeweiligen Aktivitäten sehen.
Haben bisherige Erwägungen die Verbindung zwischen den beiden pädagogischen „Schlüsselbegriffen" als naheliegend bezeichnet, so scheint die verschärfte Lerndiskussion seit Mitte der sechziger Jahre die Bildung der attributierten Redewendungen zu Begriffspaaren beschleunigt und bewußt ausgebaut zu haben. Die Gründe liegen einmal darin, den personalen Status des Lernens durch spielerische Elemente zu steigern und die persönliche oder individuelle Bereitschaft zum Spielen durch lernwirksame Absichten

sich zunutze zu machen. In beiden Fällen sind so eingeleitete Prozesse stark medial bezogen bzw. auf Medien, wenigstens zu einem großen Teil, gerichtet. Denn die Zunahme im Angebot solcher Materialien ist evident, ein Kennzeichen unserer medialisierten Schule und Welt. Fragen über Fragen stellen sich hinsichtlich der Qualität, Aufgabe, Wirkung, Zuträglichkeit, Ausstattung, Didaktisierung usw. solcher Mittel. Solche Aspekte finden inzwischen ihre Beachtung. Wirkungsforschung sucht nach der qualifizierenden Eignung. Medienanalytische Untersuchungen im Rahmen der Spiel- und Unterrichtsanalytik werden zwar im Erprobungsstadium in der Regel an einer ausgesuchten Population vorgenommen, bedürfen jedoch einer fortlaufenden Überprüfung, sofern sich die Variablen im Kreis der Benutzer verändern. Es ist schwierig, das Ergebnis der Wirkung aus den Tätigkeitsweisen der korrespondierenden Redewendungen objektiv zu messen, wenn man überhaupt zunächst bedenken muß, was hier nach Methoden exakt überprüfbar sein kann und mit welchen Instrumenten Partialprodukte zuverlässig abgerufen werden können. Ist das an Materialien gebundene Aktivsein im Sinne des einen oder anderen Begriffspaares hinsichtlich der möglichen Erscheinung von Erfolg — um es vorsichtig zu bezeichnen — nicht leicht und mit Gewißheit zu evaluieren, so vergrößert sich das Risiko in der Erwartung von auffälligen und signifikanten Ergebnissen bei Befolgung der prinzipiellen Spiel- oder Lerneinstellung ohne Materialien beträchtlich. Damit haben wir den Anschluß zu Aussagen erreicht, die eine Deutung des Begriffspaares in differenzierterer Weise versuchen.

2. Neuere Erklärungen zur Gültigkeit und Bedeutung der interdependenten Begriffspaare

Nach unseren bisherigen Erörterungen wäre nur eine umfangreiche monographische Studie in der Lage, diese korrespondierenden Zusammenhänge gründlich und umfassend zu analysieren. Wohl liegen inzwischen Darstellungen vor, die zur Klärung beitragen; weil hier weiterführend argumentiert und das Problematische, das auch bisher nicht verschwiegen wurde, zum Vorschein kommt, bedient man sich dieser so außerordentlich klangvollen und einem „Wortspiel" gleichenden Formulierungen.

a) Die Erörterung aus der Sicht der Monographie: „Spielen und Erfahren" (KLUGE 1981)

Der Untertitel dieser in hohem Maße auf Praktikabilität angelegten Untersuchung „Der Zusammenhang von Spielerlebnis und Lernprozeß" setzt den Gedankengang an der Nahtstelle der Problematik fort. Nicht unwesentlich ist der Hinweis, ob unsere leistungsbewußte und -orientierte Gesellschaft überhaupt eine solche Handlungsweise ertragen oder für angebracht halten kann und ob nicht grundsätzlich alternativ gedacht und gehandelt werden müßte: So wäre also entweder zu gegebener Zeit zu lernen oder zu spielen. Doch sieht auch KLUGE gerade in den Redewendungen Berührungspunkte und Gemeinsamkeiten und folgert dann:

„... ‚spielendes Lernen' und ‚lernendes Spielen' zeigen dies an – bis hin zum völligen Ineinander-Aufgehen. Spiel kann als eine spezifische Form des Lernens und geradezu als eigene Lernmethode aufgefaßt werden, bei der vor allem subjektive Momente wie Entscheidungsfreiheit, Freude, Genuß, Spannung, Lösung und imaginatives Denken zum Tragen kommen" (9).

Die Einordnung des Spielens als „Lernmethode" erscheint nach dem Bisherigen als ein Novum, aber auch der Bezug zwischen Spiel und Erfahrung stützt sich auf heute geläufige Anstrengungen, Schule als „Erfahrungsraum" aufzufassen und zu bestimmen. Zum Zusammenhang von „Spielerlebnis und Lernprozeß" ist folgendes angeführt:

„Deutet man das kindliche Spiel, wie es heute viele Spielforscher zum Ausdruck bringen, als spontane und handelnde Auseinandersetzung mit der jeweiligen Umwelt, so wird das Wechselverhältnis von Spielvorgang und Lernprozeß deutlich" (9).

KLUGE sieht den Zusammenhang zwischen „Spielen und Erfahren" ebenso für möglich an wie den von „Spielen und Lernen" sowie von „Spielen und Erleben". Hier spiegeln sich realistische Umsetzungen der Spieltheorie und aus der schultheoretischen Diskussion stammende Vereinfachung. Doch ist die Warnung, das Lernspiel nicht mehr nur als Arbeitsmittel, das Rollenspiel nicht mehr nur als sozialtechnisches Einübungsverfahren und das darstellende Spiel nicht ausschließlich als „Gratifikation für hervorragendes Leistungsverhalten" einzuschätzen, sehr bedenkenswert. Denn Spielformen sollten (immer) in ihrem Eigenwert erkannt sein.

In der – sicher auch hier nur vorläufigen Analyse – stellt KLUGE unsere Redewendung abgewandelt dar bzw. interpretiert sie als „Spielen als spezifische Lernweise" und als „Lernwirkungen im Spiel", was parallel zu den Redewendungen gesehen werden kann: „Lernendes Spielen" – „Spielendes Lernen".

„Spielen als spezifische Lernweise" erscheint „als eine ausgezeichnete, den Bedürfnissen und Möglichkeiten des Kindes entgegenkommende Lernform" (53). Der Einsatz von Spielen ist nicht immer selbstverständlich, vielleicht auch nicht immer zulänglich. Als bevorzugte Tätigkeit verdient sie einen zentralen Ort als „Medium von Lernprozessen".

„Wenn Lernintentionen das Spiel nicht verhindern, zerstören oder dem Schüler verleiden sollen, dürfen sie ihm nicht zum erklärten Ziel seines Tuns werden, sondern nur als Nebeneffekt in Erscheinung treten. Deshalb wird dem Lehrer manche Konzession an das von ihm geplante Spielvorhaben abverlangt. Das Spielbedürfnis des Kindes darf nicht der zweckrationalen Organisation von Lernprozessen geopfert werden" (54).

„Lernwirkungen im Spiel" zeigen sich in Verhaltensäußerungen. Dazu sind Maßnahmen zu entwickeln, die Spielbereitschaft und -fähigkeit anzielen. Spielvoraussetzungen müssen zunächst geschaffen werden. KLUGE erinnert an Einzeluntersuchungen über eine Vielzahl von Lernwirkungen beim Spielen, wie er aber auch die schon von A. FLITNER kritisch bedachten Übertragungen der Lerneffekte auf andere Alltagssituationen mit vollzieht.

FLITNERs Warnungen werden hier wörtlich zitiert (vgl. hier S. 212). Darüber hinaus werden in dieser Hinsicht keine neuen Befunde oder weiterführenden Aussagen gemacht.

Der Ansatz beinhaltet in der Gleichsetzung: „Spielen eine Lernmethode" den Versuch einer „eigenen" Fortführung. Wird dies einerseits eingangs ausgesprochen, so fehlen dafür umfangreiche Begründungen; zugleich wird die These aber auch — wie zuletzt ersichtlich — relativiert. Diese Feststellungen zu den „Spielfunktionen" (49 f.) stehen zwischen dem mehr theoretischen und praktischen Teil, wobei aber auch der Abschnitt „Das Lernspiel als lernbetontes Spielmittel" (59) in der Zusammenfügung zweier Aspekte nicht unproblematisch ist. Aus allem kann hervorgehen, wie schwierig die Unterscheidung unseres Gegenstandsfeldes ist.

b) Die Erörterung aus der Sicht der Monographie: „Spielen, Lernen und Entwickeln" (SINHART 1982)

Als eine „struktural-analytische Rekonstruktion" soll das thematisierte Beziehungsgeflecht erscheinen, um vor allem zu klären, ob die Behauptung vom „Spielenden Lernen" eine spieltheoretische Grundlage hat oder ob sie nicht der These vom „Spielenden Entwickeln" weichen müßte. Auch SINHART fällt auf, wie über zahlreiche spieldidaktische Beiträge sich die Tendenz verstärkt hat, auf „spielerische Weise Lernprozesse zu initiieren. Dabei wird das Spielen zu einer Lern- oder richtiger Lehrmethode gemacht und unterstellt, das Spielen wäre ein Lerntyp" (1) oder „Spielen und Lernen seien ‚kongruente Ereignisse' " (KENNEDY, in: FROMMBERGER / FREYHOFF / SPIES 1976, 48 f.). SINHART hebt hervor, daß spielpädagogische Autoren einen „explizit formulierten Lernbegriff" vermeiden, wohl aber Spielen als Hilfe bei den Elementaria begreifen. Doch hat (in letzter Zeit) „das Lernparadigma ... einseitig in die Spielpädagogik Eingang gefunden" (1). SINHART dagegen erscheint Spiel als ein „indefinitives Problem" und ohne einen „abgrenzenden Gattungsbegriff".

Zur weiteren Zentralfrage wird, ob aus pädagogischer Sicht das „Lernparadigma" zu verfolgen sei oder ob es geboten erscheine, zum „Entwicklungsparadigma zu wechseln" (2). Im Definitionsdilemma weicht SINHART auf Strukturbeschreibungen der Spiele und des Spielens aus. Indem er sich zum Verhältnis von Spielen und Lernen ausführlich äußert, konstatiert er die „lernmethodische Dysfunktionalität des Spielens" (101 bis 112):

„Spielen ist kein Lerntyp. Gelernt wird das Spiel oder möglicherweise aus dem Spiel. Damit ist jedoch nicht ausgeschlossen, daß in dem jeweiligen Spielszenarium vom Spieler unvorhergesehen Lernerfahrungen gemacht werden können. Das Spielen ist im doppelten Sinne nicht Methode, aber Medium des Lernen: einerseits können gemachte Lernerfahrungen verfestigt und durch Assimilation die Erkenntnisgewinnung ergänzt werden, andererseits kann sich — oft unbemerkt — die spezifische kognitive Orientierung des Spielers zum Lernen hin verändern ..."(126).

SINHART sieht mit namhaften Spieltheoretikern (u. a. SCHEUERL 1977) „Spielen-Lernen auf einem Stufenweg der Entdeckungen". Auch sei nicht

explizit zwischen Methode und Medium unterschieden, aber auch „keine Theorie des medialen Lernens im Spielen entworfen..." (127).
Diese anspruchsvolle Untersuchung — eine Doktorarbeit der Kieler Pädagogischen Hochschule — rekurriert ausführlich darauf, den Begriff des „Entwickelns" dem des Lernens im Zusammenhang mit Spielen vorzuziehen. Eine abschließende Aussage brandmarkt vielfach heute auftretende, auch hier schon genannte Vereinseitigungen. Zwar werfe Spielen Nebenprodukte mit Lerneffekt ab:

„Dieses Lernen ist weitgehend zufällig und unplanbar. Pädagogen, die das Spielen lernzielorientiert planen, determinieren Verhaltensweisen und erzeugen damit Lernprozesse, die mit der Struktur des Spielerischen von Interaktionssystemen unvereinbar sind. Spiele können für Kinder ein Refugium bedeuten..." (130 f.).

c) „*Lernendes Spielen — Spielendes Lernen*" *Beiträge auf dem Dormunder Spielkongreß 1975 (FROMMBERGER / FREYHOFF / SPIES 1976)*

Eine beachtliche „Spielinitiative" wurde (vom 7. bis 10. 10. 1975) arrangiert. 12 000 Besucher interessierten sich für Arbeitsgruppen, Spiellandschaften und Ausstellung. Die (damalige) Pädagogische Hochschule Ruhr stellte ein Thema zur Diskussion, das theoretische und praxisbezogene Beiträge sowie Expertisen auslöste. Im Mittelpunkt stand unter Teil I: „Das Spiel in der Leistungsgesellschaft" eine Aufklärung zum Kongreßmotto. Dies konnte nicht homogen ausfallen, es war in der Auswahl der Referenten von vornherein antithetisch angelegt:
H. KRINGS' (9 — 20) Erörterungen zum Leitgedanken wollten vor einem Mißverständnis warnen, „spielendes Lernen" als eine Tätigkeit ohne Anstrengung zu verstehen; es bedeute aber auch, hier zu unterscheiden die „Anstrengung des Selber-Tätigseins und die spezifische Lernanstrengung" (11). Bekannte Merkmale machen das Lernen (heute) unerfreulich: Fehlt Motivation, fehlen dem Lernen die Antriebe. Fehlt es an Konkretion, muß dieser Mangel durch Kraftaufwand kompensiert werden. Sind Ziele und Lernvoraussetzungen über- und unterschätzt, so muß auch hier Anstrengung das Mißverhältnis „wettzumachen" suchen. Nimmt man die Kategorie des „spielenden Lernens" als Ausgangspunkt, so kann das Minus an Motivation, Sinn und Kondition (zumindestens) durch dieses Plus ersetzt werden. KRINGS sieht Spiel als eine „Lernangelegenheit", als eine „Sache der Kinder" eingestuft, es gilt zudem, „... daß jeder Mensch, gleich wie alt er ist und was er sonst tut, auch spielt oder spielen möchte" (14).
Gerade die Ausweitung des Spielens in den Raum der Jugendlichen kann erfahrungsgemäß günstige Auswirkungen haben, es kann zu einem „lernenden Spielen" werden, und zwar nach den vier Merkmalen. (1) Wahlfreiheit, Eigeninitiative gehören zum kreativen und ästhetischen Lernen, in dem sich Medien, Form und Organisation der Produktion vereinbaren. (2) Bezogen gerade auf musische Fächer in Gymnasien, geht es nicht vordergründig um ein „gelungenes Spiel" (zum Beispiel in einem Studio), sondern um erfolgreiches Handlungslernen und Kompetenzgewinn. (3) Im Bereich

von Spielhandlungen ist Freude — nicht angestrebte Qualifizierung — ein Antrieb zur Erfindung, zum Ausdruck, zur Betätigung im Selbertun. (4) Nach Medium, Vorhaben und Individualität der Lernenden bildet sich ein „Produktionsteam"; eröffnet sind so soziale Kontakte und solidarische Verhaltensweisen.

KRINGS will für ein Realprogramm — gerade für Jugendliche — stimulieren, indem Spielen und Lernen in Ergänzung wirken. Wichtig erscheint folgende Sentenz:

„Der Enthusiasmus für das Spiel wird von der Utopie getragen und genährt; von der rückwärtsgerichteten Utopie eines verlorenen Paradieses, einer Ureinheit und einer Unschuld des Anfangs, die wir in manchem Kinderspiel wiederzuerkennen glauben; und von einer vorwärtsgerichteten Utopie des Einsseins des Menschen mit sich, mit seinem Tun, mit seiner Umwelt ... Spiel ist ein Element des Lebens, aber nicht das Leben selber; so ist es auch ein Element des Lernens, nicht das Lernen selbst ... Im Spiel sind Gegensätze, von denen unser Leben geprägt ist, gemildert oder überwunden; der Gegensatz von Empfindung und Ausdruck, von Produktion und Produkt, von Stoff und Form, von Ernst und Freude und mancher andere Gegensatz . . . "(20).

U. FREYHOFF (21 — 34) sieht das Verhältnis von „Spiel und Schule" als „vernachlässigt" an. Schulpädagogische und didaktische Streitpunkte haben letztendlich die „Erfüllung der Gegenwart des Kindes und Jugendlichen" (SCHLERMACHER) in Gefahr geraten lassen. Bekannte Divergenzen in Soll und Ist der Planinhalte, -ziele und Methoden haben „Schule als Mittel für unterrichtliche Zwecke" (25, zitiert nach W. SCHULZ) werden lassen. Das Spiel mit seinen Motivationskräften wird zukünftig wieder stärker anzusiedeln sein, und die Nahtstellen zwischen Spiel und Schule liegen

1. in der unmittelbaren Gegenwartsbedeutung für das „spielende Subjekt",
2. in der Freiheit und „Quasi-Realität" und Ambivalenz des Spielens und
3. in der Ausgestaltung angemessener Kommunikations- und Handlungsfähigkeit.

Eindeutig ist hier die Öffnung der Schule für Spielcurricula eine Forderung (30 f.).

W. SPIES (35 — 38) stellt die „Perversion des Spiels" angesichts der Eindrücke von Spielzeugmärkten, mancher Zeitschriften- und Spielliteratur fest. „Spiel ist nur Spiel als Spiel und nichts sonst" (36), was meint, daß die Entwicklung unserer Tage Spielen in einen anderen Sinnzusammenhang gebracht, damit verdorben und zerstört habe. Wörtlich heißt es in dieser bedenkenswerten Anklage:

Ein Spiel, „das für etwas anderes da ist — um zu lernen, dies um Information zu gewinnen, dies um auf dem Arbeitsmarkt sich anzupreisen — geht fugenlos ein in den endlosen Verweisungen der positivistisch-industrialistischen Welt. Das mag dann alles Mögliche sein, nützlich, fördernd, lernmotivierend, die Chancengleichheit aufhebend, kreativitätsfördernd und was man sonst so sagt heute — nur eines ist es sicher nicht: Spiel" (36).

Kannte die Antike zweckfreie Muße im Spiel, so ist bei MONTESSORI das Spiel zum Mittel geworden: „Lernspielzeug dient der pädagogischen Anleitung zur Arbeit . . ." (36). Nach SPIES ist die Saat fürchterlich aufgegangen.

„Die Messen sind gerammelt voller Spielzeug, das kolossale Lernergebnisse verspricht. Das Beste daran ist noch, daß die Kinder es meist umfunktionieren, an den insinuierten

Lernzielen vorbeispielen, sich von ihrer Einbildungskraft herausheben lassen aus den Verweisungszusammenhängen ... Das Spiel soll verzweckt werden. Von der Industrie her gesehen erreicht man erst durch Verzweckung tüchtige Vermarktung" (36).

Aus dieser Einstellung ergibt sich eine deutliche Ablehnung der einen Redewendung:

„Wenn untergeordnet werden soll, dann das Lernen dem Spielen, nicht umgekehrt. Ziel ist der Überfluß, nicht die Bemühung, die ‚Beschäftigung, die für sich angenehm ist', nicht die man auf sich nimmt, weils halt nicht anders geht. Lernspiele sind keine Spiele, sondern meist manipulativ konditionierendes Experimentiermaterial."

Aus dieser Sicht werden auch manche extremen Formulierungen in den Gutachten der Bildungskommission des Deutschen Bildungsrates kritisch zu sehen sein, wenn sie ausschließlich das Utilitaristische des Spielens im Sinne einer Lernkonditionierung für Kinder in Kindergarten und Eingangsstufe herausstellen (vgl. CALLIESS 1975, 15 – 43).
Vielleicht kann man diese Kongreßerörterung aus dem Jahre 1975 – mutig und eindeutig in der Kennzeichnung der Fakten – zum Angelpunkt der Überprüfung unserer Redewendungen machen. Eine kritische Entwicklung auf dem Markt der Spielmaterialien und der Lernspiele muß sich solche Nachfragen gefallen lassen. Und der Pädagoge wird sich immer ermutigt sehen müssen, von den Inhalten und Gehalten der Schlüsselbegriffe her, also aus der theoretischen Dimension, den Vorrang und die Deutung wie Aufgabe der Aktionen an Medien und Materialien zu erkennen und zu bewerten.

III. Sinngebung und Geltungsbereich – eine vorsichtige Feststellung

Unsere Redewendungen sollten mehr als nur ein Wortspiel darstellen und nicht unbedenklich und unbesonnen gebraucht werden.
Ihre *Sinngebung* ist theoretisch immer noch diskutabel. Dies erklärt sich aus den ineinander übergehenden Wirkungen von Spielen und Lernen, vor allem in der Kindheit. Daß eine beachtenswerte Korrelation und Entsprechung sich ereignen können, ist nachgewiesen. Beide jedoch geraten auch in die Gefahr, zu überzogenen Erwartungen zu verleiten, Fehlinterpretationen zu erfahren, euphorische Stimmung auszulösen oder unklare Gültigkeitsansprüche zu wecken.
Ist die Redewendung vor allem dadurch begründet, daß Spielen als Lerntyp oder sehr begünstigende Lernweise verstanden wird, so ebnen sich die beiden an sich unterscheidbaren Redewendungen so ein, daß es zu kaum nennenswerten oder zumindestens schwierigen und nicht faßbaren Deutungen kommen kann. Das heißt dann: Es kann fast beliebig sein, welche der beiden Formulierungen gewählt wird.
Die betonten Versuche, dem Lernen in unserer Zeit einen Primat zuzuordnen, begründen die Verzweckung des Spielens. Kritische Stimmen

warnen und weisen auf, daß es zu einer Pervertierung kommen kann, die zugleich eine Nivellierung ist und die ursprüngliche Kategorie ihres anthropologischen und pädagogischen Sinns beraubt. Nimmt man solches ernst, bleibt immer zu entscheiden, inwieweit die Sinnumwandlung mitzuvollziehen oder im Zuge der Zeit zulässig ist. Von äußeren Anlässen und materiellen Gesichtspunkten, auch aus einer scheinbar zeitgemäßen oder modernen Auffassungsweise lassen sich jedoch tragende Schlüsselbegriffe nicht pädagogisch verantwortlich verändern.

Der *Geltungsbereich* der Redewendungen ist nicht nur — wenn auch für Kindheit und Jugend besonders — heute allgemeiner, sondern bewußt auf alle Lebensalter zu beziehen. Doch wird man über die Jugendzeit hinaus genauer überprüfen, inwiefern die verschränkte Bezeichnung konkret gültig ist für die eine oder andere Aktion. Es ist unrealistisch, allen Tätigkeiten spielenden Charakter abgewinnen zu wollen oder sie so zu signieren. Insofern ist die eindeutige Verwendung gerade in verschiedenen Tätigkeits-, Übungs-, Gestaltungs- und Ausdrucksfeldern schwierig. Voreilige Einstufungen bzw. Benennungen verbieten sich. Aber es erscheint auch notwendig, in den möglichen Geltungsbereichen das natürliche, besondere oder ursprüngliche Verhältnis zwischen Spielen und Lernen zu analysieren.

Für solche Bestimmungen ist die Besinnung auf die spiel- und lerntheoretischen Grundlagen notwendig. Ihre Klärung und Begründung liefern die beste Voraussetzung dafür, die Relation zwischen Spielen und Lernen immer neu begreifen zu suchen und von Objekten aus zu sehen.

Immanent können die hier gemachten Überlegungen allen möglichen anderen speziellen Untersuchungen des Handbuchs zugehören.

Die schulpädagogische Dimension ist an der exakten Verwendung und Einstufung der beiden Begriffspaare besonders interessiert. Hier sind sie quasi primär heimisch; sie sind auch üblich im Freizeitraum von Jugendlichen, besonders aber bei Kindern. Materialangebote in Medien (Lehr-, Arbeits-, Lern-, Spielmittel) werden hinsichtlich der hier erwarteten Funktionen besonders um die richtige Auswahl des Begriffs bemüht sein. Im übrigen entscheidet sich hier weitgehend und auch relevant, in welcher Weise das Verständnis für die Qualität des einzelnen Begriffs und dann für die attribuierte Aktivität vorhanden ist. Bisherige Entwicklungen weisen eine gewisse Bewegung und einen Fluß im Anwendungsraum der Unterrichts- und Schulpraxis nach, wobei es sein kann, daß aus dieser Sicht nicht so sehr der Ursprung und die Zuordnung der beiden Grundbegriffe ausschlaggebend wirken, sondern mehr realistische Einschätzungen und Möglichkeiten, beide Tätigkeitsformen möglichst wirkungsvoll zusammenzuführen. Hinsichtlich der Spieltheorie darf die pädagogische Praxis das Nachdenken nicht vernachlässigen (vgl. HERING 1979). Daß die Überlegung und Unterscheidung zu diesem Sachverhalt immer neu und kritisch zu führen sind, scheint erforderlich zu sein angesichts der „offenen" Situation in einer beiden Schlüsselbegriffen angemessenen und gültigen Verwendung.

Literatur

Buytendijk, F. J. J.: Wesen und Sinn des Spiels, Berlin 1933
Calliess, E.: Spielendes Lernen, in: Deutscher Bildungsrat: Die Eingangsstufe, Bd. 2/1, Spielen und Gestalten, Stuttgart 1975, 15 – 43
Dirx, R.: Das Buch vom Spiel. Das Spiel einst und jetzt, 2. Aufl. Gelnhausen 1981
Flitner, A.: Spielen-Lernen. Praxis und Deutung des Kinderspiels, 2. Aufl. München 1973a
— Das Kinderspiel (Texte), München 1973b
Frommer, H. (Hrsg.): Handbuch Praxis des Vorbereitungsdienstes, Bd. 1 und 2, Düsseldorf 1982
Frommberger, H. / Freyhoff, U. / Spies, W. (Hrsg.): Lernendes Spielen – Spielendes Lernen, Hannover / Dortmund / Darmstadt / Berlin 1976
Groothoff, H.-H. / Stallmann, M. (Hrsg.): Neues pädagogisches Lexikon, Stuttgart 1971
Hering, W.: Spieltheorie und pädagogische Praxis, Düsseldorf 1979
Huizinga, J.: Homo ludens, Hamburg 1956
Kluge, N.: Spielen und Erfahren. Der Zusammenhang von Spielerlebnis und Lernprozeß, Bad Heilbrunn 1981
Löschenkohl, E.: Leistung, Lernprozeß und Motivation im Kinderspiel. Untersuchungen zum Spielerfolg von Kindern im technischen und verbalen Bereich, Wien 1981
Mieskes, H.: Spielmittel – recht verstanden, richtig gewählt, gut genutzt, Augsburg 1974
Retter, H. / Hemmerlein, H.: Spielmittel in der Grundschule, Bamberg 1983
Robinsohn, S. B.: Bildungsreform als Revision des Curriculum, Neuwied / Berlin 1967
Roth, H. (Hrsg.): Begabung und Lernen, Stuttgart 1969
Scheuerl, H.: Das Spiel, Weinheim 1959
Schmack, E.: Das Schulleben. Begründung und Gestalt, Ratingen 1966
— Chancen der Umwelterziehung, Düsseldorf 1982a
— Unterricht und seine Attribute, in: Kreis, H. / Burg, U. v. d. (Hrsg.): Erziehungskonzepte für die Schule, Düsseldorf 1982b, 77 – 92
— Umwelt als erzieherisches Problem im Unterricht, in: Kreis, H. / Burg, U. v. d. (Hrsg.): Erziehungskonzepte für die Schule, Düsseldorf 1982c, 137 – 158
— Zum Gestaltwandel der modernen Fibel. Die Fibelentwicklung innerhalb der Grundschulreform, in: Braun, P. / Krallmann, D. (Hrsg.): Handbuch Deutschunterricht, Bd. II, Literaturdidaktik, Düsseldorf 1983, 39 – 74
Sinhart, D.: Spielen, Lernen und Entwickeln. Eine struktural-analytische Rekonstruktion, Köln / Wien 1982
Twellmann, W. (Hrsg.): Handbuch Schule und Unterricht, Bde. I – VI, Düsseldorf 1981, 1982
Wieczerkowski, W. / Oeveste, H. zur (Hrsg.): Lehrbuch der Entwicklungspsychologie, Bde. 1 – 3, Düsseldorf 1982
Wissenschaftlicher Beirat der AG Spielzeug e. V. (Hrsg.): Spielmittel. Wissenschaft, Forschung, Praxis, Bamberg 1970

9. Zur Geschichte der pädagogischen Betrachtung des Spielens und der Spiele

Karl Josef Kreuzer

I. Voraussetzungen und Wirkungen

Das Spielen und die Spiele waren im Laufe der Jahrhunderte immer wieder *auch* einer pädagogischen Betrachtung unterworfen. Allerdings handelte es sich dabei zumeist um ein Eingeordnetsein in andere, oft philosophischer Besinnung entspringender, Gedankengänge.

Die Tradition abendländischen Denkens wurde dabei vor allem durch das klassische Altertum und das Christentum geprägt. Daneben ergaben sich Wurzeln aus der unmittelbaren Volksgeschichte.

Prägend für die pädagogische Betrachtung des Spielens und der Spiele waren vor allem ideengeschichtliche Bezüge. Daneben fand die zeitgeschichtliche Spielwirklichkeit in pädagogischer Absicht nur am Rande oder indirekt eine Beachtung.

Einen ersten Hinweis auf die Einschätzung der Bedeutung des Spiels im allgemeinen gibt der Sprachgebrauch. POKROWSKI (1887) führt dazu aus:

„Der Begriff ‚Spiel' hat bei den verschiedenen Völkern eine etwas unterschiedliche Bedeutung. Bei den alten *Griechen* zum Beispiel bezeichnet das Wort Spiel gewisse Handlungen der Kinder, brachte hauptsächlich zum Ausdruck, was man bei uns heutzutage als ‚Sich-Kindereien-Hingeben' betrachtet. Bei den *Juden* entsprachen dem Wort Spiel die Begriffe Scherz und Lachen. Bei den *Römern* bedeutete das Wort ‚ludus' Freude und Heiterkeit. Im *Mittelhochdeutschen* bedeutete ‚spilen' Scherz treiben, sich vergnügen. Später begann man in allen europäischen Sprachen mit dem Wort Spiel viele Handlungen des Menschen zu bezeichnen, die erstens nicht schwere Arbeit sind und zweitens Freude und Vergnügen bereiten" (zit. nach ELKONIN 1980, 22).

Es würde kein ausreichendes Licht auf die Beeinflussungen werfen, der die pädagogische Betrachtung des Spiels unterworfen war, wenn man es bei diesen sprachlichen Bestimmungen und ihrer verkürzten Darstellung beließe. Immerhin beeinflußten *auch sie* die Einstellungen zum Spiel, denn es ist bereits ein gravierender Unterschied, ob ich das Spielen als kindliche Tätigkeit ansehe oder ihm einen allgemeinen Charakter, mit welchen Attributen auch immer, zubillige.

Da jedoch die Griechen auf die europäische Geistesgeschichte einen maßgeblichen Einfluß ausübten (was gerade auch für Deutschland gilt), erscheint eine knappe Auseinandersetzung mit ihrer Einstellung zum Spiel und benachbarten Sachverhalten nützlich zu sein.

Zunächst deutet sich unseres Erachtens bei den Griechen ein später durchgängig erkennbarer Grundzug an, der eine gewisse Unterscheidung zwischen *dem Spielen* und *den Spielen* nahelegt. Es sei an MARROUs Darstellung der „Geschichte der Erziehung im klassischen Altertum" erinnert, wo er die ritterliche Kultur HOMERischer Zeit u. a. folgendermaßen charakterisiert:

„Neben den Zeremonien bildeten die Spiele den beherrschenden Lebensinhalt dieser HOMERischen Ritter. Spiele, *einerseits* ungezwungen und aus dem Augenblick geboren, einfache Episoden des alltäglichen Lebens (dieses Hofleben ist bereits ein Leben eleganter Muße), wie beim Fest des ALKINOOS: sportliche Spiele, ‚musikalische' Zwischenspiele, Tanz der jungen Phäaken, Tanz beim Fest der Söhne des ALKINOOS, Gesang der Sänger; Leierspiel: ACHILL erleichtert seinen Kummer, indem er sich in sein Zelt zurückzieht und für sich allein die Taten der Helden besingt, wobei er sich auf der klangvollen Phorminx begleitet; vielleicht auch schon ein Wettstreit in der Beredsamkeit und Wortgefechte" (MARROU 1977, 38).

Hier also eine breite Palette spielerischer Tätigkeit, die sportliche Akzentsetzungen ebenso berücksichtigt wie musikalische, tänzerische und sogar sprachliche und solitäre. Daneben wird auf die Zwanglosigkeit und die situationsbedingte Handlung als wesentliche Kriterien verweisen. Weiter heißt es dann bei MARROU:

„Bei andern Gelegenheiten *dagegen* veranstalten sie festliche Kundgebungen, die sorgfältig vorbereitet und geregelt sind; ich erinnere nur an die Spiele zu Ehren des Leichenbegängnisses des PATROKLOS im 22. Buch der Ilias: der Boxkampf, den die Minoer so schätzen, der Zweikampf, der Lauf, Fechten, Gewichtwerfen, Bogenschießen, Speerwerfen und zuerst und vor allem anderen der Sport, der immer der vornehmste bleiben und am meisten geschätzt werden wird: das Wagenrennen" (MARROU 1977, 38).

Gegenüber dem Spielen erscheinen hier die Spiele als eindeutiger, geplanter, als geordneter Vorgang, als große Schaustellung, als ein Tun von Wenigen für Viele, als etwas, daß auch als angeordnet oder als zur Durchführung befohlen gedacht werden kann. *Die Spiele* erscheinen als durchweg stärker *vorweg geregelt* als das Spielen an sich. Und ein weiteres Beispiel belegt diesen Sachverhalt:

„Die Organisation dieser Einrichtung (des Gymnasions; Anm. d. Verf.) und dieses Unterrichts muß im letzten Drittel des 7. Jahrhunderts vollendet gewesen sein, denn zu diesem Zeitpunkt (genaugenommen, für Olympia: von 632 an) erscheinen unter den großen panhellenischen Spielen die Wettkämpfe für Kinder, die die körperliche Erziehung der Jugendlichen bestätigen und vermuten lassen, daß sie in ganz Griechenland *regelrecht organisiert* waren" (MARROU 1977, 96).

Parallelen zum pädagogischen Geschehen selbst unserer Tage drängen sich auf, wenn man zum Beispiel an die Bundesjugendspiele denkt oder an die „Volks- und Jugendspiele" um die Jahrhundertwende erinnert. Die Diskussion um die olympischen Spiele zwischen Leistung und Spielcharakter hat ihren streitbaren Gegenstand seit langem.

Weit wirkungsvoller und vielfach bedachter war die Gegenüberstellung des Spielens zu anderen Tätigkeiten des Menschen, wobei die Frage nach dem Sinn, dem Ziel, dem Wesen und dem Wert des Spiels auch daran gemessen wurde, welchen Stellenwert das jeweils Entgegengesetzte zugewiesen bekam.

PLATON sah das Spielen vor allem auf das Kindesalter beschränkt, es war ein „Kindertun", und es störte ihn der Charakter der Zufälligkeit. Entgegen dem Zeitgeist hätte er deshalb lieber auch das Spiel der Kinder in den ersten Lebensjahren stärker pädagogisiert, kanonisiert und durch gezielte Auswahl dazu genutzt, auf die „ernsten" Lebensaufgaben vorzubereiten. Spielen und Arbeiten waren deshalb für ihn in einer Beziehung gedacht, bei der die Arbeit den Vorrang hatte.

Allerdings wird oft übersehen, daß für PLATON bei der Erziehung Abläufe zwingend waren, die einen Teil von dem, was *wir* mit dem Spiel in Beziehung setzen, als subsumiert erscheinen läßt. So fragt SOKRATES den ADEIMANTOS: „Werden wir nun nicht die Erziehung durch musische Kunst früher beginnen lassen als die durch Gymnastik?" (PLATON 1961, 76). Damit ist eine beachtenswerte Folge benannt, die er an anderer Stelle noch unterstützt: „Nach der musischen Bildung ist es die Gymnastik, durch die wir unsere Jünglinge erziehen müssen", sagt SOKRATES zu GLAUKON (PLATON 1961, 113).

PLATON brauchte also gar nicht auf das Spiel zu verweisen, um erzieherisch so bedeutsame Sachverhalte ins Gedächtnis zu rufen, wie wir sie als zum Musischen und zum Gymnastischen gehörig betrachten, und bei denen wir nicht selten vom Spielen sprechen. Verwiesen sei zum Beispiel auf solche Bereiche wie die der Darstellung, der Musik, des Tanzes und des Sports.

Auf der anderen Seite waren die Begriffe Spielen und Lernen für PLATON offenbar kein Gegensatz. Bezeichnend dafür ist folgender Dialog zwischen SOKRATES und GLAUKON, in dem es um die Altersstufen für den Unterricht geht:

„So.: Was nun zum Rechnen, zur Geometrie und zum ganzen vorbereitenden Unterricht gehört, der dem Unterricht in der Dialektik vorausgehen soll, das muß man ihnen im Knabenalter vorlegen, indem man der Belehrung eine Form gibt, die das Lernen nicht als Zwang erscheinen läßt.
Gl.: Warum denn?
So.: Weil kein Freier durch Zwang zum Erlernen irgendeiner Wissenschaft veranlaßt werden soll. Denn die körperlichen Anstrengungen machen den Körper nicht schlechter, wenn sie unter Zwang betrieben werden, in der Seele aber bleibt kein erzwungenes Wissen haften.
Gl.: Richtig.
So.: Du darfst also, mein Bester, die Knaben nicht zwangsweise in den Wissenschaften unterrichten, sondern spielend sollen sie lernen: so kannst du auch besser erkennen, wofür ein jeder von Natur bestimmt ist" (PLATON 1961, 301 f.).

ARISTOTELES äußerte sich ebenfalls primär zum Spiel der Kinder zwischen dem 2. und 6. Lebensjahr und hob vor allem dessen Ambivalenz zur Arbeit, seinen Erholungswert hervor und betonte den Wert des Spiels als Heilfaktor.

Nehmen wir an, daß sich auch für ARISTOTELES mit dem Spiel Spaß verbindet, so ist seine Einlassung bedeutsam, daß Spaß dann Entspannung

ist, wenn er sich als Erholung von der Arbeit erweist (ARISTOTELES 1966, 156). Da es ARISTOTELES immer darum geht, daß der Mensch das Maß einhält, geht es ihm zum Beispiel sehr darum, auf das Verhältnis von Beherrschtheit und Unbeherrschtheit, Lust und Unlust, Verstand und Gefühl zu achten. Seine Überlegungen bewegen sich immer zwischen solchen „Verhältnissen" oder er untersucht die Zusammenhänge mehrerer „Verhältnisse" in übergreifender Art auf ihre wechselseitigen Bedingtheiten und Beziehungen hin. Schon aus diesem Grunde kann ihm das Spiel nicht Selbstzweck sein, nimmt er es auch nicht „für sich" in den Blick, sondern ebenfalls in Zusammenhang „mit". Bei seinen Gedanken über die Trefflichkeit, die Freundschaft und die Lust kommt er auf eine der Kernfragen des menschlichen Daseins zu sprechen: das *Glück*. Glück setzt Tätigsein voraus (ARISTOTELES 1966, 228). „. . . die Formen dieses Tätig-seins (sind) aber teils notwendig und als Mittel zum Zweck wählenswert, teils an sich wählenswert" (ARISTOTELES 1966, 229).
Wo für ARISTOTELES die Grenzen liegen, zeigt sich in folgendem Zitat:

„Nun ist aber jenes Tätig-sein wählenswert an sich, dem man außer der Funktion des Tätig-seins nichts weiter abverlangt. Als solches aber gilt das ethisch wertvolle Handeln, denn das Edle und Wertvolle tun, das gehört zu den Werten, die wählenswert an sich sind.
Zu ihnen rechnet man nun allerdings auch die genießerische Verspieltheit, die man ja nicht als Mittel zu einem Zweck erwählt — ist sie uns doch eher ein Schaden als ein Nutzen, da man ihr zuliebe Leib und Besitz verkommen läßt. Von denen, die für glücklich gelten, laufen die meisten solchem Zeitvertreib nach" (ARISTOTELES 1966, 229).

Und später kommt er dann deutlich dazu, den direkten Zusammenhang zum Spiel zu erläutern.

„Jeder aber gibt der Tätigkeit den unbedingten Vorzug, die dem Grundzug seines Wesens entspricht: der hochwertige Mensch also dem Handeln, das im Sinne ethischer Trefflichkeit Form gewinnt. Folglich besteht das Glück nicht in Verspieltheit. Es wäre ja auch unverständlich, daß das Endziel ein Spiel und das ganze Leben ein Arbeiten und Ertragen von Härten sein soll — um des Spieles willen. Wir wählen doch, kurz gesagt, alles und jedes Mittel zum Zweck, nur nicht das Glück, denn das Glück ist Endziel. Ernste Tätigkeit und Mühe um des Spielens willen erscheint töricht und überaus kindlich. Dagegen ‚spielen um des Ernstes fähig zu sein' — dieser Spruch des ANACHARSIS darf als richtig gelten. Denn das Spiel ist soviel wie Erholung, Erholung aber braucht der Mensch, weil er außerstande ist, ohne Unterbrechung zu arbeiten. Erholung ist somit kein Endziel, denn man gönnt sie sich um der Tätigkeit willen. Ferner gilt, daß das glückliche Leben ein ethisch hochstehendes Leben ist. Ein solches aber erfordert Anstrengung und ist kein Spiel" (ARISTOTELES 1966, 229 f.).

Diese Anschauung des ARISTOTELES sollte sich als sehr wirkungsvoll im Einfluß auf das Denken der Menschen erweisen. Sie eröffnet gewissermaßen eine Einbahnstraße bei der Beurteilung des Spiels und steht am Anfang der immer wiederkehrenden Auseinandersetzungen von Pädagogen aber auch Theologen, Philosophen, Psychologen, Anthropologen, Medizinern, um die Ernsthaftigkeit des Spiels oder seinen Zweck, um die Ambivalenz von Spiel und Arbeit, Spiel und Lernen, Spiel und Ernst. Da auch das

Christentum stark von ARISTOTELES beeindruckt blieb und dieser Große unter den antiken Denkern (384 − 322/21 v. Chr.) auch die arabische und jüdische Philosophie mit beeinflußte und von der Frühdialektik des Mittelalters bis zur Hoch- und Spätscholastik, also vom 13. Jahrhundert bis zur Wende des 16. zum 17. Jahrhunderts stark im Vordergrund des philosophischen Denkens stand, kehrt seine Betrachtung der Welt, des Menschen und der Dinge in abgewandelter Form immer wieder. Ähnliches gilt für PLATON. Schon aus diesem Grund erschien uns eine Vorstellung dieser Kerngedanken zum Spiel in diesem Kontext wichtig zu sein, denn sie begründeten fast axiomatische Grundpositionen, deren Reduktionismus im Verlaufe der Geschichte sich um so negativer auf das Erziehungsdenken auswirkte, je differenzierter und gewandelter sich der Begriff von Spiel darbot. Die Einlassung PLATONs über die Verbundenheit von Lernen und Spiel wurde darüber fast ebenso vergessen, wie dessen Sicht vom Eingebettetsein des Spiels in das Insgesamt der Lebensbezüge.
In diesem Zusammenhang erscheint eine Feststellung von MARROU (1976, 1. Aufl. 1948) geeignet zu sein, unmittelbar auf den Unterschied zwischen ideengeschichtlichen Akzentsetzungen und realgeschichtlichen Zuständen zu verweisen. Er schreibt:

„Die Texte, die Denkmäler (Vasenbilder und Tonfiguren), die Spielzeuge, die man in den Gräbern gefunden hat, führen die griechischen Kinderspiele vor Augen. Es sind die ewigen Spiele, in denen der ‚kleine Mensch' seinen Kraftüberschuß los wird, seine motorischen Reaktionen entdeckt und regelt und im kleinen Maßstab die Beschäftigung der Großen nachahmt" (274).

Und unter Hinweis auf PLATON und ARISTOTELES fügt er hinzu: „Aber dies waren Äußerungen von Theoretikern, Grenzpositionen, welche die Öffentlichkeit als solche einzuschätzen wußte" (275).
Dennoch sind es nicht selten die Ideen, die Theoreme, die sich wirkungsgeschichtlich am stärksten niederschlagen, die nachhaltig beeinflussen, und die bei der pädagogischen Betrachtung des Spiels und der Spiele fortdauernd eine große Rolle spielen, weil sie, ausgesprochen oder unausgesprochen, zu wechselnden Akzentuierungen beitragen und Dominanzen untermauern helfen.
Neben der unmittelbar pädagogischen Einschätzung des Spiels gab es immer schon die allgemeinere, umfassendere. CICERO, der im Vergleich mit den Ball-, Knöchel- und Würfelspielen einen Teil des Lebens zum Spiel erklärt, das derjenige spielt, der sich zeitweilig von den Staatsgeschäften (wie von der Tagesarbeit) ausgeschlossen sieht, weitet den Spielbegriff bereits erheblich aus. Auf der anderen Seite gibt es Eingrenzung, ja Abwehr. Mit dem Christentum begegnen wir auch der Reserve gegenüber dem Spiel, das von ernsten Dingen und Beschäftigungen abhält, wie es zum Beispiel CLEMENS von Alexandrien einschätzt. Die hierbei vorherrschende Grundeinstellung beleuchtet folgendes Zitat:

„Der Vollkommene muß in der Welt wie in der Fremde leben, immer zum Tod bereit, voll Trauer darüber, daß er überhaupt in dieses Leben verstrickt ist. Von den Gütern der Welt hält er sich fern, er lebt in der Stadt wie in der Einöde. *Daher meidet er die*

Menge, enthält sich des Besuchs von Theatern und Spielen, kümmert sich nicht um irdische Geschäfte, so daß er nur noch dem Anschein nach auf der Erde lebt. Als die großen Vorbilder dieser Lebensweise erscheinen HIOB und vor allem ABRAHAM" (BALLAUFF 1969, 262).

Einschränkend muß hierbei gesagt werden, daß es sich für CLEMENS von Alexandrien um eine Abkehr von allem Weltlichen handelte, die aber in der fortwirkenden Tendenz im Verein mit anderen und wiederbelebt durch die Reformation vor allem dem Kunstvollen und damit dem Spiel abhold war.

Wir konnten bisher erkennen, daß sich bereits sehr früh Grundmuster der allgemeinen Betrachtung entwickelten, die immer wieder auch als in Beziehung zum Prozeß der Erziehung gesehen wurden. Im wesentlichen läßt sich dieser Grundbestand an Sichtweisen mit folgenden Punkten strukturieren:

1. Das Spielen und die Spiele erweisen sich als verwandte, aber in wesentlichen Kriterien zu unterscheidende Sachverhalte.
2. Die Spielhandlungen betreffen von Anfang an ein breites Spektrum an Sachverhalten, die eine übergreifende Definition des Spielens erschweren.
3. Spielen wird in starkem Maß auf die Kindheit hin fixiert.
4. Der Spielbegriff ist nicht unabhängig von kontextuellen und kulturellen Bedingtheiten zu bestimmen.
5. Spielen und Lernen erscheinen nicht überall als Gegensatzpaar, sondern ebenso als sich ergänzend und sich bedingend; Spielen kann Lernen effizienter machen.
6. Spielen erscheint früh in Ambivalenz zur Arbeit; sein Erholungswert wird hervorgehoben.
7. Die Auffassung vom Leben als Nichtspiel (ARISTOTELES) und als Spiel (CICERO, aber auch schon HERAKLIT) begegnen uns sehr früh.
8. Seit frühester Zeit gibt es auch eine mehr oder weniger starke Aversion gegen das Spiel, das vom Ernst des Lebens wegführt, ihm im Wege steht.

Neben die ideengeschichtlichen Wirkungen stellen sich die der kulturellen und alltäglichen Lebensbezüge, deren überprüfbare Indices vor allem im Sprachgebrauch vorfindbar sind.

Unser zu Eingang von diesem Kapitel ausgewähltes Zitat über die unterschiedlichen Wortbedeutungen von Spiel bei verschiedenen Völkern hat sich zwar als Richtungsanzeiger bewährt, erweist sich aber bereits in bezug auf den Wortgebrauch der Griechen als Verkürzung der Information. Auch hinsichtlich der lateinischen Wortbedeutung müssen wir bei genauerem Hinsehen reklamieren, daß ‚ludus' zwar Spiel heißt und dann in der Bedeutung von Schauspiel, Kriegsspiel und Kinderspiel auftritt, daneben sich als Zeitvertreib und Spaß übersetzen läßt, aber deutlich auch im Sinne von „Körper*übung*" gebraucht wird, was als geschichtliche Spur wesentlich zu sein scheint. Es erweist sich hier zweierlei: der bereits von altersher bipolare Sprachgebrauch und der frühgeprägte Zusammenhang von Spiel und Sport. Spielen und Üben werden dicht beieinander gesehen. Beim Rest erkennen wir die von Anfang an zu beobachtende Bedeutungsfülle, wobei vor allem die verschiedenen Lebensalter betroffen bleiben und die Begriffsverwendung zwischen *Miterleben* und *Nacherleben* schwankt.

Für andere Bereiche des Spielens kannten die Lateiner andere Wörter, weshalb zwischen „canere" und „ludere" zu unterscheiden war. Musikalisch gesehen ist das Spiel „cantus", von der Bewegung her „gestus" oder auch „actio", und beim großen Schauspiel begegnen wir dem Wort „spectaculum". Mit weiteren Beispielen ließe sich ein sehr differenzierter Sprachgebrauch festhalten für das, was uns Spiel so interessant, vielgestaltig und definitorisch verwirrend erscheinen läßt. Mit „ludus" und „iocus" ließen sich die Abgrenzungen weitertreiben und die uns auch heute wichtige Unterscheidung zwischen Spiel und Spielerei ist hier bereits ausgemacht.
Ein Blick in die einschlägigen Wörterbücher belehrt uns für unseren geographischen Bereich, daß der Stamm „*spil*" auf das Westgermanische begrenzt (also das Mittelhochdeutsche und das Althochdeutsche betreffend), vor allem die Bedeutung von „*Tanz*" hat (vgl. PAUL und GÖTZE / MITZKA 1955). Auch das Angelsächsische und das Frühmittelhochdeutsche halten diese Bedeutung fest, Parallelen ergeben sich vielfältig, so zum Beispiel zum Niederländischen „spel" als auch zum altslawischen „plesati" (tanzen) (KLUGE / MITZKA 1967).
Zeitvertreib, Scherz, Unterhaltung, Vergnügen, erscheint aber auch in Zusammensetzungen. Althochdeutsch erscheint zuerst „spiliman", was soviel wie „Schautänzer" bedeutet und mittelhochdeutsch begegnen wir dem Wort „spilestube", was „Tanzraum" heißt. Die Bedeutungen weiten sich zunehmend aus: Saitenspiel, Musikspiel, Kampfspiel aber auch Kinder- und Würfelspiel (vgl. auch LEXERS 1972 und GÖTZE / MITZKA 1955).
Von einzelnen Spielen konkreter Art wissen wir, daß sie bestimmte Herkunftszonen haben: „Die Brettspiele stammen aus den Mittelmeerländern" (GÖTZE / MITZKA 1955, 455). Andere Spiele hatten punktuell eine überragende Bedeutung, wie zum Beispiel bei den Germanen das Würfelspiel und das Kampfspiel „Schwerttanz".
Offenbar reichte die Bedeutungsvielfalt des Spielsbegriffs sehr früh äußerst weit, betraf also zum Beispiel das „bette- oder minnespil" und wurde auch im übertragenen Sinne gebraucht (er hat dabei die Hand im Spiel).
Im einzelnen zeigt sich, daß Spiel sehr früh immer etwas mit „Bewegung" zu tun hatte, daß es eine „angenehme Tätigkeit" war, aber daß es sich auch vielfältig verband und für eine Reihe von Veranstaltungen als Charakterisierung diente: Schauspiel, Trauerspiel, Singspiel, aber auch Puppenspiel oder Osterspiel usw.
Erkennbar wird die Anbindung an eine bestimmte *Handlung*, an einen *Anlaß*, einen *Gegenstand*, einen *Ort*, oder es bekommt eine *Position in einem Prozeß* (Vorspiel, Nachspiel, Zwischenspiel).
Aus all dem geht hervor, daß vom Sprachgebrauch her sich eine Bedeutungsfülle auftut, die durch den Wortgebrauch von „spiln, spilen, spelen" noch unterstrichen wird: Haschen spielen, Verstecken spielen, Krieg spielen, Blinde Kuh spielen usw.
Viele Übertragungen des Begriffes (Spiel*raum* = Raum zu freier Bewegung haben) und Spezialisierungen (*Glücks*spiel) schlossen sich an.

Infolge dieser Bedeutungsfülle erscheint es schwierig, wenn nicht unmöglich, eine einheitliche Begriffsdefinition zu wagen: was möglich erscheint, ist der separate Zugriff und die eindeutige Begriffsbegrenzung. Trotzdem hat alles mit dem Begriff Benannte miteinander zu tun. Deshalb ist niemand, der sich mit dem Spiel auseinandersetzt, von der komplexen Gestaltfülle völlig befreit. Die geschichtliche Erfahrung zeigt, wie wir auch weiterhin noch sehen werden, daß im Gegenteil immer die „Teile" in die jeweilige begriffliche Konstruktion eingehen, die man entweder im Konstitutiven auszumachen glaubt oder aber die zur eigenen Konstellation (Religion, Ideologie, Theoriebildung) passen (vgl. den Beitrag von Jendrowiak in diesem Handbuch).

Wenn es stimmt, das Sprache Denken ist und Denken involviert und wenn sich Denken zu einem guten Teil in Sprache manifestiert, so muß der Sprachgebrauch folgerichtig ein wesentlicher Indikator für das sein, was man über eine bestimmte Handlung bzw. Tätigkeit denkt und was als ihr zugehörig betrachtet wird und was nicht, durch welche besonderen Kennzeichen sie sich auszeichnet u. a. m. Wegweiser für Erklärungen und eine analytische Besinnung sind damit verbunden. In diesem Sinne verweist der Sprachgebrauch sowohl auf die Volksgeschichte und ihre archetypische Weitergabe als auch auf die Voraussetzungen, welche in die jeweils gesonderte Betrachtung einfließen, sie mitbestimmen. Daß dies auch oder gerade für die pädagogische Betrachtung gilt, die ja in hohem Maße der ideen- und problemgeschichtlichen Auseinandersetzung verhaftet war (und zu einem guten Teil ist), liegt auf der Hand. Aber auch unter Berücksichtigung der sozialgeschichtlichen Determinanten hält uns der Sprachgebrauch einen Spiegel vor oder veranlaßt zu Re-konstruktionen. Wenden wir uns deshalb nunmehr einigen spezifischen Aussagen zu, mit denen sich die pädagogische Betrachtung des Spielens und der Spiele weitergehend und anschaulich belegt.

II. Pädagogische Positionen und Akzentuierungen über die Bedeutung des Spiels im Erziehungsprozeß bis zum Beginn des 18. Jahrhunderts

Die Reihe derer, die über das Spiel unter pädagogischer Fragestellung nachgedacht haben, ist lang. Fast bei jedem der in die Geschichten der Pädagogik eingegangenen Denker finden sich Auseinandersetzungen mit dem Spiel oder zumindest Anmerkungen zum Spielen.
Maffeo VEGIO (1406 – 1458), Ludovicus (Juan Luis) VIVES (1492 bis 1540), Johannes STURM (1507 – 1589), Johann Amos COMENIUS (Komensky) (1592 – 1670), John LOCKE (1632 – 1704), August Hermann FRANCKE (1663 – 1727), sie alle und andere haben sich zum Spiel oder zu den Spielen geäußert und die Wegweiser zwischen Ablehnung und Hervorhebung der pädagogischen Bedeutung des Spiels hinterlassen.
VEGIO kann als einer der ersten bezeichnet werden, der der reinen Verkopfung, dem Intellektualismus skeptisch gegenüberstand und nicht nur

die Bedeutung der praktischen Berufe betonte, sondern auch auf die Bedeutung des Spielens, der Bewegung, auch der gymnastischen in freier Luft, einen besonderen Rang zuwies (vgl. VEGIUS 1889).

VIVES verweist darauf, daß man *beim Spielen* lernt und kommt insbesondere im Zusammenhang mit der Mädchenerziehung auf den erzieherischen „Nutzen" des Spiels zu sprechen, wobei er allerdings die Puppen verbannt sehen möchte, weil der Umgang mit ihnen eine Art „Götzendienst" darstellt, während er den Umgang mit Miniaturgegenständen aus dem Hausrat in seiner Lerneffizienz hervorhebt. Erste utilitaristische Gedankengänge sind hier unverkennbar, Beeinflussungen durch die „Magie der Puppen" als „kleine Menschen" sind nicht auszuschließen (vgl. VIVES, Opera omnia).

Bei STURM nimmt der Gedanke an das Spiel noch eine andere Wendung. Alle Übungen, so bei Spaziergängen, sollen Spielcharakter haben, um Nützlichkeit und Leichtigkeit miteinander zu verbinden. Hinzu kommen die öffentlichen Vorträge und die Darstellung in lateinischer Sprache auf der Bühne. Die Ausgestaltung dieses „Spielzweiges" geschah vielgestaltig und erreichte bis hin zu den Jesuitenschulen und viel später den Gelehrtenschulen des Bürgertums eine reiche Tradition.

COMENIUS verweist uns auf ein bei der pädagogischen Betrachtung des Spiels immer wiederkehrendes Grundmuster: wie kann der erzieherische Wert des Spiels mit einer Steigerung der Lerneffizienz einhergehen? Spiel muß für den Pädagogen einen Stellenwert im didaktisch-rationalistischen System besitzen. Wertvoll ist das Spiel dabei zunächst in Äquivalenz zur Arbeit: es bietet Abwechslung und Erholung. Da für COMENIUS die kindgemäße Stoffvermittlung einen besonderen Rang besaß, war es dabei keine Frage, ob Spielen in den Erziehungsprozeß einbezogen sein müßte oder nicht. Hinzu kommt das Bestreben von COMENIUS nach einer harmonischen Daseinsgestaltung. Der menschliche Körper bedarf „der Bewegung und Regsamkeit sowie ernster und heiterer Übungen" (COMENIUS 1960, 84). Maßhalten muß der Mensch in allem, so auch in Arbeit *und* Spiel (COMENIUS 1960, 154). Für COMENIUS ist es selbstverständlich, daß eine gute Schule „eine liebliche Stätte" sein muß. „Draußen soll nicht nur ein Platz vorhanden sein zum Springen und Spielen, denn dazu muß man den Kindern Gelegenheit geben, (...) sondern auch ein Garten, in den man sie ab und zu schicken soll, (...)" (COMENIUS 1960, 100). Wie beiläufig findet in vielen Bezügen das Spiel eine Erwähnung und es bedarf der Hervorhebung kaum, daß es zum natürlichen Leben der Kinder gehört.

Allerdings konnte jemand, dem es so sehr ein Herzensanliegen war, alle alles zu lehren, Nützlichkeitserwägungen auch im Hinblick auf das Spiel nicht unterdrücken. Gerade mit dem Spielen sah COMENIUS die Gelegenheit gegeben, eine seiner Grundforderungen zu erfüllen. „Auch die *Lehrgegenstände* selbst ziehen die Jugend an, wenn sie der Fassungskraft der Altersstufe angepaßt und klar vorgetragen werden. Scherzhaftes kann man einflechten oder doch weniger Ernstes, immer aber Erfreuliches, so daß das Angenehme mit dem Nützlichen verbunden ist" (COMENIUS 1960, 100).

Wenn man es richtig anstellt, werden die „Schulen ein Vorspiel (praeludia) des Lebens" (COMENIUS 1960, 132). Dezidiert trägt COMENIUS an vielen Stellen hierzu seine Ansichten und konkreten Vorschläge vor. Geleitet ist er dabei von seinem eigenen Leitsatz für die Lehrer: „Man muß nämlich dafür sorgen, daß alles dem kindlichen Geiste angepaßt ist, der seiner Natur nach mehr zum Fröhlichsein, Scherzhaften, Spielerischen hinneigt und vor Ernst und Strenge zurückschreckt. Damit nun das Ernste, das später ernstlich nützen solle, gelernt und zwar leicht und angenehm gelernt werden kann, muß man überall das Nützliche mit dem Angenehmen verbinden, wodurch der Geist ständig gleichsam angezogen wird und sich führen läßt, wohin man will" (COMENIUS 1960, 196 f.).

Eine der pädagogischen zentralen Fragen bei der Beschäftigung mit dem Spiel, wie es sich nämlich mit dem Lernen verbinden könne und wo man es vom Lernen abzugrenzen habe, erledigt sich für COMENIUS wie von selbst, ja er kehrt den Zustand um: Spielen wird zum Lernen.

„Ähnlich wie dort (in der Werkstatt; Anm. d. Verf.), so muß man also auch hier alles durch praktische Übungen in lebendiger Bewegung erhalten werden, weil nur die Ausübung einen Künstler macht. Und wenn die Schule ein Vorspiel des Lebens ist, so brauchen doch die Vorübungen für die ernsten Geschäfte des Lebens nicht unbedingt ernste zu sein: sie fallen in die Jugendzeit. Vorspiele müssen sie sein, so daß man sie mit Vergnügen unternehmen und fortführen kann. Wenn wir hierin dem Gange der Natur folgen, der stufenmäßig von Geringerem zu Größerem, von Unedlem zu Edlem, von Heiterem zu Ernstem aufsteigt, so erreichen wir viel, wie die Erfahrung bezeugt" (COMENIUS 1907, 4).

In der „Schola Ludus" führt uns COMENIUS vor Augen, wie sehr er, am Praktischen interessiert, an dem, was sich in der Schule tat und das Leben gestaltete, ein Spielen dachte, mit dem sich das Lernen angenehm verband. Es sind vor allem die Schauspiele, die ihm hier nützlich zu sein schienen und mit denen sich eine doppelte Belehrung verband: eine innere und eine äußere. Die aufführenden Schüler lernten durch das Lernen für die dramatische Darstellung und sie belehrten die anderen Schüler. Gleichzeitig verband sich mit der Aufführung eine Selbstdarstellung der Schüler *und* der Lehrer, ergab sich ein öffentlicher Austausch über die Lernergebnisse, entstand eine Art von Rückmeldung für den Schulträger und die Eltern.

Die Darstellung sollte den Handlungsaspekt bei Lerninhalten beleben, die geistig zu erfassen waren, sie sollte sich gelegentlich mit einer Feier verbinden oder ein Fest ausgestalten. Das dramatische Spiel wurde eine *Methode*, aber auch ein *Prinzip*. Durchgängig sollten die Schauspiele das Schuljahr strukturieren, sollten die Rollenzuweisungen als pädagogisches Mittel genutzt werden, sollten sich Anlässe zur Belohnung einstellen, sollten Anregungen, Förderungen und Belobigungen ausgesprochen werden.

COMENIUS hat hier die Idee von einer Art des Schultheaters entwickelt und engagiert verfochten, die für viele Gelehrtenschulen, wie wir noch am Beispiel sehen werden, lange Zeit ein Anliegen oder doch eine Auflage blieb. Auch wenn wir heute „der Sprachenpforte dramatische Darstellung" als zu sehr von Lernstoff überfrachtet ansehen, dem moralischen Anspruch an mancher Stelle nicht zu folgen vermögen, skeptisch die appellativgläubige Weltverbesserungsidee betrachten, Spielen und Lernen zeigen sich uns auf eine neue und dauerhafte Weise miteinander in Beziehung gebracht und es wird deutlich, daß dabei das Spielen nicht unterliegen *muß*, aber unterliegen *kann*. Dafür sind jedoch nicht allein die *Spielinhalte* oder die *Spielinitiatoren* veranwortlich zu machen, sondern gleichermaßen die *Spielumstände* und die *Spielwelt*. Wo die Voraussetzung des COMENIUS gilt, daß ein Konsensus konstellativer (hier vor allem religiöser) Art vorhanden ist, daß Lehrer, Eltern und Schüler sich weitgehend über die Erziehungsziele einig sind, ist die Verständigung über den Weg und die Mittel leichter. Deshalb kann sich noch dort das spielerische Element behaupten, wo wir es im *Lesen* erdrückt glauben. Selbst der Ausschluß bestimmter Thesen und Inhalte, gewisser Requisiten usw. von den Darstellungen beweist uns Heutigen nicht, wieviel Spiel die Kinder und Jugendlichen damals in Patal (Siebenbürgen) erlebten und wieviel Heiterkeit und Vergnügen, Spaß und Freude neben Anstrengung und Mühe, Ehrgeiz und Ausdauer standen. Immerhin gilt: Wer nach der Anstrengung in die Lage versetzt wird, sich zu entfalten und Anerkennung zu finden, wird manche momentane Mühsal vergessen und das *Erlebnis des Spiels* dem Gefordertsein im Lernen und der Anstrengung ein- oder unterordnen.

Hinzu kommt, daß ja die Gedanken und praktischen Ratschläge des COMENIUS in seiner Zeit nicht gängige Münze waren, sondern zum Teil auf Unverständnis und äußerste Ablehnung stießen, wogegen er sich selbst in seiner „Widmung" (COMENIUS 1907, 3 ff.) absichert, wenn er zum Beispiel schreibt: „Vergebens also wird uns und unserem heilsamen Unternehmen das Ansehen der Theologen entgegengehalten, welche die Schauspiele nicht nur aus der Schule, sondern auch aus dem Staate verbannt wissen wollen" (ebenda, 5).

Halten wir fest:
Das spezifische Eintreten des COMENIUS ergibt erstmals einen Fixpunkt, der über das allgemeine hinaus und in umfassender Weise das Spiel in pädagogischen Prozessen bestätigt, ihm einen eigenen Stellenwert zuweist. Ob damit dem Spiel zum ersten Male eine umfängliche pädagogische Gewalt angetan wurde oder ob sich hier ein Tor zur humaneren Gestaltung von Lernprozessen auftat, ist diskutierbar, aber nach unserem Erachten nicht entscheidend, wenn die Frage im Vordergrund steht, wie Spielen sich in erzieherischen Bereichen stabilisierte und anfing, Bereiche zu durchdringen, die bis dahin (und vielfach weiterhin) entweder als für Spielen tabu galten oder aber als mit Spielen gar nicht erst in Beziehung gesehen wurden.

Eine bereits deutliche Wendung, wenngleich in wenigen Akzenten, erfährt die Ansicht von „spielen" bei LOCKE, weil das Spielen hier als „natürliche kindliche Lebensäußerung" eingeordnet wird. Es klingt fast wie ein Rekurieren auf die Einstellung vieler Erwachsener in dieser Zeit, die das Spiel als unnützes oder soweit als möglich zu vermeidendes Tun ansahen, wenn LOCKE schreibt:

„Denn all ihre Ausgelassenheit, *ihr Spiel und ihr kindliches Treiben* muß, soweit es sich mit der Achtung, welche den Anwesenden gebührt, verträgt, *vollständig frei und uneingeschränkt* bleiben und die weitgehendste Nachsicht erfahren. Wenn man, wie es geschehen sollte, es der Zeit, dem guten Beispiel und reiferen Jahren überließe, diese Fehler zu heilen, welche mehr dem kindlichen Alter als den Kindern selbst eigen sind, würden diese vielen falsch angewandten und nutzlosen Zurechtweisungen entgehen, welche entweder nicht imstande sind, die natürliche Neigung der Kindheit zu überwinden und so durch Gewöhnung die Zurechtweisung in ihrer Wirkung beeinträchtigen und in anderen notwendigen Fällen nutzloser machen, oder, wenn sie energisch genug sind, um die natürliche Fröhlichkeit dieses Alters niederzuhalten, nur dazu dienen, die körperliche und geistige Verfassung zu verderben. Wenn der Lärm und die Unruhe ihres Spiels je einmal störend oder dem Orte oder der Gesellschaft, in der sie sich befinden, unangemessen erscheinen, sollte — so wird ein Blick oder ein Wort des Vaters oder der Mutter, wenn sie ihr Ansehen, wie sie sollten, befestigt haben, hinreichen, sie für diese Zeit entweder zu enfernen oder zur Ruhe zu bringen. Aber diese Spiellust, welche von der Natur weislich ihrem Alter und ihrer Konstitution angepaßt worden ist, sollte, um ihre geistige Stimmung zu erhalten und ihre Kraft und Gesundheit zu befestigen, eher ermutigt als niedergehalten und eingeschränkt werden; ja, die größte Kunst besteht darin, alles, was sie zu thun haben, auch zu Spiel und Kurzweil zu machen" (LOCKE 1897, 125 f.).

Dem Zeitgeist entsprechend sind die Verneigungen LOCKEs nicht zu übersehen, mit denen er sich seine Leser geneigter zu machen wünscht, für die besondere Einsicht, daß Spielen für Kinder natürlich und wertvoll ist: Spielen ist ein „Fehler", der Nachsicht verdient und wo das Spiel stört, kann man durch eine einfache erzieherische Maßnahme die Störung beseitigen. Auf diese Weise kann er zu seinem Schlußakkord kommen, mit dem Spielen zu einer Tätigkeit avanciert, die das kindliche Leben schlechthin bestimmt und also auch das Lernen. Allerdings sollte nicht übersehen werden, daß sich bei LOCKE trotz aller „Natürlichkeit" die mit dem Spielen beabsichtigte Nutzanwendung zu verbinden hat. Nicht jedes Spiel ist zu dulden und schon gar nicht jedes Spielzeug (vgl. LOCKE 1897, 211 f.). Pädagogisch gilt: „Alle Spiele und Unterhaltungen der Kinder sollten auf die Aneignung nützlicher Gewohnheiten abgezielt werden; sonst werden dadurch schlechte angeeignet werden" (LOCKE 1897, 212).
Wie bahnbrechend und wegweisend sich die Gedanken von LOCKE ausnehmen erweist sich in vollem Maße erst dann, wenn wir uns eine andere Position der pädagogischen Auseinandersetzung mit dem Spiel vor Augen führen: August Hermann FRANCKE. Spielen ist „Zeit Verderb", immer der Sünde nahe oder gar Sünde selbst. Vor „allerley Arth von Spielen" soll man sich hüten, auch vor dem Tanzen, vor „Comoedien, Opern und öffentliche Narren Spiele" (FRANCKE 1969, 177).
Die christlich-frömmelnde Abkehr von allem Weltlichen, die mittelalterliche Selbstverleugnung und Beweinung der Welt als Jammertal (immer neben der gleichzeitigen Lebenszugewandtheit und dem ausschweifenden Lebensgenuß zu sehen) feiert mit der pietistischen Beargwöhnung auch der kleinsten Lustbarkeit noch einmal Triumphe. Deshalb kann FRANCKEs Rat nur lauten:

„Wenn man spielen, oder sonst kurtzweilige Actiones, Tantzen, Springen etc. anfängt, so bedencke zuvor, weil bey diesen Dingen viel unanständiges und wüstes Wesen vorgeht, gemeiniglich auch unzüchtige Gebaerden und Reden nicht ausbleiben, darauf andere grössere Sünden folgen, ob dir nicht auch rathsam sey, dich darvon zu machen, als mit einzulassen?" (FRANCKE 1969, 353).

Mit dieser chronologischen Folge von Aussagen und pädagogischen Betrachtungen zum Spiel, die keineswegs vollständig sind, aber auf die wesentlichen Positionen verweist, haben wir Grundlinien benannt, die sich bei der pädagogischen Auseinandersetzung mit dem Spiel, von welchem Ansatz her auch immer, fortwährend wiederholen. Punktuell, oft insular, begegnen wir den Einstellungen, aber sie verweisen auf Sachverhalte, die *das Spielen, das Spiel und die Spiele* betreffen, sie wechselnd differenzieren, voneinander unterscheiden oder als unterschiedlich betrachtet erkennen lassen. Der Bogen spannt sich zwischen solchen Polen wie der eindeutigen Bejahung der Bedeutung des Spiels für den Erziehungsprozeß bis zur Ablehnung und negativen Einschätzung des Spiels für eine „gute Erziehung". Der „Gebrauch" des Spiels als Erziehungsmittel, direkt und indirekt, wird nahegelegt, Spielen fällt leicht, Lernen fällt schwer. Aus diesem Grunde muß man das Lernen zum Spielen machen, damit es angenehm wird, so lautet die Lehre. Wo das Arbeiten zur Läuterung des Menschen beiträgt und Lernen von der religiösen Prämisse des Pietismus beherrscht wird, kann Spielen nur Hindernis sein auf dem Weg zu einem gottgefälligen Leben. Wo man pragmatisch, wenngleich mit religiösem Hintergrund, die Vorteile des Spiels erkennt (COMENIUS), ist deren Einsatz als Gestaltungselement von Schule und Unterricht nur folgerichtig.

Insgesamt betrachtet erscheinen Spielen und Spiel unter pädagogischem Aspekt

1. als Äquivalent zu intellektuellem Lernen,
2. als lernerleichternde Tätigkeit,
3. als Möglichkeit zu lebensvollem Lernen,
4. als ein Lernen durch und an darstellerischen Qualitäten,
5. als Freiraum in und Gestaltungselement für Lern- und Erziehungsprozesse,
6. als kindliche und naturgemäße Lebensäußerung,
7. als erzieherischer Bereitstellungsauftrag und als Aufgabe pädagogischen Transfers,
8. als eine das Lernen und das ernste Leben negativ beeinflussende Handlung.

Auffällig ist, daß Spielen nur in sehr geringem Maße einen Eigenwert zugesprochen bekommt, sondern fast ausschließlich selbst als Lernen oder aber als auf das Lernen hin gerichtet angesehen wird.

Spielen steht zwischen „Zeit-Vertreib" und „Zeit-Verderb", ist Lust und Last, nützlich und nutzlos. Spielen ereignet sich, ein Spiel findet statt. Beim Geschehen sind alle beteiligt, beim Darstellen wenige direkt, die „Zuschauer" indirekt. Ganz anders der Beobachter. Je unbeteiligter er sein kann, desto besser seine Beschreibung.

III. Exkurs: Kinderspiel – Erwachsenenspiel

Es ist ein auch für die pädagogische Betrachtung des Spielens und der Spiele ein nicht unbedeutender Vorgang, wenn man zwischen dem Spielen von Kindern und dem von Erwachsenen zu unterscheiden sucht.
Vergleiche zwischen Kinderspiel und Erwachsenenspiel sind jedoch zwiespältiger Natur. Sowohl auf der reinen Objektebene als auch auf der einer Objektivation des Geistes läßt sich zwar im Hinblick auf das Spiel von Kindern und dem von Erwachsenen mancher Unterschied ausmachen, aber dieser erscheint mehr graduell als prinzipiell zu sein.
In weit stärkerem Maße als *das Spielen*, also die unmittelbare Aktion, die situative Handlung, lassen sich die konkreten Spiele unterscheiden. Offensichtlich ist es auch so, daß bei vielen Spielen der Erwachsenen immer weniger gespielt wird, das Spielen von Leistungsattributen überwuchert wird, sich in der professionellen Ausprägung (zum Beispiel beim Schauspiel) zur Arbeit umgestaltet. Das ändert jedoch wenig an den im Grunde gleichen Erlebensqualitäten, die Kinder und Erwachsene, jeweils gesondert für sich und gemeinsam, haben können (subjektiv kann auch der Schauspieler, der Fußballprofi *spielen erleben*, momentan und punktuell im „großen" Spiel).
Im spielenden Tätig-sein hebt sich eine zwischen Kindern und Erwachsenen sonst bestehende Barriere weitgehend auf: die des Alters. Am deutlichsten zeigt sich das, wo Kind und Erwachsener in Rollen schlüpfen, ein Tier sind oder eine Maschine, wo sie etwas voneinander wollen, aufeinander zugehen müssen, wo der Fluß des Spielgeschehens von der Imaginationskraft und der Phantasie *beider* abhängig ist. Vielleicht gelingt es dem nicht mehr geübten Erwachsenen nicht so vollkommen, die fiktive Situation zu erfassen und aufrecht zu erhalten. Es mag auch sein, daß er den fliegenden Wechsel zwischen Fiktion und Realität, der dem Kind keine Schwierigkeiten bereitet, nicht so rasch und glatt vollziehen kann, aber im Grunde erlebt er wie das Kind Freude und Glück, Anstrengung und Befreiung, Erprobung und Behauptung, die Fülle der gestaltenden Kraft ohne den Zwang zum perfekten Ergebnis.
Wer sich die Fähigkeit zum Spielen als Erwachsener bewahrt hat, findet einen anderen Zugang zum Kinderspiel als jemand, der das Spielen im Hinblick auf den Ernst des Lebens für unangemessen hält. Betrachtungen, auch pädagogische, verändern sich.
Hinzu kommt, daß Erwachsene mit dem Begriff Spiel anders umgehen können als Kinder. Die gemeinhin vorherrschende Anschauung vom Spielen als etwas Immateriellen, Abstrakten ist für Kinder nicht erfahrbar. Eben aus diesem Grunde ist Spielen für sie immer eine Ernstsituation. Spielen im übertragenen Sprachgebrauch ist den Kindern fremd. Eine Aussage wie „er treibt sein Spiel mit mir" müßte von Kindern immer konkret inhaltlich aufgefaßt werden.
Ob man vom Sprachgebrauch der Kinder, wie BUYTENDIJK meint, auf das Wesen des Spiels schließen kann, ist mehr als fraglich. Für das Kind ist Spielen zu allererst Handeln, ein angenehmes, fröhliches Tun, eine Einübung

auch in Vorgänge und Verhältnisse, und es ist deshalb immer festumrissen, kann auf einen Punkt gebracht werden, der näherer Erklärung nicht bedarf. Deswegen können Kinder auf die Frage „Was hast Du gemacht?" kurz und bündig antworten „gespielt".
Der Erwachsene kann weder seine eigenen Spielerfahrungen als Kind noch die Sicht, die dem Spiel in seiner Umwelt entgegengebracht wird, „aus dem Spiel lassen". Das geschieht auch, wenn er das Spiel pädagogisch betrachtet. Ist es Zeit-Vertändelung oder Zeit-Bewältigung und -Ausfüllung? Zum Schluß bleibt der Weise bei der Erkenntnis des großen Spiels, das er im und mit dem Leben spielt und das sich dann jedem Definitionsversuch entzieht, zum anthropologischen Grundbestand des Daseins wird.

MONTAIGNE schreibt: „Wenn mir jemand sagt, man mindere das Ansehen der Muße, wenn man nur ein Spielzeug und einen Zeitvertreib in ihnen sieht, so weiß der nicht, wie ich, wie wertvoll Freude, Spiel und Zeitvertreib sind: fast möchte ich sagen, jede andere Zielsetzung ist lächerlich" (MONTAIGNE 1953, 301).

Spielen kann als die eigentlich bedeutende Tätigkeit des Menschen gedacht werden und wird zum lebengestaltenden Element für Kinder und Erwachsene schlechthin. Es kann aber auch als etwas erscheinen, das sich der Erwachsene aus der Kindheit herüberrettet, im Spiel kann er wieder etwas vom Kindsein erleben und damit natürlich sein, *aber der Erwachsene kann das Kinderspiel nicht mehr spielen, das er einmal gespielt hat, er kann es nur noch mitspielen.*
Und auch in einer Zeit, in der man das Kind als kleinen Erwachsenen ansah, kann es niemals eine grundsätzliche Gleichheit zwischen Kinderspiel und Erwachsenenspiel gegeben haben. Wenn ARIES schreibt: „Man muß den Eindruck haben, daß man damals nicht so rigoros wie heute zwischen den Spielen für Kinder und solchen für Erwachsene unterschied. Den einen wie den anderen waren dieselben Spiele geläufig" (ARIES 1975, 133), so mag darin eine gewisse Berechtigung liegen, zeigen doch seine Beispiele aus der Lebensgeschichte LUDWIG XIII., wie eng verpflochten wir uns Musik, Tanz und Spiel als für alle das Alltagsleben wesentlich gestaltend vorstellen müssen. Ob jedoch der Dauphin wirklich so spielte, wie die Erwachsenen, die Königin und der König, wie er anführt, muß bezweifelt werden. Allein konstitutiv erscheint dies als unmöglich, vollends im Bereich der Konstruktionen ergeben sich deutliche Diskrepanzen. Und diese gibt es immer noch. Wir mißtrauen deshalb seiner Aussage: „Wir sind von einer gesellschaftlichen Situation ausgegangen, in der alle Altersstufen und alle Stände dieselben Spiele spielten" (ARIES 1975, 173). Das mag formal der Fall gewesen sein, für das konkrete Spiel gelten, nicht aber für das Spielen und das damit verbundene Spielerlebnis. Die „Spielgemeinschaft" zwischen Erwachsenen und Kindern gab es immer und sie ist auch heute vorhanden, aber zugleich muß diese Gemeinschaft immer als zwiespältig und brüchig angesehen werden. Ein Erwachsener kann Kind spielen, aber er kann kein Kind mehr sein, er kann (fast) wie ein Kind fühlen, sprechen, handeln, aber er kann nicht mehr wie ein Kind denken.

Deshalb stehen wir auch der Aussage von ARIES, daß „die alte Spielgemeinschaft zwischen Kindern und Erwachsenen zur gleichen Zeit auseinandergebrochen ist, wie die zwischen Volk und Bourgeoisie" (ARIES 1975, 173 f.) skeptisch gegenüber. Wie weit war sie Realität und inwieweit war auch sie bereits wieder Fiktion, eine Fiktion von uns Heutigen? Das ist kaum noch auszumachen und bleibt vielleicht hinsichtlich formaler Handlungsmuster, nicht aber in bezug auf die Erlebnisqualitäten bestimmbar.

Im übrigen muß festgehalten werden, daß, vorausgesetzt dieser Bruch wäre da gewesen, dieser als weniger total angesehen werden muß als er bei ARIES erscheint. Auch heute noch werden die gleichen Spiele von Kindern *und* Erwachsenen gespielt, spielen Kinder und Erwachsene gemeinsam die gleichen Spiele. Daß sie sich bereichsmäßig (Sport!) differenzierten, ist kein Beweis für eine grundsätzliche Trennung, sondern Teil der kulturellen Veränderungen überhaupt. Vor allem haben sich zwar weitergehend, wenn man es eng betrachtet, die Spiele auf Kinder, Jugendliche und Erwachsene hin „spezialisiert", aber etwas weiter gefaßt ergeben sich Gemeinsamkeiten und Parallelen, die zwar örtlich das Miteinander vermissen lassen, nicht jedoch verallgemeinert einen Trennungsstrich zwischen Kindern und Erwachsenen ziehen.

Was die Spielgegenstände angeht, so hat es gerade in den letzten Jahren zumindest zwischen Vätern und Söhnen ein zunehmend verbreitertes Aktionsfeld gegeben, das zu gemeinschaftlicher Spielhandlung bewegt: neben die bereits legendäre Eisenbahn, mit der der Vater bekanntlich mehr spielt als der Sohn (warum eigentlich nicht auch die Tochter?), sind die vielen technischen Spiele getreten, die Flugmodelle, die Miniaturautos und -boote, ferngesteuert versteht sich, die Tele- und Computerspiele usw.

Allzu eingängige Klassifizierungen, so zeigt sich, sind kaum möglich. Wenn wir deshalb die Geschichte der pädagogischen Betrachtung des Spielens und der Spiele fortsetzen, so sei daran gedacht, daß dieses Denken zwar Spuren hinterließ, unmittelbare Übertragungen aber nur sehr bedingt zuläßt, vor allem aber sozialgeschichtlich materiale Fixierungen kaum dienlich erscheinen lassen. Lernen aber könnten wir, auch wenn das „Lernen aus der Geschichte" mit vielen Fragezeichen behaftet ist, wie sich zunehmend substantiierte, was Spielen in pädagogischer Sicht bedeutete und welcher Rang ihm in Erziehungsprozessen zugesprochen wurde. Das dabei die Gemeinsamkeiten und Trennungen von Kinder- und Erwachsenenspiel immer begleitend das jeweilige Bild mitbestimmten, daß personale, kontextuale und kulturale Bezüge die Dominanzen hervorriefen, bleibt ein fortwährend zu betrachtender Sachverhalt.

Kinderspiel und Erwachsenenspiel sind immer als ein Zusammenhang zu sehen, sie verweisen auf notwendige und unabwendbare Unterschiede, vor allem was das *Spielen* anbelangt, aber sie sind niemals als etwas voneinander Getrenntes zu betrachten. Das gilt selbst für die Korrumptionen noch, denn von der wilden Jagd mit dem Fahrrad bis zur Formel I ist es nur ein scheinbar langer Weg.

IV. Neubesinnung und Aufbruch im 18. Jahrhundert

Was jetzt mit dem Blick auf das Spielen gedacht wird, ist auf dem Hintergrund einer neuen Werthaltung, oder doch einer sich deutlich wandelnden zu sehen: der neuzeitliche Mensch bejaht in einer vordem undenkbaren Weise das Leben, will das Leben nicht nur bewältigen, sondern auch genießen, weiß Spaß und Freude zu schätzen, starrt nicht mehr wie gebannt auf die irdene Last der Arbeit, sondern hebt sich von ihr ab und bekennt sich dazu (MONTAIGNE).

Das lustvolle Erleben bekommt seinen eigenen Wert, die Erfahrung der eigenen Körperlichkeit bestimmt wesentlich das Wohlgefühl, die Welterfahrung und das Zusammenleben von Menschen, die erotischen Bezüge bleiben nicht länger ausgeklammerte Daseinswerte, sondern avancieren zu bevorzugten (vgl. ROUSSEAU 1958, 236 ff., zum Beispiel über geschlechtliche Aufklärung).

Einer der entscheidenen Wegbereiter mit tiefgehendem Einfluß bis auf unsere Zeit war Jean-Jacques ROUSSEAU (1712 – 1778), der mit seiner Sicht von der Welt und dem Menschen maßgeblich daran beteiligt war, zum Spielen ein pädagogisches Verhältnis zu entwickeln, das vom vordergründigen Utilitarismus wegführte.

Deshalb kann ROUSSEAU über seinen Emil sagen:

„Beschäftigung und Zeitvertreib gelten ihm gleich; seine Spiele, seine Beschäftigung, er kennt keinen Unterschied zwischen beiden. Alles tut er mit einem Interesse, über das man lachen kann, zugleich aber mit einer wohltuenden Freiheit, die den Umfang seiner Kenntnisse und die geistige Haltung erkennen lassen. Ist nicht der Anblick eines hübschen Kindes mit lebhaften freundlichen Augen, zufriedener, heiterer Miene, offenem, lächelndem Gesichtsausdruck, das die ernstesten Dinge spielend erledigt oder sich in den armseligsten Zeitvertreib vertieft, ein reizendes, liebliches Schauspiel?" (ROUSSEAU 1958, 167).

Obgleich auch bei ROUSSEAU hinsichtlich der Zweckfreiheit der Spiele, die dem Emil nahegebracht werden, Vorsicht geboten ist (man denke nur an die für Emil arrangierten Schauspiele oder an die Nebengedanken zum „Spielen im Dunkeln" – 132), so ist das Aufbrechen hergebrachter Denkvorstellungen auch im Hinblick oder in Übertragung auf das Spielen eindeutig. Die Lebhaftigkeit des Kindes wird zur natürlichen, zur fördernden Grundbedingung gesunder Entwicklung, alle Handlungen, zu denen das Kind von sich selbst findet, sind gut und nützlich, das Spielen aber gehört dazu, es ist der ursprüngliche Ausdruck kindlichen Wesens. Bei ROUSSEAU begegnen wir den vielfältigsten pädagogischen Bereitstellungen, die zum Spielen anregen. Viel Phantasie soll der Erzieher darauf verwenden, um Spiele zu erfinden und Arrangements vorzubereiten, mit denen die Sinne geschult werden (deshalb „nächtliche Spiele"). Beim Tasten erfährt man Gegenstände anders, als wenn man sie gleichzeitig sehen kann. Zu Nachahmungsspielen wird angeregt („Ich ließe Emil lieber eine Gemse als einen Operntänzer nachahmen" sagt ROUSSEAU, wo es ihm um Körperhaltung, Körpersprache und ums Tanzen geht – 1958, 139), Bewegungsspiele im

Freien, den heutigen Plan- und Simulationsspielen nahekommende Übungen, werden vorgestellt, Spaziergänge werden zu Laufspielen, die Olympischen Spiele werden vorwegnehmend erfahrbar gemacht.
Spielen wird zum natürlichen Erfahrungsgrund und damit ein Hauptelement in ROUSSEAUs „negativer Erziehung", aber es wird an vielen Stellen deutlich, daß die Negativität des erzieherischen Handelns nur scheinbare Freiheiten gewährt, daß die Regelhaftigkeit der Spiele vom Erzieher vorweg simuliert wird, auch vor handfesten „Übungen", zum Beispiel zur Überwindung von Angst und Schwäche, nicht zurückgeschreckt wird. Bei ROUSSEAU bleibt immer zu unterscheiden zwischen einem erzieherischen Handeln von hohem Erkenntnisstand, das befreit, vorbereitet, ereignen läßt, auf Selbsterfahrung und Selbsttätigkeit vertraut und einem solchen, das auf Vorgefundenes eingeht. Und was ihm für das Geistige gilt, trifft erst recht auf die körperliche Ausbildung zu.

„Was sie (die Kinder) aber zu tun scheinen, das tun sie auch wirklich. Übrigens muß man bedenken, daß alles dies nichts anderes ist oder doch nicht sein sollte als Spiel, als ein leichtes und willkürliches Ausführen derjenigen Bewegungen, die die Natur von ihnen verlangt, als eine Kunst, ihre Unterhaltungen stets wechselnd und angenehmer zu gestalten. Dabei fehlt auch der geringste Zwang und somit der Schein von Arbeit, denn welchen Zeitvertreib können sie suchen, aus dem ich nicht einen Gegenstand der Belehrung für sie schöpfen kann? Und wenn ich das nicht könnte, so ist ihr Fortschritt in allen Fächern belanglos, wenn sie sich nur auf unschädliche Weise unterhalten und die Zeit vertreiben" (ROUSSEAU 1958, 149).

An diesem Beispiel wird deutlich, wie fundamental sich die Einstellung zum Spiel gewandelt hat: es wird nicht mehr nur geduldet, sondern wird selbst zur Quelle ursprünglicher Erfahrung, es wird nicht zum Lernen benutzt, sondern es ist Lernen, und dort, wo es nicht vorherrschendes Element ist, wird Lernen erschwert, behindert. „Wenn sie (die Kinder) hingegen dieses oder jenes lernen *müssen*, so kommt man niemals, wie man es auch anfängt, ohne Zwang, Verdruß und Ärger zum Ziel" (ROUSSEAU 1958, 149 f.). Gelingen die Bereitstellungen, die Aufgriffe des „Natürlichen", gelingt die Schaffung von Anlässen, das richtige Aufsuchen der Möglichkeiten, und dies unbeschadet einer falschverstandenen „Kindgemäßheit", denn was dem Kinde gemäß ist, findet es selbst, so daß die Bereitstellungen in der Dinglichkeit keine Fehler zulassen, die das Kind nicht selbst reguliert, so gelingt Lernen, gelingt Erziehung.
Ob das Vertrauen auf diese selbstregulierenden, natürlichen Kräfte berechtigt ist, mag dahingestellt bleiben, ob die Wirkung spielenden Handelns hier überschätzt wird, ebenfalls. *Eines aber bestimmt in einer wesentlichen Unterscheidung eine neue Richtung: Lernen und Spielen bilden kein Gegensatzpaar, Spielen geht auch nicht einfach dem Lernen voran, es erleichtert auch nicht einfach nur die Lernprozesse, sondern entfaltet sie, gibt für Lernen frei, schafft die nachhaltigste Veränderung. Das ist neu.*
Daß diese gedankliche Umkehrung in der pädagogischen Betrachtung des Spiels durch ROUSSEAU in Deutschland einen nachhaltigen Einfluß ausübte, verdanken wir vor allem den Philanthropen.

Bei allen führenden Vertretern der philanthropischen Bewegung finden sich mehr oder weniger ausführliche Bemerkungen zum Spiel, und in der praktischen Erziehungs- und Unterrichtsarbeit der Philanthropine wurde dem Spiel ein unverkennbar hoher Stellenwert zugemessen. Machen wir diesen Tatbestand an einigen Beispielen fest. Johann Bernhard BASEDOW (1724 – 1790), Christian Gotthilf SALZMANN (1744 – 1841), Ernst Christian TRAPP (1745 – 1818) und Christoph Friedrich GUTS-MUTHS (1759 – 1839) sind in dieser Hinsicht besonders bemerkenswert, weil sich bei ihnen gewissermaßen das breite Spektrum pädagogischer Spielbetrachtung elementar vorführen läßt (vgl. als erleichterten Quellenzugang: SCHEUERL 10. Auflage 1975 und zusätzlich zu den hier behandelten bekannteren Autoren Johann Heinrich Gottlieb HEUSINGER).
Als BASEDOW der Welt nach 1 1/2jähriger Arbeit im Dessauer Philantropin die Erfolge seiner Erziehungs- und Unterrichtsarbeit vorführen wollte, tat er es zum Erstaunen der Geladenen mit einer Reihe von „Spielen". Lateinkenntnisse wurden im „Kommandierspiel" und in „Nachahmungsspielen" nachgewiesen, womit er Beifall aber auch Zurückweisung fand. Die Urteile reichten von einer respektvollen Verneigung vor der neuen Methode bis hin zu dem Vorwurf, daß es sich hier nur um die Vorstellung von Kindereien, um „leere Schaustellungen" handele (vgl. SCHORN 1910, 251).
Für BASEDOW sollte Spielen Vergnügen bereiten, und man konnte trotzdem oder gerade darum dabei lernen. In seinem „Elementarwerk" hat BASEDOW, unterstützt durch die Kupfertafeln von CHODOWIECKI (vgl. Abb. 1) deutlich gemacht, um welche Spiele es ihm geht, wenn Jungen und Mädchen spielen: Bewegungsspiele, Spiele in freier Luft und solche, die in nützliche Fertigkeiten einführen, bevorzugt er. So versteht man auch seine Einlassung zum Federballspiel:

> „Dies Spiel ist eine vortreffliche Übung des Körpers für Alte und Junge. Vormals ergötzte man sich oft damit. Aber, wie Papa sagt, jetzt verderben sich viele durch Stillsitzen bei Karten und Würfeln, bei dem Damenbrette und bei dem Schachspiele die Gesundheit" (BASEDOW 1909, 92).

Also finden Spiele nicht generell seine Zustimmung, wird den erzieherischen Absichten entsprechend gesondert und man kann sich denken, wie sehr BASEDOW und andere darauf achteten, daß mit dem Spielen auch das gelernt wurde, was man erzieherisch für wichtig hielt. Der Anspruch nach Anschaulichkeit und Natürlichkeit ließ sich für die Philanthropen scheinbar mühelos mit Spielen erreichen. Aber sie wurden dabei auch zur Vorläufern einer Entwicklung von Lernspielen, die in ihrer Zeit einen Fortschritt bedeuteten gegenüber den Drillmethoden bisheriger Anwendung, aber auch einen ersten Hinweis gaben auf die Möglichkeiten und Grenzen, die sich bei der pädagogischen Bemächtigung des Spielgeschehens auftun. Im Elementarwerk beschreibt BASEDOW eine Reihe von Spielen, wie sie wohl auch von Christian Heinrich WOLKE (1741 – 1825), der Lehrer am Dessauer Philantropin war, entwickelt worden waren, so zum Beispiel das Buchstabierspiel (von WOLKE erschien 1797 ein „Deutsches und

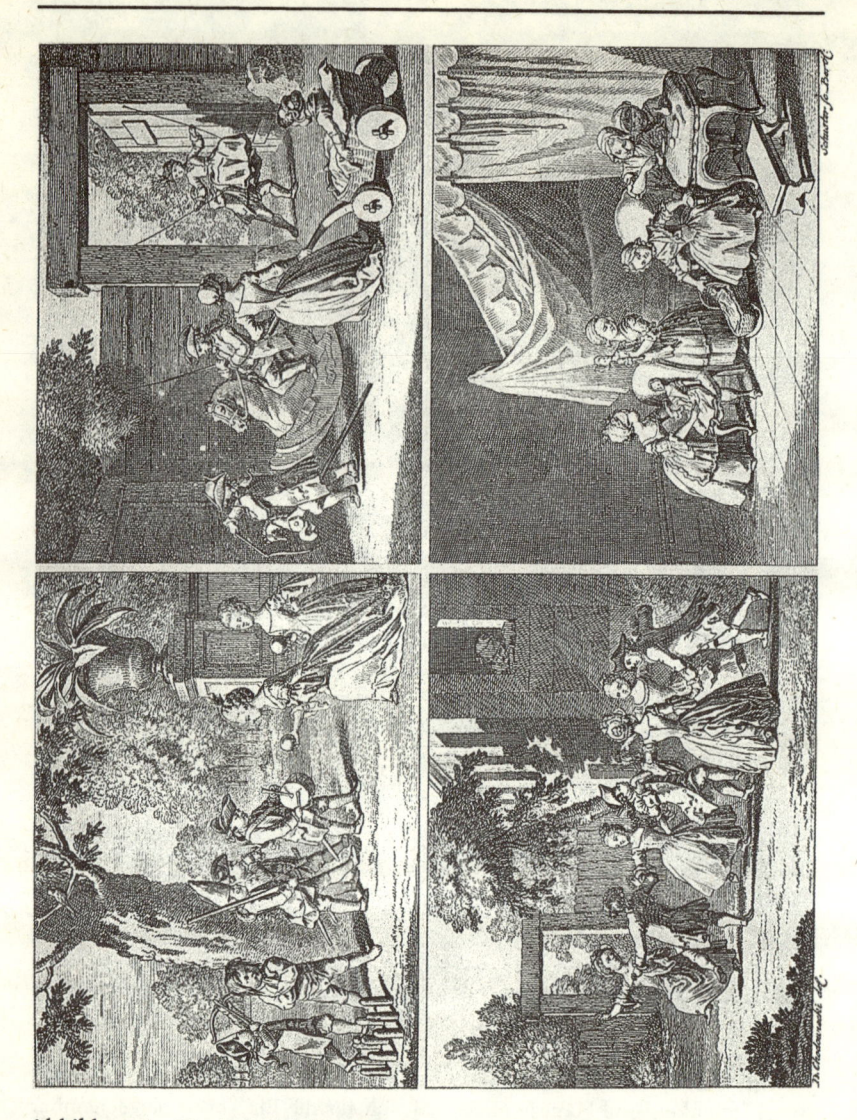

Abbildung 1: Ein Beispiel für „Kinderspiele" aus BASEDOWs
Elementarwerk (nach CHODOWIECKI)

französisches Buchstaben- und Wörterlottospiel nebst einem französischen Commandirspiel").
Beim „Judizierspiel", das BASEDOW anführt, würfelten die Kinder, und wer verloren hatte, mußte ein Bild beschreiben, das zum Beispiel eine Malerstube oder eine Drechslerwerkstatt zeigte. Daß es bei fast allen Spielen Belohnungen gab, entspricht der pädagogischen Grundeinstellung dieser Zeit, zu fördern, statt zu strafen, was man auch über die Spiele selbst zu erreichen suchte. BASEDOWs Einstellung erweist ein weiteres Zitat aus dem Elementarwerk und es belegt, wie sehr sich das Spiel für ihn als „günstige Methode" darstellte:

„Man muß die Freiheit, nach ihrem (der Kinder) Gefallen unschädlich zu spielen, den Kindern zwar nicht einschränken, aber ihr könnt machen, daß sie fast niemals andere Spiele wählen, als dazu ihr sie reizen wollt, und welche also nützlich sein können, gewisse Fertigkeiten des Körpers, gewisse Begriffe des Verstandes, die Erlernung des künftig nötigen Memoriewerks und die Erleichterung künftiger Tugenden zu fördern" (BASEDOW 1908, 24).

Eine sehr unvermittelte und direkte Animation wird hier verfochten und war wohl auch das mindeste an Tolerierbarem für den Zeitgeist, der sich zu einem guten Teil in drastischer Ablehnung solcher Spielereien gegenüber verhielt. HERDER mokierte sich über die ungezielte Lernweise an den Philanthropinen, KANT unterstützte sie. Unzweifelhaft setzte BASEDOW jedoch durch seine eigentümliche, nicht selten übertreibende Art, auch der Selbstpropaganda, in der Verbindung von Forderung und praktischer Durchführung unmittelbar im pädagogisch institutionalisierten Vollzug Zeichen für die Möglichkeit einer durchweg positiven Einschätzung des Spielens.
Im Elementarwerk unterscheidet BASEDOW:

1. Spiele mit viel Geräusch und zufälligen Bewegungen,
2. Spiele, bei denen die Erwachsenen, ohne ihre „Macht" auszuüben, mitspielen,
3. Nachahmungsspiele zusammenhängender Handlungen und
4. Alles „was die nicht viel älteren Vorgänger auf euer Anstiften mit wahrem oder scheinbarem Vergnügen oft zu spielen scheinen" (BASEDOW 1909, 24; vgl. auch 28).

Auch bei SALZMANN erkennen wir die positive Grundeinstellung zum Spiel und ähnlich wie BASEDOW, der täglich drei Stunden „zum regelmäßigen Vergnügen in Bewegung, wie Tanzen, Reiten, Fechten, Musik" (PINLOCHE 1896, 79) vorsah, erlaubte der Erziehungsplan von Schnepfenthal täglich eine gewisse Zeit für Spiele und Belustigungen. Da die körperliche Ertüchtigung besonders wertvoll ist, stehen „Turnspiele" bei SALZMANN im Vordergrund, aber im „Ameisenbüchlein" verweist er auch auf Lernspiele und belegt seine Kenntnis der Freizeitspiele wie Knallbüchsen, Handspritzen, Pfeil und Bogen (SALZMANN 1891, 57). Besonderen Wert legte er in diesem Zusammenhang auf die Herstellung von eigenem Spielzeug, weil er darin „ein so nützliches und angenehmes Geschäft" sah (der Einfluß von LOCKE ist hier unverkennbar) (SALZMANN 1891, 57).

Wenn auch der Mensch für SALZMANN nicht zum Spielen bestimmt ist, so doch das Kind. Deshalb darf es einen Anspruch darauf erheben, es auch als beim Erziehungs- und Unterrichtsprozeß berücksichtigt zu erleben.
TRAPP, der die Arbeit durch das Spiel zu einer angenehmen macht, ist ein entschiedener Verfechter der „Spielmethode", hat sich in seiner Schrift „Vom Unterricht überhaupt" eingehend mit dem Spielen der Kinder auseinandergesetzt. An vielen Stellen wird die Auseinandersetzung erkennbar, die geführt werden mußte, um den Einsatz von Spielen im Unterricht zu legitimieren, Vorwürfe abzuwehren. Gemäß seinem Grundsatz „Mache die Pflicht zur Neigung; mache die Pflicht so reizend, daß dein Zögling nichts lieber thun mag, als sie erfüllen" (TRAPP 1787, 124 f.), ist das Spiel für TRAPP die Möglichkeit für den Lehrer, das Lernen und Arbeiten im Unterricht angenehm zu gestalten. Spiel ist für das Kind Anstrengung und keine Faulheit, ruft er seinen Kritikern entgegen, und er meint, daß die übertriebene Spielsucht in späteren Jahren auch dadurch bedingt ist, daß man den Kindern das Spielen verleidet, sie zu früh zur Arbeit zwingt. Der Unterricht sollte zumindest in „ein förmliches Spiel" verwandelt werden.
TRAPP sah dabei durchaus eine Schwierigkeit, die noch heute für Lernspiele gilt: „Soll euch die Absicht eures Spielens nicht mislingen, so verbergt sie vor den Kindern. Wenn sie — besonders die, welche dem Lernen ganz abgeneigt sind — merken, daß ihr auf das Lernen ausgeht: so mögen sie auch nicht mit euch spielen; und all eure Mühe und Kunst ist verloren" (TRAPP 1787, 127 f.).
Die Wertschätzung des Spiels als einem methodischen Mittel, daß den Kindern die Unterrichtsarbeit erleichtert, ist einer der Grundzüge TRAPPscher Argumentation. Aber er warnt davor, Spiel und Arbeit einfach als Gegensätze anzusehen, vor allem dann, wenn die Arbeit immer als etwas Unangenehmes dargestellt wurde (vgl. 138).
Den Widersachern hatte TRAPP bereits im ersten Band des CAMPEschen Revisionswerkes die Zweckmäßigkeit des Spielens vor Augen gehalten und deutlich zwischen „närrischen und klugen Spielen" unterschieden. Und letztlich: Spielen verhilft den Kindern zum Genuß ihrer Kräfte.
Für die Kinder kann alles Spiel Arbeit und alle Arbeit Spielen sein, meint TRAPP und wer diese Erkenntnis als Lehrer beherzige, erleichtere und vermehre den Erfolg. Für TRAPP kann das Spielen
— die schulischen Arbeitsaufgaben erleichtern,
— die Kinder unbemerkt zum Lernen führen,
— den Unterricht vor- und nachbereiten,
— die Lerneffizenz verbessern.
Wer den Lehrern sagte: „Ihr könnt die große Kluft zwischen ihnen und euch, zwischen dem, was sie thun sollen, und dem, was sie thun mögen, nicht anders ausfüllen als durch Spiel" (TRAPP 1787, 127), muß wohl gewußt haben, wovon er sprach. Ein von der Praxis abgewandter Theoretiker ist TRAPP wohl nie gewesen.
Nun ist bekannt, daß bei den Philanthropen vor allem die Spiele eine besondere Hervorhebung fanden, die der Körperertüchtigung dienten, also

gymnastische Übungen und sportliche Spiele. Deren oft differenzierte und breit angelegte Begründung und durchaus nicht immer auf reine Körperlichkeit ausgerichtete Argumentation wurde häufig weniger gesehen. Peter VILLAUME (1746 – 1806) hat diese Vorrangstellung einer „Bildung des Körpers" deutlich gemacht und eine Reihe von Spielen dazu vorgestellt, wobei er zwischen „freien Spielen" (worunter er zum Beispiel das Ballspiel, das Federballspiel, das Werfen oder das Pantoffelsuchen zählte), den Spielen der Alten (hierzu gehörte zum Beispiel das Umwerfen von in die Erde gesteckten Pfählen mit Steinen aber auch einige Kartenspiele) und „anderen Spielen" unterschied. Bei den letzteren handelte es sich vorwiegend um Geschicklichkeitsspiele, aber auch ROUSSEAUs „Nachtspiele" werden aufgegriffen. Abhärtung ist bei all diesen Spielen ein wichtiges Ziel. Einige französische Spiele stellt er mit dem Bemerken dar:

„Diese Spiele habe ich mit Vergnügen beschrieben, weil sie zur Uebung des Körpers sehr nützlich sind; wir haben der zweckmäßigen Spiele nicht zu viel, und diese sind ganz aus der Mode gekommen. Es scheint, daß unsre Jugend, indem sie sich verfeinert, auch alle mühsamen Spiele scheut, und nur solche treibt, die in der Stube sitzend getrieben werden können" (VILLAUME 1787, 365 f.).

An anderer Stelle äußert er: „Alle Spiele, die Bewegung geben, sind gut; noch besser die, welche zugleich Geduld und Standhaftigkeit lehren" (VILLAUME 1787, 381).

Pädagogisch gesehen waren also nur ganz bestimmte Spiele gut, „brauchbar" und zweckmäßig. Vor anderen, so den Hazardspielen (Glücksspielen), mußte man die Kinder und Jugendlichen dagegen bewahren. Der gleiche VILLAUME ist es, der in seiner Abhandlung „Von den Trieben, welche man ersticken, oder doch wenigstens schwächen muß" über die „Spielsucht" schreibt und Gedanken über die „Schädlichkeit und den Nutzen des Spiels" anstellt. „Das Spiel würde ich nicht geradezu verdammen, wenn es nicht garzuleicht zur Leidenschaft würde, wenn es nicht Habsucht, Ehrbegierde, und Zorn erregte; wenn es nicht auf entehrende Kunstgriffe führte" (VILLAUME 1786, 681). Davon muß er etwas verstanden haben und er mag wohl ein ehrbares Spiel selbst nicht ausgeschlagen haben, denn seine Detailkenntnis und sein Schwanken zwischen Parteinahme und vorsichtiger Ablehnung legen diesen Gedanken nahe. Für Kinder lehnt er die Glücksspiele ab, den Karten, Brett- und Würfelspielen steht er im Hinblick auf den Umgang von Jugendlichen mit ihnen skeptisch gegenüber. Auch das von CAMPE entwickelte Geographiespiel lehnt er ab, denn es hat nach seinem „Ermessen alle Nachtheile der Karten". Seine Sorge lautet: „Kinder können sich leicht zum Spiele verwöhnen, sobald sie Fähigkeit und Gelegenheit dazu haben" (VILLAUME 1786, 681).

Enthusiastische Befürwortung, vorsichtige Abwägung, strenge Auswahl mit teilweiser Ablehnung, die Berufung auf die antiken Denker PLATON und ARISTOTELES, die Bezugnahme auf LOCKE und ROUSSEAU, die verbale Auseinandersetzung mit den Pietisten, die Entwicklung von Lernspielen, die spielmäßige Gestaltung von Schulbüchern (man denke nur an CAMPEs ‚Abeze- und Lesebuch"), erste Versuche zu einer Klassifizierung der bekannten Spiele, die Einführung von Theaterspielen für Kinder (man vgl. zum Beispiel August RODEs Kinderschauspiele von 1777 oder WEISEs Theaterspiele), in dieser Zeit kumuliert zumindest ansatzweise einfach alles, was noch zweihundert Jahre und mehr die pädagogische Spielbetrachtung berührt und zu ihren zentralen Themen zählt, auch wenn sich die Modi verändert haben, die Methoden und Ziele andere geworden sind.

Die umfassendste und theoretisch abgerundetste Auseinandersetzung mit dem Spiel finden wir in GUTS-MUTHs „Spiele zur Übung und Erholung des Körpers und Geistes für die Jugend, ihre Erzieher und alle Freunde unschuldiger Jugendfreuden" von 1796. Zusammen mit seinen Büchern zum „Sport", so der „Gymnastik für die Jugend" und dem „Turnbuch für die Söhne des Vaterlandes" von 1817, hat er bis heute eine nachhaltige Wirkung behalten und tradierte einen Grundzug der Auseinandersetzung mit dem Spielen durch die Sportwissenschaft.

In unserem Zusammenhang interessiert vor allem, was er „Über den Begriff des Spiels und über den moralischen, politischen und pädagogischen Werth der Spiele; über ihre Wahl, Eigenschaften und Classification" äußerte.

Spielen hat für GUTS-MUTHS seinen Ursprung im „natürlichen Trieb der Tätigkeit" (1914, 15). Deutlich zeigt er sich bereits damit von ROSSEAU beeinflußt, vermittelt aber in wesentlichen Punkten eine Sicht vom Spielen, die erstmals als pädagogisch-systematischer Versuch gewertet werden muß. Vor allem stellt er dem Pädagogen die Unausweichlichkeit und anthropologische Grundtatsache des menschlichen Spielenwollens und -müssens vor Augen:

„Spiele sind wichtige Kleinigkeiten; denn sie sind zu allen Zeiten, unter allen Völkern, bei jung und alt *Bedürfnisse* gewesen, weil Freude und Vergnügen zur Erholung von der Arbeit, leider auch wohl zum Schutze gegen Langeweile, ebensogut Bedürfnisse sind wie Befriedigung der Verdauungs- und Denkkraft" (GUTS-MUTHS 1914, 6).

Das Spiel betrifft Kinder und Erwachsene. Das ist, so eindeutig artikuliert, neu, und neu ist auch die Weite des Spielbegriffs, der wir bei GUTS-MUTHS begegnen. Insofern erscheint seine später erfolgte Festlegung auf die sportlichen Spiele zwar von seinen weiteren Schritten her verständlich zu sein, nicht aber, wenn man seinen umfassenden Ansatz, seinen Begründungszusammenhang für Spielen überhaupt untersucht.

Wir meinen, in GUTS-MUTHS unseren frühen Prototyp dafür gefunden zu haben, daß präzisere Aussagen zum Spiel immer nur zu machen sind, wenn die Fragestellung klar gekennzeichnet wird, und der Bereich, auf den hin sie zielt, eindeutig umrissen bleibt. Darüber hinaus bleibt nur die Aussage: alles ist Spiel. Die Beschreibung und Vorstellung von diesem Alles geht bei GUTS-MUTHS den enger gefaßten Bemühungen teils voran, teils läuft sie parallel. In der Kernaussage heißt das:

„Spiele sind daher über den ganzen Erdkreis verbreitet; alles spielt, der Mensch und sein Kind nicht nur, sondern auch das Tier und sein Junges, der Fisch im Wasser, der Hund, das Pferd, der Löwe und ihre Jungen spielen. Wer hat die Geheimnisse der Pflanzen, die Dunkelheiten der Elemente, die Mysterien des Wärmestoffes, der Elektrizität, des Magnetismus, die endlosen Entfernungen der Weltkörper durchschaut? ‚Spielen', sagt der unvergleichliche WIELAND, ,ist die erste und einzige Beschäftigung unserer Kindheit und bleibt uns die angenehmste unser ganzes Leben hindurch. Arbeiten wie ein Lastvieh ist das traurige Los der niedrigsten, unglücklichsten und — zahlreichsten Klasse der Sterblichen, aber es ist den Absichten und Wünschen der Natur zuwider. — Die schönsten Künste der Musen sind Spiele, und ohne die keuschen Grazien stellen auch die Götter, wie PINDAR sagt, weder Feste noch Tänze an. Nehmt von Leben hinweg, was erzwungener Dienst der eisernen Notwendigkeit ist; was ist in allem übrigen nicht *Spiel*? Die Künstler spielen mit der Natur, die Dichter mit ihrer Einbildungskraft, die Philosphen mit Ideen, die Schönen mit unseren Herzen und die König, leider! — mit unseren Köpfen," (GUTSMUTHS 1914, 17).

Es ist kaum zu erwarten, daß GUTS-MUTHS den so gekennzeichneten Rahmen pädagogisch umsetzt; er ist bis heute nicht ausgefüllt worden. Vielmehr benutzt er diese Ansicht, um das unabweisbare Bedürfnis der Menschheit nach Spielen zu untermauern. Gleichzeitig wird die Arbeit entthront, wobei er sich geschickterweise eines Zitats bedient und wie nebenbei das Tor zur politischen Dimension des Spiels aufstößt, sich als Bürger einer aufgeklärten Zeit zu erkennen gibt. Dieser Eindruck verstärkt sich, wenn er die Spiele als Spiegel und als Erziehungsmittel für den Charakter ganzer Nationen bezeichnet. Auch wenn wir manches zu einfach dargestellt finden, mancherlei mystisch und moralisch durchdrungen finden, es ändert nichts an den grundsätzlichen Bestimmungen. Das gilt auch für GUTS-MUTHS Feststellung, daß es sich beim Spielen nicht um ein pädagogisch bedeutsames Phänomen handelt, das man nach Belieben nutzen kann oder nicht, sondern dem man aus verschiedenen erzieherischen Gründen nicht ausweichen darf und kann, das man pädagogisch und methodisch nutzen muß, weil es kein anderes Mittel gibt, mit dem Gleiches zu erreichen wäre.
Vom Zweck her reduziert GUTS-MUTHS auf

„a) Unterhaltung gegen Langeweile
b) Gewinn (geistiger und körperlicher Art) oder
c) Erholung von Arbeit" (GUTS-MUTHS 1914, 31).

Im einzelnen aber erkennt er: „Um die Herzen der Kinder zu gewinnen, spiele man mit ihnen (. . .)" (GUTS-MUTHS 1914, 26). Und er fährt fort: „Spiele bilden auf die mannigfaltigste Art den Gang des menschlichen Lebens mit einer Lebhaftigkeit im Kleinen nach, die sich auf keinem anderen Wege, durch keine andere Beschäftigung und Lage der Jugend erreichen läßt" (GUTS-MUTHS 1914, 26). Danach hebt er hervor: „Spiele verbreiten im jugendlichen Kreise Heiterkeit und Freude, Lust und Gelächter. Wären alle Menschen stets lustig und vergnügt, sicher würde nicht soviel Böses geschehen" (GUTS-MUTHs 1914, 27). Zum Schluß: „Spiele sind nötig zur Erhaltung der Gesundheit, zur Stärkung, Übung, Abhärtung des jugendlichen Körpers" GUTS-MUTHS 1914, 28).
Pragmatische Überlegungen gesellen sich bei GUTS-MUTHS neben pädagogische, psychologische, moralische, politische oder allgemein menschliche. Sein Blick erweitert die Horizonte. Spielen wird bei GUTS-MUTHS zum pädagogischen Programm. Das ist mehr als das bei den anderen Philantrophen vorherrschende methodische Denken. Spiel und Spielen verlieren

Abbildung 2: Spiele aus der „Gymnastik für die Jugend" (nach J. H. Lips, aus R. Alt „Bilderatlas", 1971, 102)

Abbildung 3: Eigene Zeichnung von Guts-Muths aus seiner Gymnastik (aus R. Alt „Bilderatlas", 1971, 103)

hier ihren Einmaligkeitscharakter, werden universalisiert, aus der pädagogischen Enge befreit, neu bewertet. GUTS-MUTHS findet
— ein geöffneteres System zur pädagogischen Begründung und Bestimmung von Spielen
— eine programmatische Fundierung
— eine erste schlüssige Kategorisierung von Spielen unter pädagogischer Prämisse.
Sein zeitüberdauernder Wirkungsgrad kann bei dieser Analyse kaum überraschen.

V. Das 19. Jahrhundert zwischen Kontinuität und neuen Akzenten

Kann ein Zeitalter einen Begriff vom Spielen haben? Wahrscheinlich ist es eher so, daß sich in vielen unterschiedlichen Lebensbereichen eine Ansicht vom Spiel vermittelt, die auch im Zeitgeist begründet liegt. Aber spiegeln die großen Geister einer Epoche den Zeitgeist, geben sie wieder, was die innere Lage der Kultur bestimmte?
Wenn es um die pädagische Betrachtung des Spiels geht, ist der Rückgriff auf literarische Aussagen so berechtigt wie unberechtigt. Berechtigt deshalb, weil man annehmen kann, daß das Denken GOETHEs, SCHILLERs oder Jean PAULs sehr wohl auch das Denken anderer, spezifisch pädagogisch interessierter Zeitgenossen beeinflußte, entsprechende Einlassungen ja auch nachweisbar sind, aber es gibt nicht die unmittelbaren Umsetzungen in der Zeit, nicht ideen- und problemgeschichtlich und schon gar nicht sozialgeschichtlich.
Deshalb sehen wir hier davon ab, SCHILLERs „Aufwertung" des Spiels durch die Einbeziehung in die Welt des Schönen, des Ästhetischen noch einmal nachzuzeichnen oder den von Jean PAUL gekennzeichneten Bedeutungszusammenhang von Phantasie und Spiel hervorzuheben.
Insgesamt betrachtet sehen wir, was die pädagogische Einschätzung des Spielens und des Spiels anbelangt, eine gewisse Kontinuität, weil sich die aus der Antike und dem Christentum herauswachsenden Stränge konsolidieren und der neue Einbezug und die Offenheit der Spieleinschätzung bei den Philantropen fortsetzt. Erst gegen Ende des Jahrhunderts, etwa von 1880 an, beginnen die literarischen Überlegungen aus Klassik und Romantik, vor allem aber die psychologischen Quasi-Theorien, die pädagogischen Zugänge neu zu motivieren und zu verändern. Wohlgemerkt: nicht *revolutionär* zu verändern.
Hatten wir es bei den Philantropen vor allem mit einer starken methodischen Orientierung zu tun, die vor allem die gymnastischen, körperlichen Bezüge hervorhob, so erkennen wir zu Beginn des 19. Jahrhunderts bei Friedrich Ernst Daniel SCHLEIERMAHCER (1768 – 1834) erstmals den Versuch, auch das Spielen in einem systematischen und wissenschaftlichen Gesamtzusammenhang von einer Theorie der Erziehung zu berücksichtigen.

Für den Gang der Erziehung bedeutet das bei SCHLEIERMACHER:

„Was im Leben des Kindes *Befriedigung des Moments* ohne Rücksicht auf die Zukunft ist, nennen wir *Spiel* im weitesten Sinn; die Beschäftigung dagegen, die sich auf die Zukunft bezieht, *Übung*. Soll also die Erziehung mit dem sittlichen Zweck vereinbar sein, so muß unsere Formel diese sein. *Im Anfang sei die Übung nur an dem Spiel, allmählich aber treten beides auseinander* (...)" (SCHLEIERMACHER 1969, 86).

Im Kontext einer Erziehung als verhütende und gegenwirkende, unterstützende und entwickelnde Tätigkeit sowie der geklärten Aufgabenzuweisungen sowohl der Lebensmächte Familie, Staat, Kirche usw. als auch des Elternhauses und der Schule im besonderen, ergibt sich der Stellenwert des Spiels als einem Vermittler: vom Augenblickserleben der Kinder hin zur gestalteten und verantworteten Zukunft.

Wo SCHLEIERMACHER die Teilung der Aufgabe zwischen Schule und Elternhaus zu bestimmen sucht, schreibt er:

„Wir haben aber das Verhältnis der Schule zum Hause noch von einer anderen Seite zu betrachten, nämlich mit Rücksicht auf den Gegensatz zwischen Ernst und Spiel, strenger Übung und freier Tätigkeit. Wie soll hier die Teilung gemacht werden? Je weniger man in der Familie das Geschick und die Muße voraussetzen darf, dasjenige zu leisten, was einem regelmäßigen Gang und strenge Unterweisung und Wiederholung erfordert, desto weniger darf sich die Schule auf die Familie verlassen. So scheint alle Übung der Schule, Spiel und freie Tätigkeit der Familie überlassen zu sein. Im allgemeinen ist dies auch die richtige Maxime, sie erleidet aber notwendig Modifikationen, die sich jedoch im einzelnen von selbst ergeben" (SCHLEIERMACHER 1959, 218).

Dem Spiel wird ein fest umrissener, wenngleich nicht unumstößlicher Ort zugewiesen im von der Familie und der Schule geleiteten Erziehungsprozeß. Das Spiel ist fragloser Bestandteil, aber es gerät wieder in die althergebrachte Antinomie zum Ernst des Lebens. Im Grunde bleibt dem Spiel in der Schule jedoch nur dann ein Platz, stellt es sich für Pädagogen zur Aufgabe, wenn die Familie versagt. Das Ideal ist die „Arbeitsteilung".

Bei SCHLEIERMACHER begegnen wir dem Spiel aber nicht nur als einem Vorweg zum Lebensernst, zur Arbeitswelt, sondern auch als einem Danach.

„Ein gemeinsames Leben als Fortsetzung des vorangegangenen Lebens in der Schule in Beziehung auf die freie Tätigkeit und das Spiel" ist Teil der Organisation des freien Jugendlebens. „Wenn jene Gemeinschaft, die mit Beziehung auf ein bestimmtes Gewerbe gebildet ist, die Jugend sondert, so hat die Gemeinschaft im Gebiet der freien Tätigkeit eine gegenwirkende Kraft. In dieser Beziehung sind diese beiden Formen der Gemeinschaft reine Korrelate; sie müssen sich gegenseitig ergänzen. Die Gemeinschaft der freien Tätigkeit und des Spiels hebt die Trennungen, die sich auf das Geschäftsleben beziehen, wenigstens momentan auf.; sie macht ein Vergessen des besonderen Berufes und Standes in der Zeit der gemeinsamen freien Tätigkeit möglich; sie schwächt dadurch den nachteiligen Einfluß, den die Gemeinschaft des Gewerbes auf den Gemeingeist hat" (SCHLEIERMACHER 1959, 241 f.).

Die sozialerzieherische Komponente ist hier ebenso angesprochen wie die sozialpolitische. Spiele zur Überwindung von Standes- und Klassenschranken? Ein überlegenswerter Aspekt in einer Zeit, die sich anschickte, auf einer bestimmten Bandbreite des Spielspektrums eher das Gegenteil zu versuchen, den Untertanengeist zu bestärken, die körperliche Ertüchtigung im Spiel als Wehrertüchtigung anzusehen, mit den Spielen den Nationalgedanken zur festigen, den Patroitismus zu beflügeln.

Einen ganz anderen, und in Hinsicht auf das Spiel weiter tragenden Akzent, vermittelt Friedrich FRÖBEL (1782 – 1852). Mit seinen praktischen und theoretischen Erörterungen hat er die Auseinandersetzung um das Kinderspiel, so vor allem auch hinsichtlich der Kindergärten, tiefgreifend beeinflußt. Vielleicht ist es gerade sein gelegentlich mystisch-spekulativer Geist, sein Hineindeuten in Formen, sein symbolreiches Deuten, worauf sich seine ungebrochene Faszinationskraft stützt, denn auch für den Erzieher, gerade des kleinen Kindes, eröffnet sich immer ein Bereich des Unauslotbaren, Neuen, Rätselhaften.

Die theoretische Begründung der „Spielgaben" (vgl. Abb. 3 und 4) vollzieht sich in enger Verflochtenheit mit praktischen Ratschlägen.

Die „Mutter- und Koselieder" entsprachen in vielem ebenso dem praktischen Bedürfnis der „Kindergärtnerin" wie die vielen Hinweise, die FRÖBEL mit seinem Sonntagsblatt „Kommt, laßt uns unseren Kindern leben" gab, und sie brachten nachhaltigen Erfolg bis in unsere Tage, neu entfacht durch die Gegenüberstellung und Auseinandersetzung mit den Arbeitsmitteln der Maria MONTESSORIE zu Anfang des 20. Jahrhunderts (vgl. zum Beispiel Sergius HESSEN 1926, 1928).

Für den pädagogischen Praktiker gibt es etwas, was bis dahin weitgehend fehlte: eine in sich geordnete, bei aller Spekulation doch systematische und das Gefühl ansprechende Darstellung. Wenn er „über das Spiel und die Spielgegenstände des Kindes" schreibt, so erfährt der Leser in eigenartiger Mischung tief hintergründige Deutungen, eingängige Systematiken, scharfsinnige Beobachtungen und praktische Anleitungen. Das ergibt an die 600 Buchdruckseiten, die hier nur rudimentär in ihrem Aussagegehalt wiedergegeben werden könnten.

Eine „Übersicht der Spiele" zeigt, wie er gleichermaßen den kognitiven und emotionalen Menschen zu erreichen suchte, eine Erkenntnisform durchzuführen beabsichtigte, die sich mit dem ästhetischen Bewußtsein und Zugriff verband, lebensgestaltend und -ergreifend wirken sollte (vgl. Abb. 5).

Einige Zitate mögen beispielhaft zeigen, worauf es FRÖBEL bei seiner Beschäftigung mit dem Spielen der Kinder ankam und worauf er vertraute; worin er den Sinn spielerischer Beschäftgung sah und in welch innige Verbindung er Empfinden und geistige Entwicklung stellte.

Der Zweck des Spiels:
(Wir sehen das) „geistige Leben des Kindes sich der dreifachen Erscheinung: Freithätigkeit, Gewohnheit und Nachahmung, als einem in sich Dreieinigen kund thun. Diese drei Erscheinungen treten innig verschwistert früh in dem Leben des Kindes hervor und geben uns in Hinsicht auf Grund und Folge über dasselbe die wichtigsten Aufschlüsse und zur frühen richtigen Behandlung seiner die sichersten Fingerzeige. Keine dieser Erscheinungen darf darum von einer erfassenden, der Menschennatur genügenden Kinderbeachtung ausgeschlossen werden; denn alle drei sind in Hinsicht ihrer Quelle gleich tief in dem Menschenwesen gründet; auch offenbaren sich in der Gemeinsamkeit der drei Thätigkeiten die dem Wesen des Kindes als Menschen ganz entsprechenden Zwecke:

Abbildung 4: Tafel 2 aus: FRÖBEL, Gesammelte Schriften, Anhang

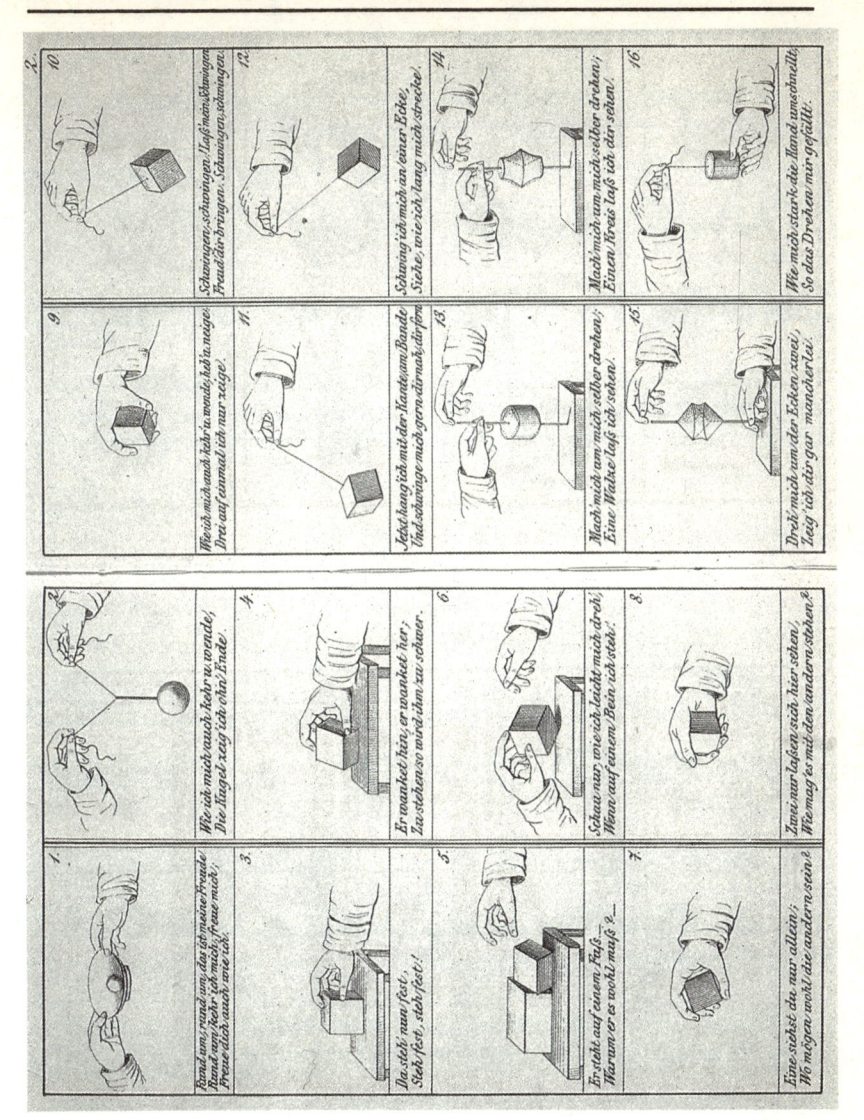

Abbildung 3: Tafel 1 aus: FRÖBEL, Gesammelte Schriften, Anhang

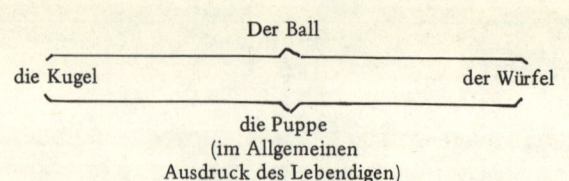

```
                              Der Ball
                    ⌢⌢⌢⌢⌢⌢⌢⌢⌢⌢⌢⌢⌢
        die Kugel                         der Würfel
    ⌣⌣⌣⌣⌣⌣⌣⌣⌣⌣⌣⌣⌣⌣⌣⌣⌣⌣⌣⌣⌣⌣⌣⌣⌣⌣⌣
                              die Puppe
                          (im Allgemeinen
                        Ausdruck des Lebendigen)
    beide nach dem innern Bestimmungsgrunde eines jeden getheilt; und jede selbstthätig
                              wieder geeint
                  in                                    in
```

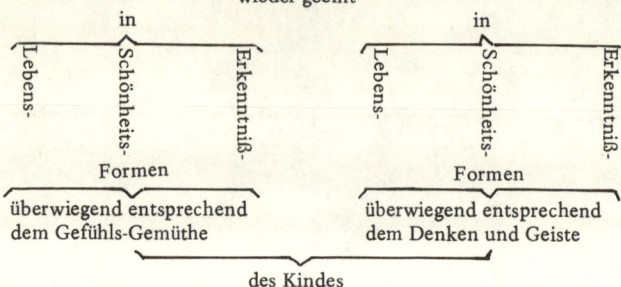

| Lebens- | Schönheits- | Erkenntniß- | Lebens- | Schönheits- | Erkenntniß- |

```
              Formen                              Formen
    ⌣⌣⌣⌣⌣⌣⌣⌣⌣⌣⌣⌣⌣⌣            ⌣⌣⌣⌣⌣⌣⌣⌣⌣⌣⌣⌣⌣⌣
    überwiegend entsprechend          überwiegend entsprechend
      dem Gefühls-Gemüthe               dem Denken und Geiste
    ⌣⌣⌣⌣⌣⌣⌣⌣⌣⌣⌣⌣⌣⌣⌣⌣⌣⌣⌣⌣⌣⌣⌣⌣⌣⌣⌣
                            des Kindes
```

Abbildung 5: Übersicht der Spiele (FRÖBEL 1966, 81)

sich zu erhalten, wie es sich fühlt und findet, als ein selbstständiges und doch im ganzen ruhendes Wesen;

sich seine Glieder, seine Sinne zu stärken, zu üben, zu entwickeln und frei zu machen; so in sich und durch sich selbst immer mehr Selbstständigkeit und Persönlichkeit zu erringen, sich in seiner Persönlichkeit darzustellen; endlich

sich von der Selbstständigkeit und Persönlichkeit, von dem selbstständigen Dasein dessen, was es umgibt, Kunde zu verschaffen, sich davon zu überzeugen" (FRÖBEL 1966, 22).

Der Zusammenhang des Spiels mit den Erkenntnisformen und seine Stellung darin:

„Die Anschauung, Erkenntniß und Einsicht, welche durch das Wort nur schwierig zu erreichen ist, ist durch die Sache und Thatausführung so leicht als klar erreicht. — Das ist eben das Große, Seltene und so belebend, wie lebendig Wirksame dieser Spiel- und Beschäftigungsweisen und Mittel, daß die Anschauung, Erkenntniß und Einsicht immer aus einer einzigen, in sich geschlossenen Sachdarstellung und Gestalt auch im Nu als eine einzige und in sich einige gewonnen wird, während das Wort und der Begriff dieß alles nur getrennt und nach und nach giebt. Allein zu einer nun noch höheren Vervollständigung und Vollkommenheit kann das Wort und zwar wieder das gegliedert geeinte, das rhythmische, führen, wie auch in dem mit Sprache begabten Menschen alle, mit ihr zugleich verbundene Anschauung eine bewußtere, zu erhöhtem Bewußtsein führende ist" (FRÖBRL 1966, 158).

Gründe für die Einrichtung eines Kindergartens:

„Die große Absicht der Unternehmung, der letzte, der Gesammtzweck des Ganzen ist also: den Menschen früh durch Thun, Empfinden und Denken, ganz angemessen seinem Wesen und seiner Verhältnissen zur Menschen-Natur, und so zu wahrer Gotteinigkeit, überhaupt also zu allseitiger Lebenseinigung, zu erziehen und zwar durch ächte Pflege des Kinderlebens, der Kinderthätigkeit, also durch Entwicklung und Gestaltung, durch Bilden und Darleben des rechten Kinderwesens. Darum darf denn auch im Bereich eines solchen Gesammtunternehmens nichts sein, was eine solche Bildung störe oder gar vernichte; alles dagegen muß sie in sich zu vereinigen suchen, was dieselbe fördere; Darum darf es in der gesammten, auch äußern Anlage des Ganzen nichts geben, was sinn- und bedeutungslos wäre; vielmehr muß nicht nur bei dem, was das Kind als Sache umgibt, sondern auch bei allem, was mit ihm geschieht, die Beziehung auf eine höhere Lebenseinheit sich bestimmt aussprechen" (FRÖBEL 1966, 462).

In einem ganz anderen Sinne und geleitet von Motiven ungleich anderer Art hat sich Johann Hinrich WICHERN (1808 – 1881) dem Spiel zugewandt, und er verdient, hier erwähnt zu werden, weil sich bei ihm deutlicher ein sozialpädagogischer, auch sonderpädagogischer oder sogar therapeutischer Aspekt auftut, dem wir ansonsten nur selten, allenfalls verdeckt, begegnen.
Ganz im Banne der Not breiter Volksschichten, wurde er zum Begründer einer modernen Jugendfürsorge und gründete 1833 das „Rauhe Haus" in Hamburg und wurde zum Initiator von „Rettungsanstalten" in Deutschland. Angesichts einer rapide sich verschlechternden Situation durch die soziale und industrielle Entwicklung mühte er sich um eine verschärfte Besinnung auf die Notwendigkeit von Erholungszeiten und fand selbst unter dem ungeheuren Druck der täglichen Notwendigkeiten Zeit, der Bedeutung des Festes im Zusammenhang mit den Ruhezeiten und dem Spiel seine Gedanken zu widmen. Das Fest des einzelnen und der Gemeinschaft ist ein Höhepunkt des Lebens selbst in der ärmsten Situation (vgl. WICHERN 1979, 275). Die Familie wird in seiner Sicht zu einer Stätte der Geborgenheit und des Schutzes, der Entlastung und Erholung gegenüber der Arbeits- und Schulwelt. Diesem Ideal gemäß sieht er auch das Leben im Rettungshaus.

„In der Familie löst sich nämlich zunächst das während der Arbeits- und Schuldisziplin unerläßliche regelrechte, spezifische Verhalten auf, um dem, was das Herz unmittelbar erfreut und bildet, und um der freieren Bewegung des gemütlichen Verkehrs Platz zu machen" (WICHERN 1979, 273 f.).

Die Feiern und Feste bilden eine zentrale Lebensmitte und sind zugleich Gelegenheit, die Grundlagen des Familienlebens, Liebe und Geduld, sichtbar werden zu lassen. Den Umgang der Menschen miteinander bei den festlichen Gelegenheiten hält WICHERN für ein Äquivalent zu den verrohten Sitten der Arbeitswelt und zum alltäglichen Lebenskampf. Deshalb bringt er auch dem Spiel eine hohe Wertschätzung entgegen, dem deutlich eine ausgleichende, psychisch stabilisierende Funktion zukommt. Den Helfern in den Rettungshäusern legt er deshalb die Spielpflege und die spielerische Eigenaktivität nahe. Die Bedeutung der simplen Kenntnis von Spielen in ihrem Ablauf erfährt ebenso einen pädagogischen Stellenwert wie die Möglichkeiten, die in einem breiten Spielrepertoire stecken. Zusammengefaßt ergibt folgendes Zitat ein anschauliches Bild der Einschätzung des Spiels durch WICHERN.

„Im Spiel erscheint im allgemeinen das Kind am meisten so, wie es ist. Das Spiel des Kindes ist das Produkt seiner innersten Freiheit und seines innersten Wohlbehagens. Daher der Zauber und die Macht des Spiels. Das noch jüngere Kind, namentlich das Mädchen, vertieft sich in dasselbe mit dem rührendsten Ernst. Mit seiner Puppe durchlebt es auch im Rettungshause ein ganzes Mutterleben, oft mit allen seinen Freuden, Sorgen und Nöten. Das kleine Mädchen daselbst wird, solange es irgend mag, seine Puppe haben müssen. Es gibt aber, wie in mancher Familie, so auch in unseren Häusern Kinder, die nicht spielen, nicht spielen mögen und nicht spielen wollen; unter den Knaben ist das im ganzen mehr der Fall als bei den Mädchen. Das ist fast nie ein gutes, sondern meist ein bedenkliches Symptom, das auf den innersten Stand des Gemütes zurückweist. Da gilt es die Kunst, das Kind zum Spielen zu bringen. Gesetz und Gebot helfen hierzu nichts. Liebe und Freude, die Mutter des Spieles, stehen in ihrem Ursprung außerhalb des Gesetzes und sind Kinder der Freiheit. Das Kind muß demnach zu dieser spielerzeugenden Freiheit befreit werden. Das ist die Kunst des Hausvaters und seiner mit ihm arbeitenden Helfer und Helferinnen. Der ist ein unbrauchbarer Gehilfe im Rettungshaus, der selbst nicht spielen und auch nicht in das Kinderleben so eingehen kann, das er aus eigenem Lebens- und Freudentrieb als Kind mitspielen mag. Das richtige Mitspielen ist ebenso wichtig und erfolgreich als das richtige Mitarbeiten. So frei aber auch das Spiel und seine Lust ist, so muß es doch seine Ordnung haben, es darf nicht ausarten und entarten. Laut mag es schon dabei hergehen; das Springen und Lachen und Tanzen ist hier voll berechtigt und an seinem Orte, aber alles in der Zucht *des* Geistes, der immer nur noch fröhlicher macht, und in Ehren der Sitte, unter deren Hut und Grenze die Bewegungen des innersten Herzens und Gewissens stehen. Alle in dem Kinde wohnende Unsitte und Zuchtlosigkeit, selbst Bosheit bricht beim Spiel ans Licht, das Mitspiel lehrt dem wehren, noch bevor es zum Ausbruch kommt. Auch im Spiel ordnet und gruppiert sich die Gemeinschaft der Kinder; es bildet bestimmte Gestalten, nach verschiedenen Landessitten so verschieden als nach Jahreszeiten. Manche Spiele verlaufen in einem gewissens Turnus und kehren mit ihrem Scherz und scheinbaren Ernst alljährlich wieder. Die hier hervorzuhebende Seite des Spiels ist das in ihnen verkörperte Volkstümliche, welches oft sehr provinziell, oft auch sehr allgemeiner Natur ist, aber in jedem Fall für das Kindesleben einen besonderen Reiz hat. Derartige Spiele sollen nicht bloß gespielt, sondern aufgebracht und nach der Freiheit der Kinder, die sich freilich darin nichts aufdringen lassen, gepflegt werden. Es wäre ein bedauerliches Zeichen von der verkehrten Stellung des christlichen Rettungshauses, wenn in ihm solches Kinderspiel nicht zu seinem Recht kommt oder wenn man es in ihm für unberechtigt halten wollte. In der Strafanstalt hat das Spiel von Rechts wegen keinen Raum; in der Korrektionsanstalt ist es, wenn es überhaupt darin sein darf, nur wie verstohlen vorhanden und erleidet begreiflich aus der Natur der Verhältnisse heraus bedeutende Beschränkungen, es ist in denen, die hier spielen sollen, gebunden. In dem Rettungshause, in dem nichts Altes nachwirkt, sondern vergeben ist, worin alles neu werden und neu geworden sein soll, in dem keine Fesseln als die der Liebe existieren, ist auch das Spiel frei und froh und ganz das, was es seiner Natur nach sein soll, darf daher auch nicht durch beschränkende Fesselung des Christenwesens selbst beschränkt und gefesselt werden, es muß vielmehr gerufen, seinem Walten muß dasjenige ganze Reich belassen werden, das es sich in einem kindlichen Gemüt, welches in der Familie lebt, erobern will" (WICHERN 1979, 276 ff.).

Mit diesen Akzentsetzungen sind meines Erachtens die wesentlich neuen Betrachtungsweisen pädagogischer Art gekennzeichnet. Weiteren Veränderungen begegnen wir erst gegen Ende des Jahrhunderts wieder, etwa von 1880 an. Im Gefolge einer breiten sozialen Bewegung ist die Wertschätzung des Spiels deutlich gestiegen; die kritischen Stimmen sind nunmehr Randpositionen. Auch die ideengeschichtliche Aufarbeitung unter pädagogischer Fragestellung macht Fortschritte. Wer sich mit dem Spiel pädagogisch auseinandersetzte, in welcher Zeit man dies in besonderer Weise tat und welche Akzentsetzungen dabei vorherrschten, das geht jetzt in das lexikalisch-enzyklopädische Denken ein (vgl. E. MOLLERs Aufsatz über das Spiel in

der Encyklopädie des gesammten Erziehungs- und Unterrichtswesens von
K. A. SCHMID aus dem Jahre 1873).
Folgerichtig begegnen wir global bertrachtet zum Ende des 19. Jahrhunderts
folgenden Akzentsetzungen und Positionen:

1. Das Spiel ist in erster Linie *Kinderspiel*.
2. Das *Spiel* ist zumeist *im Zusammenhang mit* mindestens *einem anderen Bereich* zu sehen, zum Beispiel dem Sport oder der Musik.
3. Das *Spiel* ist *ein Spielen mit „Gegenständen"*.
4. Das *Spiel* aktualisiert sich in Form einer *Dichotomie* und wird bedeutsam in *Ambivalenz, Interdependenz* oder *Antinomie*, zum Beispiel zum Lernen, zur Arbeit oder zum Ernst des Lebens.
5. Das Spiel hat pädagogische *Implikationen*, aber auch Funktionen.
6. Die Spiele dienen der Ein- und Ausübung; sie bereiten vor und nach.
7. Die Spiele tradieren, ritualisieren und „tragen" Kultur.
8. Die Spiele bereichern verschiedene Formen des Zusammenlebens, zum Beispiel das Fest und die Feier.
9. Die Spiele bringen Erholung und Unterhaltung.
10. Die Spiele schaden dem Erwachsenen und korrumpieren den Erwachsenen (Glücksspiele).
11. Die Spiele und das Spielen bieten ein Gestaltungselement im Erziehungs- und Unterrichtsprozeß (methodischer Aspekt).
12. Die Spiele und das Spielen bekommen ihren Stellenwert innerhalb einer Theorie der Erziehung.
13. Die Spiele und das Spielen haben einen sozialerzieherischen und therapeutischen Effekt.

Die Betrachtung des Spiels zwischen 1880 und 1900 ist noch weitgehend traditionalistisch bestimmt. Es wird vor allem auf die Antike und auf den Philanthropismus zurückgegriffen. Spiel und Arbeit, Spiel und Erholung, das sind zentrale Themen, die sich mit der Frage nach der richtigen Körperbetätigung verbinden, die im Anschluß an GUTS-MUTHS eher eine spielerische sein sollte als das „vaterländische Turnen" JAHNs (die Gedanken und praktischen Einführungen von Adolf SPIESS (1810 – 1858) wurden verstärkt aufgegriffen, mit denen auch das Schulturnen von dem der Erwachsenen deutlich unterschieden wurde, 1882 erscheint der „Goßlersche Spielerlaß", der auch das Spielen in freier Natur und auf Plätzen anregt).
Auch die FRÖBELsche Spieltheorie behält, vor allem für die Kleinkinderziehung bzw. Kindergartenpädagogik, ihre Bedeutung. Allerdings tritt deren metaphysische Symbolik (der Ball als Symbol des Alls u. ä.) nicht mehr in den Vordergrund. Gesehen wird vielmehr der pragmatische Aspekt: die Spielgaben bauen folgerichtig aufeinander auf und ihre Gestaltung entspricht der kindlichen Entwicklung.
Man sucht weiterhin nach einer ausreichenden theoretischen Absicherung der pädagogischen Bemühungen und befragt deshalb die Dichter GOETHE und SCHILLER ebenso wie viele der bedeutsamen Pädagogen von August Hermann NIEMEYER (1754 – 1828) über Friedrich Heinrich Christian SCHWARZ (1766 – 1837) und Jean Paul Friedrich RICHTER (1753 bis 1825) bis zu Karl Georg VON RAUMER (1783 – 1865) oder Friedrich Eduard BENEKE (1798 – 1854) (vgl. hierzu auch MOLLER 1873).

Besondere Beachtung fand im Zusammenhang mit dem Spiel zunehmend der Aspekt der *Selbsttätigkeit*. Beschäftigungsschwerpunkte bildeten außerdem die dichotomischen Abgrenzungen ganz allgemein zur Arbeit oder, bereits pädagogisch spezifischer, zu einem freien und gelenkten Tun des Kindes, einem Handeln, das gewissermaßen aus seinen inneren Kräften herausdrängte und einem solchen, zu dem hingeführt werden mußte.
Um die Spiele, im Gegensatz zu dem Spiel, das sich einfach ereignet, konsequenter pädagogisch nutzbar zu machen, wurde nach sinnvollen Unterscheidungen und Einteilungen gesucht. Dabei fand man zu einer Palette von Abgrenzungsmöglichkeiten: Bewegungsspiele werden von „sitzenden", als einseitig „psychischen" Spielen angesehenen, unterschieden, Spielen des Verstandes werden solche der Phantasie gegenübergestellt, man unterscheidet Spiele, bei denen es auf Kraft und Tätigkeit (Geschicklichkeit) ankommt, von solchen, die mehr ein Interesse beleben und der Selbsterfahrung dienen. Spiele, welche des Spielzeugs nicht bedürfen, werden als synthetische klassifiziert, die übrigen als analytische, gesellige Spiele.
Die pädagogische Bedeutung des Spiels ist relativ unumstritten. Man betrachtet es kaum noch als Hindernis für den Erziehungsprozeß oder als notwendiges Übel, sondern als wertvolles Entfaltungsmoment und ein besonders bei jüngeren Kindern geeignetes Erziehungsmittel (vgl. hierzu u. a. SCHALLER 1861; GASSMANN 1879; JACOB 1980; AMBROS 1880; BIZYENOS 1881; SCHEVEN 1883; SCHULLER 1885; REISCHLE 1886; RAUCH 1918), die *Spielzeugmacher* haben Konjunktur – vgl. OEHME um 1850.
Hinzu kommt eine zunehmende Aufnahme und Verarbeitung von psychologischen Aussagen (vgl. BIZYENOS 1881, aber vor allem auch GROOS 1896 und 1899 und dessen Adaption durch sehr viele der damaligen Pädagogen).
Auf der anderen Seite wird, wie sich das zum Beispiel im Enzyklopädischen Handbuch der Erziehungskunde von LOOS (1911) zeigt, Spiel mit *Spielbewegung* gleichgesetzt und damit auf den Bereich Sport, Leibesübungen, Turnen, körperliche Gesundheit fixiert. 1876 und 1881 kam es zu Beschlüssen des „Vereins für Körperpflege in Volk und Schule", mit denen die Turnspiele als Volksspiele wieder eingeführt und durchgesetzt wurden. Ab 1889 wurden diese Spiele parallel auch in vielen Schulen durchgeführt und bildeten gewissermaßen Vorläufer der „Bundesjugendspiele" bzw. der Schulsportfeste unserer Zeit. 1891 wurde der „Zentralausschuß für Volks- und Jugendspiele" gegründet, auf dessen Initiative hin Spielkurse für Lehrer eingerichtet, Kongresse abgehalten und Spielschriften veröffentlicht wurden (vgl. SCHRÖER 1911). Die in der Folge erschienenen Spielbücher und Agitationsschriften bilden allein schon einen beachtenswerten Forschungsgegenstand für sich (vgl. RÖSCH 1982; Katalog „Forum für Sportgeschichte" 1982).
Ganz allmählich wuchs das Interesse daran, nicht nur über Art und Wesen des Spiels genaueres zu erfahren, sondern auch über die konkreten *Spielabläufe* und *Spielwirkungen* besser informiert zu sein. Sowohl die Bemühun-

gen um eine Integration des vorhandenen Wissens als auch die empirischen Untersuchungen mehren sich. An dieser Stelle muß jedoch angemerkt werden, daß sich in dieser Zeit philosophische, psychologische und pädagogische Betrachtungen des Gegenstandes Spiel nur schwer voneinander trennen lassen. Das gilt auch für die sich nach 1900 häufenden Beobachtungsstudien. Bis 1900 bleibt es jedoch weitgehend bei Bestandsaufnahmen und Rekursen auf die traditionellen Kenntnisse mit ersten Nuancierungen und Proklamationen (Spielbewegung). Das Angebot an praktischen Handreichungen blieb überschaubar und traditionell geprägt (vgl. AMBROS 1880; LESKE 1900; VON HAHN 1894); die theoretische Betrachtung wechselte von der philosophischen Angebundenheit zur psychologischen und blieb im wesentlichen bei den drei Positionen der Antike sowie der Wegweisung von GUTSMUTHS und den Dichterklassikern.

VI. Die Fülle der reformpädagogischen Bemühungen

Mit Beginn des 20. Jahrhunderts, u. a. in Verbindung mit der Jugendbewegung, wächst das Interesse am Schulleben, an einem selbsttätigen Unterricht und am „Arbeitsunterricht", so daß, gewissermaßen in Äquivalenz, das Interesse an Spiel, Fest und Feier ebenfalls zunimmt. „Dem kindlichen Spiel wird daher in neuerer Zeit von allen Pädagogen eine außerordentlich große Bedeutung beigemessen" heißt es bei PRÜFER (1925, 162). Tatsächlich nimmt die Literatur zu diesem Themenkomplex ab 1900 explosionsartig zu, und man kann kaum einen der bekannteren Reformpädagogen finden, der sich nicht in der einen oder anderen Weise zum Spiel äußert. Das meiste davon ist bekannt (vgl. hierzu die umfassende, pionierhafte Auseinandersetzung von SCHEUERL), einiges jedoch wurde weniger gesehen oder beachtet und vor allem in seiner Symptomatik und strukturbildenden Diskussionsbreite kaum gewürdigt.
Anregend wirkten vor allem die sich mehrenden psychologischen Darstellungen (vgl. GROOS 1896, 1899; COLOZZA 1900; CLAPAREDE 1911; STERN 1914; K. BÜHLER 1927; HETZER 1927; JAEHNER 1930), aber auch bereits soziologische (vgl. WERNER 1926; FUXLOCH 1930). Philosophische, psychologische, soziologische und pädagogische Bemühungen verbanden sich allerdings auf das innigste miteinander. Bereits in vielen Titeln drückt sich aus, wie verquickt man die Bereiche noch sah: „Kinderpsychologie und experimentelle Pädagogik" (CLAPARADE 1911). Bezeichnungen wie „experimentelle Pädagogik" oder „praktische Pädagogik" verbanden sich mit solchen der psychologischen Spielforachung, soziologische und pädagogische Studien erschienen in psychologischen Reihen (vgl. FUXLOCH 1930). Es dauert bis heute, daß Pädagogen ihre wechselnden Begründungen für den Stellenwert des Spiels, für seine Funktionen usw. den anthropologischen, psychologischen und soziologischen Untersuchungen und Theoriebildungen entnehmen. Bei diesem Vorgang kam und kommt es leicht zu Pädagogisierungen, die auch auf eine Vereinseitigung

hinauslaufen. So reservierten einige im Anschluß an die Kraftüberschußhypothese das Spiel für bestimmte Fächer, zum Beispiel den Sport (vgl.
zum Beispiel SCHRÖER 1911) und im Anschluß an die „Erholungstheorie" auf
bestimmte „Spielstunden" (vgl. zum Beispiel WITTE 1908) oder die Pausen.
Innerhalb der *Kunsterziehungsbewegung* erhält das Spiel mit Farben und
Formen eine besondere Bedeutung zugesprochen. Die freien geistigen Kräfte
des Kindes können sich hier voll entfalten (vgl. zum Beispiel LANGE 1904;
SCHLIENKAMP 1925). In ihr werden auch die rhythmischen und tänzeri-
schen Elemente, die musikalischen und gymnastischen, zum Spiel gehörig,
neu belebt (vgl. JÖDE 1919, 1928; BODE 1925).
Mit der *Laienspielbewegung* (vgl. PALLAT / LEBEDER 1924; HEMPRICH
1926; LUSERKE 1927, 1928) verbreitet sich ein breites Engagement für die
Bühne und das darstellende Spiel (vgl. LOSCHEN 1925), das sogar eine amt-
liche Förderung erfährt (vgl. die Einrichtung von entsprechenden Lehr-
gängen für Lehrerinnen und Lehrer, zum Beispiel in Amtliches Schulblatt
für den Regierungsbezirk Arnsberg 1927, 98). B. OTTO will, daß die Kluft
zwischen freiem Spielleben und Schulunterricht überbrückt wird und fordert freie spielerische Lernformen für den Unterricht (OTTO 1910, 1914),
J. KRETSCHMANN setzt sich für das Lernspiel und die Entwicklung von
Lernspielen ein (KRETSCHMANN 1948). In den freien *Waldorfschulen*
nach der Konzeption von R. STEINER ist das Spiel Gegenkraft und lebens-
volles Wirkelement. In der Euryhmie vereinigen sich spielerische, tänzerische, sprachliche und musikalische Elemente zu einer neuen Einheit.
„Schauspiele" und spielerische Aufführungen verschiedener Art gehören
zum untrennbaren Lebensvollzug dieser „Einheitsschule". In der Zeit der
Reformpädagogik selbst erheben Waldorf-Pädagogen Kritik an der herrschenden Einschätzung des Spiels und verweisen vor allem auf die, im Vergleich zum Lande schlechten Möglichkeiten in der Stadt (vgl. HAHN 1929),
und es wird von STEINER selbst (1921) auf die Bedeutung verwiesen,
welche die Wirkungen der Umwelt auf das Spielverhalten des Kindes haben
und wie andererseits aus der Regsamkeit des Kindes selbst Spielvorgänge
entstehen. Bei HAHN (1929, 43) heißt es bereits, wie später ähnlich bei
PORTMANN (1976): „Spiel ist nicht Zeitvertreib; wahres Spiel ist *Zeit-
erfüllung.*" Maria MONTESSORI entwickelte ihre Lern-„Spiel"-Materialien
(zum Beispiel 1913, 1928), aber sie sieht das Spiel ebenso wie viele andere
als Äquivalent zur Arbeit und, im Zusammenhang mit der Gymnastik, als
eine Möglichkeit, „den Überschuß an Energie zu verausgaben" (MONTES-
SORI 1969, 108), nicht aber etwa zur körperlichen Ertüchtigung.
Die *Jugendbewegung* forcierte Gelände-, Wettkampf-, Laien-, Rollen- und
Tanzspiele (Reigenspiele), setzte Maßstäbe für Spiele im Freien, bot aber
auch die Nähe, ja vielleicht den Nährboden für Gelände- und kriegerische
Planspiele (vgl. SCHÄFER 1921; HAASE 1926; COCHENHAUSEN 1026).
J. PETERSEN gab den Feiern und Spielen einen festen Ort im Schulleben
(vgl. PETERSENs Jena-Plan, aber auch die Führungslehre des Unterrichts
und die dazu bei SCHEUERL, 1956, vorfindbaren dezidierten Aussagen).
A. REICHWEIN verankert die verschiedenen Spiele, und das ist deutlich ein

Schritt über die deklamatorische Absichtserklärung oder theoretische Begründung hinaus, fest im Schulalltag, zeichnet sich aus dem konkreten Geschehen nach. Bei ihm gibt es chorische, gegenständliche, gestaltende, körperliche, ursprüngliche, weihnachtliche Spiele, Bewegungs-, Bühnen-, Einzel-, Gruppen-, Gesellschafts-, Fest-, Hör-, Kampf-, Krippen-, Lehr-, Rechen-, Schrift-, Zeichen-, Sing-, Tanz-, Sinn-, Sprach- und Tummelspiele (vgl. REICHWEIN 1967). Auch GAUDIG (1917) und KERSCHENSTEINER (1912) gaben dem Spiel, neben der Arbeit, Raum im Schulleben, wenngleich dieser in ihren Vorstellungen nicht für die Arbeit gleichrangig sein konnte.

Die Breite der reformpädagogischen Diskussionen und Auseinandersetzungen mit dem Spiel ist beachtlich und kann hier nur skizzenhaft angedeutet werden. Neben den genannten ließen sich viele andere nennen, die sich in der einen oder anderen Weise zum Spiel geäußert haben: LICHTWARK, HARTLAUB, SCHARRELMANN, aber auch NOHL (1949) und FOERSTER (1917) oder, wenig beachtet, LIETZ (1909, 1911, 1918) oder, kaum bekannt, Ernst OTTO (1928). Daneben die zusammenfassenden Aufsätze von EGGERSDORFER / FRANKE / GÖTTING (1915) oder E. HOFFMANN (1930).

Versucht man, die verschiedenen Ansätze in ihren wesentlichsten Aussagen zusammenzufassen, so ergibt sich folgendes Bild;

1. Es wird versucht, die entwicklungspsychologische Bedeutung des Spiels zu berücksichtigen.
2. Es gibt erste Schritte, vom beobachteten Spielverhalten der Kinder aus Aufschlüsse über notwendige Bereitstellungen zu erhalten (Empirie).
3. Das Spiel wird, entsprechend jeweils eines Aspektes (zum Beispiel des Erholungsaspektes) im Denken über die Unterrichtsgestaltung usw. berücksichtigt.
4. Insgesamt gesehen fallen ausschließlich Teilaspekte unter die partikular zu sehende pädagogische Betrachtung.
5. Es gelingt nicht, die umfassenden Bezüge des mit dem Spiel und den Spielen verbundenen und für pädagogisch bedeutsam Erkannten zusammenzufassen oder gar zu strukturieren. Die Weite des spielpädagogischen Feldes wird zwar in den einzelnen „Bewegungen" und Personen annähernd repräsentiert, *in* der Zeit aber nicht gesehen.
6. Die fortdauernde und sich tradierende Auseinandersetzung mit den unter I. genannten Positionen erweitert sich durch den Vergleich mit neuen (vgl. zum Beispiel Sergius HESSEN, der FRÖBEL und MONTESSSORI in Beziehung setzt — SPRANGER geht (1935) von GROOS ausgehend auf BUYTENDIJK (1933) ein und KRÜCHE (1936) auf „Die Bereicherung unserer Kenntnisse des kindlichen Spiels seit Karl GROOS").
7. Eine unmittelbare Beeinflussung der Praxis durch die spieltheoretischen Ansätze und die pädagogischen Betrachtungsweisen erfolgt speziell nur in starker lokaler Begrenztheit (wie auch der nächste Abschnitt erweist); allerdings sind Auswirkungen auf die allgemeine Einschätzung des Spiels unverkennbar, wie zum Beispiel auch die Okkupation des Spielgedankens durch die verschiedenen ideologischen Richtungen erweist (vgl. die „Spiel- und Erholung-Bewegung" und die „Ferienaktionen" zum Beispiel der Sozialdemokraten zwischen 1906 und 1913 in den großen Städten — in Essen nahmen zum Beispiel mehr als 2000 Kinder 1913 an fünf Spielnachmittagen teil).

VII. Das Spielangebot für die Praxis als Indikator für das allgemeine Spielinteresse

Einen Hinweis auf die pädagogische Betrachtung des Spiels und der Spiele erhält man durch die Beachtung, die diesem Bereich spätestens ab 1900 allenthalben zukam. Neben die umfassenden Spielesammlungen treten nunmehr spezielle jeder Art; sie betreffen das Musizieren und Singen, das Tanzen und die rhythmische Bewegung, die Gymnastik und den Sport im allgemeinen, das Malen und Gestalten, die Bereitstellungen für Veranstaltungen, Feste und Feiern, fassen das Volks- und Brauchtum zusammen, offerieren einen Kanon an Möglichkeiten, der bereits sprachlich die außerordentliche Breite dokumentiert. Bis jetzt habe ich über zweihundert Einzeltitel gesammelt, gesichtet und in einem ersten Schritt zu gruppieren versucht. Etwa weitere achtzig Titel suche ich derzeit, nachdem sie „an westdeutschen Bibliotheken nicht mehr nachweisbar" sind. Bei meiner Arbeit zur Einteilung der Spiele bzw. der Erstellung eines Rasters unter pädagogischer Prämisse begegnete ich den bekannten Schwierigkeiten. Dem qualitativen Versuch sollte jedoch ein formal-quantitativer vorweggehen oder parallel laufen. Dennoch sind die bisherigen Ergebnisse nach meinem Erachten eine zu weiterer Arbeit Anlaß gebende Grundlage.

Grundsätzlich stellt sich das Problem für die Pädagogik seit langem. REISCHLE schreibt 1908: „Doch gilt leider noch jetzt, was GRASBERGER 1864 in seinem Werke ‚Erziehung und Unterricht im klassischen Altertum' sagte: eine strenge Einteilung der Spiele ist nirgends erreicht" (708). Daß sich mit diesem Bemühen nicht nur ein pädagogisches, sondern auch ein kultur- und sozialgeschichtlich allgemeines Interesse verbindet, mag der Verweis auf RAUSCH (1908) beleuchten, der mit seiner Dissertation „Das Spielverzeichnis im 25. Kapitel von FISCHARTs ‚Geschichtsklitterung' (Gargantua)" erkennnen läßt, was auch pädagogisch bedeutsam erscheint: die Parallelität von Spielen in verschiedenen Ländern, der Erhalt, die Wiederkehr, die Veränderung, die Weiterentwicklung und Neuschöpfung von Spielen, ihre Abhängigkeit von personalen, kontextualen und kulturellen Einflüssen.

Zunächst läßt sich folgende Grobeinteilung hinsichtlich der von mir herangezogenen Titel festhalten. Es handelt sich um

a) Spielesammlungen,
b) Spielbereitstellungen und
c) Spielanleitungen bzw. Spieltextvorgaben.

Nur sehr selten überschneiden sich diese Aspekte. Den größten Anteil haben die Spielesammlungen, gefolgt von den Bereitstellungen. Einen relativ geringen Anteil haben die Spielanleitungen.

Zu a) die Spielesammlungen

Hierunter wurden alle Sammlungen gefaßt, in denen vorrangig Spiele beschrieben wurden.

Die Beschreibung der Spiele richtete sich durchweg auf den Spielverlauf und die zu beachtenden Regeln, umfaßte aber auch mögliche Spielvariationen, Hinweise auf die minimale und maximale Anzahl der Mitspieler, den Spielraum (Raumbedarf), die Requisiten bzw. Spielgegenstände, gaben teilweise Bauanleitungen oder lieferten Wochen- und Monatsspielpläne mit usw.

Daß es beim Publikum ein großes Interesse an Spielen gegeben haben muß, beweisen die außerordentlich hohen Auflagen. Verweisen möchte ich beispielhaft auf das Buch von Josef AMBROS „Spielbuch. Mehr als 400 Spiele und Belustigungen für Schule und Haus", 8 Aufl. Wien / Leipzig 1888, und das von A. SCHLIPKÖTER „Was sollen wir spielen? 450 der beliebtesten Jugend-, Turn- und Volksspiele für Schule, Haus, Vereine und Gesellschaftskreise, 10. Aufl. (52. – 56. Tausend) Hamburg 1925.

Bei den spezifischen Spielesammlungen beziehen sich die häufigsten, oft schon aus dem Titel oder Untertitel erkennbaren Eingrenzungen

1. auf das Spielalter und die Spielzeit,
2. auf den Spielort und den Spielraum,
3. auf den Spielanlaß bzw. den Spielvorgang.

Unterteilt wird nach Vorgängen bzw. Handlungen (Hüpfen, Kegeln, Laufen), nach Adressaten (bestimmte Schuljahrgangsstufen, Jugendkreise), nach Einsatzmöglichkeiten (Jahreszeiten, Örtlichkeiten), dem Spielmittel.

Die Einteilungen sind nicht einheitlich, subsumieren die gleichen Spiele unter unterschiedlichen Rubriken, lassen regionale Unterschiede erkennen und enthalten fast immer eine mehr oder weniger umfangreiche Sparte, die „sonstige" Spiele umfaßt. Die am häufigsten genannten sind folgende:

Ballspiele, Bauernspiele, Bewegungsspiele, Blindspiele, Brettspiele, Dominospiele, Fangspiele, Geländespiele, Gerätespiele, Geschicklichkeitsspiele, Haschspiele, Hazardspiele, Hüpf- bzw. Hinkspiele, Jagdspiele, Kampfspiele, Kartenspiele, Kegelspiele, Kettenspiele, Körperspiele, Kraftspiele, Kriegsspiele, Kugelspiele, Laufspiele, Neckspiele, Orakelspiele, Pfänderspiele, Ratespiele, Reifenspiele, Reimspiele, Scherzspiele, Scheibenspiele, Schlagspiele, Schreibspiele, Singspiele, Springspiele, Tanzspiele, Vexierspiele, Wasserspiele, Wettspiele, Wortspiele, Würfelspiele, Wurfspiele, Zieh- und Zerrspiele.

Gesondert zu nennen, weil in normalen Spielesammlungen nicht enthalten, sind die großen Reifenspiele, die Laienspiele und die Schatten- bzw. Silhouettenspiele (vgl. vor allem WEISMANTEL 1930).

Es zeigt sich hier, daß es das Spiel als Abstraktum im Alltag nicht gibt. Spiel ist im alltäglichen Leben oder in der pädagogischen Praxis immer ein Konkretum und solche Fragen, ob das Spiel ein Urphänomen ist, vor der Arbeit angesiedelt ist oder am Anfang jeder Kultur steht, stehen allenfalls im Hintergrund.

Zu b) die Spielbereitstellungen

Bereitstellungen für Spiele sind die Sammlungen an Texten, Liedern, Sprüchen, Reimen, Rätseln, Szenen, Rollen, Scharaden, Schattenspielen, aber

aber die zum Bühnenbau, zur Anfertigung von Figuren, wie zum Beispiel das berühmte, aber heute nicht mehr sehr bekannte Buch von Leo WEISMANTEL „Schattenspielbuch. Schattenspiele des weltlichen und geistlichen Jahres und Anleitung zur Herstellung einer Schattenspielbühne und zum Schattenspiel" (1930).

Spielbereitstellungen beziehen sich im allgemeinen auf die Spielart: das Singspiel, das dramatische Spiel, das Laienspiel, das Schattenspiel, das Puppenspiel, das Hörspiel, das Sprachspiel, das Rätselspiel.

Zu c) Spielanleitungen

Spielanleitungen geben genaue Kenntnis über
— die Spielvorbereitung und
— die Spieldurchführung bzw. den Spielverlauf.

In ihnen wird dargelegt, auf welche Requisiten man zu achten hat, welche Räumlichkeiten notwendig sind, wie die Beleuchtungsquellen auszusehen haben, welche Sicherungsmaßnahmen notwendig sind, wie man bestimmte Geräusche erzeugen kann und womit und anderes mehr.

Von der Beschreibung von Gangarten und Stimmlagen bis hin zu Planaufgaben für Kriegsspiele werden Durchführungsanleitungen gegeben.

In Verbindung mit den Spielesammlungen, Spielbereitstellungen und Spielanleitungen werden, in einem Vor- oder Nachspann (vgl. zum Beispiel WIPPER 1923; SCHLIPKÖTER 1925; HOSER 1926) immer wieder Aussagen zu folgenden Fragen gemacht:

Was ist das Spiel?
Was bedeutet das Spiel?
Wie spielen wir?
Warum und wozu spielen wir?
Wo sollen Spiele stattfinden?
Wann sollen Spiele stattfinden?
Welche Spiele sind zu bevorzugen?

Fragen, die bis heute bedenkenswert erscheinen, auch wenn wir den Antworten nicht mehr in allen Teilen zustimmen können.

In einem gewissen Maße läßt sich durch Spielesammlungen eruieren, welche pädagogische Betrachtungsweise vor Ort Geltung besaß. Das Maß der Verbreitung, die Art der Auswahl und der Einteilung, die Angaben über die Herausgeber und Autoren, die (oft programmatischen) Untertitel, die Reihen, die Verlage, dies alles läßt Rückschlüsse zu.

„Ein Kind, das nicht spielt, ist ein armes, bedauernswertes Kind" (HOSER 1926, 11). Kinder müssen spielen, heißt das, sie brauchen das Spiel zur gesunden Entwicklung. HOSER sieht im Spiel einen Weg zur Arbeit und zur Gesundheit, einen Förderer entschlossenen Wollens, einen Freudenspender und Gemeinschaftserzieher.

In ähnlicher Weise äußert sich MÖSE (1925, 3): „Ein Kind, das sich nie in fröhlicher Spielgemeinschaft tummelte, wird nie ein ganzer Mensch. Ein Mensch, der sich am unschuldigen Spiele nicht mehr freuen kann, ist ein bedauernswerter Armer!"

Gertrud BECKERS (1928, 9) eröffnet ihr Buch mit dem Satz „Der Jugend soll es gehören, der Schar, die, schon im Ernste des Lebens und der Berfusarbeit stehend, dringend des Ausgleichs in Lachen und Fröhlichkeit bedarf und die so gerne noch Kind sein möchte."
Die Zitate ließen sich auf unterschiedlichste Weise fortsetzen und würden immer wieder darauf zurückführen, daß mit der vorgelegten Spielesammlung, -bereitstellung oder -anleitung immer auch eine bestimmte pädagogische Einschätzung des Spiels und der Spiele verbunden war. Das unter solchen Prämissen zusammengetragene Material ist beachtlich und übertrifft das heutige Repertoire bei weitem. Die Sicherung und Analyse des überkommenen Spielgutes erscheint deshalb ertragreich und wünschenswert.

VIII. Die Einschätzung des Spiels im Spiegel einiger pädagogischer Handbücher, Erziehungs- und Unterrichtslehren

Die stellenweise anzutreffende Spieleuphorie und die Breite des Spielangebots und der Spielinitiativen und -animationen täuscht. Innerhalb der pädagogischen Lehrwerke bleibt es in einer Randrolle (vgl. zum Beispiel HEILMANN 1908; LEUTZ 1909; MESSER 1925, 1931) oder es erscheint gar nicht (vgl. zum Beispiel LEHMANN 1912), wird abgelehnt (RUDE 1911) oder die Titel suggerieren „Spiel" und beinhalten durchstrukturierte Lerninhalte (vgl. WAGNER 1921). Die „Erziehungskunst" von Alban STOLZ ist in der 10. Auflage und mit dem 27. Tausend 1921 immer noch vorhanden und bestimmt eines der Meinungsspektren. Spielen in Form einer der Gesundheit förderlichen Bewegung, vor allem in frischer Luft, wird von STOLZ bejaht, aber „mit Kindern des anderen Geschlechts" darf man sich nie in Spiele einlassen. Spielerische Darbietungen werden, wegen des mangelnden Ernstes, ebenso abgelehnt wie die Mitwirkung von Kindern selbst bei biblischen Theaterstücken (153). Kinderschauspiele sind „besonders verwerflich" (159). Die Teilnahme an den Geschäften des Hauses ersetzt in der Sicht von STOLZ (199) das Spiel bzw. sie sind ihm gleichzusetzen. Der „unbeherrschten Spielsucht" der Kinder ist entgegenzutreten (341).
Wo das Spiel Erwähnung findet, geschieht dies häufig nur unter einer Blickrichtung: das Spielzeug (WETKAMP 1912), Kunst und Spiel (SALLWÜRK 1902), das Turnspiel (LEUTZ 1909) werden gesehen, umfassendere Äußerungen fehlen.
Mit der ansonsten anzutreffenden Reflexion nicht übereinstimmende Betrachtungen des Spiels sind die Regel. Beispielhaft sei auf HEILMANN (1908, 278 f.) verwiesen. Bei ihm ist das Spiel zur „Aneignung von Fertigkeiten" geeignet, „ergänzt den sinnlichen Vorstellungskreis", veranlaßt „ein wiederholtes Anschauen der Beziehungen, in denen die Dinge der kindlichen Umgebung untereinander und zum Kinde stehen", es fördert auch die „Gestaltungskraft der Phantasie", aber das entscheidende ist der Einfluß auf die sittliche Entwicklung. „. . . es veranlaßt Mut, Entschlossenheit, Ausdauer"

... „es zwingt zum Unterordnen unter ein gemeinsames Bestes; er erzieht zur Opferfähigkeit und zur Achtung fremder Rechte".

Wenn es auch keine ausgesprochen spielfeindliche Einstellung von Pädagogen gab, so war die Bandbreite zwischen Spielbejahung und Spielverneinung doch immer schon groß und der Legitimationszwang derer, die in unserem Betrachtungszeitraum für das Spiel eintraten, seinen pädagogischen Wert hervorhob, war trotz der weitverbreiteten grundsätzlichen Bejahung des Spiels nicht verschwunden.

IX. Schlußbetrachtung

Prinzipiell unterscheiden sich die Betrachtungen von gestern von den heutigen nicht, allenfalls sind graduelle Unterschiede auszumachen. Völlig anders geartet war jedoch das verbreitete Engagement für das Spiel und für die Durchführung von Spielen. Ähnlich, wenngleich mit anderer Zielrichtung, war die Pädagogisierung des Spiels gelagert, waren die Versuche zur Verzweckung des Spiels. Spiele, schon damals, im Einsatz gegen den Alkoholmißbrauch im Straßenverkehr (vgl. SPRINGENSCHMID 1930), Spiele aber auch zur Vorbereitung auf das Soldatentum, zur Gewöhnung an Führerschaft (vgl. SCHELLER 1928), zum Training militärischer Fähig- und Fertigkeiten, wie schon die Gliederungspunkte ausweisen: Der Marsch mit Sicherung und der Überfall, das Winkerspiel, die Horchpostenkette, die Erstürmung von Dorfeingängen usw.

Aber auch schon das Aufgreifen, wenn auch nicht von pädagogischer, sondern von dichterischer Seite (RINGELNATZ 1924) der *Straßenspiele* von Kindern und ihre Umsetzung in neue Textformen (Abzählreime) und viele Anregungen, wie zum Beispiel die Listen für Handlungen zur Pfändereinlösung, die heute weitgehend in Vergessenheit geraten sind, wie viele der Spiele auch, finden sich hier.

Für die gegenwärtige pädagogische Auseinandersetzung mit dem Spiel und den Spielen legt das bisher Gesagte folgende Schlüsse nahe:

1. Die Gedanken über das Spiel, über die mit dem Spiel verbundenen Möglichkeiten, die theoretischen Überlegungen auf der einen und die Bereitstellungen unterschiedlichster Art auf der anderen bleiben häufig weitgehend isoliert voneinander. Trotzdem geben beide Signale für weitere Entwicklungen und beeinflussen das jeweils folgende Spielgeschehen.
2. Trotz der vielfältigen spielpädagogischen Bestrebungen, die es in einer bestimmten Zeit geben mag, bleibt die Aufgabe bestehen, sehr genau zu achten, die diese Arbeit auf die pädagogischen Ausbildungsbereiche wirklich hat.
3. Die Reichhaltigkeit der Spielideen, -vorschläge, -anleitungen usw. bedarf offensichtlich einer gezielteren pädagogischen Aufarbeitung, um Praxis und Theorie stärker miteinander zu verbinden.
4. Die Weite des Gebietes der Spielpädagogik vermag durch die historische Aufarbeitung und Analyse verdeutlicht und inhaltlich konkretisiert zu werden (was hier nur skizzenhaft geschehen konnte), aber sie verweist auch auf die Schwierigkeit, zu einer interdisziplinären Zusammenarbeit zu gelangen. Für die einen bleibt das Spiel häufig Sport, für die anderen Theater und so fort, der Blick über den Zaun, der wechselseitig befruchtend wirken könnte, gelingt nur selten.

5. Die Bekanntheit des pädagogisch bereits Gedachten vermag erneut auf offene Fragen zu verweisen und unbearbeitete Teilbereiche hervorzuheben.
6. Als Irrwege oder Abwege erwiesene spielpädagogische Gedankengänge und Praktiken ermöglichen es, einer evtl. Fehlentwicklung frühzeitiger zu begegnen.
7. Die Beobachtung und Analyse gegenwärtiger Spielvorgänge erhält Impulse und wird vergleichbarer.
8. Es ist aus den geschichtlichen Betrachtungen klar ersichtlich, daß für die pädagogischen Leitfragen, wie zum Beispiel die nach dem Wert des Spiels, nach dem Spielgeschehen, nach den Spielabläufen und dem Charakter der Spiele ein utilitaristisches Denkmodell nicht ausreicht.
9. Der Erfolg von Spielangeboten verweist auf ein fortwährend bestehendes latentes, aber in bestimmten Situationen konkret werdendes Verlangen nach Anregung, Beispielvorgabe und Animation (vgl. die entsprechenden Initiativen ab 1900).
10. Gespielt wird immer. Für den Pädagogen sind deshalb Fragen, wie oder was gespielt wird, immer neu zu stellen. Das ist gerade aus den Bereitstellungen der Geschichte zu lernen.
11. Spielen und Spiele unterliegen immer der Gefahr pädagogischer Korrumption.
12. Progressives Engagement kann nicht über die festgefügten und wirkungsvollen konservativen Positionen hinwegtäuschen.

Anmerkung: Zu den jüngeren, wenngleich ebenfalls geschichtlichen Betrachtungen vgl. die diversen Aussagen in diesem Handbuch, aber auch die Einleitung des Verfassers. Zu den hier wenig oder verkürzt angegangenen Betrachtungen vgl. SCHEUERL 1954 und 1955 sowie RÖHRS 1981.

Die Besinnung auf das Erbe erscheint gerade wieder in einer Zeit wesentlich zu sein, die immer mehr im Zeichen der Beherrschung durch technische Medien und ökonomische Zwänge steht und durch quantitative und formale Kriterien gekennzeichnet ist.

Literatur

Ackermann, E.: Spiel und Arbeit, in: Rein, W. (Hrsg.): Encyklopädisches Handbuch der Pädagogik, 8. Bd., 2. Aufl. Langensalza 1908, 717 – 725
Ahrens, W.: Mathematische Unterhaltungen und Spiele, Leipzig 1901
Althochdeutscher Sprachschatz oder Wörterbuch der althochdeutschen Sprache, Hildesheim 1963
Ambros, J. (Hrsg.): Spielbuch. 400 Spiele und Belustigungen für Schule und Haus, 3. Aufl. Wien 1880
Amtliches Schulblatt für den Regierungsbezirk Arnsberg, 37. Jahrgang, Arnsberg 1927, Nr. 7, 98
Anton, F.: Encyklopädie der Spiele, 3. Aufl. Leipzig 1879
Ariès, Ph.: Geschichte der Kindheit, Frankfurt a. M. / München / Wien 1975 (Paris 1960)
Aristoteles: Nikomachische Ethik, 4. Aufl, übers. v. F. Dirlmeier, Darmstadt 1967
Ballauf, Th.: Pädagogik. Eine Geschichte der Bildung und Erziehung, Bd. 1, Freiburg / München 1969
Basedow, J. B.: Elementarwerk, 1. Bd., Leipzig 1908
– Elementarwerk mit den Kupfertafeln Chodowieckis u. a., 3. Aufl. Leipzig 1909
– Methodenbuch für Väter und Mütter der Familien und Völker, Paderborn 1914
Beckers, H. (Hrsg.): Unser Spielbuch, Mönchen-Gladbach 1928
Behagel, A.: Der Turn- und Spielplatz, Heilbronn 1883
Behrendt, F.: Sonnenstäubchen. Bewegungsspiele. Vom rhythmischen Gestalten im ersten und zweiten Schuljahr meiner Grundschulklasse, Breslau 1925

Bizyenos, G. M.: Das Kinderspiel in bezug auf Psychologie und Pädagogik, Diss. Göttingen 1881
Bockemühl, E.: Wir wollen spielen! 7 kleine Spielszenen für kleine Kinder, Neuwied 1926
Bode, R.: Rhythmus und Körpererziehung, Jena 1925
Boehm, M. V.: Puppen und Puppenspiele, 2 Bde., München 1929
Böhme, K.: Die Entwicklung des Kinderspiels, Dresden o. J.
Boesch, H.: Kinderleben aus deutscher Vergangenheit, Leipzig 1900
Böttcher, A. / Kunath, A.: Lehrgang für das Mädchenturnen, 2. Aufl. Hannover / Berlin 1904
Bolte, J.: Zeugnis zur Geschichte unserer Kinderspiele, in: Zeitschrift des Vereins für Volkskunde 19 (1909), 381 – 414
Born, P.: Übungsformen und Lernspiele für Klassen-, Gruppen- und Einzelarbeit, Leipzig 1934
Braig, A.: Kinderspielzeug, in: Das Kind, Leipzig 1925
Bühler, K.: Die Krise der Psychologie, 3. Aufl. Stuttgart 1965 (1. Aufl. 1927)
Burhenne, H.: Die Maienkönigin und andere Spiele für Kinder, Halle a. d. S. 1927
Busch, A.: Gesellschaftsspielbuch, 17. Aufl. Berlin 1928
Busse, K.: Kinderbühne im deutschen Haus. 20 dramatische Spiele für unsere Jugend, Berlin / Leipzig 1922
Buytendijk, F. J. J.: Wesen und Sinn des Spieles, Berlin 1933
– Spiel von Mensch und Tier, Berlin 1933
– Das menschliche Spielen, in: Neue Anthropologie, hrsg. v. H.-G. Gadamer / P. Vogler, Bd. 4, Kulturanthropologie, München 1973, 88 – 122
Cajetan-Milner, K.: Kinder und ihr Spielzeug, in: Daheim 40 (1903/04), Nr. 6, 14 – 15
Campe, H. J.: Allgemeine Revision des gesamten Schul- und Erziehungswesens, Wien / Wolfenbüttel 1787
Campe, J. H.: Abeze- und Lesebuch Braunschweig 1830, hrsg. und mit einem Nachwort versehen von H. Göbels, Dortmund 1979
Candido-Kubin, F.: Spielzeug in der Schule, in: Schulreform 2 (1923), 171 – 172
Cicero, M. T.: Vox humana. Ein Lesebuch aus Cicero, übers. und hrsg. v. O. Seel, 2. Aufl. Stuttgart 1963
Claparède, E.: Kinderpsychologie und experimentelle Pädagogik, Leipzig 1911
Cochenhausen, von: Anleitung für Planaufgaben und Kriegsspiele kleiner Verbände (Zug, Kompanie, Bataillon), Charlottenburg 1926
Colozza, G. A.: Psychologie und Pädagogik des Kinderspiels, Altenburg 1900
Comenius, J. A.: Pädagogische Schriften, 2. Bd.: Schola Ludus, d. i. Die Schule als Spiel, übers. v. W. Bötticher, 2. Aufl. Langensalza 1907
– Große Didaktik, übers. und hrsg. v. A. Flitner, 2. Aufl. Düsseldorf / München 1960
Das erste Milwaukeer Lesebuch nebst praktischen Sprachübungen. Verfaßt vom Verein deutscher Lehrer der öffentlichen Schulen von Milwaukee, Milwaukee, Wisc., 1880
Eberlein, K. K.: Das Kinderspielzeug und seine Form, in: Kunstwart 41/42 (1928), 161 – 169
Eggersdorfer, F. X. / Franke, J. / Götting, J.: Spiel, in: Roloff, E. M. (Hrsg.): Lexikon der Pädagogik, 4. Bd., Freiburg i. B. 1915
Elkonin, D.: Psychologie des Spiels, Berlin (Ost) 1980 (Moskau 1978)
Enderlin, M.: Das Spielzeug in seiner Bedeutung für die Entwicklung des Kindes, Langensalza 1907
Endres, St. / Schenk, E.: Freudvolle Bewegungsstunden. Rhythmische Spiele und Tänze nach Weisen alter Meister, Berlin 1930
Francke, A. H.: Werke in Auswahl, hrsg. v. E. Peschke, Berlin 1969
Foerster, Fr. W.: Erziehung und Selbsterziehung. Hauptgesichtspunkte für Eltern und Lehrer, Seelsorger und Jugendpfleger, Zürich 1917
Förster, H.: Kinderwelt im Kinderspiel. Bewegungsspiele für das Kleinkind, Wien / Leipzig 1930
Frerichs: Das Spiel, 2. Aufl. Norden 1878

Fröbel, F.: Gesammelte pädagogische Schriften, hrsg. v. W. Lange, Abt. 2: Die Pädagogik des Kindergartens. Über das Spiel und die Spielgegenstände des Kindes, Neudruck der Ausgaben von 1862 und 1874, Osnabrück 1966
Frohberg, W.: Übungsbeispiele aus dem Gebiet des Geräteturnens für Schulen und Vereine, 14. Aufl. Leipzig 1914
Fromm, E.: Lieder und Bewegungsspiele, 7. Aufl. Berlin 1922
Fußhoeller, L.: Das dramatische Spiel in der Schule, in: Neuendorff, E.: Die Schulgemeinde. Gedanken über ihr Wesen und Anregungen zu ihrem Aufbau, Berlin 1921
Fuxloch, K.: Das Soziologische im Spiel des Kindes, Leipzig 1930
Gaßmann: Spiel und Unterricht, Zürich 1879
Gaudig, H.: Die Schule im Dienste der werdenden Persönlichkeit, 2 Bde., Leipzig 1922
— Didaktische Ketzereien, 6. Aufl. Berlin 1925
Goergens: Das Spiel und die Ziele der Jugend, Leipzig 1883
Göckeritz, P.: Spiel und Scherz fürs Kinderherz. Ein Hilfsbuch für Eltern, Erzieher, Hortnerinnen und Spielleiter, Dresden 1926
Göth, I.: Laßt uns spielen!, Prag 1928
Götting, J.: Spiel und Arbeit. Spielerisch. Spielnachmittage. Spielplätze. Spielzeit, in: Roloff, E. M. (Hrsg.): Lexikon der Pädagogik, 4. Bd., Freiburg i. B. 1915
Götze, A. / Mitzka, W.: Trübners Deutsches Wörterbuch, begr. v. A. Götze, hrsg. v. W. Mitzka, 6. Bd., Berlin 1955 (1939)
Goldbaum, H.: Wie beschäftige ich mein Kind? IV. Spiele im Freien, Leipzig 1927
Gröger, A.: Turn- und Reckspiele, Leipzig 1928
Groos, K.: Die Spiele der Tiere, Jena 1896
— Die Spiele der Menschen, Jena 1899
— Das Spiel. Zwei Vorträge. I. Der Lebenswert des Spiels (2. Aufl.), II. Das Spiel als Katharsis, Jena 1922
Güll, F.: Rätselstübchen. Erste Sammlung sämtlicher Originalrätsel, hrsg. v. J. Lohmeyer, Glogau 1882
Guts-Muths, J. E. F.: Spiele zur Übung und Erholung des Körpers und Geistes für die Jugend und ihre Erzieher und allen Freunden unschuldiger Jugendfreuden, 9. Aufl. Hof 1914
Haase: Kriegsspiel – Planübung, 2. Aufl. Berlin 1926
Haase, E.: Physik des Spielzeugs, Leipzig 1921
Hahn, H.: Vom Ernst des Spielens. Eine zeitgemäße Betrachtung über Spielzeug und Spiel, Stuttgart 1929
Hahn, A. von: Buch der Spiele. Encyklopädie sämtlicher bekannter Spiele und Unterhaltungsweisen für alle Kreise, Leipzig 1894
Hartlaub, G. E.: Der Genius im Kinde, in: Flitner, W. / Kudritzki (Hrsg.): Die deutsche Reformpädagogik, Düsseldorf / München 1961
Hecker, H.: Gesellschaftsspiele, 2 Teile, 2. Aufl. Leipzig / Berlin 1936
Heilmann, K.: Handbuch der Pädagogik, I. Bd.: Psychologie und Logik. Unterrichts- und Erziehungslehre, Schulkunde, 11. und 12. Aufl. Leipzig 1908 (1. Aufl. 1897)
Hemprich, K.: Jugend- und Laienspiele. Klarheit und Scheidung der Begriffe: Kinderspiel, Jugendspiel, Laienspiel, Berufsbühne, Vereinsbühne, Dilettantenbühne, Merseburg 1926
— Spielpeterle und Ratefritze. Ein Buch der Lust und Freude für alle, die jung bleiben wollen, 3 Teile, Leipzig 1926
Herrigel, F.: Die pädagogische Bedeutung des Spiels, in: Neue Blätter aus Süddeutschland für Erziehung und Unterricht, 1906, 213 – 227
Hessen, S.: Fröbel und Montessori, in: Versuch einer philosophischen Theorie des Spiels: Die Erziehung 1 (1926), 65 – 99
— „Fröbel und Montessorie", Gegenkritik, in: Die Erziehung III/1928, 78 – 96
Hetzer, H.: Das volkstümliche Kinderspiel, Berlin 1927
— Die symbolische Darstellung in der frühen Kindheit, Wien 1926

— Richtiges Spielzeug für jedes Alter, Dresden 1931
— Die symbolische Darstellung in der frühen Kindheit, Wien / Leipzig / New York 1926
Heydebrand, C. von: Vom Spielen des Kindes. Das Kind beim Malen, Stuttgart o. J. (Neuaufl. 1956)
Hölzer: Die Wichtigkeit des Spiels für die Erziehung, in: Zeitschrift für das Gymnasialwesen 27, hrsg. v. H. J. Müller, Berlin, 520
Hoffmann, E.: Das Spiel, in: Nohl, H. / Pallat, L. (Hrsg.): Handbuch der Pädagogik, Bd. 3, Berlin / Leipzig 1930
Hoser, H.: Deutsche Spiele. Eine Sammlung der beliebtesten Bewegungsspiele, München 1926
Hülsemann, R.: Das Buch der Spiele für Familie und Gesellschaft, 2. Aufl. Leipzig 1930
Ilgner, A.: Berichte über Spiel-, Lehr- und Lernmittel, in: Die neue Erziehung 7 (1925), 125 – 133
Jacob, F. A. H.: Deutschlands spielende Jugend, Leipzig 1880
Jaehner, D.: Zwei Tage aus dem Leben dreier Geschwister, Leipzig 1930
Jöde, F.: Das schaffende Kind in der Musik. Eine Anweisung für Lehrer und Freunde der Jugend, Wolfenbüttel 1928
— Musik und Erziehung. Ein pädagogischer Versuch und eine Reihe Lebensbilder aus der Schule, Wolfenbüttel 1919
Katalog „Forum für Sportgeschichte", Berlin 1982
Kehrein / Keller: Handbuch der Erziehung und des Unterrichts, 8. Aufl. bearb. von A. Keller / J. Brandenburger, Paderborn 1893 (1. Aufl. 1877)
Kerschensteiner, G.: Begriff der Arbeitswelt, 12. Aufl. Stuttgart 1957 (1. Aufl. 1912)
Kluge, F.: Etymologisches Wörterbuch der deutschen Sprache, bearb. v. W. Mitzka, 20. Aufl. Berlin 1967
Koch, K.: Wodurch sichern wir das Bestehen der Schulspiele auf die Dauer?, Braunschweig 1887
— Der erziehliche Wert der Schulspiele, Braunschweig 1879
Kohlrausch, E. / Sparbier, J.: Bewegungsspiel, 4. Aufl. Berlin / Leipzig 1927
Kopp, C.: Spiel mit Kindern, Leipzig 1925
Kopp, F.: Alpenländische Bauernspiele bei besonderer Berücksichtigung der Kraft- und Geschicklichkeitsspiele, Wien / Leipzig / New York 1925
Kuban, W.: Die schönsten Gesellschaftsspiele im Zimmer und im Freien, Bonn 1928
Kück, E. / Sohnrey, H.: Feste und Spiele des deutschen Landvolks, 3. neubearb. Aufl. Berlin 1925
Kunsterziehung — Ergebnisse und Anregungen — Musik und Gymnastik, Leipzig 1906
Kutter-Rahner, L.: Fröhliche Geister, Basel 1929
Kretschmann, J.: Natürlicher Unterricht, Wolfenbüttel 1948
Krüche, H.: Die Bereicherung unserer Kenntnis des kindlichen Spiels seit Karl Groos Schrift „Die Spiele des Menschen" und ihre pädagogische Auswertung besonders für die ersten drei Schuljahre, Diss. Jena 1936
Lange, F.: Volks-, Turn- und Gesellschaftsspiele, Berlin 1925
Lange, K.: Die künstlerische Erziehung der deutschen Jugend, Darmstadt 1893
— Kunst und Spiel in ihrer erzieherischen Bedeutung, in: Kind und Kunst 1 (1904), 1 – 9
Lasker, E.: Brettspiel der Völker, Berlin 1931
Lausch, E.: 134 Spiele im Freien, Wittenberg 1883
Leitfaden für das Mädchenturnen in den preußischen Schulen, Berlin 1913
Lehmann, R.: Erziehung und Unterricht, Berlin 1912
Leske, M. (Pseudonym für Mariena Witter geb. Krebs): Illustriertes Spielbuch für Mädchen. Unterhaltend und anregende Belustigung, Spiel und Beschäftigung für Körper und Geist im Zimmer sowie im Freien, 18. Aufl. Leipzig 1900

Leutz, F.: Lehrbuch der Erziehung und des Unterrichts für Lehrer und Lehrerinnen, II. Teil: Die Unterrichtslehre, 6. Aufl. Karlsruhe 1909
Lexers, M.: Mittelhochdeutsches Taschenwörterbuch, 33. Aufl. Stuttgart 1972
Lichtwark, A.: Die Einheit der Künstlerischen Erziehung, in: Flitner, W. / Kudritzki, G. (Hrsg.): Die deutsche Reformpädagogik, Bd. 1, Düsseldorf / München 1961
Lietz, H.: Schulreform durch Neugründung. Ausgewählte pädagogische Schriften, besorgt von Rudolf Lassahn, Paderborn 1970
Locke, J.: Gedanken über Erziehung, eingel., übers. und erl. von E. v. Sallwürk, 2. Aufl. 1897
Lohß, H.: Das Wunderbuch der Kinderspiele. Ein Geschichten-, Spiel- und Bastelbuch (mit einem Verwandlungsbuch), Stuttgart o. J.
Lorenz, H.: Wehrkraft und Jugenderziehung, Leipzig 1900
Luserke, M.: Eine Betrachtung zum heutigen deutschen Jugend- und Laienspiel, in: Die Erziehung 3 (1928), 433 — 440
— Jugend- und Laienbühne. Eine Herleitung von Theorie und Praxis des Bewegungsspiels aus dem Stil des Shakespearschen Schauspiels, Bremen 1927
Luther, F.: Grundsätzliche Beiträge zu einer Theorie des Spiels, in: Archiv für die gesamte Psychologie 53 (1925), 103 — 168
Mangner, E.: Spielplätze und Erziehungsvereine, Leipzig 1884
Mann, K. (Hrsg.): Spiele und Belustigungen im Freien für Alt und Jung, Reutlingen 1928
Marrou, H. J.: Geschichte der Erziehung im klassischen Altertum, München 1977 (erste deutsche Ausgabe 1957; 1. Aufl. Paris 1948)
Mayer, M.: Unsere Spiele, Stuttgart 1930
Messer, A.: Geschichte der Pädagogik, Breslau 1925
— Pädagogik der Gegenwart, 2. erw. und verb. Aufl. Leipzig 1931
Meyer, W.: Nationale Wettspiele, Hannover 1888
Möse, A.: Bewegungsspiele und Volkstänze. Ein Spielbuch für Schule und Verein, B.-Laipa 1925
Mollberg, A.: Ein Stück Schulleben. Reihe: Pädagogisches Magazin, 202. Heft, Langensalza 1903
Moller, E.: Spiel, in: Schmid, K. A. (Hrsg.): Encyklopädie des gesammten Erziehungs- und Unterrichtswesens, 1873
Montaigne, M. de: Die Essais, Stuttgart 1953
Montessori, M.: Selbsttätige Erziehung im frühen Kindesalter, 1913
— Mein Handbuch, Grundsätze und Anwendungen meiner neuen Methode der Selbsterziehung der Kinder, 2. Aufl. Stuttgart 1928
— Die Entdeckung des Kindes, Basel / Wien / Freiburg 1969
Müller, M.: Kinderlied — Kinderspiel, Leipzig 1905
Münch, W.: Zukunftpädagogik. Berichte und Kritiken. Betrachtungen und Vorschläge, 3. Aufl. Berlin 1913
Nerad, H. / Friedl, H.: Frühlings- und Sommerfeste, Prag 1927
Niemeyer, A. H.: Grundsätze der Erziehung und des Unterrichts, 8. Aufl. Halle 1824/25
Nohl, H.: Die Theorie der Bildung. Darin unter: Bildungsgehalte und Bildungsformen „Das Spiel", in: Handbuch der Pädagogik, Bd. 1, Langensalza 1933
— Die pädagogische Bewegung in Deutschland und ihre Theorie, 3. Aufl. Frankfurt a. M. 1949
Oderich, F.: Der lustige Gesellschafter, Hamburg 1925
Oehme, H. C.: Spielzeugmusterbuch, Neuaufl. „Das Waldkirchner Spielzeugmusterbuch", Dortmund 1981
Otto, B.: Arbeit oder Spiele?, in: Der Hauslehrer, X. Jg., Groß-Lichterfelde bei Berlin 1910, 264
— Volksorganische Einrichtungen der Zukunftsschule, Berlin 1914
Otto, E.: Allgemeine Erziehungslehre, Leipzig 1928

Pallat, L. / Lebedes, H. (Hrsg.): Jugend und Bühne, Breslau 1924
Pappenheim, G. / Glümer, M. von: Spiel und Lied. Alte und neue Weisen für Kindergarten, Kinderhort, Schule und Haus, 5. Aufl. Leipzig 1927 (1. Aufl. 1908)
Paul, H.: Deutsches Wörterbuch, neubearb. v. W. Betz, 5. Aufl. Tübingen 1966
Petersen, P.: Der Jena-Plan einer freien allgemeinen Volksschule, Langensalza 1927
— Führungslehre des Unterrichts, Weinheim 1963
Pinloche, A.: Geschichte des Philantropinismus, Leipzig 1896
Plate, W.: Das Spiel in der deutschen Jugendbewegung. Ein Beitrag zur Psychologie und Phänomenologie des jugendlichen Gemeinschaftsspiels, Diss. Münster 1940
Platon: Der Staat über das Gerechte, 8. Aufl., übers. v. O. Apelt, Hamburg 1961
Portmann, A.: Das Spiel als gestaltete Zeit, in: Zeitschrift für Pädagogik 3 (1975), 335 — 340
— Das Spiel als gestaltete Zeit, in: Bayer. Akademie der Schönen Künste (Hrsg.): Der Mensch und das Spiel in der verplanten Welt, München 1976
Prüfer, J.: Friedrich Fröbels Mutter- und Kose-Lieder, 3. Aufl. Leipzig 1919
— (Hrsg.): Pädagogische Vorträge für Eltern, Berlin 1925
Rauch, E. von (alias Antonie Robolsky): Das große Buch der Kinderspiele, 8. Aufl. Berlin (um) 1918
Rausch, H. A.: Das Spielverzeichnis im 25. Kapitel von Fischarts „Geschichtsklitterung" (Gargantua), Diss. Straßburg 1908
Rechenberg, B. von: Schattenspiele, Hamburg 1930
Reichner, K.: Gesellschaftsspiele im Zimmer, Leipzig 1928
Reichwein, A.: Schaffendes Schulvolk, 4. Aufl. Braunschweig 1951
— Ausgewählte Pädagogische Schriften, besorgt von H. E. Ruppert, Paderborn 1978
Rein, W.: Pädagogik in systematischer Darstellung, 3. Bd.: C. Methodologie. Die Lehre von den Mitteln der Erziehung, 2. Aufl. Langensalza 1912
Reischle, M.: Das Spielen der Kinder in seinem Erziehungswert, Göttingen 1896
— Spiel, in: Rein, W. (Hrgs.): Encyklopädisches Handbuch der Pädagogik, 8. Bd., 2. Aufl. Langensalza 1908
Reschauer, H. / Brandl, E. B. (Hrsg.): Spielbuch. Die schönsten deutschen Spiele nach den neuesten Spielregeln zusammengestellt, Böhmisch-Krummau 1930
Reyler, W.: Spiel und Arbeit als Erziehungs- und Bildungswirklichkeiten, in: Neue Pädagogische Studien 1 (1929), 452 — 460
Richter, J. P. F.: Levena oder Erziehungslehre, 2. Aufl. Langensalza 1892
Ringelnatz, J.: Geheimes Kinder-Spiel-Buch mit vielen Bildern, Potsdam 1924
Röhrs, H. (Hrsg.): Das Spiel — ein Urphänomen des Lebens, Wiesbaden 1981
Rösch, H.-E.: 100 Jahre Spielbewegung, in: LSB 10, Oktober 1982, 22 — 23
Rousseau, J. J.: Emil oder über die Erziehung, vollst. Ausg. bes. von J. Esterhues, 3. Aufl. Paderborn 1963
Rude, A.: Schulpraxis. Unter besonderer Berücksichtigung der neueren Bestrebungen und Einrichtungen, 2. Aufl. 1911
Rulemann, Th.: Das große illustrierte Spielbuch. Enthaltend gegen 1000 neuere und ältere Spiele und Belustigungen, Berlin o. J.
Sallwürk, E. v.: Haus, Welt und Schule. Grundfragen der elementaren Volksschulerziehung, Wiesbaden 1902
Salzmann, Chr. G.: Ameisenbüchlein oder Anweisung zu einer vernünftigen Erziehung der Erzieher, Bad Heilbrunn (Obb.) 1960
Schäfer, P. G.: Geländespiel. Den Söhnen unseres Vaterlandes zugedacht. Umgearbeitet von F. Eckardt, 6. Aufl. Leipzig / Berlin 1921
Schaller, J.: Das Spiel und die Spiele. Ein Beitrag zur Psychologie und Pädagogik, wie zum Verständnis des geselligen Lebens, Weimar 1861
Scharrelmann, H.: Erlebte Pädagogik, Hamburg / Berlin 1912
— Von der großen Umkehr. Beiträge zu einer intimen Pädagogik, Braunschweig / Hamburg 1924
Scheller, Th.: Geländespiele für die deutsche Jugend, Leipzig 1928

Scheuerl, H.: Das Spiel. Untersuchungen über sein Wesen, seine pädagogischen Möglichkeiten und Grenzen, Weinheim / Berlin 1954
- (Hrsg.): Theorien des Spiels, 10. erw. und erg. Aufl. Weinheim / Basel 1975

Scheven, B. v.: Unsere Kinder und ihre Spiele, Berlin 1883

Schilder, M.: Sechs Kinderspiele, Berlin 1926

Schiller, F.: Werke, Bd.: Gedichte, Prosa, hrsg. v. B. von Wiese, Frankfurt a. M. 1961; darin: Über die ästhetische Erziehung des Menschen, in einer Reihe von Briefen (1793/94), 481 – 576

Schiller, H.: Handbuch der praktischen Pädagogik für höhere Lehranstalten, 3. Aufl. Leipzig 1894

Schleiermacher, F. E. D.: Ausgewählte pädagogische Schriften, bes. v. E. Lichtenstein, Paderborn 1959

Schlienkamp, F.: Der Kreislauf geistiger Tätigkeit und das Zeichnen als Unterrichtsprinzip, Paderborn 1925

Schlipköter, A.: Was sollen wir spielen? 450 der beliebtesten Jugend-, Turn- und Volksspiele für Schule, Haus, Vereine und Gesellschaftskreise, 10. Aufl. 1925

Schmid, Th.: Das Spiel unserer Jugend. Warum spielen wir? Wie spielen wir? Was spielen wir?, Bern 1928

Schneider-Reichel, M.: Kinderspiel und Kindersport findest Du hier in Bild und Wort, Leipzig 1929

Schollmeyer-Tecklenburg, I.: Wer spielt mit? Kinderszenen und einfache Kinderspiele, Frankfurt a. M. 1928

Schorn, A.: Geschichte der Pädagogik, Leipzig 1910

Schrader, H.: Wer spielt mit? 57 fröhliche Wettläufe, Lauf- und Ballspiele für Mädchen, dazu einige Denk- und Ratespiele, Berlin-Dahlem 1928

Schröer, H.: Spiel, Spielbewegung, in: J. Loos (Hrsg.): Enzyklopädisches Handbuch der Erziehungskunde, Wien / Leipzig 1911

Schützeichel, R.: Althochdeutsches Wörterbuch, 3. Aufl. Tübingen 1981

Schuller, G.: Über die Bedeutung und die Einrichtung der Spiele. Zur Pädagogik außer der Schule, Pr.-Hermannstadt 1885

Schwarz, Fr. H. Chr.: Die Schulen. Die verschiedenen Arten der Schulen, ihre inneren und äußeren Verhältnisse, und ihre Bestimmung in dem Entwicklungsgange der Menschheit, Leipzig 1832

Schwarz, F. H. Ch.: Lehrbuch der Erziehungs- und Unterrichtslehre, Paderborn 1968

Siegert, G.: Spielerisch, Spielsucht, in: Rein, W. (Hrsg.): Encyklopädisches Handbuch der Pädagogik, 8. Bd., 2. Aufl. Langensalza 1908, 715 – 726

Spranger, E.: Eine neue Theorie des Spiels, in: Die Erziehung 10 (1935)

Springschmid, K.: Das frohe Jahr. Ein Spiel- und Lesebuch für die deutsche Jugend, Berlin-Dahlem 1930

Staudinger, K.: Kind und Spielzeug, Leipzig 1923

Steiner, R.: Die Erziehung des Kindes vom Gesichtspunkt der Geisteswissenschaft, Dornach 1921
- Einleitende Worte zu einer Eurythmie-Darbietung, in: Flitner, W. / Kudritzki, G. (Hrsg.): Die deutsche Reformpädagogik, Bd. 2, Düsseldorf / München 1962

Stern, W.: Psychologie der frühen Kindheit bis zum sechsten Lebensjahre, 2. Aufl. Leipzig 1921 (darin: Sechster Abschnitt: Phantasie und Spiel), 179 – 195 und 321 bis 335

Stoewer, R.: Turnspiele, Sport, Wandern unserer Schuljugend, in: Zeitschrift für das Gymnasialwesen 42, 81

Stolz, A.: Erziehungskunst, 9. und 10. Aufl. Freiburg i. Br. 1921 (1. Aufl. 1873)

Strube, Fr.: Wer spielt mit. Kindergymnastik in Spielform. Ein fröhliches Turnbuch, Leipzig 1929

Sturm, J.: De litterarium ludis recte aperiendis, Straßburg 1538

Trapp, E. Ch.: Vom Unterricht überhaupt, in: Campe, J. H. (Hrsg.): Allgemeine Revision des gesamten Schul- und Erziehungswesens, Teil 8, Wien / Wolfenbüttel 1787 (Reprint: Vaduz 1979)

Tritthart, J.: Jugendspiele für Volks- und Bürgerschulen, Graz 1925
Tyciak, D.: Das Spiel des Kindes in der Großstadt. Eine pädagogisch-psychologische Untersuchung, dargestellt an Kindern der Kölner Schulgemeinde „Zuweg", Diss. Köln 1929
Vegius, M.: Erziehungslehre, übers. und erl. v. K. A. Kopp, Freiburg 1889
Villaume, P.: Von den Trieben, in: Campe, J. H. (Hrsg.): Allgemeine Revision des gesamten Schul- und Erziehungswesens, Teil 5, Wolfenbüttel 1786 (Reprint Vaduz 1979)
Vives, J. L.: Pädagogische Schriften, in: Erasmus D. v. Rotterdam: Ausgewählte pädagogische Schriften, Freiburg 1896
Vogl, Fr. / Lynge, W.: Sommer- und Winterspiele, Wien 1930
Wagenknecht, K.: Spiel und Sport, Langensalza 1926
Wagner, H.: Illustriertes Spielbuch für Knaben, Leipzig 1864
Wagner, R.: Spielendes Lernen. Ein Vorkurs im Elementarunterricht, 2. Aufl. Leipzig 1921
Weise, Ch.: Sämtliche Werke, Bd. 1, hrsg. v. J. D. Lindberg, Berlin 1971
Weismantel, L.: Schattenspielbuch. Schattenspiele des weltlichen und geistlichen Jahres und Anleitung zur Herstellung einer Schattenspielbühne, Augsburg 1930
– Schattelspielbuch. Schattenspiele des weltlichen und geistlichen Jahres und Anleitung zur Herstellung einer Schattenspielbühne und zum Schattenspiel, Augsburg 1930
Weller, D.: Die kindlichen Spiele in ihrer pädagogischen Bedeutung bei Locke, Jean Paul und Herbart, Langensalza 1908
Werner, J.: Das Spiel der Kinder. Eine soziologische Untersuchung, Diss. Münchn 1926
Wetekamp, W.: Selbstbetätigung und Schaffensfreude in Erziehung und Unterricht. Mit besonderer Berücksichtigung des ersten Schuljahres, 3. Aufl. Leipzig 1912 (1. Aufl. 1908)
Wichern, J. H.: Ausgewählte Schriften, hrsg. v. K. Janssen, Gütersloh 1979
Wilte, E.: Spielstunden, in: Rein, W. (Hrsg.): Encyklopädisches Handbuch der Pädagogik, 8. Bd., 2. Aufl. Langensalza 1908, 729 – 731
– Spielplätze, in: Rein, W. (Hrsg.): Encyklopädisches Handbuch der Pädagogik, 8. Bd., 2. Aufl. Langensalza 1908, 726 – 729
Wipper, O.: Humor beim Turnen. Scherzübungen – Scherzspiele, 2. Aufl. Dresden 1926 (1. Aufl. 1923)
Zaiser, G.: Neue Spiele für Jugendkreise, Stuttgart 1929
Zingerle, I. V.: Das deutsche Kinderspiel im Mittelalter, 2. Aufl. Innsbruck 1873
Zinn, K.: Kinderspiel und Spielzeug, 2. Aufl. Berlin 1912

10. Wider die Pädagogisierung des Spiels
Winfried Böhm

Auf den ersten Blick mag es höchst merkwürdig erscheinen, wenn in ein Handbuch der Spielpädagogik eine Einrede gegen die Pädagogisierung des Spiels aufgenommen wird. Dabei mag es um so mehr erstaunen, daß dieser präliminare Einspruch gar von einem Mitglied der Pädagogenzunft vorgetragen wird, mithin von jemandem, der aus wissenschaftspolitischen Gründen von Berufs wegen der Eroberung des Spiels durch die pädagogische Wissenschaft und aus statuspolitischen Gründen von Standes wegen der Okkupation von Spiel und Spielpflege durch die erziehungswissenschaftlichen Experten das Wort reden müßte. Wenn der Autor das nicht tut, vielmehr allen pädagogischen Bemühungen um das Spiel die Warnung vor einer leichtfertigen oder gar anmaßenden Pädagogisierung entgegenhält, dann ist freilich zu allererst klarzustellen, daß es sich dabei nicht um eine der wohlfeilen anti-pädagogischen Marotten handelt, wie sie gegenwärtig inflatorisch im Angebot sind. Auch geht es dem Verfasser nicht in vordergründiger Weise darum, aus irgendeinem antikonformistischen Motiv heraus wider den Stachel eines erziehungswissenschaftlichen Establishments zu löcken. Die folgenden Überlegungen zu Recht und Unrecht bzw. zu Möglichkeiten und Grenzen einer Pädagogisierung des Spiels entspringen nicht einer modischen Attitüde; sie resultieren vielmehr aus einer Reflexion über Legitimation und Reichweite des pädagogischen Zugriffs auf Grundphänomene des menschlichen Lebens, sie zielen auf eine Kritik jedes schlechten Pädagogismus und werden schließlich in der Forderung nach einer „Ludifizierung" der Pädagogik selbst einen (vorläufigen) Abschluß finden.

Doch genug der Vorbemerkungen — gehen wir *medias in res*. Daß Menschen spielen, ist wohl eine Tatsache, seit es Menschen gibt; und diese Tatsache wird auch nicht durch den Hinweis darauf weggewischt, daß im Laufe der Geschichte die faktischen Möglichkeiten zu spielen und die sozialen Chancen, sich spielerischer Muße hinzugeben, unterschiedlich verteilt waren und nicht selten den Charakter eines nur wenigen vergönnten gesellschaftlichen Privilegs an sich trugen. Aus dieser bloßen Tatsache folgt allerdings noch lange nicht, daß das Spiel erzieherisch gepflegt und gefördert werden sollte — genauso wenig wie etwa aus der Tatsache, daß Menschen stehlen und betrügen, eine Diebstahls- und Betrugserziehung herleitbar wäre. Umgekehrt spielen Menschen sicherlich seit Menschengedenken, ohne daß sie dazu einer eigenen Spielpädagogik bedurft hätten — mit anderen Worten: das Phänomen des Spiels ist viel älter als die pädagogische

Wissenschaft, älter wohl auch schon als das bloße pädagogische Problembewußtsein im Hinblick auf das Spiel.

Diese Feststellungen klingen banal und trivial, und doch machen sie den kritischen Frager stutzig: Wann und wo läßt sich denn überhaupt von Spiel sprechen? Wann und wo läßt sich ein menschliches Tun als Spiel qualifizieren und identifizieren? Nun, was immer man auch mit Spiel meinen und was immer man auch mit Spiel bezeichnen mag, niemals erfolgt die Aussage: „hier wird gespielt" oder „hier handelt es sich um Spiel" nur aufgrund der blanken Beobachtung eines Geschehens oder aufgrund des lapidaren Bemerkens eines Vorkommnisses, sondern sie geht stets aus einer ganz bestimmten Interpretation und Deutung menschlichen Tuns hervor, und zwar dergestalt: Da dieses Tun meinem vorgängigen Verständnis von Spiel – anders gesagt: meinem (Vor-)Begriff von Spiel – entspricht, bezeichne und qualifiziere ich es als solches und unterscheide es somit von anderem, eben nicht-spielerischem Tun bzw. Nicht-Spiel. Genau hier entspringt ja die schlichte Einfalt narrativer und anderer naiver Pädagogen, die zu glauben scheinen, aus der Beobachtung spielender Kinder Aufschluß über das Wesen des Spiels oder gar eine Antwort auf die Frage nach dem Grund von Spiel finden zu können, weiß aber doch eigentlich ein jeder, daß einer *spielende* Kinder gar nicht entdecken und ausmachen kann, es sei denn kraft des einzigen Erkennungsschildes: seinem (Vor-)Begriff von Spiel. Wie anders sollte er auch wissen, daß er spielende und nicht anderweitig hantierende Kinder vor Augen hat! Gewiß redet man vom Spiel der Wellen, vom Spiel eines Faltenwurfs, vom Spiel der Farben, aber ebenso gewiß handelt es sich dabei um Metaphern, und der metaphorische Gebrauch des Wortes leuchtet uns ein, weil wir immer schon über ein Vorverständnis bzw. einen (Vor-)Begriff von Spiel verfügen, und sei dieser noch so ungeklärt und angesichts der den komplexen Phänomen Spiel offenbar einwohnenden Paradoxien gleichwohl vage und unbestimmt.

Wenn wir uns hier einigermaßen Klarheit darüber verschaffen wollen, was mit der Gedankenfigur „Pädagogisierung des Spiels" gemeint ist, und wenn wir mit einiger Deutlichkeit sehen wollen, welche pädagogische Problematik in dieser formelhaft verkürzten Aussage wie in einer Nußschale verborgen ist, dann erscheint es notwendig, sich zunächst wenigstens blitzlichtartig den historischen Ansatzpunkt zu vergegenwärtigen, an dem die Pädagogik quantitativ und qualitativ ihr Interesse gezielt dem menschlichen Spiel zugewandt hat, sodann zu fragen, welche Gründe damals dafür maßgeblich waren und welche Gegebenheiten heute verstärkt nach einer pädagogischen Erörterung und Pflege des Spiels verlangen, um schließlich aufgrund einer Bestimmung auf das Spiel als Grundphänomen des (menschlichen) Lebens zu einer neuen Belichtung des Verhältnisses von Spiel und Pädagogik zu gelangen.

Hatten wir oben gesagt, daß das Spiel ohne allen Zweifel viel älter ist als die pädagogische Beschäftigung mit ihm, so ändert es daran nichts, wenn wir nunmehr hinzufügen, daß sich freilich schon in ägyptischen, assyrischen, griechischen und römischen Grabstätten kleine Gegenstände finden, die nicht kultischen Zwecken gedient haben, sondern den Kindern als Spielzeug, mithin Gegenstände, die offensichtlich in pädagogischer Absicht hergestellt, zumindest aber dargereicht wurden. Die Geschichte der Puppe als Kinderspielzeug läßt sich wenigstens bis ins 10. Jahrhundert vor Christus verfolgen, und sie reicht von diesem Zeitpunkt an fast lückenlos bis in die Gegenwart, wenngleich die Puppe selbst im Laufe der Zeiten zahllose Wandlungen erfahren hat (vgl. RABECQ-MAILLARD 1969). Auch der Zinnsoldat hat eine sehr lange Geschichte, die bis in die römische Antike zurückreicht und in der er sich trotz allen Wandels der Zeitläufte standhaft behauptet hat, wobei er seine Glanzzeit sicherlich im absolutistischen Frankreich erlebte, als die Dauphins mit ganzen Heeren kleiner Soldaten spielten, und für den späteren LUDWIG XIV. wurde gar eine richtige Armee eigens von dem Bildhauer Chanel DE NANCY entworfen und von dem Goldschmied MERLIN angefertigt. Ähnliches gilt allerdings auch für Gedulds- und Tischspiele, die Kindern und Erwachsenen gemeinsam sind; Schach, Dame, Mühle, Domino, Backgammon spielt man seit vielen Jahrhunderten, und man tut es weltweit mit nahezu unveränderten Regeln bis heute. Diese, vor allem aber das „königliche Spiel" Schach, wurden dann in der Aufklärungszeit als für jedes Alter geeignet angesehen, die Fähigkeiten des Gedächtnisses, der Analyse, der Voraussicht etc. zu entwickeln und zu schulen.

In unserem Zusammenhang darf auch nicht übersehen werden, daß sich sporadisch schon in vorgriechischen Inschriften, erklärtermaßen aber in der griechischen Philosophie, Reflexionen über die pädagogische Bedeutung des Spiels finden. Ob wir nun bei ARISTOTELES nachsehen, PLATON befragen oder auf andere Quellen zurückgreifen, so stoßen wir bezeichnenderweise durchweg auf zwei Anknüpfungspunkte, an denen pädagogische Wißbegier, erzieherische Handlungsabsicht und Spiel miteinander in Berührung gebracht werden. Das Spiel, wird gesagt, enthülle einerseits den kindlichen (bzw. menschlichen) Charakter, andererseits sei es auch imstande, ihn zu formen. Hinzu kommt drittens das Moment der Erholung; Spiel erscheint als labendes und erlösendes Remedium gegenüber der drückenden Last der Arbeit. Diese drei Motive – ein diagnostisches, ein informatorisch-instruktives und ein rekreatives – tradieren sich nahezu unverändert seit der Antike bis in die Gegenwart; sie werden, entsprechend den sozialen und kulturellen Veränderungen, unterschiedlich nuanciert; und je nachdem ob ein optimistisches oder ein pessimistisches Menschenbild vorherrscht, wird dem Kind (bzw. dem Menschen) die Lust am vergnüglichen Spiel bereitwillig vergönnt und gewährt oder selbst ein unschuldiges Lachen als Anzeichen lasterhaften Müßiggangs mißmutig verleumdet und vergällt. Unbeschadet dieser historischen Konstanten ändert sich das Bild doch ganz beträchtlich, als sich im Verlaufe des 18. Jahrhunderts einschneidende Wandlungsprozesse vollziehen, in deren Gefolge neue erzieherische Einrichtungen neben und außerhalb der Familie entstehen, ein erzieherische Kompetenz beanspruchendes Personal erwächst und sich eine neue Wissenschaft artikuliert, der der griechische Name *Pädagogik* zugelegt wird (vgl.

dazu ROESSLER 1961 und 1975). Die „allgemeine Gärung in Erziehungssachen", die CAMPE 1783 in seinem Plan zum Allgemeinen Revisionswerk feststellte, stand in engstem sozialgeschichtlichem Zusammenhang mit dem Übergang zu einer industriell-bürokratisch bestimmten Welt, mit dem Aufkommen neuer sozialer Schichten, mit der Trennung von Haus und Erwerbswirtschaft und mit dem Auseinandertreten von traditioneller familiärer und moderner öffentlicher oder institutioneller Erziehung. Da sich in dieser gärenden und brodelnden Zeit auch die überkommenen Sicherheiten einer gemeinsamen weltanschaulichen oder glaubensmäßig begründeten Überzeugung zersetzten, ließen sich angesichts einer zunehmend wertpluralistisch geprägten Welt Zuflucht und Halt nur bei einer am Probierstein der Vernunft und Erfahrung geschärften Wissenschaft suchen. Diese neue pädagogische Wissenschaft entstand in einem geschichtlichen Klima, das vor allem auch dadurch gekennzeichnet war, daß als Niederschlag der genannten sozialen Prozesse Kindheit und Jugend als spezifische und nicht mehr mit dem Erwachsenenleben identische Stufen hervortraten, denen ein eigener Raum des Lernens und der Erziehung zukommt und den zu füllen und auszugestalten Sache der Pädagogik und der Pädagogen wird. Diese besondere Entstehungssituation bringt es einerseits mit sich und macht es andererseits verständlich, daß die Pädagogik von Anfang an einen merkwürdigen Januskopf trägt: zum einen weckt sie durch den Aufweis der Erziehungsfähigkeit des Kindes und Jugendlichen ein bis dahin so nicht ausgeprägtes Bewußtsein von der Eigenart dieser Lebensstufen, zum anderen leistet sie durch die Behauptung der Erziehungsbedürftigkeit von Kind und Jugendlichem einer Tendenz Vorschub, die die erzieherische Einwirkung mehr als ein Machen und Herstellen begreift, zumindest aber als Disziplinieren und methodisches Bearbeiten im Hinblick auf gesetzte Ziele ansieht. Diese zweite Tendenz schlägt sich nachhaltig in der Konzentration auf die Gewinnung effektiver Methoden des Lehrens und Unterrichtens und in der Suche nach der „natürlichen" Methode schlechthin nieder.
In diesem geistigen Umkreis nimmt es nicht wunder, daß in Hinsicht auf das Spiel die genannten drei überlieferten Motive vehement aufgegriffen und entschieden betont werden. Das mag auch deshalb geschehen, weil auf diese Weise die paradoxe Doppelgesichtigkeit, „einerseits den jungen Menschen aus der Unmündigkeit und aus den Fesseln seiner sozialen Bestimmtheit befreien, ... andererseits ... den persönlichen und sozialen Charakter des Kindes hervorbringen und garantieren (zu) sollen" (FLITNER 1982, 18), am ehesten zu kaschieren ist; in jedem Falle aber hat dies zur Folge, daß das Spiel in den Rang eines pädagogischen Mittels gerät, das dann kompetent und sachkundig eingesetzt wird: um bei Lernen und Arbeit die Mühe durch das Angenehme zu überlisten, um genügend Erholung zu bieten und so die Kinder schulisch bei der Stange halten zu können, um das Lernen durch wohlersonnene Spiele effektiver zu machen, um die kindlichen Kräfte durch spielerische Übung zu trainieren und zu stärken, um bedenkliche Entwicklungen des Kindes ans Licht zu bringen und entsprechend therapieren zu können etc. etc.

Unter der Hand vollzieht sich so eine beachtliche Umwertung des Spiels; aus einer aller pädagogischen Bemühung vorgängigen Äußerung menschlichen Lebens wird es zu einem Produkt pädagogischer Erfindungskunst, aus einem nutzlosen, seinen Zweck in sich selbst tragenden menschlichen Grundphänomen wird es zu einem pädagogischen Zwecken dienstbar gemachten Mittel. Genau dieser gedoppelte Vorgang der Mediatisierung des Spiels und seiner Umdeutung von einer schöpferischen Hervorbringung des Kindes (bzw. Menschen) zu einer absichtsvollen Konstruktion der pädagogischen Fachleute soll hier mit „Pädagogisierung des Spiels" (im schlechten Sinne) gemeint sein und als pädagogische Anmaßung und erziehungswissenschaftliche Hoffart bloßgestellt werden.

Gewiß müssen wir uns hier vor einer Gefahr hüten, die immer dann droht, wenn ein Gedankengang — so wie hier — holzschnittartig herausgeschnitzt wird: der Gefahr schwarz-weißer Vergröberung und damit der Vereinfachung. Aber auch wenn wir dieser Gefahr eingedenk bleiben, müssen wir den Gedanken jener „Pädagogisierung des Spiels" doch noch weiter zuspitzen. Denn zum einen berührt sich das bisher Gesagte sehr eng mit jenem Prozeß der Verwissenschaftlichung der Erziehung, den Katharina RUTSCHKY in der Einleitung zu ihrer „Schwarzen Pädagogik" konturenscharf nachgezeichnet hat und für den sie drei Momente als konstitutiv ansieht, die auch die von uns aufgewiesene Pädagogisierung des Spiels charakterisieren und — das wiegt noch schwerer — diese Tendenz keineswegs nur auf die Entstehungsgeschichte der Pädagogik beschränken, sondern im Gegenteil für die Folgezeit und bis heute gewaltig verstärken. Und zum anderen haben sich nicht nur diese innerpädagogischen Entwicklungstrends verschärft, sondern auch das gesellschaftlich-kulturelle Umfeld hat sich in einer Weise verändert, daß man von einer eher spielabträglichen, wenn nicht spielfeindlichen Lage sprechen kann. Beide Prozesse greifen ineinander, und es nimmt gar nicht wunder, daß die Pädagogik (und die Pädagogen) sich in einer wenig spielförderlichen und dem Spiel wenig (Spiel-)Raum lassenden Umwelt erst recht veranlaßt sieht (bzw. sehen), das Spiel fest in den Griff zu nehmen und es in dem oben gekennzeichneten Sinne zu „pädagogisieren". Die drei von RUTSCHKY genannten Momente der Verwissenschaftlichung von Erziehung sind:

„1. Zerstörung naturwüchsiger und traditioneller, selbstverständlicher und nichtgeplanter Sozialisationsprozesse;
2. Professionalisierung, immer weiter zunehmende Spezialisierung der Erziehertätigkeit. Die Professionalisierung, die beim Lehrer, der für Unterricht verantwortlich war, begonnen hat, führt
3. zur Extension der Bereiche, für die Erziehung sich verantwortlich fühlt, und die vor, neben und nach dem Unterricht für die Kinder liegen" (RUTSCHKY 1977, XXIX).

Wenn Pädagogen heute über Spiel schreiben — und der Leser dieses Handbuches kann sich leicht ein Bild davon machen —, dann überwiegen ganz sicher Feststellungen wie jene: das Spiel sei ein notwendiges, weil auf schulische Arbeit vorbereitendes Element der Vorschule; es bedürfe der behutsamen Kultivierung, damit es unmerklich in schulisches Lernen überführt werden könne; das Spiel sei eine willkommene Gegenwirkung gegen den disziplinierenden Anspruch des Lernens; das Spiel sei ein vorzüglicher Modus des sozialen Lernens; es sei geeignet, sprachliche Minderkompetenz zu kompensieren; es könne durch seine entspannende Kraft den unvermeidlichen Streß von Schule und Unterricht abbauen etc. etc. Wie weit man die Liste dieser pädagogischen Expertisen auch verlängern möchte, Spiel und Spiele erscheinen in diesem Lichte durchweg „als Modelle, nach denen Erwachsene die Welt der Kinder einzurichten versuchen" (BECKER u. a.: Angst vor dem Spielen, in: SCHULTE 1978, 21).

Werfen wir einen Blick auf die spielfeindlichen Tendenzen in unserer Geschichte und versuchen wir, mit diesem Blick einen größeren Zeitraum zu überschauen, dann können wir ohne Mühe folgendes gewahr werden. Max WEBER hat bekanntlich die Entstehung unserer wissenschaftlich-technisch-industriellen Zivilisation und den sie beherrschenden Geist des Kapitalismus eng mit der Ausbreitung des Protestantismus und seiner Ethik in Zusammenhang gebracht. Tatsächlich schätzt diese Religion die Tugenden der Nüchternheit und Sparsamkeit, des Fleißes und der Strebsamkeit weit höher als Heiterkeit, Festlichkeit und Spiel. Wer wie der Verfasser ausreichend Gelegenheit hatte, sich sowohl mit der keimfreien Religiösität des nordamerikanischen Puritanismus als auch mit der überschwänglichen Lebenslust des lateinamerikanischen Katholizismus vertraut zu machen, dem stehen diese Gegensätze in plastischen Bildern lebhaft vor Augen. Wer sich die konkreten Auswirkungen eines pointiert protestantisch-pietistischen Denkens auf das Spiel und seine pädagogische Einschätzung vergegenwärtigen will, der braucht nur bei August Hermann FRANCKE nachzulesen, der – *horribile dictu* – das Spiel nicht nur für sündhaft, sondern gar für eine Eingebung des Teufels hielt, der man durch strenge Zucht pädagogisch wehren müsse.

Das Industriezeitalter verlangt – so schien es wenigstens allgemeine Überzeugung zu sein – weniger dem Spiel ergebene als zuchtvoller Arbeit verschriebene Menschen. Die strikte Trennung von Arbeitszeiten und Freizeiten scheint in der Arbeit den Menschen immer mehr zu entfremden und zu partikularisieren, während es ihm immer schwerer fällt, seine Freizeit aus eigener Initiative zu gestalten und spielerisch zu genießen; statt dessen gehen die einen in ihrer freien Zeit einem Nebenerwerb bzw. einer Schwarzarbeit nach, und die anderen veranstalten oder besuchen langweilige Tagungen u. ä. über das Problem der Freizeit und vergessen vor lauter klugen Diskussionen über ihre sinnvolle Gestaltung diese selbst. Wenn wir aber das Erlebnis eines Festes im Verlaufe dieser Feier erst einmal zu analysieren beginnen, dann ist es mit der Feier schnell vorbei, und der Gegenstand unserer Untersuchung zerrinnt uns zwischen den Händen.

Wissenschaftlichkeit und Technologie als Kennzeichen unserer gegenwärtigen Welt lenken den Blick auf Fakten und das Funktionieren, auf das Beeinflußbare und das Machbare. Die Welt der Phantasie und des Imaginären wird dabei zwangsläufig reduziert oder mit SPIELBERGs herzergreifendem E. T. und DISNEYs sittsamen Mäusen ausgefüllt. Gravierender aber erscheint dabei noch die Tendenz, die Gegenwart als bloße Vorbereitung auf die Zukunft zu sehen. Eine allgemeine Säkularisierung, die nahezu alle Lebensbereiche durchdrungen hat, höhlt die religiösen Bilder aus, und die Theologie selbst wird immer nüchterner und bilderärmer; ohne diese Bilder aber gehen die großen Zusammenhänge verloren, in denen sich der religiöse Mensch geborgen weiß und aus denen die Identifizierungen mit dem Nächsten und dem Fernsten erwachsen.

Will man ein letztes Beispiel anführen, so kann man an den Bereich der Sexualität denken, wo, wie Dietmar KAMPER scharf formuliert hat, sich heute immer mehr „der direkte, metaphernlose Bezug einen totalen Anspruch geltend macht. Es soll kein Hiatus, kein Innehalten des Menschen mehr zwischen Anlaß und Vollzug der ‚Befriedigung' geben" (KAMPER, Spiel als Metapher des Lebens, in: FLITNER 1976, 139). Die Verarmung des Liebesspiels trifft den Menschen — oder sollten wir sagen: die Menschheit? — aber, mehr noch als alle anderen Verkümmerungen des Spielerischen, in seinem Intimsten.

Was wir bisher als Pädagogisierung des Spiels gekennzeichnet haben und was vom Zeitgeist offenkundig kräftig gefördert wird, ist freilich nur eine Möglichkeit, das Verhältnis von Pädagogik und Spiel zu denken und zu gestalten. Dieses Verhältnis kann durchaus in ganz anderer Beleuchtung gesehen werden, und — das sei die These dieses Beitrages — *muß* in anderem Lichte gesehen werden.

Von HERAKLIT wird uns ein Fragment überliefert, in dem es heißt: „Der Weltlauf ist ein spielendes Kind, das hin und her die Brettsteine setzt, ist ein Königreich des Kindes". In diesem Bild wird uns das Ganze des Seins, die Welt als Spiel vorgestellt. NIETZSCHE, der diesen Spruch vielfach gedeutet hat, hat in seiner Schrift „Die Philosophie im tragischen Zeitalter der Griechen" darüber paraphrasiert und das Spiel des Kindes mit dem Schaffen des Künstlers gleichgesetzt: „Von Zeit zu Zeit fängt er das Spiel von neuem an. Ein Augenblick der Sättigung: dann ergreift ihn von neuem das Bedürfnis, wie den Künstler zum Schaffen das Bedürfnis zwingt. Nicht Frevelmut, sondern der immer neu erwachende Spieltrieb ruft andere Welten ins Leben. Das Kind wirft einmal das Spielzeug weg: bald fängt es wieder an in unschuldiger Laune. Sobald es aber baut, knüpft, fügt und formt es gesetzmäßig und nach inneren Ordnungen." Wenn SCHILLER sagt, mit dem Angenehmen, dem Guten und dem Vollkommenen sei es dem Menschen nur ernst, aber mit der Schönheit spiele er, und wenn SCHILLER (im 15. seiner Briefe über die ästhetische Erziehung des Menschen) formuliert, der Mensch spiele nur, wo er in voller Bedeutung des Wortes Mensch sei, und Mensch sei er wiederum nur da, wo er spiele; wenn NOVALIS Natur und Kunst, gar Mensch und Gott in eins denkt, und zwar in dem poetischen Phänomen des Spiels — die ganze Natur erscheint als eine einzige Aeolsharfe —, einem Spiel, in welchem als dem großen Zugleich die Zeit gegenwärtig, vergangen und zukünftig in einem ist; wenn Juan VIVES, dem bedeutenden Pädagogen der spanischen Renaissance, die ganze Welt als ein einziges (Theater-)Spiel erscheint, in dem Menschen und Tiere sich zur Darstellung bringen und in einem göttlichen Weltspiel mitwirken; dann sind all dies Gedanken, die uns unser hier thematisiertes Problem in der Tat in einem anderen Licht sehen lassen.

Wir brauchen den unterschiedlichen philosophischen Stellenwert und die ganz unterschiedlichen philosophischen Prämissen und Implikationen der angeführten Gedanken hier gar nicht zu prüfen; sie sollen hier ja nur eine andere Perspektive anzeigen, nicht schon etwas belegen oder gar beweisen. So können wir uns auch erlauben, ein Zitat ganz anderen Charakters und ganz anderer Provenienz danebenzustellen. 1943 gab Konrad LORENZ folgende „Beschreibung" von der Kunst der Singvögel:

„Ein Blaukehlchen, eine Schama, eine Amsel singen ihre kunstvollen und für unser Empfinden schönsten, objektiv gesehen am kompliziertesten gebauten Lieder dann, wenn sie in ganz mäßiger Erregung ‚dichtend' vor sich hinsingen. Wenn das Lied funktionell wird, wenn der Vogel einen Gegner ansingt oder vor dem Weibchen balzt, gehen alle höheren Feinheiten verloren, man hört dann eine eintönige Wiederholung der lautesten Strophen, wobei bei sonst spottenden Arten, wie beim Blaukehlchen, die schönen Nachahmungen völlig verschwinden und der kennzeichnende, aber unschön schnarrende angeborene Teil des Liedes stark vorherrscht. Es hat mich immer wieder geradezu erschüttert, daß der singende Vogel haargenau in jener biologischen Situation und in jener Stimmungslage seine künstlerische Höchstleistung erreicht wie der Mensch, dann nämlich, wenn er in einer gewissen seelischen Gleichgewichtslage, vom Ernst des Lebens gleichsam abgerückt, in rein spielerischer Weise produziert" (zit. nach SCHEUERL 1975, 195).

Es wäre ein leichtes, dem weitere Stellen aus Biologie und Verhaltensforschung anzufügen, in denen vom Spiel der Natur – man denke etwa an MONOD – die Rede ist, in denen die Naturgesetze als „Spielregeln" der Natur bezeichnet werden, in denen die Evolution selber als ein Spiel begriffen wird, oder in denen uns vor Augen gestellt wird, daß wir selbst in diesem Naturspiel unter Beobachtung seiner Spielregeln mitzuspielen haben und, wo wir uns über diese Spielregeln hinwegsetzen und zu Spielverderbern werden, fast zwangsläufig ökologische Krisen heraufbeschwören.

Worin besteht nun diese andere Perspektive? Sie besteht darin, daß das Spiel nicht als etwas angesehen wird, was dem menschlichen Leben mehr oder weniger akzidentell und von außen hinzugefügt und das gar erst von Menschenbildnern erdacht werden müßte, sondern als ein Konstituens von Welt und Mensch und als das Charakteristikum des menschlichen Lebens schlechthin. Mit dieser anderen Perspektive ist sodann ein bestimmtes Verhältnis des Menschen zur Welt mitgesetzt: der Mensch hat die Welt nicht mit Hilfe seiner analytisch-synthetischen Rationalität zu *konstruieren*, sondern er *konstituiert* sie in einem spielerischen Entwurf. Und entsprechend ist nicht ein dem logischen Kalkül verhaftetes streng rationales Leben, sofern es das überhaupt gäbe, menschenwürdig, sondern ein in spielerischer Schönheit und aus der Heiterkeit der Seele heraus gestalteter Lebensentwurf. Wenn wir die Sache so sehen, dann brauchen wir nicht zu streiten, ob Wettspiel, Lotterie, Börsenspekulation, Abenteuertum, rauschender Exzeß, Flirt, Komödie, Verstellung etc. Spielarten des Spiels sind, sondern dann erscheinen uns Virtuose, Mime, Artist, Baseball-

Profi, Kartenspieler, Playboy, Skispringer, Don Juan, DOSTOJEWSKIJs
„Spieler" – und das in sein Spiel versunkene Kind – nur als verschiedene
Figuren in ein und demselben Stück, welches da heißt: menschliches Leben.
Und dann erscheinen uns jene Momente, die Hans SCHEUERL und andere
als kennzeichnend für das Spiel herausgearbeitet haben – Freiheit, innere
Unendlichkeit, Scheinhaftigkeit, Ambivalenz, Geschlossenheit, Gegenwärtigkeit –, nicht nur als Momente des Spiels, sondern qua solche als
Konstituenten des menschlichen Lebens, und wir sind geneigt, ohne Umschweife zu sagen, daß wir das menschliche Leben selbst nicht anders denn
als Spiel auffassen können, wenn wir nicht – unseren Lüsten verfallen –
als Wilde oder – unseren Pflichten geopfert – als Barbaren entarten, sondern
als die spielerischen Gestalter unseres Lebens menschenwürdig leben wollen
(vgl. dazu BÖHM 1982a). Und wäre denn unser Leben tatsächlich etwas
anderes als was im spielenden Kinde vor unserem Auge Gestalt wird: der
Entwurf eines Handelns, das sich die Regeln dieses Handelns selber setzt
oder sich in Regeln, die in der Situation „erspielt" werden, frei hineingibt;
ein Handeln, dessen Ausgang offen und das deshalb von Wagnis und Risiko
bestimmt wird; ein Handeln, das keinem einzigen anderen Handeln gleicht,
sondern etwas völlig Neues in die Welt bringt, so wie jede menschliche
Person in ihrer Einmaligkeit, Unaustauschbarkeit und Unwiederholbarkeit
stets neu ist; ein Handeln, das seinen Zweck in sich selbst trägt und seinen
Wert jedenfalls nicht von einem äußeren Nutzen oder von einer erfüllten
Funktion her empfängt; ein Handeln schließlich, das von dem Bewußtsein
des Andersseins als das „gewöhnliche Leben" begleitet wird und die Glückserfahrung in sich trägt, anders unter Gleichen zu sein. Was Stefan ZWEIG
so feinsinnig über das künstlerische Schaffen sagt, läßt sich *mutatis mutandis*
auf das Spiel ebenso wie auf das menschliche Leben selber übertragen,
nämlich: „Jeder schöpferische Mensch hat . . . seine Eigentümlichkeiten,
seinen besonderen Prozeß, welcher ihm und ihm allein gehörig ist, und so
wenig wie eine Liebesstunde mit der anderen, hat eine Schaffensstunde mit
der anderen ihr Geheimnis gemein. Nur wer diese unendliche Vielfalt
belauscht, kann eine Ahnung bekommen von der unendlichen Vielfalt der
Kunst und des Lebens, nur wer einen Künstler in seiner Arbeit sieht, weiß
um die Einmaligkeit seiner Persönlichkeit" (ZWEIG 1981, 246). So wie
jeder Künstler in seinem Schaffen etwas verschenkt und sei es gleich nur die
persönliche Note, die er seinem Wirken verleiht, so ist auch die spielerische
Lebenseinstellung nicht auf selbstsüchtige Eigenbereicherung und auf
hazardisches Einheimsen bedacht, ihr ist auch jene narzißtische Lust an
einer krampfhaften Selbstverwirklichung fremd, wie sie heute glitzernd
angepriesen wird, sondern ihr eignet jene edle Form der Gelassenheit, die
Meister ECKEHART (in der dritten seiner „Reden zur Unterweisung") so
knapp formuliert hat: „Richte dein Augenmerk auf dich selbst, und wo du
dich findest, da laß ab von dir; das ist das Allerbeste."
Wenn wir uns nunmehr fragen, welche Konsequenzen sich aus diesen Überlegungen für eine Pädagogik des Spiels ergeben, dann kehrt sich das Verhältnis von Pädagogik und Spiel zuallererst radikal um: Nicht der Pädagoge

ist es, der das Spiel zu erfinden und entsprechend seiner Kompetenz hinsichtlich der erzieherischen Zwecke und Ziele „einzusetzen" hätte; vielmehr ist es das Kind, das das Spiel aus seinem Innersten hervorbringt, und der Erzieher hat diesem Vorgang zunächst respektvoll zuzusehen, ihn zu verstehen zu suchen und sodann die — diese Analogie sei hier erlaubt — wie eine Knospe hervorsprießende Lebensäußerung mit seiner kundigen Hilfe zu „pflegen". Das Spiel selbst tritt aus der Verengung auf ein erzieherisches Mittel heraus und zeigt sich als eine ursprüngliche Schöpfung des immer schon spielerisch veranlagten oder besser: verfaßten Menschen. Das Spiel wird dann nicht mehr in erster Linie psychologisch betrachtet, sondern als von Grund auf geistige Leistung gesehen; sein pädagogischer Wert wird nicht in seiner Erholungsfunktion, nicht in seiner Übungsfunktion und ebensowenig in seiner didaktischen Funktion erblickt, ja überhaupt nicht länger von irgendeiner Funktion hergeleitet; als sein pädagogischer Sinn wird vielmehr deutlich, daß das Kind jene Urerfahrungen macht, aus denen es sich seine Welt aufbaut, mit anderen Worten: der pädagogische Sinn des Spiels besteht in der weltkonstituierenden Kraft dieser im Menschen immer schon vorhandenen, freilich zu entfaltenden und zu aktualisierenden Möglichkeit.

Es liegt auf der Hand, daß wir uns mit diesen Überlegungen ganz nahe auf FRÖBELs Spielverständnis und seine pädagogische Einschätzung zubewegt haben. Wenn FRÖBEL in seiner „Menschenerziehung" im Hinblick auf das Kindesalter klarstellt, das Spiel auf dieser Stufe sei nicht Spielerei, sondern habe hohen Ernst und tiefe Bedeutung, und wenn er an gleicher Stelle darlegt, das Spiel sei „zugleich das Vorbild und Nachbild des gesamten Menschenlebens", das „Freude, Freiheit, Zufriedenheit, Ruhe in sich und außer sich, Frieden mit der Welt" *gebiert*, und wenn er ebenda hinzufügt, „ein Kind, welches tüchtig, selbsttätig, still, ausdauernd, ausdauernd bis zur körperlichen Erschöpfung spielt, wird gewiß auch ein tüchtiger, stiller, ausdauernder, Fremd- und Eigenwohl mit Aufopferung befördernder Mensch" (FRÖBEL, Die Menschenerziehung, § 30), dann mag das dem oberflächlichen Betrachter irrtümlich wie die Beschreibung eines vorzüglich geeigneten *Erziehungsmittels* erscheinen, in Wahrheit aber geht es um die genaue Bezeichnung jener Quelle, aus der der Mensch sein ganzes künftiges Leben hervorspringen läßt. Und entsprechend heißt es weiter:

„Die Spiele dieses Alters sind die Herzblätter des ganzen künftigen Lebens; denn der ganze Mensch entwickelt sich und zeigt sich in denselben in seinen feinsten Anlagen, in seinem innern Sinn. Das ganze künftige Leben des Menschen bis dahin, wo er seinen letzten Fuß wieder aus demselben setzt, hat in diesem Lebenszeitraum seine Quelle, und ob dieses künftige Leben klar oder getrübt, sanft oder brausend; wallend oder wogend, werktätig oder werkfaul, tatenreich oder tatenarm, dumpf hinbrütend oder klar schaffend, dumpf anstaunend oder klar anschauend, bildend oder zerstörend, Eintracht oder Zwietracht, Krieg oder Frieden bringend sei; sein künftiges Verhältnis zu Vater und Mutter, Familie und Geschwistern, zu der bürgerlichen Gesellschaft und den Menschen, zu Natur und Gott hängt den eigentümlichen und natürlichen Anlagen des Kindes gemäß besonders von der Lebensweise desselben in diesem Alter ab."

Und ohne weitere Umstände schließt FRÖBEL die pädagogische Gretchenfrage an: „Wer mag diese Freuden, an welchen dieses Alter so reich ist, zergliedern?", um sogleich die pädagogische Maxime im Hinblick auf das Spiel zu geben: „pflege, nähre es, Mutter, schütze, behüte es, Vater!"
An kaum einem anderen Beispiel hat FRÖBEL die Sinnbildlichkeit des kindlichen Spiels für das Innerste des menschlichen Lebens so schön verdeutlicht wie in seiner kleinen Schrift über „Das Schlittenfahren und Eisgleiten der Kinder und Knaben". Dort spricht er mit aller Entschiedenheit aus, daß die Spiele der Kinder und Knaben

„keineswegs, wie noch allgemein angenommen wird, nur körperliche und leibliche, und durch diese nur *mittelbar*, durch Stärkung, geistig entwickelnde Beziehung und nur den Zweck des äußeren Beschäftigtseins und Befriedigung des Tätigkeitstriebes an sich (haben); sondern sie gehen aus der unmittelbaren Forderung des Menschenwesens, des Menschengeistes hervor und beziehen sich unmittelbar darauf" (zit. nach FRÖBEL 1963, 90).

Und FRÖBEL deutet das Schlittenfahren und Eislaufen als Gleichnis jener menschlichen Bestimmung, „ebenen Weges, in beschleunigter Eile und ungehemmt hinzustreben zum Ziele, welches schon dem Kindesgemüt so lebendig und klar vorliegt" (ebda. 91). So erscheinen das Schlittenfahren und Eisgleiten als symbolische Äußerung jener Grundbestimmungen des menschlichen Lebens: entschiedener Geradlinigkeit und sicherer Zielstrebigkeit, und man könnte, über FRÖBEL hinausgehend, hinzufügen: auch des Wagnischarakters, der Spannung und Offenheit, der Unberechenbarkeit, der an Überraschung unermeßlichen Neuigkeit und immer wieder faszinierenden Einmaligkeit.
Nicht nur heute hat man, wenn man diese Deutung des Spieles vergegenwärtigen und verlebendigen will, mit dem hartnäckig wiederholten, gleichwohl banalen Einwand zu rechnen, hier handele es sich um eine wirklichkeitsfremde Überhöhung, ja idealistische Verbrämung des Spiels, der die Wirklichkeit der kindlichen Spielwelt und die Realität des menschlichen Lebens nachgerade spotten, und eine solche idealistische Auffassung verdiene es nicht anders, als daß sie der Lächerlichkeit eines aufgeklärten Publikums anheimfalle.
Um das Mißverständnis aufzudecken, auf das dieser Einwand immer aufs neue hereinfällt, genügt es, eine kleine Randbemerkung aus dem zitierten FRÖBEL-Text heranzuziehen. Dort heißt es: „Zwar des Menschen Erscheinung in der Wirklichkeit und Äußerlichkeit bedingt es anders" (ebda 91), und genau damit wird jene fundamentale Unterscheidung bezeichnet, die wir nicht außer acht lassen können: jene zwischen Grund und Bedingungen. Ohne allen Zweifel wäre es töricht, die limitierenden Bedingungen des kindlichen Spiels und erst recht einer Gestaltung des Erwachsenenlebens als Spiel übersehen oder gar leugnen zu wollen. Nicht minder töricht wäre es aber andererseits auch, diese Bedingungen mit dem wahren Grund von Spiel und menschlichem Leben zu verwechseln.
Anschließend drängt sich noch eine die Pädagogik als ganze betreffende Überlegung auf. Wenn Spiel die Menschlichkeit des Menschen in ihrer Tiefe

begründet und wenn der Mensch dort am menschenwürdigsten lebt und sein Leben gestaltet, wo er dieses Leben *spielt* — auch mit der Gefahr des Verspielens —, dann kehrt sich die Frage nach der Pädagogisierung des Spiels vollends um und wird zur Forderung nach einer „Ludifizierung der Pädagogik".

Gehen wir von der unabweisbaren Voraussetzung aus, daß die Pädagogik der Wesensverfassung des Menschen zu entsprechen und der angemessenen Form seiner Lebensgestaltung Rechnung zu tragen hat, dann kann man sich die Pädagogik und die von ihr geleitete Erziehung nicht anders denken denn selbst als Spiel. Sieht man die Pädagogik aber *sub specie ludi*, dann kann man sich nur schwerlich eines gewissen Mitleids mit den Ingenieuren einer zur rationalen Planung und zur dem technischen Kalkül verfallenen Erziehungswissenschaft, aber ebenso mit den Akteuren einer in das Prokrustesbett der Therapie gezwungenen Erziehung, die sich emsig dem Kranken, Verkrüppelten, Verbogenen zuwendet, erwehren, und man möchte eifersüchtig auf jene Erzieher blicken, die unbefangen und unverquert das sprudelnde Glück, die quellklare Freude und das lächelnde Antlitz spielender Kinder vor sich sehen und genießen.

In einem ebenso feinsinnigen wie tief verständigen Aufsatz über das urmenschliche Phänomen des Lächelns heißt es bei Helmut PLESSNER:

„Noch in den Modifikationen der Verlegenheit, Scham, Trauer, Bitterkeit, Verzweiflung kündet Lächeln ein Darüberstehen. Das Menschliche des Menschen zeigt sich nicht zufällig in leisen und gehaltenen Gebärden, sein Adel in Lockerung und Spiel; wie eine Ahnung im Anfang, wie ein Siegel im Ende. Überall, wo es aufscheint, verschönt sein zartes Leuchten, als trage es einer Göttin Kuß auf seiner Stirn (PLESSNER 1953, 203).

Mag der geneigte Leser die Kapitel dieses Handbuchs streng und mit ernster Miene studieren, über diesen Beitrag soll er getrost — lächeln.

Literatur

Bernardinis, A. M.: Itinerari, Milano 1976
— Gioco — Giocattolo, in: G. Flores d'Arcais (Hrsg.): Nuovo Dizionario de Pedagogia, Roma 1982, 527 — 548
Böhm, W.: Der Gebildete zwischen Wilden und Barbaren, in: Konrad, H. (Hrsg.): Pädagogik und Anthropologie, Kippenheim 1982a, 142 — 151
— La Educación de la Persona, Buenes Aires, 1982b
— Wörterbuch der Pädagogik, Stuttgart 1982c
— Es posible profesionalizar la actividad del maestro?, in: Educación 26 (1982d), 14 — 23
— u. a.: Wer ist der Mensch?, Freiburg 1983
Bollnow, O. F.: Die Pädagogik der deutschen Romantik, 3. Aufl. Stuttgart 1977
Buytendijk, F. J. J.: Wesen und Sinn des Spiels, dt. Berlin 1933
Château, J.: Das Spiel des Kindes, dt. Paderborn 1976
Cox, H.: Das Fest der Narren, dt. Stuttgart 1969, 3. Aufl. 1971
Decroly, O. / Monchamp, L.: Initation à l'activité intellectuelle et motrice par les jeux educatifs, Neuchâtel 1914, Nachdruck Paris 1978
Elias, N.: Über den Prozeß der Zivilisation, 2. Aufl. Bern 1969
Erikson, E. H.: Kinderspiel und politische Phantasie, dt. Frankfurt 1978

Fink, E.: Spiel als Weltsymbol, Stuttgart 1960
Flitner, A. u. a.: Der Mensch und das Spiel in der verplanten Welt, München 1976
— (Hrsg.): Das Kinderspiel (1973), Neuausgabe 4. Aufl. München 1976
— Konrad, sprach die Frau Mama, Berlin 1982
Fröbel, F.: Ausgewählte Schriften, 2. Bd.: Die Menschenerziehung, hrsg. v. Hoffmann, E., 3. Aufl. Düsseldorf 1968
— Ausgewählte Schriften, 3. Bd.: Texte zur Vorschulerziehung und Spieltheorie, hrsg. v. Heiland, H., Düsseldorf 1974
Fröbels Theorie des Spiels I, hrsg. v. Blochmann, E., 3. Aufl. Weinheim 1963
Huizinga, J.: Homo ludens, dt. Reinbek 1956
Kluge, N. (Hrsg.): Spielpädagogik, Bad Heilbrunn 1980
Kowatzki, J.: Der Begriff des Spiels als ästhetisches Phänomen, Bern 1973
Mayer, H. (Hrsg.): Deutsche Literaturkritik, Bd. 1, Von Lessing zu Hegel, Frankfurt 1978
Meister Eckehart: Deutsche Predigten und Traktate, hrsg. v. Quint, J., München 1963, 5. Aufl. 1978
Moltmann, J.: Die ersten Freigelassenen der Schöpfung, München 1971
Plessner, H.: Zwischen Philosophie und Gesellschaft, Bern 1953
Rabecq-Maillard, M.-M.: Histoire des jeux éducatifs, Paris 1969
Renner, K.: Baut das Haus zum frohen Kindergarten, in: Fröbel, H. / Pfaehler, D. (Hrsg.): Friedrich Fröbels Mutter- und Koselieder, Bad Neustadt a. d. S. 1982, 185 — 199
Röhrs, H.: Spiel und Sportspiel — ein Wechselverhältnis, Hannover 1981
— (Hrsg.): Das Spiel — ein Urphänomen des Lebens, Wiesbaden 1981
Roeßler, W.: Die Entstehung des modernen Erziehungswesens in Deutschland, Stuttgart 1961
— Zweihundert Jahre „Pädagogik", in: Böhm, W. / Schriewer, J. (Hrsg.): Geschichte der Pädagogik und systematische Erziehungswissenschaft, Stuttgart 1975, 237 bis 249
Rutschky, K. (Hrsg.): Schwarze Pädagogik, Frankfurt 1977
Scheuerl, H. (Hrsg.): Theorie des Spiels, 10. Aufl. Weinheim 1975
— Das Spiel (1954), Neuausgabe Weinheim 1979
Schulte, H. (Hrsg.): Spiele und Vorspiele. Spielelemente in Literatur, Wissenschaft und Philosophie, Frankfurt 1978
Sutton-Smith, B.: The Folkgames of Children, Austin (Texas) 1972
Tatarkiewicz, W.: Analysis of Happiness, Den Haag 1976
Volpicelli, L.: La vita del gioco, Roma 1962
Zweig, St.: Das Geheimnis des künstlerischen Schaffens, Frankfurt 1981

III. Psychologisch-pädagogische Aspekte des Spiels

1. Die psychologischen Theorien des Spiels

Rimmert van der Kooij
[Aus dem Niederländischen von Peter Groenewold]

I. Die älteren Spieltheorien

Einleitung

BUYTENDIJK (1932), Susan MILLAR (1968) und NEUMANN (1974) befassen sich mit unterschiedlichen Spieltheorien, den Ursachen des Spiels und dessen Bedeutung für die kindliche Entwicklung. Auch LEVY (1978) behandelt verschiedene Spieltheorien. Bei ihm findet sich die wahrscheinlich ausführlichste Übersicht, angefangen bei den sogenannten Klassikern SPENCER (1895) und SCHILLER (1793, 95; 1855). SCHEUERL (1975), gibt als einziger in seiner historischen Übersicht an, wann das Spiel als dem Kind typische eigene Aktivität im Laufe der Geschichte entdeckt worden ist. Bereits in den Schriften PLATOs, ARISTOTELES' und SENECAs wird das Spiel, wenn auch beiläufig, erwähnt. Erst im 17. und 18. Jahrhundert findet man bei den Philosophen Bestrebungen, das Spiel als notwendige Entwicklungsphase aufzufassen. Nach den Veröffentlichungen LOCKEs (1693), ROUSSEAUs (1772) war GUTS-MUTHS (1796) der erste, der ein Recht des Kindes auf Spiel verfocht. SCHEUERL bemerkt dazu (1975, 16):

„Das Recht des Kindes auf Spiel sei nicht nur ein Recht auf Erholung und Übung, sondern ein Recht auf Lebensfülle schlechthin."

In der Romantik, Ende des 18. und zu Anfang des 19. Jahrhunderts, war der Spielbegriff nicht so sehr an Aktivitäten des Kindes gebunden, sondern er bedeutete ein philosophisches Prinzip schlechtin.
SCHILLER (1793, 95) betonte als erster die psychologische Wirkung des Spiels und versucht eine psychologische Erklärung. Er unterscheidet den Spieltrieb vom Sinnes- und Gestaltungstrieb und schreibt in seinem fünfzehnten Brief:

„Der Gegenstand des Spieltriebes, in einem allgemeinen Schema vorgestellt, wird also lebende Gestalt heißen können; ein Begriff, der allen ästhetischen Beschaffenheiten der Erscheinungen und mit einem Worte dem, was man in weitester Bedeutung *Schönheit* nennt, zur Bezeichnung dient."

Hier wird das Spiel demnach dem Bereich des Ästhetischen zugeordnet. Dieser Gedanke wird später im 20. Jahrhundert wieder aufgegriffen, indem die phänomenologische Psychologie den ästhetischen Aspekt als Merkmal

kindlichen Spiels auffaßt. Edith VERMEER (1955) nennt die Phase, in der Kinder gestalten, ordnen und bauen lernen, „die Spielwelt als ästhetische Welt".
SCHILLER geht in seiner Ausführung über die Ursachen des Spiels weiter als GUTS MUTHs, der erkannt hatte, das Kind habe ein Recht auf Spiel. Er führt den Grundbegriff des „Spieltriebs" ein und kommt zu der noch heute nicht als überholt geltenden Feststellung:

„Der Mensch spielt nur, wo er in voller Bedeutung des Wortes Mensch ist, und er ist nur da ganz Mensch, wo er spielt."

Im 18. Jahrhundert ist eine Veränderung im Verständnis des Spiels zu konstatieren. Anfangs dachte man, daß die *Anerkennung* des Spiels als typische kindliche Verhaltensweise für eine Theoriebildung ausreichend sei. Allmählich gelangte man jedoch zu der Überzeugung, daß das Spiel eine *Notwendigkeit* für eine optimale Entwicklung des Kindes darstellt. In dieser Auffassung herrscht zwar noch der philosophische Aspekt vor, und das Kind wird in der Art und Weise seines Funktionierens kaum analysiert, bei SCHILLER aber sieht man dann, wie sich die Aufmerksamkeit auf psychologische Fragestellungen verlagert.

Infolge der Differenzierungen, die sich auf allen Gebieten der Wissenschaft vollziehen, wobei sich neue Teilgebiete wie zum Beispiel die Biologie ergeben, werden in der zweiten Hälfte des 19. Jahrhunderts Spieltheorien formuliert, die einem mehr individuellen Charakter tragen. Einige dieser Auffassungen sollen hier kurz erwähnt werden.

1. Die Energieüberschußtheorie

Die Energieüberschußtheorie wird 1855 von SPENCER formuliert, der stark von SCHILLER beeinflußt war. Er stellt die These auf, das Spiel resultiere aus einem Zuviel an Energie, das zur Erhaltung der biologischen Art nicht mehr erforderlich ist. Das Wesen dieser Spieltheorie wird durch den englischen Begriff „surplus energy theory" deutlich zum Ausdruck gebracht.

Diese theoretischen Konzeptionen sind unter dem Einfluß der DARWINschen Evolutionstheorie entstanden. Die niederen Tierarten benötigen demnach ihre gesamte Energie, um ihren Fortbestand zu sichern. Höhere Tierarten seien mit größeren Fähigkeiten ausgestattet, die ein effizienteres Funktionieren ermöglichen und Energien für spielerische Aktivitäten freistellen. Kinder spielen folglich, um auf diese Weise ihren Energieüberschuß abzubauen. Diese Betrachtungsweise impliziert zugleich, daß Tiere höherer phylogenetischer Rangordnung von Natur aus aktive Organismen sind. Demnach ist die Motivation des Menschen zur Entfaltung seiner Aktivitäten angeboren. Diese Theorie betont die biologische Determinante des menschlichen Spiels.

Der Mensch wird hier als aktiver Organismus definiert, der, auch wenn die Grundbedürfnisse wie Essen und Trinken befriedigt sind, noch motiviert ist, in Interaktion mit seiner Umgebung zu treten. Bei der Diskussion der

Energieüberschußtheorie wird oft als positiver Aspekt genannt, daß Verbindungen zwischen physiologischen, psychologischen und soziologischen Funktionen des Menschen hergestellt werden.

Zu kritisieren ist an SPENCERs Theorie, daß das Spiel nicht als zweckfrei aufgefaßt wird. Hier werden die spezifischen Funktionen des Spiels eindeutig vernachlässigt. Das Prinzip Ursache und Folge und deren gegenseitige Beeinflussung kommt nicht ins Blickfeld. Diese Theorie kann keine Erklärung dafür bieten, warum ein Kind im gegebenen Moment Schach spielt und nicht auf Stelzen läuft. Die jeweilige Situation beeinflußt stark die Art des Spiels, das gespielt wird.

Ein zweiter Kritikpunkt ist die These, daß Spiel keine gespeicherte Energie sein könne. Ein Kind, das nach einem langen Spaziergang oder einem Skiausflug müde ist, will unter Umständen am Ziel gerne noch etwas spielen. Es ist zu bezweifeln, daß es in einer solchen Situation noch über besonders viel überschüssige Energie verfügt.

2. Rekapitulationstheorie

HALL (1906) begründete unter Einfluß von DARWINs Evolutionstheorie eine atavistische Sichtweise des kindlichen Spiels. Die Entwicklung des Individuums (Ontogenese) soll demnach eine verkürzte Wiederholung (Rekapitulation) der Entwicklung der Art (Phylogenese) darstellen. Art und Entwicklung des Spielverhaltens werden durch Vererbung bestimmt und verlaufen konform zur menschlichen Entwicklungsgeschichte. Jäger- und Räuberspiele, das Bauen von Hütten stellen demzufolge eine Widerspiegelung der Lebensweise unserer Urahnen dar. Die Tatsache, daß einige Kinderspiele in unterschiedlichen Ländern wie China, Europa und Amerika identisch sind, wird oft als Beweis für die Rekapitulationstheorie angeführt. HALL sah im Spiel also die Äußerung angeborener (atavistischer) Instinkte. Er schreibt (1906, 379):

„Im Spiel ist jeder Gemütszustand und jede Bewegung Ausdruck von Erblichkeit."

Zusammenfassend läßt sich sagen, daß HALLs Sichtweise die biologische Auffassung zugrunde liegt, daß Erfahrungen, die im Laufe der Evolution zum Tragen kamen, auf die eine oder andere Weise erblich festgelegt worden sind. So muß man davon ausgehen, daß in Gesellschaften, in denen während vieler Generationen Aggression und Gewalt herrschten, die Menschen eine erbliche Prägung für eine bestimmte Prädisposition zu Aggression und Gewalt erhielten.

Die physische Aggression, der man beim Fußballspiel, Ringen oder Boxen begegnet, wäre also eine verkürzte Wiederholung des phylogenetischen Ringens, das die Urahnen in einem Leben von Aggression und Gewalt durchgemacht haben.

HALLs Theorie eröffnet die Möglichkeit vergleichender Studien des Spiels in verschiedenen Kulturen: „cross-cultural research". In diesem Zusammenhang ist das Werk von Margaret MEAD zu nennen.

HALLs Auffassungen sind im ganzen nicht schlüssig, da erworbene Eigenschaften nicht immer erblich sind. Wie kann man darüber hinaus das Spielen mit Autos, Panzern und Mondraketen als Wiederholung der Taten unserer Urahnen betrachten?

3. Die Einübungstheorie

GROOS veröffentlicht 1901 und 1922 seine theoretischen Betrachtungen des Spiels. Hierbei handelt es sich wiederum um Anschauungen, die stark vom Evolutionsgedanken und von der Biologie geprägt sind. GROOS behauptet, daß das Spiel ein Impuls ist, mit dem unvollständige erbliche Instinkte geübt werden. Er betrachtet das Spiel unter *drei Aspekten*:

1. Das Spiel soll *Übung*, Selbstausbildung, potentiell angeborener Eigenschaften des Kindes sein. Analog zur Analyse des Spiels beim Tier unterscheidet er Bewegungs-, Instinkt-, Nachahmungs- und Experimentierspiele. Die Begriffe Bewegungs- und Instinktspiel werden bei ihm oft synonym gebraucht. Einerseits geht es um das Spiel des Jungtiers zur Erlangung der Kontrolle über die Motorik, andererseits auch um Jagd- und Kampfspiele mit einer Scheinbeute.
Unter Experimentierspielen beim Kind versteht GROOS außer dem Vertrautwerden mit dem eigenen Körper auch die Erlernung des Umgangs mit Objekten der Umwelt. Zu den Instinktspielen bei Kindern gehören die Jagd- und Räuberspiele, die im Vergleich zu Tieren relativ spät einsetzen. Die Nachahmungsspiele, die auf einen angeborenen Imitationstrieb zurückzuführen seien, sollen das Kind enkulturieren. Nach dem Experimentieren mit der Stimme, das zu ihrer Beherrschung führt, folgt die Nachahmung der Sprache, die GROOS als größte Kulturleistung betrachtet.
2. Das Spiel soll eine Bereicherung, eine Vervollständigung der menschlichen Existenz bewirken (Ergänzungstheorie). GROOS verweist in diesem Zusammenhang vor allem auf den ästhetischen Aspekt (vgl. SCHILLERs Theorie).
Für Menschen in höher entwickelten Gesellschaften führt das Akzeptieren der Arbeitsteilung zu einer einseitigen Existenz. Das Spiel kann für den Erwachsenen eine Bereicherung der einseitigen Arbeit sein. Der sitzend arbeitende Büromensch sucht Kompensation in Bewegungsspielen wie Kegeln, Fußball oder Tennis. Umgekehrt kann der in ständiger Bewegung arbeitende Mensch, zum Beispiel der Bauer oder der Zimmermann, seine Einseitigkeit durch das Karten- oder Schachspiel ausgleichen. GROOS nennt in diesem Zusammenhang auch den reinigenden Charakter des Spiels, die Katharsis. In der Scheinwelt des Spiels können — im Gegensatz zur täglichen Arbeitswelt — verschiedene Lebensmöglichkeiten ausprobiert werden, ohne daß es Konsequenzen nach sich zöge. Außerdem wird in der Beobachtung des Spieles anderer ein Miterleben und Mitgenießen ermöglicht. Hier zieht GROOS die Verbindung zum Ästhetischen. Er betrachtet den Genuß, das innere Miterleben bei Spielsituationen, als den Anfang des Kontinuums, in dem der Genuß eines Kunstwerks stattfindet. Er sagt, daß wir spielerisch genießen, indem wir im inneren Miterleben ästhetisch genießen. Hierdurch ergebe sich eine Bereicherung unserer Existenz. In diesem Zusammenhang spricht GROOS von „Ergänzung".
3. Das Spiel soll, vor allem bei Erwachsenen, auch der Entspannung dienen. Das Kind findet im Spiel seine Bestimmung; es spielt nicht, um sich auszuruhen, sondern morgens, mittags, abends, solange die Energie reicht. Sobald es jedoch schulpflichtig ist, die Arbeit dem Spiel gegenübergestellt wird, manifestiert sich das Bedürfnis nach Entspannung. Im Spiel sind Kind und Erwachsene in der Lage, sich von dem Druck des zweckgerichteten Handelns in der Arbeitssituation zu befreien. Gerade die Situation des Spiels führt zur Entspannung.

GROOS' Theorie führt zu einem umfassenderen Verständnis des Kindes. Der Evolutionsgedanke ist hier expliziter ausgearbeitet als bei SPENCER und

HALL. Allerdings fällt bei seiner Betrachtungsweise der individuelle ontogenetische Aspekt des Kindes heraus. Die Analyse wird von den Einsichten des Erwachsenen aus durchgeführt. Nach dem heutigen Stand der Entwicklungspsychologie erscheint es fragwürdig, das Spiel des Kindes mit dem des Erwachsenen auf einen Nenner zu bringen. Man unterscheidet heute mit guten Gründen zwischen Sport, Spiel und Erholung.

4. Die Erholungs- und Entspannungstheorie

LAZARUS formuliert 1883 in Berlin seine Erholungstheorie, die der Energieüberschußtheorie diametral gegenübersteht. Nach LAZARUS ist das Spiel die Folge eines Bedürfnisses des Individuums, einem Mangel an Energie zu begegnen. Das Spiel soll also den Energiemangel aufheben.
Der Vorzug dieser Theorie liegt darin, daß sie zum erstenmal das Spiel deutlich von der Arbeit abgrenzt. Ferner impliziert das Spiel Freude und Lust. LAZARUS spricht vom Selbstzweck des Spiels und vom Spiel als Illusion der Wirklichkeit.
Hier finden sich erstmals Ansätze zur Beschreibung der Struktur des Spiels: So-tun-als-ob, die Dimension Arbeit — Spiel, Spielfreude.
PATRICK (1916) erweiterte LAZARUs Erholungstheorie. Spiel ist für ihn eine Folge des Bedürfnisses des Menschen nach starken motorischen Aktivitäten, die beim modernen Menschen nicht zum Tragen kommen, weil er seine Handlungen überwiegend mit Hilfe der feinmotorischen Muskelsysteme ausführen muß. PATRICKs Theorie weist bereits einzelne Bestandteile einer modernen Spielanalyse auf. Er nennt die Gegensätze:

Arbeit — Spiel
a) intrinsische Motivation — extrinsische Motivation;
b) prozeßorientiert — zielorientiert;
c) Spaß — Ernst.

Spiel dient demnach nicht zur Verbesserung von Instinkten, die das Individuum im täglichen Leben braucht, sondern es führt zu Handlungen, die im Kontrast zu den harten Notwendigkeiten des Überlebens stehen.
Trotz des Alters paßt PATRICKs Entspannungstheorie gut zu den Spieltheorien der heutigen, von Computern und Chips gesteuerten Arbeitswelt. Geistige Anspannung wird von grobmotorischen Spielhandlungen kompensierend begleitet.
Andererseits muß bezweifelt werden, ob die bei PATRICK auch zu findende These, daß das Spiel ethnische Gewohnheiten oder ein ethnisches Gedächtnis entwickelt, wirklich zu halten ist. Zudem darf man nicht vergessen, daß durchaus nicht alle Kinderspiele auf grobmotorischen Handlungen beruhen: man denke zum Beispiel an Bauen, Kneten und Zeichnen.

II. Anmerkungen zu den klassischen Spieltheorien

Bei der Beschreibung der einzelnen Theorien sind jeweils bereits kritische Einwände vorgetragen worden. Alle in diesem Kapitel genannten Theorien repräsentieren einen einseitig biologistischen Ansatz. Dagegen sei die kritische Auffassung von HARTMANN (1976, 3) gestellt, der die Bedeutung des Spiels für das Triebleben anerkennt und das Spiel als implizit oder explizit alternative Triebbefriedigung versteht. Zugleich aber ist das Spiel in den modernen Auffassungen mehr; erste Ansätze dazu waren bereits bei LAZARUS und PATRICK zu sehen.

Es ist deutlich geworden, daß die erwähnten Betrachtungsweisen des Spiels oft nur einen Aspekt des Spiels erklären und wichtige andere vernachlässigen. Keine dieser Theorien kann einen Anspruch auf Allgemeingültigkeit erheben. SCHEUERL (1975) hat treffend angemerkt, daß der Gang durch die Geschichte der Spieltheorien an Fragmenten vorbeiführt, die selten zueinander passen, oft in Widerspruch zueinander stehen und jegliche Verbindung vermissen lassen. Alle diese Kausalitätsreihen sind möglich, aber keine einzige ist imstande, das vielschichtige Phänomen Spiel aus sich heraus hinreichend zu erklären. Was völlig fehlt, ist ein adäquater Begriffsapparat. Bis zum heutigen Tag ist es keinem Wissenschaftler gelungen, eine unangreifbare Definition des Begriffs Spiel zu geben. Man theoretisiert bedenkenlos. SCHEUERL (1975, 12) stellt die Frage:

„Was sollen wir unter ‚Spiel' verstehen? Eine Haltung? Eine Tätigkeitsform? Oder einen naturhaft ablaufenden Prozeß? Eine Zwangshandlung mit unbewußten Determinationen? Oder gerade im Gegenteil: einen Ausdruck kreativer und emanzipativer Freiheit?"

Ein ähnliches Problem stellt sich im Hinblick auf eine Definition des Begriffs „Intelligenz". Trotzdem arbeiten Pädagogen und Psychologen mit diesem Begriff, und alle Praktiker scheinen zu wissen, was zum Bereich der Intelligenz zu zählen ist und was nicht. So weiß auch jeder so ungefähr, was unter „Spiel" zu verstehen ist.

Doch wenn es sich um theoretische, begriffsbildende Betrachtungen des Spiels handelt, treten im Spannungsfeld Ursache und Folge allenthalben Ungenauigkeiten auf. Bei den behandelten Theorien wird zwischen Verhalten und Kausalität kein Unterschied gemacht. Dabei ist es gerade für den praktizierenden Psychologen und Pädagogen außerordentlich wichtig, daß dieser Unterschied systematisiert wird. Der erste Schritt wäre, sich über das beobachtbare und registrierbare Verhalten im klaren zu sein; *danach* erst kann man sich bemühen, eine Erklärung für das Verhalten zu finden.

In den modernen Spieltheorien wird eine Reihe der hier aufgeführten Vorbehalten gegenüber den klassischen Anschauungen fallengelassen, jedoch durchaus nicht alle!

Durch das Postulat, daß zwischen Verhalten und der Ursache des Verhaltens unterschieden werden muß, wird die Möglichkeit geschaffen, mit Denkmodellen oder mit Theorien zu arbeiten. Dann drängt sich gerade in bezug auf Spiel und Spielverhalten die Frage auf, ob die Reduktion der Wirklichkeit, die jede Theorie mit sich bringt, nicht das Wesentliche des Spiels wegreduziert.

Angesichts der von uns vorgeschlagenen Unterscheidung zwischen der Ursache des Verhaltens und dem Verhalten selbst (VAN DER KOOIJ 1974a) bietet es sich an, von *Spielverhalten* anstelle von *Spiel* zu sprechen. Richtet man die Aufmerksamkeit vor allem auf das *Spielverhalten*, so vergrößert sich bei der Beschäftigung damit die Chance auf Intersubjektivität. Auf praktischem Gebiet kann man dann übereinkommen, welche Verhaltensmuster zum Spielverhalten gerechnet werden können und welche nicht. Oder man kann die gesamte Skala der Spielverhaltensmodi systematisieren, wodurch sich die Unterscheidung verschiedener Formen ergibt, wie es in modernen Theorien üblich ist. Begriffe wie Funktionsspiel, Fiktionsspiel und Weltspiel sind inzwischen unter Praktikern Gemeingut geworden.

III. „Moderne" Spieltheorien

Einleitung

Beim heutigen Erkenntnisstand der Entwicklungspsychologie ist keine Theorie und kein Denkmodell auszumachen, das gleichermaßen alle Arten des Verhaltens erklären könnte. Die Wahl eines Denkmodells und der Umgang damit wird begrenzt durch die Art des Verhaltens, das erklärt werden soll. Die Erklärung bezieht sich meistens auf die Auslegung verhaltensbestimmender Faktoren, die entweder endogener Art (innerhalb des Organismus liegend) oder exogener Art (in der Umwelt lokalisierbar) sein können. Wir verfügen bis heute noch nicht über eine Theorie, mit der *jedes* kindliche Verhalten erklärt werden kann. Das heißt auch, daß eine Spieltheorie nicht ausreicht, jedes Spielverhalten zu erklären. Daher muß der Praktiker über verschiedene Spieltheorien verfügen können. Früher war man der Ansicht, man müsse entweder diese oder jene Theorie anwenden, da die verschiedenen Theorien untereinander widersprüchlich waren. BLADERGROEN (1979) weist ausdrücklich darauf hin, daß der Gedanke des „entweder — oder" durch ein „sowohl als auch" ersetzt werden muß, d. h. daß die unterschiedlichen theoretischen Auffassungen *nebeneinander* anstatt *gegeneinander* benutzt werden sollten. Gerade bei einem so komplexen Phänomen wie dem Spielverhalten ist dies von größter Bedeutung.

Eine in der Praxis oft verwendete Einteilung des Verhaltens ist:

1. sensomotorisches Verhalten;
2. intellektuelles Verhalten;
3. emotionales Verhalten;
4. soziales Verhalten.

Im Spielverhalten sind diese Verhaltensformen oft miteinander verquickt. Daraus resultieren auch die Schwierigkeiten, eine befriedigende Erklärung mittels einer Theorie oder eines Denkmodells zu geben. Dennoch läßt sich diese allgemein akzeptierte Einteilung im wesentlichen beibehalten. Diese Auffassung unterstützt auch MICHELET (1978), der in Frankreich ein Spielzeugführer für die Praxis von Eltern und Erziehern zusammengestellt hat. Auch bei ihm finden sich in bezug auf Spielzeug die vier obengenannten Verhaltensformen.

Die nun folgende allgemeine Übersicht über die Spieltheorien berücksichtigt insbesondere die Relation zwischen endogenen und exogenen Faktoren. Es handelt sich dabei um Auffassungen, die auch als „existentialistisch" bezeichnet worden sind. Hier wird der Begriff „phänomenologisch" vorgezogen, da es vor allem um das Phänomen Spiel geht und dieses nicht als ein Verhalten an und für sich gesehen wird, sondern als ein in die umfassende kindliche Existenz eingebettetes Verhalten.

1. Die phänomenologischen Theorien

Eine Reihe bekannter Psychologen und Pädagogen in verschiedenen europäischen Ländern bevorzugen in mehr oder minder strengem Maße den phänomenologischen Ansatz. In der Bundesrepublik Deutschland ist dabei an SCHEUERL, FLITNER und RUSSEL zu denken, in Frankreich an CHATEAU und in den Niederlanden an LANGEVELDs Schülerin Edith VERMEER. BUYTENDIJK hat von denselben theoretischen Rahmenvorstellungen aus bereits viel früher seine Ansichten formuliert, die sich jedoch nicht nur auf das kindliche Spiel, sondern auch auf das Spielverhalten der Tiere bezogen.

Der phänomenologische Ansatz ist häufig durch eine Reihe von Ausgangspunkten charakterisiert, die nicht nur auf die Erklärung kindlichen Spielens zielen, sondern auf die Gesamtheit menschlichen Verhaltens, also einschließlich des Verhaltens Erwachsener.

JASPERS, MERLEAU-PONTY, LANGEVELD und viele andere verweisen auf:

1. Die Zielgerichtetheit (Intentionalität), die in jedem Verhalten enthalten ist. Nicht nur Handlungen, die sichtbar sind, sondern auch nicht mit direkt beobachtbaren Bewegungen verbundene Prozesse wie Denken und Erinnern tragen immer das Merkmal des Gerichtetseins „auf etwas" in sich.
   Auf das Spiel übertragen heißt das, daß Spielen immer ein Spielen *mit etwas* ist. Dabei wird kein Unterschied gemacht, ob es sich um Spielen mit Gedanken oder Spielen mit Spielzeug handelt. Intentionalität beinhaltet, daß jeder Verhaltensform Absichten zugrunde liegen, die für deren Ablauf (mit)bestimmend sind. Immer geht es um ein Bezogensein auf etwas.
2. Die Tatsache, daß der Mensch und also auch das Kind nur innerhalb seiner Situation verstanden werden kann. Hierbei geht es nicht um die Kenntnis objektiver Kriterien der jeweiligen Situation, sondern darum, daß man Einsicht erhält in die Art und Weise, wie die Person, das Subjekt die Situation erlebt und durchlebt. Der phänomenologische Ansatz steht vor der Aufgabe, die Situationen zu analysieren und vor allem zu beschreiben, in denen der Mensch in Beziehung zu seiner Umwelt tritt.
3. Die Beziehung, in der der Mensch zu seiner Umgebung steht. Anstelle des Begriffs „Beziehung" wird häufig davon gesprochen, daß der Mensch sich im Dialog mit seiner Umwelt befindet. Hier wird der dynamische Aspekt des Sachverhalts angesprochen, und es wird deutlich, daß eine Beziehung ein dynamischer Prozeß mit zwei sich ständig gegenseitig beeinflussenden Polen ist: Person und Umwelt.

VAN DER KOOIJ (1974, 29) stellt fest:

„Beim phänomenologischen Axiom geht man davon aus, daß Spielen ein Sich-spielend-in-der-Welt-befinden bedeutet, was das Vorhandensein einer Situation und einer existentiellen Beziehung zur Umgebung erfordert."

BUYTENDIJK (1932) beschreibt, wie mittels eines angeborenen Bewegungstriebes sich die Bewegung auf ein Objekt richtet, wobei oft die Folgen nicht genau einkalkuliert werden können. Die vom Spielenden ausgehende Bewegung auf das Spielobjekt oder den Mitspielenden hin kehrt, wenn sie erfolgreich verläuft, zum Spielenden zurück.
BUYTENDIJK (1932, 90) faßt diesen Vorgang kurz zusammen:

„Spielen ist also nicht nur, daß jemand mit etwas spielt, sondern auch, daß etwas mit dem Spielenden spielt."

Hier betont BUYTENDIJK in Form der hin- und zurücklaufenden Bewegung den beziehungsbestimmten Charakter des Spiels.
Auch SCHEUERL (1973, 125) betont das Merkmal der Bewegung im Spiel:

„Das Urphänomen jeder Bewegungsganzheit steht hinter *allen* Verwendungsarten des Wortes Spiel und gibt ihnen ihren anschaulichen Sinn."

Weiterhin unterstreicht er den Bewegungscharakter, wenn er sagt (1973, 129):

„Die Bedeutung des Wortes Spiel weist primär nicht auf eine Tätigkeit, sondern auf eine Bewegung hin."

Das Ziel der phänomenologischen Spielforschung ist, sich der Art und Weise zuzuwenden, auf die das Kind spielend seiner Umwelt begegnet. Diese Art der Begegnung mit der Welt muß eine eigene Struktur haben, und Beobachtungsdaten zum Spiel müssen nach dieser Struktur geordnet werden. *Das Spielverhalten wird aufgefaßt als das Resultat eines Verhältnisses, das ein Kind mit seiner Umgebung hat.*
FLITNER (1974) schreibt:

„Die phänomenologische Spieltheorie (CHATEAU, SCHEUERL) mißt die Spielqualität nicht am Entwicklungsbedürfnis, sondern am Spielwert, an den Möglichkeiten des Kindes, Spielen als komplexe Kombination von Sinngebungen zu begreifen und diese zu verwirklichen."

Intentionalität, Situation und Beziehung sind die Zentralbegriffe in den phänomenologischen Spieltheorien, bei denen es durch Akzentverschiebungen jedoch durchaus auch Unterschiede gibt.
Trotz der von einigen Forschern geäußerten Kritik, die auf einen zu hohen Abstraktionsgrad der Spielsituation zielt, erscheint uns die von CHATEAU ausgearbeitete Theorie für den praktizierenden Pädagogen am brauchbarsten zu sein.

2. Die Theorie von Jean CHATEAU

CHATEAU ist in Frankreich bei der Analyse des kindlichen Spiels einen eigenen Weg gegangen. Obwohl er gemeinhin in der Wissenschaftstheorie zu den Phänomenologen gezählt wird, hat er selbst sich in persönlichen Gesprächen dagegen gewehrt, wobei allerdings seine Gegenargumente nie deutlich geworden sind. Wahrscheinlich hängt das mit dem spielerischen Charakter des Spielforschers zusammen, der sich nicht gern festlegen läßt, da sonst die Gefahr besteht, daß gerade in dieser Festlegung der Blick auf das Spiel verlorengeht. Bei der Analyse des Spielverhaltens sehr junger Kinder spricht CHATEAU gerne von Pseudospielen. Er behauptet, daß es sich dabei um eine mehr praktische Aktivität handelt als um eine spielerische. Aber er möchte diese frühkindlichen Aktivitäten noch als Spiele bezeichnet wissen, weil sie die Grundlage für spätere Spiele bilden. Ebenso wie BÜHLER spricht CHATEAU von Funktionsspielen, wenn es um die Bewegungsspiele des jungen Kindes geht. Diese frühkindlichen Spielaktivitäten sind seiner Auffassung nach die Folge eines inneren Aktivitätstriebes. Bei älteren Kindern dagegen verhält es sich anders. CHATEAU (1954, 16) schreibt:

„Man sollte das Prinzip der spielerischen Aktivität nicht erst in einer internen Kraft suchen, sondern viel mehr in einem Bedürfnis, sich seiner selbst zu vergewissern, seine Kräfte zu zeigen."

Das ältere Kind sucht im Spiel eine Art Selbstbestätigung (affirmation du *moi*). Nach dem sechsten Lebensjahr reicht die Triebkraft der Selbstbestätigung für das Zustandekommen von Spielaktivitäten nicht mehr aus.

Nach CHATEAU wird dann eine Herausforderung durch Ältere ausschlaggebend. Er nennt das: den Appell des Älteren.

Dieser Ältere ist in erster Linie der Vater, später auch der Großvater und ein älterer Bruder oder eine ältere Schwester. Durch den Appell seitens des Älteren werden kleinere Kinder motiviert, sich in ihrem Spiel so zu verhalten, daß sie in die Spielgruppe älterer Jungen und Mädchen aufgenommen werden. Diesem Bedürfnis, ins Spiel der Älteren integriert zu werden, schreibt CHATEAU (1954, 52) eine große dynamische Kraft zu. „Dieser Appell der Älteren, das möchte ich noch einmal wiederholen, ist die wichtigste Triebfeder der Jugend."

Ein anderer Aspekt des Spielverhaltens, den CHATEAU beschreibt, ist die Neigung zu Disziplin, Spielregeln und Ordnung. Indem sich das Kind an die Spielregeln anpaßt, sucht es eine Art Selbstbestätigung. Daher behauptet CHATEAU, daß Spielregeln das wichtigste Instrument für die Persönlichkeit sind. Es geht nicht nur um soziale Spielregeln, sondern bereits beim kleinen Kind um das Bedürfnis nach Ordnung und Regelmäßigkeit. Rhythmische Bewegungsspiele sind hierfür ein Beispiel. CHATEAU (1954) bemerkt in diesem Zusammenhang, daß Ordnung, Geordnetheit, die Handlung vereinfacht, durch die sich das *Ich* ausdrückt und bestätigt. Nach CHATEAUs Anschauungen stellt daher die Ordnung, man könnte auch von einer Umgebungsstruktur sprechen, die *Bedingung* zur Beherrschung des Spiels dar.

Das Ziel der Spielaktivitäten wird durch die Herausforderung der Älteren (appèl de l'aîné) präzisiert und dient im *Endeffekt* der Erreichung der Selbstbestätigung.

CHATEAU erweist sich in „Le jeu de l'enfant" (1946) als Befürworter einer Einteilung kindlichen Spielverhaltens mittels Querschnitten. Er verwirft das vom pädagogischen Wert des Spiels ausgehende Einteilungskriterium, von dem QUEYRAT früher in Frankreich ausging. Auch GROOS, der das Spiel nach Funktionen klassifizierte, kann er nicht zustimmen. Eine derartige Einteilung könne nur für primitive Funktionen zutreffen, wenn sich diese unterscheiden ließen. Beim älteren Kind ist jedoch eine zunehmende Integration der Funktionen festzustellen, die eine solche Klassifikation unmöglich macht. Eine Kategorisierung des Spielverhaltens von den Strukturen des Spiels her muß aus demselben Grund scheitern wie eine Einteilung nach Funktionen, da die Strukturen im Verhalten des älteren Kindes sich vermischen.

Nach CHATEAU hat eine Spielkategorisierung aufgrund von Querschnitten (coupes horizontales) mehrere Vorteile:

1. Auf diese Weise kann die Entwicklung des Spielverhaltens in den verschiedenen Altersstufen des Kindes unterschieden werden. Eventuelle Zusammenhänge mit dem intellektuellen oder motorischen Verhalten werden feststellbar.
2. Auf diese Weise läßt sich Einsicht in das Erscheinen von Funktionsgruppen gewinnen, die untereinander in Zusammenhang stehen. In bezug auf die sozialen Funktionen läßt sich der Zusammenhang zwischen den Phasen angeben, in denen die Kinder zunächst nebeneinander spielen, sich dann bekämpfen und schließlich zur Kooperation kommen, in der sie ihre Bemühungen koordinieren.
3. Schließlich läßt sich auch bestimmen, welches Spiel in einer bestimmten Entwicklungsphase bevorzugt wird, was von großem pädagogischen Wert ist.

Bei der Systematisierung des Spielverhaltens unterscheidet CHATEAU (1946) *zwei* Hauptgruppen:

Spiele ohne Regeln (jeux sans règles)
Spiele mit Regeln (jeux réglées)

Spiele ohne Regeln tauchen vor allem bis zum Alter von 7 Jahren auf. CHATEAU nimmt hier folgende Subklassifizierung vor:

A. **Spiele auf dem Niveau konkreter Intelligenz**
a) *Funktionsspiele*, die man auch als sensomotorische Spielübungen bezeichnen könnte, zum Beispiel Saugspiele, Strampeln, Geräusche nachahmen.
b) *Hedonistische Spiele* (Genußspiele), bei denen das Baby ein bereits erfahrenes interessantes Resultat zu wiederholen versucht, zum Beispiel Spiele mit leuchtenden Gegenständen.
c) *Explorative Spiele*, zum Beispiel das Untersuchen des eigenen Körpers oder des Körpers anderer, Spiele, um jemandem Angst zu machen.
d) *Manipulationsspiele*; dabei handelt es sich um Aufklärungsspiele, die auf Objekte gerichtet sind, zum Beispiel Spielen mit Sand, mit Maikäfern.

B. **Selbstbestätigungsspiele ohne Regeln oder untergeordnete Selbstbestätigungsspiele**
a) *Zerstörungsspiele*, zum Beispiel etwas umwerfen, etwas kaputtmachen; bei fortschreitendem Alter wird aus dieser Spielform das desorganisierte Spiel, zum Beispiel Balgereien.
b) *Entladungsspiele*, die vor allem auf Selbstbestätigung ausgerichtet sind, zum Beispiel einen Abhang hinunterrennen, lautes Schreiben.

Spiele nach Regeln kommen hauptsächlich im Alter ab 7 Jahren vor. CHATEAU klassifiziert hier wie folgt:

A. Spiele, die ein Wirklichkeitssegment zum Inhalt haben

a) *Figurative Spiele*, die sich anfangs in der Form von So-tun-als-ob-Spielen darstellen. Hieraus entwickeln sich im Laufe der Zeit zwei Gruppen: einerseits werden sie zu Nachahmungsspielen, bei denen das Kind so genau wie möglich Menschen und Tiere imitiert. Die Nachahmung bleibt längere Zeit ungenau, weil es dem Kind noch an Entwicklungsmöglichkeiten mangelt. Als Beispiele für Nachahmungsspiele nennt CHATEAU: Vater-und-Mutter-Spiele, Kaufladen-Spiele, Zug-Spielen, bei älteren Kindern die Parodie.

Auf der anderen Seite bilden sich die Illusionsspiele heraus. Bis zum vierten Lebensjahr lassen sich häufig Mischformen von Nachahmungs- und Illusionsspielen beobachten. CHATEAU ist der Meinung, daß es sich bei der Nachahmung um die Rekonstruktion einer bestimmten Umweltstruktur handelt. Darum spricht er von der Rekonstruktion der Ordnung, der Geordnetheit. Ordnung und Regel gehen ineinander über. Im Illusionsspiel ist die illusionäre Struktur des Illusionsobjekts, die diesem Bedeutung verleiht, bereits einer wirklichen Regel gleichzusetzen. Beispiele: mit Puppen spielen, Malen, Kneten.

b) *Objektive Spiele*, die so genannt werden, weil die Struktur im Objekt selbst liegt. Oft bleiben sie lange subjektiv, da das Objekt nur eine Möglichkeit anbietet. Anfangs finden sich Elemente, die vor allem aus den Manipulationsspielen hervorgegangen sind. Beispiele hierfür sind: mit Klötzen spielen, Hütten bauen, Techniksspiele wie Meccano oder Fischer Technik.

Ältere Kinder spielen Arbeitsspiele, die allmählich in Arbeit übergehen, zum Beispiel Kochen, Fischen.

c) *Abstrakte Spiele*, zu denen Spiele gerechnet werden, in denen von willkürlichen Spielregeln Gebrauch gemacht wird, die das Kind aufstellt, wenn es in seiner Umgebung bestimmte Objekte antrifft. Beispiele hierfür sind: auf der Bordsteinkante laufen, rückwärts die Treppe hinaufgehen. Auch Heldenspiele gehören zu den abstrakten Spielen. Hier besteht die Spielregel nur in der Überwindung eines Hindernisses, zum Beispiel der Schwerkraft beim Stelzenlaufen und Seilspringen.

Bei den Heldenspielen beginnt das Konkurrenzgefühl schon eine Rolle zu spielen. Das wird noch deutlicher bei den Wettkampfspielen, die noch keine Kooperation erfordern, aber wohl das Vorhandensein einer organisierten Umgebung voraussetzen. Die Aktivität kann sich in motorischen Funktionen manifestieren, wie Laufen und Weitsprung, aber auch in intellektuellen Funktionen, wie beim Rätselraten, Damespielen oder bei asketischen Spielen, in denen der Wille erprobt wird.

B. Kooperative Spiele

Diese Art Spiele erfordert ein hohes Maß an Kooperation, wobei oft in zwei verschiedenen Gruppen gegeneinander gespielt wird, zum Beispiel Katz und Maus, Brennball.

Übersicht 1 gibt die Einteilung des Spielverhaltens bei CHATEAU wieder.

3. Anmerkungen zur Theorie von Jean CHATEAU

Die Kategorisierung des Spielverhaltens bei CHATEAU ist nicht absolut schlüssig, da sich einige Spiele an verschiedenen Stellen einordnen lassen. Die vorgenommene Klassifizierung beruht nicht auf einer apriorischen Sichtweise. Die Frequenz des Vorkommens verschiedener Spiele in den verschiedenen Altersstufen wird nur ganz global angegeben. Dadurch wird es für einen Erzieher schwierig herauszufinden, ob ein bestimmtes Kind sich schnell oder langsam entwickelt. Die Verhaltensweisen spielender Kinder werden dadurch untereinander nicht vergleichbar.

Übersicht 1: Einteilung des Spielverhaltens nach CHATEAU

Haupteinteilung	Unterteilung (in Klammern Beispiele)	Alter
I. Spiele ohne Regeln (jeux sans règles)		
A. Spiele auf dem Niveau konkreter Intelligenz	a) Funktionsspiele (Strampeln eines Babys)	0 bis 3 Jahre
	b) hedonistische Spiele (Greifen nach leuchtenden Gegenständen)	0 bis 3 Jahre
	c) explorative Spiele (Untersuchung des eigenen Körpers)	0 bis 3 Jahre
	d) Manipulationsspiele (Spielen mit Sand)	0 bis 3 Jahre
B. Selbstbestätigungsspiele	a) Zerstörungsspiele (etwas kaputtmachen)	0 bis 3 Jahre
	b) Entladungsspiele (laut schreien)	7 bis 10 Jahre
II. Spiele mit Regeln (jeux réglés)		
A. Spiele mit Wirklichkeitssegmenten	a) figurative Spiele 1. Nachahmungsspiele (Vater-und-Mutter-Spielen) 2. Illusionsspiele (Kneten)	3 bis 10 Jahre
	b) objektive Spiele 1. Bauspiele (Holzklötze) 2. Arbeitsspiele (Kochen)	3 bis 10 Jahre
	c) abstrakte Spiele 1. Spiele mit willkürlichen Spielregeln (auf der Bordsteinkante laufen) 2. Heldenspiele (auf Stelzen laufen) 3. Wettkampfspiele (Rätsel lösen)	3 bis 10 Jahre
B. Kooperative Spiele	a) kooperative Wettkampfspiele (Katze und Maus) b) Spiel mit strengen Regeln (Tanzen)	10 bis 14 Jahre

Die phänomenologischen Spieltheorien versuchen, das Spiel in einen möglichst umfassenden theoretischen Rahmen zu stellen, ohne daß in besonderem Maße auf die inhaltliche Erklärung der verschiedenen Spielformen und auf die konkrete Bedeutung des Spiels für die Entwicklung des Kindes eingegangen würde. Der Einfluß des Spielverhaltens auf die Struktur des Kindes, der strukturierende Effekt also, wird nicht problematisiert.

Der phänomenologische Ansatz führt oft zu hervorragenden Analysen bestimmter Phänomene oder Verhaltensweisen. Selten jedoch lassen diese Analysen nachprüfbare Operationalisierungen zu. Teils ist dies ohnehin theoretisch kaum möglich, weil Ursache und Folge im phänomenologischen Denken häufig schwer zu unterscheiden sind. Man beschäftigt sich vornehmlich mit der sorgfältigen Beobachtung des Verhaltens. Daher greifen die Sozialwissenschaften auch in ihren ersten Arbeitsschritten auf die phänomenologische Analyse eines Problems zurück, um daraufhin zu weniger weitreichenden Modellen und Hypothesen zu kommen.

Gerade wegen der umfassenden Betrachtung des Gegenstands in seiner Komplexität — in unserem Fall des Spiels — wurde hier bei der Behandlung der modernen Theorien von einer phänomenologischen Analyse ausgegangen, die in der Praxis zu deutlich erkennbaren Resultaten führt. Weiter schien es sich anzubieten, mit der Phänomenologie zu beginnen, weil die anfangs erwähnte Reduktion der Wirklichkeit (siehe II.) in dieser Theorie kaum zum Tragen kommt, so daß der reale Spielcharakter des Verhaltens in keiner Weise eingeschränkt wird.

4. Sensomotorische Theorien

In Kapitel III. wurde die These aufgestellt, daß im Bereich der Kinderpsychologie noch eine Situation besteht, in der mehrere Theorien erforderlich sind, um jedes kindliche Verhalten erklären zu können. Aus diesem Grund wird das Verhalten in verschiedene Teilaspekte gegliedert: sensomotorische, intellektuell, emotional und sozial. Auf dem Gebiet der Behindertenpädagogik steht vor allem das sensomotorische Verhalten im Vordergrund. Schulische Lernstörungen werden auf Fehlentwicklungen in der Wahrnehmung und Motorik zurückgeführt. Bekannte Vertreter der Behindertenpädagogik in den USA sind FROSTIG, GETMAN und KEPHART. In den Niederlanden zählt man BLADERGROEN zu den sensomotorischen Theoretikern.

Es gibt jedoch nur wenige Spieltheorien, die die Sensomotorik in den Mittelpunkt ihres Interesses stellen. Und es stellt sich die Frage, ob eine derartig stringente Einteilung nach Verhaltensformen überhaupt haltbar ist. Schließlich ist bekannt, daß die vier Verhaltensformen sich untereinander beeinflussen und nicht streng zu trennen sind. Es kann also primär nur darum gehen festzustellen, wo die wichtigsten Akzente gesetzt werden müssen.

Charlotte BÜHLER ist die erste gewesen, die deutliche Aussagen über die Entstehung des kindlichen Spiels gemacht hat. Sie hat sich insbesondere mit dem Spiel in den ersten Lebensjahren auseinandergesetzt. Ihr Interesse galt in starkem Maße auch der Sensomotorik. Eine wesentliche Rolle spielt dabei der Begriff der „Funktion". BÜHLERs Anschauungen zum Spiel finden sich später bei Margret VAN WYLICK (1936) und bei BÜHLERs Mitarbeiterin Hildegard HETZER wieder. Vor allem letztere hatte in Deutschland bestimmenden Einfluß auf die Anschauungen zum Spiel, zumal sie als

Mitglied des „Arbeitsausschusses Gutes Spielzeug" auch praktisch tätig war.
BÜHLERs Betrachtungsweise kann, besonders da, wo es um die frühkindliche Spielformen geht, mit guten Gründen als sensomotorisch bezeichnet werden, ohne damit ihrer umfassenderen Sicht des Kindes Unrecht zu tun, die als biologisch-strukturalistisch zu qualifizieren ist.

5. Die Auffassung des Spiels bei Charlotte BÜHLER

BÜHLER (1928) unterscheidet zwei Arten von Bewegungen des Subjekts: zum einen Bewegungen, denen das Subjekt als Folge von Reizen auf das sogenannte Subjektsystem unterliegt; es handelt sich also um eine passive Bewegung, der das System ausgesetzt ist, d. h. es *wird* bewegt. In „Kindheit und Jugend" wird dieser Prozeß als „funktionales Geschehen" bezeichnet. Zum anderen geht es um Bewegungen, die infolge der Einwirkung von Reizen auf das Subjektsystem als Gegenbewegungen entstehen, die also vom Subjekt ausgehen und in denen das Subjektsystem selbst Aktivität entfaltet. Dieser Prozeß wird „Funktionsbetätigung" genannt. Diese aktiven Bewegungen können sich auf das in der Umgebung vorhandene Material richten und es formen oder verformen.

Bevor es in der Entwicklung dee Kindes zur Material- oder Objektformung kommen kann, müssen zunächst einmal Wahrnehmung, Motorik und das Zusammenspiel beider Fähigkeiten herausgebildet sein. BÜHLER spricht hier von „Funktionsformung".

Zur Funktionsformung kommt es vor allem während der Spielaktivitäten des Kindes. BÜHLER spricht deshalb auch vom „Funktionsspiel". Über das Spiel des Babys äußert sie (1928, 53):

„Nicht das gegenständliche Material wird geformt, sondern geformt wird mit und an dem Material eine Bewegung, eine Funktion."

Daß es um die Formung einer Bewegung geht, schließt sie aus den vielen Wiederholungen von Bewegungsmustern, die regelmäßig und rhythmisch verlaufen. Die Formung und allmähliche Beherrschung der Bewegung gibt dem Kind Lustgefühle. Diese Funktionslust wird gedeutet als (1928, 56)

„eine nicht mit der Wiederholung als solcher, sondern mit der in jeder Wiederholung fortschreitenden Formung und Bemeisterung der Bewegung verbundene Lust".

Im Anschluß hieran definiert BÜHLER (1928, 56) das Spiel als

„Bewegung mit intentionalem Bezug auf die Lust der Bemeisterung, und wir können nunmehr sagen, daß das Spiel der Ort ist, an dem Intention auf ein Fundamentalprinzip des Lebens gewonnen wird".

Wenn das Kind Spielbewegungen mit Spielobjekten vollzieht, dann ist demnach nicht die Beschaffenheit des Objekts bestimmend für die Art, in der das Kind damit umgeht, sondern ein funktionelles Bedürfnis entscheidet darüber, wie ein Kind ein Spielzeug gebraucht. BÜHLER macht einen Unterschied zwischen Spiel und „Schaffen", wobei es um Materialformung und „Werkherstellung" geht. Im ersten Lebensjahr handelt es sich beim Spiel noch nicht um ein konstruktives Handeln, sondern immer nur um Bewegungsspiele, anfangs *ohne* Spielzeug, später, ungefähr vom fünften Monat an, *mit* Spielobjekten.

In der Beschreibung der zweiten Entwicklungsphase, die BÜHLER zwischen dem zweiten und vierten Lebensjahr ansetzt, gibt sie die strenge Zweiteilung der Aktivitäten in Bewegungsspiel und auf Materialformung gerichtete Aktivitäten auf. Das Funktionsspiel des ersten Lebensjahres kennt keine inhaltliche Aufgabe und kein Gerichtetsein auf inhaltlichen Erfolg.

„Erfolg und Leistung werden nicht in einem Produkt manifest, sondern in Vollzug und Erlebnis an Bemeisterung; an diese knüpft sich daher auch die Lust" (1928, 9).

Während der zweiten Entwicklungsphase vollzieht sich in bestimmter Hinsicht eine Veränderung dadurch, daß die Bewegung, die Funktion, eine Bedeutung erlangt. BÜHLER stellt die These auf, daß die intentional gebildete Funktion mit einer Bedeutung versehen wird; die Funktion erhält Sinn. Ein kleines Kind, das nicht nur die Rauch*bewegung* imitiert, sondern damit auch die Bedeutung des Handlungsmusters Rauchen nachahmt, hat das Niveau des Illusionsspiels erreicht. In diesem Fall kann man von einer psychischen Leistung sprechen, der eine selbstgestellte Aufgabe vorausgegangen ist. Die Leistung besteht aus einer Art Denkhandlung, durch die die Sinngebung zustande kommt. Aufgrund von Vorstellungskombinationen entstehen Phantasieleistungen. Einerseits handelt es sich beim Illusionsspiel bzw. Fiktionsspiel, wie BÜHLER es nennt, um das Hervorbringen einer Leistung, die nicht auf Formung des Materials beruht. Andererseits spricht BÜHLER in bezug auf das Wesen des Fiktionsspiels von Funktionsbetätigung. Sie sagt, daß das Kind im Illusionsspiel mittels der Funktion produktiv wird und zu einer Leistung kommt. Das bedeutungsgebende Moment, die Sinngebung der Funktion, der Bewegung, ist in BÜHLERs Augen eine Produktion. Es dauert jedoch viel länger, bis das Kind die Phase der Produktion durch Materialformung erreicht, in der es etwas herstellt oder baut.

Die bereits erwähnte Antithese zwischen „Spiel" und „Schaffen" manifestiert sich in der zweiten Entwicklungsphase. Spiel wird definiert als Funktionsformung (1928, 102),

„das heißt einen solchen Gebrauch der Funktionen, bei dem der Erfolg im Werk, das heißt in einem Objekt, manifest wird".

Spiel bedeutet bei BÜHLER also Bewegungsspiel. Unter „Schaffen" wird verstanden, daß ein Kind in einer Weise Gebrauch von seinen Funktionen macht, daß sich das in einem Objekt manifestiert. „Schaffen", „Werkgestalten" und „Werkherstellung" werden als synonyme Begriffe gebraucht, die sich immer auf Formung von Material, auf ein konkret greifbares Produkt beziehen.

Die Funktionsspiele, die durch Bewegungen gekennzeichnet sind, können zu zufälligen Ergebnissen führen. Wenn ein Kind ein Eimerchen mit Sand füllt und wieder ausschüttet – eine Form des durch Wiederholung gekennzeichneten Funktionsspiels –, kann das als zufälliges Resultat einen Berg zur Folge haben. Die Entdeckung eines solchen durch Zufall zustandegekommenen Produktes ist der Ausgangspunkt für konstruktives Beschäftigtsein. Hierzu ist eine Art kontemplative Betrachtung nötig. Das Kind muß das zufällig entstandene Produkt betrachten, es entdecken. Diese Entdeckung hält BÜHLER für genauso wichtig wie die des Prozesses der Sinngebung im Illusionsspiel. Anfangs wird das Werk, das Produkt, nur figural wahrgenommen, und auch bei der Herstellung von etwas richtet sich die Aufmerksamkeit bei der Planung nur auf den figuralen Aspekt. Das Spielresultat wird noch wie eine Gestalt gesehen und auf dieselbe Weise zustande gebracht. Die ersten Spielprodukte erhalten noch keine Bedeutung und keinen Namen. BÜHLER hält die ersten konstruktiven Spielprodukte noch nicht für „Darstellungen", für echte Schöpfungen. Das Kind ist oft noch nicht zu sinnvoller Planung für die Herstellung eines bestimmten Gegenstandes imstande. Das ungerichtete, ungesteuerte Handeln weist jedoch der Intention zu wirklicher Kreativität Richtung, Inhalt und Ziel.

Das konstruktive Spiel entwickelt sich demnach von der Herstellung von etwas über die Sinngebung des auf diese Weise Hergestellten zur höchsten Form der geplanten Darstellung.

In „Kindheit und Jugend" gibt BÜHLER eine Übersicht über die Aktivitäten, die sie zu den Funktions-, Fiktions-, Rezeptions- und Konstruktionsspielen rechnet. Danach ist das Rezeptionsspiel eine passive Variante des Illusionsspiels. Ein gewisser Widerspruch in der Kategorisierung liegt in dem Begriff „Rezeptionsspiel", da BÜHLER ja gerade alles Spiel durch Aktivität gekennzeichnet sieht.

BÜHLER nennt folgende *Formen des Spielverhaltens*:

Funktionsspiele: Bewegen der Gliedmaßen und des Kopfes, Bewegen der Zunge, sich aufrichten, kriechen, aufstehen und hinsetzen, auf Zehenspitzen laufen, die Treppe hinaufgehen, tanzen, von Steinen herunterspringen, springen, klettern, turnen, Schlittschuh laufen, prusten, blasen Geräusche machen, greifen, betasten, abklopfen, Gegenstände bewegen und mit sich nehmen, Decken auf- und zumachen, Spielzeug ausräumen und wieder wegräumen, Wassertropfen und Sonnenstrahlen fangen, mit Wasser spritzen, Sand aus einem Eimerchen in den anderen tun, kritzeln, kneten, Papier zusammenknüllen oder zerreißen, Ballspielen, einen Gegenstand hin und her bewegen, ein Spielzeugtier an der Leine hinter sich herziehen, herumtoben, einen Hupel in Bewegung setzen, Diabolo spielen, auf dem Schaukelpferd reiten.

Fiktionsspiele: mit Hilfe eines Fingers rauchen, einen Stuhl mit einem Stück Papier abstauben, Spielzeugtiere füttern, streicheln und mit ihnen sprechen, eine Puppe oder einen Vogel wie einen Freund behandeln, ein Sieb als Eimer benutzen, Ins-Bett-gehen spielen, sich in die Rolle der Tante versetzen bzw. des Schornsteinfegers, des Schaffners, des Soldaten, des Kutschers, des Kellners, des Kaufmanns, des Postboten, des Großvaters, des Jägers, so tun als ob man ein Affe, Löwe oder Hund wäre, Rotkäppchen und der Wolf spielen.

Rezeptionsspiele: Bilder begucken, zuschauen, wenn jemand etwas vorzeichnet, vorbaut, vorformt; Geschichten, Märchen, Kinderliedchen, Versen, Vorgelesenem zuhören; Aussichtstürme besuchen, ins Kino oder Theater gehen.

Konstruktionsspiele: Bauen, zeichnen, schreiben, mit Sand und Lehm bauen, erzählen, singen, Bilder ausschneiden, Puzzles und Mosaikfiguren legen, Knöpfe aneinander reihen, Kettchen machen, Seifenblasen machen, Schattenbilder an der Wand machen.

BÜHLER geht soweit, aufgrund der Analyse eines Tagebuchs über das Verhalzen eines Jungen eine Tabelle zu diesen vier Spielformen herzustellen. Obwohl ihre Beobachtungen nicht auf wissenschaftlchem Wege zustandegekommen sind und das Material nur ein einziges Kind betrifft, geht sie davon aus, daß das in Abbildung 1 in Prozenten wiedergegebene Spielverhalten ein zutreffendes Bild darstellt.

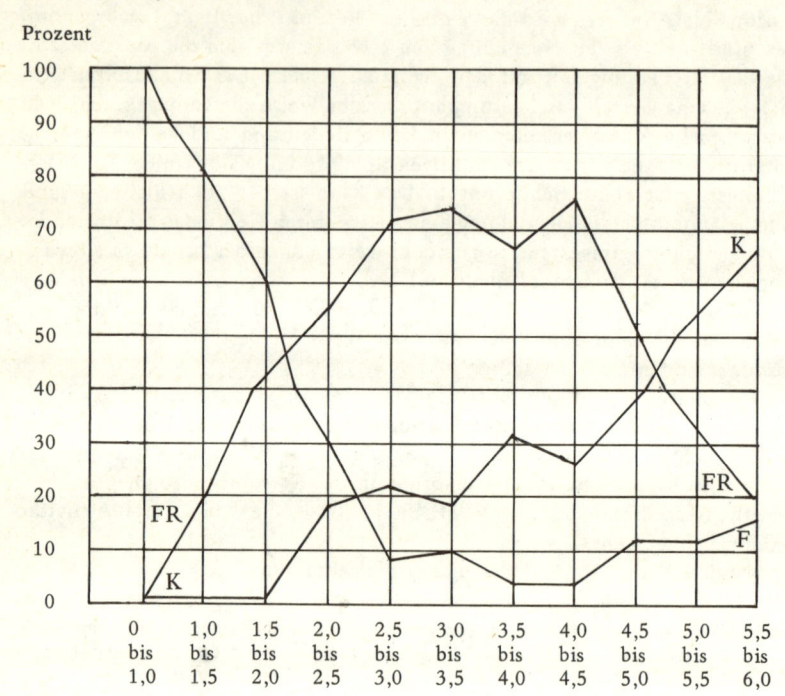

F = Funktionsspiele
FR = Fiktions- und Rezeptionsspiele
K = Konstruktionsspiele

Abbildung 1: Graphische Wiedergabe des Spielverhaltens eines Kindes
(aus: Ch. BÜHLER 1928)

Das Spielverhalten des Kindes während der dritten Entwicklungsphase, die zwischen das 5. und 8. Lebensjahr fällt, bildet eine Fortsetzung des Verhaltens in der zweiten Phase. Die Konzentration bei den Spielhandlungen nimmt zu. Zwischen dem 4. und 6. Lebensjahr findet im Kreativitätsprozeß eine Verschiebung statt. Das kleine Kind stellt nur irgend etwas her; wenn es älter wird, gibt es seinen Produkten eine Bedeutung. Eine für Erwachsene nicht verständliche „Zeichnung" wird mit „das ist ein Haus" oder „das ist ein Auto" kommentiert. BÜHLER spricht hier von „Darstellung" mittels eines Symbols. Erst das sechsjährige Kind ist in der Lage, überwiegend (63 %) Produkte mit charakteristischen Merkmalen zustandezubringen. Das

Spielprodukt ist das Resultat des Strebens nach Übereinstimmung mit der Wirklichkeit. Ein Auto erhält jetzt in einer Kinderzeichnung Räder und ein Steuer. Die Bewegungsspiele in der dritten Entwicklungsphase erfüllen eine soziale Funktion. Viele dieser Funktionsspiele werden mit Partnern gespielt, zum Beispiel Fangen, Fußball und Seilspringen.

Nach BÜHLER zeigt sich die gleiche Entwicklung bei den Funktionsspielen, wenn das Kind älter wird.

6. Anmerkungen zur Theorie Charlotte BÜHLERs

Das Interessante an der Theorie BÜHLERs ist ihre Analyse des Vorgangs, in dem das Bewegungsspiel sich einerseits zum Illusionsspiel, andererseits zur konstruktiven Tätigkeit entwickelt. Kaum jemand außer ihr hat so deutlich beschrieben, wie im ersten Lebensjahr das Bedürfnis der Beherrschung des Bewegungsapparates die Art und Weise des Umgangs mit Objekten in der Umwelt bestimmt.

Ihre Aussage: „Nicht das gegenständliche Material wird geformt, sondern geformt wird mit und an dem Material eine Bewegung, eine Funktion" ist in der Kinderpsychologie Gemeingut geworden. Den Hauptakzent legt sie auf das Spiel des Kleinkindes. Das trifft eigentlich nicht nur auf das Spielverhalten zu; in „Kindheit und Jugend" stehen ganz allgemein die ersten Lebensphasen im Mittelpunkt. Anfechtbar ist bei BÜHLER, daß sie die Grenze zwischen Spiel und Nicht-Spiel nicht deutlich genug gezogen hat. So zählt sie verschiedene Formen des Funktionsspiels auf, wie u. a.: sich aufrichten, kriechen, aufstehen und hinsetzen, auf den Zehenspitzen laufen, die Treppe hinaufklettern, springen und klettern. Diese Handlungen können natürlich ein Spielelement enthalten, sie können auch auch ganz „ernst" gemeint sein.

Fraglich bleibt auch, ob das Kind nur Lust in der zunehmenden Beherrschung von Bewegungen erfährt und nicht auch in der Wiederholung als solcher. Ersteres spielt gewiß eine Rolle und erhöht die intrinsische Motivation der Spielhandlung. Aber auch die Wiederholung einer Spielhandlung kann Freude verschaffen. Ein Kind, das hin- und herschaukelt, empfindet Freude an der wiederholten Bewegung, nicht *nur* an der Beherrschung der motorischen Koordination.

Schließlich stellt sich noch die Frage, ob BÜHLERs Gegenüberstellung von „Spiel" und „Schaffen" eine wirkliche Antithese darstellt. Spiel wird von ihr allzu motorisch gesehen. Insofern ist es gerechtfertigt, ihre Theorie zu den sensomotorischen zu zählen.

7. Kognitive Theorien

Die in III. vorgenommene Einteilung in Verhaltensformen läßt den Begriff „kognitives Verhalten" vermissen. Kognition bedeutet Erkenntnis, und diese Erkenntnis bezieht sich in erster Linie auf das, was sich in der Umgebung abspielt. Prozesse wie Denken und Wissen, also vornehmlich intellektuelle Prozesse, spielen in der Kognition eine wichtige Rolle.

Kognition ist ein umfassenderer Begriff als Intelligenz; er ist zugleich auch moderner, denn in der Kognitionspsychologie wird auch das Verhältnis zwischen Erkenntnis und anderen Prozessen thematisiert.
NEISSER (1967), einer der führenden Wissenschaftler auf dem Gebiet der Kognitionspsychologie, stellte die These auf, daß sich Kognition auf all jene Prozesse bezieht, durch die das ursprüngliche sensorische „input" transformiert, reduziert, bearbeitet, aufbewahrt, zurückgerufen und benutzt wird. Er betont, daß auch Prozesse wie Wahrnehmung, Vorstellung, Gedächtnis, Erinnerung, Problemlösung und Denken zu den grundlegenden Phasen oder Aspekten der Kognition gehören.
Zusammenfassend läßt sich also sagen, daß die Kognitionspsychologie sich mit dem Prozeß der Informationsverarbeitung befaßt, in dem das Denken eine sehr wichtige Rolle spielt. Die Kognitionspsychologie hat sich nur wenig mit dem Spielverhalten beschäftigt. In der Gruppe der Kognitionstheorien, die fast alle von Amerikanern formuliert wurden, findet sich eigentlich nur eine Spieltheorie. PIAGET ist der einzige Europäer in dieser Gruppe. Von ihm stammt eine der am weitesten entwickelten Spieltheorien. Das Lebenswerk PIAGETs bestand darin, eine Theorie über die Entwicklung der Erkenntnis beim Kinde zu formulieren. Der Nachdruck liegt dabei auf dem ontogenetischen Aspekt. Ein zentraler Gedanke ist, daß eine Parallelentwicklung stattfindet im sensomotorischen Handeln des Kleinkindes während der ersten zwei Lebensjahre und in der Art und Weise der Erkenntisgewinnung des älteren Kindes, dem Denken. Mit anderen Worten: laut PIAGET ist das Denken eine Form beschleunigten Handelns. Bereits beim Kleinkind während der ersten zwei Lebensjahre kann von Intelligenz die Rede sein. In seinem sensomotorischen Handeln löst das Kind Probleme. Die Art der Problemlösung verhält sich analog zu jener, in der es später denkt. PIAGET geht davon aus, daß Denken und Erkennen zur Anpassung des Kindes an seine Umwelt beitragen. GALLAGHER / REID (1981) weisen darauf hin, daß die kognitive Entwicklung, wie PIAGET und INHELDER sie sehen, aus einem Zusammenwirken von *vier* Faktoren besteht. Der *erste Faktor* ist physiologische Reife, von der man annimmt, daß sie innerhalb der gleichen Kulturmuster ungefähr gleich ist. Körperliche Erfahrung ist der *zweite Faktor*, von dem PIAGET noch die „logico-mathematische Erfahrung" abhebt. Bei dieser Art Erfahrungen wird auf indirekte Weise durch die Reflexion eigener Handlungen Erkenntnis erworben. Als *dritter* wichtiger *Faktor* wird die soziale Erfahrung genannt. Interaktion mit anderen ist notwendig und von großer Bedeutung für die Entwicklung. Den *vierten* zentralen *Faktor* bildet die sogenannte „Equilibration". GALLAGHER / REID (1981, 47) bemerken dazu:

„It is through the process of equilibration that the child organizes the other threee factors into a coherent whole."

Dieser Equilibrations-Gedanke steht in der Spieltheorie PIAGETs im Vordergrund.

8. Die Spieltheorie Jean PIAGETs

PIAGET ist der Ansicht, daß die Anpassung des Kindes, die er Adaption nennt, aus zwei sich gegenseitig beeinflussenden „Systemen" besteht, wobei es sich um sehr komplexe, offene Prozesse handelt, in denen auf vielfältige Weise durch Rückkopplung Änderungen auftreten können. Diese beiden Systeme sind für die optimale Anpassung des Individuums an seine Umgebung verantwortlich. Daher wird auch vom „Gleichgewichtsmodell" PIAGETs gesprochen.

Die beiden hier unterschiedenen Systeme sind die *Assimilation* und die *Akkommodation*. PIAGET hat seine wissenschaftliche Laufbahn als Biologe begonnen. Daher erklärt sich der Gebrauch biologischer Begriffe.

Unter Assimilation versteht er die Handlung, in der Information aus der Umwelt aufgenommen wird und bei der gleichzeitig strukturelle Veränderungen innerhalb des Organismus auftreten.

FLAVELL (1963) bemerkt in diesem Zusammenhang, daß die Assimilation den wichtigen Prozeß ausmache, in dem ein Ereignis aus der Wirklichkeit in den „Tempel" der eigenen, sich kontinuierenden Struktur aufgenommen wird. GRUBER / VONECHE (1977) definieren Assimilation als (48): „Wiedererzeugung einer Substanz, identisch mit sich selbst". Assimilation impliziert, daß der Organismus die Einflüsse der Umwelt in sich aufnimmt, daß es sich also nicht um eine fotografische Wiedergabe der Realität innerhalb des Organismus handelt, sondern um einen aktiven Prozeß, bei dem die Information aus der Außenwelt so strukturiert wird, daß sie Teil von bereits bestehenden Strukturen des Organismus werden kann. Assimilation kann aber nie in reiner Form stattfinden: wenn neue Elemente in schon existierende Strukturen aufgenommen werden, müssen sich auch die Strukturen den neuen Elementen anpassen.

Diese Anpassung des Organismus nennt man Akkommodation. PIAGET versteht also unter diesem Begriff die Anpassung des Organismus an die Art der Information, die aus der Außenwelt kommt.

Auch die Akkommodation kommt nicht in reiner Form vor, weil sie wiederum Assimilationsmöglichkeiten voraussetzt. Assimilation und Akkommodation beeinflussen sich also wechselseitig. In einer Zeit, in der das Entwicklungstempo des Kindes besonders groß ist, wird auch die Möglichkeit einer Störung des Gleichgewichts in der Adaption (Anpassung) groß sein.

In „La formation du symbole chez l'enfant" (1968) beschreibt PIAGET, daß das Übergewicht der akkomodierenden Aktivität des Organismus als Imitation gesehen werden muß. Wenn die Assimilation stärker ist, bewegt sich die Aktivität des Subjekts auf das Spiel zu. Spiel und Imitation sind bei PIAGET also konträre Begriffe, deren Entstehen durch zwei verschiedene Systeme bewirkt wird. Aus dem hier aufgenommenen Schema (vgl. Abb. 2) aus „Play, Dreams and Imitation" (1972) ist ersichtlich, wie PIAGET Akkommodation und Assimilation mit Imitation und Spiel in Verbindung bringt und wie er die sich daraus ergebende Entwicklung sieht.

```
                    I. Sensomotorische      II. Egozentrische      III. Operationale
                       Aktivität                Vorstellungs-          Aktivität
                                                aktivität

                                                                   ┌─► Konstruktionsspiele
                                         ┌─► Symbolisches ──┐    ┌─┘
                          Assimilation ──┤     Spiel        │    │
                          stärker als    │                  ▼    │
                          Akkomodation   └─► Kreative Phantasie .........
                          (Spiel)
        Assimilations-    Gleichgewicht
        Schemata ──────► Sensomotorische     Präkonzepte      Intuition ─ Operationen
                          Intelligenz
                          Akkommodation
                          stärker als
                          Assimilation
                          (Imitation)        Reproduktive
                                             Phantasie .........
                                             
                                         Vorstellungsimitation   Reflektive Imitation
```

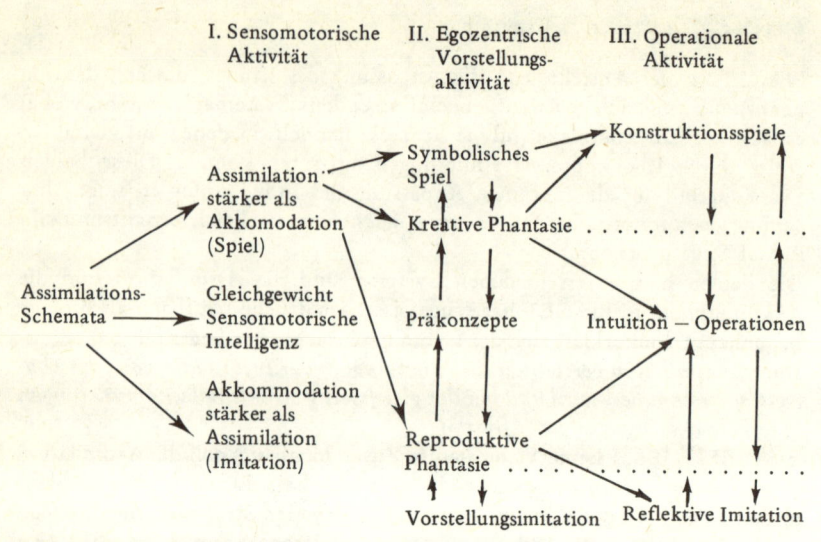

Abbildung 2: Zusammenhang von Assimilation und Akkomodation (aus: PIAGET 1972)

PIAGET ist davon überzeugt, daß sich die Entwicklung in verschiedenen Phasen vollzieht:
1. die Phase der *sensomotorischen Intelligenz*, 0 bis 2 Jahre;
2. die Phase des *präoperationalen Denkens*, in der imaginäre Aktivitäten vorherrschen, 2 bis 7 Jahre;
3. die Phase des *operationalen Denkens*, charakterisiert durch das Prinzip der Umkehrbarkeit, beginnt ungefähr mit dem 8. Lebensjahr. Zwischen 7 und 11 Jahren ist das Denken noch stark an die konkrete Wirklichkeit gebunden. Operationales Denken beinhaltet, daß ein Kind imstande ist, einem sich vollziehenden Prozeß der Veränderung zu folgen. Ein Kind im Vorschulalter kann ausschließlich Zustandsbilder vergleichen.
Gießt man vor den Augen eines Vorschulkindes dieselbe Menge Wasser in ein hohes, schmales und in ein niedriges, breites Glas, so wird es sagen, in dem hohen Glas sei mehr Wasser. Es ist noch nicht in der Lage, sich in die Ausgangssituation „zurückzudenken". Operationales Denken dagegen besitzt diesen Reversibilitätscharakter (Umkehrbarkeit).
Die Phase formaler Operationen, die durch abstrakt logisches Denken charakterisiert ist, wird erst nach dem 11. Lebensjahr erreicht.

Wenn in einer Spielsituation einem Kind von einem Erwachsenen gezeigt wird, wie es zwei Würfel ineinanderstecken kann, wird es sich intensiv bemühen, das *selbst* zu tun. Die Schwierigkeit des Ineinanderpassens wird überwunden, indem das Kind lernt, die Würfel gerade und nicht schief zu halten. Die Aktivität bleibt auf die Würfel gerichtet und wird wiederholt. Im Anfangsstadium macht es das Kind dem Erwachsenen nach. Hierbei handelt es sich um Imitation, wobei das Nachmachen die Akkomodation der Umgebung erfordert. Wenn das Kind sich dann noch längerer Zeit damit beschäftigt und auf diese Weise das Material zu beherrschen lernt, geht es um Assimilation. Diese Beschäftigung nennt PIAGET „Spiel". DUMONT (1966)

formuliert in diesem Zusammenhang: „das Spiel ist gerade ein Nachlassen der adaptiven Anstrengung".
Bis zum Alter von sieben Jahren unterscheidet PIAGET nur *zwei Arten* des Spiels:

I. **Das sensomotorische Übungsspiel**
Diese Art des Spiels kommt vor allem während der sensomotorischen Phase zwischen 0 und 2 Jahren vor. PIAGET beschreibt eine Entwicklung des Spiels, die parallel zu den sechs Entwicklungsstadien verläuft, die er in der sensomotorischen Phase unterscheidet. In den ersten beiden Stadien ist es laut PIAGET schwierig festzustellen, ob von Spiel gesprochen werden kann. Assimilation und Akkommodation sind noch eng miteinander verbunden. Im dritten Stadium, in dem sekundäre Kreisreaktionen auftreten, entwickelt das Kind Lust an der Wiederholung von Bewegungsmustern. Vor allem während des vierten und fünften Stadiums treten viele Spiele auf, bei denen das Kind nicht auf den *Effekt* der Handlung ausgerichtet ist, sondern nur wiederholt, um zu wiederholen. Während des sechsten Stadiums kommt es zu einer neuen Spielform: dem symbolischen Spiel.

II. **Das symbolische Spiel: „So tun als ob"**
Das Illusionsspiel beginnt, wenn das Kind die Assimilationsschemata Gegenständen anpassen will, die eigentlich nicht in sie hineingehören, und wenn ein Schema abgerufen wird, weil Freude in diesem Abrufen gefunden wird. Diese letztgenannte Aktivität setzt die Entwicklung voraus, daß das Kind imstande ist, über seine Vorstellungskraft mit Symbolen umzugehen. Aus diesem Grunde spricht man auch vom „symbolischen Spiel". Dem symbolischen Spiel wird für die Übung (strukturierenden Effekt) des vorstellenden Denkens dieselbe Funktion zugesprochen wie dem sensomotorischen Übungsspiel für das Training der Sensomotorik.
PIAGET unterscheidet *zwei Phasen* in der Entwicklung des symbolischen Spiels:

A. *Die Phase zwischen dem 3. und 5. Lebensjahr*

Typ I
In diesem Stadium werden *drei Spieltypen* unterschieden:
a) Projektion symbolischer Schemata auf neue Objekte. Das symbolische Schema, das das Kind sich durch sein eigenes Handeln zu eigen gemacht hat, wird auf neue Gegenstände der Umgebung angewendet. Ein Beispiel für diesen Spieltyp ist das Zubettbringen der Puppe.
b) Projektion von Imitationsschemata auf neue Gegenstände. Die unter a) genannten Schemata erhält das Kind aus seinem eigenen Handeln; es kann aber auch Schemata imitieren, die es bei anderen wahrnimmt. PIAGET gibt ein Beispiel: Lucienne, die so tut, als ob sie die Zeitung lese. Sie fährt mit dem Finger die Zeilen entlang und murmelt so wie jemand, der leise liest.

Typ II
a) einfache Assimilation eines Objekts an das andere. Die Assimilation eines neuen Gegenstandes ist der direkte Spielanlaß. Hauke sitzt am Tisch, greift die Muschelschale, die als Aschenbecher dient, schiebt sie umher und sagt: „Boot".
b) Selbstassimilation an einen anderen oder an andere Objekte. Das Kind imitiert das Verhalten einer anderen Person oder eines Tieres. Max läuft auf allen Vieren und ruft „Wau wau".

Typ III
Das Kind lernt, verschiedene symbolische Kombinationen zustandezubringen. Unterschieden werden *vier Kombinationsmöglichkeiten*:
a) *Einfache Kombinationen*: Das Nachspielen einfacher Ereignisse aus dem täglichen Leben gehört zu dieser Kategorie. Mit einem Puppenhaus spielen Mädchen zum Beispiel verschiedene Szenen der Alltagswelt nach.

b) *Kompensatorische Kombination*: Hierbei findet durch das Spiel eine Korrektur der Wirklichkeit statt. PIAGET meint, daß diese Spielform angstbefreiend wirkt. Lucienne hat Angst vor einem Traktor und läßt daraufhin ihre Puppe erzählen, daß sie gerne auf einer Maschine wie der dort stehenden sitzen würde.
c) *Liquidierungskombination*: Wenn ein Kind in seinem Spiel nicht (wie unter b) beschrieben) die Wirklichkeit kompensiert, sondern sie zu akzeptieren lernt, indem es negative Erfahrungen ungeschehen macht, spricht PIAGET von Liquidierungskombinationen.
Hier wird die Funktion symbolischen Spiels deutlich veranschaulicht: nämlich das Assimilieren der Wirklichkeit und zugleich die Bewahrung der Notwendigkeit zur Akkommodation. Jacqueline liegt bewegungslos auf dem Sofa und sagt, daß sie die tote Ente sei, die sie am Tag zuvor gesehen hat. Dieses Ereignis hatte großen Eindruck auf sie gemacht.
d) *Antizipierende Kombinationen*: Es kann vorkommen, daß ein guter Rat akzeptiert wird und im Spiel die möglichen Konsequenzen der Nichtbefolgung des Rates dargestellt werden.

B. Die Phase zwischen dem 5. und 8. Lebensjahr

In diesem Stadium läßt sich eine Steigerung der Komplexität und Differenzierung der Spielhandlungen feststellen.
PIAGET verweist auf:
a) Zunahme in der Kohärenz der Spielhandlungen
b) Streben nach Einheit im Spiel
c) zunehmende Sozialisation, durch die die Gegenseitigkeit des Rollenspiels entsteht.

9. Anmerkungen zur Theorie Jean PIAGETs

Führt man sich vor Augen, auf welche Weise PIAGET das Spielverhalten analysiert, so fällt auf, daß er sich auf die formalen Aspekte des Verhaltens konzentriert. Dies gilt vor allem für das sensomotorische Übungsspiel. Beim symbolischen Spiel dagegen scheint es ihm mehr um den Inhalt zu gehen. In FLITNERs (1975, 3) „Das Kinderspiel" findet sich eine Diskussion zwischen SUTTON-SMITH und PIAGET. SUTTON-SMITH ist der Ansicht, daß die Antithese Spiel – Imitation (Assimilation – Akkommodation) anfechtbar ist.
Er wirft PIAGET vor, das Spiel zu sehr auf eine Funktion des Denkens reduziert zu haben. PIAGET sehe den Ursprung der Vorstellungen im Prozeß der Imitation, während das Spiel nur die Funktion der Aneignung von Begriffen und Konzeption durch Wiederholung habe. In dieser Auffassung werde der konstituierenden Rolle des Spiels im Denkprozeß zu wenig Aufmerksamkeit geschenkt.
SMILANSKY (1968) äußert in ihrer in Israel durchgeführten Untersuchung mit kulturell deprivierten Kindern Kritik an der streng sequentiellen Reihenfolge, die PIAGET für die Entwicklung ansetzt. Sie zeigt, daß Umweltfaktoren durchaus großen Einfluß auf die Sequenz der Entwicklung haben können.
EIFERMANN (1971) kritisiert die These PIAGETs, daß alle Spiele mit Spielregeln Wettkampfspiele seien. Es gebe eine Reihe kooperativer Spiele, die sich gleichfalls durch Spielregeln auszeichneten.

Für eine kritische Einschätzung PIAGETs sind die Argumente SUTTON-SCHMITHs am interessantesten. Festzuhalten bleibt, daß PIAGETs Theorie logisch stringent und in ihrer Ausführlichkeit heuristisch wertvoll ist. LEVYs (1978, 122) Feststellung ist zu unterstreichen:

„Seine Theorie ist die am besten funktionierenden Analyse der Entwicklungsperspektive des Spielverhaltens, die wir zur Verfügung haben."

10. Theorien über emotionales und soziales Verhalten

In der praktischen Anwendung der Theorien zur Erklärung des kindlichen Verhaltens ist oft zu sehen, daß emotionales und soziales Verhalten gleichzeitig analysiert werden. In den sozialen Beziehungen spielen die emotionalen Erlebnisse oft eine große Rolle. Umgekehrt ist bekannt, daß auch die sozialen Kontakte in hohem Maße unsere Emotion beeinflussen.
Theorien, die sich mit emotionalem und sozialem Verhalten befassen, behandeln häufig auch das kindliche Spielverhalten. Das läßt sich darauf zurückführen, daß viele Forscher das Spiel als Ausgangspunkt für Therapien benutzt haben. Melanie KLEIN (1968) und HARDING (1972) sind innerhalb Europas zwei bekannte Vertreter psychoanalytisch orientierter Spieltherapien. GOETZE / JAEDE (1974) sind Vertreter einer nicht-direktiven Spieltherapie. Sie wenden die Grundgedanken von ROGERS auf die spieltherapeutische Situation an.
Das Spielverhalten wurde von emotional- und sozialtheoretischer Seite jedoch nicht nur für therapeutische Zwecke genutzt. Der Sceno-Test von VAN STAABS (1964, 4) ist eines der bekanntesten diagnostischen Instrumente, bei dem man sich des Spielverhaltens bedient. Ein Kind wird aufgefordert, mit ausgewähltem Standardspielzeug zu spielen. Aus der Art und Weise, wie es mit dem Spielzeug umgeht und aus der Bevorzugung bestimmter Spielzeuggegenstände leitet man Schlußfolgerungen zum emotionalen und sozialen Funktionieren ab. VAN STAABS' Methode ist als psychoanalytisch zu charakterisieren. BÜHLER / HETZER (1958) haben, ebenfalls zu diagnostischen Zwecken, den „Welttest" entworfen. Die Daten, die mit diesem Test erhoben werden können, beziehen sich auf den Aggressionsgrad des Kindes, seine Art, mit der Umgebung umzugehen und seine Erlebnisbreite.
Wie aus dieser kurzen Übersicht hervorgeht, gibt es eine Reihe von Methoden, mit denen das emotionale und soziale Verhalten des Kindes theoretisch untersucht werden kann. Genannt wurden die diagnostische und die therapeutische. Auch stehen verschiedene theoretische Ansätze nebeneinander, wie zum Beispiel der psychoanalytische und der non-direktive. Daneben werden meist noch der behavioristische und der lerntheoretische Ansatz genannt. Im folgenden soll der psychoanalytische Ansatz näher ausgeführt werden, da es sich hierbei um den am weitesten entwickelten handelt.

11. ERIKSONs Betrachtung des Spielverhaltens

In der Analyse emotionalen und sozialen Verhaltens spielt das psychoanalytische Denkmodell (in modernisierter Ausprägung) eine wichtige Rolle. Es versteht sich daher von selbst, daß die FREUDsche Schule und Neopsychoanalytiker wie ERIKSON (1957) eine Spieltheorie formuliert haben, zumal beim Kleinkind, mit dem der psychoanalytische Ansatz sich eingehend beschäftigt, das Spielverhalten sehr häufig ist. ERIKSON sieht die Grundlagen des Spiels in einer Reihe von dynamischen Prozessen:

Das Lustprinzip

Als Grundprinzip kann gelten, daß ein Erlebnis, das mit Unlust besetzt ist, so schnell wie möglich in eines umgewandelt wird, das mit Lust verbunden ist. Das Spiel ist in besonderem Maße geeignet, lustvolle Situationen zu schaffen. Im Spiel strebt das Kind in erster Linie nach Lustgewinn. Hier besteht ein deutlicher Unterschied zum Begriff der „Funktionslust", den BÜHLER benutzt hat. Dabei handelt es sich um die Lust an der Bewegung, ohne daß diese zu einem Erfolg führen mußte, um ein Lusterlebnis also, das unabhängig vom Inhalt bleibt.

Nun erweist sich das Erklärungsprinzip des Lustgewinns im Spiel in bestimmten praktischen Situationen als nicht ausreichend, denn es kommt durchaus vor, daß Kinder unangenehme Situationen aus dem täglichen Leben im Spiel wiederholen. Sie spielen zum Beispiel einen Besuch beim Arzt nach, der für sie schrecklich war. Deshalb ist die Behauptung kaum aufrechtzuerhalten, daß das Kind in seinem Spielverhalten nur Freude erlebt. Aus diesem Grunde wurde ein weiteres Prinzip eingeführt:

Das Prinzip des Wiederholungszwanges

Der Wiederholungszwang gehört nicht nur zum Spielverhalten, sondern spielt überhaupt im emotionalen Verhalten eine wichtige Rolle. Wiederholungen im Verhalten treten auf, weil das Kind Befriedigung (Lust) sucht, die es wahrscheinlich nie finden wird. WAELDER (1976, 55) stellt das wie folgt dar:

„Der Mensch hat ein bestimmtes Erlebnis gehabt, das schwieriger und größer gewesen ist, als daß er es sofort assimilieren könnte. Dieses unassimilierte oder nicht vollständig assimilierte Erlebnis lastet nun gleich einem Druck auf seiner seelischen Organisation und drängt dahin, neuerlich vorgenommen, neuerlich im Erlebnis reproduziert zu werden . . . Insofern hat der Wiederholungszwang ein Janus-Gesicht. Einerseits ein Schicksal, dem wir unterworfen sind, und anderenteils ein aktiver Versuch, das Schicksal zu meistern."

Durch den Wiederholungszwang soll versucht werden, einen passiven Eindruck aktiv zu beherrschen. Deshalb wiederholen Kinder auch gerade das, was auf sie großen Eindruck gemacht hat. Bei ERIKSON (1957, 194) heißt es:

Das Kind spielt, daß es etwas tut, was in Wirklichkeit ihm angetan worden ist."

Unter dem Einfluß des Wiederholungszwanges können Erlebnisse des täglichen Lebens, die gleichsam in Teilerlebnisse auseinanderfallen, aufs neue im Spiel thematisiert werden, so daß sie auf diese Weise doch assimiliert werden können.

Das Spiel erfüllt demnach die Funktion, emotionale Erlebnisse adäquat, d. h. dosiert, zu verarbeiten. Es befördert somit den Anpassungsprozeß des Kindes an seine Umgebung, insbesondere, wenn es sich um emotionales Verhalten handelt.

Der Wiederholungszwang bildet eine dynamische Kraft zwischen dem Es (dem Unbewußten) und dem Ich (dem Bewußtsein). Die noch nicht verarbeiteten Inhalte des Unbewußten streben nach Bewußtwerdung. Aufgrund des Wiederholungszwanges, bei dem komplexe Teile unterteilt werden können, schafft sich das Ich die Möglichkeit zur adäquaten Verarbeitung. Das aber hat zur Folge, daß das Ich stärker wird. Der strukturierende Effekt emotionalen Verhaltens besteht also darin, daß die Ich-Stärke wächst.

Das Prinzip der Angstabwehr

Der psychoanalytischen Theorie liegt ein energetisches Prinzip zugrunde. Die Triebe aus dem Es suchen in der Umwelt Befriedigung. Der Aggressionstrieb und der Sexualtrieb sind die wichtigsten Triebkräfte.

Wenn ein Individuum nicht die ihm gemäße Triebbefriedigung erfährt, kann es zur Entwicklung von Ängsten kommen. Der Angst liegt ein Teil nicht richtig gesteuerter Energie zugrunde. Von diesem Gesichtspunkt aus betrachtet, erscheint es logisch, das Spiel als Möglichkeit zu betrachten, die durch Angst angestaute Energie durch Bewegungen abzuführen.

In der Spielsituation wird es zugleich möglich, ein ursprünglich frustrierendes Erlebnis durch symbolische Wunscherfüllung zu verarbeiten.

Außerdem wird durch eine Verschiebung aus der Passivität hin zur Aktivität die Angst herausgefordert; die Angst wird im Spiel aktiv ausgelebt und dadurch überwunden. Dieses Umstands bedienen sich die verschiedenen psychoanalytischen Spieltherapien, zum Beispiel auch Melanie KLEIN.

Die oben erwähnte Relation zwischen Spielverhalten und Ich-Stärke wird vor allem bei ERIKSON (1957) näher ausgeführt. Er bestätigt die Wichtigkeit von Lustbefriedigung und Angstüberwindung, stellt daneben aber auch die Bedeutung der Ich-Synthese und insbesondere des Vorgangs, in dem diese die Identifikation zu einer eigenen Identität führt.

ERIKSON (1957, 221) äußert sich in diesem Zusammenhang wie folgt:

„Die Ich-Identität entwickelt sich aus der allmählichen Integration aller Identifizierungen. Aber hier gilt mehr noch als sonst der Satz, daß das Ganze etwas durchaus anderes ist als die Summe seiner Teile. Es ist die Integration des Ganzen, nicht die Kraft oder die Eigenschaft seiner Teile, was den Unterschied ausmacht. Unter günstigen Umständen besitzen Kinder schon früh im Leben den Kern einer eigenen Identität, oft mit einem ihrer Elternteile übermäßig zu identifzieren."

ERIKSON legt demnach mehr als die klassische Psychoanalyse die Betonung auf die Entwicklung des Ich. Neben der inneren Beziehung des Ich zum Es betont ERIKSON die Orientierung des Ich an seiner Umgebung. Identifikation beinhaltet, daß das Kind sich auf Personen seiner Umwelt richtet. Je nach der Entwicklungsphase, in der das Individuum sich befindet, ändert sich die Art der Ausrichtung.

ERIKSON unterscheidet *drei verschiedene Lebenskreise* oder -sphären:

1. Die *Autosphäre* des Kleinkindes, in der es in erster Linie mit seinem eigenen Körper spielt. Danach spielt es mit den erreichbaren Menschen und Dingen.
Hierzu ERIKSON (1957, 198): „Das ist die erste Geographie des Kindes, und die Urlandkarte, die so im Spiel zwischen Mutter und Kind erfahren wird, bleibt zweifellos ein Führer bei den ersten Orientierungen des Kindes in der ‚Welt'." Zu den ersten Erkundungen, die es in der Welt unternimmt, gehört also auch der Körper der Mutter.
2. Die *Mikrosphäre* bezieht sich auf die kleine Welt handhabbarer Spielobjekte. Im Umgang damit lernt das Kind, das die Welt der Dinge eigene Gesetze hat, d. h. daß im Spielzeug Widerstände verborgen sind, die überwunden werden müssen. Mit Spielzeug muß man auf bestimmte Art umzugehen lernen, wenn es nicht kaputtgehen soll. Mit Klötzchen kann man nicht fahren und mit Autos nicht schmusen. Eine befriedigende Erfahrung mit Spielobjekten wird das Selbstvertrauen und damit die Ich-Stärke wachsen lassen.
3. Die *Makrosphäre* umfaßt mehr als die Mikrosphäre; hierbei handelt es sich um die Lebenswelt, die mit anderen, zum Beispiel Spielkameraden, geteilt werden muß. Anfangs werden die anderen wie Gegenstände behandelt: Kinder bestimmen im Spiel andere zum Pferdchen oder Patienten.
In diesem Zusammenhang hat CHATEAU (1954) angemerkt, daß Kleinkinder und Vorschulkinder anfangs nebeneinander spielen und daß erst später eine echte Interaktion in sozialen Rollenspielen in Gang kommt.

In der Makrosphäre lernt das Kind die soziale Wirklichkeit kennen; es erfährt, was es von anderen verlangen kann und inwieweit es bereit ist, den Wünschen anderer entgegenzukommen. Man kann sagen, daß inder Spielwelt, die als Makrosphäre bezeichnet wird, die Ich-Identität Form und Gestalt erhält. ERIKSON (1957, 227) bemerkt hierzu:

„Die keimende Ich-Identität also bildet die Brücke zwischen den frühen Kindheitsphasen, wo Körper-Ich und Eltern-Image ihre spezifische Bedeutung gewinnen, und den späteren Stadien, wo eine Vielzahl sozialer Rollen zugänglich werden und zugleich zwingender und einschränkender wirken. Wir stellen fest, daß eine dauerhafte Ich-Identität sich nicht ohne das Vertrauen der ersten oralen Phase entwickeln kann; sie kann nicht zur Vollendung kommen ohne das Versprechen einer Erfüllung, die vom herrschenden Bild des Erwachsenen bis in die Anfänge des Säuglings hinabreicht, und die bei jedem Schritt durch die greifbare Tatsache sozialer Gesundheit ein zunehmendes Gefühl der Ich-Stärke schafft."

In diesem psychoanalytischen Ansatz kommt noch einmal die unterschiedliche Bedeutung des Spiels für das Kind und für Erwachsene zum Ausdruck. Der Erwachsene tritt ins Spiel ein als in eine durch ihn geschaffene Scheinwelt, die der Realität der Arbeitswelt gegenübersteht. Das Kind hingegen macht im Spiel Erfahrungen zum Zwecke einer besseren Beherrschung der Wirklichkeit.

12. Anmerkungen zur Theorie ERIKSONs

Die psychoanalytischen Denkmodelle sind umstritten. ELLIS (1973, 63) beurteilt die psychoanalytischen Spieltheorien durchgängig negativ:

„Die psychoanalytischen Schriften und Berichte sind äußerst subjektive Interpretationen dessen, was der Analytiker für die Motive des Kindes gehalten hat."

Methodologische Kritik läßt sich an den psychoanalytischen Theorien leicht üben. Vor allem richtet sich die Kritik auf den Begriff des Unbewußten. Häufig wird auch die psychoanalytische Erklärungsweise angegriffen, daß, wenn etwas nicht A ist, es das Gegenteil von A sein müsse: wenn ein Kind kein positives ödipales Bild zeigt, muß es ein negatives haben.

SMILANSKY (1968) bemängelt, daß die Theorie aufgrund der Arbeit mit emotional gestörten Kindern zustandegekommen ist und keine Beweise ihrer Richtigkeit in bezug auf eine andere Zielgruppe liefere, nämlich Kindern, die nicht an emotionalen Störungen leiden. Der positive Aspekt dieser Theorie ist, daß sich die von der FREUD-Schule formulierten Begriffe oft auf stereotype Verhaltensweisen beziehen, die oft komplexer Natur sind. Die präzise Definition dieser Begriffe erleichtert die Kommunikation unter Fachleuten. Man weiß, worüber man spricht, wenn die Begriffe Verdrängung, Projektion und Rationalisierung benutzt. Auch Lust und Unlust, Wiederholungszwang usw. sind Begriffe, die auf große Gruppen von Verhaltensweisen verweisen. Bei den psychoanalytischen Spieltherapien handelt es sich um die am häufigsten angewandten Therapieformen für Kinder unter 10 Jahren. Zusammenfassend kann festgestellt werden, daß in bezug auf psychoanalytische Auffassungen noch Widersprüche zwischen theoretisch-wissenschaftlichen Erfordernissen der praktischen Anwendung bestehen.

III. Versuch einer Synthese

Bis zu diesem Punkt ist eine größere Anzahl klassischer und moderner Spieltheorien besprochen worden. Diese Übersicht erhebt keinen Anspruch auf Vollständigkeit. So sind zum Beispiel die ökologischen Spieltheorien von GUMP / SUTTON-SMITH (1955) und von BERLYNE (1966) nicht behandelt worden. Sie definieren Spiel als das Verhalten, das einen optimalen Zufluß von Stimulierung für das Individuum zuläßt. Ebenso wenig wurden die Sozialisationstheorien, wie die Generalisationstheorie von WITT / BISHOP (1970, 66), hier besprochen, deren These ist:

„erlerntes Spielverhalten, das durch ein bestimmtes Stimulusmuster hervorgerufen wird, zeigt sich auch bei Stimuli, die dicht am ursprünglichen Muster liegen".

Wenn man sich die besprochenen Theorien im Hinblick auf das kindliche Spiel vergegenwärtigt, dann kann man mit SCHEUERLs schon in bezug auf die klassischen Spieltheorien gezogenen Schlußfolgerung konstatieren, daß der Gang durch die Geschichte der Spieltheorien an lauter Fragmenten vorbeiführt (vgl. II.). Anders ausgedrückt: auch in bezug auf die modernen Theorien sehen wir uns genötigt, die Wahl eines Erklärungsmodells von der *Art* des zu erklärenden Verhaltens abhängig zu machen. Es genügt nicht, nur den Schluß zu ziehen, daß in allen theoretischen Ansätzen dem Spiel eine wichtige Funktion in der Entwicklung des Kindes zugeschrieben wird. Der praktizierende Pädagoge muß, wenn er eine Erklärung für mögliche Ursachen des Spielverhaltens haben möchte, stets eine Entscheidung zwischen dieser oder jener Theorie treffen.

In den Sozialwissenschaften wird bis auf den heutigen Tag mehr Wert auf den Prozeß der Analyse als auf eine Synthese gelegt. So ist es noch immer nicht gelungen, eine Synthese zwischen emotionalem und kognitivem Verhalten zustandezubringen. Über dessen gegenseitige Beeinflussung ist relativ wenig bekannt.

Im Hinblick auf die Erklärung kindlichen Spielverhaltens ist die Situation ähnlich. Auch in jüngeren Publikationen, etwa der von KLUGE (1980) und KUBE (1977), sind keine Versuche zur Integration der unterschiedlichen theoretischen Standpunkte festzustellen. Dasselbe gilt für die „Analyse des Kinderspiels" von SCHMIDTCHEN / ERB (1978). Die analytische Vorgehensweise wird im Titel extra betont. Sicher sind Analysen des Spielverhaltens äußerst wichtig, aber je komplexer das zu erklärende Verhalten ist, desto dringlicher wird auch die Forderung nach Abwägung der verschiedenen Einflüsse auf das Verhalten. Diese können endogener und exogener Art sein. Gerade das Spielverhalten älterer Kinder zeichnet sich durch Komplexität aus. Daher sollte ein Versuch zu einer mehr synthetischen Betrachtungsweise gewagt werden, um dieser Komplexität gerecht zu werden. Erste Ansätze zu solch einem mehr synthetischen Vorgehen lassen sich bei LEVY (1978) finden. Er unterscheidet *drei* wichtige *Determinanten des Spielverhaltens*:

1. Die einzigartigen menschlichen Merkmale, die sich im Gefolge der Sozialisation entwickeln — die Person.
2. Die unmittelbar einem bestimmten Spiel vorausgehende Umgebung, die das Spiel bestimmt — die Situation.
3. Die Wahlmöglichkeiten für das Verhalten, wie sie vom Individuum wahrgenommen und zum Selbstausdruck verfügbar gemacht werden — die Struktur.

Der unter dem dritten Punkt formulierte Gedanke stammt in erster Linie von amerikanischen leisure- und recreation-Forschern. Bei NEULINGER (1975) und LEFEBVRE u. a. (1976) lassen sich praktische Ansätze finden, die sich durch eine Identifizierung mit dem spielenden Kind auszeichnen und auf diese Weise die Spielwahl bestimmen und den Spielprozeß beeinflussen wollen.

Möglicherweise hat man bisher viel zu sehr das Spiel in den Vordergrund der Betrachtung gestellt und sich zu wenig mit dem spielenden Kind identifiziert.

Der Gebrauch der Begriffe „Person", „Situation" und „Struktur" eröffnet jedoch nur unzureichende Möglichkeiten. LEVY sieht dieses Problem und versucht ein konzeptuelles Paradigma für das Studium des Spiels zu formulieren. In seinem Schema unterscheidet er Determinanten des Spielverhaltens (genetisch, soziologisch und psychologisch), die Struktur des Spielverhaltens (Elemente, Kondition und Prozesse) und Charakteristika des Spielverhaltens. LEVY hat damit verschiedene Aspekte und Einflüsse auf das Spielverhalten hervorragend inventarisiert. Die gegenseitige Abhängigkeit der beeinflussenden Faktoren wird jedoch zu wenig berücksichtigt. Durchaus sinnvoll erscheint die Charakteristik des Spielverhaltens, die er teils in Anlehnung an PATRICK (1916) und NEUMANN (1971) vornimmt:

1. intrinsische Motivation,
2. in Distanz zur Wirklichkeit treten, so tun als ob (suspension of reality),
3. innere Beherrschung (internal locus of control),

Intrinsische Motivation

Intrinsische Motivation ist der Antrieb, sich in einer Aktivität zu engagieren. Dieser Antrieb findet seinen Ursprung innerhalb der Person oder in der Handlung.
DECHARME (1976) und auch DE BRUYN (1979) spezifizieren den Begriff „intrinsisch" hinsichtlich zweier Aspekte: *Verhaltenskontrolle* und *persönliche Verantwortlichkeit*. Die Meinungen über die genauen Auswirkungen der intrinsischen Motivierung divergieren. WHITE (1959) formuliert die Kompetenztheorie, die sich mit dem Aspekt der intrinsischen Motivation beschäftigt. KRUGLANSKY (1975) meint, daß man Verhalten nie im Sinne eines Entweder-Oder, als intrinsisch oder extrinsisch betrachten kann.
In dem 1980 erschienenen Buch über Unterrichtspsychologie (ROST 1980) erklärt FÜRNTRATT den Begriff „intrinsisch" für unbrauchbar. DE BRUYN (1979) faßt verschiedene Meinungen zusammen und gibt eine Übersicht der kennzeichnenden Unterschiede *extrinsischen* und *intrinsischen* Verhaltens:

a) Intrinsisch motiviertes Verhalten kann als Folge einer eigenen Entscheidung aufgefaßt werden. Extrinsisch motiviertes Verhalten ist die Folge externer Entscheidungen.
b) Intrinsisches Verhalten ist die Folge der Selbstsetzung eines Ziels in der Aufgabe. Bei extrinsischem Verhalten würde die Aufgabenkonstellation im weitesten Sinne das Ziel determinieren.
c) Intrinsisch motiviertes Verhalten ist gerichtet auf innerhalb der Person liegende Ziele, extrinsisch motiviertes Verhalten auf außerhalb der Person liegende Ziele.

Durch intrinsisch motiviertes Verhalten wird man unabhängig von den Einflüssen der Umgebung. Eine optimal intrinsisch motivierte Verhaltensweise ergibt die höchste Chance, das von LANGEVELD als optimal gesehene Erziehungsziel zu erreichen: die selbstverantwortliche Selbstbestimmung. ELLIS (1973, 119) sagt, daß man von reinem Spiel nur dann sprechen kann, „when all extrinsic consequences are eliminated and the behavior is driven on solely by intrinsic motivation".
Arbeit und Spiel liegen in einem Kontinuum von intrinsischem und extrinsischem Verhalten. Die Frage ist nur, inwiefern reines Spiel und reine Arbeit theoretisch möglich sind. Niemand wird gegen die Behauptung etwas einzuwenden haben, in allen Formen des Spiels spiele die intrinsische Motivation eine dominierende Rolle.

Wir haben versucht, den Begriff „intrinsische Motivation" für das spielende Kind zu operationalisieren:

1. *Explorationsdrang*
   Wie neugierig, wie energisch, wie initiativ ist das Verhalten? Wie sieht das Ausgangsverhalten aus? Das Spielmaterial löst Reize aus, auf die reagiert wird.
2. *Dauer des Verhaltens*
   Das Maß der vom Spiel geweckten Aufmerksamkeit. Wie dauerhaft ist das Spielverhalten? Bleibt die Aufmerksamkeit auf das Spiel gerichtet?
3. *Intensität des Spielverhaltens*
   Wie stark läßt sich das Kind auf sein Spiel ein? Wie groß ist sein Engagement? Wie tiefgehend sind seine Spielerfahrungen?
4. *Spielfreude*
   Wieviel Spaß macht die Beschäftigung? Liegt die Befriedigung in der Handlung selbst?
5. *Persistenz des Spielverhaltens*
   Zeigt das Kind Durchsetzungsvermögen, wenn sich Hindernisse im Spiel ergeben? Wie groß ist die Ausdauer?

Internal Locus of Control

Internal Locus of Control kennzeichnet das Individuum, das wahrnimmt, daß es sein eigenes Verhalten und die Auswirkungen des Verhaltens selber steuert. Dies bedeutet, daß Jungen und Mädchen das Gefühl haben, daß sie ihr Spiel in Form und Resultat bestimmen können. NEULINGER (1974, 15) kennzeichnet die Dimension internal-external Locus of Control als erfahrene Freiheit:

„Hiermit meinen wir einen Zustand, in dem die Person spürt, daß sie das, was sie tut, tut, weil sie es gewählt hat und weil sie es tun wollte."

Aus verschiedenen amerikanischen Untersuchungen (McDONALD 1971; LEVENSON 1973 und YATES u. a. 1975) geht hervor, daß emotionale Wärme und das „Sich kümmern" bei der Kindeserziehung zu einem intern gerichteten Verhaltensmuster führen. Auch in Deutschland hat man diesbezüglich untersuchungen durchgeführt. SCHNEEWIND (1973) entwickelte einen Fragebogen ‚Zur Erfassung internaler versus externaler Kontrollüberzeugungen bei Kindern'. COHEN-KETTENIS / DEKKING (1980) kommen zu dem Schluß, daß Kinder, je älter sie werden, immer mehr das Gefühl haben, Einfluß auf ihre Situation auszuüben. RABINOWITZ u. a. (1977) sagt, daß das externe Erwartungsmuster um so größer ist, je schlechter die Lebenssituation ist (keine Ausbildung und wenig Verdienst). Ein Spiel verlangt Kontrolle, da der Spieler sowohl das Spielzeug als auch den Spielpartner unter Kontrolle haben muß, zumindest dann, wenn das Spiel optimal verlaufen soll. CHATEAU (1947, 1954) macht sogar seine Spielklassifikation davon abhängig, inwiefern oder in welchem Maße Regeln eingesetzt oder beachtet werden. Regeln sind per definitionem ein Kontrollinstrument. BROK (1974) behauptet, daß extern kontrollierte Personen kaum an persönlichen Einsatz glauben und ihr Verhalten oft als vom Schicksal, von den Sternen, vm Glück oder vom Zufall beeinflußt ansehen. Wichtig ist, sich vor Augen zu halten, daß die Dimension

Locus of Control nicht nur das Spielverhalten, sondern auch Arbeits- und Lernsituationen kennzeichnet.

Für die praktische Situation haben wir dem Konzept internal Locus of Control folgende *Merkmale* zugedacht:

1. *Intentionalität*
   Weiß das Kind, was es will? Hat es eine bestimmte Vorliebe? Traut es sich von vornherein, ein bestimmtes Spiel zu wählen?
2. *Spielstrategie*
   Nach welcher Methode handelt das Kind während des Spiels? Kann es sein eigenes Handeln steuern? Beherrscht es den Spielablauf kognitiv?
3. *Spielbehrrschung*
   Macht das Kind während des Spiels den Eindruck, das Spiel zu beherrschen? Verhält es sich selbstsicher und zeigt es Selbstvertrauen? Hat es ein positives Bild von sich? Bittet es um Hilfe?
4. *Spielplan*
   Überblickt das Kind die möglichen Abläufe? Kann es sich die Konsequenzen seines Handelns vorstellen? Kann es vorausdenken?
5. *Erfolgserlebnis*
   Kann von affektiver Selbsteinschätzung die Rede sein? Wird der Spielerfolg sich selbst oder dem Zufall zugeschrieben?

So tun als ob (suspension of reality)

Im Spiel braucht man die physische und soziale Wirklichkeit nicht ernstzunehmen. Die Kinder können hier die Grenzen der Wirklichkeit übersteigen und mittels ihrer Fantasie eine eigene Spielwelt entwerfen. Der umgekippte Stuhl ist die Straßenbahn; die geschützte Stelle im Garten zwischen den Büschen ist Onkel Toms Hütte. Das Kind würde sich erschrecken, wenn plötzlich aus dem Gebüsch ein schwarzer Mann träte, oder wenn der Stuhl sich von selbst zu bewegen anfinge. Karl BÜHLER sprach schon 1930 von einer Art Doppelhaltung, die das Kind gegenüber seiner Umwelt einnimmt. In seiner Beziehung zur Umwelt läßt sich ein magischer und ein realistischer Standpunkt ausmachen.

Im Spiel bewegen sich die Kinder auf der Realitätsdimension zwischen Suspension of Reality and Adherence to Reality hin und her. PIAGET (1972) betont, das Spiel werde um so realistischer, je älter das Kind ist. Die Reziprozität ist ebenfalls stark ausgeprägt, so daß der Schluß gezogen werden kann: alles Spielverhalten läßt sich charakterisieren durch eine Zunahme des So-tun-als-ob.

Die junge Katze, die mit dem Garnknäuel spielt, tut, als ob dies eine Maus sei. Das ist Funktionsspiel oder Wiederholungsspiel. Der Junge, der beim Bauen ein Klötzchen als echten Baustein ansieht, ist ins Konstruktionsspiel vertieft. Das Mädchen tut so, als sei das Puppenhaus eine luxuriöse Villa. Hier handelt es sich um Imitationsspiel. Für die *praktische Explikation* schlagen wir folgende *Definitionen* vor:

1. *Kreativität*
   Kann das Kind von der wirklichen Funktion des Materials absehen? Wie ist sein Umgang mit dem Spielmaterial? Gebraucht das Kind auch Spielzeug mit anderen Intentionen als sie in den Gegenständen vorgeschrieben liegen?

2. *Komplexität*
   Wie groß ist der Organisationsgrad der Vorstellungskraft während des Spiels? Wie ausgeprägt ist die Spielfantasie? Wie breit oder umfassend ist das Spiel angelegt?
3. *Relation zur Wirklichkeit*
   Wieweit ist das Kind imstande, eigene Fantasie auszubilden? Ist es in der Lage, aus der Wirklichkeit ein eigenes Spiel abzuleiten? In welchem Maße wird die Wirklichkeit im Spiel assimiliert?
4. *Grad der Vorstellungskraft*
   Kann das Kind von sich selbst absehen? Kann es ein Vorstellungs-Ich annehmen? Inwieweit kann es sich in eine andere Rolle hineinversetzen?
5. *Dynamik der Vorstellungskraft*
   Wie lebendig ist das Rollenspiel? Wie abwechslungsreich sind die Fantasien? Wieviele Aspekte können zum Tragen gebracht werden?

Es ist notwendig, die vorhandenen Spielklassifikationen (Funktionsspiel, Imitationsspiel, Konstruktionsspiel und Weltspiel) um diese Intensitätsdimension zu erweitern, die Aspekte intrinsische Motivation, internal Locus of Control und Suspension of Reality mitzubeachten. Der integrative und selbststimulierende Charakter des Spiels kann sonst nicht hinreichend erfaßt werden.

In der Praxis begegnet man immer wieder der Frage nach dem Spielmaterial. Es wurde bereits betont (VAN DER KOOIJ / DE GROOT 1977), daß Spiel und Spielzeug immer als zwei Pole ein und desselben Systems betrachtet werden müssen. Die Meinungen über das Spielzeug divergieren. Wir sind der Meinung, daß Spielzeug zwar wichtig, es aber wesentlich Mittel ist, das der Erzieher einsetzt, um das Spielverhalten zu stimulieren. Gemessen an der Wichtigkeit anderer Faktoren, steht das Spielzeug als ‚vorhanden' oder ‚nicht vorhanden' an letzter Stelle.

Wenn die *drei Dimensionen* von

1. *Arten des Verhaltens* (sensomotirisch, kognitiv, emotional und sozial)
2. *Spielintensität* (intrinsische Motivation, internal locus of control und suspension of reality)
3. *Gebrauch von Spielzeug* oder nicht

zueinander in Beziehung gesetzt werden, entsteht das Bild, wie es in Abbildung 3 wiedergegeben ist.

Der Vorteil dieser synthetischen Arbeitsweise besteht darin, daß gleichzeitig mehrere Aspekte des Spielverhaltens berücksichtigt werden können. Man hat hier die unterschiedlichen Dimensionen des Spiels in einen Zusammenhang gestellt.

Selbstverständlich kommt es so zu einer ‚Reduktion der Spielwirklichkeit'; der große Vorteil besteht aber darin, daß sich die Dimensionen untereinander abwägen lassen. Für die Praxis bedeutet das, daß man nicht eine Methode ‚entweder — oder', sondern ‚sowohl als auch' wählen kann. Das eine Spielverhalten läßt sich *gleichzeitig* von verschiedenen Perspektiven aus betrachten. Dies ist bisher in den Sozialwissenschaften zu wenig geschehen. Für solch umfangreiche Gegenstände, wie das Spielverhalten, das sich durch Komplexität auszeichnet, bietet dieser methodische Zugriff Vorteile.

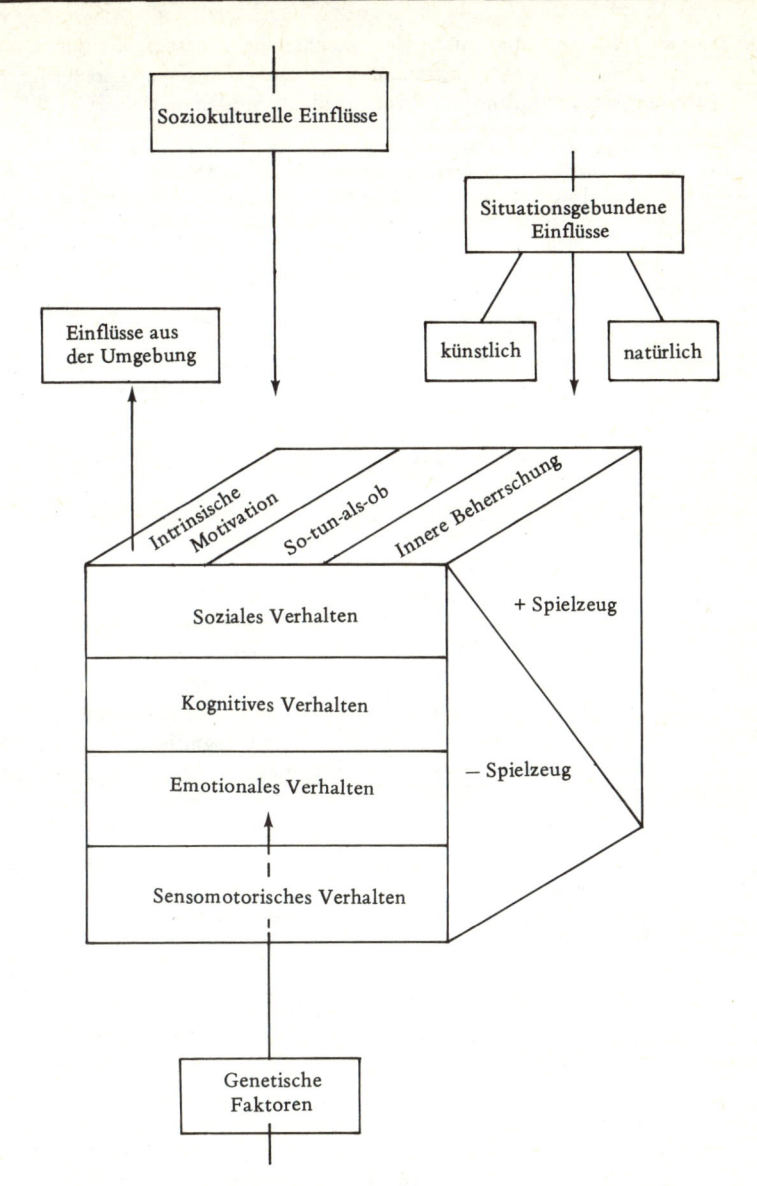

Abbildung 3: Dimensionen im Spielverhalten (aus: VAN DER KOOIJ / VRIJHOF 1981)

Auf diese Weise läuft man nicht Gefahr, einzelne Facetten, die auf den ersten Blick nicht so wichtig erscheinen, zu vernachlässigen. Die Breite der Fragestellung wird aufgrund der Struktur dieses Modells erweitert.

1. Die erste Frage, die sich stellt, ist: wenn man unter den drei Dimensionen das Spielverhalten gleichzeitig betrachtet, was sieht man dann? Das ist die Frage danach, wie das Spielverhalten aussieht, die Frage nach dem, was zu beobachten ist.
2. Können wir etwas über die Dimensionen des Würfels aussagen? Es wird möglich, Vergleiche zwischen einem ausgeprägten und einem weniger deutlich bestimmten Spiel anzustellen.
3. Wie verhält es sich mit den Relationen zwischen emotionalem und sensomotorischem Spielverhalten? Kann man auch im Spielverhalten bei ein und derselben Verhaltensart einen Unterschied machen?
4. Welche äußeren Faktoren beeinflussen das Spielverhalten? Dabei ist zu denken an gesellschaftliche oder sozio-kulturelle. Außerdem muß nach dem Einfluß, der von der direkten Umgebung auf das Spielverhalten ausgeht, gefragt werden: Anwesenheit von Spielpartnern, Spielraum, Spielzeug.
5. Wird die Umgebung auch durch das Spiel beeinflußt?

Es wird klar, daß somit zwischen Spiel und anderem Verhalten vielfältige Beziehungen bestehen. Nur auf diesem Hintergrund wird es plausibel, weshalb sich bei WOLFGANG (1974) zeigte, daß das Rollenspiel einen fördernden Einfluß auf das Lesenlernen hatte. YAWKEY konnte 1978 zeigen, daß das Imitationsspiel einen positiven Einfluß auf die Sprachentwicklung hatte. Auch CURRY / ARNAUD (1974) behaupteten, daß das So-tun-als-ob die Integration der kognitiven Entwicklung stimuliere. In einem Gespräch PAIVIO (1980) diskutierten wir das Problem, inwieweit eine Beziehung zwischen der Dimension Suspension of Reality und kognitivem Verhalten besteht. Mädchen spielen in den ersten sechs Lebensjahren bedeutend mehr Imitationsspiele als Jungen. Trotzdem leisten beide Gruppen in der Schule etwas das gleiche. Wir sind zu dem Schluß gekommen, daß das So-tun-als-ob vom Kinde verlangt, vorstellungsmäßig die Wirklichkeit zu vervollständigen. Die Vorstellungskraft wird stärker gefordert, wenn die Wirklichkeit nicht vollkommen ist. Naturgetreues Spielzeug kann diese Fähigkeit zur Vorstellung und Veranschaulichung schwächen oder sogar töten.

Immer mehr wird darüber geklagt, daß Kinder, wenn sie eingeschult werden, Defizite in ihren allgemeinen Lernvoraussetzungen haben. Vielleicht ist die Überflutung mit zu realistischem Spielzeug auch ein Grund für diese Tatsache.

Durch das Zusammenfließen der Dimensionen kann auch der Motivationsaspekt in den einzelnen Leistungsbereichen berücksichtigt werden. Wir sind der Überzeugung, daß Konzentration durch die Motivation mitbedingt wird. Stabilität im Spielverhalten wird sich wahrscheinlich auch in der Schule in Form besserer Konzentration äußern.

Es ist eine Tatsache, daß das kindliche Spiel immer mehr verarmt (vgl. VAN DER KOOIJ 1974). Die Umgangsformen der Menschen untereinander werden immer effizienter, immer weniger spielerisch. Immer weniger Zeit ist vorhanden, die Spielkultur einer Generation an die folgende zu übertragen. HUIZINGA (1958, 203) sagt zu recht: „Um wirklich spielen zu können, muß der Mensch, solange er spielt, Kind sein." Das gilt nicht nur für den Spieltheoretiker. Die Grundhaltung, die LIGTHART (1919) fordert, ist: „Ein Kind begreifen heißt, ein Kind zu sein." Hier beginnt die fundamentale theoretische Orientierung, hier liegt auch der Beginn des synthetischen Ansatzes: beim Kind!

Literatur

Berlyne, D. E.: Curiosity and Exploration, in: Science 153 (1966), 25 — 33
Bladergroen, W. J.: Nooit óf-óf, altijd én-én, Groningen 1978
Brok, A. J.: Free Time and internal-external Locus of Control: Is Socialization for Freedom dignified, in: Bulletin for Sociology of Leisure, Education and Culture 6 (1974, 121 — 128
Bruyn, E. E. J. de: Ontwikkelingen in het onderzoek naar prestatie motivatie, Lisse 1979
Bühler, Ch.: Kindheit und Jugend, Leipzig 1928
— Der Welttest, in: Stern, W.: Die Tests in der Klinischen Psychologie, Bd. 1, Zürich 1958
Bühler, K.: Die geistige Entwicklung des Kindes, 6. Aufl. Jena 1930
Buytendijk, F. J. J.: Het spel van mens en dier, Amsterdam 1932
deCharms, R.: Enhancing motivation, New York 1976
Château, J.: Le jeu de l'enfant après trois ans, sa nature, sa discipline, Paris 1946
— L'enfant et le jeu, Paris 1954
Cohen-Kettenis, P. T. / Dekking, Y. M.: Cognitieve aspecten van sociale angst bij kinderen, Lisse 1980
Curry, N. / Arnaud, S.: Cognitive Implications in Children's Spontaneous Role Play, in: Theory into Practice 13 (1974), 273 — 277
Dumont, J. J.: De ontwikkeling van de intelligentie, 's-Hertogenbosch 1966
Eifermann, R. R.: Social Play in Childhood, in: Herron, R. E. / Sutton-Smith, B.: Child's Play, New York 1971
Ellis, M. J.: Why People Play, Englewood Cliffs, N. J., 1973
Erikson, E.: Kindheit und Gesellschaft, Zürich 1957
Flavell, J. H.: The Developmental Psychology of Jean Piaget, 4. Aufl. Princeton, N. J., 1965
Flitner, A.: Das Kinderspiel, 3. Aufl. München 1976
— Über Spieltheorien, Proceedings I. C. C. P. Conference, Ulm 1974
Gallagher, J. Mc. C. / Reid, D. K.: The Learning Theory of Piaget and Inhelder, Monterey 1981
Goetze, H. / Jaede, W.: Die nicht direktive Spieltherapie, München 1974
Groos, K.: The Play of Man, New York 1901
— Das Spiel. Zwei Vorträge (Spiel als Katharsis, der Lebenswert des Spiels), Jena 1922
Gruber, H. E. / Vonèche, J. J.: The Essential Piaget, London 1977
Gump, P. V. / Sutton-Smith, B.: Activity-setting and Social Interaction; A Field Study, in: American Journal of Orthopsychiatry 25 (1955), 755 — 760
Guts Muths, J. C. F.: Spiele zur Erholung und Übung des Körpers und Geistes für die Jugend, ihre Erzieher und alle Freunde unschuldiger Jugendfreuden, Schnepfenthal 1796
Hall, G. S.: Youth, New York 1906
Harding, G.: Spieldiagnostik, Weinheim 1972
Hartmann, K.: Über psychoanalytische Funktionstheorien des Spiels, in: Flitner, A. (Hrsg.): Das Kinderspiel, 3. Aufl. München 1976
Huizinga, J.: Homo Ludens, Haarlem 1938
Klein, M.: Die psychoanalytische Spieltechnik, ihre Geschichte und Bedeutung, in: Biermann, G.: Handbuch der Kinderpsychologie, Bd. 1, München 1969

Kluge, N.: Spielpädagogik, Bad Heilbrunn (Obb.) 1980
Kooij, R. van der: Spelen met spel, IJmuiden 1974
— Psychodiagnostiek en Hulpverlening, in: Tijdschrift voor Orthopedagogiek (1974a), 324 — 332
Kooij, R. van der / Groot, R. de: That's All in the Game, Theory and Research, Practice and Future of Children's Play, Rheinstetten 1977
Kooij, R. van der / Vrijhof, H. J.: Play and development in Topics in Learning and Learning Disabilities, 1981, 57 — 67
Kube, K.: Spieldidaktik, Düsseldorf 1977
Kruglansky, A. W., et al.: Can Money Enhance Intrinsic Motivation? A Test of the content-consequence hypothesis, in: Journal of Personality and Social Psychology 31 (1975), 744 — 750
Lazarus, M.: Über die Reize des Spiels, Berlin 1883
Lefèbre, C. B. / Berryman, D. C. / Kinney Jr., W. B.: Prescriptive Therapeutic Recreation Programming: a Computer Based System. School of Education, New York University 1976
Levenson, H.: Perceived Parental Antecedents of Internal Powerful Others and Chance Locus of Control Orientation, in: Developmental Psychology 92 (1973), 260 — 265
Levy, J.: Play Behavior, New York 1978
Ligthart, J.: Jeugdherinneringen, Groningen 1919
Locke, J.: Some Thoughts Concerning Education (1693), Cambridge 1902
McDonald, A. P.: Internal-external Locus of Control: Parental Antecedents, in: Journal of Consulting and Clinical Psychology 37 (1971), 141 — 147
Michelet, A.: A chaque jouet ses âge, à chaque âge ses jpiets, Paris 1978
Millar, S.: The Psychology of Play, Harmondsworth 1968
Neisser, U.: Cognitive Psychology, New York 1967
Neulinger, J.: The Psychology of Leisure, Springfield, Ill., 1974
Neumann, E.: The Elements of Play, New York 1971
Paivio, A.: Personal Communication, I. W. A. P. P. Festival, Amsterdam, Januar 1980
Patrick, G. T. W.: The Psychology of Relaxation, Boston 1916
Piaget, J.: La formation du symbole chez l'enfant, Neuchâtel 1968
— Play, Dreams and Imitation, 3. Aufl. London 1972
Rabinowitz, S. / Hall, D. T. / Goodale, J. G.: Jobscope and individual differences as predictors of job involvement: independent or interactive? in: Academy of Management Journal 20 (1977), 273 — 281
Rost, D. H.: Unterrichtspsychologie für die Grundschule, Bad Heilbrunn (Obb.) 1980
Rousseau, J. J.: Emile ou sur l'éducation, Aux deux Ponts 1872
Scheuerl, H.: Das Spiel, 9. Aufl. Weinheim 1973
— Theorien des Spiels, 10. Aufl. Weinheim 1975
Schiller, F.: Über die ästhetische Erziehung des Menschen in einer Reihe von Briefen 1793/95, Stuttgart 1855
Schmidtchen, S. / Erb, A.: Analyse des Kinderspiels, Köln 1976
Schneewind, K. A.: Entwicklung eines Fragebogens zur Erfassung internaler versus externaler Bekräftigungsüberzeugungen bei Kindern, Forschungsbericht aus dem Sonderforschungsbereich 22 der Deutschen Forschungsgemeinschaft an der Universität Erlangen-Nürnberg, 1973
Smilansky, S.: The Effects of Sociodramatic Play on Disadvantaged Preschool Children, New York 1968
Spencer, H.: The Principles of Psychology, London 1855
Staabs, G. von: Der Sceno-Test, 4. Aufl. Bern 1964
Vermeer, E. A. A.: Spel en spelpedagogische problemen, Utrecht 1955
Waelder, R.: Die psychoanalytischen Theorien des Spiels, in: Flitner, A. (Hrsg.): Das Kinderspiel, 3. Aufl. München 1976
White, R. W.: Motivation Reconsidered: The Concept of Competence, in: Psychological Review 66 (1959), 297 — 333

Witt, P. A. / Bishop, D. W.: Situational Antecedents to Leisure Behavior, in: Journal of Leisure Research 2 (1970), 64 — 77

Wolfgang, C.: An Exploration of the Relationship Between the Cognitive Area of Reading and Selected Developmental Aspects of Children's Play, in: Psychology in the Schools 11 (1974), 338 — 343

Wylick, M. van: Die Welt des Kindes in seiner Darstellung, Wien 1936

Yates, R. / Kennely, K. / Cox, Th: Perceived contingency of parental reinforcement, parent-child relation and locus of control, in: Psychological Reports 36 (1975), 139 bis 146

Yawkey, T. D.: Imaginative Play Inside and . . . Out: Assisting the Young Child's Development and Learning through ‚let's pretend', 7th International Congress of the International Playground Association, Ottawa 1978

2. Spiel, Phantasie und Selbstbezug
Gerd E. Schäfer

In dieser Arbeit möchte ich etwas über psychische Strukturen und Prozesse herausfinden, die eine Vermittlung zwischen innerer und äußerer Realität stiften. Ich werde dabei in drei Schritten vorgehen. Im ersten versuche ich, das Spiel als einen Austauschprozeß in einem evolutionären Gesichtsfeld anzusiedeln. Im zweiten werden Spiel und Phantasie als Struktur eines intermediären Raumes zwischen innerpsychischer und äußerer Realität bestimmt. Schließlich werden im dritten Schritt einige Dimensionen des Selbstbezuges skizziert, welche das Spiel – neben Realitätsbezügen – stets mitenthält.

I. Ein evolutionärer Gesichtspunkt

Das umfassende Problem der Ich-Welt-Auseinandersetzung fasse ich unter Begriffen wie *Austausch, Aneignung* und *Gestaltung* zusammen (und setze mich damit von Denkmodellen ab, die diese Verbindung nur in Termini gegenseitiger Beeinflussung oder Abhängigkeit stiften). In ihren Mittelpunkt stelle ich das *Spiel*.

Man kann bereits die Evolution als einen Austauschprozeß ansehen, der zu einigermaßen festgelegten Aneignungs- und Gestaltungsformen im Pflanzen- und Tierreich führte (vgl. hierzu und zum folgenden LORENZ 1977). Dieser sich kumulierende Lernprozeß der Evolution hatte im wesentlichen drei Ergebnisse:

1. Er führte zu individuell und artmäßig festgelegten Auseinandersetzungsformen, die den (Energie- und Informations-)Austausch sichern, der zum Leben und Wachstum des einzelnen Exemplars einer Gattung nötig ist.
2. Er entwickelte Strukturen, die in hohem Maße sicherstellen, daß diese derart tauglichen Austauschstrukturen auch den Nachkommen jedes Exemplars einer Gattung zur Verfügung stehen.
3. Schließlich ermöglichte er die fortlaufende Differenzierung dieser Austauschprozesse; d. h. er erhöhte die Wahrscheinlichkeit, daß zukünftige Modifikationen zu noch erfolgreicheren Austauschstrukturen führen.

Im Laufe dieser evolutionären Entwicklung schlägt die Herausformung des Menschen bekanntlich einen neuen Weg ein. Die strenge Anpassung zwischen Subjekt und Umwelt, in der bestimmte subjektive Strukturen auf bestimmte Strukturen der Umwelt so eingerichtet sind, daß ein nahezu selbstverständlicher („instinktiver") Austausch stattfindet, wird bei ihm ergänzt durch Austauschformen, die dem einzelnen menschlichen Subjekt einen individuellen Aneignungsprozeß ermöglichen. Dazu wurde nötig, daß ein Teil der hochspezialisierten Austauschstrukturen ersetzt oder ergänzt wurde durch flexible Strukturen, die in einem Prozeß individueller Erweiterung so herausgebildet werden, daß das Individuum in eine lebenserhaltende und lebensfördernde Wechselwirkung mit seiner subjektiven, menschlichen und nichtmenschlichen Umgebung gelangen kann.

So gesehen ist menschliches Lernen (im weitesten Sinne) nur eine *Weiterentwicklung* eines lebensnotwendigen und das Leben differenzierenden Austauschprozesses zwischen einzelnen lebendigen Subjekten und der zu ihnen gehörigen menschlichen, geistigen und materiellen Umgebung. Wir sind es gewöhnt, in die von der Evolution „geplante" Lücke nun diese menschlichen Lernprozesse einzusetzen und haben dabei vor allem das kognitive Lernen im Auge, das, wie ein auf Nichtspezifikation spezifiziertes „Organ", diese vorbereitete Lücke zu füllen scheint. Wir vernachlässigen dabei meistens, daß solche Lernprozesse weit über die Grenzen kognitiven Vermögens hinausreichen.

BATESON (1982) hat das Gesamt der Wechselwirkungen zwischen einem Subjekt und der in irgendeiner Weise mit diesem in Beziehung stehenden gegenständlichen, sozialen und kulturellen Welt *Geist* genannt und dabei deutlich gemacht, daß die kognitiven Prozesse an diesem Kommunikationsgeflecht nur einen Teilaspekt, und vermutlich sogar einen relativ kleinen, ausmachen. Wir könnten nun ja dem kognitiven ein soziales, ein emotionales, ein handelndes und vielleicht auch ein psychosomatisches Lernen hinzuaddieren. Damit hätten wir jedoch nicht die Frage gelöst, wie denn diese Teillernprozesse miteinander verbunden wären, welche Aufgabe die jeweilige „Sparte" im Gesamt der Austauschbeziehungen wahrnähme. Vielleicht gibt es diese Lernbereiche derart voneinander abgetrennt auch gar nicht. Ich möchte dehalb, anstelle des durch die kognitive Engfassung verkürzten Lernbegriffe, den Begriff des Austausches gebrauchen, der den gesamten Bereich der Wechselwirkungen umfaßt, den BATESON *Geist* nennt.

Vor dem Hintergrund dieser komplex gefaßten Austauschprozesse möchte ich das Spiel betrachten. Ich füge es damit in ihren Rahmen ein und untersuche einige Eigenarten, die besonders deutlich im Spiel zum Ausdruck kommen, nämlich die Bedeutung der Phantasie und, mit dieser, die der Selbstbezogenheit. Doch zuvor gilt es noch, eine Linie vom evolutionären Gesichtspunkt zu dem psychischer Entwicklung zu ziehen und damit den Ort des Spieles im Feld dieses Austausches präziser zu bestimmen.

An die Vorstellung von einer evolutionären Entwicklung, die darin endet, daß dem menschlichen Subjekt ein individueller Spielraum eröffnet wird, innerhalb dessen es seine Austauschbeziehungen zwischen innen und außen im Sinne einer individuellen und kollektiven Weiterentwicklung selbst gestalten kann, knüpft unschwer ein Modell ontogenetischer Entwicklung an, welches damit einsetzt, daß das Individuum diesen Spielraum am Beginn seines extrauterinen Lebens in der Beziehung zu seiner Mutter (oder einer anderen, an ihre Stelle tretenden Person) selbst gewinnen muß. Es unterstellt, daß das menschliche Subjekt, am Anfang seiner eigenen Entwicklung, selbst den Schritt vollziehen muß, der es aus dem intrauterinen Austausch, einem Austausch, der durch biologische Schemata weitgehend präformiert ist, herausführt zu jenem, zwischen den biologischen Vorgaben sich öffnenden Spielraum zwischen innen und außen. Dieses Modell hat der englische Psychoanalytiker D. W. WINNICOTT entwickelt und unter dem Begriff des *intermediären Raumes* vorgestellt.

II. Spiel und Phantasie als Strukturen des intermediären Raumes

WINNICOTT (1973a) unterscheidet im Raum des Psychischen zunächst eine äußere von einer inneren Realität. *Äußere Realität* meint die nichtsubjektive Welt, Gegebenheiten, die vom Subjekt unabhängig sind. Ab dem Zeitpunkt in der individuellen Entwicklung, ab welchem ein Individuum sich als eigenständige, abgegrenzte Einheit erlebt, erwirbt es zunehmend differezierter eine *innere, psychische Realität*. Diese steht zwar mit der äußeren Realität in Verbindung, stellt aber zunehmend einen eigenständigen Wirkfaktor dar.

Doch hält WINNICOTT diese beiden Unterscheidungen nicht für ausreichend, um die Orte psychischen Lebens angemessen zu beschreiben. Er führt daher aus:

„Meines Erachtens ist noch ein dritter Aspekt notwendig, sobald man diese beiden Arten der Darstellung für erforderlich hält: Dieser dritte Bereich des menschlichen Lebens, den wir nicht außer acht lassen dürfen, ist ein intermediärer Bereich von *Erfahrungen*, in den in gleicher Weise innere Realität und äußeres Leben einfließen. Es ist ein Bereich, der kaum in Frage gestellt wird, weil wir uns zumeist damit begnügen, ihn als Sphäre zu betrachten, in der das Individuum ausruhen darf von der lebenslänglichen Aufgabe, innere und äußere Realität voneinander getrennt und doch wechselseitig in Verbindung zu halten" (WINNICOTT 1973a, 11; Hervorhebung WINNICOTT).

Dies bedeutet, daß innere und äußere Realität über den intermediären Bereich in einem ständigen Austausch stehen:

„die eine wird ständig an der anderen geprüft; die innere Realität wird fortwährend durch Trieberfahrungen im Zusammenhang mit äußeren Objekten und durch Beiträge von diesen äußeren Objekten (insofern, als solche Beiträge wahrgenommen werden können) aufgebaut und bereichert; die äußere Welt wird ständig wahrgenommen und die Beziehung des Individuums zu ihr bereichert, weil in ihm eine lebendige innere Welt vorhanden ist (WINNICOTT 1941, in 1976, 44).

Wegbereiter und vielleicht erster wahrnehmbarer Repräsentant dieses intermediären Raumes ist das *Übergangsobjekt* (WINNICOTT 1973a , 10 ff.). WINNICOTT beschreibt mit diesem Begriff jene Stofftiere, Läppchen oder kleinen Gegenstände, die einem Kleinkind unentbehrlich geworden sind, die es – nach Möglichkeit – überall mit hinnimmt, die es auch bei sich haben muß, um beruhigt einzuschlafen. Die Gestalt der Übergangsobjekte ist vielfältig; oft sind sie aus weichem Material. Eindeutiger als ihre Erscheinungsform gibt sich ihre psychologische Struktur.

Nach WINNICOTT sind sie das erste Produkt des kindlichen Bemühens, innere und äußere Welt in einem Gegenstand zur Überschneidung zu bringen. Der Herkunft nach ist das Übergangsobjekt Teil der äußeren Realität. Der Verwendung nach jedoch unterliegt es — ziemlich ohne Berücksichtigung seiner eigenen Realität — „erbarmungslos" den Bedürfnissen der inneren Realität. Vornehmlich ist es Garant der persönlichen Sicherheit. Als solcher tritt es an die Stelle der Mutter, deren Pflege und Fürsorge für die Entwicklung des Kindes Lücken aufweist. Die Mutter zeichnet sich in der Regel durch aktive Anpassung aus. Was durch die sich allmählich vermindernde Sorge der Mutter an aktiver Anpassung verlorengeht, muß wettgemacht werden durch zunehmende Anpassungs-, Handlungs- und Gestaltungsfähigkeit des Kindes. In dieser Richtung stellt das Übergangsobjekt einen ersten Schritt dar: Es ist vom Kind *gewählt*, d. h. eigenes Handeln ist zu günstigen Zeitpunkten an die Stelle der Erwartung von Anpassung der äußeren Umwelt getreten. Zum zweiten wird es vom Kind, je nach den augenblicklichen Wünschen, *gebraucht*; es kann geliebt, geschlagen, betastet werden, das Kind kann es beißen oder daran saugen usw. Einzige Bedingung ist nur, daß der als Übergangsobjekt gewählte Gegenstand ein solches Vielerlei der Wunschhandlungen zuläßt und zuverlässig stets dafür zur Verfügung steht (zum Beispiel nicht willkürlich von den Eltern entfernt wird).

Die Flexibilität der Brauchbarkeit des Übergangsobjektes ersetzt die sonst benötigte aktive Anpassung der realen Umgebung. Eine Realität, die sich vielfältig gemäß den Wünschen eines Kleinkindes gebrauchen läßt, deren gegenständliche Gestalt daher von untergeordneter Bedeutung zu sein scheint, trifft mit einem Wünschen zusammen, das gerade soviel Ich-Struktur zur Verfügung hat, daß es anfangen kann, Realität aktiv zu gebrauchen, wenn es sie auch noch nicht verändern kann, und bildet so das Zwitterwesen des Übergangsobjekts. Es wird deutlich: dieses Übergangsobjekt gehört sowohl der äußeren wie auch der inneren Realität an; es ist früher Exponent des intermediären Bereichs.

Mit der wachsenden Fähigkeit des Kindes, Realitäten ändernd zu gestalten, wird zum einen das Übergangsobjekt überflüssig, wächst zum anderen die Anzahl der Gegenstände und Handlungen, die diesem Zwischenbereich zugehören. Das Spiel löst das Übergangsobjekt in seiner Funktion, innere und äußere Realität zu vermitteln, ab. Später wird es ergänzt durch den gesamten Bereich der Kultur und Religion.

Dieser Abtrennung des Spielbereichs als einer eigenen Dimension zwischen innerer und äußerer Realität trägt auch BATESON (1981, 214 ff.) Rechnung. In seiner streng logischen Sprache bringt er diese Zwischenstellung dadurch zum Ausdruck, daß er sie als Paradoxon formuliert:

„Diese Handlung (das Spiel; Verf.), in die wir jetzt verwickelt sind, bezeichnet nicht, was jene Handlungen, *für die sie stehen*, bezeichnen würden" (244, Hervorhebung BATESON).

Das heißt, wenn zwei Jungen Indianer *spielen*, dann *sind* sie keine echten Indianer. Mit dieser Formulierung hat er den Bereich des Spiels von der äußeren Realität abgesondert. Nach der Seite der inneren Realität wird dieser Bereich dadurch abgegrenzt, daß er zwar vom Primärprozeß mitgestaltet wird, ihm aber nicht, wie zum Beispiel der Traum, völlig unterliegt. Wenn jemand sagt „ich spiele!", dann trennt er damit ein Feld der inneren Realität von der *unkontrollierten* Wirkung des Primärprozesses ab, um sich dieser dann *freiwillig* und bis zu einem selbstgewählten Grad wieder zu überlassen. Die Abgrenzung zur inneren und äußeren Realität darf nicht absolut, sondern muß flexibel sein. Man muß abtrennen können, um *in eigener Regie* wieder zulassen zu können.

Während also im intermediären Raum die Grenzen zwischen innerer und äußerer Realität verwischen, scheint es wichtig, daß dieser Raum selbst mit einigermaßen klaren Grenzen gegenüber der inneren wie der äußeren Realität ausgestattet wird. Wenn es innerhalb dieses Raumes unklar ist, was dem Innen und was dem Außen zugehört, so muß es dem Subjekt wenigstens deutlich sein, wann es sich in diesem Raum aufhält und wann nicht. Deshalb ist es bedeutsam, wenn ein Kind zu verstehen beginnt und später auch sagen kann, „das ist Spiel!" und fortfährt, dieses Spiel mit dem vollen Ernst weiterzubetreiben, den wir sonst nur dem gewichtigen Umgang mit der „Realität" zuschreiben.

Wo dieser Zwischenraum mit seiner einigermaßen sicheren Grenze sich nicht ausbilden kann, verfließen Realität und Imaginäres ununterscheidbar und sind im normalen Leben nicht mehr auseinanderzuhalten. Konsequenz: Entweder die Realität nimmt zunehmend wahnhafte Züge an oder das Imaginäre gerinnt zu einer eigenen Welt des Wahns jenseits unserer Realitäten. So etwas wie eine Urverdrängung (FREUD 1915, 250; BITTNER 1977, 33 ff.) könnte ein Schutz sein, der – mehr oder minder rigide – errichtet wird, um zu verhindern, daß die nun mit Abgrenzung versehene Welt des Imaginären nicht unkontrolliert und ungestaltet in den Bereich des intermediären Raumes und in die Welt des Realen einbricht. Für eine individuelle Entwicklung, die in einen wirksamen und individuell gestaltbaren Austausch mit ihrer Umwelt treten will, ist es daher wichtig, daß sie diese Trennung des Realen und des Imaginären ermöglicht und erlaubt, den intermediären Bereich zu errichten, in welchem zeitweise und in unterschiedlichem Umfang subjektive und objektive Welt verschwimmen können, um vom Subjekt gestaltet zu werden.

Umgekehrt, und dies scheint der häufigere Fall zu sein, werden die Grenzen des intermediären Raumes zu scharf gezogen. Hier sind die Anforderungen der Realität, dort ist die Welt innerer Bedürfnisse, von einem überhandnehmenden Realitätsprinzip vielfach bis zur Unkenntlichkeit zugestellt. Wo beide Bereiche so stark auseinandergehalten werden müssen, verkümmert auch der intermediäre Bereich, dessen Sinn es ja wäre, eine flexible Vermittlung zwischen innen und außen zu gestalten. Dennoch, er bleibt meist nicht völlig unentwickelt. Man entdeckt ihn wieder als einen ebenfalls von der normalen Realität deutlich abgespaltenen Bereich der individuellen *Beschäftigung*, am deutlichsten vielleicht aufzeigbar in dem, was man Freizeitbeschäftigung nennt: hier nur sachbezogene Arbeit, die kaum gestaltbaren Bezug zur inneren Welt des einzelnen Menschen zuläßt, dort der halbprivate Bereich der Freizeitbeschäftigung, der einerseits als persönliches Gegenstück zur Arbeit erscheint, andererseits aber auch — wegen seiner vielfältigen Vermarktung — nur noch selten eine tiefere Beziehung zur inneren Realität des Menschen aufnimmt. Freizeitbeschäftigung, die in diesem Sinn den intermediären Bereich anfüllt, erweist sich dann als eine Barriere gegenüber der inneren Welt, bringt sie nur sehr entfremdet und wenig spürbar zum Ausdruck. Die innere Welt bleibt verbannt in den Traum und andere Formen unbewußten Seelenlebens, bis hin zur Neurose.

Ist aber der intermediäre Raum einmal gesichert und flexibel eingerichtet, wird es möglich und oft zum subjektiven Bedürfnis, innere wie äußere Ereignisabläufe in diesen Zwischenbereich und mit dessen Mitteln zu transformieren. Spiel, Kunst, Religion und selbstbezogenes Lernen (vgl. hierzu SCHÄFER 1982a) tragen bei, ihn zu erweitern.

Das Spiel scheint paradigmatisch für jene Austauschprozesse, die sich des intermediären Raumes bedienen, um in ihm subjektive wie objektive Bezüge gestaltend zur Geltung kommen zu lassen. In der angedeuteten Entwicklung steht es an der Schwelle, an der der naturhafte Austauschprozeß, der noch nicht Subjekt und Objekt in unserem Sinn kennt, übergeht in einen Austauschprozeß, der durch *eigenes* Tun und Gestalten gekennzeichnet ist und deshalb die Beteiligung der gesamten Person erfordert. In den späteren Entwicklungen unserer Austauschbeziehungen können subjektive und objektive Bezüge oft weit auseinandertreten, verschieben sich die Gewichte vielfach nach der einen oder anderen Seite, meistens jedoch in Richtung Realität, so daß der Bezug zur inneren Realität zurücktritt oder gar verlorengeht.

Es scheint nun so, als bedürfe das Spiel nicht einfach des intermediären Raumes um stattzufinden, sondern trüge selbst dazu bei, diesen Bereich im Laufe der kindlichen Entwicklung individuell einzurichten, ihn allmählich deutlicher abzugrenzen und als eigenen Bereich zu sichern. In Situationen, in welchen der Subjektbezug verlorengegangen ist, vermag es daher auch den intermediären Raum wiederherzustellen und den inneren Bereich wieder mit den Realitäten zu verbinden. Das Spiel ist deshalb auch für den Erwachsenen eine dauernde Herausforderung, nach den augenblicklichen subjekthaften Bezügen zu fragen, um die volle Breite der Austauschbeziehungen, die das Subjekt in den Realitätsbezug mit hereinnehmen, gegebenenfalls wieder herzustellen. Wir empfinden dann die heilende oder erholsame (regenerierende) Kraft des Spieles, die unsere Austauschbeziehungen, welche manchmal unumgänglich, manchmal aber auch ohne große Not eingeschränkt wurden, wieder verlebendigt (vgl. SCHÄFER 1979 und 1980).

Die Realität tritt in den intermediären Raum durch die Transformationen der Wahrnehmung, des Vorstellens und Erkennens (vgl. auch weiter unten: Spiel als Selbstentäußerung), der Bereich der inneren Realität hingegen über die *Phantasie*. Während das tägliche Leben in weiten Bereichen dem Realitätsprinzip unterliegt, ist es im Spiel möglich, dieses vorübergehend zu suspendieren. Das hat zur Folge, daß im für normal gehaltenen, realitätsorientierten Lebensbezug Phantasie und Selbstbezug nur verborgen und versteckt zum Vorschein treten. Wo das Realitätsprinzip – wie im Spiel – gelockert ist, können diese Kräfte der inneren Realität die Beziehungen zur äußeren Realität viel deutlicher mitgestalten; sie bleiben aber an Realitätsbezüge gebunden. Nur im Traum machen sie sich auch von diesen weitgehend unabhängig und in der Neurose dominieren sie diese derart, daß die Realitätsverbindungen vergewaltigt werden. Es steht also an, die Rolle der Phantasie im Spiel zu bestimmen. Vorab: während sie den Selbstbezug des Individuums zur Geltung bringt, knüpft sie diesen an Gegenstände und Ereignisse des realen Lebens an. Sie ist dann unmittelbar Ausdruck und dynamischer Gehalt des intermediären Raumes (vgl. SCHÄFER 1982b).

Daß Phantasien den Bezug des Subjekts zu sich selbst zum Ausdruck bringen, dies vorzustellen und therapeutisch zu nutzen spricht sich in den Ergebnissen der gesamten psychoanalytischen Entwicklung aus. Sie hat diese Selbstbezogenheit vor allem in zwei Feldern untersucht, dem Traum und der Neurose. Der Traum, von FREUD (1900) als subjektive Wunscherfüllung definiert, stellt der inneren Realität und ihren Bedürfnissen ein reiches imaginäres Spielfeld zur Verfügung. Wir wissen, daß wir durch die Traumdeutung die subjektiven Wünsche (FREUDsche Schule) und die Notwendigkeiten der Selbstentwicklung des Individuums (JUNGsche Schule) erkennen können. Während die Subjektbezogenheit in den Bildern der Traumphantasien frei flottieren kann, nistet sie sich in der Neurose in die realen Bezüge ein, indem sie realitätsgerechte Interaktionen und Kommunikationen nach ihren inneren, verborgenen, weil verdrängten Plänen dominiert und zuungunsten adäquaten Realitätsumgangs verzerrt. Hier haben sich subjektbezogene Phantasien zerstörerisch in die soziale und sachliche Realität eingenistet. Diese Subjektbezogenheit da herauszudestillieren und ihr wieder ein adäquates Spielfeld einzuräumen, ist Aufgabe psychoanalytischer Therapie. Natürlich eignet sich die Psychoanalyse auch dazu, nach einem ähnlichen Muster entstandene, mehr oder weniger neurotische Phantasieeinnistungen im kulturellen Bereich herauszufinden. FREUD untersucht die subjektiven Wunschvorstellungen und -verbergungen auch im Witz (1905) und in den Fehlleistungen (1901). Seit seinen Analysen von Kunstwerken gibt es auch eine ganze Reihe solcher Entzauberungen des subjektiven Wunsches in den Phantasien der Künstler und ihrer Kunstwerke.

Es waren zunächst die Triebwünsche des Indiviuums, die als Gestaltungskraft unserer Phantasien von der Psychoanalyse herauspräpariert wurden. Melanie KLEIN (1962) hat später auf die große Bedeutung des Hasses aufmerksam gemacht. In den neueren Entwicklungen der Psychoanalyse sind es die Bereiche des Selbstbildes und des Selbstwertes, die als Phantasiebildner enttarnt werden (KOHUT 1973, 1979; BITTNER 1977). Damit wurde der Bezug des Subjekts zu sich selbst aus seiner biologischen Umklammerung – als Bezug des Subjekts zu seinen Triebwünschen – befreit und in seiner vollen Breite als Problem gestellt: Mit jeder Handlung, mit allem, was es denkt und tut, gestaltet das Individuum auch seine Beziehung zu sich selbst und gibt ihr Ausdruck. Natürlich lassen sich alle diese Dinge, Triebwünsche, narzißtische Bezüge, Selbstbezug und Selbstwert, aus den Spielen

des Kindes herauspräparieren. Die Reihe der Kinderspielanalysen in der Geschichte der psychoanalytischen Kindertherapie gibt dazu den nötigen Einblick (Anna FREUD 1966. Melanie KLEIN 1973, WINNICOT 1973b und 1980; eine Übersicht gibt BIERMANN 1969).
In der Entwicklung der Psychoanalyse stand der therapeutische Gedanke im Vordergrund. Deshalb ist verständlich, daß das Thema der Phantasie auch hauptsächlich in diesem Rahmen auftauchte und Berücksichtigung fand. Wenn es galt, den Selbstbezug des Individuums aus seinen neurotischen Verstrickungen wieder zu lösen, dann mußte diese Subjektivität der Phantasie und ihre verbergende und verzerrende Kraft in der Neurose naturgemäß der Hauptaspekt sein, unter welchem die Notwendigkeit und die Wirkung von Phantasien betrachtet wurde. Die Bezogenheit der Phantasie auf das Subjekt und seine Bedürfnisse wurden dadurch zwar gesichert, aber doch nie vom Geruch der Neurose befreit. Es blieb etwas von der Krankhaftigkeit der Prozesse, von denen sie in der Neurose verwendet wurde, an ihr selbst hängen. Nun gibt es neuere Ansätze, die diese beschränkte Sicht der Phantasie zu überwinden beginnen. Bei POHLEN / WITTMANN (1980) taucht sie als wichtige Kategorie der Einfühlungsfähigkeit in andere Menschen auf. BITTNER (1981b) stellt sie als eine Kraft dar, mit deren Hilfe ein Subjekt ein Bild von sich selbst hervorbringt. WINNICOTT (1973a) und im Anschluß an ihn SCHÄFER (1982b) betonen den Gestaltungsraum der Phantasie, in dem innere und äußere Realität miteinander verschmolzen werden.
Diese letzte These will ich hier noch einmal aufgreifen und erläutern. Sie besagt nicht, daß die Bedeutung der Phantasie in Vorstellungsvermögen, Selbstsymbolisierung oder Zukunftsentwürfen geleugnet oder gering geschätzt würde. Vielmehr meine ich, daß jene Vorstellungen besondere Anwendungsfälle der strukturellen Bestimmungen sind, die WINNICOTT vorschlägt und derer ich mich bediene. Vielleicht ist es günstig, zum besseren Verständnis auf einige Beispiele Bezug zu nehmen. In allen diesen Beispielen wird die Phantasie als Vermittlungsbereich zwischen innerer und äußerer Realität benötigt (vgl. auch SCHÄFER 1980, 1981a, 1981c).
Zwei Schülerinnen meiner Sonderschulklasse (Sonderschule L; 5. Schuljahr) sind als notorische Schulschwänzerinnen bekannt, als ich die Klasse als Teilzeitlehrer übernehme. Ich behandle beide – sofern anwesend – nicht streng nch den Reglen der Schulverwaltung, sondern nehme ihr Zuspätkommen und Schuleschwänzen hin, ohne es zu sanktionieren. Gleichzeitig interessiere ich mich für das, was sie in und außerhalb der Schule tun. Sie erzählen dann lebhaft von ihren Abenteuern in Feld und Wald. Neben Wunschbildern von einem ungebundenen Leben in der Natur entsteht eines Tages die Phantasie von einem „Häuschen" in der Schule, in das sie sich verkriechen könnten. Es ist uns möglich, diese Phantasie in die Tat umzusetzen. Die Mädchen schwänzen ab diesem Zeitpunkt die Schule nicht mehr. Zwar versinken sie einerseits in eine Phantasie- und Spielwelt in ihrem Häuschen, zum Beispiel durch eifrige Lektüre zahlreicher Abenteuerbücher, doch lassen sich andererseits in ihren Phantasien und Ideen auch Anknüpfungspunkte entdecken, die Brücken zu realitätsbezogenen Interessen

schlagen und dem Schulunterricht nützlich werden können. Außerdem siedeln sie ja ihr Phantasiegebilde, das Häuschen, buchstäblich in einer Wirklichkeit an, die sich doch gewiß als prägnanter Vertreter äußerer Realität versteht, in der Schule nämlich. Indem ihre Häuschenphantasien realisiert werden, knüpfen sie eine Verbindung zur äußeren Realität, die diese Phantasien zunächst aufnimmt, später sie aber auch zu beeinflussen vermag. Solange das Häuschen im Klassenzimmer stand und ich ihr Oszillieren zwischen Abenteuer und Ernst akzeptieren konnte, fehlten die beiden Schülerinnen nicht mehr. Im Gegenteil, sie entwickelten in einigen Bereichen ein intensives Interesse auch am Unterricht.

Das Häuschen mag als real gewordener intermediärer Bereich gelten. Solange dieser aufrechterhalten werden kann, gelingt den beiden eine Verbindung zur äußeren Realität, die für sie sinnvoll werden kann und der sie sich deshalb nicht mehr entziehen. Ohne diesen Spielraum, in dem subjektive Phantasie und Realität sich vermengen können, wird eine Beziehung zur Realität der Schule verweigert: Die Schülerinnen schwänzen wieder und entziehen sich einer persönlichen Beziehung, als das Experiment des Häuschens gewaltsam durch die Schulleitung beendet wird.

Ein Zigeunerjunge konnte nicht eingeschult werden und befindet sich mit Vorschulkindern in einem Hort. Er ist längst im Schulalter und daher der Älteste der Hortgruppe. Man weiß nicht so recht, ob er wirklich lernbehindert ist. Da Versuche ihn einzuschulen mißlingen, wird er schließlich für geistig behindert gehalten. Jedenfalls verweigert er jeglichen Schulbesuch und interessiert sich auch nicht für irgendwelche schulischen Belange. Nur eines interessiert ihn im Hort für lange Zeit: Tiger zu sein, Tiger zu spielen (die Grenzen zwischen sein und spielen sind bei diesem Jungen ziemlich unklar). Er kann das über Wochen hinweg ausphantasieren und ausspielen, da er einen Betreuer findet, der mitspielt. In diesem Spiel werden einige seiner Fähigkeiten deutlich: er scheint sehr musikalisch zu sein und besitzt ein großes schauspielerisches Talent – keine Bereiche, mit denen man in der Schule Furore machen kann. Aber als Tiger kann er etwas lernen und in einen Kontakt zur äußeren Welt treten, der ihm Freude macht. Er läßt sich „dressieren". Dabei lernt er schließlich auch zu schreiben und kritzelt mit Vorliebe den Satz aufs Papier: „Ich bin ein Tiger!" Er beginnt, im Hort „Hausaufgaben" zu machen in Form von einfachen Schreib- und Rechenübungen. Auch hier mußten Innenwelt und Außenwelt über eine Person, die mitspielen, mitphantasieren konnte, miteinander in Verbindung gebracht werden, um ein Interesse wachsen zu lassen und zu fördern, das der äußeren Realität als Realität gilt. Freilich, der Fortschritt kann nicht als sensationell gelten. Dennoch zeigt er die Notwendigkeit der Verknüpfung von innerer und äußerer Welt, denn ohne Einbezug der inneren Realitäten über die Phantasien dieses Kindes gelingt eine wirksame und vom Kind akzeptierte Beziehung zur realitätsbezogenen Auseinandersetzung nicht.

Im dritten Beispiel finden wir eine Gruppe von neu eingeschulten Kindern, die, da sie in ihren Eingangsklassen Schwierigkeiten machten, den Klassenverbänden entnommen und zu einer eigenen Gruppe zusammengestellt worden waren. Eine Sonderschullehrerein betreute diese Gruppe. Das heißt, sie versuchte dies bis an den Rand der Verzweiflung, denn mit diesen Kindern war – in dieser neuen Zusammenstellung – buchstäblich nichts anzufangen. Das begann sich erst zu ändern, als die Kinder begannen – angeregt durch ein Stück Vorhang, welches eines der Kinder mitgebracht hatte – Hochzeit zu spielen und dies in stundenlanger Ausführlichkeit und über viele Tage. Auch hier schien es nötig, Wünsche und Phantasien irgendwo in der sozialen und dinglichen Realität unterzubringen, um dort mit ihnen in Kontakt zu kommen, sie aus dem Bereich des bloß privaten, unartikulierten Phantasmas in den Bereich gestaltbarer Phantasie zu bringen, um so die äußere Realität mit dem inneren Bereich dieser Kinder zu verknüpfen.

Diese Beispiele, glaube ich, belegen alle die Vermittlungsfunktion der Phantasie, ihre Zwischenposition zwischen der äußeren Realität und dem inneren Erlebnisbereich des Subjekts. In keinem der aufgeführten Fälle mußte ein Anschluß an die Innenwelt gesucht werden. Der schien überall, wenigstens latent, vorhanden. Vielmehr galt es, diesen Innenwelten einen Anknüpfungspunkt in der äußeren Realität zu verschaffen, damit die Kinder überhaupt bereit waren, diese äußere Realität als sinnvoll zur Kenntnis zu nehmen. Dazu erwiesen sich die Phantasien der Kinder als die geeigneten Brücken. An diesen Beispielen wird aber auch deutlich, daß diese Vermittlerfunktion der Phantasie notwendig und nicht nur eine angenehme Zutat ist. Es sind alles Fälle, bei denen die sonst üblichen Versuche der Schule, einen fruchtbaren Zugang zur äußeren Welt zu schaffen, vergebens geblieben waren.

Diese Notwendigkeit hat wohl zwei Gründe: Zum einen kann äußere Realität für ein Subjekt keine persönliche Bedeutung bekommen, wenn sie keinen Zugang zur inneren Realität als dem Reservoir der subjektiven Bedeutsamkeiten bekommt. Die subjektive Bedeutsamkeit aber erhält ihr Spielfeld in den Phantasien, die sich an ein irgendwo ergattertes Stück Realität knüpfen.

Zum zweiten kann Realität nicht real erlebt werden, wenn es nicht gelingt, sie mit Hilfe der subjektiven Mittel, der Phantasie und der Vorstellungsmöglichkeiten nachzuerschaffen, nachzuempfinden. Man kann zwar Realitäten außerhalb seiner selbst wahrnehmen, objektiv registrieren. Als Nicht-Ich-Realitäten aber erleben, ernstnehmen, kennenlernen kann man sie wohl nur, wenn man versucht, sie mit den eigenen subjektiven Mitteln nachzuvollziehen. Ich habe deshalb davon gesprochen, daß man Realität *für sich* realisieren muß, d. h. für sich erschaffen und derart mit den subjektiven Bedeutungshaftigkeiten verknüpfen muß, damit sie sich subjektiv als wirklich anfühlt. Wichtigstes Mittel dieser „Realisierung" scheint die Phantasie zu sein (vgl. hierzu SCHÄFER 1982b).

An den eben erwähnten Beispielen wurde bereits deutlich, wie schwer eigentlich zwischen Spiel und Phantasie zu unterscheiden ist. Wir erleben eine Spielgeschichte und lesen daraus eine Phantasie des Kindes. Dennoch sind Phantasie und Spiel nicht völlig miteinander identisch. Vielmehr, das

Spiel — als Handlung, die immer irgendwelcher konkreter Anknüpfungspunkte bedarf — steht der Realität etwas näher. Nicht daß es realitätsgerechter wäre, das nicht, aber es ist ein Phantasieren mit Hilfe von Versatzstücken aus der Realität, ein Basteln im LEVI-STRAUSSschen Sinn (LEVI-STRAUSS 1977, 29 ff.), und hält sich nicht nur im Bereich reiner Imagination auf, wie zum Beispiel das Träumen. Es ist fraglich, ob es dadurch gebundener ist als das reine Phantasieren mit Ideen, Bildern und dergleichen. Es scheint jedoch, durch die größere Realität der Spieldinge gegenüber den reinen Phantasiebildern, mehr Anstöße und Anregungen von außen zu bekommen. Bezogen auf den intermediären Raum, stehen Spiel und Phantasie eng nebeneinander. Sie unterscheiden sich graduell nur durch den möglichen Realitätsgehalt. Diese Trennung ist nicht scharf, sondern gilt lediglich im großen und ganzen. Natürlich kann es auch reine Phantasien geben, die realitätsbezogener sind als Spiele mit ihrem konkreten Anhaltspunkt von Realität. Aber im Spiel bleibt die Möglichkeit der unerwarteten äußeren Einflüsse größer und man rechnet auch im allgemeinen damit, daß dieser Einfluß zur Geltung kommt.

III. Perspektiven des Selbstbezugs im Spiel

Über das Argument der Evolution und das des intermediären Raumes habe ich bisher versucht, die Stellung von Spiel und Phantasie zwischen innerer und äußerer Realität zu begründen. Weiter suchte ich zu verdeutlichen, daß zum einen ein individueller Bezug zur eigenen, inneren Realität nötig ist, um vor neurotischen Fehlentwicklungen zu bewahren, und zum anderen daß die Dinge der äußeren Realität mit dieser inneren Realität eine Verbindung eingehen müssen, damit sie für das Subjekt von Bedeutung werden können. Feld dieses Bezugs der äußeren Realität zum Subjektbereich sind die Erscheinungsweisen des intermediären Raumes, Phantasie, Spiel, in der Weiterentwicklung aber auch Kunst, Religion und — dies muß man der Vollständigkeit halber anfügen — bestimmte Formen erfüllender Arbeit. Der Selbstbezug, ermöglicht durch den intermediären Bereich, durch Phantasie und Spiel, ist konstatiert. Wie aber sieht er aus, welche Formen nimmt er an, welche Perspektiven hat er. In einer früheren Arbeit (SCHÄFER 1980) habe ich den Selbstbezug des Spieles unter dem Aspekt individueller Entwicklung betrachtet und dabei unterschieden zwischen selbstbildendem, selbstentwickelndem, selbstheilendem, selbstregenerierendem und selbsterweiterndem Spiel. In dieser Arbeit möchte ich der Längsschnittbetrachtung eine Querschnittsbetrachtung gegenüberstellen; d. h. der Selbstbezug des Spiels erscheint nun nicht entlang den Stationen einer Entwicklungslinie. vielmehr stelle ich mich an den imaginären Punkt einer hypothetischen Gegenwart — eliminiere die Dimension des zeitlichen Verlaufs — und betrachte die Perspektiven, unter welchen sich solcher Selbstbezug im Spiel organisiert. Diese Untersuchung erfolgt nicht mit der Absicht einer schärferen Phänomenologie des Spiels, sondern eher, um verschiedenen Dimensionen subjektiver Bedeutungshaftigkeit auf die Spur zu kommen und diese in der Betrachtung von sowie im Umgang mit kindlichem Spiel als Sinnhorizonte zu berücksichtigen.

Im Sinne dieser Fragestellung unterscheide ich zwischen sechs möglichen Aspekten, die gestatten, das Geschehen von spielerischem Austausch unter dem Aspekt des Selbstbezuges zu studieren:

1. Spiel als Selbstsymbolisierung;
2. Spiel als Selbstentwurf;
3. Spiel als Selbstgestaltung;
4. Spiel als Selbstentäußerung;
5. Spiel als Kommunikation mit verschiedenen „Seelenteilen";
6. die Bedeutsamkeit der Realität für die Selbstgestaltung: „Aufrühren des Seelengrundes".

1. Spiel als Selbstsymbolisierung

„Wenn zugestanden wird, daß die Bildung von Selbst-Symbolen eine notwendige Komponente des Selbstwerdens darstellt, und wenn weiterhin gilt, daß sich diese Bildung von Selbst-Symbolen nicht im luftleeren Raum einer psychischen Innerlichkeit vollzieht, daß sie vielmehr auf ein Entgegenkommen symbolisierungsfähiger äußerer Realität angewiesen ist, so ergibt sich eine pädagogische Aufgabe:

,Welt' an die Kinder heranzubringen, die ,spricht', d. h. die der Auslegung fähig ist, an der Kinder etwas über sich selbst erfahren können. Spielzeug müßte dann so beschaffen sein, daß es die Projektion des seelischen Innenraumes gestattet (...), und, vielleicht ungewohnter, dient auch das schulische Lernen diesem Ziel, das Kind mit ,Welt' bekannt zu machen, die ihm sein eigenes Wesen spiegelt" (BITTNER 1981a, 203).

Hier geht es also darum, daß das Kind im Spielzeug – und natürlich auch im Spiel allgemein – Symbole *findet*, in denen es sich *wiederfinden* kann, gleichsam als spreche es zu sich selbst: „Das bin ich, ich habe mich in diesem Spiel, in diesem Spielzeug selbst gefunden." Spiel, welches Selbstsymbolisierungen fördert, braucht eine bedeutungsvolle kulturelle Umwelt, aus welcher es vielfältige Anregungen bezieht, die sich zum Selbstausdruck des Individuums eignen. Je differenzierter dieser kulturelle Horizont, desto differenzierter auch die dadurch ermöglichte Selbstsymbolisierung.

BITTNER hat das Spielzeug angesprochen. Bleibt dem nur hinzuzufügen, daß die Welt des Spieles vielleicht der weiteste, der bedeutsamste, der anregendste Rahmen ist, der sich zur Selbstsymbolisierung zur Verfügung stellt, hat doch die Spielwelt an allen Bereichen der Welt teil, der realen genauso wie an der magischen, mythischen, an der des Geistes ebenso wie an der tiefer reichender emotionaler Bewegungen. Das Spiel ist in der Lage, diese gesamte Welt auf einer imaginären Bühne – im Subjekt selbst oder außerhalb seiner individuellen Grenzen, in einer geschützten Realität – zu versammeln. Es ist reich an Strukturen, Bildern, Symbolen, die aus dem kollektiven Leben hervorgegangen sind und die sich dem werdenden Selbst zur projektiven Realisierung zur Verfügung stellen. Man muß nur den gesamten Reichtum nutzen, den uns eine kulturelle Tradition zur Verfügung stellt. Dazu muß der Pädagoge selbst aus diesem Reichtum leben.

2. Spiel als Selbstentwurf

Es scheint mir nicht leicht, BITTNERs Begriff der Selbstsymbolisierung von meinem Begriff des Selbstentwurfs abzugrenzen. Es scheint mir ferner, als faßten beide Begriffe ein Gleiches auf, nur aus unterschiedlicher Perspektive. In beiden Fällen geht es um eine Ganzheit der Person sowie um eine Perspektive, die von einem gegenwärtigen Noch-Nicht auf eine zukünftige Möglichkeit deutet. Die folgenden Punkte markieren einige Unterschiede und machen deutlich, weshalb ich auf den Begriff des Selbstentwurfes nicht verzichten möchte.

a) Selbstsymbolisierung orientiert sich an Bildern der Ganzheit, die dem individuellen Leben bereits durch eine kulturelle Tradition vorgegeben sind. Selbstentwurf meint mehr die partikulare und individuelle Perspektive, unter der die personale Ganzheit — unter Umständen in vielleicht mühsamem Bemühen — aus vielerlei Versatzstücken zusammengebastelt werden muß. Spiel in diesem Sinne kann man eher als ein stetes „Basteln" interpretieren, das Stückchen für Stückchen die eigene Identität weiterentwickelt, weniger einen geschlossenen Wurf, der diese Identität mit Hilfe eines Ganzheitssymbols herstellt.
b) Selbstsymbolisierung richtet den Blick auf ein mögliches Ergebnis, während der Begriff des Selbstentwurfs mehr auf das prozeßhafte Geschehen zielt, das schließlich zu der einen oder anderen Art des Selbstbildes führt.
c) Aber ich möchte zur Vorsicht mahnen, das Selbstsymbol für den Plan zu halten, den der Selbstentwurf dann in die Tat umzusetzen hätte. Es scheinen vielmehr in beiden Fällen unterschiedliche Handlungsverläufe vorzuliegen. Die Vorstellung von der Selbstsymbolisierung impliziert ein Vergleichen, ein Suchen, ein Finden, ein Wiederfinden oder aber ein Sich-Spiegeln, ein Sichtbar-Werden. Selbstentwurf lehnt sich eher an Handlungsvorstellungen des Bastelns an, wo aus verschiedenen, mehr oder weniger vorgeformten Teilstücken etwas Neues zusammengesetzt wird, dessen Plan nicht unbedingt vorgegeben ist, sondern sich aus Struktur und Gestalt der Teilstücke wie auch aus der prüfend-handelnden Bewegung nach und nach erst ergeben kann. Dabei steht ein Orientieren und Probieren viel mehr im Mittelpunkt als ein Planen oder Zielen.
d) Der Selbstentwurf kümmert sich also viel mehr um die einzelnen Aktivitätsmöglichkeiten des Subjekts, die der Selbstsymbolisierungsbegriff nur eingeschränkt zur Geltung kommen läßt. Dagegen gibt der Selbstsymbolisierungsbegriff ein deutlicheres Bild der angezielten Selbstganzheit und der überindividuellen Konstellationen, die auf dem Weg dorthin bewältigt werden müssen.
e) Faßt man die letzten drei Punkte zusammen und bezieht sie auf das Spiel, so deutet der Begriff der Selbstsymbolisierung eher das mögliche Ergebnis von Spiel. Derart gestattet das Selbstsymbol Rückschlüsse auf die Person des Spielenden, auf den jeweiligen Stand seiner Selbstwerdung. Der Begriff des Selbstentwurfs hingegen ist mehr auf die Bedeutung des Spiels als Handlungsverlauf im Rahmen des Selbstwerdens gerichtet. Als entscheidender Unterschied stellt sich heraus: Der Begriff der Selbstsymbolisierung ist mehr ziel- und ergebnisorientiert; der des Selbstentwurfs vornehmlich prozeßorientiert. Insofern Spiel ein Prozeßverlauf ist, bei dem dann vielleicht ein Ergebnis, mehr oder weniger ganzheitlich faßbar, erreicht wird, scheint mir der Prozeßbegriff des Selbstentwurfs angemessener. Deutungen des Spielprodukts hingegen werden durch die Perspektive des Selbstsymbols erleichtert. Es setzt voraus, daß es so etwas wie ein festhaltbares Spielergebnis auch gibt.

Es läge nun nahe, den Prozeßbegriff eher für einen pädagogischen zu halten, den auf das Ergebnis gerichteten Symbolbegriff eher für einen therapeutitischen. Auch wenn ich zu einer solchen Schwerpunktsetzung neige, glaube ich aber, daß weder Pädagoge noch Therapeut auf den jeweiligen anderen Aspekt ganz verzichten können.

3. Spiel als Selbstgestaltung

Ich fasse das Bisherige an einem kleinen Beispiel zusammen, das aus der Literatur bekannt ist und u. a. von ERIKSON (1968) und FLITNER (1978) herangezogen wird. Es stammt aus Mark TWAINs Buch Tom Sawyer.

„Er nahm einen Pinsel und ging still an die Arbeit. Eben kam Ben Rogers in Sicht, gerade der von allen Jungen, dessen Hohn er am meisten gefürchtet hatte. Bens Gang war ein einziges Hopsen und Springen, der beste Beweis dafür, daß sein Gewissen leicht und seine Erwartungen für diesen Tag hochgespannt waren. Er aß einen Apfel und gab in Zwischenräumen lange melodisch ausgezogene Schreie von sich, denen ein baßtiefes Tuut — tut — tut folgte, denn er spielte Dampfer. Als er näher kam, verlangsamte er seine Fahrt, nahm Kurs auf die Mitte der Straße, lehnte sich weit über Steuerbord und drehte mühsam und mit wichtigtuerischer Umständlichkeit bei. Er war ja schließlich die ‚Große Missouri' und hatte drei Meter Tiefgang. Da er gleichzeitig Dampfschiff, Kapitän und Maschinentelegraph war, hatte er viel zu tun, sich einzureden, er stünde auf seiner eigenen Kommandobrücke, gäbe Befehle und führte sie gleichzeitig aus.
‚Halbe Kraft voraus! Kling-ling-ling!' Die Straße war beinahe zu Ende, er mußte an das Anlegen denken.
‚Beide Maschinen stop! Kling-ling-ling!' Die Arme in die Hüften gestemmt, stand er da.
‚Mehr Steuerbord! Kling-ling-ling! Tuut-tut!' Mit der Rechten beschrieb er große Kreise, denn er war ja auch das Schaufelrad, dreißig Meter im Umfang.
‚Maschine halbe Kraft zurück! Mehr Backbord! Kling-ling-ling! Tuut-tut! Taue los! Anker los! Rum mit dem Tau um den Poller! Fest? Beide Maschinen stop!'
‚Scht-scht-tsch-tsch-tsch-tsch!' (Prüfung der Ventile).
Tom pinselte weiter. Er achtete überhaupt nicht auf den Dampfer. Ben war einen Augenblick verblüfft, dann sagte er: ‚Na, du wunderst dich wohl, was?'
Keine Antwort. Tom überschaute seinen letzten Strich mit dem Blick eines Künstlers, gab dem Pinsel noch einen sanften Schwung und prüfte wie zuvor das Ergebnis. Ben legte neben ihm an. Tom lief das Wasser im Munde zusammen, als er den Apfel sah, aber er arbeitete verbissen weiter.
‚Na, alter Junge, du must wohl arbeiten, was?'
Tom fuhr herum:
‚Ach, du bist's Ben! Ich habe dich gar nicht gesehen.'
..."

Kein Zweifel, Ben *ist* die Big Missouri, sie stellt gewissermaßen ein ideales Symbol dar, mit dem er sich identifiziert. In diesem Symbol bringt er Größen- und Überlegenheitsvorstellungen von sich selbst unter. Was aber ist mit den vielen „Untersymbolen", den Maschinen, die er nachahmt, dem Kapitän, der er ist, der großen Schiffshupe, den mächtigen Rädern? Die Große Missouri symbolisiert vornehmlich das Ganze. Wie aber spielen die Teile zusammen, welche Teile kommen überhaupt vor, in welcher Beziehung stehen diese gegenüber der Gesamtvorstellung, welche Bedeutung hat die Begegnung mit dem Zaun streichenden Tom Sawyer für den Verlauf des Spieles? Es geht also auch um eine ständige Wandlung, die sich im Spielprozeß niederschlägt, in immer neuen situativen Spielentwürfen.

Neu hinzuzufügen wäre nun hier noch die Frage nach den emotionalen Qualitäten der einzelnen Spielgestaltungen. Überwiegt die Souveränität, wo tritt Verlegenheit, Angst auf, wie steht diese in Korrespondenz mit der gespielten Mächtigkeit des ganzen Schiffes usw.? Diesen qualitativen Aspekt des Spielverlaufs und des dabei entstehenden Selbstentwurfs fasse ich unter dem Begriff Gestaltung zusammen und spreche von Spiel- und Selbstgestaltung, wenn es mir um die qualitativen Bezüge eines Spiels geht. Dieser Begriff der Gestaltung des Spiels und der Selbstgestaltung im Spiel hat wohl seine Wichtigkeit auch in einzelnen Spielepisoden. Von zentraler Bedeutung wird er jedoch, wenn man die Spiele eines Kindes oder einer Kindergruppe über längere Zeit beobachtet und dann die qualitativen Gestaltungskonstanten bemerkt, die sich durch die verschiedenen Spiele ziehen. An dieser Stelle scheint es mir wichtig darauf hinzuweisen, daß die bisherigen Perspektiven sowie die noch zu beschreibenden sich nicht ausschließen, sondern komplementär sind und sich je nach Fragestellung ergänzen.

4. Spiel als Selbstentäußerung

Um sich zu finden, muß man sich verlieren können. Kinder verlieren sich mit großer Hingabe ins Spiel und im Spiel an etwas anderes als sie selbst: sie spielen „Mutterles und Vatterles", Eisenbahn, Kranbauen, Sand usw. ZULLIGER hat immer darauf bestanden, daß Kinder nicht nur spielen „als ob" sie der oder dies wären, sondern *daß* sie der oder das andere tatsächlich sind. Die Intensität dieser Hin-Gabe von sich selbst an etwas anderes, was man dann für eine Zeitlang ist, macht vielleicht verständlich, warum Kinder so ins Spiel vertieft scheinen: Sie tauchen tatsächlich in das, was sie spielen, derart ein, daß sie von der Sache, die sie nun sind, verborgen werden. Sie sind abwesend im wahrsten Sinne des Wortes, nämlich in ihrer Spiel-Sache. Diese Abwesenheit fordert eine Konzentration auf dieses andere, in dem man versinkt, eine Konzentration, die den Ernst vieler Spielsituationen verständlich macht.
Mit anderen Worten, im Spiel greift der Mensch Strukturen von etwas anderem als er selbst ist auf, die ihm bedeutsam erscheinen. Mit den Mitteln, die ihm zur Verfügung stehen – und diese Mittel liegen ebenso im Verstand bereit wie in den Emotionen, in den Sinnesfähigkeiten, wie in solchen des Handelns, in den körperlichen Bewegungen, wie in den Vorgängen mehr oder weniger willkürlich eingebrachter körperlicher Physiologie – versucht der Spieler sie am und im eigenen Leib nachzuvollziehen. Am Beispiel Bens kann man sich dies besonders anschaulich verdeutlichen. Er setzt sich, mehr oder minder partiell zwar, aber dennoch buchstäblich an die Stelle dieser anderen Sache. Indem er dessen Strukturen nachvollzieht, erfährt er sich als dieses andere, als einen anderen Menschen ebenso wie als eine Maschine, als eine Pflanze, vielleicht auch als ein Rad usw. Doch dabei bleibt es nicht. Als dieses andere, das er nun ist, belebt er dieses mit seinem eigenen Selbst, setzt sich selbst gleichsam als Motor ein, der nun diesem Anderen-als-

man-selbst Leben gibt. In diesem Sinne handelt nun das Ich tatsächlich als ein anderes und bleibt doch auch es selbst.

Aufgrund gewisser struktureller Parallelitäten, die sich zwischen Menschen und so ziemlich jedem Weltding oder Vorgang herstellen lassen, ist es möglich, daß ein Subjekt sich unter bestimmten Aspekten in dieses andere transformiert. In diesem innerlichen Nachvollzug kann es dieses andere erfahren und sich zu eigen machen. Gleichzeitig aber gelangt dieses Neue unter die gestaltende Kraft des Individuums, das sich veräußert hat, und muß daher, weil es sein Leben aus diesem Individuum bezieht, auch einen Teil seiner Züge annehmen. Es ist wirklich ein Drittes, welches nun aus dieser Entäußerung und deren Gestaltung entsteht. Die Integration dieses neuen Dritten kann das Selbst erweitern, differenzieren oder bereichern. Die Komplexität und Ganzheitlichkeit dieser Aus-einander-Setzung und Reintegration rückt vielleicht im Spiel am deutlichsten ins Blickfeld. Da die strukturelle Kommunikation auf allen Ebenen erfolgen kann, von der kognitiven angefangen bis hin zur physiologischen, kann die Selbstentäußerung im Spiel auch alle Ebenen subjektiver menschlicher Existenz ansprechen und ihren gestaltenden Einfluß herausfordern. Dies führt zu dem Aspekt

5. Spiel als Kommunikation mit verschiedenen „Seelenteilen"

Hierzu verweise ich zunächst auf BITTNERs Vorstellungen von einer Pflanzen-, Tier- und Menschenseele in uns (1981a, 202). Mit diesen Begriffen meint er jedoch nicht die Wiederholung der Evolution in unserer ontogenetischen Entwicklung, sondern versucht der Tatsache Rechnung zu tragen, daß verschiedene Ebenen ins menschliche Dasein integriert sind: In gewisser, nachweisbarer Hinsicht sind wir Tiere, in vielleicht geringerem Ausmaß sind wir auch Pflanzen. Das heißt, es gibt im menschlichen Dasein pflanzliche wie tierische Funktionen, aber auch materielle Funktionsebenen (zum Beispiel die Mechanik der Bewegung). In weniger übertragener Sprechweise unterscheide ich (vorläufig) zwischen

- der psychosomatischen Ebene,
- der Ebene körperlicher Aktion,
- der Ebene der Sinne und ihrer Gestaltungsmöglichkeiten, in der Regel unter der Leitung des Auges,
- schließlich die Ebene sprachlicher Kommunikation.

Mir scheinen diese Ebenen, ausgehend von der Sprache, zunehmend „tiefer", aber auch unspezifischer in die innermenschlichen Zusammenhänge einzugreifen. Das heißt, je weiter in Richtung Sprache die Vorgänge laufen, desto differenzierungsfähiger sind sie, und je näher sie der psychosomatischen Ebene kommen, desto allgemeiner, globaler im Organismus ist ihre Wirkung. Erst Differenzierung einerseits und tiefgehende ganzheitliche Wirkung andererseits zusammen genommen, scheinen dem Subjekt ein Gefühl von Authentizität zu verleihen. Spiel vermag, indem es im Prinzip alle diese Ebenen zum Anklingen bringt, eine umfassende innerpsychische

Kommunikation in Gang zu setzen, die in Richtung eines subjektiven Erlebens geht, das einerseits ganzheitlich ist, andererseits Unterscheidungen und Differenzierungen zugänglich, ohne dabei das Subjekt als eine innere Einheit aus dem Auge zu verlieren. Es spannt aber auch diese weitgefächerten, inneren Kommunikationsmöglichkeiten in einen ebenso weitgefächerten Austausch mit den Gegenständen des Spiels ein: der spielerische Austausch findet auf allen Ebenen statt — ob bewußt oder unbewußt bleibt jeweils zu befragen —, die der Kommunikation jeweils zur Verfügung stehen. Über diesen Austausch mit den „Realitäten" des Spiels ist es dann auch möglich, daß der spielende Mensch die Beziehung dieser verschiedenen Ebenen zueinander gestaltet.

6. Die Bedeutsamkeit der Realität im Spiel für den Selbstentwurf: „Aufrühren des Seelengrundes"

Die Realität, die ins Spiel einfließt, ist nicht nur Möglichkeit, dem Selbstbezug sichtbare Gestalt zu verleihen oder ihn symbolisch zu erkennen zu geben. Sie gleicht zunächst eher einem ins Wasser geworfenen Stein, der die Dynamik der inneren Prozesse in Bewegung bringt. Neue Steine bringen neue Bewegungen hervor. Insofern Leben Bewegung ist, Stillstand Tod, sind solche „Realitätssteine" lebensfördernd und bringen auch das Spiel voran.
Im Laufe meiner Beschreibungen wurde vielleicht deutlich, daß ich mit Realität alle nichtsubjektiven Bildungen bezeichne, Bildungen, die eine vom einzelnen Subjekt unabhängige Existenz führen und daher auf Menschen einwirken können. In diesem Sinne sind zum Beispiel auch Märchen ein Stück — literarische — Realität, die einem Subjekt und seiner inneren Welt gegenübertreten kann. Gerade Märchen und Märchenspiele (SCHÄFER 1983) eignen sich, dieses Aufrühren des Seelengrundes deutlicher zu machen, sind sie doch Gebilde von besonderer literarischer Struktur: ihre Gestalten sind polare Charaktere, die ein differenziertes Seelenleben vermissen lassen. Es geschieht alles in Handlungen, nichts in der Vorstellung, im Denken oder der Reflexion.
LÜTHI (1978) hat das die Eindimensionalität, Flächenhaftigkeit und den abstrakten Stil des Märchens genannt. Aber gerade aus diesen vereinfachten Polarisierungen der Märchengestalten sowie seiner Erzählstruktur ergibt sich der vielfach sehr dynamische Ablauf des Märchengeschehens. Diese Dynamik eignet sich in besonderem Maße, schon im Nacherleben des Lesers oder Hörers, insbesondere aber in der szenischen Aktion des Märchenspielers, über die Identifikation solche Dynamiken im Inneren des Individuums wachzurufen. Dadurch wird dieses aufgerufen, sich mit dieser nun äußeren wie inneren Bewegung auseinanderzusetzen und die dadurch belebten eigenen psychischen Positionen in eine neue, stabilere Verbindung zueinander zu bringen. Gleichzeitig geben Spiele, durch die in ihnen mitgegebenen, mittradierten Lösungsmöglichkeiten, auch Gestaltungsformen an die Hand, emotionale Gleichgewichtsvorstellungen, mit denen diese aufgerührte innere Bewegung aufgegriffen und in eine persönliche

Form gebracht werden kann. Aufrühren und Neugestalten bildet so die innere, dialektische Dynamik des Spiels, die sich an Realitäten entzündet, die ins Spiel eintreten.

Zusammenfassung

Damit bin ich wieder an den Ausgangspunkt meiner Erörterungen zurückgekehrt: Ich hatte Spiel eingebettet in eine Austauschbewegung, die dem Menschen lebensnotwendig zu sein scheint. Die Evolution hat dem Menschen für diesen Austausch ein besonderes Spielfeld zur Verfügung gestellt. Dieses äußere Spielfeld muß von jedem einzelnen Individuum im Laufe seiner ontogenetischen Entwicklung in ein subjektives Spielfeld verwandelt werden, um so einen Bereich zu konstituieren, in welchem innere und äußere Realität miteinander in Verbindung treten können. Spiel und Phantasie erwiesen sich als zentrale Möglichkeit, einen solchen Zwischenraum zu bilden, in dem ein subjektorientierter Austausch zustandekommen kann.

Literatur

Bateson, G.: Ökologie des Geistes, Frankfurt a. M. 1981
Biermann, G. (Hrsg.): Handbuch der Kinderpsychiatrie, Bd. I, München 1969
Bittner, G.: Tarnungen des Ich, Stuttgart 1977
— (Hrsg.): Selbstwerden des Kindes, Fellbach 1981a
— Die imaginären Szenarien, in: Schöpf, A. (Hrsg.): Phantasie als anthropologisches Problem, Würzburg 1981b, 95 — 113
Erikson, E.: Kindheit und Gesellschaft, 3. Aufl. 1968
Flitner, A. (Hrsg.): Das Kinderspiel, 4. Aufl. München 1978
Freud, A.: Einführung in die Technik der Kinderanalyse, 4. Aufl. München 1966
Freud, S.: Traumdeutung, Gesammelte Werke II/III
— Psychopathologie des Alltagslebens, Gesammelte Werke IV
— Der Witz und seine Beziehung zum Unbewußten, Gesammelte Werke VI
— Die Verdrängung, in: Gesammelte Werke X, 245 — 261
Klein, M.: Das Seelenleben des Kleinkindes, Stuttgart 1962
— Die Psychoanalyse des Kindes, München 1973
Kohut, H.: Narzißmus, Frankfurt a. M. 1973
— Die Heilung des Selbst, Frankfurt a. M. 1979
Levi-Strauss, C.: Das wilde Denken, 2. Aufl. Frankfurt a. M. 1977
Lorenz, K.: Die Rückseite des Spiegels, München 1977
Lüthi, M.: Das europäische Volksmärchen, 6. Aufl. München 1978
Pohlen, M. / Wittmann, L.: ‚Die Unterwelt bewegen'. Versuch über Wahrnehmung und Phantasie in der Psychoanalyse, Frankfurt a. M. 1980
Schäfer, G. E.: Heilendes Spiel, in: Kindheit 1 (1978), 239 — 250
— Das Selbst im Spiel, in: Zeitschrift für Pädagogik 26 (1980), 13 — 27
— Lernen und Selbstbezug, in: Kindheit 4 (1982a), 65 — 75
— Annäherung zwischen Phantasie und Realität, in: Psychoanalyse 3 (1982b), 64 bis 94
— Märchenspiele mit Erwachsenen, in: Schäfer, G. E., et al.: Spiel, Phantasie und Selbstgestaltung, unveröffentlichter Forschungsbericht der Projektgruppe „Pädagogisch-psychoanalytische Spielforschung", Institut für Pädagogik I, Universität Würzburg 1983

Winnicott, D. W.: Vom Spiel zur Kreativität, Stuttgart 1973a
— Die therapeutische Arbeit mit Kindern, München 1973b
— Von der Kinderheilkunde zur Psychoanalyse, München 1976
— Piggle, Stutgart 1980

3. Zusammenspiel und Kompetenzentwicklung

Paul Lütkenhaus / Klaus Grossmann

Das Spielen des Menschen — aber auch das von Primaten (vgl. KÖHLER 1973; BRUNER 1974) hat immer wieder die Aufmerksamkeit von Psychologen und Ethologen auf sich gezogen. Die Abgrenzung von nicht-spielerischen Verhaltensweisen ist dabei allerdings nicht ganz leicht. So wird beim Spiel seine Zweckfreiheit, die Freude, die es dem Spielenden macht, und die spontane, handelnde Auseinandersetzung mit einem Stück Quasi-Realität hervorgehoben. Die Erfahrungen, die das Kind im Spiel macht, sollen für seine Entwicklung die Funktion einer Vorübung haben (vgl. zum Beispiel die Überblicke bei GROOS 1899; PIAGET 1975; GARVEY 1978; HECKHAUSEN 1963). Die klassische Einteilung HETZERs (1931) des kindlichen Spiels in Funktionsspiel, Rollenspiel und Konstruktionsspiel hat sich in vielfacher Form bewährt. Spielanregungen werden vom Kind dann wahrgenommen, wenn es ihnen gegenüber keine psychische Verunsicherung empfindet, wenn es sich in einem entspannten Feld befindet (LEWIN 1946). Dies geht über die Erfüllung primärer Bedürfnisse der Selbsterhaltung, wie zum Beispiel Hunger, Schlafbedürfnis, Krankheit etc., hinaus. Ein solcher Rahmen ist die Qualität der Beziehung zu besonderen Bezugspersonen. In ihr sind viele Bedingungen vorhanden, die den psychischen Spielraum ermöglichen und erhalten, in dem das Kind sich, andere, Dinge und Zusammenhänge spielerisch, vielseitig, unerwartet und hingebungsvoll begreifen und erkennen lernen kann.

Bereits das Kennenlernen des neugeborenen Kindes durch die Mutter geschieht spielerisch: Ein leichtes Berühren von Wangen, Händchen und Bauch wird allmählich fortgeführt etwa bis zum gezielten — immer noch spielerischen — Auslösen zum Beispiel des Augenöffnens (K. GROSSMANN 1979), des Anschauens, des Naserümpfens, des Lächelns. Das spielerische Erkunden erlaubt das Kennenlernen auf die erfreulichste aller möglichen Weisen, ohne Leistungsziel. Im Verlaufe der ersten Lebensmonate wird der Anteil des kindlichen Verhaltens an diesen spielerischen Interaktionen immer größer. Etwa vom 3. Lebensmonat an kann man bereits Anfänge gemeinsamen Spiels von Mutter und Kind beobachten: ein gegenseitiges Anlächeln oder ein Versteckspiel von Mutter und Kind. Eingebettet sind diese Spiele in einen rhythmischen Zyklus von wechselseitiger Annäherung und Abwendung. Das Verhalten von Mutter und Kind bei diesen Spielen ist anschaulich von STERN (1979) beschrieben und analysiert worden. Besonders auffällig dabei ist die Übertreibung und Überdehnung der Mimik,

Gestik und der Stimme durch die Mutter. Zum Verhalten des Kindes gehören Blickwendungen, Kopfbewegungen und Mimik sowie Zustandsänderungen zum Beispiel hin zu voller Aufmerksamkeit oder Nachlassen des Interesses. Es wird angenommen, daß bei solchen spielerischen Formen des Miteinanders das Kind Erkennensmuster für das menschliche Gesicht, die menschliche Stimme und die Veränderung und Rhythmik des Verhaltens und seiner Bedeutung ausbildet. Parallel dazu entwickelt sich beim Kind eine Erwartung, ein Schema für den Erhalt, die Permanenz von Objekten und Personen, auch wenn sie zeitweise aus seinem Gesichtsfeld verschwunden sind. Dies ist für die Entwicklung von planendem Handeln die wichtigste Erkenntnisleistung und für Versteckspiele (zum Beispiel Kuckuck-Da-Spiele) ist es eine notwendige Bedingung. Die Kuckuck-Da-Spiele sind nach den Analysen von BRUNER / SHERWOOD (1976) Alltagssituationen, in denen das Kind erste Regel-Strukturen entdecken und lernen kann.

Das Kind macht in diesen spielerischen Interaktionen vielfältige Erfahrungen. BRAZELTON / KOSLOWSKI / MAIN (1974) sehen in den sozialen Erfahrungen die Wurzeln für wechselseitige Austauschprozesse. Beide Interaktionspartner lernen die Signale des anderen und deren kommunikative Bedeutung kennen. Darüber hinaus macht das Kind in diesen Interaktionen aber auch noch Erfahrungen, die sich – unabhängig von der Situation, in der sie gemacht werden – als Kontingenzerfahrungen bezeichnen lassen. Durch die systematischen Reaktionen seiner Umwelt, besonders die seiner Interaktionspartner, lernt das Kind Dynamik und Stabilität von Beziehungen kennen. Es erfährt allmählich Regeln über Zusammenhänge zwischen seinem eigenen Verhalten und Ereignissen in seiner Umwelt. Für das Kind mögen diese Beziehungen zunächst noch recht einfach repräsentiert sein, etwa in der Form nach diesem folgt das. Im Verlaufe der Entwicklung wird das Kind aber immer mehr entdecken, daß es diese Umweltereignisse beeinflussen kann, daß es sie selbst hervorrufen kann. Daraus entwickeln sich Erwartungen und schließlich Hypothesen. Für den Beobachter sind diese Erfahrungen des Kindes zu erschließen aus der Freude und dem Spaß, den das Kind dabei zeigt; er erkennt sie auch an den ständigen Wiederholungen und leichten Abwandlungen, mit denen das Kind bestimmte Wirkungen hervorruft, die vielleicht zunächst zufällig waren, zum Beispiel durch Hin- und Herschlagen ein Geräusch mit einer Rassel zu produzieren. Die hin und her verlaufende Folge von Verhalten – Wirkung – Verhalten – Wirkung usw. veranlaßten BALDWIN, von Zirkulärreaktionen zu sprechen (vgl. PIAGET 1975, 207 ff.). Die Freude der Kinder bei diesen Verhaltens-Wirkungs-Sequenzen – sie lachen, quietschen und bäumen sich dabei vor Lust auf – wurde von Karl BÜHLER treffend als Funktionslust bezeichnet (zit. in: PIAGET 1975, 117). WHITE (1959) sieht in diesen Lustäußerungen die Anfänge der kindlichen Kompetenzmotivation. Die Quelle dieser Motivation ist die Erfahrung des Kindes, daß sein Verhalten Konsequenzen hat, daß es eine Wirkung erzielt, die es hervorbringen kann. Wenn die tatsächliche Wirkung mit der erwarteten übereinstimmt, kommt es zu einem Gefühl der eigenen Wirksamkeit (feeling of efficacy).

Die zwischenmenschliche Beziehung zeichnet sich beim Zusammenspiel besonders aus durch die Gleichzeitigkeit gemeinsamer Freude über eine neue, gemeinsam und spielerisch gemachte Erfahrung. PAPOUSEK / PAPOUSEK (1977) sehen in dieser Freude den Kern eines Fundamental Adaptation Response Systems, in dem solche gemeinsam erlebten Affekte im Dienste des Erwerbs von Erfahrungen und Kompetenzen stehen. Derartige Erfahrungen des Kindes müssen aber nicht grundsätzlich und ausschließlich sozialer Natur sein. WATSON (1972) vertritt die Auffassung, daß für das Kind und seine Entwicklung die allein wichtige Erfahrung dabei die der Kontingenz ist — die Erfahrung der festen Beziehung zwischen Handeln und der damit produzierten Wirkung. Er vertritt die Auffassung, daß Kinder die Interaktion mit Personen nur deshalb so interessant finden, weil Personen kontingent und damit für das Kind vorhersagbar auf sein Verhalten reagieren. Ein extremer Mangel an sozialen Interaktionen kann allerdings, wie die klassischen Untersuchungen von SPITZ (1946) zeigen, zu dramatischen seelischen und auch kognitiven Schädigungen des Kindes führen (vgl. auch SKEELS 1966). Andererseits kann man zum Beispiel die Zirkulärreaktionen des Kindes auch häufig dann beobachten, wenn es sich mit Dingen aus seiner unbelebten Umwelt beschäftigt, zum Beispiel eine Rassel oder auch seine Bettdecke bewegt (vgl. PIAGET 1975, Bd. 1). Im Alltag sind Kontingenzerfahrungen mit Gegenständen und Personen meistens aber vermischt: Im Rahmen der wesentlich lebendigeren Beziehung zur Bezugsperson gewinnen allerdings im Verlaufe der Entwicklung des Kindes immer mehr auch Gegenstände und deren Gesetzmäßigkeiten an Bedeutung.

Beide Interaktionspartner beeinflussen einander wechselseitig, d. h. beide passen ihr Verhalten dem des anderen Interaktionspartners an. Die Erfahrungen des Kindes sind vermutlich von der Abfolge der Ereignisse in der Interaktion beeinflußt. Sie sind das Ergebnis des Verhaltens beider Interaktionspartner und lassen sich nicht aus dem Verhalten eines der beiden allein vorhersagen. Damit stellt sich die Aufgabe, Invarianzen, Strukturmerkmale, eine bei aller Dynamik wahrnehmbare Stabilität des Miteinanders (HINDE 1979) in solchen Interaktionssequenzen aufzuspüren.

Im Verlaufe der Entwicklung des Kindes wird sein Beitrag in der spielerischen Interaktion vielfältiger, werden die in Interaktionen zu beobachtenden Spiele komplexer. Ein schönes Beispiel für die enge Verwobenheit von Spiel, Lernen und der Entwicklung kognitiver Funktionen sind die von BRUNER (1977) beschriebenen Zeigen-und-Benennen-Spiele. Er beobachtete Mutter-Kind-Paare in ihren alltäglichen spielerischen Interaktionen vom 3. bis zum 24. Lebensmonat des Kindes und analysierte die vorsprachliche Kommunikation des Kindes in diesen Interaktionen. Dabei fand er folgenden Entwicklungsverlauf: Das Kind greift nach einem Gegenstand. Obwohl es die Mutter dabei nicht anschaut, deutet sie das Verhalten des Kindes als Mitteilung (also als Kommunikation) darüber, daß es den Gegenstand ergreifen will. Sie übersetzt ihre Deutung in Verhalten und hilft dem Kind beim Ergreifen des Gegenstandes. Damit teilt sie dem Kind mit (auch wenn es das noch nicht versteht), daß sie die Mitteilung (die zunächst wahrscheinlich gar nicht als solche intendiert war) verstanden hat, billigt und unterstützt. Allmählich beginnt sich nun beim Kind ein Verständnis für derartige kommunikative Akte zu entwickeln. Im weiteren Verlauf der Entwicklung greift es nun manchmal schon nicht mehr nach dem Gegenstand, wenn es ihn erreichen kann. Stattdessen streckt es nur noch den Arm in die Richtung des Gegenstandes aus und schaut zwischen ihm und der Mutter hin und her. Das ursprüngliche Greifen nach dem Gegenstand ist jetzt abgelöst durch das Ausstrecken des Armes. Die Mutter wird angeschaut um zu zeigen, an wen die Mitteilung gerichtet ist und/oder um zu prüfen, ob sie auch als solche verstanden wird. Ihr Inhalt, ‚das da möchte ich haben' hat sich in der bislang beschriebenen Entwicklung nicht verändert. Das Kind kann jetzt zwischen Mittel und Ziel einer Handlung unterscheiden. Die ‚Mitteilung' an die Mutter ist ein Mittel, ein Werkzeug zur Erreichung des Zieles, nämlich den Gegenstand zu ergreifen (BATES 1976). Im weiteren Verlauf der Entwicklung ändert sich nun der Inhalt der Mitteilung des Kindes. Es streckt nun den Arm nicht mehr nur aus um den Gegenstand in Besitz zu nehmen, es ergreift ihn nun nicht mehr, wenn ihn die Mutter überreicht; die Mutter deutet nun das Zeigen des Kindes als Interesse an dem Gegenstand. Sie spricht nun zum Kind darüber und benennt ihn. Auch das Kind äußert jetzt Laute beim Zeigen auf Gegenstände und schaut dabei die Mutter an. Die Mutter deutet diese Laute als Benennung.

Welche Invarianzen, welche Strukturmerkmale weisen nun solche Interaktionen auf? Nahezu jede Verhaltensäußerung des Kindes wird von der Mutter als absichtsvolles Handeln und auch als Mitteilung an sie interpretiert. Diese Interpretation des kindlichen Handelns als bedeutungsvolle Mitteilung durch die Mutter, und ihre entsprechende Antwort darauf, kann aber für das Kind eine wichtige Quelle, vielleicht sogar eine notwendige Voraussetzung für neue Lernerfahrungen sein. Weiterhin verschärft die Mutter bei den späteren Benennungen von Gegenständen durch ihr Kind fortlaufend, aber wohldosiert nach dem, was das Kind schon kennt, ihre Ansprüche für diese Benennungen. Eine solche Strukturierung der Interaktion und des gemeinsamen Spiels durch die Mutter wird von WOOD / BRUNER / ROSS (1976) mit dem Bau eines Gerüstes verglichen (scaffolding). Der Inhalt des Spiels oder der Interaktion – zum Beispiel das Benennen von Gegenständen – bleibt relativ konstant. Was sich verändert sind die Anteile, die dabei von Mutter und Kind übernommen werden. Alle diejenigen Elemente, die den Entwicklungsstand des Kindes überschreiten, werden von der Mutter übernommen. Damit hat das Kind die Möglichkeit, sich auf diejenigen zu konzentrieren, die es so gerade eben noch bewältigt. Weiterhin hilft die Mutter dem Kind, seine Aufmerksamkeit relativ lange aufrechtzuerhalten. Als Folge davon lassen sich beim Kind in solchen spielerischen Interaktionen mit seiner Mutter Kompetenzen beobachten, die weit über das hinausgehen, wozu es ohne Unterstützung durch die Mutter, ohne das ‚Gerüst', das sie für ihr Kind baut, in der Lage wäre (WOOD / BRUNER / ROSS 1976, 90).

Beobachtungen dieser Art haben uns veranlaßt, die Interaktionen von 43 dreijährigen Kindern mit ihren Müttern bei einem Lottospiel zu analysieren (LÜTKENHAUS 1981; LÜTKENHAUS 1982; LÜTKENHAUS / BRÜCKNER 1982). Wir wollten herausfinden, von welchen Bedingungen es innerhalb der Interaktion zwischen Mutter und Kind abhängt, daß einige Kinder sich mit sehr viel Freude mit den Problemen des Spiels beschäftigen, während andere nur sehr wenig Freude an dem Spiel zeigten und manche nach einiger Zeit sogar versuchten, das Spiel und die Interaktion abzubrechen. Wir wählten ein Lottospiel aus, weil derartige Spiele in unserer Kultur sehr weit verbreitet sind. Bei dem Spiel befanden sich auf einer Spieltafel geometrische Figuren, die sich in ihrer Farbe und Form voneinander unterschieden. Aus einem Päckchen von Karten waren diese auf die Spieltafel zu legen.

Ein unmittelbarer Ausdruck der Freude der Kinder an dem Spiel und ihrer Zufriedenheit mit der Art und Weise, wie sie die Zuordnungsprobleme meisterten, waren die positiven Bewertungen ihres Verhaltens, die die Kinder bei richtigen Zuordnungen vornahmen. Beispiele dafür sind ‚ich kann das schon', ‚immer suche ich das richtige heraus'. Am größten war die Begeisterung bei denjenigen Kindern, die dabei zusätzlich noch lächelten. Die Freude am Spiel, die Häufigkeit dieser Selbstbewertungen veränderten sich bei den meisten Kindern während des Spiels. Aufschlußreiche Zusammenhänge ergaben sich, wenn wir Kinder, deren positive Selbstbewertungen im Verlaufe des Spiels zunahmen und die dabei noch lächelten, mit den übrigen Kindern verglichen.

Die Ergebnisse dieser Vergleiche bestätigten, daß die Zunahme der positiven Selbstbewertungen einhergeht mit der Freude des Kindes am Spiel. Die Kinder, bei denen dies der Fall war, lächelten häufiger als Ausdruck ihrer Freude am Spiel, und zwar sowohl allein als auch gemeinsam mit ihrer Mutter. Manchmal rissen sie sogar die Arme hoch, wenn sie beim Spiel eine Karte richtig auflegten. Bei den Kindern, die keine Freude am Spiel hatten, nahmen im Verlaufe der Interaktion die negativen Selbstbewertungen, zum Beispiel ‚ich kann das alles nicht', ‚ich finde die nicht', zu.

Die Struktur des Interaktionsgeschehens war in den beiden Gruppen vergleichbar, dagegen nicht die Schwerpunkte, die innerhalb der Interaktion gesetzt wurden. Bei der Struktur des Interaktionsgeschehens handelte es sich darum, daß in allen Interaktionen die aufgabenbezogene Auseinandersetzung des Kindes mit dem Lottospiel im Mittelpunkt stand. Über Gelingen oder Mißlingen seiner Zuordnungen entschied die Mutter fortlaufend durch die Bewertung ‚richtig' oder ‚falsch'. Das Kind bewertete sein Handeln und seine Tüchtigkeit entsprechend; bei gelungenen Zuordnungen positiv, zusätzlich mit Anzeichen von Freude und Stolz, bei mißlungenen Zuordnungen negativ, mit Anzeichen von Verlegenheit.

In den Interaktionen, in denen die Kinder Freude am Spiel hatten, lag der Schwerpunkt des Beitrages ihrer Mutter in der Unterstützung und Bestätigung der Aktivitäten des Kindes. Sie halfen ihren Kindern mehr, besonders durch die Verringerung von möglichen Fehlerquellen (vgl. Abb. 1). Die

a)

b)

c)

d)

e)

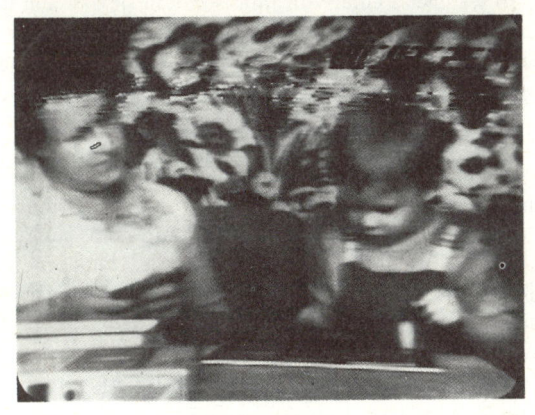

Abbildung 1: Die Fotos geben eine Verhaltenssequenz von 6.5 Sekunden Dauer wieder, in der das Kind zu der Karte, die es in der Hand hält, das passende Feld nicht findet.
a) Es schaut auf die Tafel und steckt ein wenig verlegen oder voller Anspannung den Rand der Karte in den Mund. Zeit: 2 Min. 194, Sek.
b) Die Mutter sagt: „Da mußt Du hier unten mal irgendwo gucken." Dabei bewegt sie ihre Hand über den unteren Teil der Tafel hin und her. Zeit: 2 Min. 23,6 Sek.
c) Dabei zeigt sie 1/10 Sekunde später auf das richtige Feld der Tafel. Zeit: 2 Min. 23,7 Sek.
d) Bereits 2/10 Sekunden später nimmt die Mutter wieder ihre Hand von der Tafel. Zeit: 2 Min. 23,9 Sek.
e) Das Kind „findet" jetzt das passende Feld zu der Karte, die es in der Hand hält, und legt sie auf die Tafel. Zeit: 2 Min. 25,9 Sek.
(aus: LÜTKENHAUS 1981).

Mütter verhinderten auch unmittelbar Fehler, nahmen dabei aber nicht etwa dem Kind die Aufgabe aus der Hand. Darüber hinaus machten sie weniger Aufhebens von Fehlern ihrer Kinder und auch weniger schnippische Bemerkungen darüber. Sie unterstützten also, was das Kind bereits beherrschte, also seine richtigen Zuordnungen, sie betonten dagegen nicht seine Fehler. Die vielfältigen Formen ihrer Hilfen weisen darauf hin, daß die Mütter ihre Anforderungen der Auseinandersetzung ihres Kindes mit dem Lottospiel anpaßten: Sie gestalteten eine für das Erleben des Kindes annehmbare Sequenz von Erfolgen und Mißerfolgen, in der die Erfolge überwogen und die Mißerfolge nicht gehäuft auftraten. Auf diese Weise förderten sie die Spielbegeisterung des Kindes.

Die Mütter der Kinder, die im Gegensatz zu den spielbegeisterten die Freude allmählich verloren, taten folgendes: Sie betonten die falschen Zuordnungen ihres Kindes, seine Mißerfolge. Sie halfen ihrem Kind nicht nur seltener und verhinderten so weniger Fehler von ihm, sondern sie nahmen ihm auch häufig die Lösung der Aufgabe aus der Hand. Sie machten häufiger schnippische Bemerkungen über die Auseinandersetzung ihres Kindes mit den Zuordnungsproblemen und griffen häufiger auch körperlich ein. Darüber hinaus machten sie viel mehr Aufhebens von den Fehlern des Kindes und bemängelten sie auch länger.

Die in den beiden Gruppen verschiedenen Schwerpunkte des mütterlichen Beitrages zur Interaktion lassen sich nicht losgelöst vom dynamischen Charakter der Interaktion betrachten. Die Verhaltensweisen jeder Mutter sind auf das Verhalten ihres besonderen Kindes bezogen und nicht unabhängig davon. Das heißt sie sind sowohl ‚Ursache' für das Verhalten des Kindes als auch eine Folge davon, eine Reaktion darauf. Betrachten wir, um diesen Gesichtspunkt zu verdeutlichen, einige Verhaltensunterschiede zwischen den Kindern, die sich zunehmend freuen, und denen, die die Freude allmählich verlieren.

Die Kinder, die Freude am Spiel hatten, beschäftigen sich aktiver mit dem Spiel, ignorierten seltener die Hilfen der Mutter, nahmen mehr richtige und weniger falsche Zuordnungen vor, die falschen Zuordnungen auch weniger gehäuft als die Kinder, die keine Freude am Spiel hatten. Darüber hinaus erhöhten die spielbegeisterten Kinder manchmal sogar noch ihren Anspruch an eine richtige Zuordnung: sie versuchten zunehmend häufiger, die Karten nicht nur richtig, sondern auch noch deckungsgleich aufzulegen. Dies kann eine ‚Folge' der Schwerpunktsetzung durch die Mutter sein, aber auch Ursache dafür. So ist es zum Beispiel für eine Mutter, deren Kind einen Teil ihrer Hilfen ignoriert, möglicherweise schwieriger, ihm weiter Hilfen anzubieten, als für eine, deren Hilfen freudig angenommen werden.

Bedingt durch diese gegenseitige Abhängigkeit des Verhaltens von Mutter und Kind, läßt sich die Frage, wer von den beiden den größeren Einfluß auf den Verlauf der Interaktion und die Erfahrungen, die das Kind in ihr über sich macht, nicht eindeutig beantworten. Dazu bedarf es Längsschnittuntersuchungen. Gewisse Voraussetzungen bringen sowohl Mutter als auch Kind mit in die Interaktion ein. In ihrem Verlauf findet zwischen ihnen jedoch eine wechselseitige Beeinflussung statt, so daß er nicht mehr allein vom Verhalten eines der beiden Partner vorhersagbar ist. Die in den beiden oben dargestellten Gruppen unterschiedlichen Spielverläufe mögen durch eine positive Rückkoppelung zwischen kindlichem und mütterlichem Verhalten zustandekommen. Die Hilfen der Mutter haben zum Beispiel Einfluß auf die richtigen und falschen Zuordnungen des Kindes, die wiederum Einfluß haben mögen auf schnippische Bemerkungen von ihr, die dazu führen mögen, daß das Kind versucht, vor dem Problem auszuweichen, was die Mutter vielleicht dazu veranlaßt, körperlich einzugreifen usw. usw. Es gibt keine eigentliche Ursache für einen bestimmten Interaktionsverlauf, sondern er ist die Folge des Zusammenwirkens der genannten Verhaltensweisen. Der Interaktionsverlauf entscheidet über die Kumulation von Erfolgs- und Mißerfolgserfahrungen, die das Kind beim Spiel macht. Im Einzelfall, etwa bei häufig auftretenden Störungen im Miteinander, zum Beispiel wenn jede Interaktion zwischen Mutter und Kind im Streit endet, wäre allerdings eine Suche nach den Ursachen eine notwendige Voraussetzung für eine therapeutische Hilfe (vgl. INNERHOFER / SAALE / SEUS-SEBERICH / WARNKE 1978).

Über die langfristigen Konsequenzen solcher Erfahrungen für das Kind kann man bislang nur Vermutungen äußern. Im Verlaufe seiner Entwicklung macht ein Kind Erfahrungen nicht nur im Zusammenspiel mit seiner Mutter, sondern auch im Spiel mit dem Vater, seinen Geschwistern, Spielkameraden usw. Angesichts dieser Vielzahl möglicher Erfahrungen ist nicht anzunehmen, daß davon ausschließlich die, die es in der Interaktion mit seiner Mutter macht, seine Entwicklung beeinflussen. Andererseits ist bei einer Häufung solcher Erfahrungen durchaus anzunehmen, daß sie Einfluß haben auf die Entwicklung seines Selbstvertrauens, seiner Selbstzuversicht im Umgang mit Aufgaben, die Anstrengung, Konzentration und die Bewältigung von Mißerfolgen und Versagungen erfordern. Situationen, in denen so etwas vom Kind gefordert wird, werden mit zunehmendem Alter immer häufiger. Ein alltägliches Beispiel ist die Hausaufgabenanfertigung für die Schule und ihre Beaufsichtigung durch die Mutter. Eine solche Situation wurde von TRUDEWIND / HUSAREK (1979) analysiert und zur Leistungsmotiventwicklung des Kindes im ersten Schuljahr in Beziehung gesetzt.

TRUDEWIND / HUSAREK (1979) konzentrieren sich auf ‚Merkmalskomplexe' des mütterlichen Verhaltens, die mit einer Veränderung des Leistungsmotivs beim Kind in Beziehung stehen können. Diese betrafen ihre Gütemaßstäbe, in welchem Maße sie ihrem Kind Selbständigkeit gewährten oder Anforderungen stellten, welche Ursachen sie den Leistungen ihrer Kinder zuschrieben und welche Sanktionen, Anreize und Bewertungen der kindlichen Leistungen sie vornahmen.

Die Beobachtungen ergaben folgendes: Mütter, deren Kinder im Verlaufe des ersten Schuljahres erfolgszuversichtlicher geworden waren, respektierten die Entscheidungen ihres Kindes bei der Anfertigung der Hausaufgaben und orientierten sich weniger an ihren eigenen Vorstellungen darüber, wie sie zu bearbeiten waren. Sie reagierten auf das erfolgreiche Bearbeiten der Hausaufgaben mit Anteilnahme, Lob und auch Begeisterung. Mütter, deren Kinder im Verlaufe des ersten Schuljahres mißerfolgsängstlicher geworden waren, respektierten dagegen nur selten die kindlichen Entscheidungen und orientierten sich an ihren eigenen Vorstellungen darüber, wie die Aufgaben zu erledigen wären. Auf das Gelingen einer Aufgabe reagierten sie neutral, drückten dagegen bei Fehlern häufig deutlich ihre Mißbilligung aus, die manchmal bis zur körperlichen Bestrafung des Kindes ging.

Auch hier zeigen sich deutlich unterschiedliche Schwerpunkte in den Interaktionen. In einem Fall steht die Bestätigung und Unterstützung der Aktivitäten des Kindes und der emotiomalen Anteilnahme am Gelingen der Aufgabe im Vordergrund. Im anderen Fall liegt der Schwerpunkt bei dem, was das Kind noch nicht leisten kann, bei der Korrektur seiner Aktivitäten (vielleicht aus falsch verstandenen ‚didaktischen Gründen?); seine Erfolge werden hingegen als selbstverständlich betrachtet.

Weitreichende Schlußfolgerungen können aus den Analysen von TRUDEWIND / HUSAREK (1979) aus mehreren Gründen noch nicht gezogen werden. Bei den beobachteten Mutter-Kind-Paaren handelt es sich um sorgfältig ausgewählte Extremgruppen. Ob die gefundenen mütterlichen Verhaltensunterschiede von allgemeinerer Bedeutung sind, ist noch nicht bekannt. Außerdem ist das Verhalten der Kinder nicht untersucht worden, sondern es war nur bekannt, daß ihre Leistungsmotivation im Laufe des ersten Schuljahres zu- bzw. abgenommen hatte. Es könnte deshalb der falsche Eindruck entstehen, daß es sich bei den gefundenen Verhaltensunterschieden um stabile mütterliche Verhaltensdispositionen handelt. Die berichtete Untersuchung zum Lottospiel macht aber deutlich, daß das mütterliche Verhalten in Mutter-Kind-Interaktionen ebenso Reaktion auf das kindliche Verhalten sein kann wie umgekehrt.

Zusammenfassend ist festzuhalten, daß das Kind in spielerischen, sozialen Interaktionen in den ersten Lebensjahren überwiegend mit seinen Eltern und Geschwistern eine große Anzahl an Kompetenzen zeigt, die zum Teil weit über das hinausgehen, wozu es ohne diese Unterstützung in der Lage wäre. Dies kann zu Lernprozessen und Erfahrungsbildungen führen, die je nach Bedeutung und Umfang Einfluß haben auf die weitere Entwicklung des Kindes. Bei der Analyse solcher Interaktionen kann man nicht mehr von eindimensionalen Ursache-Wirkungs-Zusammenhängen ausgehen. Man muß die Interaktion stattdessen als ein offenes System auffassen, in dem Veränderungen durch wechselseitige Beeinflussung zustandekommen (GROSSMANN / GROSSMANN 1979, 1981). Die Art des Zusammenspiels zwischen den beiden Interaktionspartnern, etwa der reibungslose und für beide Interaktionspartner befriedigende Verlauf der Interaktion, ist eine Eigenschaft solcher dyadischen Systeme. Eine günstige Bedingung für das Gelingen dieses Zusammenspiels scheint die Bereitschaft der beiden Interaktionspartner zu sein, im Einverständnis miteinander zu interagieren und alle Zweifelsfälle zugunsten des anderen auszulegen. Solange kein Einverständnis zwischen ihnen herrscht, sind sie überwiegend damit beschäftigt, sich über das, was sie gemeinsam tun wollen, zu verständigen, und sind nicht in der Lage, gemeinsam zu handeln.

Literatur

Bates, E.: Language and context: The acquisition of pragmatics, New York 1976
Brazelton, T. B. / Koslowski, B. / Main, M.: The origins of reciprocity: The early mother-infant interaction, in: Lewis, M. / Rosenblum, L. A. (Hrsg.): The effect of the infant on its caregiver, New York 1974, 49 – 76
Bruner, J.: Nature and uses of immaturity, in: Conolly, K. / Bruner, J. (Hrsg.): The growth of competence, London 1974, 11 – 48
– Wie das Kind lernt, sich sprachlich zu verständigen, in: Zeitschrift für Pädagogik 23 (1977), 829 – 845
Bruner, J. / Sherwood, U.: Peekaboo and the learning of rule structures, in: Bruner, J. / Jolly, A. / Sylva, K. (Hrsg.): Play: Its role in development and evolution, Harmondsworth 1976
Garvey, C.: Spielen, Stuttgart 1978
Groos, K.: Die Spiele der Menschen, Jena 1899
Grossmann, K.: Die Wirkung des Augenöffnens von Neugeborenen auf das Verhalten ihrer Mutter, in: Geburtshilfe und Frauenheilkunde 38 (1978), 629 – 635
Grossmann, K. E. / Grossmann, K.: Mutter und Kind: Auf das Zusammenspiel kommt es an, in: Psychologie Heute 6 (9) (1979), 72 – 74
– The mother-child relationship, in: The German Journal of Psychology 6 (1981), 237 – 252
Heckhausen, H.: Entwurf einer Psychologie des Spielens, in: Psychologische Forschung 27 (1964), 225 – 249
Hetzer, H.: Kind und Schaffen: Experimente über konstruktive Betätigungen im Kleinkindalter, Wien 1931
Hinde, R. A.: Towards understanding relationships, London 1979
Innerhofer, P. / Haisch, W. / Saale, E. / Seus-Seberich, E. / Warnke, A.: Hausaufgabenprobleme – acht Fallstudien, in: Zeitschrift für Klinische Psychologie 7 (1978), 256 – 294
Köhler, W.: Intelligenzprüfungen an Menschenaffen, Berlin (Neudruck 1973)
Lewin, K.: Behavior and development as a function of the total situation, in: Carmichael, L. (Hrsg.): Manual of child psychology, New York 1946, 791 – 844
Lütkenhaus, P.: Das Zusammenspiel zwischen 3jährigen Kindern und ihren Müttern bei einem Lottospiel: Eine Analyse auf der Grundlage von Beobachtungen in einer Alltagssituation (Dissertation), Universität Regensburg 1981
– Pleasure Derived from Mastery in Three-Year Olds: Its Function for Persistence and the Influence of Maternal Behavior, Regensburg 1982
Lütkenhaus, P. / Brückner, M.: Mutter-Kind-Interaktionen bei einem Lottospiel: Anfänge der Leistungsmotivation in einer Alltagssituation, in: Oerter, R. (Hrsg.): Bericht über die 5. Tagung Entwicklungspsychologie (Augsburg, 21. – 23. 9. 1981), Augsburg 1982, 223 - 225
Papousek, H. / Papousek, M.: Mothering and the cognitive headstart: psychological considerations, in: Schaffer, H. R. (Hrsg.): Studies in mother-infant interaction, The Loch Lomond Symposium, London 1977, 63 – 85
Piaget, J.: Das Erwachen der Intelligenz beim Kinde, Gesammelte Werke, Bd. 1, Stuttgart 1975
– Nachahmung, Spiel und Traum, Gesammelte Werke, Bd. 5, Stuttgart 1975
Skeels, H. M.: Adult status of children with contrasting early life experiences, in: Monographs of the Society for Research in Child Development 31 (1966), No. 105
Spitz, R. A.: Hospitalism: a follow-up report, in: Psychoanalytic Study of the Child 2 (1946), 113 – 117
Stern, D.: Mutter und Kind. Die erste Beziehung, Stuttgart 1979
Trudewind, C. / Husarek, B.: Mutter-Kind-Interaktion bei der Hausaufgabenanfertigung und die Leistungsmotiventwicklung im Grundschulalter, in: Walter, H. / Oerter, R. (Hrsg.): Ökologie und Entwicklung, Donauwörth 1979, 229 – 243

Watson, J.: Smiling, cooing and ‚The Game', in: Mettill-Palmer Quarterly 18 (1972), 323 – 339
White, R. W.: Motivation reconsidered: The concept of competence, in: Psychological Review 66 (1959), 297 – 333
Wood, D. / Bruner, J. S. / Ross, G.: The role of tutoring in problem solving, in: Journal of Child Psychology and Psychiatry 17 (1976), 89 – 100

4. Zur entwicklungspsychologischen Bedeutung des Spiels

Lotte Schenk-Danzinger

I. Die Universalität des Spiels als Vermittler elementarer Lernprozesse

Wenn wir ausgehen von einer Definition der *Entwicklung als einen vom Reifungsgeschehen gesteuerten Lernprozeß* und uns gleichzeitig vergegenwärtigen, in welchem Ausmaß das Leben des Kindes vom Spiel beherrscht wird, erhebt sich zwangsläufig die Frage nach der Bedeutung des Spiels für alle jene Lernprozesse, die das Kind befähigen, seine Umwelt in zunehmendem Maße zu begreifen, sie zu bewältigen, sich in sie einzuordnen, seine Kräfte zu entfalten und den Anforderungen zu genügen, die die jeweilige Kultur ihm stellt. Wir müssen die Frage nach drei Seiten zu beantworten suchen:

- Gibt es Interaktionen zwischen der neurophysiologischen Reifung und den spielerischen Aktivitäten des Kindes?
- Gibt es Interaktionen zwischen bestimmten Spielformen und den Verhaltensmodellen, die die Umwelt anbietet?
- Welche Lernprozesse im kognitiven, motorischen, sozialen und emotionalen Bereich sowie im Bereich der zunehmenden Umweltbewältigung können verschiedene Formen des Spiels auf verschiedenen Strukturstufen der kindlichen Entwicklung fördern?

1. PIAGETs Theorie von der geistigen Entwicklung des Kindes

Eine gute Ausgangsbasis für das Verständnis der Rolle des Spiels in der Entwicklung bietet die Theorie von PIAGET (PETTER 1966). Nach dieser vollzieht sich die geistige Entwicklung des Kindes in einer ständigen Wechselwirkung von *Assimilation* und *Akkomodation*.

Unter *Assimilation* versteht PIAGET die Tendenz des Kindes, Gegebenheiten der Umwelt an die bestehende innere Organisation (Strukturstufe) anzupassen oder, anders ausgedrückt, die „subjektive Verwertung" oder „Interpretation" der Umwelt im Sinne der im Verlauf der neurophysiologischen Reifung gerade erreichten Strukturstufe.

Unter *Akkommodation* versteht er die Anpassung des Kindes an die objektiven Gegebenheiten der Umwelt und das Lernen an ihnen, erkennbar an Verhaltensänderungen, die durch Beachtung dieser Gegebenheiten zustandekommen. Wir werden sehen, daß bestimmte Formen des Spiels primär als Assimilation, andere primär als Akkommodation verstanden werden müssen.

2. Spiele entsprechen fundamentalen Entwicklungsbedürfnissen

Ein allgemein anerkanntes Merkmal des Spiels ist seine *Zweckfreiheit*, die es ja von jenen Verhaltensweisen unterscheidet, die man als Arbeit bezeichnet. Diese „Zweckfreiheit" ist jedoch nur eine scheinbare. Von der Entwicklung des Kindes her gesehen ist jede Form des Spiels ein Lernvorgang. Im Unterschied zum schulischen Lernen und vom Lernen anhand von Lernspielen ist das „freie Spiel" ein akzidentieller, ein unsystematischer, ein *unbewußter Lernvorgang*, determiniert einerseits von den *Bedürfnissen des reifenden Organismus, andererseits von den Angeboten der Umwelt und von den Aufgaben, die diese stellt* – für die Entwicklung von ebenso großer Bedeutung wie das spätere organisierte Lernen der Schuljahre und dessen wichtigste Voraussetzung.

Wenn man alte Spielsachen betrachtet, etwa im berühmten Spielzeugmuseum in Edinburgh, erkennt man die bei Kindern aller Zeiten und aller Völker gleichen, von der neurophysiologischen Reifung der Bewegung, des Intellekts und der Emotionalität diktierten Spielformen. Rassel, Ball, Kreisel, Reifen, Ziehtier, Spieltier, Puppe, Schaukelpferd und Wägelchen gibt es unter den archäologischen Funden und Überlieferungen der Völker aller Zeiten, und es gibt sie in der ganzen Welt.

„Vermutlich entspringt diese Art Spielzeug sehr tief liegenden kindlichen Bedürfnissen, die vom Unterschied der Rassen und vom Zeitgeist nicht berührt werden" (A. FRAZER 1966, 16).

Dabei ist auffallend, daß diese „fundamentalen" Spiele der frühen Kindheit eine größere Verbreitung haben, sowohl im Längsschnitt durch die Jahrtausende als auch im Querschnitt über die Länder der Welt, als die Spiele der älteren Kinder, die mehr von der Umgebung abhängen – etwa die Ritterfiguren des Mittelalters oder die Spielzeugguillotine der französischen Revolution (die sich angeblich sogar GOETHE für seinen Sohn gewünscht hatte). Je jünger das Kind, desto stärker wird sein Verhalten vom Reifungsgeschehen bestimmt – je älter es wird, desto mehr von seiner Umwelt. Daher die Zeit und Raum umfassende Verbreitung der „fundamentalen" Spiele. Manche der Spielobjekte hatten im übrigen *auch* kultische Bedeutung. Die Rassel zum Beispiel sollte böse Geister vertreiben, ähnlich wie heute noch unsere Osterknarren.

II. Die Spiele des Kleinkindalters

Beschäftigen wir uns vorerst mit den drei Formen des Spiels, die das Kleinkindalter beherrschen. Es sind dies:

Funktions- und Explorationsspiele
Konstruktive Spiele, die sich aus den ersteren entwickeln können, und
Rollen- oder Illusionsspiele.

1. Funktions- und Explorationsspiele

a) Das materialunspezifische Funktionsspiel

Als Funktionsspiele bezeichnet man alle jene Spiele, die das Kind aus Freude an der Bewegung und an den zufällig bewirkten Veränderungen vollführt. Schon im 1. Lebensjahr lösen Funktionsspiele mit dem eigenen Körper die ungesteuerten, ruckartigen Zappelbewegungen des frühen Säuglingsalters ab. Vorerst auf Finger und Hände beschränkt, erstrecken sie sich bald auf den ganzen Körper des Kindes und verhelfen jeder neuen, als *Folge der neuromuskulären Reifung möglich gewordenen Bewegungsform* durch *spielerische Übung und der dadurch erworbenen Bewegungspräzision zur vollen Entfaltung*. Da die Bewegungen des Körpers jedoch nicht „blind" erfolgen, sondern unter Beachtung und in Zusammenwirken mit den Sinnesorganen, dem Auge und dem Ohr — denken wir an das Lallen als sensomotorische Koordination —, haben wir es hier schon in gewisser Hinsicht mit explorativem Verhalten zu tun — mit einem Erproben, was man mit dem eigenen Körper tun kann. Eine besondere Bedeutung kommt dabei den „Fingerspielen" zu. Sie gehören zu den ersten gesteuerten Bewegungen. Etwa im 4. Monat kann man beobachten, daß das Kind seine Fingerchen mit den Augen verfolgt. Wir finden hier die ersten Ansätze der sensomotorischen Koordination, den Anfang allen Handelns überhaupt.

Aus diesen Experimentierbewegungen entwickelt sich das Greifen. Dabei spielt die ‚ewige' Klapper eine besondere Rolle, denn ihre Form kommt nicht nur den Greifbewegungen entgegen, sie vermittelt auch akustische und optische Erfahrungen. Das Kind führt allerdings mit einer Uhr, einem Kamm oder einem Baustein die gleichen Bewegungen aus wie mit einer Klapper. Hier haben wir ein gutes Beispiel von *Assimilation*: die Realität (das Material) wird den Bedürfnissen des Organismus untergeordnet. Geformt wird nicht — wie später — das Material, geformt wird die Bewegung. Das Kind kann sich vorerst noch nicht an den Objekten orientieren, die ihm in die Hände fallen, sondern muß jene Bewegungen mit ihnen ausführen, die die neuromuskuläre Reifung gerade möglich macht und die jeweils ‚geübt' werden müssen: in den Mund stecken, betasten, ergreifen, klopfen, schütteln, mit einem Ding auf ein anderes schlagen, werfen, fallen lassen. Aber während es im ersten Lebensjahr primär seine *Bewegungen ausformt*, macht es mit Dingen, die ihm zuerst angeboten werden und deren es sich auch bald selbst bemächtigt, erste sensomotorische Erfahrungen in bezug auf Gestalten, Größen, Farben, Schwere, Geräusche, Oberflächencharakter der Objekte — genügend Erfahrungen jedenfalls, um am Ende des ersten Lebensjahres erste sensomotorische Intelligenzleistungen zu vollbringen.

Im ersten Lebensjahr fließen Explorieren und Funktionsübung zusammen. Ab dem 2. Lebensjahr *verschiebt sich der Akzent von der Bewegung zur Beobachtung des Objektes*. Das Kind richtet nun seine Neugierde auf die Gegenstände, sucht sie durch Begreifen zu ‚begreifen', hantiert mit ihnen, will herausbekommen, wie sie sind und was man mit ihnen anfangen kann. Im ganzen gesehen überwiegt jedoch im 1. und 2. Lebensjahr, während der

Ausformung aller Grundbewegungen, die ja erst mit der vollen Beherrschung des Gehens und Laufens abgeschlossen ist, das *materialunspezifische Funktionsspiel* mit seinen *motorischen Übungseffekten*.

b) Funktionsspiele zur Einübung der Körperbeherrschung

Nachdem meist zu Beginn des 2. Lebensjahres das Laufen erlernt wurde, dauert es noch eine Weile, bis man ‚fest auf den Beinen steht'. Auch hier dienen funktionale Spiele, vom Kind in zahllosen Wiederholungen aus Freude an der Bewegung ausgeführt, der Ausformung und Perfektionierung der Bewegungsabläufe.

Das Kind versucht, beim Gehen etwas zu tragen oder etwas zu ziehen, es übt das Bücken und Aufheben von Dingen ohne hinzufallen, es stößt einen Ball mit dem Fuß, es versucht immer wieder, Treppen zu ersteigen. Die ‚fundamentalen' Spieldinge: Ball, Ziehtier, Wägelchen werden hier einbezogen.

Die Bewegungsspiele erhalten ihren rein funktionalen Charakter am längsten. Sie sind noch im 7. und 8. Lebensjahr frei von Leistungsstreben und Aufgabenstellung. In Spielen, die ausschließlich von dem noch sehr großen Bewegungsbedürfnis geleitet werden, betätigt sich das Kind mit Ball, Dreirad, Triton, Reifen und fahrbarem Spielzeug. Kinder einer 1. oder 2. Schulstufe, die man ‚zum Aufwärmen' im Turnsaal sich frei bewegen läßt, kriechen, laufen durcheinander, klettern, springen, schlagen Purzelbäume, drehen sich im Kreis.

2. Das materialspezifische funktionale Spiel

Im 2. Lebensjahr verschiebt sich der Akzent vom materialunspezifischen funktionalen Spiel zum *Explorationsspiel*, das wir auch *materialspezifisches funktionales Spiel* nennen können. Nun werden die Dinge betrachtet, angegriffen, auseinandergenommen, geöffnet und geschlossen, geknittert und zerrissen, kurz auf ihre *materialspezifischen Möglichkeiten* hin exploriert, auf ihre Eigenschaften untersucht – ein *wichtiges Beispiel von Akkommodation*.

Während beim materialunspezifischen Funktionsspiel vor allem *motorische Übungseffekte* wirksam werden, kommen beim Explorationsspiel *Informationseffekte* zum Tragen (Erfassen und Beobachten von Zusammenhängen, Formunterscheidungen, Umgang mit Mengen, Lagen und Gestalten, Erfahrungen in bezug auf Beweglichkeit, Zerbrechlichkeit, Gewicht, Plastizität, Genießbarkeit, Zerlegbarkeit, Unterscheiden von Farben, Größen, Längen etc.). Nun wird mit Sand geschaufelt und gefüllt, Bausteine werden aneinandergereiht oder übereinander getürmt, Plastillin wird geklopft, gewalzt und geknetet, mit dem Bleistift werden Striche und Kreise gezogen, die Löcher der Matadorsteine werden mit Stäbchen vollgesteckt, alles ohne jede Gestaltungsabsicht. Das Kind probiert, was sich machen läßt. *Aber immer noch steht die Tätigkeit selbst im Vordergrund*. Was dabei entsteht,

wird noch kaum wahrgenommen und in einem raschen Wechsel von Interesse und Sättigung (Spannung und Lösung) auch immer wieder zerstört.
Diese materialspezifischen Funktionsspiele schaffen ein ‚Grundmaterial' an einfachen sensomotorischen Fähigkeiten und Erfahrungen, auf denen sich komplexere, zielgerichtete Verhaltensweisen aufbauen können. Sie leisten einen wesentlichen Beitrag zur kognitiven Entwicklung des Kindes. Ihr spontanes Auftreten sichert ein „vorbewußtes Wissen" über Materialqualitäten und Materialbeziehungen, das bald in größeren Zusammenhängen sinnvoll eingesetzt werden kann.
Beim funktionalen Spiel haben wir es mit einer *Erbkoordination* zu tun, mit einem angeborenen Lernverhalten. In ähnlicher Weise wie das Kind spielen auch höhere Tiere. Der Hund apportiert unzählige Male ein Stück Holz. Die Katze spielt mit dem Ball, der Affe beschäftigt sich mit Stöcken. Sie ‚experimentieren' mit den Umweltdingen und lernen so deren Eigenschaften kennen. Sie sammeln Erfahrungen im Spiel mit ihresgleichen und lernen auch die Möglichkeiten ihres eigenen Bewegungskönnens kennen, ‚Spiel ist eine Form des aktiven Lernens' (EIBL-EIBESFELDT 1967).

a) *Erfassen von Raumbeziehungen durch Explorationsspiele*

Eine Form des Explorationsspiels im 2. Lebensjahr hat große Bedeutung für die Orientierung des Kindes in der Umwelt. In zahllosen Explorationsspielen wird die *Beziehung von Elementen, von denen eines in das andere oder auf das andere paßt*, erprobt. Kinder fühlen sich magisch angezogen von Schachtel und Deckel, Knopf und Knopfloch, Schlüssel und Schlüsselloch, Glocke und Klöppel, Stift und Loch eines Ringes, Kästen und deren Inhalten. Die spontane explorative Beschäftigung mit Schlüsseln, die dann verschwinden, oder mit Schachteln, die geöffnet, ausgeräumt, wieder zugedeckt, aber vorerst nicht wieder eingeräumt werden, erregt häufig den Unwillen der Mütter. Ein Zweijähriger erkennt die Beziehung zwischen einem großen Knopf und einem Knopfloch, zwischen einfachen Formen und den entsprechenden Vertiefungen in einem Formbrett, er türmt Hohlwürfel aufeinander.

‚Nebeneinander', ‚Ineinander' und ‚Aufeinander' sind offenbar ganz elementare Raumbeziehungen, die das Kind durch exploratives Spiel erlernen muß, um sich im Nahraum zurechtzufinden. Mit Hohlwürfeln, Einsetzspielen und Spielen, bei denen Formen auf Stifte gesteckt werden, trägt die Spielzeugindustrie diesem Bedürfnis Rechnung.

b) *Lernen durch Problemlösen*

Eine Möglichkeit, die das materialspezifische Funktionsspiel (und natürlich auch das im folgenden zu besprechende werkreife Spiel) bietet, soll hier wegen ihrer großen Wichtigkeit für die kognitive Entwicklung besonders hervorgehoben werden. Es ist das *Lernen durch Problemlösen*, wobei ein einmal erkanntes Problemlöseverfahren in ähnlichen Situationen ohne vorherige Versuche wiederholt werden kann, die Einsicht in bestimmte Zusammenhänge somit erworben ist.

Hier ein Beispiel:
Ein 4jähriges Kind spielt das erste Mal mit einem Matador-Baukasten. Ein Stab hat sich in einem Loch verklemmt und ist abgebrochen. Das Kind versucht auf vielerlei Arten, den schwer faßbaren Stumpf herauszubekommen, und entdeckt schließlich, daß man das Problem lösen kann, indem man auf der entgegengesetzten Seite des verstopften Loches mit einem anderen Stab nachstößt. Von da ab beherrscht das Kind die Technik der Entfernung abgebrochener Stäbchen, ohne daß ein neuerliches Probierverhalten notwendig wäre. Es kann diese Technik auch auf ähnliche Probleme übertragen, zum Beispiel wenn es einen Baustein herausschieben will, der sich in einem Rohr verklemmt hat.

3. Das konstruktive Spiel

a) Die Symbolstufe

Wir sagten schon, daß es sich beim *funktionalen Spiel* um *Erbkoordination* handelt. Experimentierspiele mit Material, ähnlich denen des Kindes, finden wir auch im Tierreich, Schimpansen lassen Wasser rinnen, füllen und entleeren Gefäße. In typischer Weise geht das Spiel des Menschen jedoch über das der Tiere hinaus. Eines Tages entdeckt das Kind, daß ein zufälliges Produkt seiner funktionalen Betätigung *Ähnlichkeit* mit einem wirklichen Gegenstand hat. Ein einziges Merkmal, das als Teil für das Ganze steht, genügt für die erste Benennung. Es mag auch sein, daß der Erwachsene auf eine Ähnlichkeit hingewiesen hat, etwa indem er horizontale Reihen von Bausteinen als Eisenbahn, vertikale Reihen als Turm bezeichnet hat. Auch kommt es vor, daß Kinder Rollenspiel mit funktionalem Spiel kombinieren und dem Zufallsprodukt eine willkürliche Bedeutung verleihen. In dieser Zwischenphase, in der die Aufmerksamkeit nicht nur mehr dem ‚Tun', sondern auch schon sporadisch dem *Produkt* zugewandt wird, können Benennungen mitten im Spiel oder am Ende erfolgen, sie können wechseln, sie können tatsächliche Ähnlichkeiten betreffen oder völlig willkürlich erfolgen, es kann auch ein Teil eines Gegenstandes zum Anlaß der Benennung des Ganzen genommen werden (ein Dach oder ein Fenster wird Haus genannt, auch der ‚Kopffüßler' als erste Menschendarstellung ist ein solches ‚pars pro toto'). Wir nennen diese Zwischenstufe ‚Symbolstufe' des konstruktiven Spiels.

b) Die Werkreife

Bald verschiebt sich der Akzent der Beachtung jedoch eindeutig vom lustvollen Tun und der Freude an den Zufallsprodukten, die jedoch noch nicht als „Werke" registriert werden, zu den *Ergebnissen der Tätigkeit*. Das Werk hat sich nun von seinem Schöpfer „losgelöst", es existiert auch im Bewußtsein des Kindes als objektives Gebilde, das unabhängig von ihm dasteht, aber als sein Werk. Nun soll das Werk auch von den Erwachsenen zur Kenntnis genommen, das heißt gelobt und bewundert werden. Die Rückmeldung einer erfolgreichen Schöpfung veranlaßt das Kind, besonders wenn auch der Erwachsene das Werk lobend bestätigt, zu immer neuen Produkten, die nun

bald *von vornherein geplant* und in zunehmendem Maße *dem, was sie darstellen sollen, ähnlicher werden.*
Je einfacher das Material, desto früher kann die Stufe des werkschaffenden Spiels erreicht werden. Sie wird von den meisten Kindern etwa im 3. Lebensjahr beim Sandspiel (Kuchen backen), im 4. Lebensjahr beim Spiel mit Bausteinen, im 5. Lebensjahr beim Umgang mit Knetmassen, im 6. Lebensjahr, aber auch früher beim Zeichnen, Malen, bei Steck- und Mosaikspielen erreicht sowie bei einfach zu handhabendem technischen Spielzeug wie Lego. Schwierigeres, weil Zwischenteile erforderndes technisches Spielzeug wie Matador wird erst im 7. Lebensjahr „werkreif". Kinder mit viel Erfahrungsmöglichkeiten können in allen oder mit einzelnen Materialien früher werkreif spielen als Kinder, die wenig Erfahrungsmöglichkeiten hatten oder deren Spielhaltung gestört ist.
Die ersten geplanten Produkte entstehen charakteristischerweise zu jener Zeit, in der das Kind sein ‚Ich' entdeckt, seine eigene Person *von der Umwelt abgehoben* hat und *erste volitionale Akte, erste Pläne, erste bewußte Zielsetzungen* erkennen läßt.

c) Die veränderte Spielhaltung

Werkschaffendes Spiel hat drei *wesentliche Merkmale*:

1. Das Produkt wird geplant und daher schon vorher benannt.
2. Der Plan wird zu Ende geführt.
3. Das Ergebnis ist an einigen charakteristischen Merkmalen als das zu erkennen, was beabsichtigt war.

Damit hat sich auch einiges an der Spielhaltung geändert.
Das Spiel hat nun aus der Sicht des Kindes einen *Zweck*, der identisch ist mit dem angestrebten Ziel. Während das funktionale Spiel jederzeit abgebrochen werden kann, strebt das Kind nun die Vollendung des Werkes an. Es kann die Spannung durch längere Zeit, oft auch über Tage, bis zur Erreichung des selbstgestellten Zieles aufrechterhalten.
Die Ausweitung der werkschaffenden Spielhaltung auf immer mehr Materialien ist ein wesentlicher Faktor in der Entwicklung der *Selbststeuerung*. Verlängerte Spielzeiten bedeuten ja nichts anderes als die Zunahme der Aufmerksamkeitsspanne, der willkürlichen Ausdauer, der Konzentration. Die immer deutlicher gesetzten Ziele gehen Hand in Hand mit einem wachsenden *Gefühl der Verpflichtung gegenüber selbstgestellten Aufgaben* („Laß meinen Bahnhof stehen, ich *muß* ihn fertigmachen!").

d) Das werkschaffende Spiel und die neurophysiologische Reifung

Wie kommt es zu dieser eben beschriebenen Veränderung in der Spielhaltung? Im letzten Jahr vor dem Schuleintritt, während das werkschaffende Spiel immer größeren Raum gewinnt und fast alle Materialien umfaßt, setzt ein wichtiger neurophysiologischer Reifungsschritt ein, der im EEG nachweisbar ist. Einen objektiven Befund für die fortschreitende Ausreifung der Gehirnrinde im Schulkindalter stellen die zu dieser Zeit registrierbaren Alpha-Wellen der elektrischen Gehirnströme dar. Es handelt sich dabei um einen neuen gehirnelektrischen Grundrhythmus während des Wachzustandes. Im Kleinkind- und Vorschulalter bestimmen niedrigere Frequenzen den Grundrhythmus. Der echte Alpha-Rhythmus ist erst ansatzweise um das sechste bis siebente Lebensjahr zu registrieren und nimmt bis zum elften Lebensjahr ständig zu. Das Gehirnstrombild nähert sich also im Verlaufe des Schulkindalters dem des Erwachsenen immer mehr an.

Das Auftreten der Alpha-Wellen scheint cerebrale Reifungsprozesse zu signalisieren, die insbesondere mit Fortschritten im kognitiven Bereich in Zusammenhang stehen sowie mit der Fähigkeit zu einer ausdauernden, konzentrierten Arbeitshaltung. Während somit die neurophysiologische Reifung die Basis zu jenen Verhaltensweisen bietet, die den Anforderungen des herannahmenden Schulalters entsprechen, bilden wiederum die *Spiele,* diesmal die *konstruktiven Spiele, das spontan einsetzende Medium zu deren Ausformung.* Anhand der selbstgestellten Ziele lernt das Kind planmäßiges Verhalten, es entwickelt Aufgabenbewußtsein, Ausdauer, Konzentrationsfähigkeit.

e) Die Bedeutung der eben beschriebenen Spiele für die Entwicklung

Materialspezifisches Funktionsspiel

Vertrautwerden mit dem eigenen Körper; Ausformung der zur Reifung gelangenden Bewegungen; erste sensomotorische Erfahrungen mit Materialqualitäten.

Explorationsspiel (materialspezifisches Funktionsspiel)

Einüben von Fertigkeiten beim Hantieren mit verschiedenen Materialien und Gebrauchsgegenständen; Informationen über Material- und Gegenstandsqualitäten sowie über Verwendungsmöglichkeiten von Materialien und Objekten; Ausformung der Großmuskelbewegung; Hilfe bei der Bewältigung der Raumbeziehungen; Problemlöseverhalten.

Werkschaffendes Spiel

Zielgerichtetes Handeln; planmäßiger Gebrauch von Material in sinnvollem Einsatz; Problemlösungsverhalten; eigene Aufgabenstellung; Entwicklung der Kreativität in der Verwendung von Material; Qualitätsbewußtsein und Gefühl der Verpflichtung gegenüber selbstgestellter Aufgabe; Konzentration, Ausdauer, willkürliche Aufmerksamkeit.

4. Das Rollen- oder Illusionsspiel

a) Der Charakter des Rollenspiels

Das Rollenspiel ist wohl die faszinierendste Verhaltensform des Kleinkindalters, dieser Altersstufe spezifisch zugeordnet und auf keiner anderen wiederholbar. Das Rollenspiel setzt, wie die Sprache, das Verständnis für *Symbole* voraus. Außerdem müssen bereits *Vorstellungen* vorhanden sein. Gegen Ende des 2. Lebensjahres beobachten wir die ersten *Illusionsspiele*, die darin bestehen, daß bereits erworbene oder beobachtete Verhaltensschemata außerhalb der sonst üblichen Situation in einer Quasi-Realität reproduziert werden (Rauchen, Zeitunglesen, Schlafen, Essen). Sehr bald tritt das eigentlich *kreative* Element des Illusionsspiels in Erscheinung, die *symbolische Umdeutung von Gegenständen*. Ein Stock wird zum Besen, ein Blatt zum Teller, ein Sessel zur Straßenbahn. Im weiteren Verlauf tritt das *anthropomorphisierende Element* des Illusionsspiels hinzu. Eigenes Verhalten, wie schlafen, essen, spazierengehen, ebenso wie verschiedene Erlebnisse werden nun auf Spieldinge (Puppen, Spieltiere) übertragen. Und schließlich übernimmt das Kind nicht nur die *Rollen* der nächsten Bezugspersonen, sondern auch die von Tieren, Objekten und fremden Personen, vorwiegend von solchen, die eine geschätzte Tätigkeit ausüben. Es ist selbst ein Löwe, ein Hund, ein Auto, eine Straßenbahn. Es ahmt deren Bewegungen, Tätigkeiten und Geräusche nach.

Das eigentlich Kreative des Rollenspiels liegt in den *Symbolsetzungen*, in den Rollenzuweisungen, in der Kombination der rasch fluktuierenden Handlungsabläufe, in der Art wie Materialien verschiedenster Art zur Repräsentanz von Dingen verwendet werden.

Im Rollenspiel reproduziert das Kind Erlebtes durch individuell gestaltete symbolische Darstellung.

Fassen wir die Merkmale des Illusions- und Rollenspiels zusammen:

1. Als-ob-Einstellung (Illusion)
2. willkürliche Symbolsetzung oder Umdeutung (Metamorphose der Gegenstände)
3. Verlebendigung von Leblosem (Anthropomorphismus)
4. fiktive Verwandlung der eigenen und anderer Personen (Rollen)
5. Nachahmung von Handlungen und Handlungsabläufen.

b) *Rollenspiel und Realitätsbezug*

Es gibt beim Rollenspiel keinen echten Realitätsverlust. Das Kind weiß immer, daß es nur so tut „als ob".

Manche Kinder können die Fiktion sogar formulieren: Astrid, 3;5, läuft auf einem Spaziergang zu jedem dritten Baum und hebt ihr Beinchen. Auf die erstaunte Frage der Mutter, was sie denn tue, ruft sie, eifrig dem nächsten Ziel zustrebend, „Ich spiel' ‚Als-ob-Hund'!"

Kinder können sogar Angst vor einer Verquickung der Realitätsebenen haben.

Hier ein Beispiel.

Ein 3 1/2jähriger identifizierte sich mit einem Lastwagenfahrer, der ihn schon mehrmals hatte mitfahren lassen, und spielte den ganzen Tag ‚Herr Haller'. Meist auf irgendeiner erhöhten Stelle sitzend, lenkte er geräuschvoll und unermüdlich einen Lastwagen. Einmal, zur Essenszeit, war er nicht zu bewegen, seinen Fahrersitz zu verlassen. Als die Mutter eindringlich wurde, versuchte er einen Kompromiß: Er bat sie flüsternd, als dürfte es das Lastauto nicht hören: „Sag ‚Herr Haller' zu mir!" Das war ein akzeptabler Vorschlag. „Bitte, Herr Haller, kommen Sie zu Tisch! Sie werden sich die Hände waschen wollen!" Ohne Widerrede stieg er von der Lehne eines Korbsessels, wusch sich die Hände und setzte sich an den Tisch. Von allen wurde er mit „Herr Haller" angesprochen und genoß dies zunächst. Doch als es nach dem Essen hieß: „Werden Sie jetzt weiterfahren, Herr Haller, oder wollen Sie sich ausruhen?", bekam er plötzlich Angst, daß er der Herr Haller *bleiben müsse*. Die Spielstimmung war verflogen. Er kletterte der Mutter auf den Schoß und erkärte sichtlich beunruhigt: „Jetzt bin ich wieder der Hannes!"

c) Die Bedeutung des Rollenspiels

Über die Bedeutung des Rollenspiels gibt es verschiedene Theorien, von denen jede wahrscheinlich zutrifft, insofern als ein so komplexes Verhalten vielerlei Bedürfnisse befriedigt und die verschiedensten Lernmöglichkeiten bietet. PIAGET (1937, 1945) sieht im Rollenspiel ein typisches Beispiel der *Assimilation*, die darin besteht, daß das Kind den Zugang zur Umwelt nur auf dem Umweg über eine „Einpassung" des Erlebten in das eigene System findet. Mit anderen Worten: das Rollenspiel, die vom Kind organisierte Umstrukturierung der Wirklichkeit, bildet eine Brücke zu deren Verständnis. Mit Hilfe der ihm adäquaten Mittel der Reproduktion verarbeitet es die Umwelt, macht sich diese verständlich und zu eigen. ADLER (in: ANSBACHER / ANSBACHER 1972) hat, entsprechend seiner Theorie, daß der primäre Bewegungsgrund des menschlichen Handelns das Streben nach Macht und Überlegenheit sei, darauf hingewiesen, daß das Rollenspiel dem Kind die Möglichkeit bietet, das natürliche Minderwertigkeitsgefühl, welches zwangsläufig aus der Erkenntnis seiner Kleinheit und Machtlosigkeit entspringt, zu kompensieren. Im Rollenspiel könnte es sich als uneingeschränkter Herrscher über seine Phantasiegestalten fühlen. Die Tatsache, daß die meisten Personen, mit denen sich Kinder im Rollenspiel identifizieren, aus ihrer Sicht gesehen, Macht ausüben und Verfügungsgewalt haben — sei es auch nur über die Zwickzange eines Eisenbahnschaffners —, weist in die Richtung dieser Deutung.

Die *Psychoanalyse* (FREUD 1968) schließlich hat sehr eindrucksvoll nachgewiesen, daß Rollenspiele keineswegs nur emotional neutrale Situationen reproduzieren. Es handelt sich vielmehr häufig um *affektgeladene Situationen*, um Wünsche, Ängste, angstvoll Erlebtes und ängstlich Erwartetes. Oft über nimmt das Kind die Rolle dessen, vor dem es sich fürchtet, es spielt den bösen Hund, den Krampus oder den Vater, der es schlägt. Mit Hilfe der Reproduktion oder oft auch der Vorwegnahme von Situationen, die mit negativen Affekten aufgeladen sind, kann das Kind Spannungen abbauen, Aggressionen abreagieren, unerfüllte oder unerlaubte Wünsche in konkreter oder in symbolischer Form realisieren und auf diese Art sein seelisches Gleichgewicht stabilisieren, die Nachwirkungen angstbesetzter Situationen neutralisieren. Bei besonders belastenden Erlebnissen besteht ein Wiederholungszwang. Das Kind spielt sie so oft, bis es sich von ihnen innerlich befreit hat.

Hier ein Beispiel:
Die kleine Carola mußte im Alter von 2 3/4 Jahren eine Nabelbruchoperation über sich ergehen lassen. Am Tag nach der Spitalsentlassung begann folgendes Spiel: Das Puppenbett mit dem Teddybären wurde zur Mutter ins Wochenzimmer gebracht, dazu eine Kinderschere und ein Suppensieb. Letzteres wurde dem Bären über den Kopf gestülpt;

dann schnitt ihm die Kleine den Bauch auf (die Mutter schaltete sich als ‚zweiter Herr Doktor' in das Spiel ein und nähte den Schnitt wieder zu). Dann erhielt der Bär einen großen Verband, wurde zugedeckt und weggetragen.
An elf Tagen hintereinander wiederholte das Kind dieses Spiel, immer zur gleichen Tageszeit und immer neben der Mutter. Das ‚Aufschneiden' und ‚Zunähen' wurde nur mehr durch Bewegungen angedeutet. Nach elf Tagen war das Spiel vergessen, und alle Angstsymptome, die sich im Anschluß an die Operation gezeigt hatte, schienen überwunden.

HECKHAUSEN (1964) unterscheidet Spiele zur *Verstärkung und Aufrechterhaltung der Spannung* — etwa das Fangerlspiel, aber auch das Experimentier- und Konstruktionsspiel — und solche zur *Verminderung der Spannung*. Zu diesen gehören jene Rollenspiele, die dem Kind helfen, Spannungszustände zu vermindern oder zu erledigen.

d) Die Beziehungen zwischen Explorationsspiel und Rollenspiel

OERTER (1972) hat auf die *Beziehung zwischen Explorationsspiel und Rollenspiel* hingewiesen. Man kann immer wieder beobachten, daß neue Gegenstände zuerst auf ihre Eigenschaften und auf Verwendungs- und Betätigungsmöglichkeiten untersucht werden. Sind diese erschöpft — bieten sich keine neuen Informationen mehr an —, dann kann die Spannung vom Gegenstand her nicht mehr aufrechterhalten werden. Das ist der Zeitpunkt, zu dem das Kind selbst für eine neuerliche Hebung des Spannungspotentials sorgt, indem es mit dem nun als solchen uninteressant gewordenen Gegenstand ein Rollenspiel beginnt. Als Beispiel mag folgende Beobachtung dienen:

Alex (3;3) nimmt seine Mahlzeiten noch nicht mit den Eltern ein. Einmal kommt er an den Eßtisch der Erwachsenen und sieht dort das erstemal Serviettenringe. Auf seine Frage wird ihm erklärt, wozu sie dienen und es wird ihm auch gezeigt, wie man die Servietten hineinsteckt. Er läßt die Ringe hin- und herrollen, am Tisch, am Boden, entlang der Sessellehnen und versucht auch, Servietten hineinzustecken. Dann ist das Explorationsspiel zu Ende, denn der Informationsgehalt dieser neuen Objekte ist erschöpft. Nun nimmt Alexander zwei Serviettenringe, läßt sie am Tisch hüpfen und gegeneinander prallen. Auf die Frage, was das sei, sagt er: „Das sind Osterhasen". Die Mutter: „Was machen sie denn?" Alexander: „Sie raufen und beißen sich". Auf die Bemerkung der Mutter, daß Osterhasen nicht raufen, sagt er: „Meine schon!" und läßt seine Osterhasen in unzähligen Wiederholungen immer auf einer anderen Seite des Tisches hüpfen und kämpfen.

Man kann vielleicht etwas verallgemeinernd sagen: bei Material, das sich zu vielfältigen Kombinationen eignet, wie Bausteine, Sand, Lego etc., besteht die Wahrscheinlichkeit, daß Explorationsverhalten (materialgerechtes funktionales Spiel) sich zur werkschaffenden Spielhaltung wandelt; bei Material, das keine Gestaltungsmöglichkeiten impliziert, geht das Explorationsverhalten mit einer gewissen Wahrscheinlichkeit in Rollenspiel über.

e) Was „leistet" das Rollenspiel für die Entwicklung des Kindes?

Das Rollen- und Illusionsspiel ist die charakteristische Form der *Verarbeitung* von Verhaltensmustern der Umwelt in der Strukturstufe des *prä-*

logischen, anthropomorphioristischen Denkens. Durch Rollenübernahme, Symbolsetzung, Umdeutung und Verlebendigungen interiorisiert das Kind die Verhaltensmodelle der Umwelt. Dies geschieht auf eine nur auf dieser Strukturstufe übliche Art — durch Assimilation. Aber auch das in diesem Alter durch Ängste verschiedener Art besonders bedrohte emotionale Gleichgewicht erfährt Entspannungs- und Kompensationsmöglichkeiten.

In dem Maße als der Anthropomorphismus abklingt, die willkürlichen Symbolsetzungen durch Realitätszugewandtheit und Entnahmefähigkeit, die Egozentrizität durch zunehmende Orientierung an Partnern verdrängt werden, nimmt auch das Rollenspiel zugunsten anderer Spielformen an Bedeutung ab, um schließlich zu versiegen.

Fassen wir nochmals die Lern- und Erlebnismöglichkeiten zusammen, die das Rollenspiel bietet:

Verarbeitung von Verhaltensmodellen in der Umwelt durch Imitation; Entwicklung der Kreativität im Bereich der Symbolsetzungen; Stabilisierung des seelischen Gleichgewichts; Einübung der emotionalen Erlebnisfähigkeit.

III. Die Spiele des Schulalters

Mit dem Abklingen des Rollenspiels und der Entwicklung des werkschaffenden Spiels hat das Kind nun eine neue Strukturstufe erreicht, die des naiven Realismus — PIAGET spricht von der *Stufe der konkreten Operationen* —, in der die *Akkommodation* an die Realität im Vordergrund steht, und zwar vor allem die *Akkommodation an die Gruppe*, wie sie ja auch das Schulleben fordert.

1. Die Spiele in der Strukturstufe des naiven Realismus

a) Soziale Rollenspiele

Auf seinem Höhepunkt bei den 3- bis etwa 4 1/2jährigen ist das Rollenspiel ein einsames Spiel. Die Symbolsetzungen sind ja ganz individuell und willkürlich, sie können von einem Partner kaum verstanden oder anerkannt werden. Bevor das Rollenspiel verschwindet, durchläuft es jedoch eine *Phase der Sozialisierung*, die von etwa 5 bis 7 Jahren dauern kann. Nun finden sich drei bis fünf Kinder zu gemeinsamen Rollenspielen zusammen, wobei sie traditionelle, allen wohlvertraute Rollen übernehmen — die von Vater, Mutter und Kind. Haus- und Familienspiele finden oft, besonders in Kindergärten, wo das entsprechende Baumaterial zur Verfügung steht, in gemeinsam konstruierten Häusern statt. Die Rollenverteilung wird vom ‚Ranghöchsten' vorgenommen, dem Spielführer, und kann bei mehreren ranggleichen Partnern zu Streit führen. Die Rolle des Kindes muß immer der Rangniedrigste annehmen. Aus den Gesprächen der Kinder läßt sich der Erziehungsstil der Eltern deutlich erkennen. Hier zeichnet sich erstmals die Tendenz zur Bildung *hierarchischer Ordnungen ab, die wir mit allen höheren Tieren gemeinsam haben.*

Im ganzen gesehen ist das Rollenspiel jedoch im Schulalter nur mehr von geringer Bedeutung. Neben den Haus- und Familienspielen wird besonders im 1. Schuljahr oft ‚Schule' gespielt, wobei jüngere Geschwister die Aggressionen der ‚Lehrkraft' über sich ergehen lassen müssen — ein Versuch, die Belastung der Schulsituation abzureagieren. Sechs- bis achtjährige Buben verkleiden sich in diesem Alter gern als Indianer, als Trapper, als Clowns. Gruppen von 8- bis 9jährigen inszenieren Theaterstücke für die Familie, meist mit Märchenmotiven, wobei mehr Wert auf die Äußerlichkeiten — Sitze, Einladungen, Programme, Kostüme, Eintrittsgelder — gelegt wird als auf den Inhalt, der meistens recht dürftig und stereotyp ist. Die Kreativität und der Einfallsreichtum des vorschulischen Rollenspiels ist für immer vorbei.

b) *Regelspiele*

Merkmale der Regelspiele des naiven Realismus

Der informelle Erfahrungserwerb im Spiel der Vorschuljahre hat wesentlich zur geistigen Entwicklung des Kindes beigetragen, und das werkschaffende Spiel hat ihm zuletzt auch geholfen, ansatzweise jene Stützfunktionen der Intelligenz — Arbeitshaltungen und Leistungsmotivationen — zu entwickeln, die es braucht, um den Anforderungen der systematischen Unterweisung durch die Schule zu entsprechen. Diese und das Lesen sollten während der Schuljahre die wichtigsten Impulse zur geistigen Entwicklung bieten. Was jetzt geübt werden muß, ist die *Fähigkeit zur sozialen Einordnung*. Die Bevorzugung bestimmter Spiele ist kein Zufall, keine Mode, sondern entspringt dem *Bedürfnis nach Gelegenheit zur Einübung jeder sozialen Verhaltensweisen*, die das Leben in der Gruppe ermöglichen. Der soziale Egozentrismus des Kleinkindalters ist nun überwunden, auch fällt in diese Zeit die erste emotionale Distanzierung von den Eltern. Das Kind strebt zur Gemeinschaft, möchte in ihr Prestige gewinnen, es möchte „teilhaben", „dabei sein", „dazugehören".

Kinder dieses Alters sind — im Gegensatz zu den Kindern des kritischen Realismus — noch nicht in der Lage, ihre Spiele zu organisieren. Um gemeinsames Spielen zu erleichtern, ist vorerst ein *starres Gerüst von Regeln* erforderlich. Und das ist auch das besondere Merkmal jener Gesellschaftsspiele, die von 5- bis 8jährigen bevorzugt werden (Schwarzer Peter, Domino, Quartette, alle Wettrennspuiele in der Art von „Mensch ärgere dich nicht"): *sie haben einfache strenge Regeln*, die der Initiative *keinen Spielraum* lassen. Die Aktionen des einzelnen Spielers sowie der Ausgang des jeweiligen Spieles sind vom *Zufall* bestimmt.

In dieser Situation lernt das Kind drei grundlegende Verhaltensformen, die für jede Art der sozialen Interaktion von Bedeutung sind:

- *das In-Aktion-Treten, wenn man an die Reihe kommt*, und nicht früher, das Zurücktreten, wenn ein anderer an der Reihe ist;
- *den Verzicht auf regelwidrige Aktionen*, welche das Spiel zugunsten der eigenen Person entscheiden sollen, d. h. den Verzicht auf das Schwindeln;

- *das Verlieren.* Unterlegenheit im Spiel ist auf dieser Aktersstufe gleichbedeutend mit Prestigeverlust. Mit ‚Würde' zu verlieren, ohne Aggression zu zeigen, ohne aus dem Felde zu gehen, ohne den Partner des Schwindelns zu beschuldigen, muß erst gelernt werden. In dem Konflikt zwischen dem Bedürfnis, die Frustrationsspannung abzureagieren, und der Gefahr, ausgeschlossen zu werden, entscheidet sich das Kind allmählich für angepaßtes Verhalten.

Den gleichen regelhaften Charakter haben auch die volkstümlichen *Kreis- und Singspiele* dieser Altersstufe („Ist die schwarze Köchin da?", „Der Plumpsack geht um" (etc.), die heute leider in Vergessenheit zu geraten scheinen.

Die Regeln, die das Zusammensein in der Gruppe ermöglichen, sind noch nicht interiorisiert. Sie müssen vorerst von einem älteren Spielpartner, einem Erwachsenen oder einem größeren Kind, vertreten und durchgesetzt werden. Ebenso wie in der ersten und zweiten Grundschulklasse der Lehrer die Ordnungen des Zusammenlebens repräsentiert, mit denen sich die Kinder allmählich identifizieren, ist auch bei den ersten Regelspielen die Autorität eines Erwachsenen oder eines älteren Kindes notwendig, damit die Regeln eingehalten und auch gleichzeitig erlernt werden. So beliebt diese Spiele sind — überläßt man sie den Kindern allein, so zerfällt die Gruppe in kürzester Zeit, Streit bricht aus und das Spiel endet in Frustration.

2. Die Spiele in der Strukturstufe des kritischen Realismus

a) Konstruktive Spiele

Die Strukturstufe des *kritischen Realismus* ist gekennzeichnet durch ein starkes Überwiegen der Akkommodationstendenzen, durch eine ausgesprochen realistische Weltsicht. Dementsprechend ändert sich auch der Charakter der *konstruktiven Spiele*. War man früher zufrieden, wenn die Konstruktionen den wirklichen Dingen ähnlich waren, so wird jetzt wirkliches Funktionieren angestrebt. Die Kräne, Seilbahnen, Flugzeuge etc. sollen nun mit Hilfe von kleinen Motoren oder Winden wie die echten Objekte funktionieren, die Schiffsmodelle den wirklichen Schiffen genau entsprechen.

b) Bewegungsspiele

Erst in der Strukturstufe des kritischen Realismus werden die Kinder in bezug auf ihre körperlichen Fähigkeiten leistungsbewußt. Um einige Jahre später als beim werkschaffenden Spiel verschiebt sich der Akzent von der Freude an der Bewegung auf die *Freude an der Leistung*. In Wettbewerbssituationen, die Kinder schon selbst organisieren können, zeigt sich die Bereitschaft zu üben und die Fähigkeit, Leistungen zu vergleichen. Laufen, Schwimmen, Tauchen, Eislaufen und Skifahren sind die bevorzugten Bewegungsspiele, bei denen die Grenzen zur sportlichen Betätigung verschwimmen. Alle Spitzensportler haben in diesem Alter mit dem Training begonnen. Das Bewegungsbedürfnis dieser Altersstufe ist sehr groß und wird in städtischen Verhältnissen oft frustriert.

c) Teamspiele

Mit der zunehmenden inneren und äußeren Ablösung von der Familie wird die Gruppe der Gleichaltrigen immer bedeutsamer. Die *informelle Ordnung* bildet sich heraus, jenes Netz der persönlichen Beziehungen in der Gruppe, das charakterisiert ist durch hierarchische Rangordnungen, ein autonomes Wertesystem und eine öffentliche Meinung. Innerhalb einer so strukturierten Gruppe einen guten Platz einzunehmen, wird eminent wichtig, für Knaben wichtiger als für Mädchen.

In der Zeit des Übergangs von der noch starken Eltern- und Lehrerbindung des 5- bis 8jährigen zur Pubertät ist das soziale Lernen in der Gruppe der Gleichaltrigen von großer Bedeutung. Und in diesem Rahmen wieder nehmen die Teamspiele (Völkerball, Handball, Fußball, Korbball etc.) einen besonderen Platz ein. Jetzt gehört man einer Partei an, und es kommt vor allem darauf an, den *Ausgang des Spieles durch persönlichen Einsatz zu beeinflussen*. Vom Einsatz des einzelnen hängt der Sieg der Gruppe ab. Mut, Ausdauer, Initiative und Geistesgegenwart, die der einzelne für seine Partei beweist, *erhöhen seinen Rangplatz*. Die autonomen Werte dieser Altersstufe, nämlich Mut, Treue, Tapferkeit, Einsatzbereitschaft, Kameradschaftlichkeit und Gerechtigkeit, finden ein Übungsfeld in den Teamspielen, deren eminente Bedeutung für das soziale Lernen nicht zu übersehen ist.

Auch bei den Gesellschaftsspielen dieser Altersstufe (Mühle, Dame, DKT, Schach usw.) kommt es auf den Einsatz der persönlichen Qualitäten für den Ausgang des Spieles an.

IV. Spielen bedeutet lernen – in der dazu geeigneten Umwelt

Zusammenfassend können wir die drei eingangs gestellten Fragen beantworten: Je jünger das Kind ist, desto enger ist die Beziehung zwischen der neurophysiologischen Reifung und den von ihm spontan geübten Spielen. Dies gilt vor allem für das funktionale Spiel, aber auch für die werkschaffenden Aktivitäten, deren volle Ausformung einen cerebralen Reifungsschritt zur Voraussetzung haben.

Das Rollenspiel imitiert, symbolisiert und interiorisiert die Verhaltensmuster der Umwelt und hilft dem Kind, sie zu verarbeiten. Die Spiele des Vorschulalters fördern somit die *kognitive, motorische* und *emotionale* Entwicklung und ermöglichen es dem Kind, seine Umwelt in zunehmendem Maße zu bewältigen.

Die Spiele des Schulalters können *kognitive Impulse* geben, sind aber primär für die *soziale Integration* von Bedeutung.

Die wesentliche Rolle des Spiels für die Entwicklung besteht darin, daß eine Reihe von kognitiven, motorischen, sensomotorischen und sozialen Lernprozessen überhaupt nur über das Spiel vollzogen werden können.

Wenn der spielpädagogische Aspekt in anderen Beiträgen auch ausführlich behandelt wird, sollte in diesem Beitrag doch nicht verabsäumt werden, darauf hinzuweisen, daß die beschriebenen Spielformen nicht ohne entspre-

chende Impulse der Umwelt in Erscheinung treten und positive Einflüsse des Spiels auf die Entwicklung sich nicht ohne bestimmte äußere Voraussetzungen realisieren.
Die wichtigste Voraussetzung ist die *emotionale Geborgenheit* des Kindes. Nur aus einer gefestigten Beziehung zur ständigen Bezugsperson heraus kann das Kind jene Lernschritte vollziehen, die es von ihr weg in die Umwelt führen. Je weniger befriedigend die Beziehung, desto gebremster das Neugierde- und Explorationsverhalten, desto dürftiger das werkschaffende Spiel, desto mangelhafter die Arbeitshaltungen.
Eine weitere Voraussetzung ist das *richtige Verhalten der Erwachsenen gegenüber den spielerischen Aktivitäten*. Lob, Anerkennung und Beachtung bieten die wichtigsten Verstärkungen für das werkschaffende Spiel.

Teilnahme am Regelspiel macht dieses erst möglich (Sabine, 8 Jahre, auf die Frage nach ihren Weihnachtsgeschenken: „Ich habe so ein schönes Spielmagazin bekommen, aber niemand hat mit mir gespielt. Ich habe die Mutti und den Vati so gebeten).

Das *richtige Spielzeug* ist die dritte Voraussetzung.
Eine *ungestörte Spielsituation* die vierte.
Die entwicklungspsychologische Bedeutung des Spiels kann nur dann voll zum Tragen kommen, wenn Freiräume für vielfältige Betätigungen gegeben sind, wenn sich das Kind emotional geborgen fühlt, wenn es die richtigen Anregungen − auch in Form geeigneten Spielzeugs − zur richtigen Zeit bekommt und wenn es nicht an der nötigen Beachtung und Zuwendung seitens der Erwachsenen fehlt.

Literatur

Ansbacher, H. L. / Ansbacher, R. R.: Alfred Adlers Individualpsychologie, München / Basel 1972
Eibl-Eibesfeld, I.: Grundriß der vergleichenden Verhaltensforschung, München 1967
Frazer, A.: Spielzeug. Die Geschichte des Spielzeugs in aller Welt, Oldenburg / Hamburg 1966
Freud, A.: Wege und Irrwege in der Kinderentwicklung, Stuttgart 1968
Heckhausen, H.: Entwurf einer Psychologie des Spiels, in: Zeitschrift für Psychologische Forschung 27 (1964)
Oerter, R.: Moderne Entwicklungspsychologie, Donauwörth 1974
Piaget, J.: La construction du réel chez l'enfant, Neuchâtel 1937 (dt.: Der Aufbau der Wirklichkeit beim Kind)
− La formation du symbole chez l'enfant, Neuchâtel 1945 (dt.: Nachahmung, Spiel und Traum. Die Entwicklung der Symbolfunktion beim Kind)
Petter, G.: Die geistige Entwicklung des Kindes im Werk von Jean Piaget, Bern / Stuttgart 1966
Schenk-Danzinger, L.: Entwicklungspsychologie, 14. Aufl. Wien 1980
− Grenzen und Möglichkeiten der kompensatorischen Erziehung, Wien 1980

IV. Spielmittel und Spielmittelforschung

1. Spielmittel und Spielmittelforschung im Rahmen der Spielpädagogik

Hans Mieskes

I. Spielmittel – Geschichte, Begriff, Systematik

Von „Spielmitteln" spricht neuerdings jedermann und allenorts, auch wir lesen und hören von ihnen seit den dreißiger Jahren. 1964 erklärten wir das Allerweltswort per definitionem zu einem Fachbegriff, die Wissenschaft seiner Thematik als „Pädagogik der Spielmittel", die wir in die allgemeine Spielpädagogik integrierten. Zwischen diesen drei Markierungen liegt der Tatsachen- und Aufgabenbereich, mit dessen Begrifflichkeit, Erforschung und Pädagogik wir es hier zu tun haben, vorerst mit dem Begriff Spielmittel als solchem, seiner Geschichte und Systematik.
Dazu bedarf es eingangs einer erläuternden Vorbemerkung, sodann der Abgrenzung unseres Vorhabens in mehrfacher Beziehung

1. Wir vertreten eine selbständige (d. h. eigenverantwortliche) und realitätsbezogene Erziehungswissenschaft, in der das Bündnis zwischen Philosophie und Empirie besteht, aber in anderem als dem üblichen Lichte gesehen werden muß. Innerhalb der sogenannten „Gesellschaftswissenschaften", in die die Pädagogik allzu ausschließlich eingereiht wird, beunruhigt und hindert sie teils eine gefährliche Inkohärenz der in dieser „Gesellschaft" vorherrschenden Fragestellungen und Sichtweisen, teils die überkommene Unterwürfigkeit (der Theologie, Soziologie und Psychologie gegenüber). In jenem Belange bemühen wir im folgenden eine „normale Wissenschaft" (KUHN), die unter dem Paradigma von Erziehung und Bildung u. a. auch die empirischen Sachprobleme zu lösen hat, die der Gegenstand „Spielmittel" aufwirft; in zweiter Beziehung meiden wir jeden willfährigen (wenn auch noch so gefälligen) Schmuggel mit disziplinfremden Bezeichnungen. Das heißt: uns interessiert das „Spielmittel" hier, soweit es einen „pädagogischen" Gegenstand repräsentiert; Aussagen darüber können ebenfalls nur als spezifische das pädagogische Spezifikum an ihnen erfassen. Das wolle man beachten, dabei nicht wähnen, wir schätzten außerpädagogische Beiträge zur Sache, deren Zusammenlese wir nicht vorhaben, gering ein. Sie sind diesmal nicht unseres Amtes. Wir berichten vornehmlich aus dem theoretischen und praktischen Arsenal der Gießener Spielmittelforschung. Zur allgemeinen Orientierung empfiehlt sich schon an dieser Stelle ein tabellarischer Überblick über die Tatbestände und deren Zusammenhänge, mit denen wir es zu tun haben (vgl. Abb. 1).

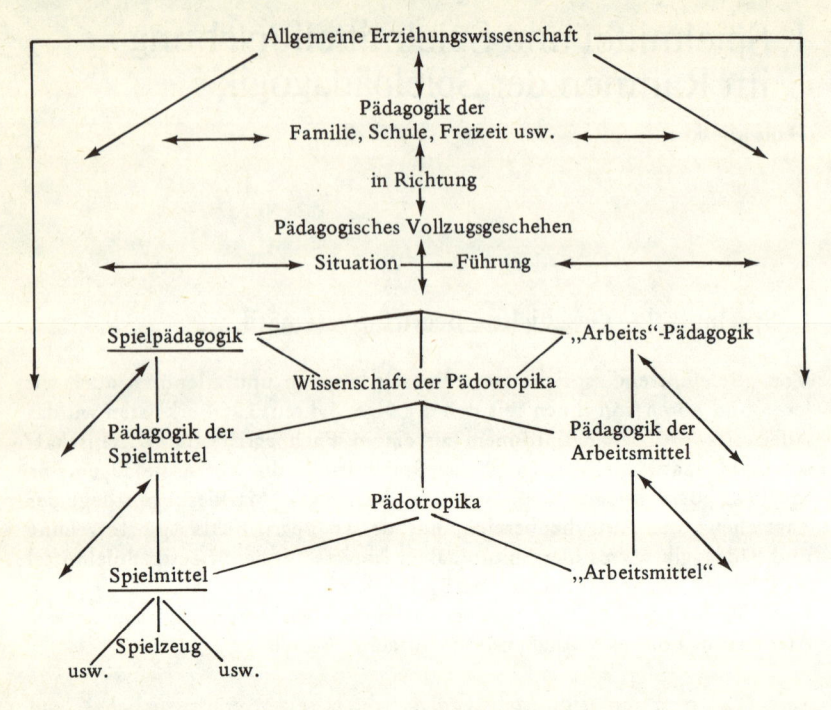

```
                    Allgemeine Erziehungswissenschaft
                                   │
                            Pädagogik der
                    ←──→   Familie, Schule, Freizeit usw.   ←──→
                                   ↑
                              in Richtung
                       Pädagogisches Vollzugsgeschehen
                    ←──→   Situation ──┼── Führung   ←──→

    Spielpädagogik                                      „Arbeits"-Pädagogik
                            Wissenschaft der Pädotropika
        Pädagogik der                                   Pädagogik der
        Spielmittel                                     Arbeitsmittel

                              Pädotropika

         Spielmittel                                    „Arbeitsmittel"

           /Spielzeug\
    usw.            usw.
```

Die aus der Tabelle seitwärts weisenden Linien deuten auf weitere Sach- und Problemkomplexe, die hier nicht aufgeführt, aber eigentlich zu berücksichtigen sind.

Abbildung 1: Systematik der Spielpädagogik

2. Inhaltlich und begrifflich behauptet das „Spielmittel", Anliegen unseres laufenden Kapitels, seine relative Eigenwertigkeit. Die herkömmlichen und üblichen Abhandlungen – also die „Theorie des Spiels", der „Spiele", des „Spielens" – vernachlässigen bzw. ignorieren das Objekt. Es gibt außerhalb der Gießener Forschungen nur wenige pädagogische Abhandlungen über das Spielmittel (wenn, dann allenfalls über „Spielzeug") und kaum eine Pädagogik just der Spielmittel. Daß letztere zu einer Spielpädagogik finden muß, lehrt schon die Rahmenbezeichnung dieses Handbuches.

Die „*Theorie des Spiels*" ist der Literatur liebstes und verhätscheltes Kind. Es geht dieser Theorie um den Begriff, die Idee, die grundsätzliche Bedeutung, die (philosophische, kreatürlich-anthropologische, biologische, pädagogische) *Sinnerschließung* dieser besonderen Kategorie tierisch-menschlicher Daseinsform, insbesondere der menschlichen Erlebnis-, Verhaltens- und Aktivitätsweise; „Spiel" aber auch als ein mathematisches Modell. Die „Reflexionen zur Anthropologie" ergeben nach I. HEIDEMANN bei KANT *vier Deutungen*:

Spiel als Handlung, als Form des Sinnlichen, als Gefolge, als Anordnung (1968, 157). Vergleiche auch das „Spiel als ‚Modell' der Metaphysik" (Eugen FINK) oder „Das Spiel als Weltsymbol" (1960). Dem so verstandenen „Spiel" gebührt denn auch der topologische Wortgebrauch: „das Spiel" (GROOS 1922, 1910; LUTHER 1925; WAELDER 1973; RAHNER 1955; SCHEUERL 1955; NÜNDEL 1970; KLAUS 1968; HEIDEMANN 1968).

Die Spieltheorien spiegeln letztlich das Bild vom Menschen, die Lebenseinstellung, Weltanschauung und geistige Haltung ihrer Vertreter, münden in wertende Urteile, die ernstzunehmen sind, die aber dennoch nicht ausreichen, das Tatsachenfeld Spielmittel aufzuklären.

Ebensowenig ist uns aufgetragen, über die *Spiele* insgesamt zu befinden, also über die zu Regeln und Gepflogenheiten zusammengefaßten oder auch willkürlich sich entfaltenden reellen Formen und Weisen von Spiel heute oder zu irgendeiner Zwit. „Wir machen ein Spiel", heißt es bekanntlich. Kinder, Generationen, Völker, Epochen, Kulturen besitzen ihre Spiele, hinter denen Historiker, Ethnologen, Soziologen und Pädagogen eifrig her sind. Die „Spiele" überliefern sich als gesellschaftliche Brauchtümer oder auch in Gestalt vergegenständlichter Objekte, die Grabkammern, Hausvitrinen und Museen füllen.

Das „Spiel" und die „Spiele" werden gerne gemeinsam abgehandelt (SCHEIBERT (1876; GROOS 1899; ZULLIGER 1965; SCHALLTER 1861; FLITNER 1973b; RÜSSEL 1953; LASKER 1931; HETZER 1927; HERCIK 1952; LUKACSY o. J.). Bücher über Spiele erfüllen häufig die Aufgabe von Sammlungen (JÜNGER 1959; LEMBKE 1969; LINDIG o. J.; ZINGERLR 1873), zuweilen spezialisiert auf einzelne Spielgruppen: Zinnsoldaten, Puppen, Gesellschaftsspiele, Eisenbahnen, Brettspiele u. a. m., gewöhnlich auch mit historischem Rückblick.

Obwohl mit dem Anspruch auf eine geschlossene Darstellung versehen, klammern wir dennoch auch ein nächstes, wichtiges Gebiet aus: das im Spiel und teilweise mit Hilfe von „Spielen" ausgelöste tatsächliche Ereignis: das *Spielen* („Das Spiel im Spiel"; etwa „in's Spiel setzen"), das allgemein noch zu wenig erforscht worden ist. Wie zum Beispiel Kinder spielen, wissen wir nur erst bruchstückhaft. Vieldeutigkeit im Wortgebrauch erschwert auch diesbezüglich die Bemühungen. So bedeutet „Spielen" nicht allein eine spezifische Tätigkeitsform; die Wendung „das Spiel des Kindes" beinhaltet, wie, was und womit das Kind spielt; „Spiele" in der Mehrzahl meinen ebenfalls den Tatbestand Spiel, aber auch die Ausübung des Spiels anhand von Regeln mit oder ohne ein Spielzeug, evtl. sogar die Sammlungen solcher „Spiele" (GUTS MUTHS 1893; GROOS 1899; PRESSLAND 1976; VAN DELFT / BOTERMANS 1977; KING 1978). Zuweilen vereinigt eine Abhandlung gleich beide Ausdrücke in ihrem Titel: Spiel und Spiele. Wir meinen im Umkreis des Spielens nicht in erster Linie die theoretischen Deutungen, die sich auch hier in den Vordergrund schieben, also die verschiedenerlei „Erklärungen", warum und mit welcher Sinnerfüllung das Kind, der Mensch überhaupt spielt. Wir meinen schlicht das in der Zeit und einer konkreten Spielsituation sich ereignende Erlebnis, Verhalten, Tätigsein oder auch Beobachten, Aufnehmen, Staunen, Agieren und Reagieren, einschließlich wirksamer Motive oder Wunsch- / Zielvorhaben, kurz: die empirische Gestalt des Spielens, die dann freilich auch der sie übersteigenden Interpretation bedarf, um ihren pädagogischen Gehalt voll zu offenbaren (MOOR 1962; HECKHAUSEN 1964; STERN 1929; BUYTENDIJK 1933; CHATEAU 1969; HIMMELHEBER 1972; HARTMANN 1973; NICKEL u. a. 1975). Wer über „Spielen" befinden will, sieht sich genötigt, Akzente und Übergänge zwischen den möglichen Daseinsformen des Menschen überhaupt zu verteilen, die denn auch zu unerschöpflichen, scharfsinnigen bzw. konkurrierenden Formulierungskünsten verleiten:

„Spielen, Bauen und Gestalten" (FRÖBEL); „Spiel – Beschäftigung – Übung – (Förderung) – Arbeit" (E. MOLLER); „Spiel und Arbeit" (A. RÜSSEL); „Spiel, Arbeit und Wachstum" (E. ERIKSON); „Üben, Spielen, Tanzen, Kämpfen" (MESTER); „Spielen, Lernen, Üben, Arbeiten, Schaffen" (E. KÖHLER); „Spielen und Gestalten" (DEUTSCHER BILDUNGSRAT). Spielen und: Bewegung, Wille und Neigung, soziales Verhalten, Bedürfnis- und Triebbefriedigung, Kunst und Können, Erlebnis und Erfahrung, Wahrnehmung und Phantasie, Begabung und Intellekt u. a. m. Einleuchtend, daß alle diese Überlegungen auch den *Begriff Spielmittel* berühren.

3. Spielgegenstände findet man in der Umgebung des Menschen, seitdem er Spuren von seinem Leben hinterlassen hat. Die *Geschichte* der Spielgegenstände ist also eine alte, und sie beschäftigt mehrere Interessengebiete. Mit ihr haben wir es allerdings auch nicht zu tun. Vorzügliche Gesamtdarstellungen und ebensolche Monographien häufen sich in letzter Zeit:

über die Geschichte der Puppe, von Stofftieren, der Ballspiele, das Blechspielzeugs, der Zinnsoldaten u. a., der Spielzeuge technischer, kultureller, wohnungsbezogener, militärischer u. a. Natur (GRÖBER 1928; FRASER 1966; KUTSCHERA 1975; HILLER 1968; MENDNER 1956; CIESLIK 1980; GRUPP 1970; METZGER 1964; GRUNEFELD 1975; 1976 u. a.). Eine erste, umfassende Monographie, die sowohl das historische Material als auch die aktuelle Thematik bzw. Forschung behandelt, lieferte HEIN RETTER 1979.

Wohl erstreckt sich die *Geschichte* auch auf die *Begrifflichkeit*; das Wort „Spielmittel" selbst besitzt Sprach-Geschichte, der wir nunmehr einige Aufmerksamkeit schenken wollen. Das Wort entstammt der bezeugten Alltagssprache. Gleiches gilt für „Spielzeug", „Spielmaterial" u. a. m. Dieser Umstand, daß die für definierte Begriffe benötigten Wörter so vielfältig in den allgemeinen Sprachgebrauch verwoben waren und sind, macht das definitorische Bemühen so umständlich, freilich nicht überflüssig. Eine Wissenschaft, die darauf verzichtet, erledigt sich von selber.

Beim gleichen Autor findet man häufig mehrere Ausdrücke ohne genügende Abgrenzung gegeneinander„ oft nur der Gepflogenheit der Zeit folgend (zum Beispiel SCHUETTLER-JANIKULA: „Spiel- und Lernmaterialien" 1971 und „Spiel- und Lernmittel" 1972). Sodann siedelt die große Zahl der Benennungen nicht auf einer einheitlichen Bedeutungsebene, vielmehr auf deren drei, nämlich als

- Gegenständliche Bezeichnungen
- Formale Funktionsbezeichnungen,
- Bezeichnungen mit inhaltlichen (fachlichen, meist pädagogischen) Relationen.

Die hermeneutische und strukturierende Kraft der Pädagogik scheint versagt zu haben, sonst würde sie sich mit einem solchen „Würfelspiel der Begriffe" (NIETZSCHE 1873) nicht abfinden. Ungeordnete Vielfalt verträgt sich nicht mit dem Aufbau und den Aufgaben einer Wissenschaft. Es fehlt an Identifizierung und Klassifizierung. Wenn zwei oder mehrere der Ausdrücke miteinander rivalisieren und dadurch ihre Willkür offenbaren, verraten sie, daß es ihnen an intensialer und extensialer Zuverlässigkeit fehlt, und sie erzeugen Irrungen und Wirrungen im Denken, Forschen, Handeln der Pädagogik. Der praktische Alltag leidet darunter.

Hier einige Proben:

- Ist es gleich, ob man von Spielzeug, -mittel, -ware oder -sache redet?
  Stephan HIRZEL beklagt geradezu den Wandel des Spielzeugs zur Ware (1956); FRÖBEL (1826) selbst, aber auch GUTS MUTHS (1893), E. MOLLER (1877), O. FREY (1918), G. BITTNER (1968), G. SCHEUERL (1955, 1965) u. v. a. würden der Nur-Kommerzialisierung des Spielzeugs ebenfalls widersprechen. Die Alltagssprache nimmt es dagegen nicht so genau.
- Sind Spielmittel zugleich Lern-, Beschäftigungs- und Förderungsmittel und Arbeitsmittel und umgekehrt? Etwas Unterscheidbares, gar Unterschiedliches?
  Ein Versuch, das zu klären, hat u. a. auch Erika HOFFMANN unternommen (1963). Alle, die wie A. KÖHLER (1920) streng zwischen „Spiel-, Lern- und Arbeitsalter" unterscheiden, werden es diesbezüglich mit der Kontinuität von Erziehung und Bildung schwer haben, denn jedem Alter entspräche dann auch ein besonderer „Stoff" und eine für sich bestehende pädagogische Periode.
- Spielmittel, Lehr- und Lernmittel (Unterrichtsmittel) bewegen neuerdings den didaktischen Eifer vielerorts.
  Mündet dieser aber lediglich in die gleisnerische Metapher vom „spielenden Lernen und lernenden Spiel" (FROMMBERGER u. a. 1976), vernebelt er das Problem eher als daß er es zur Klärung brächte. A. FLITNER stellt es präzis: Spielen — Lernen (1973), während die Monographie von DÖRING (1973) die „Spiel- und Beschäftigungsmittel" FRÖBELs einschließlich dessen „Spielgaben" kategoriell den „Lehr- und Lernmitteln" subsumiert. Die Fassung „Lernspiel und Arbeitsmittel" von O. HAASE (1950) bewegt sich von vornherein in einem thematischen Gehege, vor dessen Toren wichtige Vorentscheidungen erst zu treffen sind. Scheinprobleme sind in dem Gehege leicht an der Tagesordnung. Sie entstehen zum Beispiel zwangsläufig, wenn man dem Spielen das Lernen alternativ entgegenhält (MIESKES 1968b).

Die gegenwärtige Aufgabe der Forschung beruht nicht allein in der ständigen Erweiterung der Nomenklatur, sondern vordringlich darin, eine zentrierte, insoweit dann auch echt differenzierende Reflexionsstufe der gesamten Fragestellung zu erreichen, und zwar in doppeltem Vollzuge:

- Es muß ein Einigungs-*(Ober-)begriff* für *alle* jene Gegenstände (Stoffe, Dinge), ganz gleich welcher Beschaffenheit, gefunden werden, die an das Phänomen „Spiel" gebunden sind. Wir definieren *Spielmittel* als solchen Oberbegriff.
- Zugleich muß eine terminologische Klammer gefunden werden, die die Vielfalt von Gegenständen, aber auch Aspekten und Bezeichnungen, ohne vorgegebene spezifische Akzentuierungen zu nivellieren, in sich zu vereinigen vermag, die sowohl in den Zuständigkeitsräumen des Spielens als auch in denen des Arbeitens, Unterrichtens anzutreffen sind, damit die Vielfalt an Ausdrücken und Gehalten aufhört,

bloße Menge zu sein und damit der Einheit von Erziehung und Bildung (einschließlich Lehren und Lernen) Genüge getan wird. Solche subsstantielle Einheit gibt es; wir fanden sie in der gemeinsamen *Pädotropie* aller Mittel; diese selbst bilden die Familie der *Pädotropika* (pädotrop = in pädagogischem Sinne wirkend).

Wir haben es also mit „Spielmittel" als einem Oberbegriff im Verbande der Pädotropika zu tun. „Gabe", „Material", „Ware", „Geräte" usw. scheiden als Anwärter aus (BORNEMANN 1971; BLUMENTHAL 1973). Desgleichen die neuerdings viel benutzte Bezeichnung „Medien". Die Ursprünglichkeit des menschlichen Spiels (und damit auch die des Spielmittels) liegt vor und jenseits der medialen Tendenzen, obwohl es eine Überschneidungszone geben mag. Spielmittel sind nie Massenmedien, auch wenn sie etwas „vermitteln", unter Umständen in modischer Manier, auch wenn sie „massenhaft" zur Verfügung stehen. Auf weitere Hinweise müssen wir verzichten.

Selbst das am meisten gebrauchte und hartnäckig fortgeerbte, mit zum Teil nostalgischer Hingabe verteidigte Wort „*Spielzeug*" taugt nicht zu dem gesuchten Oberbegriff. Die ihm von der Historie zugesprochene Bedeutung und sein tatsächlicher Geltungsbereich lassen es als zu eng erscheinen.

„Zeug" entstammt wortgeschichtlich (geltungsgleich etwa mit Stoff, Ding, Gerät, Gegenstand) einem Bedeutungsmilieu, das gefällige und mißfallende Wendungen kennt. Mit „Spiel" – „Spielen" hat es kategoriell zunächst nichts zu tun. Es deutet lediglich „eine nach Art und Zahl nicht näher bestimmte Menge von . . . Dingen" an und steht daher in einer bunten Wortkombination: Kleiderzeug, Schanz-, Werk-, Schuh-, Waschzeug, Steinzeug usw., letztlich alleinstehend: wertloses „Zeug". „Gegenständliches Spielzeug" muß also füglich als Tautologie gelten, denn „Zeug" ist ein „Ding". Richtig empfunden ist die Einsicht, daß nicht alles, was wir zum Spielen benutzen, ein Spielzeug sein muß.

Abgesehen davon, daß „Spielzeug" gegenüber gleichbedeutenden anderen Bezeichnungen nie ganz den Vorrang hat erreichen können (GUTS MUTHS zum Beispiel erwähnt erst in den späteren Auflagen seiner „Spiele zur Übung und Erholung . . .", „Die Rede scheint . . . vom Spielzeug zu sein", und O. FREY beteuert noch 1918: „Spielzeuge sind Dinge, die überwunden werden wollen und sollen"), hängt seine Geschichte unmittelbar mit der handwerklichen (daneben auch häuslichen) und später industriellen Produktion zusammen. Dazu A. KÖHLER (1920, 24): Die „Spielzeuge der Fabrikanten". O. FREY (1918) möchte „fertiges Spielzeug" vom „Spielgerät" unterscheiden. Spielzeug, so an anderer Stelle, ist „nur für Kinder erdacht und verstanden". FREY möchte belehrende Mittel, Konstruktions- und Experimentierkästen nicht mehr zum Spielzeug rechnen. Dieses „bezeichnet einen enger begrenzten Begriff, und nicht jeder Gegenstand, der zum Spielen dient, ist damit auch ein Spielzeug". In der Tat: Ein Sandhaufen ist kein Spiel-zeug in modernem Sinne, wohl aber zum Spielen geeignet. Dazu gesellen sich Abfallprodukte, Bastel-, Hobby-, Zeichen- u. v. a. Materialien, alle sehr wohl spielgeeignet, „Spielzeuge" aber wohl kaum zu nennen. Diese Überlegungen stellen eindeutig heraus:

- "Spielen" überragt kategoriell und effektiv den Geltungsraum von Spielzeug;
- „Spielzeug" umfaßt so oder anders nicht alle zum Spielen vorhandenen oder denkbaren dinglichen Substrate;
- die Gesamtheit dieser Substrate muß indes begrifflich faßbar werden (innerhalb derer dann auch Spielzeug wie auch immer bestimmbar wird). Spiele und Spielzeug brauchen eine gemeinsame Zugehörigkeit. Anerkennen wir Spielen als eine dem menschlichen Lebensvollzug generell eignende Kategorie, dem Homo ludens also als wesenhaft, so folgt zwingend daraus, daß alle zum Spielen tauglichen Mittel einem sie einigenden Zentralbegriff zugeordnet werden müssen, oder die Voraussetzungen stimmen nicht.

Erst nach Fertigstellung dieses Textes spielte mir ein launischer Zufall das willkommene Zeugnis von W. DÖPEL zu: „Aus der neuesten Spielzeugliteratur geht schon eine Abkehr vom Spielzeug als Massenware, eben als Zeug hervor: Spielzeug *ernst* genommen, *wertvolles* Spielzeug, *richtiges* Spielzeug. Auch vom Zeug versucht man loszukommen: Spiel*waren*, Spiel*dinge*; ROSEGGER spricht von Spiel*werk*. Aber die treffendste Bezeichnung hat FRÖBEL gefunden: *Spielgaben*" (DÖPEL o. J.). Anders wertete HILDEBRANDT (1904) „das Spielzeug im Leben des Kindes", desgleichen SCHAFFER (1957).

Das Postulat eines allgemeinen Oberbegriffes ist demnach unabweisbar. Wir definierten 1964 das Wort *Spielmittel* (gebrauchten es aber schon früher) in solchem Sinne und haben nun zunächst nach Gehalt und Reichweite (Intension und Extension) dieses Begriffes zu fragen (MIESKES 1972).

Als Oberbegriff weist er sich dadurch aus, daß er die kategoriale Funktion des Spielbegriffes in sich aufnimmt, aber keine bestimmte Deutung von Spiel von vornherein in Anschlag bringt, denn die Auffassung vom Spielmittel paktiert nicht mit einer einzelnen vom Spiel.

Der Ausdruck „*Spielmittel*", als alltägliche Redewendung, ist der Literatur schon lange bekannt, nicht aber als definierter Standardbegriff. Zu ermitteln, wie oft der Wortgebrauch bei den älteren Autoren auftritt, also eine reine Wortstatistik, brächte für unsere Belange nichts ein. Aber jedesmal, wenn „Spielmittel" mit Erziehung und/oder Bildung und damit auch mit Pädagogik unmittelbar verknüpft werden, ist Vorsicht geboten: Was versteht man jeweils darunter (was unsere Auffassung betrifft, verweisen wir auf anderweitige Veröffentlichungen; MIESKES 1956, 1966, 1973c). „Spielmittel" als Begriff ist weder historisch (wie die „Gabe") noch inhaltlich (wie „Spielzeug" oder „Medien") fixiert, so daß er als Oberbegriff explikatorisch zur Verfügung steht.

Dreierlei Forderungen erfüllt er:

- er muß eine vollständige, lückenlose Definition aller einschlägigen, vorhandenen und denkbaren Objekte ermöglichen,
- keinerlei teilinhaltliche Vorentscheidungen, gar ideologische oder normative Deutungen vorwegnehmen und
- widerspruchslos, auch nicht ersatzbedürftig oder korrekturbedürftig sein.

Abbildung 2 beweist, daß „Spielmittel" begrifflich diesen Anforderungen genügt.

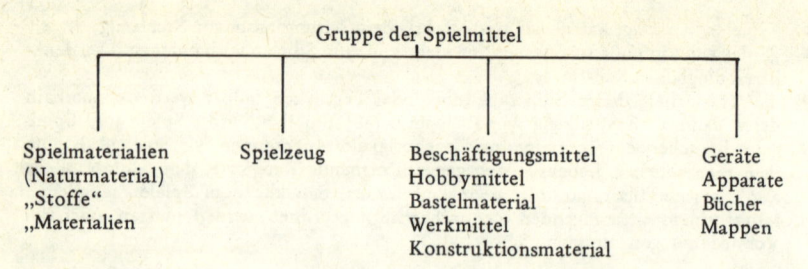

```
                        Gruppe der Spielmittel
    ┌──────────────┬────────────┬─────────────────────┬──────────┐
Spielmaterialien    Spielzeug    Beschäftigungsmittel   Geräte
(Naturmaterial)                  Hobbymittel            Apparate
„Stoffe"                         Bastelmaterial         Bücher
„Materialien"                    Werkmittel             Mappen
                                 Konstruktionsmaterial
```

Abbildung 2: Anforderungen an den Begriff Spielmittel

Der so plazierte Oberbegriff Spielmittel enthüllt von vornherein (bzw. grundsätzlich) seine *Systematik*, die wir uns zum Schluß noch vergegenwärtigen.

Für alle zu beachtenden Teilaspekte, nämlich betreffend Gegenstand, Beschaffenheit und Wirkung, deren Wert und Gewicht im einzelnen außer Frage bleibt, sie umfassend und ordnend, steht der fundamentale *„pädagogische Aspekt"* schlechthin, der freilich im Sinne der selbständigen Erziehungswissenschaft zu verstehen ist und zum Beispiel nicht mehr dem gleicht, den GROOS gefordert hat (1899, 516), denn letzterer läßt noch den Gegensatz zwischen „natürlicher Schule des ‚Spiels' und der (künstlichen) ‚pädagogischen Tätigkeit' " zu. Diese Auffassung von „pädagogischer Tätigkeit" ist es, die als überwunden zu gelten hat.

Die Definition jeden neuen Begriffs muß auf bereits vorhandene Begriffe zurückgreifen, die des Begriffes Spielmittel also auf die beiden eingangs erwähnten „Grundbegriffe" Erziehung und Bildung (als Grundtatsachen des menschlichen Lebens, nicht nur als beabsichtigte und verplante Maßnahmen, gar als Zwänge), bzw., wenn wir beide zusammenfassen wollen, auf den Begriff des pädagogischen Vollzugsgeschehens (PVG). Wenn es also zutrifft, daß Spielen seine anthropologische Funktion im Rahmen des PVG entfaltet, so folgert daraus, daß *Spielmittel als Mittel eben* des PVG zu verstehen sind und ihre Wirkung als eine im Sinne der Erziehung und/oder Bildung zu bestimmen ist, in solchem Rahmen sogar auch diagnostische und therapeutische Aufgaben wahrzunehmen berufen sind.

Wenn wir nun den gemeinsamen Tatbestand pädagogischer Relevanz (Verwandtschaft, Bedeutsamkeit) aller zum Spielen geeigneter Mittel, wie sie sich im umfassenden pädagogischen Aspekt kundtut, als *Pädotropie* kennzeichnen (päd-o-trop = in pädagogischem Sinne bedeutsam, wichtig, geeignet), so erweisen sich die Spielmittel als pädotrope Mittel: als *Pädotropika*, deren Intension, Funktion und Effizienz sich auf der Wirkebene des Spiels (Spielens) im Rahmen von Spielsituationen realisieren. „Spielmittel" repräsentiert dann als Gruppenbezeichnung – Oberbegriff – demnach in Forschung, Lehre und Praxis alle durch das Kriterium „Spiel' charakterisierten Pädotropika (MIESKES 1972).

Niemand kann bezweifeln, daß sämtliche Mittel, die spielend benutzt werden, sich solcher Ein- und Zuordnung fügen, weil kategoriell gleichen Sinnes

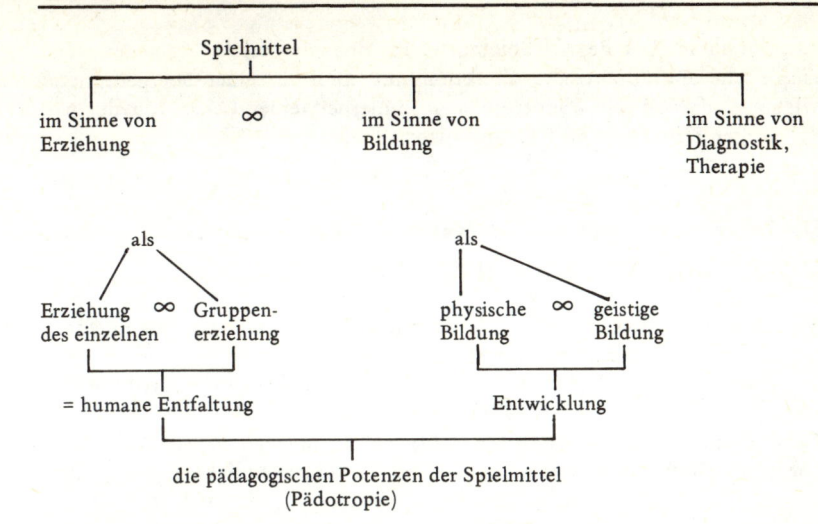

```
                                Spielmittel
        ┌───────────────────────────┼───────────────────────────┐
   im Sinne von          ∞     im Sinne von              im Sinne von
   Erziehung                    Bildung                   Diagnostik,
                                                          Therapie

          als                              als
         ╱   ╲                            ╱   ╲
   Erziehung  ∞  Gruppen-           physische  ∞  geistige
   des einzelnen  erziehung         Bildung        Bildung
   └─────────┬─────────┘             └─────────┬─────────┘
    = humane Entfaltung                   Entwicklung
             └───────────────────┬────────────────┘
                                 │
                   die pädagogischen Potenzen der Spielmittel
                                (Pädotropie)
```

Abbildung 3: Pädagogik der Spielmittel (MIESKES 1970)

und gleicher Gültigkeit, so ungleich sie untereinander nach Produktion, Gestalt, Ergiebigkeit usw. auch sein mögen — Unterschiede, die im gesicherten Verband ohne Gefahr auszumachen sind. Der Sinn (die Intension) der Spielmittel liegt in ihrer (möglichen oder tatsächlichen) pädotropen Funktion; seine Geltung (Extension) beweist der Begriff als Klammer für alle Untergruppen solcher Mittel. Die Wissenschaft aller dieser Mittel heißt folglich *Pädagogik der Spielmittel* (vgl. Abb. 3).

Zusamenfassung

Ihrem Wesen nach haben wir eine explizierende und regulierende Definition des Wortes Spielmittel durchgeführt. Wir folgern daraus:

- „Spielmittel" soll das „Spielzeug" weder verdrängen noch mißkreditieren, wohl aber thematisch lokalisieren (der eine Begriff ist unvermeidlich, der andere unaufgebbar — MIESKES 1969d, 1981);
- der Oberbegriff verhält sich neutral hinsichtlich besonderer Strömungen der Spieltheorien und allgemein-pädagogischer Richtungen; in seinem thematischen Binnenraum trifft er keine Vorentscheidungen;
- die Gründe, deretwegen er unumgänglich ist, liegen innerhalb und außerhalb des Geltungsbereiches „Spielzeug";
- der Oberbegriff ist unbelastet von emotionalen Barrieren. Erwachsene und Senioren lehnen „Spielzeug" ab, nicht indes Spielmittel;
- Spielmittel können ihrem Wesen nach nicht mehr in irgendeiner Hinsicht begrenzt werden, etwa auf Kinder und Jugendliche, auf die eine oder andere Art von Aktivität (auf bestimmte Handlungsziele) u. a. m.;
- der Oberbegriff erlaubt einheitliche Forschung und Diskussion für alle nachgeordneten Untergruppen von Mitteln, ohne stets von den vielen (evtl. noch unbekannten) Details blockiert zu werden;
- schließlich entfaltet der Oberbegriff die allseitige Kohärenz mit allen übrigen Gruppen von Pädotropika — Anliegen des nächsten Abschnittes.

Alles in allem: Der Begriff Spielmittel übt eine kategoriale, hermeneutische, empirische und praktische Funktion aus inmitten einer übergeordneten Wissenschaft von den Pädotropika, insonderheit einer Lehre von der pädagogischen Situation und Führung allenthalben.

II. Spielmittelforschung im Rahmen einer Wissenschaft von den „pädagogischen Hilfsmitteln" (Pädotropika)

Verstehen wir unter Spiel eine der kategoriellen Äußerungsformen menschlichen Lebens, so sind Spielmittel das dinghafte Substrat bestimmter Arten von Spielen. Dieses Substrat ist kein bloßes Gedankengut, nicht Erzeugnis der reinen (subjektiven) Hermeneutik, sondern ein greif- und erfaßbarer Gegenstand, somit der empirischen Forschung zugänglich. Am Anfang solcher Forschung aber stehen Sach- und Denknotwendigkeiten, die nicht außer Kurs gesetzt werden dürfen. In unserem Falle sind folgende anzuführen:

- Für alle pädagogischen Aussagen, die es mit der erzieherischen Entfaltung und bildnerischen Entwicklung des Menschen zu tun haben, bleibt es problematisch, sich mit abstrakten, rein begriffshermeneutischen Konstruktionen zu begnügen und nicht zu wissen, was „wirklich" ist und geschieht (HEIDEMANN 1968, 147).
- Die Thematik im Tatsachenfeld Spiel und Spielmittel kann nicht losgelöst vom übrigen, umfassenderen Aufgabengebiet der Erziehungswissenschaft untersucht und beurteilt werden; das gilt auch in umgekehrter Richtung: von Aussagen der Erziehungswissenschaft über Spiel und Spielmittel.
- Der Begriff Spielmittel muß innerhalb seines Geltungsbezirkes sowohl die erforderliche Grundlagenforschung als auch alle Tatsachenforschung im Detail ermöglichen, d. h. alle einschlägigen Fragestellungen müssen sich aus der Essenz dieses Oberbegriffs ergeben und ihre Antworten in ihm vereinigen können;
- „Spielmittel" gewährleistet als Begriff außer der definitorischen auch die empirische Kohärenz ebenso im Binnenraum der Erziehungswissenschaft wie nach außen, zu den anderen Wissenschaften (= intra- und interdisziplinäre Kohärenz). Insofern erweist er sich als sinnvoll und zweckmäßig in allgemeinem Sinne (also auch für nichtpädagogische Wissenschaften) und von integraler Funktion inmitten der über-, neben- und untergeordneten Begriffshierarchie.

Binnenwissenschaftlich kohäriert jedes *Spielmittel* ideell und faktisch nach oben mit den beiden Grundbegriffen der Erziehungswissenschaft: Erziehung und Bildung, von denen aus es als ein Mittel des pädagogischen Vollzugsgeschehens definiert werden kann. Auf gleicher Ebene verbindet es sich dank seiner pädagogischen Relevanz = *Pädotropie* mit all den übrigen Mitteln adäquater Bestimmung, wenn auch zum Teil unterschiedlichen Wirkraumes: Lehr-, Lern-, Arbeits-, Anschauungs-, Demonstrationsmittel usw., mit denen es gemeinsam die Familie der *Pädotropika* (Pt) bildet. Pädotropie umschließt immer Erziehung und Bildung, und zwar in jeweils konkreter Akzentuierung. Daß die Kohärenz bzw. Systematik der Spielmittel (vgl. weiterführend auch Abb. 4) nach unten hin alle *Teilgruppen* von Spielmitteln vereinigt, haben wir schon dargetan.

Spielmittel und Spielmittelforschung 397

```
                Erziehung        Bildung
                      └─────┬─────┘
                Pädagogisches Vollzugsgeschehen
                            │
                       Pädotropika

              Lern-, Lehr-, Arbeitsmittel . . .
Spielmittel ─┤
                                     klinische Mittel
```

Zur Erläuterung der Gruppe klinischer Pädotropika

```
     pädagogische                diagnostischer Funktion      psychischen
als  medizinische  ⟩ Mittel mit ⟨                         im  physischen   ⟩ Persönlichkeitsbereich
     psychosomatische             therapeutischer Funktion    geistigen
```

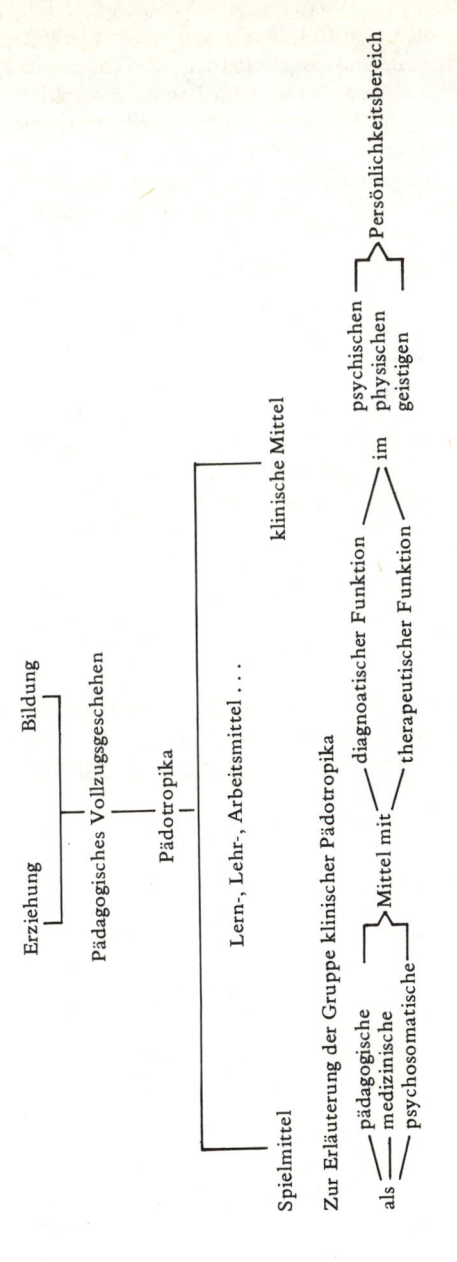

Abbildung 4: Zur Systematik der Spielmittel

Die *Pädopathologie* bedient sich solcher Mittel ebenso wie die kinderärztliche, psychiatrische, psychosomatische und psychologische Praxis. Szeno- und Wartegg-Test, freies oder gebundenes Zeichnen, Bauen, Gestalten, Formen usw. sind bekannte Beispiele für Pt mit diagnostischer bzw. therapeutischer Funktion: Spielmittel für Spiele als Indices zur Beurteilung und Behandlung der Probanden. Die „pädomedizinischen Aspekte der Spielmittel" (MIESKES 1969c) führen zu einer besonders engen und fruchtbaren interdisziplinären Zusammenarbeit.

Daß jedes Pädotropikum, also auch jedes Spielmittel, zu pädagogischen *Situationen* und zur pädagogischen *Führung* in direkte Wechselbeziehung tritt, ist jetzt noch aufzuzeigen.

Mit pädagogischer Situation (PS) meinen wir die Summe der variablen und invariablen Voraussetzungen, Bedingungen und Einflüsse, unter denen sich Erziehung und Bildung am Orte und in der Zeit vollziehen. In der Situation integrieren die jeweiligen personalen, materialen, funktionalen und atmosphärischen Komponenten zu dem konkreten PVG.

Jene Situationen, in denen — womöglich unter Leitung (Führung) eines Fachmannes — gespielt, gelernt oder gearbeitet wird, markieren lediglich einen abgewandelten Typus der PS, nicht aber etwas grundsätzlich anderes.

Das in einer PS lokalisierte, darin ablaufende PVG bedient sich einer Vielzahl unterschiedlicher Katalysatoren bzw. Medien. Diese helfen also, die pädagogischen Prozesse auszulösen, zu kanalisieren, zu beinhalten und zu erhalten. Die Gesamtheit dieser Mittel haben wir *Pädotropika* (PT) oder pädotrope Hilfsmittel genannt. Sie erfüllen eine auxiliäre Funktion. Es versteht sich von selbst, daß die pädagogische *Führung* (PF) — Inbegriff aller wechselseitigen pädagogischen Vorsorge, Betreuung und wie auch immer beinhalteten mitmenschlichen Hilfe — sich solcher Mittel bedient, sie dadurch zu Führungsmitteln macht: Wir sind gewohnt, von den Arbeitsmitteln in der Hand des sich selbst bildenden Schülers oder von Lehrmitteln in der Hand des Lehrers innerhalb der Lernsituation der Schule zu sprechen.

Spielmittel zeichnen sich aber prinzipiell durch den nämlichen pädotropen Charakter bzw. Funktionsmodus aus. Sie sind ebenfalls Pt und können in Spiel-, Lern- oder Lehrsituationen PVG in Gang bringen, lenken und beinhalten.

Spielmittelforschung gehört daher, auch von hieraus betrachtet, ihrem Gegenstand, ihrer Methodik und ihrer Sinngebung nach zu der Wissenschaft von den Pt (MIESKES 1970b).

Wo und von wem immer eines oder mehrere solcher Mittel benutzt bzw. „verwendet" werden, sie müssen in dem aufgezeigten Bezugssystem begriffen und beurteilt werden. Dies ist der *pädagogische Aspekt*, nach dem schon GROOS, HILDEBRANDT, nach ihnen O. FREY und BITTNER, allerdings in anderem Verständnis, verlangten, der sich nun aber dem medizinischen, psychologischen, soziologischen . . . als verständiger Partner anbietet.

Pädotropie nennen wir, die angestellten Überlegungen zusammenfassend, das einheitsstiftende Prinzip für Differenzierung und Integration aller Bereiche von „Mitteln" und zugleich den Inbegriff für deren theoretische, empirische und praktische Validität, damit auch Ziel und Gegenstand einer fachgerechten Forschung (MIESKES 1971c, 1968a). Wir erklären einen Gegenstand dann als zum Forschungsbereich unseres Faches gehörig, wenn er sich als Teil der pädagogischen Wirklichkeit erweist, insofern für erziehungswissenschaftliche Kriterien zugänglich ist, mit Methoden, die für pädagogische Forschung geboten und zulässig sind, und wenn die anfallenden Aussagen über ihn letztlich auf Aussagen über Erziehung und Bildung zurückgeführt werden können. Es zweifelt heute niemand mehr an der Feststellung, daß wir es u. a. auch betreffs Spielmittel mit einem echten, weil realen pädagogischen Forschungsgebiet zu tun haben.

Spielmittel offenbaren, gegenständlich und erst recht funktional betrachtet, eine komplexe Natur, die bedingt, daß pädagogische Spielmittelforschung nicht in der Vereinzelung und unabhängig von dem die Spielmittel umschließenden situativen Kontext gedeihen kann. Jedes Spielmittel entfaltet sich in konkreten Situationen, im Verhältnis zu bestimmt gearteten und disponierten Benutzern und nicht unabhängig von der Umwelt, in der die Benutzer leben, die einzelnen Situationen sich plazieren und die Spielmittel geschaffen bzw. gesucht oder gebastelt werden. Kein Spielmittel kann abgelöst von diesem seinem Bezugssystem pädagogisch analysiert und beurteilt werden, es sei denn, man beschränke sich auf den Kreis objektimmanenter Kriterien (MIESKES 1973a). Davon später.

Wir nennen diese vielseitige Abhängigkeit des Spielgeschehens, damit auch die der Spielmittel selbst, das *System* der *dimensionalen Entsprechung* — ein fundamentaler Grundsatz, der in aller empirischen pädagogischen Forschung durchgehende Beachtung beansprucht. Der Grundsatz besagt in unserem konkreten Falle, daß ein tatsächliches (Spiel-)Geschehen jeweils dem Zusammenwirken (Produkt) seiner Bestimmungselemente entspricht. Letztere können wir hier nur grob andeuten:

- vom Spielmittel her: Beschaffenheit, „Gehalt", Wirkraum ...
- beim Probanden: Grundkräfte, Lebens- und Entwicklungsalter, jeweilige Disposition, Konstitution ...
- innerhalb der konkreten Situation: personale, materiale, atmosphärische Gegebenheiten, Führungsverhältnisse ...
- von der Um- / Mitwelt her: Struktur der fraglichen Situationsbereiche (der Familie, Freundschaft, Gemeinschaft, Gesellschaft), Einstellungen zum Spiel, kulturelle Strömungen, pädagogische Haltung und Praxis, Verständnis von Erziehung und Bildung ...

Das genannte Prinzip bedingt nun für die Spielmittelforschung folgende *Aspekte*:

- *anthropologische und historische Forschung*: Beispiele brachte bereits unser erster Abschnitt;
- *empirische Grundlagenforschung* (etwa im Sinne folgender Abhandlungen von MIESKES): Die Gießener Spielmittelforschung im Rahmen der Wissenschaft vom Spiel, Spielen und Spielzeug (1971c); Das Spielmittel und die Wissenschaft (1976);

Entwicklung und Stand der Gießener Spielmittelforschung (1970c); Spielmittelforschung — im Rahmen einer Pädagogik der Spielmittel (1973b);
- *laufende Forschung*: Detail-, Folge-, Weiterungs-, Serien-, Reihen-, spezifizierte Forschung: hierzu zählt der größte Teil der üblichen Untersuchungen, zum Beispiel MIESKES: Kriegsspielzeug und martialischer Geist (1981); Spielmittel als Therapeutikum (1970d); Lehr- und Lernmittel (1971a); Schulpädagogische Aspekte des Spielens und der Spielmittel (1969b); Die Leselernspiele — eine Expertise (aus dem Gießener Institut, 1970g); Spielen in der Schule (1974b). — Monographien bzw. Gutachten über einzelne Spielmittel und -systeme) möchten wir auch anführen. Die DJI-Dokumentation von Brigitte SCHRÖDER: Kinderspiel und Spiel mit Kindern (1980) bringt viele Titel zu diesem und den anderen Forschungskomplexen. Vom pädagogischen Standpunkt aus zählen wir die psychologischen und soziologischen Untersuchungen ebenfalls zu dieser Gruppe.
- *Produktionsforschung*: MIESKES: Spielmittelforschung und Spielmittelproduktion. Probleme — Bilanz — Programm (1974c); Spielmittel — Produktion, Konsum und Forschung (1971b); Die Entwicklung der Spielzeugindustrie in Westdeutschland nach 1945 (N. MENDEL 1979 — unveröffentlicht); Die Wandlungen in den Absatz- und Erzeugungsbedingungen der deutschen Spielwarenindustrie (WIEDERHOLZ 1931);
- *warenkundliche Forschung*: Die Geschichte der Nürnberger Spielzeugindustrie (WENZEL, Diss. 1967);
- *Marktforschung*: MIESKES: Werk, Wort und Wirklichkeit. Das Gespräch zwischen Wissenschaft und Wirtschaft (1969e); Die künftige Entwicklung der Spielwarenwirtschaft unter besonderer Berücksichtigung des Fachhandels (TIETZ 1968); Pädagogik in der neueren Spielzeugwirtschaft (WEITSCH 1936); Spieltheorie und wirtschaftliches Verhalten (VON NEUMANN / MORGENSTERN 1961);
- *Konsum-(enten-)forschung*: zum Beispiel die Einstellung der Bevölkerung zu Spielzeug (Institut für Werbepsychologie und Markterkundung GmbH, Frankfurt 1965); Spielzeug, Sozialschicht, Erziehung. Elternbefragung über Spielmittel (aus dem Gießener Institut, RETTER 1973).

Auf keine dieser Forschungsrichtungen kann das wissenschaftliche Interesse verzichten, weil das Problemfeld des Spielmittels in der Gesamtheit seiner thematischen Differenzierungen und Beziehungen bestellt werden muß, sollen nicht perspektivische oder praktische Verzerrungen auftreten, insonderheit in Grenz- und Übergangsbereichen und in der gesamten Spielbreite der Kohärenzen. Daran sollten uns voreilige Sätze wie der folgende mahnen: „Spielzeug kann nicht von generellen pädagogischen Intentionen, sondern nur von seiner ‚Spielfunktion' her . . . beurteilt werden." Ein „sowohl als auch" ist hier angebracht. Auf bloße „Intentionen" allein wollen wir uns auch nicht einschwören lassen, wohl aber auf generelle pädagogische Aspekte und Grundsätze, die sehr wohl mitbedacht sein müssen.

Wenn wir die *Grundlagenforschung* betontermaßen hervorheben, dann nur, weil sie innerhalb der Pädagogik keineswegs schon einen gesicherten Platz gefunden hat. Wie soll sie auch in all den Richtungen von Pädagogik, die ihre Grundlagen von anderen Wissenschaften her beziehen — ein beredtes Beispiel übrigens, daß die Selbstauffassung einer Disziplin weitreichende Vorentscheidungen hinsichtlich ihrer Zuständigkeit, ihres Forschungswillens und ihrer Entwicklung fällt.

Die Unterscheidung von Grundlagen- und angewandter Forschung (nennen wir letztere auch Folge-, Weiterungs-, Serien-, Reihen-, Bedürfnis- und Detailforschung oder wie auch immer), können wir in absoluter Geltung nicht stehen lassen. Eine strenge Grenze läßt sich nicht ziehen. Auch Grundlagenforschung drängt zur Anwendung, zumindest in der Nachfolgeforschung, diese ist aber nicht ihr Zertifikat, weil Grundlagenforschung der inneren Dynamik eines Gegenstandes, nicht der Tendenz unmittelbarer Nutzanwendung entspringt. Grundlagenforschung stiftet neue Theorien (in unserem Falle eine Pädagogik der Pt., einschließlich der Spielmittel, letztlich des Spiels überhaupt) und eröffnet einen ganzen Umkreis fortführender (spezifizierender) Untersuchungen (zum Beispiel über einzelne Spielmittel, einzelne Arten von Spiel- / Lernsituationen, Führungsformen, individuellen Erziehungs- und Bildungsabläufen und vielem anderen mehr). Wer angewandte Forschung will, muß Grundlagenforschung bejahen. Nichtbeachtung dieser Wahrheit führt zu den vielen Irrungen und Wirrungen in den Aussagen über Kindergarten und Schule: Man betrieb zum Beispiel „begleitende Untersuchungen", ohne verläßliche Kenntnis der fundamentalen Gesetzmäßigkeiten einer Schulwirklichkeit.

Was hat Grundlagenforschung im Problemkreis Spielmittel zu leisten? Wir beschränken die Antwort auf die wichtigsten Angaben:

- Sie entwickelt die theoretischen und methodologischen Hauptaspekte für den anstehenden Gegenstandsbereich (zum Beispiel im Sinne des Prinzips der dimensionalen Entsprechung);
- sie erstellt das System erforderlicher Rahmen-Schlüsselbegriffe, in dem alle nachfolgenden Detailbegriffe zu lokalisieren sind (zum Beispiel Pt., Spielmittel, pädagogische Potenz usw.);
- sie schafft damit die Grundlagen für eine nachprüfbare Reflexion über Spielmittel für alle pädagogische Theorie und Praxis;
- sie deckt die binnen- und außenbezüglichen Kohärenzen auf (zwecks Integration aller Forschungsergebnisse in die Mutterwissenschaft und zugunsten des interdisziplinären Gesprächs);
- sie untersucht die Grundstruktur und den Funktionsmodus von Spielmitteln (die jedem Einzelfall zugrunde gelegt werden können);
- sie sorgt für Verhältnismäßigkeit bei der Wertung neugewonnener Einzelerkenntnisse und für Maßstäblichkeit der abzuleitenden praktischen Folgerungen (zum Beispiel verdeutlicht sie, daß durch Zugabe einiger Spielmittel der Lebens- und Unterrichtsstil in der Schule nicht reformiert werden kann, oder sie reduziert die Ansicht über die Wirkung von Kriegsspielzeug auf das tatsächliche Maß (MIESKES 1981);
- sie achtet auf sachadäquate Verteilung der Forschungsaspekte im Gegenstandsbereich und verhindert unnütze Ballungen um eine Fragestellung (Modetrends!) und Außerachtlassung anderer Fragestellungen (zum Beispiel gewährleistet sie die Einheit von spielpädagogischen, schulpädagogischen, pädopathologischen, pädomedizinischen Aspekten).

Von all diesen Aufgaben und Aspekten einer Grundlagenforschung im anstehenden Gegenstandsbereich wäre nicht überzeugend zu handeln, ließen sie sich nicht samt und sonders zu einem Sach- und Begriffsganzen systematisieren.

Methodologisch baut sich empirische Spielmittelforschung auf wie jede pädagogische Empirie. Wir begnügen uns mit einem Überblick und verzichten auf Erläuterungen im einzelnen (vgl. Abb. 5).

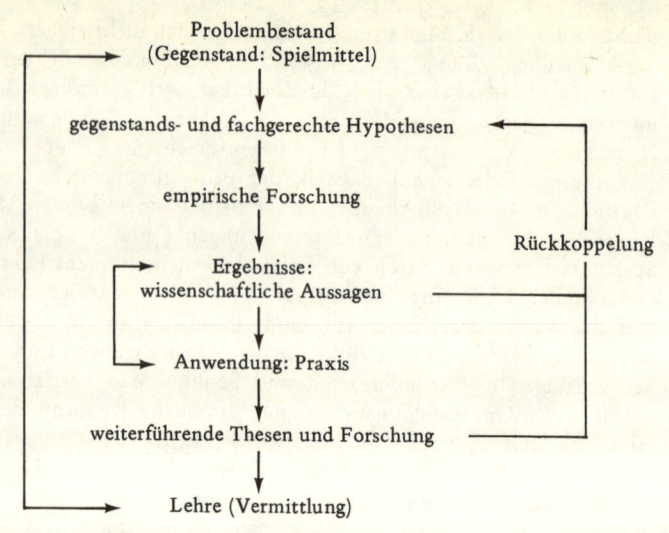

```
            Problembestand
        (Gegenstand: Spielmittel)
                  ↓
    gegenstands- und fachgerechte Hypothesen
                  ↓
          empirische Forschung
                  ↓                    Rückkoppelung
            Ergebnisse:
       wissenschaftliche Aussagen
                  ↓
          Anwendung: Praxis
                  ↓
    weiterführende Thesen und Forschung
                  ↓
          Lehre (Vermittlung)
```

Abbildung 5: Empirische Spielmittelforschung

Hervorzuheben ist, daß in unserem Institut alle Stationen, die das Schema (vgl. Abb. 5) aufzeigt, zu ihrem Recht kamen, namentlich Forschung – Praxis – Lehre. Sie erwiesen sich als notwendige, sich wechselseitig bedingende Glieder eines einheitlichen wissenschaftlichen Unternehmens.

An *Einzelmethoden* der Forschung können alle benutzt werden, wie sie von den Gesellschaftswissenschaften her bekannt sind: Analyse literarischer Zeugnisse (Fachliteratur und biographische Erinnerungen), Befragung (Fragebogen, Interview), Beobachtung und „Experiment". Statt sie nacheinander zu charakterisieren (was ihre unterschiedlichen Vorzüge und Nachteile verdeutlichen würde), erwähnen wir etliche Erfahrungen aus unserer Forschungspraxis.

Statistische Verfahren kann das Bedürfnis nach Überblick über größere Populationen und über spielpädagogische Daten und Verhältnisse nicht missen, für die pädagogische Forschung ergiebiger erweist sich aber allemal die *Fallstudie* (als Einzelfall- oder konkrete Situationsstudie).

Beobachtung (in) der konkreten Situation bewährt sich als wichtigstes Verfahren der Grundlagenforschung. Zu beachten sind: ihre jeweilige Aufgabenstellung, die Art ihrer Durchführung, ihre Abwandlung nach den verfolgten Aspekten, die zweckmäßigste Dokumentation des Beobachteten und die Methode der Auswertung.

Wir verfuhren meistens nach folgendem Schema:

```
                                Protokollation
intra- und/oder  Beobachtung  → und/oder          Formulierung
parasituative                   audiovisuelle   → protokollarischer
                                Aufnahmen         Aussagen
```

Hier der Kopfteil eines *Protokollbogens*:

			E W S (= Institut)	
Spielmittel: Untersuchung: Proband(in): Raum: Datum: Zeitdauer:			Tabulatur:	
			Pb: Geb.-Datum:	Alter:
			Ul(n) Protokollant(in):	
Lfd. Nr. 1)	Zeit-markie-rung a 2)	Verlauf des Geschehens b 3) 1) Vom Auswertenden (Forscher) einzusetzen 2) vereinbarte Zeitangaben 3) reines Faktengeschehen; keine Deutungen 4) vom Protokollanten bzw. Auswertenden hinzufügen	Bemerkungen c 4)	

Spielmittelforschung verläuft, wir sagten es schon, ausnahmslos als Situationsforschung. Daher gilt der folgende Grundsatz ohne Einschränkung: Die Natürlichkeit der Situation muß gewahrt bleiben, sofern man natürliche Spielabläufe wünscht. Wie das zu gewährleisten und mit der Beobachtung einerseits, mit der Abwandlung der Situation und Beobachtensrichtung entsprechend den zu verfolgenden Aspekten andererseits zu vereinbaren ist, vermag hier nicht mehr dargelegt zu werden.

Das „Erziehungswissenschaftliche Seminar und Institut für Pädagogische Forschung" in Gießen führte in seinen Räumen zu Forschungszwecken (aber nicht nur zu diesen) über 15 Jahre ununterbrochen eine *Kindergruppe*. Sie wechselte nach Größe und Alterszusammensetzung je nach Bedarf (immer aber in natürlicher Abfolge). In ihr und aus ihr heraus wuchs die Forschung, ohne daß jemals die kind- und situationsgemäße Atmosphäre gestört bzw. nennenswert belastet worden wäre. Über diese Gruppe war das Institut mit hunderten von Familien aller Berufsschichten eng verbunden und vertraut, so daß Eltern, Kinder und Mitarbeiter eine pädagogische Gemeinschaft bildeten. Die Gruppe (einschließlich Elternhäuser, Freundeskreise, Kindergärten bzw. Schulen einbezogen) gebar Fragestellungen, diente der Ermittlung, aber auch der Kontrolle der Ergebnisse. Generalbeweis für die menschlich-pädagogisch ausgewogene Gruppe: sie rekrutierte sich von selbst; der Andrang von Kindern und Familien war stets größer als der Bedarf.

III. Kriterien zur Analyse und Beurteilung von Spielmitteln

Spielmittelforschung drängt zu einer Pädagogik der Spielmittel; der Alltag dieser Pädagogik hat es zum einen mit dem praktischen Erziehungs- und Bildungsgeschehen im und durch Spiel zu tun (freilich nicht in der schulischen, gar unterrichtlichen Beschränkung solcher Praxis), zum anderen mit der Beurteilung von Spielmitteln, und zwar im Interesse der pädagogischen Praxis selbst oder im Rahmen von Begutachtung und Beratung. In beiderlei Richtung bedarf es fach- und gegenstandsadäquater Maßstäbe und Kriterien, die selbst Erträgnisse der Forschung sind und – über den Umgang praktischer Erprobung – auf die Forschung zurückwirken. Wenn hier außer der Forschung und Theorie die Praxis entscheidend in's Spiel gebracht wird, so empfiehlt es sich, zusätzlich zu der eben getroffenen Feststellung noch eigens, gültig für alle unsere Beiträge, darauf hinzuweisen, daß wir unter „Praxis" nicht allein das pragmatische, technisch-didaktische Machen verstehen (gar nur das eines Erwachsenen, gar nur eines Lehrers auf den Unmündigen hin), also auch nicht bloße Pragmasie, vielmehr die Praxis gleichsam des Lebens selber, seinen Pulsschlag, soweit er als pädagogisches Vollzugsgeschehen imponiert. Pädagogik ist letztlich Wissenschaft des so verstandenen Lebensvollzugs. Insofern sind Erziehung und Bildung zentrale Tatbestände und Werte der Lebenspraxis.

Weil es im bunten Reich der Spiele und Spielmittel ohne sachliche und formale Anhaltspunkte für den Einzelfall und auch für den vergleichenden Überblick im großen nicht geht, bemüht man sich seit langem darum. O. FREY empfahl (1918, 189), „wissenschaftliche Kriterien für die Beurteilung von Spielzeug" zu suchen. Fach- und Laienkreise fordern bis heutigentags das gute, richtige, oft schlechthin das „pädagogische" Spielzeug. Im Mittelpunkt aller Erwartungen steht der „*pädagogische Wert*", in dem die übrigen Attribute doch alle aufgehoben sein müßten, den es aber in monomaner Einzigartigkeit gar nicht gibt. G. BITTNER (1968, 223): Es geht „heute vor allem um die Unterscheidung von gutem und schlechtem Spielzeug". Nur, läßt sich, was pädagogisch hier und jetzt zweckmäßig ist, auf die pauschale Alternative gut – schlecht vergröbern? Diesen Traum müssen wir aufgeben. Wollte jemand die rd. 9000 gängigen Medikamente in „gute" und „schlechte" aufteilen? So gilt es auch unter 30 000 gehandelten Spielmitteln differenziert zu fragen: gut – schlecht für wen, wofür, wann, wo und in welcher Art? Das heißt nun, die Dignität von Kriterien für Analyse und Beurteilung von Spielmitteln ist identisch mit dem Grad ihrer Individualisierung und Differenzierung sowie mit dem Maß ihrer Umfänglichkeit. Letztere umschließt das Spielmittel selbst, das spielende Subjekt, die aktuelle Spielsituation und die um- bzw. mitweltmäßigen Bedingungen. Wir haben Anlaß hervorzuheben, daß das pädagogische (Spiel-)Geschehen, als Produkt des ganzen Sinn- und Beziehungsgeflechtes, nicht anders denn als ein sinnvolles (mit inhaerenten Sinn-Normen ausgezeichnetes) verstanden wird, und die zu behandelnden Kriterien weder einem „manipulierbaren Aktualismus" noch sinnentleerten Formalismus huldigen (HÖTERSHIN-

KEN 1976); wir stehen auch nicht mehr im Banne einer universellen Planomanie: gut sind Spielmittel, die sich den Erziehungs- und Bildungsprinzipien schlechthin bzw. denen einer Institution, eines Elternpaares nutzbar erweisen. Ein Schema orientiert über das *Kriterienganze*:

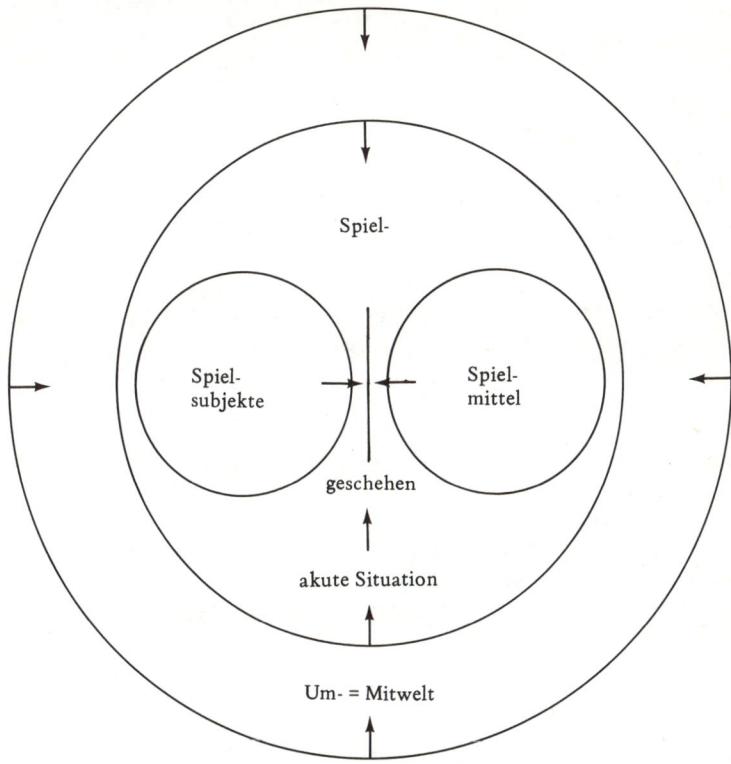

```
                    Spiel-
        Spiel-              Spiel-
        subjekte            mittel
                  geschehen
                akute Situation
                Um- = Mitwelt
```

Abbildung 6: Kriterienganzes der Spielmittelwirkung

Abbildung 6 offenbart im übrigen, wo überall der Begriff *Spiel-Raum* als eine irgendwie verfügbare Größe und Sinngebung seinen Platz findet: Als Spielraum, den das Spielmittel (aufgrund seiner Modalität und seines Funktionsfächers — siehe später) unter Umständen gewährt, den die akute Situation (atmosphärisch, personell, räumlich und zeitlich) bietet, als Lebensfreiheit, für Spiel-Raum in der weiteren Umgebung. Die Abbildung erläutert zum anderen, daß die Aussage G. BITTNERs (1968, 227), Spielzeug könne nicht von generellen pädagogischen Intentionen, sondern nur von „seiner Spielfunktion" her auf seinen Wert und seine Qualität hin beurteilt werden, allenfalls die halbe Wahrheit enthält.

Wir beschränken uns auf die dem Gegenstand Spielmittel zugehörigen Kriterien. Die übrigen Glieder im Gesamtgeschehen werden zwar nicht übergangen, können jedoch in dem uns gesetzten Rahmen nicht detailliert aufgefächert werden. Danach ergibt sich eine erste Zuordnung:

Kriterien	erfassen am Spielmittel
betreffs Erziehungs- und Bildungsmöglichkeiten des Spielsmittels	— die wesenhafte Wirkbreite (Funktionsradius, Funktionsfächer)
in Richtung Subjekt(e) und Gruppen	— die individuelle Eignungsbreite und soziale Streubreite
in Richtung Spielsituation	— die raum-zeitlichen Wirkungsbedingungen (Feldbezüge)
in Richtung weiterer Um-, Mitwelt	— die übergeordneten (zum Teil langfristigen) Wirkbedingungen

Über die Kriterien der „Funktionalität" (Funktionsradius, Funktionsfächer) wird sogleich gehandelt; „Eignungsbreite" meint alle spielmittelbedingten Eigenschaften im Verhältnis zu den Spielfähigkeiten (= zum Beispiel Verhältnis von Schwierigkeitsgraden, Anforderungen u. a. m. zu den Fähigkeiten des Subjekts), Spielbedürfnissen usw. des einzelnen Spielenden oder ganzer Gruppen (Solitär-, Zweier- oder Mehrpersonenspiele = soziale Streubreite). Es geht global um das „richtige" Spielmittel für ein bestimmtes Entwicklungsalter (nicht Kalenderalter), sodann um das richtige Spielmittel für das jeweilige individuelle und gruppenmäßige Bedürfnis im weiteren Sinne (einschließlich der Wünsche, Neigungen, Notwendigkeiten). — Die Kriterien der spezifischen *Spielsituation* und der weiteren Umwelt, auf die hin die Wirkung eines Spielmittels ebenfalls sorgfältig bewertet werden muß, ergeben insgesamt die situativen Begleitbedingungen. Die hierfür zu veranschlagenden Kriterien gehören zwei Polen an, die zueinander in ein optimales Verhältnis gebracht werden müssen (vgl. Abb. 7).

normierende Kriterien seitens des Auswählenden bzw. Interessenten } : {	Sach- und Konditionalkriterien, die mit dem Spielmittel und der Spielsituation im weiteren Sinne gesetzt sind, desgleichen mit der „Natur" des Spielenden
= Taxonomien und Intentionen	= objektive und subjektive Gegebenheiten

Abbildung 7: Kriterien der situativen Begleitbedingungen

Unser erstes Kapitel stellte deutlich heraus, daß wir als Konstituens aller Pt. den Tatbestand der Pädotropie ermittelt haben. Dieses ist eine potentielle und funktionale Größe. „*Funktionalität*", Inbegriff pädotroper Wirkmöglichkeiten, liefert die zentrale Beschreibungskategorie denn auch für alle Spielmittel. Sie ist nicht nur eine zentrale, sondern auch eine zentrierende Größe, und sie erklärt sich, so konnten wir eruieren, als integrale Einheit dreier Grundgegebenheiten:

- der pädagogischen Potenz des Spielmittels,
- seiner Modalität und
- seiner Praktikabilität (MIESKES 1967).

„*Potenz*" zielt auf die einem Spielmittel aufgrund seiner Komposition, seines ideellen Gehaltes, seiner „Beschaffenheit" innewohnende Tauglichkeit. Man fragt: Was ist mit ihm anzustellen, wozu (nach Umfang und Art) eignet es sich, welcherart Geschehnisse kann es im, am Spielenden in Gang setzen, welche Handlungs- und Verhaltensweisen provoziert es? Dabei gilt es akzentmäßig immer zu unterscheiden zwischen *erzieherischer* und *bildnerischer Potenz* (so sehr sich die überkommene Pädagogik auch scheut, ihre diesbezügliche Begrifflichkeit endlich der Lebenswirklichkeit anzupassen). Es ist eben wesenhaft etwas anderes, ob durch ein Spiel zum Beispiel die Hilfsbereitschaft bzw. die Konkurrenzangst provoziert werden oder ob es einfach intellektuelle, motorische, psychische Fähigkeiten „fördert". Den Beitrag eines Spielmittels in Richtung Bildung kann man recht genau beobachten und registrieren. Deshalb sprechen wir auch vom *Bildungsquant*, das ein Spielmittel enthält und daher anzubieten vermag. Das Bildungsquant (Bildungsenergie, -gehalt, -anteil) kann schmal und dürftig, aber auch breit und reichhaltig ausfallen. Der Vergleich beispielsweise eines unzerlegbaren, ferngesteuerten Autos mit einem Kasten vielfach gebrauchsfähiger Bausteine verdeutlicht, was wir meinen. Die Potenz beruht im übrigen auf bestimmten *ideellen* (intentionierten) und *materiellen Grundkonstanten* des einzelnen Spielmittels, die seinen Funktionsrahmen quantitativ und qualitativ abstecken. (Mit einer Perlenkette, einem Angelhaken und einem Sandhaufen kann jeweils nur oder überhaupt in bestimmter Weise gespielt werden).

Beinahe alle vorgefertigten Spielmittel verfolgen von ihrer Konzeption und Konstruktion her eine bestimmte Absicht (sprechen eine bestimmte Funktionsart und -breite an); wir erfassen sie mit dem Begriff der produktionsgenetischen bzw. objektbedingten *Intention*. Sie deckt sich oft nicht mit den tatsächlichen Möglichkeiten, sie kann geringer veranschlagt worden sein, aber auch unberechtigterweise mehr versprechen als sie hält. Das tatsächliche Verhältnis zwischen Intention und Faktizität bedingt letztlich die *faktische Potenz*.

Als zweite deskriptive Grundkategorie gilt uns die *Modalität*, also die Art und Weise, wie ein Spielmittel materiell und substantiell ausgeführt, bis zu welchem Grad (welcher Perfektion) es funktionell festgelegt bzw. noch variabel ist. Vergleichen wir ein durchspezialisiertes Feuerwehrauto mit einem lockeren Bausystem.

Praktikabilität zeigt an, wie und wozu letztlich ein Spielmittel aufgrund seiner Potenz und Modalität (also seiner Grundbeschaffenheit) in definierbaren Situationen verwendbar ist.

Alle diese Grundkategorien sind Indice für das Ausmaß, die Art und Variabilität, für Enge oder Weite, Dürftigkeit oder Reichhaltigkeit des *Funktionsfächers*, der für ein Spielmittel kennzeichnend ist. Der Funktionsfächer ist primär bestimmt, aber sekundär bedingt (vgl. Abb. 8).

Zweierlei gilt es zu beachten: Grundkategorien und das Gesamturteil über die Pädotropie eines Spielmittels sind Aspekte für die spielmittelpädagogische Theorie; in der Praxis dagegen sind sie Ergebnisse (Urteile) der Be-

```
Spielmittel ──▶ Pädotropie ──── pädagogische ──┬─ erzieherische ╲
                (pädagogische    Potenz         │  Potenz         ╲
                Funktionalität)                 └─ Bildungs-       ╲
                                                   quantität        ╲
                               ─ Grundkonstanten                     ╲  faktischer
                               ─ Intention                           ╱  Funktions-
                               ─ faktische Potenz                   ╱   fächer
                                                                   ╱
                               ─ Modalität                        ╱
                                                                 ╱
                               ─ Praktikabilität                ╱

        Hauptkriterium     Grundkategorien
        └──────────────────────┘
        
        der Beschreibung auf der Grundlage der
        
        ┌──────────────────────────────┐
        │ Skala der Kriterien für die  │
        │ Analyse und Beurteilung      │
        │     (Feinanalyse)            │
        └──────────────────────────────┘
```

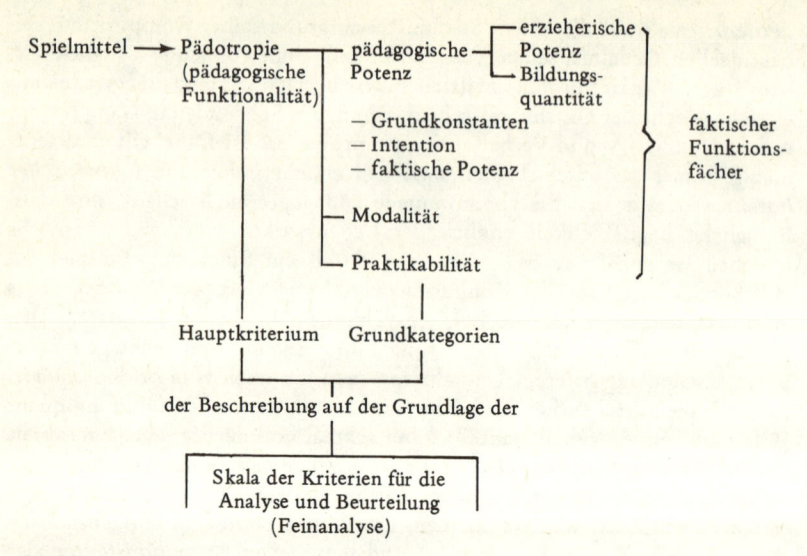

Abbildung 8: Schema der Funktionsfächerungen

obachtung (Prüfung) des Spielmittels in der lebendigen Situation, die wiederum mit der *Feinanalyse* des Spielmittels einhergeht. Von dieser Feinanalyse soll jetzt gehandelt werden.

Wir bringen zunächst den Überblick, wie wir ihn bis 1964 erarbeitet und 1967 erstmals veröffentlicht haben (MIESKES 1967). 1973 stellten wir unsere „Anleitung zur Analyse und Beurteilung von Spielmitteln. Mit Erläuterungen" als eigenständige Broschüre zusammen, auf die wir eigens verweisen dürfen (MIESKES 1973a). Seither legen wir diese Kriterien dem Unterricht, der Begutachtungs- und Beratertätigkeit zugrunde. In vielen Fortbildungskursen haben sie sich theoretisch und praktisch bewährt. W. KLINKE erprobte sie sodann in seiner Dissertation von 1974 an einem großen Material, fand sie bestätigt und praktikabel. Er hebt etliche Gesichtspunkte gesondert hervor, ordnet sie teilweise anders und bringt Ergänzungen (KLINKE 1975). Wir berücksichtigen einige seiner Vorschläge und heben sie durch ein * hervor (vgl. Abb. 9).

Die oben angeführte Broschüre differenziert und beschreibt selbstverständlich alle in Abbildung 9 genannten Kriterien, was an dieser Stelle nicht mehr geleistet werden kann. Auch grundsätzlich stünden aus unserer Grundlagenforschung zu jedem Kriterium eingehende Ergebnisse bzw. Beschreibungen zur Verfügung. Wir greifen, weil wenig bekannt, den „Aufforderungscharakter" heraus.

Der Anblick eines Spielmittels löst beim Betrachter Anmutungsreaktionen aus, verdichtet diese unter Umständen, als riefe das Spielmittel dem Betrachter zu: Komm, nimm mich, spiel', hantiere mit mir. Die Reaktion kann positiv, neutral oder negativ erfolgen. Der A-Charakter wird prinzipiell nacheinander bei verschlossener und bei geöffneter Verpackung untersucht; es können große Differenzen auftreten. Seiner Inten-

A. *Die Materialität*
I. Statisch-technische Merkmale
  1. Materielle Beschaffenheit („Stoff", Herstellungsmaterial)
  2. Haltbarkeit
  3. Größe, Schwere (Gewicht), Form, Farbe
II. Konstruktionsmerkmale (strukturelle Merkmale)
  1. allgemeine
  2. typologische Zuordnung*
     • pädagogischer Grundtypus
     • Formtypus
     • Typus der Elemente
III. Ästhetische Merkmale
IV. Hygienische Merkmale
V. Sicherheitsfrage

B. Die *pädotrope Funktionalität* (pädofunktionale Gesichtspunkte)
I. Allgemeine Funktionsmerkmale
  1. formale funktionale Gegebenheiten (Intention, Werbung, Anleitung, Prospekte)
  2. Umkreis der funktionalen Zuordnung (soziale Streubreite; situative Zuordnung: Familie, Freizeit, Schule; Alterszuordnung und -eignung)
  3. Die „Anleitung" speziell
  4. Aufforderungscharakter
II. Bildungsfunktion (-effekt)
  1. Bildungsquant
  2. Didaktisch-methodische Probleme
III. Erziehungsfunktion (-effekt)
IV. Situations- und Führungsprobleme

C. Zusammenfassung: die pädagogische Effektivität (= der „pädagogische Wert")

Abbildung 9: Skala der Kriterien zur Beurteilung von Spielmitteln; Überblick

sität (Stärke) nach kann der A-Charakter viele Zwischenstufen zwischen den Graden: zwingend bis fehlend und abweisend erreichen. Schwierig ist dabei, daß er keine absolute Größe darstellt, sondern außerordentlich leicht beeinflußbar ist; dem gilt es im konkreten Falle nachzugehen. — Ein Teil der Kriterien kann am Schreibtisch ermittelt werden (zum Beispiel I 1, 3, II, IV, V und C), andere lassen sich im stillen Kämmerlein allenfalls abschätzen, weil zum Beispiel der Geschmack, die Ansicht, die Neigung usw. subjektive Äußerungen enthalten (also zum Beispiel bei A I 2, III, B I bis IV), ansonsten muß die Beobachtung in der echten Spielsituation zu den Urteilen führen (so betreffend B I 2, 4, II, III und IV). Wir unterscheiden deshalb zwischen (subjektiver) Analyse und objektiver Beobachtung. Kein Zweifel, daß ein verantwortungsvoller Pädagoge bei der Auswahl und vor der Benutzung von Spielmitteln diese Vorarbeiten ausführen sollte.

Bildungsimpulse, -abläufe und -ergebnisse, die ein Spielmittel ausstrahlt bzw. bewirkt, lassen sich, wie gesagt, verhältnismäßig gut registrieren, auch wenn die Vielfalt an physischen, motorischen, kognitiven und emotional-affektiven Vorgängen groß ist, unter den einzelnen Spielmitteln freilich außerordentlich schwankend (vgl. Funktionsfächer). Erziehungseffekte dagegen stellen sich nur als Langzeiteffekte dar, entsprechend schwierig ist deren Beurteilung. Jedenfalls hilft Spielzeug nicht, wie auch A. WENZEL vorgibt, nur „zur Belehrung eines Kindes" (WENZEL 1971): weder nur zur Belehrung noch nur des Kindes.

Ein besonderes Anliegen, das mit der Beurteilung zusammenhängt und an dem die Wissenschaft ebenso interessiert ist wie der pädagogische Alltag, betrifft die *Einteilung* der Spielmittel. Zur theoretischen Verständigung ist sie vonnöten, zur Orientierung in der Praxis nicht minder (vgl. bereits A. KÖHLER 1920, 25). Doch sie blieb bis heute eine ungelöste Aufgabe. Versuche gibt es viele, indes, die Einteilungen sind „nicht eindeutig" (A.

Wonach wird Spielzeug gegliedert?

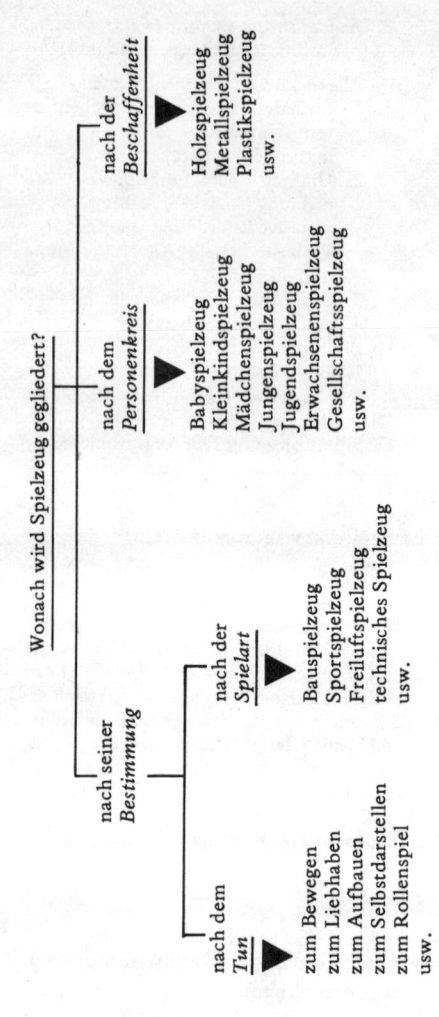

- nach seiner *Bestimmung*
  - nach dem *Tun*
    - zum Bewegen
    - zum Liebhaben
    - zum Aufbauen
    - zum Selbstdarstellen
    - zum Rollenspiel
    - usw.
  - nach der *Spielart*
    - Bauspielzeug
    - Sportspielzeug
    - Freiluftspielzeug
    - technisches Spielzeug
    - usw.
- nach dem *Personenkreis*
  - Babyspielzeug
  - Kleinkindspielzeug
  - Mädchenspielzeug
  - Jungenspielzeug
  - Jugendspielzeug
  - Erwachsenenspielzeug
  - Gesellschaftsspielzeug
  - usw.
- nach der *Beschaffenheit*
  - Holzspielzeug
  - Metallspielzeug
  - Plastikspielzeug
  - usw.

Abbildung 10: Einteilung der Spielmittel

WENZEL), leiden an „Mangel an Präzision" (K. GROOS), die Gesichtspunkte, nach denen verfahren wird, überschneiden sich, folgen oft keiner klaren Logik. Eine „Übersicht (zu geben) ist fast aussichtslos" (G. BITTNER). Und Fr. G. JÜNGER hat recht: eine bloße Aufzählung, wie sie buchstäblich anhand jeder wählbaren Eigenheit der Spielmittel (Material, Funktion, Bedürfnisse des Spielenden, Absichten des Lehrers, Alterseignung, soziale Streubreite usw.) wahrgenommen werden kann, leistet nichts. Die meisten Einteilungen erstrecken sich zudem nicht auf die Spielmittel, sondern auf Spiele. SCHMIDTCHEN et al. zitieren desbezüglich neun Autoren und beweisen, daß die Ansätze gleichsam in Denkschemata eingeklemmt und daß die Einteilungsglieder vielfach inkomparabel sind (SCHMIDTCHEN 1976; vgl. in diesem Sinne auch N. KLUGE 1980, 11 f.). Sehr eigenwillig (und nicht haltbar) mutet die Einteilung in 25 Gruppen von Viktor PÖSCHL (1937, 122) an.
Wir machten schon 1966 einmal die Probe auf's Exempel, indem wir präzis fragten (vgl. Abb. 10).
Das sind rein pragmatische und willkürliche Einteilungen, von denen es noch mehr gibt. Sie liefern wohl begrenzte Hinweise, entbehren aber jeder inneren Logik und Systematik. Zum „Rollenspiel" kann auch ein Sportspielzeug dienen, nicht minder ein Jugendspielzeug und Plastikspielzeug. Wir haben es mit Gruppen von isolierten Eigenschften, nicht mit einer echten Typologie zu tun.
Auch an einem neueren Beispiel (aus 1970) läßt sich die immer wiederkehrende Unzulänglichkeit ablesen. Es unterscheidet u. a. Bewegungsspielzeug, Gestaltungsspielzeug, Konstruktionsspielzeug und . . . Straßenspielzeug. Frage: Sind Straßenspielzeuge unter Umständen nicht auch zum Bewegen, Gestalten, Konstruieren? Liegt denn der Ortsbezug „Straße" auf gleicher (substantieller) Ebene wie die Kriterien „Bewegung", „Konstruieren" usw.?
Nichts einzuwenden wäre gegen eine Gruppierung der „Mittel" in: Spielmaterial (Naturmaterial, „wertloses Zeug"), Spielgerät, Spielzeug, Spielmittel. Doch sie ist zu grob.
Dem Pädagogen muß zudem an einer Gruppierung gelegen sein, die der substantiellen Streuung des zentralen pädotropen Charakters folgt. Wir vermuten, daß in der von uns aufgezeigten Skala der Kriterien und den Beurteilungskategorien eine pädozentrische Typologie der Spielmittel sehr wohl enthalten ist, doch sind wir dieser Möglichkeit bislang noch nicht nachgegangen.

IV. Hinweise für Gutachtertätigkeit, Beratung und allgemeine Öffentlichkeitsarbeit

Das Bedürfnis sich öffentlich mitzuteilen, gehört zum Wesen aller Wissenschaft; wir gehen heute sogar einen Schritt weiter: Solchem Bedrüfnis entspringt die Verpflichtung, sich nutzbar zu machen (trotz aller damit verbundenen und allbekannten Probleme und Schwierigkeiten). Wissenschaft will Lebensdienst leisten; nicht anders verhält es sich mit der Wissenschaft vom Spielmittel. Welche Ergebnisse ihre Forschung zeitigt, welche Kriterien und Aspekte sie entwickelt, mit welchen Aussagen sie jene und diese mitteilbar macht – das alles erfährt, hat es zunächst seine intra- und interdisziplinäre Tauglichkeit erwiesen, seine letzte Prüfung (Kontrolle, Berechtigung oder Infragestellung) in der konkreten Anwendung („im Leben"), deren Nagelprobe der Wissenschaftler selber zu bestehen hat, ehe er sein theoretisches und praktisches Wissen bzw. Können generell empfiehlt, u. a. als Inhalt und Instrument für Begutachtung, Beratung und Öffentlichkeitsarbeit.

Einem Mediziner, Psychologen, Biologen oder Agrarwissenschaftler mag das alles allzu selbstverständlich klingen; die herkömmliche „wissenschaftliche" Pädagogik indes ist als nicht sonderlich lebenspraktisch bekannt. Theorie und Praxis driften ihr immer noch auseinander; im Chor der anerkannten menschenbetreuenden Systeme fehlt sie noch weitgehend. Man tut deshalb gut daran, die Aufmerksamkeit auf ihre Zuständigkeiten, Möglichkeiten und Verpflichtungen in den angezeigten Tätigkeitsbereichen zu lenken.

Grundsätzlich gilt es, Begutachter- und Beratertätigkeit als Erfordernisse (Notwendigkeiten) ebenso der Wissenschaft wie der Praxis zu begreifen. Sie haben als Verbindungen, unerläßliche Formen der Zusammenarbeit zwischen ihnen zu gelten, als wechselseitig sich bedingende Pole einer übergeordneten ganzheitlichen Wirkeinheit. Nun verrät die Problem- und Tatbestandslage der gegenwärtigen Erziehung und Bildung ringsum, daß im Zusammenhang mit Spiel und Spielmittel dem pädagogischen Anliegen zweifellos Priorität, wenn auch noch nicht befriedigende Erfüllung widerfährt. Die Erziehungswissenschaft muß sich diesbezüglich zu ihrer Zuständigkeit bekennen, ihre wissenschaftliche und sachgerechte Brauchbarkeit unter Beweis stellen. Beansprucht sie fachliche Kompetenz, unterliegt sie der Beweislast ihrer faktischen Zuständigkeit. Denn: sofern Spielmittel vermöge ihrer Pädotropie in's Blickfeld rücken, darin dann auch in das Kraftfeld pädagogischer Situationen, wird die Erziehungswissenschaft forschend, urteilend, begutachtend, beratend und handelnd gefordert. Gutachten und Beratung sind somit Akte und Prinzipien wissenschaftlicher Selbstdarstellung. Wer anders als die Erziehungswissenschaft sollte (müßte!) denn sonst über die Wirkformen und -möglichkeiten von Spielmitteln im Rahmen und zugunsten des PVG befinden? Wer über deren Rolle für die pädagogische Führung? Nur darf solche Tätigkeit nicht bei meditierender Reflexion stehenbleiben. Pädagogische Begutachtung und Beratung betreiben nicht ein moralisches, ästhetisches oder ökonomisches Richteramt, vielmehr faktische Orientierungshilfen und nutzbare Anleitung. Explanation ist ihr Geschäft. Erwartet man von der Praxis, sie solle wissenschaftliche Ergebnisse respektieren, so von der Begutachtung, sie habe sich als angewandte Forschung zu verstehen. Gießen vermag in beiderlei Hinsicht aus reicher Erfahrung zu berichten.

Seit Fachleute und Laien bewußt über Spielmittel reflektieren, haben sie auch katalogisiert und typisiert, d. h. Wert- und Wirkurteile gefällt, ja ganze Normskalen aufgestellt. Die dabei aufgetretenen Unterschiede der Argumentation, Verfahrensweise und Zielrichtung markieren allgemein den jeweiligen wissenschaftstheoretischen, im besonderen den pädagogischen Standort der Autoren.

Ihrem Wesen nach ist jede Aktion der Wissenschaft nach außen *Beratung* (Lehre, Mitteilung, Unterrichtung). Dennoch empfiehlt es sich, unterschiedliche Formen zu unterscheiden, weil die Adressaten, die Verfahrensweise, schließlich die Grade der Verbindlichkeit (unmittelbare Verantwortlichkeit) sich nicht in jedem Falle gleichen. Wir unterscheiden: Begutachtung, Beratung, allgemeine Öffentlichkeitsarbeit.

Ein *Gutachten* ist die wohl intensivste, verbindlichste und folgenreichste Form wissenschaftlicher Stellungnahme. Es tritt auf als ein Ist-Inventar kontrollierbarer Fakten, nachprüfbarer Aussagen, einsichtiger Folgerungen und unter Umständen gezielter Empfehlungen. Insofern leistet die Wissenschaft mit jedem ihrer Gutachten den Offenbarungseid ihrer Leistungsfähigkeit. Deshalb sind Redlichkeit, Bescheidenheit und Gewissenhaftigkeit gleichermaßen geboten. Ab 1966 erstellte das Gießener „Erziehungswissenschaftliche Seminar und Institut für pädagogische Forschung" (EWS u. IPF) Spielmittel-Gutachten für sehr unterschiedliche Interessenten darunter für mehrere große Firmen. Den dabei anfallenden Erfahrungen entnehmen wir (auszugsweise) einige empfehlenswerte Richtlinien.

In jedem einzelnen Fall gilt es, die Anforderungen des zu erstellenden Gutachtens mit der technischen, personalen, zeitlichen und wissenschaftlichen Kapazität des begutachtenden Instituts realistisch und ehrlich in Einklang zu bringen, um evtl. Maximalerwartungen auf das erreichbare Maß zu beschränken. Die Meisterschaft des Begutachtens beginnt an diesem Punkt. Ein einzelner wird wohl kaum die gesamte Arbeit bewältigen. Wohl aber muß die gesamte Unternehmung in einer verantwortlichen Hand liegen. Dieser Hinweis schließt ein, daß institutsinterne Beobachtungs-Möglichkeiten selten ausreichen, deshalb die Mithilfe von Familien, Kindergärten, Schulen usw. (also des „erweiterten Sozialraumes", wie wir sagen) einzubeziehen haben, insbesondere wenn vergleichende Untersuchungen zwischen dem Untersuchungsgegenstand und ähnlichen Spielmitteln, wenn sowohl Individual- als auch Gruppenbeobachtungen eingeschaltet werden müssen, und das alles in der Folge von *Vor-, Haupt-, Kontrolluntersuchungen* und *Auswertungen*. Optimale Häufung und Variationen der Untersuchungen scheitern ohnehin oft an den obwaltenden äußeren Bedingungen. Realistische Planungen sind dann besonders vonnöten, wenn die Gutachtertätigkeit mit den sonstigen Pflichten eines Universitätsinstituts in Einklang gebracht werden müssen. Für vier (herausgegriffene) Begutachtungen ergab sich ein zeitlicher, arbeitsmäßiger und technischer Aufwand (vgl. Abb. 11).

Bestellte Gutachtertätigkeit gerät meistens von vornherein in eine Spannung, die entgegengesetzte Züge annehmen kann: Der Interessent (Auftraggeber) trägt so viele Wünsche vor, daß sie nicht erfüllt werden können, oder: er

Objekt und Dauer der Untersuchung	Zahl der Probanden	Ort der Beobachtung mit – Probanden	Alter der Probanden	Dokumentationsmaterial		
				Protokoll	fotografische Aufnahme	Filme
Baukastensystem Dezember 1966 bis Mai 1967	240	Institut: 77 Probanden 5 Kindergärten: 150 Probanden 5 Familien: 13 Probanden	1;9 bis 11;6	200	200	16
Spiel-Eisenbahn 8 Wochen	130 ♂ = 89 ♀ = 41	Institut 3 Kindergärten 6 Familien 2 Heime	2;2 bis 14;5	64	100	2
Puzzle Dezember 1966 bis Mai 1967	369	Institut: 70 Probanden 4 Kindergärten 2 Horte 2 Wohnheime: 269 Probanden 13 Familien: 30 Probanden	2;10 bis 14,0	128	125	4
Baukastensystem März bis Oktober 1971 zum Teil 13 Monate	172 ♂ = 114 ♀ = 58	Institut Familie Kindergarten Schulen	5;5 bis 18;9	104	200	–

Abbildung 11: Gutachtenanforderungen

möchte Begrenztes wissen, was indes nicht für sich allein, sondern nur auf der Basis erweiterter Fragestellungen zu klären ist. Das kann unter Umständen daher rühren, daß der erforderliche Aufwand zu niedrig oder zu hoch eingeschätzt wird. Man sollte deshalb in beiderseitigem Interesse immer auf genaue und erschöpfende Formulierungen der „Anfragen" (Erwartungen) achten. Die Fragestellungen der Produzenten verraten oft die Intention, die sie in ein Produkt hineinlegen (-denken) wollen oder meinen hineingelegt zu haben. Man bedenke ferner, daß eine einzige zusätzliche Anfrage vielleicht ein Vielfaches an Aufwand erfordert. Wird zum Beispiel den Anfragen zu der Eignung eines Baukastensystems auch nur eine Variante mehr hinzugefügt, muß die ganze Reihe der Untersuchungen betreffs Beliebtheit, Funktionalität, Alterseignung u. a. m. entweder erweitert oder gar wiederholt werden. Präzise Fragestellungen liefern im übrigen auch die Bezugspunkte für klare Formulierungen der Ergebnisse.

Hier einige Beispiele:
- Eine neue entscheidende Baueinheit soll nach der Vorstellung des Herstellers die Eignung des vorhandenen Baukastens bis hinab unter LA 3 ausweiten. Ob das zutrifft und ob die neue Baueinheit als fertig „gestaltetes Modell" oder zerlegt als lose Elemente angeboten werden soll? Genügen die Teile eines Bausatzes auch für abgewandelte Formen? Die Firma ist an möglichst breitgelagerter Untersuchung interessiert. Dieser Untersuchungsauftrag enthält demnach folgende Thematik:
  a) Eingung der (neuen) Elemente für LA unter drei Jahren;
  b) zweckmäßige Menge und Zusammensetzung der Baueinheit; Zweckmäßigkeit der Verpackung des Angebotes;
  c) Bewährung dieser Gegebenheiten im individuellen und (erweiterten) sozialen Raum.
- Ganz anders ist der nächste Fall gelagert:
  „Wir erwarten kein dickes Elaborat, sondern lediglich Ihre Erfahrungen mit der Bahn in Kinderhand." Hier stoßen wir auf die Spannung, von der die Rede war. Das Gutachten stellt dann eingangs auch fest: die wenig konkrete Formulierung „nötigt" uns, die Auswahl der zu ermittelnden Tatbestände selber zu treffen. Wir entschieden uns für den Grundkatalog der Fragestellungen, wie er bei jedem Spielmittel standardmäßig geprüft wird. . . . Hieraus ergeben sich der Umfang der Untersuchungen und deren Reihenfolge.
- In einem anderen Fall wollte die Firma ihr gesamtes Bausystem beurteilt wissen, und sie formulierte ganze Gruppen gezielter Interessen. Wir einigten uns in beiderseitiger Übereinstimmung zu diesem Fragenkatalog:
  A-Charakter: der Verpackung, des Vorlagenheftes (Zweckmäßigkeit, Verständlichkeit, Beliebtheit), des Inhaltes der Verpackungen und Vergleich mit einem konkurrierenden Bausystem; Alterseignung und -streuung;
  Bildungseffekt: Bildungsfächer, Praktikabilität, Schwierigkeitsgrade, Übungseffekte, Bildungsablauf im Detail; möglicher Erziehungseffekt;
  all das in der geschlossenen (institutsinternen) Gruppe sowie im erweiterten Sozialraum. Einstellung der Mädchen zu dem System; Preisfragen; Berechtigung der in der Reklame geführten Merksätze (Slogans).

Das Gutachten bringe nicht allein isolierte Ergebnisse, sondern auch den Untersuchungsplan und die Stadien (und Variationen) der Untersuchung selbst, so daß dem Empfänger die Ergebnisse aus ihren Voraussetzungen in gewissem Maße nachvollziehbar werden.
So vielgestaltig die Untersuchungen, so unterschiedlich die Gliederung der Gutachten. Dennoch läßt sich aus ihnen ein typischer Aufbau herausschälen,

und zwar nach dem Prinzip: rings um den pädagogischen Grundstatus eines Spielmittels, der fast immer ermittelt werden muß, lagern sich die fallweisen Sonderfragen. In dem einen Fall gliederte sich ein Gutachten grob nach folgenden Punkten:

1. Der Gegenstand (das Material) der Untersuchung
2. Angaben der Firma zum Gegenstand, ihre Anfragen; Vereinbarungen
3. Thematik, Aufbau, Technik der Untersuchung
4. Ergebnisse der einzelnen Untersuchungsbereiche
   a) technische Daten
   b) zur materialen Beschaffenheit
   c) Verpackung
   d) zum A-Charakter
   e) erzieherisches und bildnerisches Wirkspektrum
   f) Eignungsfrage (Altersstreuung)
5. Die didaktische Eignung der (evtl. vorhandenen) Anleitung
6. Das Spielmittel und seine Konkurrenten (Alternativstatus)
7. Zusammengefaßte Ergebnisse (mit Bezug auf die Fragestellungen)
   a) grundsätzliche und allgemeine
   b) Vorschläge / Empfehlungen zum Beispiel für den Produzenten
   c) markt- und konsumpädagogische
   d) (eventuell) spezielle in Richtung Familie, Kindergarten, Schule...
8. Anhang (Bildmaterial, Skizzen u. a.)

(Weiterführende Differenzierung der einzelnen Punkte ergibt sich aus dem jeweiligen Material.)

Es kommt für die Gutachtertätigkeit viel darauf an, daß das Verhältnis von Erwartung und Leistung von vornherein aufeinander abgestimmt wird. Deshalb unterscheiden wir: *Gesamt-*(oder *Voll-*)*gutachten* – *Teilgutachten* (nur bestimmte Aspekte wahrnehmend) – *gutachterliche Äußerung* (urteilende Bemerkungen mit Vorbehalt, weil ohne ausreichende Untersuchung) – *vorläufige Stellungnahme* (Mitteilung ad hoc aufgrund subjektiver Eindrücke) – und *Expertisen* (Zusammenstellung übergreifender Merkmale, statistischer Überblicke, allgemeiner Trends von ganzen Gruppen von Spielmitteln, zum Beispiel von Leselernspielen, Kriegsspielzeug – MIESKES 1970g, 1981).

Beratung und Beratertätigkeit, in der Pädagogik durchaus noch nicht so geläufig wie etwa in der Medizin, Psychologie oder Ernährungswissenschaft, erscheinen auf den Gebieten Spielmittel und Spielen deshalb so dringlich, weil diese Gebiete buchstäblich jedermann und alle Erziehungseinrichtungen berühren, es aber allenthalben an Sachwissen, Orientierung und befriedigender Praxis fehlt. Das Gießener Institut nutzte denn auch alle sich bietenden Gelegenheiten, gewann dadurch Verbindung mit ausgedehnten Kreisen der Öffentlichkeit und zog selber vielfältigen Nutzen daraus. Seine Erfahrungen und Einsichten stellen wir gerne zur Verfügung.

Beratung nennen wir eine Art öffentlicher Belehrung, die stets die Empfehlung (damit auch Generalisierung) von Sachkenntnissen und -erfahrung im Sinn hat und sich durch hohe Aktualität auszeichnet. Sie verläuft orts-, zeit-, person- und situationsgebunden. Sie übersetzt vielfach die wissenschaftliche in allgemeinverständliche Sprache und bedeutet anwendbare Hilfe in jedem Falle, insbesondere im Falle von Unschlüssigkeit und Handlungsschwierigkeiten. Sie trachtet entweder danach, Wissen und Können gebündelt „in's Leben" hinauszutragen – dann gewinnt sie das Gewicht von Schulung,

Aus- und Fortbildung, oder sie beschränkt sich auf lokale, persönliche und einzelinstitutionelle Bedürfnisse.

Schulungen (zum Teil mehrtägige) veranstaltete das Gießener Institut für interessierte Journalisten und Reporter, für kleinere und größere Gruppen von Kindergärtnerinnen, Lehrer, Sozialpädagogen, Eltern, Spielzeug-Branchenvertreter, im Rahmen des Arbeitskreises „Jugendbuch" usw. (MIESKES 1970c). Die Wißbegierde der Zuhörer ist groß, freilich auch die Neigung, statt diszipliniertem Denken und folgerichtigem Handeln, dem eigenen (liebgewordenen) Meinen und dem kreativen Zufall das Wort zu reden, auch wo es gilt, alles zu einem Ganzen zu fügen. Bloße Gespräche (Vortrag, Diskussion) reichen nicht aus; es muß die gegenständliche Demonstration und die praktische Übung hinzukommen. Deshalb befolgten unsere Bemühungen zumindest einen Dreischritt: Einführung in die Wissenschaft vom Spielmittel — empirische Analyse zumindest eines Spielmittels durch jeden Teilnehmer — Theorie und Erfahrung verbindende Schlußaussprache. Fand die Schulung in Gießen selbst statt, nutzten wir unsere große Sammlung, um einen differenzierten Gesamtüberblick über das Angebot an Spiel- und Arbeitsmitteln, Kinder- und Jugendbüchern und an Schulbüchern zu gewähren.

Fallweise Beratungen finden durch das Institut und in ihm laufend statt: für Studierende und Examenskandidaten vieler Universitäten, für Eltern, die uns und unsere Sammlungen konsultieren, für Kindergärtnerinnen und Lehrer weit und breit. Fehlten uns nicht die Kräfte, wir vermöchten einen ausgedehnten schriftlichen Beratungsdienst zu unterhalten. Unsere Erfahrungen bei alledem: Wir gewinnen wichtigste Einblicke in die spielpädagogischen Verhältnisse, lernen die Nöte und Anforderungen der verschiedenen Praxisbereiche kennen, haben vor allem erkannt: Unsere Zeit will keine frommen und blumenreichen Sprüche; sie erwartet klare Aussagen und verläßliches Können.

Wie und wo auch immer Beratung erfolgt, immer hat sie das nun schon bekannte Geflecht von Problemfeldern inhaltlich zu bewältigen, das wir der Kürze wegen mittels einer Skizze verdeutlichen, die für sich selbst sprechen kann (vgl. Abb. 12).

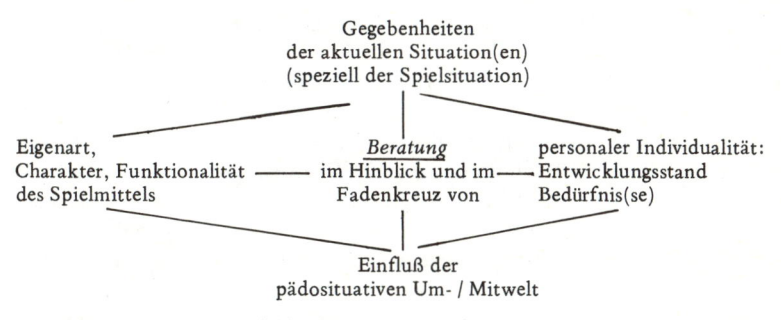

```
                    Gegebenheiten
                 der aktuellen Situation(en)
                 (speziell der Spielsituation)
                           |
   _____/         _____
  Eigenart,                Beratung             personaler Individualität:
  Charakter, Funktionalität ── im Hinblick und im ── Entwicklungsstand
  des Spielmittels         Fadenkreuz von         Bedürfnis(se)
   _____\         /_____
                           |
                     Einfluß der
                 pädosituativen Um- / Mitwelt
```

Abbildung 12: Problemfelder Beratung

Die Vielfalt der formalen Möglichkeiten, die einer Beratertätigkeit offenstehen, ergibt ein ganzes *Spektrum*, das zu jeweils besonderen didaktisch-methodischen Verfahren auffordert (vgl. Abb. 13).

Verlauf:
permanente
periodische
gelegentliche

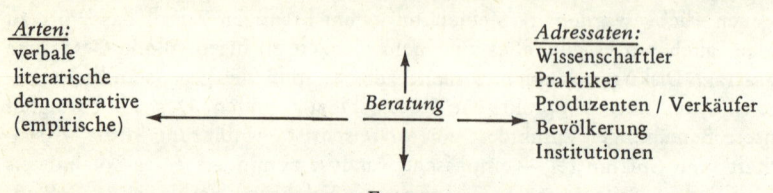

Arten:		*Adressaten:*
verbale		Wissenschaftler
literarische		Praktiker
demonstrative	Beratung	Produzenten / Verkäufer
(empirische)		Bevölkerung
		Institutionen

Formen:
Vorträge / Lehre / Schlung
Sprechstunden
Sammlungen / Ausstellungen
gutachterliche Tätigkeit

Abbildung 13: Didaktisch-methodische Verfahren bei Beratung

Die Spielzeugbranche selbst betreibt Aufklärung und Beratung: durch ihre Werbung (Reklame), den Aufdruck auf den Verpackungen, mit Prospekten und Katalogen, mit den „Anleitungen", die den Verpackungen beigegeben werden. Jede dieser Verfahrensarten provoziert ihre eigenen Probleme. Jedenfalls bleibt die Übereinstimmung von „Werk, Wort und Wirklichkeit" (MIESKES 1969e) häufig pure Hoffnung. Zu achten ist vor allem auf zweierlei. Qualitative Hinweise dienen eher Verkaufsabsichten denn fachlicher Präzisierung; der Aufdruck „pädagogisch wertvoll" zum Beispiel besagt für den einzelnen Konsumenten fast gar nichts; die regelmäßig anzutreffenden Altersangaben sind nicht zuverlässig, abgesehen davon, daß der Anforderungs-(Schwierigkeits-)grad eines Spielmittels auf das jeweilige Entwicklungsalter, nicht auf Kalenderdaten hin zu bestimmen ist (MIESKES 1971b).
Zahlreich liegen fachliche Kataloge auf (aller großen Firmen, Fachgeschäfte und Verkaufsorganisationen), „Ratgeber" (zum Beispiel von G. HARTMANN, E. OKER, M. ARNDT, B. DAUBLEBSKY, E. GLONNEGGER, R. LEMBKE, H. J. PRESS, B. RÜGER und viele andere), die oft eher Sammlungen und Beschreibungen von Spielen denn Analysen gleichen, sodann Anleitungen (zum Beispiel von HETZER, dem „Arbeitsausschuß gutes Spielzeug", H. MIESKES, W. KLINKE u. a.). Sie einzeln oder auch nur in Auswahl zu rezensieren, ist hier nicht der Ort. Stattdessen machen wir auf das ungelöste Grundproblem aller üblichen Anleitungen aufmerksam und auf unseren Versuch es zu lösen. In unserer „Anleitung" (MIESKES 1974a) heißt es betreffs der zu fällenden Entscheidung bei der Auswahl von Spielmitteln wörtlich: „Unsere ‚Anleitung' verfolgt gegenüber bisherigen

ähnlichen Versuchen geradezu eine entgegengesetzte Verfahrensweise. Umworbenes, wenn auch nie erreichtes Ziel aller üblichen kleinen und großen, laienhaften und wissenschaftlichen Ratschläge für den Umgang mit ‚Spielzeug' war und ist, dem Konsumenten bzw. Benutzer von Spielzeug die Entscheidung der Wahl und damit die eigene Verantwortung abzunehmen. Ausgeklügelte und raffiniert zusammengestellte Prospekte, mehrfarbige Tabellen, Übersichten, Bezugstafeln u. a. m. sollen dem Interessierten auf einen Blick verraten, welches Spielzeug für sein Kind, dessen Verhältnisse und Umgebung just das beste sei. Alle solche Versuche fußen auf vielerlei positiver Beobachtung, sie erreichen aber bestenfalls ein Ungefähr und landen letztlich in einer Sackgasse. Sie genügen wohl dem Bedürfnis nach statistisch-technischer Perfektion, nicht aber dem tatsächlichen Leben."

Es gibt nur eine Lösung: „Den einzelnen in jene persönliche Entscheidung und Verantwortung hineinzustellen, die ihm ohnehin niemand abnehmen kann und — darf! Freilich gilt es, den Leser mit soviel Einsicht, Wissen und Orientierung auszustatten, daß er entscheidungsfähig werde und seinen ureigensten Teil an Verantwortung sachgemäß zu übernehmen vermag."

Der Weg, den wir vorschlagen, ist zweifellos der schwierigere, letztlich aber der wahrhaftigste und erfolgreiche.

Neben der Begutachtung und der Beratung trägt die anhaltende, sehr verzweigte *Öffentlichkeitsarbeit* unseres Institutes Aufklärung in weite Kreise (MIESKES 1970a). Wir erwähnen nur eine ihrer Formen: Die „Woche des Spielens" (MIESKES 1979, 1975). Sie findet seit über zehn Jahren je einmal jährlich statt, ist zur Tradition und in der Öffentlichkeit zum beliebten und erwünschten Treffpunkt im Zeichen Spielmittel / Spiel geworden. In seltener Mischung, aber Einigkeit begegnen sich Wissenschaft und „Leben", Eltern mit Eltern und Studierenden und Kindern und Erzieherinnen. Sie alle sind aktiv Beteiligte, Gebende und Empfangende. Wo sonst sitzen fremde Großväter mit Vorschulkindern gemeinsam am Spieltisch! Das Programm der „Woche" sieht vor: Vorträge für verschiedene Interessenten, öffentliche Spieltage für jedermann (mit bis zu zehn verschiedenen Spielarten), Spiel im Freien, gezielte Ausstellungen von Spielmitteln und Fachbüchern, Elternabende. Jeder kann mit jedem in Meinungsaustausch treten; Mitarbeiter des Instituts und Studierende leiten und erläutern die Veranstaltungen. Die ganze „Woche" ist eine kaum zu entbehrende Quelle der Bereicherung für alle Beteiligten. Allgemein möchten wir Begutachtung, Beratung und sonstige Öffentlichkeitsarbeit als Gelegenheiten engster und ergiebiger Zusammenarbeit zwischen Wissenschaft und Gesellschaft gewürdigt wissen.

V. Pädagogik der Spielmittel, Spielpädagogik und pädagogisches Studium

Der thematische Aufbau unserer fünf Abhandlungen, also ihre innere Logik, läßt sich für die nun anstehende Zusammenfassung stichwortartig klar bestimmen: Die „Sache" Spielmittel haben wir zunächst begrifflich geordnet, um sie dem Gegenstandsinventar und dem wissenschaftstheoretischen Bewußtseinsgehalt der Erziehungswissenschaft einzufügen; Spielmittelforschung erwies sich sodann als ein Glied der Wissenschaft von den Pädotropika überhaupt, für deren Analyse und Beurteilung wir sach- und begriffsgerechte Kriterien zur Verfügung stellten; solche Behandlung der „Sache" integriert nicht nur Ermitteltes und Erkanntes, sie eröffnet vielmehr den Blick für weiterführende spezifische Themen; Theorie, Analyse und Beurteilung sowie Praxis münden in eine *Pädagogik der Spielmittel*, die ihrerseits in einer allgemeinen *Spielpädagogik* ihren Platz einnimmt und insofern auch die Brücke zu dem Rahmentitel dieses Handbuches schlägt. „Spielpädagogik" oder Pädagogik des Spiels — wir strapazieren dieses Wortpaar nicht weiter — sind keine ungeläufigen, wenngleich noch nicht zureichend umgrenzte Vokabeln. Das mag nach N. KLUGE (1980) sehr wohl damit zusammenhängen,

daß „alle Bemühungen, das Spielphänomen einer definitorischen Klärung zuzuführen, unbefriedigend" geblieben sind; konkret heißt es, es fehlt in der „Sache" an verläßlicher Forschung und in der Erziehungswissenschaft an stringenter Systematik. Man wird die speziellen Aufgaben einer „Spiel"-pädagogik nicht einlösen, wenn man sie vornehmlich metaphysisch oder metatheoretisch betreibt, wenn man lediglich allgemeinpädagogische Zeitströmungen auf sie hin problematisiert, zum Beispiel die „extremen Erzieherhaltungen der totalen Verzweckung ... und der totalen Vernachlässigung der spielenden Betätigung..." (N. KLUGE 1980, 7).

Hierbei handelt es sich um Fehlformen der Führungspraxis, die eine Spielpädagogik grundsätzlich zu vermeiden hat, deren Vermeidung aber diese Spielpädagogik noch nicht positiv garantiert. Es reicht natürlich nicht aus, wenn derselbe Autor dem Terminus „Spielpädagogik" eine „Klammerfunktion" für die „beiden Bereiche Spielforschung und Spielerziehung" zuspricht (1980, 14). Die Funktion einer Disziplin ist für ihre Inhalte nicht nur eine formale, sondern auch eine substantiell und begrifflich begründende, und „Spielpädagogik" enthält mehr als die genannten beiden Bereiche. Schließlich: Spielpädagogik *kann* nicht nur als eine Teildisziplin der Erziehungswissenschaft verstanden werden, sie *ist* eine. Freilich liegen zwischen ihr und der Erziehungswissenschaft noch weitere Zwischenglieder. So liefert N. KLUGEs „Spielpädagogik" allenfalls Beihilfen zu einer solchen, nicht sie selbst, so auch A. FLITNERs „Das Kinderspiel": Der Herausgeber hat richtigerweise „Beiträge zur Spielpädagogik" im Sinn (1978, 203). Man wird allerdings nie zu einer Spiel-*„Pädagogik"* gelangen, wenn man es bei „kognitionspsychologischen, psychoanalytischen (und vielen sonstigen) Spieltheorien" beläßt, die man schnurstraks auf die pädagogische Praxis überträgt. Wenn schließlich „Elemente ... der Sozialerziehung" erst durch „Spielen als eine Kunst für Lehrer und Kinder" in die Schulpädagogik hineingelangen sollen, so wird diese kaum insgesamt regeneriert, gar neu gegründet werden können. Spielpädagogik ist eine vollgültige und voll zu verantwortende pädagogische Wissenschaft, weder nur ein philosophischer Entwurf noch ein Konglomerat beiläufiger und heterogener theoretischer Einfälle (COLOZZA 1900; ELCHENBROICH 1973).

Im Zentrum unserer Überlegungen stehen Tatbestand und Begriff des Spielmittels. Sammelt das „Spiel-Mittel" in der Rolle eines Oberbegriffs die Gesamtmenge von einschlägigen materiellen Mitteln, so integriert dieser Oberbegriff mit dem der verwandten Arbeits-(...)mittel zu dem Gattungsbegriff der Pädotropika. Alle unter Beachtung dieses Beziehungsgeflechtes am Phänomen Spielmittel wahrzunehmenden wissenschaftlichen Aufgaben (als Forschung, Praxis, Theorie) ergeben die *Pädagogik der Spielmittel* (MIESKES 1970f). Diese definiert Spielmittel als einen Gegenstand, der entweder durch sich selbst oder aufgrund ihm verliehener Intentionen pädotrope Funktionen zu verwirklichen imstande ist. Diese Funktionen dienen der freien Selbstentfaltung und -entwicklung und als (indirektes) Führungsmittel. Seine Identität findet das Spielmittel im Kraftfeld von Spielsituationen. In anderen als Spielsituationen verändert sich auch die Funktion des Spielmittels, zum Beispiel in Lernsituationen zu einem „Lernmittel".

Pädagogik der Spielmittel kann nicht auf die überkommene Theorie des Spielzeugs reduziert werden; sie ist auch nicht gleichzusetzen mit Abhandlungen über Teilgruppen von Spielmitteln, etwa mit einer „Theorie der Bewegungsspiele" (HILMER 1969) oder mit Aussagen über strategische, Sprech-, Erwachsenenspiele u. a. m. Das hat Konsequenzen! Will man zum Beispiel das Element Spielen mit Unterricht und Schulpädagogik verbinden, darf man nicht übereilt und einfach fordern: „Spielmittel in der Schule"! Immaterielle Spiele besitzen kein geringeres Anrecht. Inhaltlich verstümmelt muß die Formulierung gelten: „Spielmittel als Bildungsmittel in der Schule" (FROMMBERGER 1980). Fehlt es unseren Schulen nicht gerade an Erziehung und sollte man daraufhin nicht Wert auf den erzieheischen Effekt geeigneter Spielmittel bedacht sein? Warum bemüht man sich denn in der Tat so sehr um „kooperative Spiele", also um den „sozialen Lerneffekt"? Ferner bleibt zu fragen, ob aus den als Bildungsmittel in der typischen Schulsituation bewußt eingesetzten Spielmitteln nicht schulische Arbeitsmittel werden? Sie fielen dann in die Zuständigkeit der „Pädagogik der Arbeitsmittel" (PETERSEN 1950). Die Dignität sachlicher und begrifflicher Unterscheidung steht hier auf dem Spiel (MIESKES 1968b, 1969a, 1969b, 1974b).

Pädagogik der Spielmittel ist als Bezeichnung keine beliebige Größe. Sie besitzt ihre Zuständigkeit und ihre Grenzen (vgl. Abb. 14).

```
                 Spiel-                        Arbeits-
                 mittel                        mittel
                   |                             |
                   |                             |
Spiel-    ___   Pädagogik der   ___   Pädagogik der   ___   Unterrichts-
situation       Spielmittel           Arbeitsmittel         situation
                   |_____|
                                 |
                        Pädagogik der Pädotropie
```

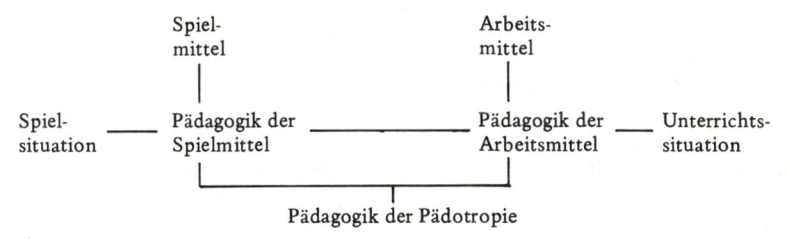

Abbildung 14: Möglichkeiten und Grenzen einer Pädagogik der Spielmittel

Zu den Aufgaben einer Pädagogik der Spielmittel zählen wir:

- Erforschung der Spielmittel (Spektrum ihrer Funktionsmöglichkeiten); Bereitstellung von Kriterien für Analysen und Einteilungen (MIESKES 1973a, 1973b);
- Zusammenarbeit mit der pädagogischen und wirtschaftlichen Öffentlichkeit;
- Anlegung von Spielmittel-Sammlungen für verschiedene Zwecke;
- Beobachtung der Produktions- und Konsumtrends, der Werbung (Reklame) und Verkaufsmethoden;
- Begutachtertätigkeit;
- individuelle und institutionelle Beratung;
- Bedeutung und Verwendung von Spielmitteln in der Diagnostik und Therapie;
- Einbringung all dessen in eine Pädagogik des Spieles überhaupt.

Wo auch immer die Pädagogik der Spielmittel zu Worte kommt, sie wird nach dem „pädagogischen Wert" eines bestimmten oder vieler Spielmittel befragt. Dahinter verbirgt sich ein berechtigtes Anliegen, nur läßt sich dieser Wert nicht nach einer gradlinigen Skala bemessen, und er deckt sich mit keiner der landläufigen Alternativen: gut — schlecht, nützlich — unnütz, schön — kitschig. Es gibt keine lineare Skala zwischen den entgegengesetzten Polen, vielmehr muß sehr differenziert und vielschichtig geantwortet werden.
Spielmittel stehen in sehr großer Zahl zur Verfügung. Die Qual der Wahl wird dadurch wettgemacht, daß die Menge buchstäblich für jedes individuelle, gruppenmäßige, normale, therapeutische . . . Bedürfnis geeignete Spielmittel hergibt. Es gibt kein Entwicklungsbedürfnis, das nicht befriedigt werden könnte, mit anderen Worten: Individualisierung und Differenzierung im Angebot und in der Verwendung werden gewährleistet. Spielmittel erlauben die indirekte, aus der Distanz getätigte, kurz- und langfristige Steuerung der kindlichen Entwicklung insgesamt oder auf einzelnen Gebieten. Das alles normalerweise ohne Zwang und persönlichen Druck, lediglich mittels der „inneren Lenkkraft" oder der „leitenden Macht" (PETERSEN), die den Spielmitteln genauso innewohnt wie den Arbeitsmitteln. Spielmittel — „recht verstanden, richtig gewählt und gut genutzt" (MIESKES 1974a) — sind Indikatoren und Regulatoren für die Proportionierung der Gefühle und Affekte, für die Assoziation von Denkabläufen, die Pflege sozialer Bezüge und für die Koordination der Motorik, in solchem Sinne omnipotente Hilfsmittel. Spielmittel inszenieren nicht irgendeine künstliche oder gekünstelte Verhaltensform, vielmehr wecken sie unmittelbare Erlebens-, Tätigkeits- und Daseinsformen des menschlichen Lebens und verbreiten in ihrem Umfeld Natürlichkeit, Selbstverständlichkeit und existentielle Zweckmäßigkeit. Sie geben, ihrer selbst nicht entfremdet, den Rhythmus und das Tempo des personhaften Seins frei. Diese Freiheit, die das Spielmittel gewährt, beruht auf seiner dynamischen Potenz, in der Einheit von freiem Umgang und sachlicher Bindung. Spielmittel führen zum „Spiel", das nicht die Wirklichkeit, aber dennoch reale Welt bedeutet. Spielmittel führen auch in die „Kunstwelt" der Gestaltungen und Gebilde, also in die von Menschen geschaffene Kultur und Zivilisation und Technik ein. Solche Spielmittel braucht das Kind, damit es sich an ihnen intellektuell, willentlich,

handlich empor- und fortentwickle — auf die volle Welt des Erwachsenen hin. Aber Spielmittel versinnbildlichen nicht nur die angezeigten Lebensmächte, sie leiten auch hinüber und hinauf zu eigenständiger, schaffender Betätigung, zu schöpferischem Vermögen. Spielmittel sind also ihrer Funktion nach nicht ausschließlich Rationalismen, weil mit ihnen eben nicht nur erworben, angeeignet, erlernt und geübt wird; sie drängen zum Nach-Machen und in sehr frühem Entwicklungsalter schon zu freiem Schaffen. Je mehr die Schule mit Arbeitsmitteln umgeht, in ihrem Sinne auch Spielmittel verwendet (Kosmos-Sätze, Baukästen, Quartette . . .), desto mehr vermag man durch gute Abstimmung zwischen Spiel- und Arbeitsstube zu Hause und im Schulbetrieb die schlimme Kluft zwischen diesen beiden Welten zu schmälern, wenn nicht gar zu beseitigen (siehe auch MERZBACHER 1979). Weiterführende Einzelheiten gehören nicht mehr hierher.

All das Ausgeführte zählt zu dem „pädagogischen Wert" eines oder aller Spielmittel. Es gilt lediglich, den erforderlichen Einzelfall zu erkennen und zu betreuen. Das belegt einmal mehr, wie vielgestaltig erst eine „Spielpädagogik" insgesamt zu sein und zu wirken hat.

„*Spielpädagogik*" bedeutet, das geht aus dem Gesagten hervor, nicht die einfache Fortschreibung der Pädagogik der Spielmittel. Sie greift theoretisch und praktisch weiter (vgl. Abb. 15).

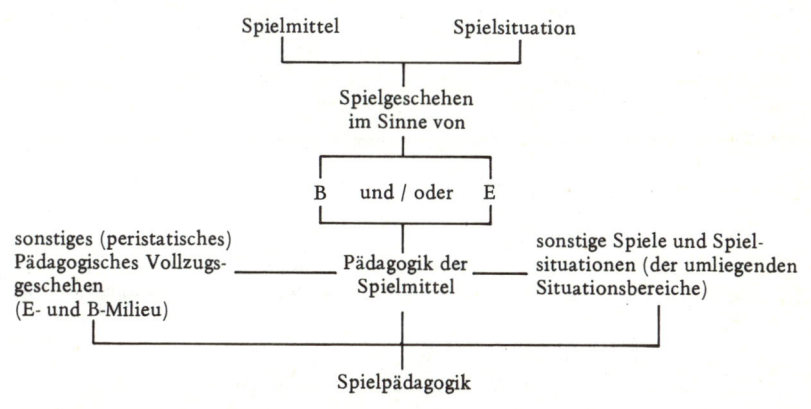

```
         Spielmittel        Spielsituation
              └──────┬──────────┘
                     │
              Spielgeschehen
               im Sinne von
                     │
              ┌──────┴──────┐
              B   und / oder   E
              └──────┬──────┘
sonstiges (peristatisches)           sonstige Spiele und Spiel-
Pädagogisches Vollzugs- ──── Pädagogik der ──── situationen (der umliegenden
geschehen                    Spielmittel        Situationsbereiche)
(E- und B-Milieu)                 │
                                  │
                            Spielpädagogik
```

Abbildung 15: Spektrum der Spielpädagogik

Die obwaltenden Bezüge (Abhängigkeiten) können von verschiedenen Anfangspunkten her verdeutlicht werden, ausgehend vom Spielmittel (wie oben) oder von dem Spielsubjekt oder von der Spielsituation. Es stellen sich jedesmal die nämlichen systematischen Kohärenzen ein. Schließlich tritt die Spielpädagogik mit anderen gleichgelagerten Teildisziplinen in ein Bündnis ein. So integriert sie in die Pädagogik der Familie, der Freizeit, aller pädagogischen Einrichtungen usw. und mit diesen Problembereichen schließlich in die *allgemeine Pädagogik*.

Selbstverständlich gliedert die Spielpädagogik in sich nach dem Prinzip der Arbeitsteilung in einzelne Bezirke auf, zum Beispiel in Spielgruppen-

Pädagogik (BÜHLER et al. 1978), individuelles, geschlechts- und generationsspezifisches Spielverhalten, Charakteristika der spezifischen Spielsituation u. a. m. Solche Unterteilung hat lediglich den Gesichtspunkt des Zweckmäßigen und Sinnvollen zu beachten. Ansonsten wird deutlich, warum Spielpädagogik nicht dasselbe ist wie *Medienpädagogik* (FELDMANN 1969), gar *Mediendidaktik* (KRONEN 1980). Und mit einer „Massenkultur" hat es die Spielpädagogik gar nicht zu tun.

In FRÖBELs Theorie des Spiels und seinen spielpraktischen Anleitungen (BLOCHMANN et al. 1947) darf man den Ansatz zu einer Spielpädagogik erkennen. Paul MOOR gebraucht die Bezeichnung bereits bewußt. Spielpädagogik deckt sich freilich nicht mit „Spielgruppenpädagogik" (BÜHLER 1978), schon gar nicht mit „Mediendidaktik" (KRONEN 1980). Zu ihren hervorstehenden Aufgaben rechnen wir.

- Erforschung der Gestalt und Gesetzmäßigkeit (der Struktur und Funktion speziell der Spielsituation im Vergleich zur andersgearteten pädagogischen Situationen;
- Fragen pädagogischer Führung in jeglicherlei Spielsituationen;
- Untersuchung des Spielverhaltens des Menschen, des Kindes, des Jugendlichen, des Erwachsenen und Betagten; Theorie des Spielens;
- Feststellung der tatsächlichen oder erwünschten Rolle des Spielens und der Spiele in den einzelnen Situationsbereichen Familie, Freizeit, Kindergarten, Schule, Arbeitswelt, Altersheim usw.
- Erprobung, Theorie und Lehre einer umfassenden Spielpflege.

Daß unter den heutigen Lebens- und Entwicklungsbedingungen unter Umständen aktive *Spielpflege* — Friedrich FRÖBELs und aller FRÖBELianer emsige Sorge — tatsächlich zu Hause und in der Öffentlichkeit wichtig werden kann, muß die Spielpädagogik eigens betonen. Es fehlen dafür das Verständnis und die Vorbildung fast vollständig (SCHMIDTCHEN 1978). Lediglich der Kindergarten weiß um diese Aufgabe seit jeher Bescheid (HOFFMANN 1964).

Worauf erstreckt sich solche Pflege?

- Förderung der natürlichen Spielbereitschaft und -fähigkeit;
- Vermittlung des notwendigen Wissens und der Erfahrung über Spiel, Spiele, Spielmittel;
- Weckung des Verständnisses für den Charakter von Spielsituationen und der besonderen Rolle pädagogischer Führung in ihnen;
- Steigerung der pädagogischen Feinfühligkeit, um Spielen als Erziehungs- und Bildungsprozeß in den Rahmen der allgemeinen Erziehung und Bildung einordnen zu können, auch der Spielphasen (des Kindes und des Erwachsenen!) und -formen in den übrigen Tages-, Wochen- und Monatsablauf, insbesondere auch in den Wechsel von Arbeits- und Freizeit.
- Spielpflege als Mittel der Selbstfindung und zugleich der Gemeinschaftsbindung begreifen zu lernen (HOFFMANN 1964).

Wir müssen füglich bezweifeln, ob für die Belange einer Spielpflege, gar der Spielpädagogik überhaupt, der Ausdruck „Spieldidaktik" bestehen kann (KUBE 1977). Zeitweise in Mode geratene und hoffierte Ausdrücke unbesehen zu generalisieren, bringt der Wissenschaft unzulässige Vergröberung ein, der Praxis Unsicherheit und ist allemal ein Zeichen des Verfalls im diskursiven Denken.

Wie könnte man die Aussagen über ein so hochgeschätztes und lebenswichtiges Gebiet wie das der Spielpädagogik beschließen, ohne Rede und Antwort zu stehen, wie man es mit diesem Gebiet im Rahmen des *akademischen Studiums* hält? Wir zielen nicht auf die traditionelle Berufsausbildung von Erzieherinnen und Sozialpädagogen (Kindergärtnerinnen und Jugendleiterinnen), obwohl auch hier die spielpädagogischen Dinge offenbar nicht mehr zum besten stehen. Wir befragen das erziehungswissenschaftliche Hauptstudium und das Lehrerstudium an unseren Universitäten.
In diesen Studienzweigen besitzt die Spielpädagogik durchaus noch keinen selbstverständlichen und abgeklärten Platz, es sei denn, man begnügt sich mit historischen Passagen und philosophisch-anthropologischen Theorien. Erst in allerletzter Zeit stößt man auf regere Angebote spezifischer Art, denen man freilich noch kaum systematische Verläßlichkeit anmerkt. In Anbetracht dieser Lage mag uns gestattet sein zu berichten, wie wir seit zwanzig Jahren verfahren.
Das Gießener Institut bietet in Vorlesungen, Seminaren, Übungen und Praktika an:
Spielpädagogische Probleme als thematische Bestandteile folgender Lehrgebiete: Erziehung und Bildung; Struktur und Funktion der pädagogischen Situationen; Formen und Arten der pädagogischen Führung; Lehre der Pt.; Systematik der pädagogischen Schwierigkeiten und deren Diagnostik und Theorie; pädagogische Entwicklungslehre; Pädagogik der Familie, der Kleinkindheit, der Schule, der Freizeit, des Arbeitsplatzes, der Geragogik, der Geschichte der Kindheit. Sodann:
Studienangebote gesonderten Inhalts: Beobachtungspraktikum – Forschungspraktikum (beide Veranstaltungen anhand von Spielmitteln in der konkreten Gruppe); Vorlesungen und Seminare über Spielmittel im Vor- und Schulbereich; Spiel- und Arbeitsmittel: System, Analyse, Praxis – Spielabende für Studierende aller Fakultären; Spiele-Verleih an Studierende; Beteiligung der Studierenden (als freiwillige Helfer) bei Spielmittel-Ausstellungen, während der „Woche des Spielens", bei Fortbildungskursen, theoretisch-empirischen Praktika im Institut. – Die hier wie dort angefallenen Erfahrungen und Empfehlungen sprengen leider den Rahmen dieser Abhandlung.
Alles in allem: Wir legen entschiedenen Wert darauf, daß unsere Absolventen im Fach Erziehungswissenschaft nicht nur von allerlei Spieltheorien wissen, sondern auch schon eigene Erfahrungen im Umgang mit Spielmitteln und in Spielsituationen, dazu eine gute Portion an spielpädagogischem *Können* mitnehmen. Es hat sich gezeigt, daß hierfür der Pädagogik der Spielmittel eine gewichtige Rolle zufällt.

Literatur

Bittner, G. / *Schmid-Cords, E.* (Hrsg.): Erziehung in früher Kindheit, München 1968
Blochmann, E., et al. (Hrsg.): Fröbels Theorie des Spiels I und II, Kleine pädagogische Texte, Langensalza / Berlin / Leipzig o. J.

Blumenthal, E.: Spiel und Spielgerät, in: Welt des Kindes 51 (1973), 9 — 13
Bornemann, E.: Spielgaben zur Förderung des Bewegungs- und des sozialen Rollenspiels im Vorschulalter, in: Blätter des Pestalozzi-Fröbel-Verbandes 21 (1971), 40 bis 45
Bühler, H., et al.: Spielgruppenpädagogik, München 1978
Buytendijk, F. J. J.: Wesen und Sinn des Spiels. Das Spielen des Menschen und der Tiere als Erscheinungsform der Lebenstriebe, Berlin 1933
Château, J.: Das Spiel des Kindes. Natur und Disziplin des Spielens nach dem dritten Lebensjahr, Paris 1964; deutsch: Paderborn 1969, 349 f.
Cieslik, J.: Blechspielzeug, München 1980
Colozza, G. A.: Psychologie und Pädagogik des Kinderspiels, deutsch von Chr. Ufer, Altenburg 1900
Delft, P. van / Botermans, J.: Denkspiele der Welt, München 1977; deutsch von Oker, E.
Döpel, W.: Thüringer Spielgaben, Berlin / Leipzig o. J. (wahrscheinlich um 1948), 11
Döring, K. W.: Lehr- und Lernmittel: Medien des Unterrichts, 2. Aufl. Weinheim 1973
Elchenbroich, D.: Spielen und Spielzeug. Aspekte zur Kritik bürgerlicher Theorien des kindlichen Spiels, in: Kinder, Kursbuch 34, Berlin 1973, 51 — 76
Feldmann, E.: Neue Studien zur Theorie der Massenmedien, 1969 (s. „Die Aufgaben der Medienpädagogik", 13 ff.)
Flitner, A.: Spielen — Lernen, München 1973a
— (Hrsg.): Das Kinderspiel, München 1973b, 4. Aufl. 1978
Fraser, A.: Spielzeug. Die Geschichte des Spielzeugs in aller Welt, deutsch von Metzger, J., Oldenburg / Hamburg 1966
Frey, O.: Über Spielzeuge als Erziehungsmittel und die Einrichtung öffentlicher Spielzimmer und Beobachtungsstätten, in: Zeitschrift für Pädagogische Psychologie XIX (1918), 390
Fröbel, F. W. A.: Die Menschenerziehung . . . 1826, hrsg. v. H. Zimmermann, Leipzig 1939
Fröbel, F.: in: Fröbels Theorie des Spiels I und II, Kleine pädagogische Texte, hrsg. v. E. Blochmann, H. Nohl, E. Weniger, Langensalza 1947
Frommberger, H., u. a. (Hrsg.): Lernendes Spielen — Spielendes Lernen, Hannover 1976
— Spielmittel als Bildungsmittel in der Schule, in: Lehrmittel aktuell, März 1980, 6 ff.
Gröber, K.: Kinderspielzeug aus alter Zeit, Berlin 1928
Groos, K.: Die Spiele der Menschen, Jena 1899
— Der Lebenswert des Spiels, Jena 1910
— Das Spiel, Jena 1922
Grunfeld, F. v. (Hrsg.): Spiele der Welt, Amsterdam 1975, deutsch von Oker, E., Frankfurt 1976
Grupp, C. D.: 99 Kartenspiele, Stuttgart 1970
GutsMuths, J. C. F.: Spiele zur Übung und Erholung des Körpers und Geistes, 8. Aufl. Hof 1893
Haase, O.: Lernspiel und Arbeitsmittel, in: Unsere Schule 5 (1950)
Hartmann, K.: Über psychoanalytische „Funktionstheorien" des Spiels, in: Flitner, A. (Hrsg.): Das Kinderspiel, München 1973, 2. Aufl. 1974
Heckhausen, H.: Entwurf einer Psychologie des Spielens, in: Psychologische Forschung 24 (1964), 225 ff.
Heidemann, I.: Der Begriff des Spiels und das ästhetische Weltbild in der Philosphie der Gegenwart, Berlin 1968
Hercik, E.: Volksspielzeug, Prag 1952
Hetzer, H.: Das volkstümliche Kinderspiel, Berlin 1927
Hildebrandt, P.: Das Spielzeug im Leben des Kindes, Berlin 1904
Hiller, M.: Puppen und Puppenmacher, Frankfurt 1968
Hilmer, J.: Grundzüge einer pädagogischen Theorie der Bewegungsspiele, Hannover 1969

Himmelheber, G.: Spiele. Gesellschaftsspiele aus einem Jahrtausend, 1972
Hirzel, St.: Spielzeug und Spielware, Ravensburg 1956
Höltershinken, D.: Beurteilungskriterien für Spiel- und Lernmaterialien, in: Frommberger, H., et al. (Hrsg.): Lernendes Spielen — Spielendes Lernen, Hannover 1976, 70 — 85
Hoffmann, E.: Spiel und Arbeit — ein Versuch zur Klärung der Begriffe, in: Evangelische Kinderpflege 4 (1963)
— Erziehung zur Freiheit in den ersten Lebensjahren, Kassel 1964
Jünger, F. G.: Die Spiele, München 1959
King, C. E.: Das große Buch vom Spielzeug; deutsche Ausgabe Zollikon 1978
Klaus, G.: Spieltheorie in philosophischer Sicht, Berlin 1968
Klinke, W.: Strukturbild und Funktionsprofil der Spiel- und Arbeitsmittel im Vor- und Grundschulalter. Eine empirische Analyse, Gießen 1975
Kluge, N.: Spielpädagogik, Bad Heilbrunn 1980
Köhler, A.: Praxis des Kindergartens, Bd. 1, 6. Aufl. Weimar 1920 (hrsg. von A. Weber), 20
Kronen, H.: Mediendidaktik. Aspekte, Stücke, Perspektiven, Vlotho 1980 (als Manuskript gedruckt)
Kube, K.: Spieldidaktik, Düsseldorf 1977
Kutschera, V.: Spielzeug. Spiegelbild der Kulturgeschichte, Salzburg 1975
Lasker, E.: Brettspiele der Völker, Berlin 1931
Lembke, R.: Das große Haus- und Familienbuch der Spiele, München 1969
Lindig, B.: Die schönsten Kinderspiele, München o. J.
Lukácsy, A.: Spiele aus aller Welt, Leipzig o. J.
Luther, F.: Grundsätzliche Beiträge zu einer Theorie des Spiels, in: Archiv für die gesamte Psychologie, Bd. 53, Leipzig 1925
Mendner, S.: Das Ballspiel im Leben der Völker, Münster 1956
Merzbacher, G.: Ravensburger Spiele im Unterricht. Handreichungen zum methodisch-didaktischen Einsatz, Ravensburg 1979
Metzger, J.: Spielzeug damals, heute und anderswo, Frankfurt / Berlin 1964
Mieskes, H.: Schulwirklichkeit und Menschwerdung. Innere und äußre Schulreform in Theorie un Praxis, München 1956
— Jenaplan und Schulreform, Oberursel 1966
— Zur Pädagogik der Spielmittel. Ein Untersuchungs- und Tätigkeitsbericht, Teil I, in: Das Spielzeug 11 (1967), 1396 — 1406, Teil II, 12 (1967), 1505 — 1510
— Pädotropika oder die pädagogischen Hilfsmittel, Teil I, in: aula 1 (1968), 4 ff., und: System und Systematisches im Umkreis der Pädotropika (Teil II), 2 (1968a), 52 ff.
— Spielen — Arbeiten — Lernen . . ., in: Das Spielzeug 6 (1968b), 1020 — 1026
— Didaktisches Spielzeug — gibt es das?, in: Das Spielzeug 59 (1969a), 512 — 522
— Schulpädagogische Aspekte des Spielens und der Spielmittel. Versuch einer Klärung im Vorfelde, in: Das Spielzeug 59 (1969b), 1087 — 1093
— Pädomedizinische Aspekte der Spielmittel, in: Das Spielzeug, Sonderteil: Spielmittel heute und morgen 12 (1969c)
— Warum „Spielmittel"? Zur Einführung, Begründung und Berechtigung der Bezeichnung, in: Das Spielzeug 59 (1969d), 1770 f.
— Werk, Wort, Wirklichkeit. Das Gespräch zwischen Wissenschaft und Wirtschaft, in: Das Spielzeug 59 (1969e) 509 ff.
— Öffentlichkeitsarbeit im Umkreis der Spielmittelforschung, in: Berichte, Gedanken, Mitteilungen aus dem Erziehungswissenschaftlichen Seminar und Institut für Pädagogische Forschung 7/8 Gießen (1970a)
— Spielmittelforschung im Rahmen einer Wissenschaft von den Pädotropika, in: Berichte, Gedanken, Mitteilungen aus dem Erziehungswissenschaftlichen Seminar und Institut für Pädagogische Forschung 5/6 Gießen (1970b)
— Entwicklung und Stand der Gießener Spielmittelforschung, in: Berichte, Gedanken, Mitteilungen aus dem Erziehungswissenschaftlichen Seminar und Institut für Pädagogische Forschung 5/6 Gießen (1970c), 3 — 16

- Spielmittel als Therapeutikum, in: euromed 10 (1970d), 1664 ff.
- Das Problem Schulung. Teil I und Teil II, in: Spielmittel. Wissenschaft, Forschung und Praxis, hrsg. v. Wissenschaftlichen Beirat der Arbeitsgemeinschaft Spielzeug e. V., Bamberg 1970e), 175 ff.
- Zur Pädagogik der Spielmittel, in: Spielmittel. Wissenschaft, Forschung, Praxis, hrsg. v. Wissenschaftlichen Beirat der Arbeitsgemeinschaft Spielzeug e. V., Bamberg (1970f), 29
- u. a.: Die Leselernspiele – eine Expertise, in: aula 2 (1970g), 105 – 110
- Lehr- und Lernmittel, in: Heribert Heinrichs (Hrsg.): Lexikon der audio-visuellen Bildungsmittel, München 1971a, 185 – 192
- Spielmittel – Produktion, Konsum und Forschung, in: Das Spielzeug 61 (1971b), 1129 – 1132
- Die Gießener Spielmittelforschung im Rahmen der Wissenschaft vom Spiel, Spielen und Spielzeug, in: Evangelische Kinderpflege 4 (1971c), 195 – 208
- Spielmittel, in: Unser kleines Lexikon, in: Das Spielzeug 4 (1972), 51
- Anleitung zur Analyse und Beurteilung von Spielmitteln. Mit Erläuterungen, Gießen 1973a (im Selbstverlag)
- Spielmittelforschung im Rahmen einer Pädagogik der Spielmittel, in: Mieskes, H.: Das pädagogische Problem, Oberursel 1973b, 317 – 341
- Ein –programmatisches – Wort zuvor. I. Über Spiel und Spielmittel, II. Wer sind „wir", III. Worüber wir unterrichten möchten. Einleitender Aufsatz im Magazin des Deutschen Jugendschriftenwerkes Frankfurt a. M. 1 (1973c), 10 – 17
- Das pädagogische Problem, Oberursel 1973d
- Spielmittel – recht verstanden, richtig gewählt und gut genutzt, Augsburg 1974a, 9 f.
- Spielen in der Schule (Rezension über Benita Daublebsky: Spielen in der Schule), in: Spielzeugmarkt 5 (1974b), 90 ff.
- Spielmittelforschung und Spielmittelproduktion. Probleme – Bilanz – Programm, in: Das Spielzeug 6/7 (1974c), 1041 ff.
- „Woche des Spielens" in Gießen 1975. Ein Rückblick, in: Das Spielzeug 12 (1975), 1710 – 1712
- Das Spielmittel und die Wissenschaft. Festvortrag anläßlich der Verleihung des Dr. phil. h. c. an Artur Fischer am 8. April 1976, in: aula 2 (1976), 198 – 201
- „Quatsch" oder Vernunft – das ist hier die Frage. Aufsatz zur Gießener „Woche des Spielens" im „Internationalen Jahr des Kindes" 1979 – Bericht und Umschau, in: Spielzeugmarkt 10 (1979), 86 ff.
- Kriegsspielzeug und martialischer Geist. Eine Problemschau oder Pädagogik eines unpädagogischen Problems, Bamberg 1981

Moller, E.: Spiel, in: Schmid, K. A.: Enzyklopädie des gesamten Erziehungs- und Unterrichtswesens, Bd. 9, 2. Aufl. Leipzig 1887
Moor, P.: Die Bedeutung des Spielens in der Erziehung, Bern / Stuttgart 1962
Nickel, H.-W. / Stöhr, U. / Tornau, H. (Hrsg.): Spiel. Begriff und Erscheinungsformen. Materialien von einer BAG-Arbeitstagung ..., September 1974, Berlin 1975
Nietzsche, F.: Über Wahrheit und Lüge im außermoralischen Sinne, 1873, zit. nach Heidemann 1968, 321
Nündel, E.: Spieltheorie, in: Lexikon der Kunstpädagogik 1970
Petersen, P.: Führungslehre des Unterrichts, 2. Aufl. Braunschweig / Berlin / Hamburg 1950, 182 – 197
Pöschl, V.: Spielzeug und Spielware, Wien 1937
Pressland, D.: Die Kunst des Blechspielzeugs, Zürich 1976
Rahner, H.: Der spielende Mensch, 2. Aufl. Einsiedeln 1955
Retter, H.: Spielzeug – Sozialschicht – Erziehung, Oberursel 1973
- Spielzeug. Handbuch zur Geschichte und Pädagogik der Spielmittel, Weinheim / Basel 1979

Rüssel, A.: Das Kinderspiel, München 1953
Schaffer, M. A.: Kinderspiel und Kinderspielzeug, 4. Aufl. Basel 1952

Schaller, J.: Das Spiel und die Spiele, ein Beitrag zur Psychologie und Pädagogik, wie zum Verständnis des geselligen Lebens, 1861
Scheibert: Des Kindes Spielen und Spielzeug, Gera 1876
Scheuerl, H.: Beiträge zur Theorie des Spiels, Weinheim 1955, 2. Aufl. 1965
Schmidtchen, St., et al.: Analyse des Kinderspiels. Ein Überblick über neuere psychologische Untersuchungen, Köln 1976, 18
— Theorie und Praxis der Spielförderung, in: Dollase, R. (Hrsg.): Handbuch der Früh- und Vorschulpädagogik, Bd. 2, Düsseldorf 1978
Schuettler-Janikulla, Kl.: Spiel- und Lernmittel in der Vorschulerziehung. Kontextbetrachtungen, Funktionalität und Beurteilungskriterien, in: Evangelische Kinderpflege 23 (1972), 63 — 72
Schuettler-Janikulla, Kl. / Westermann, A.: Spiel- und Lernmaterialien, in: Welt des Kindes 49 (1971), 158 — 164
Stern, W.: Ernstspiel als Verhalten und Erlebnis, in: Zeitschrift für Pädagogische Psychologie (1929)
Tietz, B.: Die künftige Entwicklung der Spielwarenwirtschaft unter besonderer Berücksichtigung des Fachhandels, Bamberg 1968
Waelder, R.: Die psychoanalytische Theorie des Spiels, in: Flitner, A. (Hrsg.): Das Kinderspiel, München 1973, 2. Aufl. 1974
Wenzel, A.: Spielzeug, in: Herder, Lexikon der Pädagogik, Bd. 4, 1971, 142
Zingerle, J. V.: Das deutsche Kinderspiel, 2. Aufl. Innsbruck 1873
Zulliger, H.: Das selbsterfundene Spiel als Ausdrucksmittel des Kindes, in: Pädagogische Rundschau 4 (1965), 250 ff.

2. Modellentwurf zur Beschreibung, Analyse und Beurteilung von Spiel- und Arbeitsmitteln

Winfried Klinke

I. Zum Kenntnisstand der Beurteilung von Spiel- und Arbeitsmitteln

Angesichts der veränderten Erziehungs- und Bildungslage und der Fülle und Vielfalt des Angebots – Spielzeuggeschäfte bieten 20.000 bis 25.000 verschiedene Artikel an – sind wir gegenwärtig bezüglich Auswahl, Anschaffung und Einsatz von pädagogischen Hilfsmitteln zu einer Um- und Neuorientierung gezwungen. Die herkömmlichen Klassifikationen, Auswahl- und Beurteilungsmaßstäbe von Spiel- und Arbeitsmitteln reichen nicht mehr aus. In der einschlägigen Literatur werden meistens Forderungen an Mittel gerichtet oder Gesichtspunkte für die Bewertung genannt, die „man beachten soll", über den Stellenwert dieser Gesichtspunkte wird jedoch nichts ausgesagt. So verdienstvoll die bisherigen Aufklärungs- und Bewertungsarbeiten sind – etwa die des Ulmer „Arbeitsausschusses Gutes Spielzeug" (seit 1954), des Coburger „Arbeitskreises" (seit 1969 um „bewährte und neue Lehr- und Lernmittel" bemüht), die „Forderungen" von K. SCHÜTTLER-JANIKULLA (1972, 63 ff.), die „Rezensionen" des Pädagogischen Zentrums Berlin (ULSHÖFER 1972; STEIN 1973) oder die „Grundsätze für die Auswahl und Beurteilung von Ausstattungsgegenständen und Materialien" des Deutschen Jugendinstituts München (1973, 9 ff.) –, sie werden dem gegenwärtigen Problemstand der Spiel-Arbeitsmittel-Forschung und -Bewertung (Evaluation) nicht gerecht. Über die Verfahrensweisen finden wir so gut wie nichts angegeben, die Beurteilungsbasis ist nur schmal, die Klassifizierungen erweisen sich als zu ungenau.

Problematisch dürfte zum Beispiel die dichotome Bewertungspraxis des Ulmer „Arbeitsausschusses Gutes Spielzeug e. V." insofern sein, als einem Artikel die runde, orangerote Marke „spiel gut" zugesprochen wird, während einem ähnlichen, mit gleichen Materialeigenschaften und Intentionen ausgestatteten Artikel aus derselben Serie, vom gleichen Hersteller, die „spiel gut"-Auszeichnung versagt bleibt. Auch die in den verschiedenen Illustrierten und Zeitschriften erschienenen Warentests, Prüfungen und Beurteilungen von Spiel- und Arbeitsmitteln beschränken sich hauptsächlich auf ausgewählte Aspekte der relativ leicht erfaßbaren Materialität des jeweiligen „Konsumgegenstandes", wobei sowohl der wissenschaftliche als auch der pädagogisch-praktische Nutzen nur gering ist.

Die wissenschaftliche Klärung konnte mit der Herstellung und dem Angebot von Mitteln nicht standhalten. Groß ist die Kluft zwischen offenen pädagogischen Fragen und fundierten Forschungsergebnissen. Der Kenntnisstand vom Mittel selbst ist gering, bruchstückhaft ist unser Wissen über das eigentlich ablaufende Spiel-Lern-Geschehen, weitgehend unbekannt ist das Erziehungs- und Bildungswirkspektrum des einzelnen Mittels. So ist es nicht verwunderlich, daß wir auch nur wenig darüber wissen, unter welchen materialen, situativen und führungsmäßigen Bedingungen Spiel- und Arbeitsmittel optimal eingesetzt und genutzt werden können.
Unerbittlich sind die derzeitigen — in fünf Punkten zusammengefaßten — Erfordernisse:

1. Auswahl, Anschaffung und Einsatz von Spiel- und Arbeitsmitteln dürfen nicht länger willkürlich erfolgen und allein dem Zufall, dem subjektiven Dafürhalten, Werbesprüchen oder einer Modeströmung ausgeliefert sein.
2. Spiel-, Lehr- und Lernmittelindustrie, Wirtschaft und Handel müssen sich verstärkt der Wissenschaft öffnen. Speziell die Erziehungswissenschaft hat sich intensiver der Objekte des Spielens und Lernens anzunehmen, sie im Verbund mit anderen pädagogischen Hilfsmitteln zu sehen und in die Gesamtpädagogik zu integrieren.
3. Spielmittel und Arbeitsmittel sind nicht länger von verschiedenen Ansätzen her auf unterschiedlichen Ebenen zu behandeln, sondern von einem einheitlichen, zentralen pädagogischen Aspekt aus zu betrachten, zu gliedern und zu beurteilen.
4. Aussagen und Urteile über Spiel-und Arbeitsmittel sind forschungsmäßig zu fundieren.
5. Über die pädagogische Güte und tatsächliche Eignung eines Spiel-Lernmittels ist nicht mit wenigen Kriterien oder groben Normen zu befinden, sondern nur unter Berücksichtigung eines „differenzierten Wirkspektrums" (MIESKES).

Diesem gegenwärtigen Kenntnisstand versucht die in Gießen im Anschluß an Peter PETERSENs Jenaer „Tatsachenforschung" von seinem Schüler und Nachfolger Hans MIESKES fortgeführte und weiterentwickelte „Pädagogische Grundlagenforschung" zu entsprechen. Aus dieser Forschung, die sich als Situations-, Führungs- und Wirklichkeitsforschung versteht, ging u. a. die Wissenschaft von den „Pädotropika" hervor.
Die diesbezüglich bisher keineswegs abgeschlossene Grundlagenforschung führte in einem ersten Stadium zu der Fundamentalerkenntnis, daß alle Mittel in gleicher Weise gekennzeichnet sind durch ihre „pädotrope Funktionalität" (MIESKES), d. h. durch ihre spezifisch pädagogische Eignung bzw. Wirkfähigkeit. Nach Aufdeckung des inneren Bedingungsgefüges erklärt sich die pädagogische Funktionalität als „integrale Einheit dreier Grundgegebenheiten: der pädagogischen Potenz des Pädotropikums, seiner Modalität und seiner Praktikabilität" (MIESKES 1968, 55). Damit ist die allgemeine Ausgangsposition markiert und zugleich der Ansatz zu dem Versuch eines Evaluationsmodells gekennzeichnet.

II. Modell zur Beschreibung, Analyse und Beurteilung von Spiel- und Arbeitsmitteln

Der hier vorgelegte Modellentwurf basiert weder auf einer philosophisch-historischen Konzeption noch auf einer Phänomenologie der Wesensmomente der Mittel, sondern versteht sich als ein *Evaluationsmodell*, das

1. aus einem Gesamtkonzept von Erziehungswissenschaft (mit einer verbindlichen Definition von „Erziehung" und „Bildung") entwickelt wurde, bei dem es
2. immer um die Einheit und Ganzheit des Mittels, um seine pädagogische Bedeutung, Eignung und Wirkfähigkeit im Bezugsfeld der konkreten pädagogischen Situation geht, das
3. durch die empirische pädagogische Forschung zu verifizieren und
4. durch die pädagogische Praxis zu bestätigen ist.

Die Unvollkommenheit aller Evaluationsbemühungen wird allein dadurch deutlich, daß nicht alle für die Entwicklung und Entfaltung des Kindes wesentlichen Bedingungen und Gegebenheiten, Intentionen, Normen, Spiel- und Lernziele operational faßbar sind (vgl. RETTER 1975). Es muß berücksichtigt werden, daß große Anteile vom Spiel und Spielen des Klein- und Vorschulkindes noch im Dienst der Funktionslust und der Bedürfnisbefriedigung stehen, denen trotz ihrer „Lernzielfeindlichkeit" immer genügend Raum gewährt werden muß. Zudem ist die empirisch-pädagogische Forschung derzeit kaum in der Lage, alle für den Familien- und Elementarbereich hypothetisch als „geeignet" befundenen Spiel- und Lernmaterialien auf ihre tatsächliche Effektivität hin zu überprüfen. Dennoch kann und darf zukünftig auf eine empirische Fundierung der Aussagen zum und über das Mittel nicht länger verzichtet werden. Das vom Mittel und von der Situation des spielenden und lernenden Kindes aus ansetzende empirisch-induktive Evaluationsmodell entspricht in seinem Aufbau dem methodischen Weg sozialwissenschaftlicher pädagogisch-empirischer Forschung. Dabei sind (nach RETTER 1975, 233) *vier Aussagenebenen* zu unterscheiden:

1. Deskription des Materials hinsichtlich der materialen, funktionalen und situativen Gegebenheiten;
2. Hypothesenbildung im Hinblick auf einzelne Variablen;
3. Empirische Überprüfung der Hypothesen (Beobachtung, Befragung, Experiment) und
4. Bewertung der Ergebnisse nach drei Aspekten:
   a) Verifikation bzw. Falsifikation der Hypothesen;
   b) Beurteilung der pädagogischen Effektivität;
   c) Ermittlung des Stellenwertes des jeweiligen Mittels im gesamten Erziehungs- und Bildungsgeschehen.

Haben wir in der „pädotropen Funktion" das Zentralprinzip aller Mittel, mit der „pädagogischen Funktionalität" (MIESKES) das Hauptbeschreibungskriterium und mit den Gegebenheiten „pädagogische Potenz", „Materialität" und „Praktikabilität" drei ihrer deskriptiven Grundkategorien, so ist damit der Erfassungsrahmen abgesteckt und der Weg frei zur differenzierten Beschreibung der Binnenstruktur. Die zur Feinbeschreibung und Analyse der Struktur- und Funktionsgegebenheiten von Mitteln geeigneten Aspekte, die hier vorgestellt werden sollen, sind orientiert an der im Rahmen der Gießener Grundlagenforschung zur Spielmittelbeurteilung erstellten „Skala der Kriterien", die sich — ergänzt und erweitert — auch zur systematischen Analyse und Beurteilung von schulpädagogischen Hilfsmitteln (Lehr-, Lern- und Arbeitsmitteln) als brauchbar und geeignet erwiesen hat (MIESKES 1970, 31; KLINKE 1976, 1978 und 1979; KLINKE / MIESKES 1979, 89 ff.). Insgesamt handelt es sich um folgende *Dimensionen* (Variablenkomplexe):

A. Die materiale Dimension
B. Die funktionale Dimension (allgemeine Funktionsmerkmale)
C. Die pädotrope Funktionalität speziell (Erziehungs- und Bildungsfunktionen und deren Effekte)
D. Allgemeine Situations- und Führungsaspekte
E. Die didaktische Dimension
F. Die methodische Dimension
G. Die pädagogische Effektivität (als Zusammenfassung aller Wirk- und Wertaussagen der Dimensionen A — F).

A. Die materiale Dimension

1. *Herstellungsmaterial* (Verpackung und Inhalt; Schutz, Zweckmäßigkeit).
2. *Haltbarkeit* (Festigkeit, Stabilität).
3. *Konstruktionsmerkmale* (Handhabung, Überschaubarkeit, Eindeutigkeit und Sachgerechtigkeit von einfachen, wenig gegliederten Konstruktionen bis hin zu zusammengesetzten Modellen und komplexen Systemen).
4. *Hygienische Merkmale*
   - Aspekte der Sicherheit (Unfall- und Verletzungsgefahren);
   - Aspekte der Gesundheit (Vergiftungs- und Krankheitsgefährdungen).
5. *Repräsentanz*
   - Ausmaße (Größe, Format, Gewicht);
   - Repräsentationsarten (äußere Formen und Beschaffenheiten, innere Unterbringung und Verpackung).
6. *Farbe* (unbunte, Grund- und Misch-Farben, Material und Farbton, Aufforderungscharakter und Farbwirkungen).
7. *Künstlerisch-ästhetische Merkmale* (Techniken und Stilformen, Darstellungsarten und Positionen, Bildthemen und -inhalte, Symmetrie, Harmonie, Schönheit, Stimmigkeit usw.).
8. *Ökonomische Verhältnisse* (Preis, preisliche Wertlage und Angemessenheit, Preisvergleich mit ähnlichen Artikeln, Kosten pro Kind, Gruppe usw.).

B. Die funktionale Dimension

1. *Pädagogischer Typus*
   - Grundtypus (Spielmittel, Spielmittel mit betontem Lerneffekt, Lehr-, Lern- oder Arbeitsmittel);
   - Form — Typus (Lotto-, Steck-, Domino-, Puzzle-, Rätsel-, Würfel-, Brett-, Quartett-, Drehscheiben-, Mappen-, Buch-Form);
   - Typus der Elemente (Art, Qualität und Quantität von: Karten, Tafeln, Blättern, Steinen, Klötzen, Scheiben, Brettern usw.).
   Die Anzahl der Elemente zum Beispiel gibt Aufschluß über a) den Bildungsumfang = Lernstrecke, b) die Differenziertheit einzelner Stufen und c) die Breite des Bildungseffektes, die Variabilität).
2. *Soziale Streubreite* (Bestimmung und Eignung des Mittels als Einzelspiel, zum individuellen Lernen, zur Einzelbeschäftigung, zum Partner- und/oder Gruppenspiel, zur Gruppenarbeit usw.).
3. *Aufforderungscharakter*
   - *Bestimmung*: Der A-Charakter ist nicht von vornherein einheitlich, statisch, sondern stellt eine komplexe, dynamische Größe dar. Ob und wie lange Kinder mit diesem oder jenem Artikel bevorzugt umgehen, wie beliebt ein Spielzeug ist,

wie oft nach diesem oder jenem Mittel gegriffen wird, wie „interessant" oder „spannend", „eintönig" oder „langweilig" es gefunden wird, hängt im wesentlichen ab von dem A-Charakter dieses Mittels, und zwar von seiner Intensität.
- *Intensitätsgrade:*
  (1) negativ (ruft Ablenkung hervor),
  (2) fehlend (erweckt kein Interesse),
  (3) mäßig (geringes Interesse auslösend),
  (4) betont wirksam (stärkeres Interesse auslösend),
  (5) übermäßig wirksam (auffallend starkes Interesse auslösend) und
  (6) zwingend (das situative Verhalten und Handeln allein bestimmend).
- *A-Charakter bei geschlossener und geöffneter Verpackung:*
  a) spontane Anmutungsreaktionen (Gesamteindruck, Wirkung der Illustration, Aufdrucke, Größenverhältnisse, Materialien und Inhalte);
  b) vermutete, geweckte und erfüllte Erwartungen.
- *Wirkungen des A-Charakters:*
  a) in seinen Stadien: Erwartungseffekt, Dauerstadium, Wiederholungs- und Sättigungseffekt;
  b) die positionelle Wirkstärke beim Angebot in Solo-, Alternativ- oder Konkurrenzstellung mit gleichartigen und/oder verschiedenartigen Artikeln.

4. *Werbung*
   - Bedeutung, marktwirtschaftliche und werbepsychologische Überlegungen;
   - Werbepraktiken, -verfahren und -materialien;
   - Appelle und Appellanalysen:
     „emotionale" (auf Wünsche, Triebe, Strebungen abzielende) und „rationale" (an den Intellekt gerichtete) Appelle, „positive" (Befriedigungsschilderungen) und „negative" (Versäumnisse oder Störungen betonende) Appelle.

5. *Anleitung und Begleittexte*
   - Art und Umfang;
   - Inhalt und Aufbau;
   - Verständlichkeit, Übersichtlichkeit, Eindeutigkeit und sachliche Richtigkeit;
   - Ergänzungs- und Anschlußstoffe.

6. *Altersbestimmung und Alterseignung*
   - Adressatengruppen und deren Spiel-Lernvoraussetzungen;
   - vorgefundene Alterszuordnungen (direkte, indirekte und fehlende Altersangaben);
   - Abstimmung des Schwierigkeitsgrades (Unterforderung, annähernde Adäquatheit, Überforderung);
   - tatsächliche Alterseignung.

C. Die pädotrope Funktionalität

Sie umfaßt speziell die Bildungs- und Erziehungsfunktionen und deren empirisch feststellbare Effekte.

1. *Zum Geltungsbereich der Grundbegriffe Bildung und Erziehung:*
   a) Bildung hat es mit der Entwicklung des physischen, psychischen und intellektuellen Lebenspotentials des Menschen zu tun. Bildung betrifft alle Prozesse, die zum Erwerb von Wissen, Können und Fertigkeiten führen. Im Ergebnis zeitigt der lebenslang anhaltende Bildungsprozeß effektive Leistungsordnungen.
   b) Der Bildung gegenüber kommt der Erziehung, „da mit dem menschlichen Wesen in uns identisch, der Vorrang zu (Primat der Erziehung). Erziehung bezeichnet die Gesamtheit der Vorgänge im Einzelmensch und in der menschlichen Gemeinschaft, durch die das Humane in sich und füreinander entfalten, zur Geltung und Wirksamkeit bringen. Erziehung meint das Ziel, den Weg und das Ergebnis dieser Vorgänge" (MIESKES 1974, 14). Bei der Erziehung, die immer den Mitmenschen (den Anderen, Spielkameraden, Partner usw.) mitein-

bezieht, geht es um Verhaltensordnungen; Ergebnisse der Erziehung sind „Verhaltensmuster".
2. *Bildungspotenzen und Bildungsintentionen:*
   a) *Im motorischen Bereich*
      - Beherrschung und Koordination der Grobmotorik;
      - Schulung und Mitübung der Feinmotorik (Handgeschicklichkeiten, Fingerfertigkeiten usw.).
   b) *Im kognitiven Bereich*
      - Entwicklung der Raum- und Zeitauffassung;
      - Differenzierung insbesondere von haptischen, auditiven und visuellen Wahrnehmungen (Beobachten, Ordnen, Vergleichen, Unterscheiden usw.);
      - Entwicklung und Förderung des anschaulichen, sprachlichen und Sinn-Gedächtnisses (Erkennen und Wiedererkennen, Verstehen und Identifizieren, Einprägen, Behalten, Reproduzieren usw.);
      - Übung der Vorstellungskraft (Fähigkeiten des einfachen und komplexen Assoziierens und Kombinierens);
      - Entwicklung und Entfaltung von Phantasie, Findigkeit, Flexibilität und Kreativität;
      - Entwicklung des Denkens (vorbegriffliches, begriffliches, kausales Denken und Schließen; abstrahierendes, problemlösendes und produktives Denken);
      - Sprech- und Sprachförderung (Sprech- und Ausdruckspflege, Wortschatzerweiterung, Gesprächsförderung, Verfeinerung des Sprachgefühls, Entfaltung der Sprachkraft usw.);
      - Erwerb der Voraussetzungen zum Erlernen der Fertigkeiten des Lesens, Rechnens, Malens und Schreibens;
      - Sachwissen und Sachkenntnisse aus allen für das Vorschulkind zugänglichen Lebensbereichen (u. a.: Aufnahme und Klärung von Erlebnissen und Alltagserfahrungen, zielgerichtete Umwelterschließung, Erwerb von Grundbegriffen und -erfahrungen; Auffassen von Gegenständen, Erscheinungen und Vorgängen in der belebten und unbelebten Natur, im Zusammenleben der Menschen und in der vom Mensch gestalteten Sachwelt).
   c) *Im emotional-affektiven Bereich*
      - Berücksichtigung des Entwicklungs-, Bewegungs-, Lern- und Geselligkeitsdrangs;
      - Bedürfnisbefriedigung und Bedürfnisaufschub (u. a. der Bedürfnisse nach „Ruhe und Bewegung", „Sicherheit", „Schutz", „Führung" und „Anerkennung");
      - Berücksichtigung, Ansprache und Entfaltung der gesamten Gefühlswelt;
      - Motivation (Förderung der Bildungsbereitschaft, Erfolgserlebnisse, Ermunterungen, Freude, Stärkung des Selbstvertrauens usw.);
      - Entwicklung von Ausdauer und Geduld;
      - Förderung von Aufmerksamkeit und Konzentration;
      - Entwicklung und Anerkennung spezieller Neigungen und Interessen.
3. *Erziehungspotenzen und Erziehungsintentionen:*
   Als erzieherisch wirksam erweisen sich Spiel- und Arbeitsmittel dann und insoweit, als ein Beitrag geleistet wird
   a) zur Entfaltung menschlicher, charakterlicher Qualitäten (dazu gehören: Hilfsbereitschaft, Rücksichtnahme, Höflichkeit, Fairneß, Ehrlichkeit, Toleranz, Takt, Anteilnahme, Gerechtigkeit);
   b) zur Entwicklung und Förderung von Selbständigkeit, Handlungsfähigkeit und Verantwortungsbewußtsein;
   c) zur Entwicklung und Förderung sozialer Verhaltensweisen (dazu gehören: das Zurechtfinden in der Gruppe, die Beachtung von Spielregeln, die Gesprächs- und Verständigungsbereitschaft, das Verhalten bei assoziativen und kooperativen Gruppenaktivitäten, die Konfliktbewältigung usw.) und/oder

d) zur Erfahrung echter Gemeinschaft (Aufbau gemeinschaftlicher Haltungen, Erfahrungen des Aufeinander-Angewiesenseins, Erfahrungen im Miteinander und Füreinander).

D. Allgemeine Situations- und Führungsaspekte

1. *Situationsgrößen:*
   a) Pädagogische Situationen (Freispiel-, Feier-, Bildungs-, Übungssituationen usw.);
   b) Situationsbereiche (Familie, Kindergarten, Schule, Freizeit usw.);
   c) Situationsfelder (Familien-, Kinderstube, Gruppenraum, Freizeitplatz, Wiese usw.).
2. *Situative Gegebenheiten:*
   a) personale Gegebenheiten (Kinder, Gruppe, Eltern, Kindergärtnerin usw.);
   b) materiale Gegebenheiten (Schränke, Regale, Tische, Stühle, Wandschmuck, Spielmittel usw.);
   c) funktionale Gegebenheiten (Kind-Umwelt-Auseinandersetzung, Erziehungs- und Bildungsgeschehen);
   d) atmosphärische Gegebenheiten.
3. *Beachtung der Regulativaspekte der pädagogischen Führung:*
   Pädagogische Führung muß sein (MIESKES 1977, 36 ff.)
   a) personengerecht (im Hinblick auf den Träger, das Individuum und die Gruppe; Reife-, Entwicklungs-, Leistungs- und Sozialgefälle müssen berücksichtigt werden);
   b) sach-(inhalts-)gerecht (im Hinblick auf die Beweggründe, Aufgaben, Erziehungs- und/oder Bildungsziele);
   c) situationsgerecht (im Hinblick auf den unterschiedlichen Situationscharakter in der Familie, im Kindergarten usw.) und
   d) handlungsgerecht (im Hinblick auf die folgenden Formen, Mittel und Arten der pädagogischen Führung).
4. *Formen und Arten der pädagogischen Führung*
   a) *Führungsformen:*
   - verbal (durch Worte: Aufforderungen, Fragen usw.);
   - faktitiv (durch Tun: Vorzeigen, Vormachen, Handführen usw.);
   - verhaltensmäßig (durch Gestik, Mimik und das gesamte Ausdrucksbild).
   b) *Führungsarten:*
   - absichtlich-bewußt (intentional) oder unabsichtlich-unbewußt,
   - planmäßig oder unplanmäßig,
   - direkt oder indirekt.

E. Die didaktische Dimension

1. *Didaktik — ein Teil der Führung*
   - projiziert die allgemeinen situativen und führungsmäßigen Gegebenheiten auf die konkrete Spiel-Lernsituation;
   - sie ist zuständig für das gesamte räumlich-zeitliche Arrangement und
   - sorgt für optimale Relationen.
2. *Wahl und Bestimmung des Curriculum-Konzepts*
   für den Elementarbereich zwischen funktionsbezogenen, wissenschafts- bzw. disziplinbezogenen und situationsbezogenen Curriculum-Ansätzen.
3. *Didaktisch wird entschieden über*
   - die (Flexibilität von) Organisationsformen;
   - die möglichen und notwendigen Spiel-, Lehr- und Lernformen (Gruppenstruktur, Rolle des Erwachsenen);
   - die Lern- und Arbeitstechniken sowie über
   - die Formen der inneren Differenzierung (Einzel-, Partner- und/oder Gruppenlernen).

4. *Die didaktische Dimension umfaßt nicht zuletzt*
   - die Auswahl und Bereitstellung der zweckmäßigsten pädagogischen Hilfsmittel;
   - die Prüfung ihres Aufforderungscharakters, ihrer Bildungs- und Erziehungspotenzen, ihrer Sachgehalte und Kontrollmöglichkeiten sowie
   - die konkrete Dosierung des Einsatzes von Mitteln, die demgemäß entscheidet, ob veranschaulicht, erarbeitet, geübt oder vertieft werden soll.

F. Die methodische Dimension

1. *Die methodische Dimension, die in die didaktische integriert, bezieht sich auf die Spiel- / Lehr- / Lernverfahren:*
   Beispiel 1: Leselernverfahren
   a) *Synthetische Verfahren* (Interjektions-, Sinnlaut-, Normallaut-, Fingerlese-, Vokalisations-Methode);
   b) *Analytische Verfahren* (Ganzwort- und Ganzsatz-Methode);
   c) *Mischverfahren;*
   d) *Andersartige* methodische *Ansätze.*
   Beispiel 2: Verfahren im Bereich Rechnen / Mathematik
   a) *Synthetische Verfahren;*
      - Zähl- / Zahlbildmethode (KÜHNEL / KOLLER)
      - Zuordnungsmethode (HAASE / BREIDENBACH).
   b) *Ganzheitliche Verfahren;*
      - ganzheitliche Rechenmethode (WITTMANN);
      - Gestaltrechnen (KERN / GIEDING);
   c) *Operative Verfahren* (FRICKE / BESUDEN / RAHN);
   d) *Operativ-ganzheitliche Verfahren* (RESAG / BÄRMANN / BAUERSFELD u. a. m.);
   e) *Mehr-Modell-Verfahren* (BIEMEL / DIENES / KOTHE / ZIEGLER / OTTO u. m. a.).
2. *Innerhalb der methodischen Dimension gilt es festzustellen:*
   - die induzierte Verfahrensweise des einzelnen Mittels;
   - den Schwerpunkt des Ansatzes;
   - die allgemeinen Kennzeichen und
   - besonderen Prinzipien.
3. *Analyse und Beurteilungsmerkmale der Mittel hinsichtlich ihrer Funktionssicherheit und Eignung:*
   - Ausmaß (Umfang) des Spiel-Lerngeschehens und seiner Begleitung;
   - Vollständigkeit, Geschlossenheit, Klarheit und Stringenz im Hinblick auf den inneren Aufbau und die Gestaltung;
   - Differenzierungsgrad von Spiel-Lern-Phasen und -Stufen;
   - Hilfestellungen zur Bewältigung schwieriger Schritte (welche Einzelhilfen enthalten die Mittel, welche sind zusätzlich vom Mitspieler oder Erzieher notwendig?);
   - Art und Mittel, Umfang und Variabilität, Beliebtheit, Sicherheit und Zweckmäßigkeit von Resultatsüberprüfungen und Kontrollen.

G. Pädagogische Effektivität

Die pädagogische Effektivität resultiert aus den Ergebnissen der Aussagen zu den Dimensionen A bis F unter besonderer Berücksichtigung der folgenden Gesichtspunkte:
   - Intensität des Aufforderungscharakters (in Abhängigkeit von Spiel- und Lernbedingungen, Aufgabenstellung, Adressatengruppe, Stadium und Position);
   - Realisierung von Erziehungs- und/oder Bildungsintentionen, Spiel- und Lernzielen (unter Berücksichtigung etwa aufgetretener Material- und Funktionsmängel);

- Erziehungseffekte und Bildungs- (Übungs-, Könnens-, Fertigkeits-, Wissens-)Effekte (unter Berücksichtigung der didaktisch-methodischen Gegebenheiten);
- Stellenwert im gesamten Erziehungs- und Bildungsgeschehen (einschließlich der Bestimmung des „curricularen Stellenwertes" und der Einstufung des Spiel- und Lernwertes hinsichtlich anderer Mittel mit gleicher oder ähnlicher Intention).

Hinsichtlich der Anwendung dieses Modells ist zu betonen, daß nicht alle einzelnen Variablen gleich gut empirisch verifizierbar sind, daß der Komplexitätsgrad der Dimensionen und Aspekte sowie das wechselseitige Abhängigkeitsgefüge etwa von materialen, funktionalen und situativen Variablen in der vorliegenden Darstellung nicht zum Ausdruck kommt. Begibt man sich über die intramaterielle Überprüfungsebene hinaus auf die situative Erprobungsebene, so muß damit gerechnet werden, daß oft zusätzliche Einflüsse sichtbar werden und Ergebnisse anfallen, die vorher weder deskriptiv noch in Hypothesenform berücksichtigt werden konnten. Die als Raster für die Feinbeschreibungen und -analysen der Struktur- und Funktionsgegebenheiten zu benutzenden Gießener Kriterien haben sich inzwischen vielfach bewährt, insbesondere auch als Orientierungshilfen für Planungen, Durchführungen und Auswertungen von Untersuchungen. Die nun bereits seit über zehn Jahren laufenden Erprobungen an einem großen, vielfältigen Material erbrachten – ablesbar etwa an den Arbeiten von H. MIESKES, H. RETTER und W. KLINKE (siehe Literaturverzeichnis) – inzwischen erstaunliche Ergebnisse, viele neue Einsichten, Klärungen im einzelnen, aber auch Erkenntnisse von großer Reichweite.

III. Ergebnisse und Perspektiven

Neuere Spiel- und Arbeitsmittel sind bisher kaum hinsichtlich ihrer pädagogischen Effektivität untersucht worden. Zwar gibt es eine Unmenge von Behauptungen und Vermutungen, aber nur sehr wenige empirische Untersuchungen. Nicht einmal die Spiel- und Lernwirksamkeit des MONTESSORI-Materials ist bisher gesichert, da entsprechende Untersuchungen fehlen. Als gesichert kann gelten, daß die Grundlegung für die Ausbildung der Basalstrukturen in den sozialen, kognitiven und motivationalen Bereichen bereits in den ersten Lebensjahren erfolgt, wobei der emotionalen Zuwendung der Mutter, den häuslichen Spielmöglichkeiten, dem vorhandenen und benutzten Spielzeug sowie den Einstellungen der Eltern und Erzieher zum Spiel und Spielzeug der Kinder entscheidende Bedeutung zukommt (u. a. INBAR / STOLL 1970; RETTER 1975, 1976, 1979; NICKEL u. a. 1976; SÜSSMUTH 1977). In einer repräsentativen Befragung von über 1700 Eltern in der Bundesrepublik Deutschland konnte RETTER (1973, 1975) beachtenswerte schichtenspezifische Differenzen feststellen. Dabei zeigten sich bei Eltern der oberen Mittelschicht gegenüber Eltern der Grundschicht u. a. die folgenden signifikanten Einstellungsunterschiede:

- kritischere Haltung gegenüber dem Spielzeugangebot;
- höhere Bewertung des Spielzeugs als Erziehungsfaktor;

- größere Tendenz, die Rolle des Mädchens als „künftige Hausfrau und Mutter" kritischer einzuschätzen und flexibler gestalten zu wollen;
- geringere Tendenz, Spielmittel direkt als Instrument von Belohnung (Geschenk) oder Bestrafung (Entzug) des Kindes einzusetzen;
- größere Neigung, die vorschulische Begabungsförderung auf ein breites Angebot von Spielmitteln und schöpferischen Tätigkeiten zu stellen;
- größere Tendenz, dem Kind einen Freiraum des selbständigen, von den Eltern nicht gesteuerten Umganges mit Spielmaterialien zu belassen.

Nach diesen Ergebnissen, die große Teile des „versteckten Curriculums" der Mittelschicht-Erziehung erklären, erweist sich die Variable „Spielmittel" als eine schichtenspezifisch modifizierte, ansonsten relativ konstante Größe innerhalb der frühkindlichen und vorschulischen Familienerziehung. — Erstaunlich sind die Ergebnisse einer von KLINKE (1976) vorgelegten empirisch-pädagogischen Untersuchung auf breiter Basis, in der es zentral um die Realisierbarkeit von Erziehungs- und Bildungsintentionen von neueren „begabungsfördernden" Spielmitteln, „Lernspielen" und „didaktischen Materialien" sowie um deren pädagogische Effektivität ging.
Die detailliert durchgeführten Analysen und Überprüfungen von 125 der verbreitetsten Artikel von 55 deutschen Firmen und Verlagen zeigten u. a. deutlich, daß

- wir es bei den gegenwärtig zum „spielenden Lernen" angebotenen Artikeln oft mit marktschreierischen Texten, mit Irreführungen sowie mit teils maßlos übertriebenen Versprechungen zu tun haben;
- sich durch die Verpackung geweckten Erwartungen in vielen Fällen nicht erfüllen;
- sich rd. 30 % aller Artikel (u. a. im Vergleich zu anderen Materialien desselben Lernbereiches) als „zu teuer" bzw. als „nicht kaufenswert" erweisen;
- die Altersangabe (seitens des Herstellers) mindestens jedes dritten Artikels einer Revision bedarf;
- viele Materialien (u. a. durch Überschätzung des Aufforderungscharakters) zu verfrühtem Einsatz verleiten und einer organischen Spiel-Lernentwicklung abträglich sind (Desinteresse, Lustlosigkeit, Unmutsäußerung, Ablehnung);
- die Diskrepanz zwischen Anspruch und tatsächlicher Effektivität bei neueren Leselernspielen und Materialien für den Bereich Rechnen / Mathematik für Kinder „ab drei Jahren" besonders groß ist (u. a. wegen: zahlreicher Sachfehler, materialer und funktionaler Unzulänglichkeiten, Lücken und zum Teil schwerwiegender didaktisch-methodischer Mängel; vgl. KLINKE 1976, 205 — 257; 1977, 1978).

Es stellte sich heraus, daß rund ein Fünftel der hochgepriesenen „Lern-Spiel-Mittel" und „didaktischen Materialien" nicht einmal pädagogischen Minimalanforderungen gerecht werden. Die pädagogische Funktion wird von den materialen Aspekten „Größe", „Gewicht", „Sicherheit" und „Gesundheit" so gut wie überhaupt nicht beeinträchtigt, gelegentlich vom Herstellungsmaterial, der „Haltbarkeit" und der „Art der Repräsentanz" gestört und häufiger von der „graphischen und künstlerischen Gestaltung" (Stil, Schattierung, perspektivische Verkürzung, Inhaltsdarstellung) behindert. In den meisten Fällen wird die pädagogische Funktion von „Konstruktionsmerkmalen" positiv beeinflußt und gefördert, verschiedentlich wird sie von der Konstruktion her (zum Beispiel durch mangelnde Überschaubarkeit und Eindeutigkeit) irritiert und umgepolt, in einigen Fällen

(zum Beispiel bei Verstößen gegen die Prinzipien der Sachlogik und Sachgerechtigkeit) sogar ganz massiv gehemmt.
Was sogenannte „Lernspiele" — besser: „Spielmittel mit betontem Lerneffekt" — besonders innerhalb des kognitiven Sektors des Bildungsbereiches erbringen, können wir verallgemeinernd folgendermaßen zusammenfassen: *Sie leisten*

a) am häufigsten und effektivsten eine Vertiefung (Übung, Festigung) vorgegebener, bekannter Gehalte im Sinne der Stoffbewältigung;
b) weniger eine Vermittlung neuer Inhalte im Sinne der selbständigen Soffaneignung und tragen
c) selten bzw. am wenigsten zur Verdeutlichung von Sinngehalten im Sinne von Sinnerfassen und Verstehen.

Um Spiel, Spielen, Lernen und Arbeit sinnvoll in den gesamten Erziehungs- und Bildungsprozeß zu integrieren, um Spiel-, Lern- und Arbeitsmittel in den unterschiedlichsten Situationen zur vollen pädagogischen Wirksamkeit gelangen zu lassen, ist es notwendig, Spielen — ebenso sinnvoll wie Arbeiten und Lernen — nicht als eine „nutzlos-infantile" Aktivitätsform der frühen Kindheit zu begreifen, die radikale kontradiktorische Sichtweite von Spiel und Arbeit aufzugeben (Spielaktivitäten können in körperlich-motorischer wie in geistig-intellektueller Hinsicht mit Arbeitsaktivitäten völlig kongruent sein), Spielen und Lernen nicht länger als „stufig aufeinanderfolgende", sich „ablösende Bereiche" oder gar als Gegensätze zu verstehen (Spielen und Lernen stehen von Anfang an in einem wechselseitigen Zusammenhang) und Spielmittel und Arbeitsmittel — wenn auch in erzieherischer und bildnerischer Hinsicht unterschiedlich akzentuiert — prinzipiell als pädagogisch gleichwertige Hilfs- und Führungsmittel anzusehen. Mit MIESKES (1970, 93) fassen wir die Niveauzugehörigkeit der Begriffe (vgl. Abb. 1).

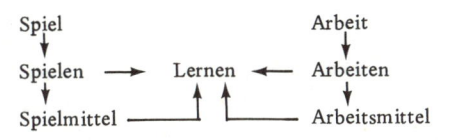

Spiel		Arbeit	• als begriffliche Abstraktion
↓		↓	
Spielen	→ Lernen ←	Arbeiten	• als spezifische Tätigkeitsform
↓	↑ ↑	↓	
Spielmittel	—┘ └—	Arbeitsmittel	• als pädagogisches Hilfsmittel

Abbildung 1: Niveauzugehörigkeit der Begriffe

Die „Pädotropie" (MIESKES) — Inbegriff der theoretischen, empirischen und praktischen Validität aller pädagogischen Hilfsmittel — ist zugleich das verbindende Differenzierungs- und Integrationsprinzip aller Spielmittel, Arbeitsmittel und klinischen (diagnostischen und therapeutischen) Mittel. Spielmittel — Spielzeuge, Spiele und Beschäftigungsmaterialien aller Art gehören zu dieser großen Gruppe — definieren sich allgemein als akzentuierte Erziehungs- und Bildungsmittel, die Arbeitsmittel gehören ihrer Funktion nach vorwiegend zu den Bildungsmitteln.
Aus unseren Untersuchungen (KLINKE 1976) geht hervor, daß im Vergleich zu den Spielmitteln bei den Arbeitsmitteln

- Zielsetzung und innerer Aufbau im allgemeinen präziser aufeinander bezogen sind,
- materialmäßig nicht so viele Lücken auftreten,
- die Bildungsstrecken geschlossener, stringenter und konsequenter konzipiert sind,
- die Prinzipien der „operativen Gesamtbehandlung" und „Reversibilität" mehr beachtet werden,
- eine stärkere Orientierung an bestimmten didaktisch-methodischen Verfahrensweisen erfolgt,
- über Themenkreise, Inhalte, Begleit- und Anschlußstoffe mehr und differenzierter reflektiert wird und
- Kontrollen bewußter miteinbezogen werden.

Als materialgebundene Mittel indirekter Führung kommt den Spiel- und Arbeitsmitteln insofern eine herausragende Funktion zu, als sich mit ihnen die Führungsintention stellvertretend realisieren läßt, was sie als kaufbare Objekte zur Verwendung in Familien, Kindergärten und Schulen in den Mittelpunkt der Beachtung rückt und ihre große praktische Bedeutung begründet. Bestimmte Mittel, die in besonderem Maße zur Erreichung von Lehr- und Lernzielen geeignet erscheinen, als „didaktische Materialien" zu bezeichnen, ist zwar üblich geworden, jedoch in wissenschaftstheoretischer Hinsicht von zweifelhaftem Wert. Das Attribut „didaktisch" – begriffslogisch exakt gebraucht – erweist seine Gültigkeit ausschließlich situationsbezogen, es bezeichnet aber keine Grundeigenschaft bestimmter Mittel, die diese zu einer besonderen Gruppe zusammenschließt. Allein wegen der Bildungsfunktion oder des Lerneffektes wird kein Mittel zu einem „didaktischen". Letztlich kann auch auf die Doppelbezeichnung „Lernspiel" verzichtet werden; denn – so unsere Ergebnisse – „Lernspiele" unterscheiden sich nicht grundsätzlich von anderen Spielmitteln; immer wird im Spiel u. a. auch gelernt, jedes Spielmittel zeitigt auch Lernergebnisse und damit Bildungseffekte. Die sich aus unseren Ergebnissen ergebenden praktischen Konsequenzen im Hinblick auf Auswahl, Kauf und Einsatz von Spielmitteln wurden von uns u. a. mittels „Anleitung" (MIESKES 1974), „Radio-Kolleg" (KLINKE 1977b), „Elternschule" (KLINKE 1978a), „Ratgeber" (KLINKE 1978b) und „Handbuch" (KLINKE 1979 und 1981) einer breiten Öffentlichkeit zugänglich gemacht. Über die Notwendigkeit der forschungsmäßigen Fundierung der Bewertungsaussagen sowie über die Dringlichkeit wissenschaftlicher Durchleuchtung des Gesamtgebietes dürfte kein Zweifel mehr bestehen. Um dem derzeitigen Angebot von Spiel- und Arbeitsmitteln forschungsmäßig, theoretisch und praktisch in etwa gerecht zu werden, um es möglichst allseitig empirisch-pädagogisch zu erfassen, sind – je nach Material, Merkmal und Dimension – die verschiedensten Erschließungs- und Auswertungsweisen (deskriptiv, phänomenologisch, logisch-begrifflich, kategoriell, numerisch-statistisch, „rating scales" usw.) zu nutzen. Für die Gewinnung fundierter Aussagen zur pädagogischen Effektivität einzelner Mittel ist ein breites Methoden-Spektrum erforderlich. Um weniger Pauschalurteile und vermehrt differenzierte Aussagen über das pädagogische Wirkspektrum eines Mittels zu erhalten, wird man stärker als bisher auch die Befragung von Eltern, Sozialpädagogen und Lehrern — unter Kennzeichnung der jeweiligen situativen und führungsmäßigen Gegebenheiten — einbeziehen müssen. Dabei ist zu bedenken, daß die Aussagen zur Einschätzung des Aufforderungscharakters und zur pädagogischen Wertlage erheblich beeinträchtigt sind von vorausgegangenen Erfahrungen und von den schon vorher gewonnenen positiven oder negativen Grundeinstellungen zu einem bestimmten Material. Die deshalb gelegentlich sehr unterschiedlichen und zum Teil widersprüchlichen Aussagen, die durch Beobachtung, Befragung oder im kontrollierten Experiment gewonnen werden, lassen es sinnvoll erscheinen, die pädagogische Effektivität eines Mittels nicht durch Alternativetikettierungen oder Gütesiegel, sondern über eine differenziertere pädagogische Begutachtung auszuweisen. Wie die derzeit leider personell, zeitlich und finanziell begrenzten Gießener Forschungsbemühungen zeigen, bieten sich grundsätzlich drei Untersuchungs- bzw. Erprobungsebenen an:

1. die intramaterielle Ebene (Objekt-Analysen),
2. die situative Ebene (Fall- und Feldstudien) und
3. die Teil- und Vollbegutachtung (Material-, Funktions- und Situations-Analysen).

Aus dieser Gießener Forschungsarbeit hervorgegangen ist auch der hier vorgelegte empirisch-induktive Modellentwurf zur Beurteilung von Spiel- und Arbeitsmitteln, der in vielerlei Hinsicht geeignet und zweckmäßig sein dürfte, um

- das einzelne Spiel-, Lern- oder Arbeitsmittel selbst differenziert kennenzulernen,
- das Objekt als Träger pädagogischer Potenzen, Funktionen und Wirkungen zu erkennen,
- Mängel, Lücken, Fehler und Unzulänglichkeiten festzustellen und Hinweise für Weiter- und Neuentwicklungen zu erhalten,
- das jeweilige Mittel im Fadenkreuz der genannten Dimensionen und Aspekte situationsspezifisch zu sehen,
- Anhaltspunkte zur Planung und Vorbereitung für die praktische Verwendung und Nutzung zu gewinnen,
- eine differenzierte, sachlich-realistische Informationsarbeit besonders für Eltern, Sozialpädagogen, Kindergärtnerinnen, Lehrer und Ärzte zu leisten und nicht zuletzt, um
- Auswahl, Anschaffung und Einsatz von Spiel- und Arbeitsmitteln pädagogisch reflektierter, gezielter und ökonomischer zu tätigen.

Aus diesen Gründen meinen wir, daß in allen sozial- und schulpädagogisch-orientierten Ausbildungsstätten derartige Analysen zum Grundbestandteil einschlägiger Ausbildungen gehören sollten. Wenn dabei dieser Modellentwurf auf seine Eignung hin auf breiter Basis überprüft wird, eventuell ergänzt oder gar korrigiert werden muß, wäre dies begrüßenswert und im Sinne der Sache ein willkommener Fortschritt.

Literatur

Arbeitsausschuß Gutes Spielzeug (Hrsg.): 14. Verzeichnis des „spiel gut" ausgezeichneten Spielzeugs, Ulm 1979

- Gutes Spielzeug von A – Z, 15. Aufl. Ravensburg 1979
Arbeitsgemeinschaft Spielzeug (Hrsg.): Arbeitsmaterialien, Bamberg 1978
Arbeitsgruppe Vorschulerziehung des Deutschen Jugendinstituts München: Zur Ausstattung des Kindergartens (Anregungen II), München 1973
Döring, K.-W.: Lehr- und Lernmittel (1969), 2. Aufl. Weinheim 1973
Frommberger, H. / Freyhoff, U. / Spiels, W. (Hrsg.): Lernendes Spielen – Spielendes Lernen, Hannover / Dortmund 1976
Gabele, P.: Arbeitsmittel und Lehrprogramme, Stuttgart 1968
Herron, R. E. / Sutton-Smith, B.: Child's Play, New York 1971
Hetzer, H.: Spiel und Spielzeug für jedes Alter, 13. Aufl. München 1972
- Spielen lernen – Spielen lehren, 4. Aufl. München 1973
Holstein, H.: Arbeitsmittel im Unterricht, Bochum o. J.
Inbar, M. / Stoll, C. S.: Games and learning, in: Interchange 2, Vol. 1, 1970, 53 – 61
Klinke, W.: Pädotropika im Übergangsbereich Kindergarten / Grundschule, in: Mieskes, H. (Hrsg.): Berichte – Gedanken – Mitteilungen 3/4, EWS / IPF, Gießen 1969, 36 – 43
- Spielmittel in der Grundschule, in: Mieskes, H. (Hrsg.): Berichte – Gedanken – Mitteilungen 5/6, EWS / IPF, Fießen 1970, 24 – 30
- „Sehen – Hören – Sprechen". Eine kritische Analyse des didaktischen Spiel- und Arbeitsmaterials, in: Deutsches Jugendschriftenwerk (Hrsg.): Buch und Spiel in der Praxis 2/3, Frankfurt 1973, 15 ff.
- Spiel und Arbeitsmittel im Vor- und Grundschulalter. Strukturbild – Funktionsprofil – Beurteilungskriterien, Wien / München 1976
- Begabung und Intelligenz garantiert?, in: Ehrenwirth Grundschulmagazin, München 4; 9 (1977a), 5 – 9
- „Spielend lernen" – Radio-Kolleg des Deutschlandfunks, Köln (Teil I: 14. 10. 1977; Teil II: 21. 10. 1977; Teil III: 28. 10. 1977), 1977b
- Gesichtspunkte für den Einkauf von „Lern-Spiel-Mitteln" und „didaktischen Materialien" (Elternschule), in: monika, Zeitschrift für die Frau, Donauwörth 110; 2 (1978a), 10 ff.
- Wie und wonach sollen Auswahl, Kauf und Einsatz von Spielmitteln erfolgen? (Ratgeber), in: spielen und lernen, Zeitschrift für Eltern und Kinder 4, Velber 1978b, 32 ff.
- Neuere Spiel- und Arbeitsmittel als Gegenstand empirisch-pädagogischer Forschung, in: Arbeitsgemeinschaft Spielzeug (Hrsg.): Arbeitsmaterialien, Bamberg 1978
- Womit soll mein Kind spielen? Ein Handbuch für Eltern, Schule und Kindergarten, Wien / München 1979
- Womit soll mein Kjnd spielen? (Handbuch), Frankfurt a. M. / Hamburg 1981
Klinke, W. / Mieskes, H.: Schulpädagogische Aspekte des Spielens und der Spiel- und Arbeitsmittel, Wien / München 1979
Mieskes, H.: Pädotropika oder: Die pädagogischen Hilfsmittel (Teil I), System und Systematisches im Umkreis der Pädotropika (Teil II), in: aula 1 (1968), 5 – 11, 2 (1968), 52 – 62
- „Didaktisches Spielzeug" – gibt es das?, in: Das Spielzeug 59 (1969), 514 – 522
- Probleme einer pädagogischen Beurteilung von Spielmitteln, 4 – 9; Zur Pädagogik der Spielmittel, 10 – 51; Warum „Spielmittel"?, 52 – 56; Schulpädagogische Aspekte des Spielens und der Spielmittel, 78 – 96; Spielen – Arbeiten – Lernen, 180 – 198, in: Wissenschaftlicher Beirat der Arbeitsgemeinschaft Spielzeug (Hrsg.): Spielmittel. Wissenschaft, Forschung und Praxis, Bamberg 1970
- Lehr- und Lernmittel, in: Heinrichs, H. (Hrsg.): Lexikon der audiovisuellen Bildungsmittel, München 1971, 185 – 192
- Das pädagogische Problem in Forschung, Schulalltag und Lebenswirklichkeit, Oberursel 1973
- Spielmittel – recht verstanden, richtig gewählt, gut genutzt. Eine Anleitung, Augsburg 1974

— Erziehung — Bildung — Pädagogische Situation — Pädagogische Führung, in: Mieskes, H. (Hrsg.): Berichte — Gedanken — Mitteilungen, Pädagogische Grundlagenforschung, 1975, 11/12, 2. Aufl. Gießen 1977, 6 — 46

Nickel, H. / Arosa, J. / Süßmuth, B.: Das Kind orientiert sich, in: Spahn, C. (Hrsg.): Der Elternführerschein, München 1976, 41 — 60

Petersen, P. Pädagogik der Arbeitsmittel, in: Petersen, P.: Führungslehre des Unterrichts, 1937, 9. Aufl. Weinheim 1970, 182 — 197

Report: Konstruktionsbaukästen, in: test, Stiftung Warentest (Hrsg.), Berlin 7 (1972), 505 — 508

Retter, H.: Spielzeug und vorschulische Begabungsförderung, in: Die Grundschule 1 (1971a), 42 — 50

— Sprach- und Intelligenztraining durch „didaktische Materialien"?, in: Zeitschrift für Pädagogik 4 (1971b), 222 — 230

— Spielzeug — Sozialschicht — Erziehung, Oberursel 1973

— Spielmittel, in: Deutscher Bildungsrat (Hrsg.): Die Eingangsstufe des Primarbereichs, Bd. 2/1: Spielen und Gestalten, Stuttgart 1975, 211 — 283

— Spiel und Spielzeug des Kindes, in: Spahn, C. (Hrsg.): Der Elternführerschein, München 1976, 61 — 75

— Spielzeug. Handbuch zur Geschichte und Pädagogik der Spielmittel, Weinheim / Basel 1979

Rüssel, A.: Spiel und Arbeit in der menschlichen Entwicklung, in: Thomae, H. (Hrsg.): Entwicklungspsychologie. Handbuch der Psychologie in 12 Bänden, Bd. 3, 2. Aufl. Göttingen 1959, 502 — 534

Schmalohr, E.: Kognitive Entwicklung, in: Hundertmark, G. / Ulshöfer, H. (Hrsg.): Kleinkinderziehung, Bd. 2, München 1972, 55 — 87

Schüttler-Janikulla, K.: Spiel- und Lernmittel in der Vorschulerziehung, in: Evangelische Kinderpflege 2 (1972), 63 — 73

Skowronek, H.: Lehrmittel und Lernleistung, in: Roth, H. (Hrsg.): Begabung und Lernen, 1968, 2. Aufl. Stuttgart 1969, 491 — 499

Spahn, C. (Hrsg.): Der Elternführerschein. Ein Kurs zur Erziehung des Kleinkindes, München 1976

Stein, R.: Spiel- und Lernmittel (Rezensionen 1972), PZ — Didaktische Informationen, Berlin 1973

Ströse, S.: Spielend lernen mit selbstgemachten Lernspielen, München 1971

Süßmuth, R.: Die Bedeutung der Bezugsperson als Interaktionspartner, in: Höltershinken, D. (Hrsg.): Frühkindliche Erziehung und Kindergartenpädagogik, Freiburg 1977, 15 — 28

Sutton-Smith, B. / Sutton-Smith, S.: How to play with your children, New York 1974

Ulshöfer, H.: Spiel- und Lernmittel (Rezensionen 1971), PZ — Didaktische Informationen, Berlin 1972

Wissenschaftler Beirat der Arbeitsgemeinschaft Spielzeug (Hrsg.): Spielmittel. Wissenschaft, Forschung und Praxis, Bamberg 1970

3. Papierspielzeug – ein pädagogisches Medium?
Wilfried Nold

Einleitung

Papier ist heute ein Massenprodukt, dessen Zubereitung und Beseitigung Umweltprobleme hervorrufen kann. Als Spielzeug oder als Ausgangsprodukt für Spielsachen hat es nur noch geringe Bedeutung, gemessen an der Verwendung anderer Materialien, wie zum Beispiel Kunststoff und Metall. Dieser Trend scheint sich jedoch in letzter Zeit wieder zugunsten des Papiers zu verschieben, wenn man Ausstellungen und Bücher zum Thema, die Produktion von Ausschneidebogen und Neuauflagen alter Bogen als Maßstab nimmt.

I. Papierspielzeug früher

Die Geschichte des Papierspielzeugs ist eng verknüpft mit der der populären Druckgraphik in der Form der Bilderbogen, von denen wiederum die Ausschneidebogen den größten Teil ausmachen. Waren es ursprünglich Holzschnittkünstler, die mit ihrer Gestaltung beschäftigt waren, so kamen in späterer Zeit (17. / 18. Jahrhundert) vor allem der Kupferstich und die Radierung hinzu, bis im 19. Jahrhundert die Erfindung der Lithographie die Verbreitung dieser Blätter ganz enorm steigerte.

Für ein paar Pfennige oder Kreuzer konnten auch weniger begüterte Leute die Bogen beim Bilderhändler oder direkt bei den Verlagen erstehen. Sie waren für viele, abgesehen von Erzählungen und Berichten, oft die einzige Informationsquelle über „die Welt draußen". Ebenso wie die Bilderbogen, die man sich als Ersatz für teure Stiche oder Gemälde an die Wand hängte, stellten die Ausschneidebogen ein getreues Abbild der Realität dar. Fast jede kleine Einzelheit der damaligen Umwelt konnte man auf Papier kaufen, ausschneiden und zusammenkleben – natürlich auch alle Auswüchse, Fehlentwicklungen und Abnormitäten des Zeitgeschehens. So sind die bunten Blätter von damals, die man in Ausstellungen, Buchabbildungen oder als Reprints mit nostalgischer Wehmut betrachten mag, bildhafte Zeugnisse der Zeitgeschichte, denn Bilder sprechen oft mehr als Bände. Hier liegt auch der Wert alten Papierspielzeugs – es stellt in der politischen und sozialen Erziehung eine persönliche und konkrete Ergänzung zum herkömmlichen Unterricht dar, gewissermaßen als Museum in der Spielkiste. Vergleicht man

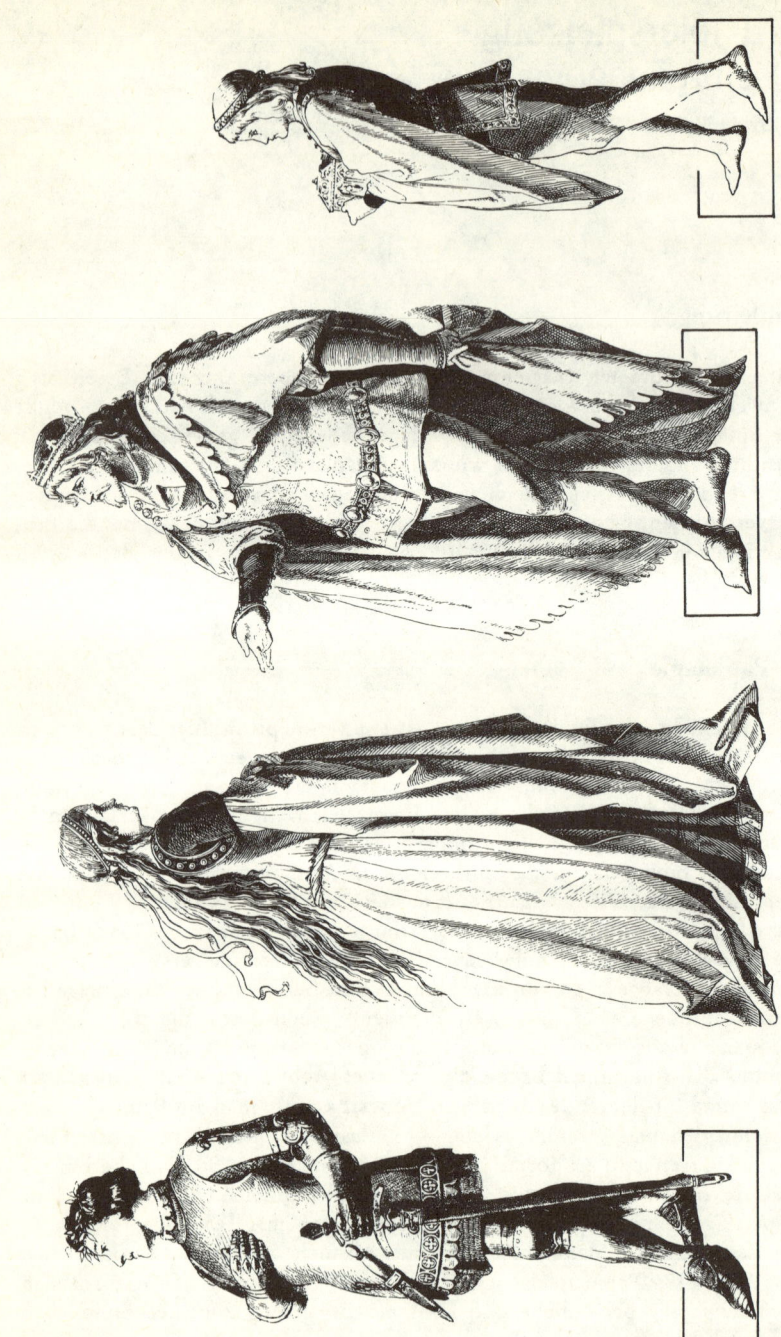

Abbildung 1: Figuren zum Papiertheater, Thema Mittelalter (Münchner Bilderbogen)

diese alten Ausschneidebogen mit dem Papierspielzeug unserer Tage, lassen sich interessante Verbindungslinien, ähnlich verlaufende Entwicklungen und Parallelerscheinungen zu unserem heutigen Zustand feststellen.

II. Papierspielzeug heute

Ein wichtiges Merkmal allen Papierspielzeugs liegt darin, daß es fast nie fertig erhältlich ist — man muß es erst herstellen, auch wenn es bereits koloriert oder gar vorgestanzt ist. So besitzt jeder Ausschneidebogen, auch wenn man ihn zunächst aus pädagogischen oder ästhetischen Gesichtspunkten ablehnen mag, nicht nur für Kinder einen starken Aufforderungscharakter, ein aktivierendes Moment. Diese Tatsache machen sich viele Firmen zunutze, die aus verkaufsstrategischen Gründen Papiermodelle auf Verpackungen von Verbrauchsgütern und auf Werbeträgern abdrucken. Die meisten Kinderzeitschriften heften regelmäßig oder sporadisch ihren Ausgaben Ausschneidebogen bei.

1. Papiermodelle — was kann man damit anfangen?

Hat man die Hürde aus Arbeitsanleitungen, Symbolen für Schnitt- und Falztechnik und die oft langwierige Herstellungsphase überwunden, ist also das begehrte Objekt nach mühevoller Arbeit fertiggestellt, wird sich mancher fragen, wozu das Werk überhaupt gut ist.
Viele der Ausschneidebogen sind in erster Linie als Modellbaubogen angelegt. So liegt es nahe, daß ihr Hauptwert in ihrem Anschauungscharakter und in ihrer dekorativen Funktion liegt. Diese Art des Papierspielzeugs scheint mir mehr für Sammler und Liebhaber geeignet,
Der Auto-Fan wird sich daher seinen Wagenpark in Papier anlegen, Schiffsnarren mögen ihre Favoriten an einem sicheren Ort, vielleicht hinter Glas, aufbewahren, und bei Flugzeugliebhabern könnten die Modelle von der Decke herabhängen oder auf Ständer montiert sein.
So wird es bei allen Papiermodellen dieser Art sein — sie sind in Papier nachgebaute Wunschvorstellungen und Träume. Auch die Größe mancher dieser Gebilde und ihr Schwierigkeitsgrad üben sicher einen Reiz aus, man möchte seine Fähigkeit und Ausdauer zur Lösung kniffliger Aufgaben testen.
Die meisten dieser Modellbaubögen sind bis ins letzte Detail farbig angelegt, besonders dann, wenn es sich um Abbilder realer Gegenstände, um Maschinen, Fahrzeuge oder Bauten handelt. Die Arbeit dabei ist in erster Linie rezeptiver Art, eigene kreative Tätigkeit ist kaum möglich. Die Beschäftigung mit diesen Dingen ist vor allem ein entspannendes Bastelvergnügen für die Freizeit. Wegen ihrer Zerbrechlichkeit sind Papiermodelle nur bedingt als Spielzeug verwendbar. Zielgruppen sind hier ältere Kinder, Jugendliche und Erwachsene. Führend auf dem Gebiet der Modellbaubogen ist der Esslinger Verlag J. F. SCHREIBER, der eine Vielzahl von Bogen aus alter und neuer Zeit anbietet.

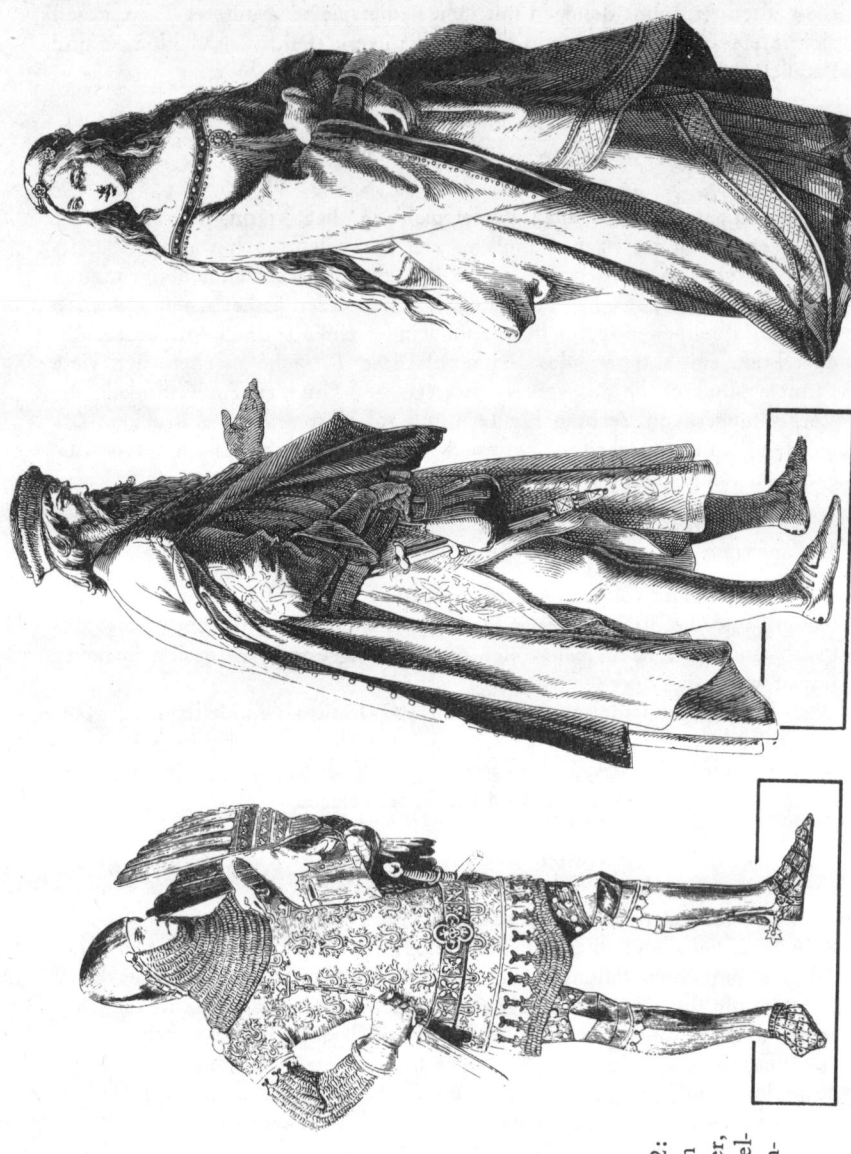

Abbildung 2: Figuren zum Papiertheater, Thema Mittelalter (Münchner Bilderbogen)

2. Kreativ-Modelle

Eine Reihe von Papierspielzeugen weist Merkmale auf, die eine größere schöpferische Eigenleistung des Benutzers erfordern. Sie sind weniger realen Vorbildern nachgearbeitet — Dinge unserer Umwelt oder vergangener Zeiten werden stärker stilisiert und typisiert dargestellt. Einige dieser Produkte sind ohne Farbaufdruck, bei manchen fehlt sogar die Binnenzeichnung. Auch Stärke und Qualität des Materials und die Festigkeit des fertigen **Produktes machen sie als Spielzeug besser geeignet.**

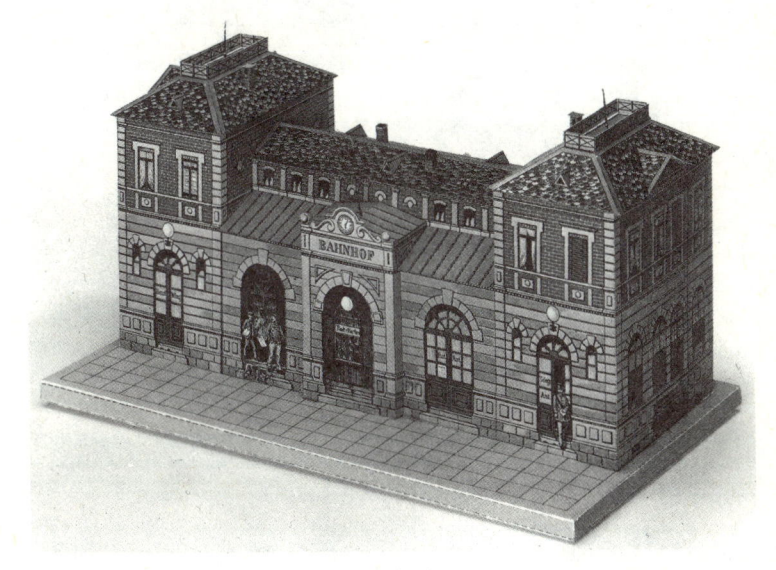

Abbildung 3: Esslinger Reprints, Bahnhof (Foto J. F. SCHREIBER)

Aus dem Angebot der Herteller fällt hier eine Serie des Verlags BRAUN & SCHREIBER in München auf. Diese Modelle sind besonders für jüngere Kinder gedacht. Einzelteile sind auf weiß kaschiertem Karton gedruckt, vorgestanzt und an den Knickstellen genutet, so daß das Zusammenbauen „kinderleicht" ist. Um so mehr kann man sich beim Bemalen und Spielen austoben.

Diese Spielzeuge haben in ihrer typisierten Einfachheit außerdem noch den Vorteil, daß sie zum Ergänzen und zu eigenen Erfindungen geradezu auffordern. Naturnähe ist zwar vorhanden, sie läßt jedoch der Phantasie der jungen Baumeister noch genügend Raum für kreative Entfaltung. Mit diesen Dingen kann man sich eine ganze Spielzeugwelt aufbauen. Als „Maxi-Modelle" sind folgende Spielzeuge erhältlich: Auto, Lastauto, Fähre, Schiff, Flugzeug, Hubschrauber, Kaufladen, Puppenhaus, Weihnachtskrippe, Burg, Western-Fort, Windmühle, Parkhaus, Bauernhaus und eine ganze Stadt.

3. Papierspielzeug als didaktisches Material

Abbildung 4: Esslinger Reprints, Motorwagen (Foto: J. F. SCHREIBER)

Ein Bindeglied zwischen den reinen Modellbaubogen und den Kreativ-Modellen bilden die Ausschneidebogen des Werkstudios GÜLLERT. Die Blätter werden in Mappen angeboten, die außer den üblichen Arbeitsanleitungen detaillierte Hinweise zu den abgebildeten Bauwerken geben. Die einzelnen Bauteile weisen Binnenzeichnungen auf und laden dazu ein, sie farbig zu gestalten. Hier liegt Anschauungsmaterial vor, das auch für den Freizeitbereich hinaus in der Schule Anwendung finden könnte (Sachunterricht, Geschichtsunterricht) – Modelle: Kappenwindmühle, Posthalterei, Bauernhäuser, Ritterburg, Puppenmöbel, Laterne.

Die Serie mit drei verschiedenen Kartonlampen desselben Verlages hat mich bei meinen eigenen Versuchen besonders stark beeindruckt, weniger wegen ihres didaktisch-erzieherischen Charakters, sondern weil ich von der raffinierten Falt- und Verstärkungstechnik fasziniert war. Das Ergebnis waren einfache und dekorative Beleuchtungskörper, die mich zu eigenen Entwürfen anregten.

4. Ankleidepuppen

Neben Puppenstuben aus Papier und Pappe nahmen die Ankleidepuppen besonders im 19. Jahrhundert eine wichtige Funktion bei der Erziehung der Mädchen ein: durch die Beschäftigung mit diesen Papierpuppen sollten sie auf ihre zukünftige Rolle als Frau und Mutter vorbereitet werden. Dabei hatten die Ankleidepuppen gegenüber ihren kapriziösen Schwestern aus Porzellan und wertvollen Textilien den Vorteil, daß sie billig zu haben und zu halten waren. Schäden und Verluste schlugen bei diesem Verbrauchsspielzeug weniger zu Buche.

Neuproduktionen von Ankleidepuppen sind, von wenigen Ausnahmen abgesehen, kaum zu verzeichnen. Auch Nachdrucke kommen vor allem aus dem Ausland. Am bekanntesten sind wohl die ausgezeichneten „paper dolls" des amerikanischen Verlages DOVER PUBLICATIONS aus dem reichen Fundus des 19. und beginnenden 20. Jahrhunderts bis hin zu den Kostümen von ERTÉ, der Filmstars der dreißiger Jahre – selbst Marylin MONROE, John WAYNE und die amerikanische Präsidentenfamilie sind als paper dolls zu haben.

Wem es gelingen sollte, Mädchen oder Jungen von der Plastik-Prinzessin BARBIE und ihren SUPERMAN-Kollegen aus Kunststoff wegzulocken, kann ihnen vielleicht mit den Anziehpuppen etwas vom Lauf und der Vergänglichkeit der Mode spielerisch vermitteln. In jedem Fall bieten alle paper dolls ein ideales Material für Collagearbeiten.

III. Vorläufige Zusammenfassung

Nachdrucke alter Ausschneidebogen sind als historisches Anschauungsmaterial vorzüglich geeignet. Ansonsten bieten alle Arten von Papierspielzeug und Papiermodellen eine angenehme und entspannende Freizeitbeschäftigung, bei der Fingerfertigkeit, räumliches Vorstellungsvermögen, Ausdauer und genaues Arbeiten notwendig sind. Sogenannte Kreativ-Modelle (starker Karton, Möglichkeiten zur weiteren Ausgestaltung) sind für jüngere Kinder und für die Vorschulerziehung ideale Spielzeuge mit nebenherlaufendem Lerneffekt. Papiermodelle können die Anschaulichkeit des Schulunterrichts unterstützen – meist dürfte es genügen, wenn sie zu Hause angefertigt werden.

IV. Papiertheater

Ich möchte hier etwas ausführlicher ein Projekt beschreiben, das ich mit Kindern in den Sommerferien im Liebieghaus, Museum alter Plastik, Frankfurt, durchgeführt habe. Das Papiertheater kann sowohl als Spielzeug als auch als mediale Theaterform angesehen werden – Elemente von beiden Bereichen sind in ihm enthalten.

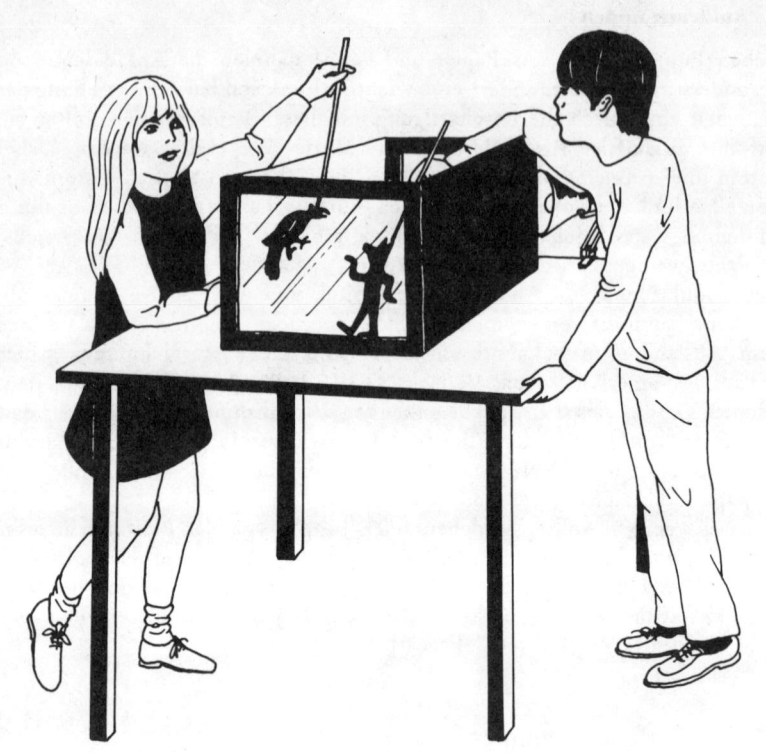

Abbildung 5: Schattentheater (Zeichnung H.-J. LUDWIG)

1. Ausgangspunkt

In der museumspädagogischen Arbeit, besonders in den Ferienspielen im LIEBIEG-Haus, sollten den Kindern Inhalte des Museums auf spielerische Art vermittelt werden. Das Thema Mittelalter wollte ich mit den Kindern auf dem Papiertheater „erspielen". Zunächst sahen wir uns das Museum an, betrachteten ergänzend Bildbände und Dias, ich erzählte und las Geschichten aus dem Mittelalter vor. Dabei waren die Kinder am meisten von Ritterdramen mit Schatzsuche und Geistererscheinungen und vom Faust-Thema fasziniert. So entstanden in kleinen Gruppen Spielentwürfe und Szenarios.

2. Vorübungen

Als Spiel vor dem Spiel schnitten die Kinder vorgegebene Figuren aus dem Spielbogen „Museumstheater" (vgl. Abb. 1 und 2) aus, legten sie auf große Packpapierbögen, verschoben sie gegeneinander, bildeten Gruppen und immer neue Konstellationen. Wer wollte, konnte noch Sprechblasen dazu zeichnen, sich Dialoge ausdenken, die Figuren verändern und bemalen und das Ganze als großes Plakat ausgestalten. So entstand eine Reihe von Entwürfen zu Geschichten, die später auf dem Papiertheater zu kleinen Szenen und „abendfüllenden" Stücken weiterentwickelt wurden.

3. Der Schauplatz

Schauplatz ist das Theater, das auf dem Tisch steht, ein Guckkasten, eigentlich einer Puppenstube recht ähnlich, nur daß hier die Puppen flach sind und indirekt (mit einem Draht oder Stab) geführt werden. Den Theaterkasten stellten wir aus vorgefertigten Faltkartons her, in den die entsprechenden „Löcher" hineingeschnitten werden. Das Theater bleibt dann entweder, je nach der Zeit, die zur Verfügung steht, in diesem „Urzustand" oder es wird durch Bekleben oder Bemalen ausgestaltet. Die meisten Kinder hatten Lust, ein richtiges Proszenium zu bemalen und als Theaterfront aufzukleben, viele bestanden auch darauf, daß das Theater einen gerollten, gezogenen oder eingesteckten Vorhang haben müsse.

4. Die Akteure

Figuren und Dekorationen können collageartig aus Tageszeitungen, Illustrierten und Prospekten, aber auch aus extra zu diesem Zweck hergestellten Fotos bestehen (Aufnahmen der Teilnehmer) — Vorhandenes wird verändert oder unverändert in einen neuen Zusammenhang gebracht, Bekanntes bekommt in einer neuen Umgebung eine andere Bedeutung. Ganz bewußt habe ich vorgefertigte und kolorierte Papiertheaterfiguren von Reprints nicht verwendet, um die Kinder durch eigene Tätigkeit zu aktivieren.
Die Figuren werden entweder von der Seite gespielt oder wie Stabmarionetten von oben.

5. Spielgeschichten

Hier sind zwei Arten des Einstiegs möglich:

- Von der Geschichte aus
  Eine Spielgeschichte oder Spielidee ist bereits vorhanden. Figuren und Dekorationen richten sich dann nach dieser Vorgabe. Anregungen ergaben sich aus den Museumsinhalten, können aber auch dem Alltagsleben oder in der Schule oder auch aus Lesebüchern zum Beispiel entnommen werden. Auch Kinderbilderbücher sind für diesen Zweck ideale Ausgangsmaterialien.
- Von den Figuren aus
  Das Spiel ergibt sich aus den mehr oder weniger zufällig und spontan entstandenen Figuren, das Stück wird um diese Figuren „heraumgebaut". Als zusätzliche Stütze kann man noch einen Handlungsrahmen vorgeben: zum Beispiel auf einer Straße, in einem großen Mietshaus, auf dem Bahnhof, auf einem anderen Stern usw.

6. Die Spieltechnik

Natürlich „können" die flachen und starren Pappfiguren nicht so viel wie Schauspieler aus Fleisch und Blut oder wie Marionetten und Handpuppen.

Die Akteure des Papiertheaters sind meist im Profil zu sehen und bleiben auf eine typische Körperhaltung festgelegt. Ihre Bewegungsmöglichkeiten sind entsprechend beschränkt. Eines haben sie jedoch „normalen" Schauspielern voraus: sie können vom Boden abheben und fliegen, sie können sich auf offener Szene verwandeln, zum Beispiel durch Umdrehen, wenn die Rückseite der Figur durch Gesichtsausdruck oder Kleidung sich von der Vorderseite unterscheidet.

So bietet es sich an, das phantastische und märchenhafte Element im Spiel besonders zu berücksichtigen. Ihre Reden und Emotionen müssen die Papierfiguren mit der Bewegung des ganzen Körpers ausdrücken – sie werden dabei durch die leicht veränderte Stimme der Spieler unterstützt.

Wichtig ist, daß Figuren, die miteinander reden, sich auch anschauen (Profilrichtung beachten!).

Abbildung 6: Offenes Tischtheater (Zeichnung: H.-J. LUDWIG)

Bei Auftritten, an denen mehrere Figuren beteiligt sind, sollten diejenigen, die gerade nichts zu sagen haben, auch möglichst ruhig gehalten werden, um die Zuschauer nicht unnötig zu verwirren.

Bei Auftritten und Abgängen ist es günstig, Abdeckungen zu verwenden (den Rand der Bühne, Seitenkulissen, Versatzstücke), hinter denen die Figuren vor und nach dem Auftritt verborgen sind.

7. Spielablauf – Szenenwechsel

Am einfachsten ist es, das Spiel hat nur einen einzigen Handlungsort. Bei mehreren kann zwischen den Szenen ein Erzähler den Fortgang der Handlung vermitteln, soweit er nicht oder nur schwer darzustellen ist. Der Bühnenvorhang kann die Umbauarbeiten beim Szenenwechsel verbergen. Bei der elegantesten Lösung sind bereits zu Beginn des Spiels in verschiedenen Theaterkästen die Dekorationen so vorbereitet, daß die Handlung gewissermaßen von Bühne zu Bühne „wandert".

8. Gruppenarbeit

In meinen Versuchen stellte jedes Kind „sein" Theater und „sein" Ensemble her. Die Notwendigkeit zur Gruppenarbeit ergab sich ganz von selbst aus der Arbeit. Als Alleinspieler kann man nur sehr schwer und nach langer Übung alles schaffen, was zum Theaterbetrieb gehört: die Darstellung verschiedener Rollen, das Auswechseln der Kulissen, die Produktion von Geräuschen und Musik, die Bedienung von Licht und Vorhang usw.
Teilweise konzipierten die Kinder in Gruppen von zwei bis fünf Spielern von Anfang an gemeinsame Spiele. Einige halfen sich wechselseitig beim Zureichen der Figuren, beim Gestalten verschiedener Rollen und bei der Technik. Eine Gruppe wanderte sogar nach ihrem eigenen Spiel als Spezialistenteam für Theatereffekte wie Donner, Blitz, farbiges Licht und Geistererscheinungen von Theater zu Theater.

9. Die Vorstellung

Wenn man sich die Symphonie von Planen, Gestalten, Proben und den gruppendynamischen Prozeß vorstellt, liegt es nahe, die Arbeit mit dem Papiertheater von Anfang an als fächerübergreifendes Projekt zu konzipieren.
Hier kommt es dem Arbeitsprozeß zugute, daß die ganze Sache auf einen Höhepunkt, die Vorstellung, zuläuft. Dieses gemeinschaftliche Ziel und der Weg dorthin schafft Erlebnisse, die man weder den Kindern noch sich selbst als Gruppenleiter oder Lehrer vorenthalten sollte. Daß bei dem Projekt nebenbei noch eine ganze Menge gelernt wird, fällt fast nicht auf.

10. Variationen

- *Offenes Tischtheater*
  Die Papierfiguren werden zur besseren Handhabbarkeit auf Holzklötzchen geklebt und auf der Rückseite evtl. mit Pappstreifen verstärkt. Sie können dann auch allein stehen bleiben, so daß mehr Figuren die Szene bevölkern können als spielende

Hände vorhanden sind. Die Figuren wohnen in Hütten, Häusern und Palästen, sie können rennen, hüpfen, fliegen, umfallen und miteinander reden. Kulissen werden ebenfalls an Holzklötzen befestigt. Hintergründe sind natürlich selbstgemalt und wechseln je nach Szene.
- *Schattentheater*
  Der Papiertheaterkasten kann so vorbereitet werden, daß er durch Umdrehen gleichzeitig als Schattentheater verwendbar ist. Das kann dem Spiel einen weiteren, besonderen Reiz verleihen, besonders dann, wenn es adäquat zum Inhalt, zu Handlung verwendet wird (Traumszenen, Verwandlungen, „off").

V. Abschließende Bemerkungen

Papierspielzeug hat in jedem Fall eine aktivierende Funktion, ob nun als Ausschneide- und Bastelspaß für den einzelnen, ganz besonders aber, wenn es in multimediale Projekte eingebunden wird, zum Beispiel als Schatten-, Tisch- oder Papiertheater. Papiermodelle sprechen weniger die kreative Seite des Menschen an, als Spielzeug sind sie nur bedingt verwendbar — ihre Stärke liegt in ihrer Wirkung als Anschauungs- und Demonstrationsobjekte.

Literatur

Kohlmann, Th.: Neuruppiner Bilderbogen, 1981
Metken, S.: Geschnittenes Papier — Eine Geschichte des Ausschneidens in Europa, 1980
Nold, W.: Museumstheater mit Kindern, 1980
Vogel, H.: Bilderbogen, Papiersoldat, Würfelspiel und Lebensrad, 1981

V. Spielpädagogik im internationalen Vergleich

1. Die Spielpädagogik in Österreich
Theoretische Ansätze und praktische Erprobungen

Ingeborg H. Tschinkel

I. Spielen als verselbständigtes Appetenzverhalten

In Österreich erhielt die Spielforschung viele Impulse von Hildegard HETZER und Charlotte BÜHLER, die 1929 bis 1938 an der Universität Wien lehrten. Sie wiesen besonders auf die Bedeutung des Spielens innerhalb der Entwicklungsprozesse hin (BÜHLER 1928, HETZER 1931). Stark beeinflußt und geprägt wurde Spielpädagogik in Österreich jedoch von Sylvia BAYR-KLIMPFINGER, die von 1943 bis 1978 an der Universität Wien wirkte und als Ordinarius für Kinder- und Jugendpsychologie viele Jahre in Seminaren für Studenten, Kindergärtnerinnen, Eltern und Erzieher engen Kontakt zwischen Forschung und Praxis herstellte.

Forschungsergebnisse von Konrad LORENZ und der Verhaltensforschung aufgreifend sieht sie in den Instinktbewegungen eine „fundamentale Aktivitätsform" (1963, 5, 4) und eine Wurzel des Spiels. Damit es zur Ausführung von Instinktbewegungen kommt, muß das Lebewesen nach BAYR-KLIMPFINGER (1963, 6, 2)

1. ein *bestimmtes Alter* und eine *bestimmte Reife* haben.
2. bedarf es einer „*bestimmten Aufgeladenheit des organischen Systems* durch innere Reizproduktion, die von verschiedenen Nervenzentren und vom hormonalen System herrührt. Durch diese innere Reizproduktion kommt das Lebewesen in Aktionsbereitschaft, die in der Regel, streng kanalisiert, in bestimmte äußere Bewegungen umgesetzt wird" (1963, 5, 4). Nicht *jede* Aktionsbereitschaft kann jedoch in Bewegung umgesetzt werden, viele Instinktbewegungen sind vorerst *blockiert*. Um diese Blockierung zu lösen, sind
3. bestimmte *Auslöser* oder *Schlüsselreize* notwendig, „die gleichsam bereitliegende Instinktbewegungen erst auslösen" (1963, 5, 4).

Bei Lebewesen, „die ihrer Begabungsausstattung nach weder so beschränkt noch so hochspezialisiert und starr" (1963, 5, 6) sind, daß die Koppelung von Umweltgegebenheit und Instinktbewegung eng und ausschließlich ist, kann es zum Suchen nach der die Instinkthandlung auslösenden Situation kommen. Dieses Suchen ist plastisch und abänderbar. Das Lebewesen kann auf jede ihm begabungsmäßig mögliche Weise so lange suchen, bis es auf das trifft, was ihm die entsprechenden Schlüsselreize für die Auslösung der Endhaltung bietet. Dieses Suchen wird „als Appetenzverhalten (engl. appetitive behaviour = Appetitverhalten) bezeichnet" (1963, 6, 3).

Das Appetenzverhalten kann sich also verschiedenen Umweltgegebenheiten anpassen und enthält sowohl Angeborenes als auch Erlerntes und erlaubt den Einbau von Erfahrungen. Wenn nun ein Lebewesen Erfahrungen in sein Appetenzverhalten einbauen kann, wird es sein Dasein besser sichern können und von drängender Daseinsnot weitgehend entlastet sein. Es wird daher auch seine Aktionsbereitschaft nicht voll für die Lebenserhaltung verbrauchen. Auch dann, wenn ein Lebewesen sehr lange im Elternschutz lebt, sind ihm die Aktivitäten zur Erhaltung des Lebens weitgehend abgenommen. Auch kann es sein, daß die innere Reizaufladung noch gar nicht so weit fortgeschritten ist, daß sie zur Ausführung der Instinkthandlung führen könnte. Unter all diesen Bedingungen wird das Instinktverhalten ausgebaut, indem gleichartige Verhaltensweisen wiederholt werden, oder sich zu größerer Mannigfaltigkeit verändern, ohne aber in Endhaltungen überzugehen. So kann sich unter bestimmten Bedingungen — eine gewisse Begabungsausstattung vorausgesetzt — das Appetenzverhalten verselbständigen. Dieses so weitgehende Appetenzverhalten wird zu einer neuartigen Aktivitätsform, wird zum Spielen. „So dürfen wir im *verselbständigten Appetenzverhalten eine Wurzel des Spielens* sehen" (1963, 6, 4). Damit sich ein Appetenzverhalten verselbständigen kann, ist jedoch immer ein gewisses Ausmaß von Entspannung und Entlastung notwendig.

II. Das Raumteilverfahren

Unter Berücksichtigung ökologischer Gesetzlichkeiten der Lebensraumgestaltung, wie sie MEYER-HOLZAPFEL (1943) erforscht hat, wurde von M. SCHÖRL (SCHMAUS / SCHÖRL 1964) und S. BAYR-KLIMPFINGER (1973) eine sozialpädagogische Methode der Spielgestaltung entwickelt, die die Spielpädagogik in Österreich, besonders wie sie in Institutionen — zum Beispiel Kindergärten — gepflegt wird, stark beeinflußt hat: *das Raumteilverfahren*. MEYER-HOLZAPFEL (1943) stellte fest, daß der indvdiduelle Wohnbereich von Wildtieren ein geordnetes System biologisch bedeutsamer Orte darstellt, die zu bestimmten Tätigkeiten (Wohnhöhle mit größter Geborgenheit, Bade-, Sonnen-, Ruheplätze und Zufluchtstätten bei Verfolgung) aufgesucht werden. Sie bilden ein Raum-System. Diese verschiedenen Plätze des Lebensraumes haben nicht immer einen gleich starken Aufforderungscharakter für das Lebewesen. Es verrichtet vielmehr zu bestimmten Zeiten des Tages- oder Jahreszyklus an bestimmten Orten ganz bestimmte Tätigkeiten. Auf diese Weise ist dem Raum-System auch ein Zeitsystem zugeordnet.
BAYR-KLIMPFINGER meint nun, daß wir in der strengen räumlichen und zeitlichen Gebundenheit frei lebender Tiere an ihren Lebensraum einen homologisierbaren Tatbestand vor uns haben (Vortrag beim III. Internationalen Kongreß für Heilpädagogik in Wien 1952).
Solchen Erkenntnissen der biologischen Lebensraumforschung trägt das Raumteilverfahren Rechnung. Es besteht in der Teilung des Gruppenspielraumes mit Hilfe von Kästchen, Regalen und Paravents in mehrere kleine Spielplätze. Dadurch wird dem Bedürfnis des Kindes, bestimmte

Territoriumsbereiche bevorzugt für bestimmte Tätigkeiten zu bestimmten Zeiten des Tages aufzusuchen, Rechnung getragen. „Indem durch das Raumteilverfahren eine äußere Gliederung und Strukturierung des Kindergartenterritoriums vorgenommen wird, schafft es beim Kinde innere Bedingungen, bestimmte Teilbereiche auch subjektiv auszuzeichnen" (1973). Darüber hinaus bietet alles Wandähnliche größere Geborgenheit.
Die Kindergärtnerin kann dem Kinde die Raumteile von vornherein anbieten, indem sie durch die Anordnung der Einrichtungsgegenstände jeden Raumteil als einen mehr oder minder in sich abgeschlossenen Bereich erkennen läßt und ihn mit bestimmtem Spiel- und Beschäftigungsmaterial ausstattet. Sie kann aber auch die Feinstrukturierung des Raumes gemeinsam mit den Kindern vornehmen und bestimmte Teilbereiche für bestimmte Spiele und Tätigkeiten abgrenzen.
Das Raumteilverfahren hat sich in den österreichischen Kindergärten sehr bewährt. In der Regel findet man in jedem Kindergarten abgegrenzte Raumteile wie „Bilderbuchecke", „Zeichen- und Malecke", den „Bauplatz" oder die „Bauecke", „Wirtschaftsecke", „Puppenwohnung", das „Einkaufszentrum" mit dem Kaufmannsladen, die „Werkecke" (NEUWIRTH 1973), aber auch einen abgesicherten Raumteil für die Beschäftigung mit Lernspielen und einen Raumteil mit Material, der zum bildnerischen Gestalten auffordert.
Dadurch, daß in solchen Raumteilen der Aufforderungscharakter des Spielmaterials voll zur Geltung kommt, wird das Kind mehr zum Spielen angeregt, ohne es jedoch in der Ausgestaltung seiner Spielideen einzuengen. Mit ihrer verschiedenartigen Ausstattung unterstützen die Raumteile auch das Zusammenfinden der Kinder zu kleinen Spielgruppen. Sie spielen hier meist auch konfliktärmer als in der größeren Gruppe. „Sie kommen hier leichter zum gemeinsamen Planen, zum gemeinsamen Verfolgen einer Spielidee, zu einem verbalen Gedankenaustausch" (SCHÖRL, in: SCHMAUS / SCHÖRL 1964). Auch das besonders von Kindern, die den ganzen Tag im Kindergarten verbringen, oft geäußerte Bedürfnis, zeitweise für sich allein zu spielen, kann berücksichtigt werden.

III. Das Bildungsprogramm „Spiel – Baustein des Lebens"

Um das Verständnis breiter Schichten der Bevölkerung für Spiel und Spielpädagogik zu wecken, veranstaltete das österreichische Bundesministerium für Unterricht und Kunst 1974 in 19 österreichischen Orten eine Ausstellung über Kinderspiel und Spielzeug. Sie trug den Titel „Kinderwelt". Eine im Zuge dieser Ausstellung durchgeführte Erhebung „Sieben Fragen zur Spielerziehung" (mit 12.000 Einsendungen) ergab, daß die österreichische Öffentlichkeit über Kinderspiel und Spielzeug nur sehr mangelhaft informiert war. Da die Ausstellung „Kinderwelt" besonders im ländlichen Raum größtes Interesse gefunden hatte, wurde im Auftrage des Ministeriums von W. HARTMANN / W. HEGINGER / A. RIEDER ein *Bildungs-*

programm mit dem Titel „*Spiel – Baustein des Lebens*" konzipiert und im Medienverbund durchgeführt. Das Bildungsprogramm umfaßt

1. sieben Filme von je 30 Minuten Dauer,
2. ein vom Bildungsministerium für Unterricht und Kunst subventioniertes Handbuch „Spiel – Baustein des Lebens" (1976),
3. Gruppentage für interessierte Erwachsene, die von den Institutionen der Erwachsenenbildung durchgeführt wurden,
4. eine Wanderausstellung, die 250 Spielmittel und 150 Kinderbücher enthielt.

Die vom Bundesministerium für Unterricht und Kunst produzierte siebenteilige Filmserie wurde im Herbst 1976 erstmals vom österreichischen Fernsehen zweimal wöchentlich ausgestrahlt und seither mehrmals wiederholt. Sie wurde mittlerweile vom Sender „Freies Berlin", vom Schweizer Fernsehen und vom Sender Bozen der italienischen RAI in Lizenz übernommen.

Der erste Teil des Bildungsprogramms „*Bedeutung und Anfang des Spiels*" stellt die Bedeutung des Spiels für die Entwicklung der kindlichen Persönlichkeit dar. Im Mittelpunkt steht das Spiel im ersten Lebensjahr als Fundament für die Ausdifferenzierung der Spielaktivitäten in den folgenden Jahren. Der Film „*Spiel und Bewegung*" gibt Anregungen für verschiedene Bewegungsspiele, die für eine gesunde körperliche sowie psychisch-geistige Entwicklung des Kindes in unserer zivilisierten Welt unentbehrlich sind. Die Filme „*Leben und Gesellschaft im Spiel*", „*Ein Gebilde schaffen*" und „*Spiel und Musik*" zeigen die Bedeutung von Phantasie und Kreativität beim Hineinwachsen in die Umwelt auf. Die beiden Filme „*Ein Spielzeug entsteht*" und „*Spiel – Vorbereitung auf die Schule?*" verdeutlichen die Anforderungen, die man heute an Spielzeug als Bildumgsmittel stellt. Erzeuger, Händler und Konsumenten müssen heute den Bildungs- und Erziehungswert, sowie die Qualitäts- und Sicherheitskriterien, denen Spielzeug unterliegt, beachten.

In Österreich sahen etwa 500.000 Menschen zumindest einen Teil der Fernsehreihe, etwa 30.000 Erwachsene besuchten bis zum Jahre 1981 Elternabende bzw. Gruppentage. Das Handbuch wurde mittlerweile als Unterrichtsbehelf in die Schulbuchaktion einschlägiger berufsbildender Schultypen aufgenommen und das Programm an österreichischen Hochschulen, sowie in der Lehrer- und Erzieherbildung eingesetzt.

IV. Das Wiener Kindergarten-Intensivprogramm

Im Herbst 1970 wurde über Auftrag des Wiener Jugendamtes in 60 Kindergartengruppen ein von I. H. TSCHINKEL (1973) für 5jährige Kinder zusammengestelltes Förderungsprogramm – *das Wiener Kindergarten-Intensivprogramm* – erprobt. Zusätzlich zu den bisher gepflegten Bildungszielen sollten in der pädagogischen Arbeit des Kindergartens Schwerpunkte unter anderem in den Bereichen *Sprachförderung, mathematische Früherziehung* und *Lesevorbereitung* gesetzt werden.

Für Lesevorbereitung wurde das Spiel „Lesepeter" von REIDEL / DREXLER (Sellier Verlag) gewählt. Für die mathematische Früherziehung wurden die „Logischen Blöcke" von Z. P. DIENES (Verlag Herder) eingesetzt. Eine Reihe für diesen Zweck zusammengestellte und noch nicht veröffentlichte Sprachspiele, welche zum Beispiel die Mehrzahlbildung, die Verwendung von Vorwörtern, die Bildung von Fragesätzen in bestimmten Spielsituationen u. a. zum Inhalt haben, wurden für die Sprachförderung verwendet.

Dem Programm lag kein zeitlich fixierter Arbeitsplan zugrunde. In kleinen Spielgruppen wurden jeweils vier bis sechs Kinder drei- bis viermal wöchentlich — anfangs 15 bis 20 Minuten, später 30 bis 40 Minuten — mit den dem Förderungsprogramm entsprechenden Spielen konfrontiert. Bei der Auseinandersetzung der Kinder mit den gebotenen Anregungen sollte der *Charakter des Spieles* unbedingt gewahrt bleiben. Beim Mittun bestand für die Kinder absolute Freiwilligkeit. Die Kindergärtnerin sollte die Kinder zum Mitspielen anregen, indem sie die Spiele abwechslungsreich und interessant gestaltete.

Der Effekt dieser Förderung wurde von I. ROP (1972) unter Einbeziehung von 20 Kindergartenkontrollgruppen, die nicht speziell mit dem Intensivprogramm gefördert wurden, überprüft. Außer den genannten Schwerpunkten umfaßte das Programm auch Natur- und Sachbegegnung (TSCHINKEL 1978) und musikalische Erziehung, diese Bereiche wurde jedoch nicht in die Effektivitätsuntersuchung von ROP einbezogen.

Die Untersuchung ergab u. a., daß sprachgeförderte Kinder größere Fortschritte im exakten Bereich wahrgenommener Sachverhalte gemacht haben, auch erreichten sprachgeförderte Kinder ein höheres Begriffsbildungsniveau. Im Zusammenhang mit mathematischer Früherziehung entwickelten die geförderten Kinder in stärkerem Maße die Fähigkeit, Beziehungen zu erfassen und richtig zu schließen. Auch setzt bei geförderten Kindern „die symbolische Darstellung der Erfahrung" (ROP 1972, 190), die das Kind mit der Welt macht, früher ein als bei nichtgeförderten Kindern. Im Zusammenhang mit Lesevorbereitung ergab die Effektivitätsuntersuchung, daß von 694 untersuchten Kindern am Ende des Förderungszeitraumes nur 29 Kinder imstande waren, einen kurzen Text bestehend aus drei einfachen Sätzen mit nicht mehr als drei Fehlern zu lesen. Die Buchstabendifferenzierung wurde jedoch durch den Umgang mit Lesespielen eindeutig gefördert. Nach ROP (1972) verfügten 84 % der lesegeförderten Kinder über Buchstabendifferenzierung gegenüber nur 60 % der Kinder aus den Kontrollgruppen. Lesespiele scheinen sich auf das spätere Lesenlernen günstig auszuwirken, weil sie Vertrautheitsqualitäten zu Buchstaben und Ziffern schaffen.

Obwohl B. SCHMIED (1979) in einer Untersuchung, in der sie neun Vorschulkinder systematisch beim Spielen beobachtete, um die Themenbereiche Spielen und Lernen mit der Methode der Phänomenologie zu analysieren, zu dem Schluß kommt, daß Spielen und Lernen wohl subjektiv, aber nicht objektiv zu trennen seien und bei der Koppelung der beiden

Bereiche im Rahmen der Vorschulerziehung das Spiel nur Vorwand für die Einleitung zweckrationaler Lernprozesse sei, muß gesagt werden, daß dem Spiel große Bedeutung für die Frühförderung im Kindergarten zukommt unter der Voraussetzung, daß Lern- und Leistungsdruck vermieden wird.

V. Neuere Forschungsarbeiten

E. SERSCHÖN (1978) untersuchte das Spielverhalten von 3- bis 4jährigen Kindergartenkindern unter Berücksichtigung der sozialen Herkunft nach den Kriterien *Kontinuität, Kreativität, allgemeines Rollenspiel* und *nachahmendes Rollenspiel*. Nach der Herkunft der Kinder unterschied sie zwischen oberer und unterer Mittelschicht und oberer und unterer Unterschicht. Die Untersuchung ergab siginifikante Ergebnisse zugunsten der Mittelschicht. Darüber hinaus zeigte sich, daß Kinder, die zu Hause ungestört spielen können, eine signifikant höhere Kreativität entwickeln.

E. KANDUTH (1979) analysierte das Bausteinspiel geistig behinderter Kinder mit dem KIETZ Holzbaukasten und fand typische Unterschiede zwischen mongoloiden und frühkindlich hirngeschädigten Kindern. Mongoloide Kinder hantierten mehr und kamen innerhalb einer bestimmten Zeit weniger zum Bauen, weil sie nach jedem Bauwerk die Bausteine einräumten und für das neue Bauwerk wieder ausräumten. KANDUTH meint daher, die Erziehung mongoloider Kinder zu einer guten Alltagsroutine und Ordnung wirke sich nachteilig auf das Spielen aus und müsse neu überdacht werden.

I. KÖBERL (1976) und E. LICHTENBERGER (1978) untersuchten das Bauen 4- bis 7jähriger Kinder mit dem Baukasten Fischertechnik 1000 v. Der Hauptakzent der Arbeiten lag in der Überprüfung der Auswirkungen von selbst erstellten Lernhilfeprogrammen auf das freie Bauen im Sinne einer gezielten Begabungsförderung. Die Lernhilfeprogramme waren darauf ausgerichtet, dem Kinde Materialeigenschaften und Techniken zu vermitteln. Die Untersuchung KÖBERLs (1976) ergab, daß Buben und intelligentere Kinder bessere Bauleistungen erbringen als andere. Hingegen wurde die in der Sozialisationsforschung häufig beobachtete Abhängigkeit zwischen Schichtzugehörigkeit, Familien- und Geschwistersituation einerseits und Bauleistung andererseits nicht festgestellt. Für das richtige Nachbauen von Bildvorlagen mit Konstruktionsmaterial scheint das Erkennen des richtigen Elementes und das Erkennen der Verbindungsart von entscheidender Bedeutung zu sein.

Aus der Gesamtbetrachtung der Effekte der Lernhilfeprogramme ergibt sich *für die Spielpädagogik*:

1: *Lernhilfe* im Zusammenhang mit dem Konstruktionsspiel hat einen sehr positiven Einfluß auf die Reife des Materialumgangs und auf Wahrnehmung und Denken des Kindes.
2. Man sollte den Kindern *eine Elementkategorie nach der anderen* zum freien Spiel überlassen, damit sie sich mit deren Möglichkeiten auseinandersetzen können.

3. *Modellvorlagen schränken die Kreativität ein*, daher sollte das Kind auch mit Konstruktionsmaterial zunächst frei bauen.

Nach Ch. SCHOBERSBERGER (1978) ist es vor allem die unterschiedliche *Motivation* der Geschlechter, die die unterschiedliche Bauleistung von Buben und Mädchen bewirkt. Sie verwendete für ihre Untersuchungen Legomaterial.
R. NEUMAYER (1978) überprüfte, ob für die Altersgruppe der 10jährigen beim Konstruktionsspiel die von LICHTENBERGER (1978) und KÖBERL (1976) gefundenen Tendenzen ebenfalls von Bedeutung sind. Mit seiner Untersuchung konnte er zeigen, daß sich Buben und Mädchen im Alter von 9 bis 11 Jahren in der Bauleistung nicht signifikant unterscheiden, jedoch typische Unterschiede in der *Wahl der Modelle* bezüglich Gefallen, Bauen und Besitzen bestehen.
H. PLATZER (1978) schließlich versuchte festzustellen, ob und in welcher Weise technisches Spielzeug im Rahmen des Schulunterrichts zu besserem mechanisch-technischem Verständnis beitragen kann, bzw. wie eine gezielte Unterweisung für Kinder in der 4. Grundschulklasse gestaltet werden muß. Sie verglich

1. Unterricht mit Arbeitsheft,
2. Unterricht mit Arbeitsheft und Matador (Nr. 3) und
3. Unterricht mit Arbeitsheft und Fischertechnik (Nr. 50).

Die Untersuchung ergab unter anderem, daß das Matadorlehrprogramm für das mechanisch-technische Verständnis effizienter war als das Fischertechnikprogramm und das Arbeitsheftprogramm. Der Transfereffekt war bei der Matadorgruppe am größten, bei der Gruppe, die nur mit dem Arbeitsheft lernte, am geringsten. PLATZER führt die größere Effektivität des Matador auf seine größeren Bauelemente zurück. Beim Nachbauen von Vorlagen hingegen war die Fischertechnikgruppe der Matadorgruppe überlegen. PLATZER führt diese Unterschiede auf die bessere Konzeption des Fischertechnik-Anleitungsheftes zurück, in dem die Bauobjekte für die Kinder verständlicher in Bauetappen dargestellt sind und nicht in Grundriß-, Aufriß- und Querschnittzeichnungen, wie im Matador-Arbeitsheft.
E. LÖSCHENKOHL weist auf die Bedeutung von technischem Spielzeug für die Entwicklung des technischen Verständnisses hin und bezeichnet das Erfassen von Lagebezeichnungen (zum Beispiel Zueinander, Aufeinander), lockere Verbindungen (zum Beispiel Steckverbindungen), feste Verbindungen (Verbindung der Bauelemente durch Hilfsmaterial) und Transmissionen als Vorstufen des technischen Verständnisses, die bereits im Vorschulalter erworben werden können (1973, 166 – 173). Auch vertritt er die Ansicht, daß technisches Konstruieren auch eine Schulung der Kreativität sei, „weil es dem Kinde die Freiheit gibt, in der Herstellung von Gegenständen seine eigenen Fähigkeiten einzusetzen und zu erproben".

Literatur

Bally, G.: Vom Ursprung und von den Grenzen der Freiheit. Eine Deutung des Spiels bei Tier und Mensch, Basel 1945
- Die Bedeutung des Spiels für das Reifen der menschlichen Persönlichkeit, in: Biermann, G. (Hrsg.): Handbuch der Kinderpsychotherapie, Bd. 1, München 1969

Bayr-Klimpfinger, S.: Die Bedeutung der Spielerziehung für das Kind einer industrialisierten Gesellschaft, in: Unsere Kinder, Fachzeitschrift für Kindergärten, Horte und Heime 5 (1963), 3 – 5, Linz/Donau
- Einführung zum Thema „Gebaute Pädagogik", in: Neuwirth, W.: Der Gruppenraum – Werkzeug der Kindergärtnerin, Sonderdruck der Fachzeitschrift für Kindergärten, Horte und Heime, Unsere Kinder, Linz/Donau 1973

Bridel, A. / Mahler, B.: Beschreibung eines Ansatzes zur Beurteilung von Spielmitteln, (maschinengeschriebenes Manuskript) Pädagogisches Seminar der Universität Zürich 1977

Bundesministerium für Unterricht und Kunst (Hrsg.): Spiel – Baustein des Lebens, Wien 1976

Cats, H. J.: Kinder-Lustspiele (mit Kupferstichen gezieret, vermehret und verlegt durch C. Meyer, Zürich), Zürich 1657

Claparède, E.: Kinderpsycholgie und experimentelle Pädagogik, Leipzig 1911

Cranach, M. von / Kalbermatten, U. / Indermühle, K. / Gugler, B.: Zielgerichtetes Handeln, Bern 1980

Decroly / Monchamp: L'initation à l'activité intellectuelle et motrice par les jeux éducatifs, 2. Aufl. Neuchâtel 1922

Descreudes, A.: Jeux éducatifs d'après le Dr. Decroly et Mlle Monchamp pour les jeunes enfants et les élèves arriérées, Genève ohne Datum

Egli, R., et al.: Kreative Nachmittage. Ein Experiment der Freizeitanlage Wipkingen in den Frühlingsferien 1975, (maschinengeschriebenes Manuskript) Zürich 1975

Feyler, J.: Projekt „Fluidité", Kanton Genf, OECD / CERI-Seminar „Evaluationen im Bereich der Primarstufe", (maschinengeschriebenes Manuskript) Muttenz 1981

Grob, F.: Spielen und Gestalten in der Kindergruppe. Bericht über einen Kurs für Vorpraktikantinnen und Lehrtöchter (maschinengeschriebenes Manuskript) Psychiatrische Poliklinik für Kinder und Jugendliche, Prophylaxestelle, Basel 1981

Gugler, B.: Zur Erfassung und sequentiellen Analyse des Streitgeschehens bei Vorschulkindern, (unveröffentlichte Dissertation) Universität Bern 1976

Häberle, W.: Manipulationsmaterial, Verhalten und soziale Interaktion. Eine empirische Untersuchung an Vorschulkindern mit ökopsychologischer Perspektive (in Vorbereitung)

Heck, M.: Erläb dies Quartier, (maschinengeschriebenes Manuskript) Hirzel 1978

Herzka, H. St.: Das Kind von der Geburt bis zur Schule, 4. Aufl. Basel 1978

Hirsch, H. / Schiltknecht, H. / Tratschin, B.: Krippenprojekt, Diplomarbeit der Schule für Soziale Arbeit, Zürich 1979

Hüttenmoser, M. / Spiess, M.: Das Hebammen- oder Kinderbüchlein von Felix Würtzen, Basel 1634, in: Und Kinder 6 (1981), 35 – 50

Kalbermatten, U.: Handlung: Theorie – Methode – Ergebnisse, (unveröffentlichte Dissertation) Psychologisches Institut Universität Bern 1977

Kanduth, E.: Beobachtungen des manipulativen und konstruktiven Spielverhaltens geistig behinderter Kinder, (unveröffentlichte Dissertation) Universität Graz 1979

Köberl, I.: Über das konstruktive Bauen mit dem Fischertechnik-Baukasten 1000 v, eine empirische Studie an Vier- bis Sechsjährigen, (unveröffentlichte Dissertation) Universität Wien 1976

Kunz, H.: Die anthropologische Bedeutung der Phantasie, Bd. 1, Basel 1946

Indermühle, K.: Motorische Abläufe, Ziele und Strategien – Versuch einer Verhaltensanalyse auf drei hierarchisch geordneten Niveaus, (unveröffentlichte Diplomarbeit) Bern 1980

Largo, R. H. / Howard, J. A.: Developmental progression in play behaviour of children between nine and thirty months. I: Spontaneous play and imitation, in: Develop. Med. Child Neurol. 21 (1979), 299 – 310
— Developmental progression in play behaviour of children between nine and thirty months. II: Spontaneous play and language development, in: Develop. Med. Child Neurol. 21 (1979), 492 – 503
Lichtenberger, E.: Untersuchungen zur Kreativität im technischen Konstruktionsspiel, (unveröffentlichte Dissertation) Universität Wien 1978
Limacher, B.: Kranke Kinder . . . Kinder, Diplomarbeit der Schule für Soziale Arbeit, Zürich 1981
Löschenkohl, E.: Die Beziehung von technischem Spielzeug zu technischem Spiel und Kreativität, in: Westermanns Pädagogische Beiträge 25 (1973), 329 – 335
— Förderung der Kinder durch technisches Spiel, in: Unsere Kinder, Fachzeitschrift für Kindergärten, Horte und Heime 6 (1973), 166 – 172
Messikomer, H.: Aus alter Zeit. Sitten und Gebräuche im zürcherischen Oberlande, Zürich 1909
Meyer-Holzapfel, M.: Affektive Grundlagen tierischen Verhaltens, in: Schweizerische Zeitschrift für Psychologie und ihre Anwendung, Bd. 2, 1943
Müller, H. / Kühne, K.: Zur Analyse interaktiver Episoden, (unveröffentlichte Liz.-Arbeit) Universität Bern 1974
Moor, P.: Das Spiel in der Entwicklung des Kindes, Ravensburg 1971
Mugglin, G.: Das rechte Spielzeug zur rechten Zeit, Zürich 1970
Neumayer, R.: Geschlechtsspezifische Motivationsunterschiede in der Modellbauleistung von 10jährigen Kindern, (unveröffentlichte Dissertation) Universität Wien 1978
Niegl, A.: Gegenwartsfragen der Kindergartenerziehung, Wien 1948
Osiek, Ch.: Interférences entre différentes propriétés de l'objet chez l'enfant, (Dissertation) Universität Genf 1977
Peiper, A.: Quellen zur Geschichte der Kinderheilkunde, Bern 1966
Piaget, J.: Nachahmung, Spiel und Traum, Stuttgart 1975
Platzer, H.: Der Einfluß technischer Spielzeuge auf das mechanisch-technische Verständnis 8- bis 10jähriger Kinder, (unveröffentlichte Dissertation) Universität Wien 1978
Pulver, U.: Spannungen und Störungen im Verhalten des Säuglings, Bern 1959
Ries, H. / Häberle, W. / Hüttenmoser, M., et al.: Sandra und Dominik, Umfrage 1 bis 3, Aarau 1976 – 1977
Ries, H. / Hüttenmoser, M. / Vogt, W.: Personale Interaktionsstrukturen im familiären Alltag (in Vorbereitung)
Rochholz, E. L.: Alemannisches Kinderlied und Kinderspiel aus der Schweiz, Leipzig 1857
Rop, I.: Die Auswirkungen „Kognitiver Frühförderung" bei fünfjährigen Kindergartenkindern, eine Längsschnittuntersuchung mit Hilfe eines probalistischen Modells, (unveröffentlichte Dissertation) Wien 1972
Savioz, E.: Die Anfänge der Geschwisterbeziehung. Verhaltensbeobachtungen in Zweikinderfamilien, Bern 1968
Schäppi, S.: Zur Entwicklung frühkindlicher Ängste, Zürich 1976
Schmaus, M. / Schörl, M.: Die sozialpädagogische Arbeit der Kindergärtnerin, München 1964, 48 – 73
Schmied, B.: Spielen und Lernen, (unveröffentlichte Dissertation) Salzburg 1979
Schoberberger, Ch.: Geschlechtsspezifische Unterschiede im technischen Bereich, (unveröffentlichte Dissertation) Wien 1978
Serschön, E.: Spielverhalten von Kindergartenkindern unter Berücksichtigung der sozialen Herkunft, (unveröffentlichte Dissertation) Graz 1978
Sprüngli, J. J.: Die Jungfeste. Freundesgabe auf das Jahr 1838. Für die Jugend, ihre Eltern, Lehrer und Freunde, Zürich 1938

Stockert, M.: Das Spiel als Spiegel der Persönlichkeit im vorschulpflichtigen Alter, Wien 1961
Tschinkel, I.: Basale Begabungsförderung im Kindergarten, Wien 1973
— Natur- und Sachbegegnung mit Kindern, Wien 1978
Wehnes, F. J.: Pestalozzis Elementarmethode im Urteil der modernen Kinderpsychologie, (unveröffentlichte Dissertation) Bonn 1953
Wörterbuch der schweizerdeutschen Sprache, Bd. 10, Frauenfeld 1939
Zulliger, H.: Heilende Kräfte im kindlichen Spiel, 5. Aufl. Stuttgart 1967

2. Spielpädagogik in der Schweiz
Theoretische Ansätze und praktische Erfahrungen

Marco Hüttenmoser

I. Erste Ansätze zum Verständnis des kindlichen Spiels

Für ein besseres Verständnis der Situation der Spielpädagogik in der Schweiz erweist sich ein Blick in die Geschichte, die zeigt, wie das Verständnis für das Spiel des Kindes allmählich gewachsen ist, als bedeutungsvoll. Geht man vom Wandel der Wortbedeutung aus, so klingt in noch heute gebräuchlichen Ausdrücken wie „Spielraum", „Das Rad hat zu viel Spiel" oder „Hier wird etwas gespielt" an, daß die ursprüngliche Bedeutung des Wortes „Spiel" nichts mit Kinderspiel zu tun hat, sondern ganz allgemein auf Dinge oder Personen verweist, die sich im Zustand der freien und lebhaften Bewegung befinden. Alte schweizerdeutsche Redensarten wie etwa „Die Zucht heind es g'waltigs Spil" (Die Kinderschar hat ein gewaltiges Spiel) machen jedoch deutlich, daß eine Verknüpfung von Spiel im ursprünglichen Sinne und dem Kinderspiel im engeren Sinne schon sehr früh erfolgt ist (Wörterbuch der schweizerdeutschen Sprache, Bd. 10, 116 ff.).

Aus diesem Wortverständnis müssen auch die Aussagen des Zürcher Kinderarztes Felix WÜRTZ (ca. 1500 – 1596) verstanden werden. In seinem 1634 erschienenen „Kinderbüchlein" kritisiert er jene Eltern scharf, die mit ihren Kindern Spiele durchführen wie „Kinder mit der einen Hand in die höhe werffen und mit der andern Hand wieder empfahen" oder „Kinder auff den Schoss (nehmen) und täntzlen also mit jhnen". WÜRTZ begründet seine Ablehnung, indem er — wohl in Kenntnis älterer Schriften, etwa des Galenus von PERGAMON (PEIPER 1966, 30) — darauf hinweist, daß zu starke körperliche Bewegung den kindlichen Körper verformen kann. Sehr anschaulich ist seine Warnung:

Darumb rathe ich allen denen / so zu rathen ist / seyd nit Affen mit euren und ander Leuten kinder / und lasset jhnen jhr Gesundheit / die jhnen Gott geben hat / ziehet und zerret sie nicht hin und wieder von Orth zu Orth / von Winckel zu Winckel / tänzle / springe und gauckle auch nit mit Jhnen / wie ein Katz mit der Maus / denn was Frucht daraus kommen ist / und was arbeitseliger Leuten etwan daraus worden seyn / habe ich nur zu viel erlebet und gesehen."

Dies ist jedoch nur ein Aspekt im Werke von WÜRTZ. Neben dieser teils begründeten Angst vor übermäßiger Körperbewegung ist gerade WÜRTZ ein energischer Kämpfer für alles, was den „Spielraum" des Kindes ausweitet. So wehrt er sich dagegen, daß die Kinder zu eng gewickelt werden und plädiert für Schlafkleidungen mit großer Beinfreiheit. Er will alle „Ständer" verbrennen, in denen man die Kinder zum Erlernen des Gehens oft stundenlang einsperrte. Mehr Verständnis bringt er einer Art „Stoßständer" entgegen, der es dank angebrachter Räder dem Kind erlaubt, sich im Raume frei zu bewegen. — In diesem weiten Sinne kann WÜRTZ durchaus als Vorkämpfer schweizerischer Spielpädagogen bezeichnet werden (HÜTTENMOSER / SPIESS 1981).

Ein spezifisches Interesse am Kinderspiel bahnt sich in der Schweiz indirekt über die Antike und das frühe Christentum an. Der Zürcher Maler Conrad MEYER, der 1657 die „Kinder-Lustspiele" des niederländischen Dichters Jacob CATS herausgab, illustrierte und um einige erweiterte, schreibt in seinem Vorwort:

„Der Kinderspielen halben ist sonderlich aus den Geschicht-schriften auffündig; dass dieselbige nicht nur zuweilen in zweifligen Sachen / bewährten Ausschlag gegeben: sonder auch öfter / zukünftiger hoher Begebnussen / wundersame Vorspiel und Bedeutung gewesen."

In einem der vielen Beispiele, dem kindlichen Bogenschießen, geht das Spiel allerdings deutlich über eine bloße Allegorie hinaus und wird von MEYER als eigentliche Vorübung bezeichnet. Noch stärker wird der Bezug zur Geschichte, wenn zweihundert Jahre später der stark von der deutschen Klassik beeinflußte, als Mittelschullehrer in Aarau tätige Ernst Ludwig ROCHHOLZ schweizerische Kinderlieder und -spiele zu sammeln beginnt. ROCHHOLZ wagt gar die Aussage:

„Je befähigter ein Zeitraum uns zu sein scheint, um so öfter sehen wir ihm auch die Theilnahme an, die er dem Jugend- und Kinderwesen nicht minder achtsam gönnt, als seiner eigenen neu eingeschlagenen Richtung" (1851, 361).

Zu erwähnen ist, daß ROCHHOLZ nicht der erste ist, der Kinderspiele sammelt, bereits vor ihm taten es SPRÜNGLI (1838), später folgen MESSIKOMER (1909) und andere.

II. Spielen und Lernen

Im Werk des Pädagogen Johann Heinrich PESTALOZZI (1746 — 1827) wird dem Spiel der Kinder kaum Bedeutung zugemessen. Im Gegenteil, sein mechanistisches Grundkonzept erregt den Widerspruch FRÖBELs, der sich in seiner vom Spiel ausgehenden Kleinkindpädagogik deutlich von PESTALOZZI distanziert:

„PESTALOZZIs Unterrichtsmethode ist wahr, aber sie hätte zur größten Unwahrheit, zum häßlichsten Unsinn werden können, wenn man sie so, wie sie uns PESTALOZZI gab, gleich auf das früheste Alter angewendet hätte. Dasjenige, was uns PESTALOZZI gab, darf nicht früher als höchstens im 8. Lebensjahr gegeben werden und muß auf jeden Fall durch einen früheren, lebendigeren, natürlicheren Unterricht begründet werden..." (WEHNES 1953, 121).

Gemeinsam sind allerdings dem „Elementarrunterricht" PESTALOZZIs und den „Spielgaben" FRÖBELs, daß die Kinder schon früh gezielt und systematisch unterrichtet werden sollen.

Bestrebungen in dieser Richtung hat der belgische Arzt und Pädagoge Olivier DECROLY in seinen Lernspielen weitergeführt, wobei eine enge Zusammenarbeit mit dem Genfer ROUSSEAU-Institut bestand (DECROLY / MONCHAMP 1922, 9; DESCOEUDRES o. J.). Eine bedeutende Rolle in dieser Lernspielbewegung kommt dem Psychologen Eduard CLAPAREDE zu. In seinem Werk „Psychologie de l'enfant et Pédagogie expérimentale", das zunächst 1905 in Form von Artikelfolgen erschien, faßt CLAPAREDE die in den vorangehenden Jahren erfolgte Diskussion um das Wesen des Spiels zusammen und schließt sich selbst der Theorie der Vorübung von GROOS und den Ausführungen des Amerikaners CARR an (CLAPAREDE 1911, 126). Die eigentliche Bedeutung CLAPAREDEs liegt jedoch im großen Gewicht, das er dem Spiel als zentralem Merkmal der Kindheit zukommen läßt:

> „Wenn die Kindheit nur ein Notbehelf wäre, ein Zufall, eine sekundäre Folgeerscheinung der Entwicklung, müßten alle die Phänomene ohne unmittelbaren Nutzen, welche die Kindheit zeitigt (die Spiele), unterdrückt, eingedämmt, als hinderliche Abfälle weggefegt werden... Die Pädagogik müßte dann größtenteils einschränkend, strafend und strenge sein. Eine solche Auffassung der Pädagogik hat lange geherrscht und herrscht leider immer noch. (...) Auch das Spielen wurde in diesen verderblichen Ostrazismus einbegriffen; denn man glaubte, daß das Verdient notwendig an Leiden geknüpft sei, und daß, um nutzbringend zu sein, eine Schularbeit langweilig sein müsse. (...) Was sehen wir nun aber? Wir sehen, daß die Natur beim Kind Bedürfnisse, Wünsche geschaffen hat, die den Notwendigkeiten der Entwicklung entsprechen, und daß alles, was diesen Bedürfnissen zu genügen, diese Wünsche zu befriedigen fähig ist, einen besonderen Reiz darbietet. Die Erfüllung selbst dieser erzieherischen Tätigkeiten ist das Spiel; sogar wenn die Nachahmung hinzukommt, ist es immer in der Gestalt oder bei Gelegenheit des Spiels der Fall. Wir haben hier die Grundlage einer Pädagogik, welche, wie ich glaube, die wahre ist. Sie besteht darin, die Tätigkeit bei dem Kind nur insofern zu üben, als dieses dazu das natürliche Bedürfnis empfindet, oder nachdem man *dieses Bedürfnis hervorgerufen* hat... und daß diese Tätigkeit selber den Charakter des Spiels besitzt. Eine Erziehung, die Achtung hat vor den natürlichen Entwicklungsgesetzen des Kindes — die einzig wirksame —, muß anziehend sein; der Unterrichtsstoff muß den Schüler interessieren; und die Tätigkeit, die er aufwenden wird, um ihn zu verdauen und seiner Herr zu werden, wird alsdann ganz natürlich die Gestalt des Spieles annehmen" (1911, 152 ff.; Hervorhebungen vom Autor).

Diese eindeutige und grundlegende Stellungnahme zugunsten des spielerischen Lernens hat, neben heftigen Kontroversen (CLAPAREDE 1911, 155), ihre Auswirkungen bis auf den heutigen Tag nicht verfehlt.
Unter dem Namen „Fluidité" wird zur Zeit in Genf eine grundlegende Reform der Schuleingangsstufe erprobt (Zusammenfassung des Kindergartens und der ersten zwei Grundschulklassen in der „Division élementaire"; keine Notengebung, Einführung von Stützlehrern). Die beiden zentralen Forderungen dieser Reform sind die Individualisierung des Unterrichts und die spielerische Einführung in das Lernen (FEYLER 1981). Beide Arten von Bemühungen können sich auf eine lange Tradition berufen. Was den Zusammenhang zwischen Individualisierung des Unterrichts und Spiel betrifft, so kann darauf hingewiesen werden, daß DECROLY, auf dessen Zusammenarbeit mit dem ROUSSEAU-Institut hingewiesen wurde, eine wesentliche Auswirkung seiner „Lernspiele" darin sieht, „derart zu individualisieren, daß man jedes Kind soweit wie immer möglich dort fassen kann, wo es steht, um so seine Aufmerksamkeit zu erregen" (CECROLY / MONCHAMP 1922, 8).

III. Aufarbeitung der Spieltheorien

Nachdem die großangelegten spieltheoretischen Werke geschrieben waren, setzen sich in der Schweiz fast im gleichen Jahre drei Autoren aus völlig verschiedener Sicht eingehend mit ihnen auseinander: Gustav BALLY (1945), Jean PIAGET (1945) und Hans KUNZ (1946).
Für den Psychiater Gustav BALLY ist es die Freiheit von den Zwängen des Instinktes, die letztlich Spiel ermöglichen. Beim Tier wird diese Freiheit durch den Brutschutz ermöglicht, beim Menschen erfolgt die Lockerung von Zwängen durch die Gesellschaft und die Kultur (1945, 1969).
Jean PIAGET geht in seinem 1945 erstmals publizierten Werk „La Formation du symbole chez l'enfant" zwar ausführlich auf die verschiedenen Spieltheorien ein und beschreibt selbst eine Entwicklungsabfolge verschiedener Spielstadien, eigentliches Hauptthema bildet für PIAGET jedoch die Frage, wie rationales Denken und Erfassen der Umwelt funktioniert und wie es zu diesem kommt. Dem Spiel wird dabei eine sekundäre Rolle im Sinne der reinen zweckfreien Assimilation zugestanden. Im frühen Kindesalter diene das Spiel dazu, bereits erworbene Schemata zu bewahren, später zur freien, vom objektiven Denken losgelöste Anpassung der Umwelt an das Ich. Im Denksystem PIAGETs ergibt sich ein deutlicher Gegensatz zwischen objektivem Denken und dem Spiel:

„Im Gegensatz zum objektiven Denken, das sich an die Erfordernisse der äußeren Realität anzupassen versucht, stellt das Spiel der Fantasie in der Tat nur eine symbolische Transposition dar, die die Dinge der eigenen Aktivität unterordnet, und zwar ohne Regel oder Beschränkung" (PIAGET 1975, 117).

Der Basler Psychologe und Philosoph Hans KUNZ geht in seinem Werk „Die anthropologische Bedeutung der Phantasie" (1945) in einem knappen Exkurs auf das Spiel ein. Spiel lasse sich nicht, wie das in zahlreichen Theorien geschah, mit einigen wenigen Prinzipien erklären, sondern stelle eine ursprüngliche Manifestationsweise der menschlichen Impulse dar. Spiel sei eine Verhaltensmodalität, die sich insbesondere durch ein leichtes Hin- und Hergleiten zwischen der Wirklichkeit und der Phantasie kennzeichnen lasse.
Viel später hat der Heilpädagoge Paul MOOR ähnlich wie KUNZ Spiel als Verhaltensmodalität bezeichnet, die durch eine besondere Erlebnisfülle ausgezeichnet sei. MOOR wehrt sich aus dieser Erkenntnis heraus gegen jede Verpädagogisierung des Spiels. Die Einbettung des Spiels in einen Zweckkontext, sei dies nun eine Therapie – dazu der Praktiker ZULLIGER (1967) –, bestimmte Erziehungs- oder Lernziele, würde eine Verarmung der das Spiel begleitenden Erlebnisfülle bedeuten und letztlich Spiel verunmöglichen. Erziehung und Therapie könnten nur die Aufgabe haben, durch die Schaffung entsprechender Voraussetzungen dem gestörten Kind Spiel wieder zu ermöglichen. Besondere Beachtung verdienen MOORs Ausführungen zu den Ergebnissen der Forschung über die Spielentwicklung, die wir hier ausschnittweise wiedergeben:

„Gründliche wissenschaftliche Beobachtung der Wirklichkeit hat diesen Wechsel — wie die spielende Haltung des Kindes langsam Schritt für Schritt in die arbeitende Haltung des Erwachsenen übergeht (Einfügung aus vorangehendem Satz) — als einen tatsächlich vorhandenen, einen gesunden und zweckmäßigen aufgewiesen; und sie interpretiert ihn als einen notwendigen und für das Leben bedeutsamen. Leise Zweifel, ob es sich dabei wirklich um einen Gewinn handle, werden durch den Hinweis widerlegt, daß sich Unzuträglichkeiten ergäben, wenn diese Umstellung von der spielenden zur arbeitenden Haltung nicht vollzogen wird, daß mangelnde Anpassung und mißlingende Einfügung in das Leben der Gemeinschaft der Erwachsenen... die Folge davon sind. Und doch läßt sich die Frage nicht abweisen, ob denn mit der Einfügung in die bestehenden Lebensformen und Lebensinhalte der Gesellschaft das Ziel der Erziehung erreicht, die Bestimmung des menschlichen Daseins erfüllt sei. Ist es in jeder Hinsicht richtig, wenn wir meinen, die Kinder müßten einmal so werden, wie wir sind? (...) Die Entwicklung des Kindes ist doch abhängig von den bestehenden Verhältnissen, von der Art unserer Lebensführung, der es weitgehend ausgeliefert ist. (...) Haben wir verstanden, worum es in einem Menschenleben geht, wenn wir uns an das Gegebene halten, das sich durch die wissenschaftliche Forschung exakt feststellen läßt? Gewiß müssen wir die Tatsachen ernstnehmen, auch die Tatsachen, welche uns die Entwicklungspsychologie aufweist. Allein, sie sagen uns nur: So *ist* es. Sie sagen aber nicht: So *muß* es sein, es ist nicht anders möglich; und schon gar nicht sagen sie: So *soll* es sein, so ist es auch recht und richtig" (1971, 38 ff.).

IV. Neuere Forschungsarbeiten

Zunächst sei auf eine Gruppe von Forschungsarbeiten verwiesen, die im Anschluß an PIAGET entwicklungspsychologische Fragestellungen untersucht haben.
OSIEK (1977) überprüfte experimentell die für das Spielverhalten des Kindes relevanten, von PIAGET / GIBSON / MOUNOUD erarbeiteten Modelle, die zu erklären versuchen, wie ein Kind im Laufe seiner Entwicklung zu einer adäquaten Objektbehandlung gelangt. OSIEK kommt zu dem Schluß, daß das Modell des Genfer Psychologieprofessors P. MOUNOUD, das fünf verschiedene Stufen (ganzheitlicher Beginn — Desorganisation und stufenweiser Neuaufbau einer differenzierten ganzheitlichen Objektbehandlung im Alter von 7 bis 8 Jahren) unterscheidet, den tatsächlichen Verlauf am besten beschreibe.
Der im Wachstums- und Entwicklungszentrum des Kinderspitals Zürich tätige R. H. LARGO überprüfte anhand der von PIAGET beschriebenen Spielentwicklungsstufen die Zusammenhänge zwischen Nachahmung und Spiel. In der Untersuchungssituation zeigt sich, daß Kinder dann am ehesten nachahmen, „wenn das dargebotene Verhalten mit dem kindlichen Entwicklungsstand übereinstimmt" (LARGO / HOWARD 1979a). Was die Sprachentwicklung betrifft, so finden die Autoren keinen Zusammenhang zwischen den verschiedenen Arten von Spielverhalten (funktionelles, darstellendes oder symbolisches Spiel) und den Wort- und Satzäußerungen der Kinder. Sie stellen jedoch fest, daß Kinder nur dann der Aufforderung, auf eine bestimmte Art zu spielen, gehorchen, wenn die Art des Spiels jeweils bereits zum Repertoire des spontanen Spielverhaltens des Kindes gehört (LARGO / HOWARD 1979b).

Die Kritik, daß sich das Spielverhalten des Kindes in laborähnlichen Situationen nicht adäquat erfassen läßt, setzte in der Schweiz schon früh ein (PULVER 1959). Entsprechend alt ist die Tradition, das Spielverhalten des Kindes durch systematische Beobachtung in natürlichen Situationen näher zu erforschen.

Angeregt durch die Ethologie, begann die Kinderärztin Marie MEIERHOFER bereits 1955 am Institut für Psychohygiene im Kindesalter (heute: Marie MEIERHOFER-Institut für das Kind) mit systematischer Beobachtung von Kindern aus Beobachtungskabinen heraus. Die Wienerin Marianne STOKKERT konnte aufgrund dieser Voraussetzungen in ihrer Dissertation die Zusammenhänge zwischen dem Spiel und bestimmten Merkmalen der Persönlichkeit der Kinder (Selbständigkeit, Beziehungsfähigkeit, soziale Kontakte und Erlebnisverarbeitung) systematisch beschreiben (1962). Teilnehmende Beobachtungen wurden auch in Familien durchgeführt, wobei Zusammenhänge zwischen dem Spiel und den frühen Geschwisterbeziehungen (SAVIOZ 1968) und der Angst (SCHÄPPI 1976) untersucht wurden.

Ein weiteres Zentrum systematischer Verhaltensbeobachtung besteht seit 1974 am psychologischen Institut der Universität Bern. Die von Mario VON CRANACH geleitete Forschergruppe richtet ihr Hauptaugenmerk auf zielgerichtetes Handeln. Von Interesse sind hier jene Untersuchungen, die konkrete Handlungen beim „Streit um Objekte" in Kindergruppen analysieren (MÜLLER / KÜHNE 1974; GUGLER 1976; KALBERMATTEN 1977; INDERMÜHLE 1980, zusammengefaßt bei CRANACH et al. 1980). Aus den verschiedenartigen, teils noch vorläufigen Ergebnissen sei hier die Feststellung herausgegriffen, daß die als Sieger aus dem Streit – zumeist um Spielsachen – hervorgehenden Kinder sich von den Verlierern vor allem durch bedeutend komplexere Handlungsstrategien mit verschiedenartigen Handlungsalternativen unterscheiden (CRANACH et al. 1980. 176).

Vorübergehend bestand auch an der Vorbereitungsstufe der Hochschule Aargau in Aarau unter der Leitung von Heinz RIES ein Zentrum, das sich mit Fragen des Spiels von Kindern beschäftigte. Es wurden sowohl das Spielverhalten wie die Spielmöglichkeiten fünfjähriger Kinder innerhalb und außerhalb der Wohnung befragt (RIES / HÄBERLE / HÜTTENMOSER et al. 1973 ff.) sowie ein spezielles automatisches Video-Beobachtungsverfahren entwickelt, mit dem unter besonderer Berücksichtigung von Spielnischen das alltägliche Verhalten in sechs Familien über drei Wochen hinweg beobachtet wurden (RIES / HÜTTENMOSER / VOGT, in Vorbereitung). In diesem Zusammenhang wurde auch eine Analyse all jener Objekte und damit in Zusammenhang stehender Verhaltensweisen gemacht, die das Kind im Alltag in der Wohnung benutzt, d. h. in sein „Spiel" einbaut (HÄBERLE, in Vorbereitung).

V. Forschung und pädagogische Arbeit

Die Forschung hat, so kann man wohl zusammenfassend sagen, aus methodischen und definitorischen Zwängen das Paradigma „Spiel" in jüngster Zeit weitgehend aufgegeben, respektive versucht, es in besser faßbare Zusammenhänge wie „gezielte Handlungen" oder „Manipulation von Objekten durch Kinder in der Wohnung" zu stellen. Die Arbeit der Übersetzung dieser neuen Ansätze in die Praxis bleibt noch zu tun.

Am fruchtbarsten hat sich, wie im Falle Genfs gezeigt wurde, die Forschung für die pädagogische Praxis dort ausgewirkt, wo es gelang, eine gemeinsame örtliche Tradition aufzubauen. Forschung und Praxis brauchen viel Zeit und persönliche Begegnungen, um sich aufeinander einzuspielen und gegenseitige Vorurteile abzubauen.

Betrachtet man die zahlreiche populärwissenschaftliche Literatur zum Thema Spiel als eine Art Indikator für die Umsetzung von Forschungsergebnissen in die Praxis, so wird rasch deutlich, daß man – angeregt von gewissen Forschungsergebnissen – nach jenen scheinbar „handfesten Regeln" der Spielentwicklung greift und gleichzeitig auch noch jeder Entwicklungsstufe auch noch das „rechte Spielzeug" zuordnet (MUGGLIN 1970; HERZKA 1978; dagegen BRIDEL et al. 1977). Man unterschätzt die Gefahr, daß durch eine allzu einfache Popularisierung, ohne kritische Stellungnahme, nicht nur festgestellte Entwicklungen als Sollwerte genommen werden (dazu die Ausführungen von MOOR), sondern darüber hinaus die Kompetenz der Eltern in der Beurteilung der Fähigkeiten und Bedürfnisse ihrer Kinder weiter untergraben wird.

Mit dem Medium „Spiel" direkt gearbeitet wurde vor allem in einer Reihe sozialpädagogischer Projekte. Diese Projekte lassen sich jedoch kaum mit bestimmten Forschungsergebnissen in Verbindung bringen. Zwar wird über die Bedeutung des Spiels reflektiert, aber es bleibt zumeist ungewiß, wieso gerade das Spiel als Interventionsmittel gewählt wird. Allgemein scheinen die Initiatoren verschiedener Projekte ganz im Sinne der ursprünglichen Wortbedeutung von Spiel davon auszugehen, daß durch Spiel etwas in Bewegung gerät, daß man sich durch Spielen mehr Spielraum verschaffen, die Erlebnisdichte in einer gegebenen Situation erhöhen, respektive eine besonders schwierige Situation besser bewältigen kann. Der Einsatzmöglichkeiten bestehen viele, sei dies nun, um einige Beispiele herauszugreifen, das Einrichten von Spielecken in Krippen (HIRSCH et al. 1979), die Vermittlung von Selbsterfahrung im Spiel an Kleinkindererzieherinnen (GROB 1981), die vorwegnehmende spielerische Auseinandersetzung mit dem Spital (LIMACHER 1981) oder die umfassende, durch vielfältige Spielaktionen die Strukturen in einem Quartier zu verbessern (EGLI et al. 1975; HECK 1978).

In diesem Sinne wurde in der Schweiz in den letzten Jahren Spiel nicht nur zum Gegenstand des Nachdenkens und Forschens, sondern auch Bestandteil von Strategien zur Verbesserung unserer Befindlichkeit in einer komplizierten Umwelt. Um alllerdings die verschiedene Ansätze des Denkens, Forschens und Handelns besser und wirkungsvoller zu koordinieren, bleibt noch viel zu tun.

Literatur

Bally, G.: Vom Ursprung und von den Grenzen der Freiheit. Eine Deutung des Spiels bei Tier und Mensch, Basel 1945
— Die Bedeutung des Spiels für das Reifen der menschlichen Persönlichkeit, in: Biermann, G. (Hrsg.): Handbuch der Kinderpsychotherapie, Bd. 1, München 1969
Bayr-Klimpfinger, S.: Die Bedeutung der Spielerziehung für das Kind einer industrialisierten Gesellschaft, in: Unsere Kinder, Fachzeitschrift für Kindergärten, Horte und Heime 5 (1963), 3 — 5, Linz/Donau
— Einführung zum Thema „Gebaute Pädagogik", in: Neuwirth, W.: Der Gruppenraum — Werkzeug der Kindergärtnerin, Sonderdruck der Fachzeitschrift für Kindergärten, Horte und Heime, Unsere Kinder, Linz/Donau 1973
Bridel, A. / Mahler, B.: Beschreibung eines Ansatzes zur Beurteilung von Spielmitteln, (maschinengeschriebenes Manuskript) Pädagogisches Seminar der Universität Zürich 1977
Bundesministerium für Unterricht und Kunst (Hrsg.): Spiel — Baustein des Lebens, Wien 1976
Cats, H. J.: Kinder-Lustspiele (mit Kupferstichen gezieret, vermehret und verlegt durch C. Meyer, Zürich), Zürich 1657
Claparède, E.: Kinderpsychologie und experimentelle Pädagogik, Leipzig 1911
Cranach, M. von / Kalbermatten, U. / Indermühle, K. / Gugler, B.: Zielgerichtetes Handeln, Bern 1980
Decroly / Monchamp: L'initation à l'activité intellectuelle et motrice par les jeux éducatifs, 2. Aufl. Neuchâtel 1922
Descoeudres, A.: Jeux éducatifs d'après le Dr. Decroly et Mlle Monchamp pour les jeunes enfants et les élèves arriérées, Genève ohne Datum
Egli, R., et al.: Kreative Nachmittage. Ein Experiment der Freizeitanlage Wipkingen in den Frühlingsferien 1975, (maschinengeschriebenes Manuskript) Zürich 1975
Feyler, J.: Projekt „Fluidité", Kanton Genf, OECD / CERI-Seminar „Evaluationen im Bereich der Primarstufe", (maschinengeschriebenes Manuskript) Muttenz 1981
Grob, F.: Spielen und Gestalten in der Kindergruppe. Bericht über einen Kurs für Vorpraktikantinnen und Lehrtöchter (maschinengeschriebenes Manuskript) Psychiatrische Poliklinik für Kinder und Jugendliche, Prophylaxestelle, Basel 1981
Gugler, B.: Zur Erfassung und sequentiellen Analyse des Streitgeschehens bei Vorschulkindern, (unveröffentlichte Dissertation) Universität Bern 1976
Häberle, W.: Manipulationsmaterial, Verhalten und soziale Interaktion. Eine empirische Untersuchung an Vorschulkindern mit ökopsychologischer Perspektive (in Vorbereitung)
Heck, M.: Erläb dies Quartier, (maschinengeschriebenes Manuskript) Hirzel 1978
Herzka, H. St.: Das Kind von der Geburt bis zur Schule, 4. Aufl. Basel 1978
Hirsch, H. / Schiltknecht, H. / Tratschin, B.: Krippenprojekt, Diplomarbeit der Schule für Soziale Arbeit, Zürich 1979
Hüttenmoser, M. / Spiess, M.: Das Hebammen- oder Kinderbüchlein von Felix Wärtzen, Basel 1634, in: Und Kinder 6 (1981), 35 — 50
Kalbermatten, U.: Handlung: Theorie — Methode — Ergebnisse, (unveröffentlichte Dissertation) Psychologisches Institut Universität Bern 1977
Kanduth, E.: Beobachtungen des manipulativen und konstruktiven Spielverhaltens geistig behinderter Kinder, (unveröffentlichte Dissertation) Universität Graz 1979
Köberl, I.: Über das konstruktive Bauen mit dem Fischertechnik-Baukasten 1000 v, eine empirische Studie an Vier- bis Sechsjährigen, (unveröffentlichte Dissertation) Universität Wien 1976

Kunz, H.: Die anthropologische Bedeutung der Phantasie, Bd. 1, Basel 1946
Indermühle, K.: Motorische Abläufe, Ziele und Strategien — Versuch einer Verhaltensanalyse auf drei hierarchisch geordneten Niveaus, (unveröffentlichte Diplomarbeit) Bern 1980
Largo, R. H. / Howard, J. A.: Developmental progression in play behaviour of children between nine and thirty months. I: Spontaneous play and imitation, in: Develop. Med. Child Neurol. 21 (1979), 299 — 310
— Developmental progression in play behaviour of children between nine and thirty months. II: Spontaneous play and language development, in: Develop. Med. Child Neurol. 21 (1979), 492 — 503
Lichtenberger, E.: Untersuchungen zur Kreativität im technischen Konstruktionsspiel, (unveröffentlichte Dissertation) Universität Wien 1978
Limacher, B.: Kranke Kinder . . . Kinder, Diplomarbeit der Schule für Soziale Arbeit, Zürich 1981
Löschenkohl, E.: Die Beziehung von technischem Spielzeug zu technischem Spiel und Kreativität, in: Westermanns Pädagogische Beiträge 25 (1973), 329 — 335
— Förderung der Kinder durch technisches Spiel, in: Unsere Kinder, Fachzeitschrift für Kindergärten, Horte und Heime 6 (1973), 166 — 172
Messikomer, H.: Aus alter Zeit. Sitten und Gebräuche im zürcherischen Oberlande, Zürich 1909
Meyer-Holzapfel, M.: Affektive Grundlagen tierischen Verhaltens, in: Schweizerische Zeitschrift für Psychologie und ihre Anwendung, Bd. 2, 1943
Müller, H. / Kühne, K.: Zur Analyse interaktiver Episoden, (unveröffentlichte Liz.-Arbeit) Universität Bern 1974
Moor, P.: Das Spiel in der Entwicklung des Kindes, Ravensburg 1971
Mugglin, G.: Das rechte Spielzeug zur rechten Zeit, Zürich 1970
Neumayer, R.: Geschlechtsspezifische Motivationsunterschiede in der Modellbauleistung von 10jährigen Kindern, (unveröffentlichte Dissertation) Universität Wien 1978
Niegl, A.: Gegenwartsfragen der Kindergartenerziehung, Wien 1948
Osiek, Ch.: Interférences entre différentes propriétés de l'objet chez l'enfant, (Dissertation) Universität Genf 1977
Peiper, A.: Quellen zur Geschichte der Kinderheilkunde, Bern 1966
Piaget, J.: Nachahmung, Spiel und Traum, Stuttgart 1975
Platzer, H.: Der Einfluß technischer Spielzeuge auf das mechanisch-technische Verständnis 8- bis 10jähriger Kinder, (unveröffentlichte Dissertation) Universität Wien 1978
Pulver, U.: Spannungen und Störungen im Verhalten des Säuglings, Bern 1959
Ries, H. / Häberle, W. / Hüttenmoser, M., et al.: Sandra und Dominik, Umfrage 1 bis 3, Aarau 1976 — 1977
Ries, H. / Hüttenmoser, M. / Vogt, W.: Personale Interaktionsstrukturen im familiären Alltag (in Vorbereitung)
Rochholz, E. L.: Alemannisches Kinderlied und Kinderspiel aus der Schweiz, Leipzig 1857
Rop, I.: Die Auswirkungen „Kognitiver Frühförderung" bei fünfjährigen Kindergartenkindern, eine Längsschnittuntersuchung mit Hilfe eines probalistischen Modells, (unveröffentlichte Dissertation) Wien 1972
Savioz, E.: Die Anfänge der Geschwisterbeziehung. Verhaltensbeobachtungen in Zweikinderfamilien, Bern 1968
Schäppi, S.: Zur Entwicklung frühkindlicher Ängste, Zürich 1976
Schmaus, M. / Schörl, M.: Die sozialpädagogische Arbeit der Kindergärtnerin, München 1964, 48 — 73
Schmied, B.: Spielen und Lernen, (unveröffentlichte Dissertation) Salzburg 1979
Schoberberger, Ch.: Geschlechtsspezifische Unterschiede im technischen Bereich, (unveröffentlichte Dissertation) Wien 1978

Serschön, E.: Spielverhalten von Kindergartenkindern unter Berücksichtigung der sozialen Herkunft, (unveröffentlichte Dissertation) Graz 1978
Sprüngli, J. J.: Die Jungfeste. Freundesgabe auf das Jahr 1838. Für die Jugend, ihre Eltern, Lehrer und Freunde, Zürich 1938
Stockert, M.: Das Spiel als Spiegel der Persönlichkeit im vorschulpflichtigen Alter, Wien 1961
Tschinkel, I.: Basale Begabungsförderung im Kindergarten, Wien 1973
— Natur- und Sachbegegnung mit Kindern, Wien 1978
Wehnes, F. J.: Pestalozzis Elementarmethode im Urteil der modernen Kinderpsychologie, (unveröffentlichte Dissertation) Bonn 1953
Wörterbuch der schweizerdeutschen Sprache, Bd. 10, Frauenfeld 1939
Zullinger, H.: Heilende Kräfte im kindlichen Spiel, 5. Aufl. Stuttgart 1967

3. Tendenzen der „Dramapädagogik" in Skandinavien — historisch und gegenwärtig

Janek Szatkowski
[Aus dem Dänischen von Volker Krambrich]

Einleitung

Obgleich alle skandinavischen Länder von den gleichen pädagogischen, kultur- und bildungspolitischen Strömungen beeinflußt wurden, bewegte sich die Entwicklung auf dramapädagogischem Gebiet doch mit unterschiedlicher Geschwindigkeit in viele verschiedene Richtungen. (Der Begriff „Drama", der, aus dem Englischen kommend, auch in Skandinavien als Bezeichnung für spiel-orientierte, pädagogische Methode(n) Eingang gefunden hat, wird oft mit „Spielpädagogik" übersetzt. Da diese Begriffe aber nicht deckungsgleich sind, wird im folgenden von „Drama" zu sprechen sein; Anmerkung des Übersetzers.) Für eine detailliertere Übersicht kann auf folgende Texte verwiesen werden, die jeweils in einer skandinavischen Sprache vorliegen: BRAANAS (1979a), Norwegen; KARPINEN (1979, Finnland; EHNMARK (1979, Schweden; SZATKOWSKI (1979), Dänemark.
In diesem Artikel wird versucht, einige gemeinsame Tendenzen der dramapädagogischen Entwicklung einzufangen und mit Hilfe von Material aus den fenno-skandinavischen Ländern, besonders Dänemark, zu illustrieren.

I. Drei Phasen der historischen Entwicklung

Hier soll einem Ansatz gefolgt werden, in dem die historische Entwicklung von Dramaarbeit zusammenfassend in drei Phasen beschrieben wird (vgl. BOLTON 1971, 8).
Als Titel für die erste Phase kann das Motto ihrer Repräsentanten gewählt werden: „Eine Theateraufführung ist das Wesentliche" — im Abschnitt des frühen Schultheaters. In Skandinavien entwickelte sich Schultheater ab dem 16. Jahrhundert und war eine wichtige Erscheinung im damaligen Theaterleben.
Auch später ist diese Tradition hochgehalten worden, da man durch die Beschäftigung mit guten dramatischen Texten, eventuell ergänzt durch das Ansehen einer Produktion von professionellen Theatergruppen, das Kulturerbe verwalten konnte.
Die zweite Phase könnte man überschreiben mit: „Die Theateraufführung ist mit Sicherheit nicht das Wesentliche!" Ihre Wurzeln finden wir in der

Schul- und Gesellschaftsentwicklung um das Jahr 1900. Besonders ausgeprägt war diese Richtung in England gegen Ende der 1940er Jahre. Sie hatte ebenfalls entscheidenden Einfluß auf die Blüte der Dramapädagogik in Skandinavien in den 1960er Jahren. In dieser Zeit erhielten die Entwicklung der Persönlichkeit und der kreativen Fähigkeiten des Individuums zum Selbstausdruck einen Ehrenplatz im Lernzielkatalog. Man konzentrierte sich auf die Gruppendynamik und auf die Gruppenprozesse, zeichnete Aufführungen auf Video-Band auf, um so Material für die Dramaarbeit zu haben.

Die dritte Phase, in der wir uns jetzt befinden, könnte man umschreiben als die, in der „die Produktion von fertigen Stücken das Wesentliche" ist. Eine bewußte Arbeit mit dem künstlerischen Ausdruck ist wieder wichtig geworden. Nicht notwendigerweise mit dem Ziel, eine große und vollendete Aufführung anzufertigen, sondern man legt nun Wert auf *sowohl* das selbständige Schaffen *als auch* das Ausformen. Diese (Re-)Theatralisierung der dramapädagogischen Arbeit kann man als eine wichtige und klar formulierte Tendenz der Entwicklung der letzten Jahre in Skandinavien erkennen.

II. Die drei Modelle

Im folgenden Abschnitt soll versucht werden, jeder der genannten drei Phasen ein Arbeitsmodell zuzuordnen. Ein Modell, das versucht, jeweils die charakteristischen Merkmale der dramapädagogischen Arbeit in den drei Entwicklungsphasen zu erfassen. Das bedeutet nicht, daß ein Arbeitsmodell ganz verschwindet, wenn eine Entwicklungsphase in die nächste übergeht. Ganz im Gegenteil ist der Bereich der Dramapädagogik gekennzeichnet vom gleichzeitigen Vorhandensein einer Reihe von „ungleichzeitigen" Arbeitsmodellen und -methoden.

Schließlich sollte angemerkt werden, daß das, was hier so als niedliche triadische Dialektik sich vorstellt — Inszenierung (These) / Nicht-Inszenierung (Antithese) / Produktion fertiger Stücke (Synthese) — natürlich in Wirklichkeit nicht so einfach gradlinig ist.

Ausgehend von der groben Schematisierung der historischen Entwicklung, lassen sich vier Arbeitsmodelle ableiten, die nun dargestellt werden. Dabei tritt das erste Modell in zwei Varianten auf, die beide als Modell 1 bezeichnet werden. Zuerst werden die Arbeitsmethoden geschildert, auf denen das Modell ruht, dann folgen die Begründungen für den Gebrauch der Methoden und schließlich eine Beschreibung der historischen Bedingungen der Modelle.

1. a) Vom dramatischen Text zur Inszenierung; erstes Modell, erste Variante

| dramatischer Text | → | Inszenierung |

Die Arbeitsmethoden sind bekannt aus dem traditionellen Schultheater. Ein Lehrer wählt einen passenden Text aus, der wird mit dem Lehrer selbst als Regisseur und den Schülern als Schauspieler in Szene gesetzt. Die Aufführung steht in Verbindung mit einer anderen schulischen Veranstaltung (Schulfest).

Die Begründung für die Verwendung dieses Modells ist heute noch dieselbe wie vor bald fünfhundert Jahren, als man mit dem Schultheater begann. Der erleuchtende und kulturell bildende Inhalt der Stücke, so erwartet man, solle auf die Schüler übergehen, die den Text mit Leben füllen. Im Arbeitsprozeß der Stückinszenierung bekommen die Schüler Gelegenheit, ihre Körper und Stimmen in Arbeitsformen zu gebrauchen, die über das im Schulalltag Gebotene hinausgehen. Die Herstellung eines fertigen, konkreten Produkts, das oft durch kollektiven Einsatz geschaffen wurde, kann Anlaß zu großer Freude sein.

Die erste Aufführung eines Schultheaters in Dänemark ist für das Jahr 1501 in Aarhus belegt (vgl. OVERSKOU 1854, 34). In einem Schultheaterstück aus der Zeit um 1530 heißt es über die erzieherische Wirkung auf die Aufführenden, daß diese

„... sich üben in guter Gebärde und Zucht,
Zungenfertigkeit und Sprache.
In Tun und Sagen recht nett sich zu halten
Und dreistig genug,
Und zuerst in solcher Tragödie Spiel
Alles wie im Spiegel
Sehen und zeigen, wie es so zugeht
Mit allerhand Mängeln
Zwischen Männern und Frauen aus allen Ständen..."
(HEGELUND 1972, 35).

Historisch gesehen geht man davon aus, daß die Schultheatertradition wesentlich aus Deutschland importiert wurde. Die Spieler waren die jungen Männer aus den oberen Klassen. Sie führten ihre Stücke sowohl in Latein als auch in Dänisch auf. Man spielte damals oft an mehreren aufeinanderfolgenden Tagen. Zuerst wählte man ein lateinisches Stück mit biblischem Thema. Aufgeführt wurde in der Aula, mit primitiven Dekorationen und von den Eltern geliehenen Kostümen. Das auserbetene Publikum waren Geistliche, Gebildete, der lokale Adel und angesehene Bürger. Die konnten dann dasitzen und sich daran delektieren, wie ihre Söhne lateinische Verse deklamierten. Die normale Auswendigbüffelei hatte eine willkommene Abwechslung erfahren.

Am folgenden Tag zog man oft aus der Schule zum Kirchplatz oder vor das Rathaus, wohin viel größere Zuschauerscharen kamen, um Stücke auf dänisch anzusehen. Selbst wenn die Schultheaterstücke erbaulichen Inhalt hatten, waren deren Sprache und Fabeln oft auch nach volkstümlichem Zuschnitt.

Im Gegensatz zu heute genoß derartige Dramaarbeit mit den Schülern die Gewogenheit der Stadt und der Staatsmacht. Aus Aufzeichnungen geht hervor, daß zum Beispiel CHRISTIAN III. 1546 dem Schulmeister und Diakon zu Aarhus 30 Reichstaler zukommen ließ dafür, daß dem König zu Ehren und zu seinem Vergnügen ein Schultheater aufgeführt wurde. An anderer Stelle heißt es:

„Herr Hans CAPPELAN, der auch Schulmeister hier in Fastelavn ist, agierte (15)74 ein Spiel oder Spectacel mit seinen Schülern auf dem Rathaus und bekam nach des Bürgermeisters und des Rates Empfehlung für seine Mühe 10 Mark" (OVERSKOU 1854, 42).

Ein Bürgermeister, der heutzutage Geld aus seiner Schreibtischschublade holte, weil ein Lehrer sich mit seinen Schülern sammelte und im Rathaus ein „Spektakel" veranstaltete, gehört gewiß in ein Skandinavien der Wunschgedanken.
Als die gesellschaftlichen Vorstellungen − und das heißt in diesem Zusammenhang die Vorstellungen der „Vornehmen" und „Gebildeten" − von Theater sich änderten und Theater sündig und lasterhaft wurde, verschwand auch das Schultheater.
Schultheater wurde wiederentdeckt in der Zeit der Aufklärung, denn aus dieser gibt es ein Stück, das speziell zur Aufführung durch Kinder geschrieben wurde. Ein Däne namens Emanuel BALLING (1975) schrieb 1775 „De kierlige Søvskende" (etwa: Die liebenden Geschwister).
In seinem Vorwort schreibt BALLING, daß er keine originär dänischen Beispiele dafür kenne, aber so etwas wäre in Frankreich eher gewöhnlich. Man kann annehmen, daß BALLING Kontakte zu den pädagogischen Strömungen hatte, die sich um diese Zeit in Frankreich entwickelten, wo ROUSSEAU 1762 den „Emile" veröffentlichte.
Aus der Handlung und Perspektive des Stückes geht hervor, daß es für den Gebrauch an den damaligen Bürgerschulen gedacht gewesen sein könnte. Das waren schulgeldpflichtige Anstalten, an denen die Kinder des Bürgerstandes u. a. Rechnen, Deutsch, Französisch und Geographie lernen konnten; Dinge, die sie in ihrem zukünftigen Dasein als Kaufleute und Händler verwenden konnten. Der Mittelstand hatte selbstverständlich ein Interesse daran, daß seine Kinder bestmöglich erzogen und ausgebildet würden, damit die individuellen Aufstiegschancen optimal wären.
Nach dem Durchbruch der Industrialisierung gab es dann nur noch ein für alle Kinder gemeinsames allgemeines Schulwesen (in Dänemark durch das Schulgesetz von 1903) und damit entstanden neue Probleme für die Pädagogik.
Die Aufrechterhaltung der Disziplin konnte nun nicht länger ausschließlich auf physischer Gewalt und Zwang, auf dem Auswendiglernen von Bedeutungslosigkeiten basieren. Die Schüler sollten ja wirklich ein bißchen lernen. Sie sollen nämlich all den Anforderungen genügen, die eine gesteigerte Technisierung des Produktionsprozesses an die Gesellschaft stellt. Da die bürgerliche Demokratie, unter dem Druck einer wachsenden Arbeiterbewegung, festhalten muß an dem Versprechen von für alle − im Prinzip − gleichen Möglichkeiten, konnten derartige Anforderungen im Schulsystem verankert werden, mit dem Hinweis, die (vom Leben losgelösten) Spezial-

kenntnisse würden von jedem für die Wahrnehmung seiner Chancen gebraucht.
Jetzt sollten also alle Kinder in dieselbe Art Schule gehen, effektiv getrennt vom produktiven Leben. Das hatte zur Folge, daß die pädagogische Zwischenschicht eine Reihe von Gedanken hervorbringt mit dem Ziel, einen bedeutungsvolleren und qualifizierteren Schulalltag für ihre (und anderer Leute) Kinder zu schaffen. Um das zu erreichen, muß man die Spiele der Kinder, ihre Schaffensfreude, ihre Tätigkeiten usw. mit in Betracht ziehen. Es geht auch darum, die Gefühle und das Handeln der Kinder aktiv in das Schulleben einzubeziehen. „Learning by doing" wurde eines der Schlagworte. Es läßt sich eine direkte Entwicklungslinie verfolgen von John DEWEY über die frühe amerikanische dramapädagogische „creative dramatics"-Strömung zu dem Engländer Peter SLADE und hinein in die skandinavische Dramapädagogik mit Namen wie Elsa OLENIUS, einer schwedische Pionierin der 1940er Jahre, und zum Beispiel dem dänischen Schriftstellerpaar KONGSRUD und ROSDAHL, die sehr stark von Peter SLADE inspiriert waren.
Ein großer Teil der Dramapädagogik aus neuerer Zeit gehört somit ideologisch und von der Entwicklung der Pädagogik her betrachtet in die breite Bewegung, die man „Reformpädagogik" genannt hat (vgl. ILLERIS et al. 1978).

b) Eine Theatervorstellung erleben – Nachbereitung; erstes Modell, zweite Variante

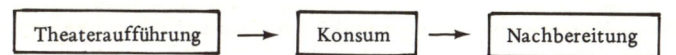

| Theateraufführung | → | Konsum | → | Nachbereitung |

Die Idee, daß sich Kinder Theatervorstellungen ansehen sollen als Teil ihrer künstlerischen Erziehung, ist bereits alten Datums. Es hat in Skandinavien verschiedene Distributionssysteme und -organisationen gegeben, die die Kinder in die Theater brachten, in Dänemark zum Beispiel „Dansk Skolescene". Daß aber die Theatervorstellungen in einem bis dahin nicht gekannten Umfang zu den Kindern gebracht wurden, war eines der Kennzeichen der „neuen" Kindertheater, die, hauptsächlich in Dänemark und Schweden, nach 1968 entstanden. In späteren Jahren zeigte sich dann auch, daß Kindertheaterleute und Pädagogen an einer Vorstellung sowie deren Vor- und Nachbereitung zusammenarbeiten können.
Hinter diesem Modell steht ein Verständnis der Wichtigkeit davon, Kindern und Jugendlichen ein vollendetes künstlerisches Erlebnis zu vermitteln. Dieses kann natürlich schon an sich genug sein, aber die Bedeutung eines solchen Erlebnisses läßt sich steigern, wenn die Kinder eine Möglichkeit haben, über das Gesehene zu reflektieren. Sie können mit Material von der Theatergruppe und durch eine aktive Mitarbeit des Lehrers ihre Eindrücke bearbeiten. Vielleicht spielen und improvisieren die Kinder selbst und können dadurch das künstlerische Erlebnis „verdoppeln", es näher mit ihren eigenen Erfahrungen verbinden.

Diese Arbeiten waren zum Beispiel Teil der frühen amerikanischen Dramapädagogik, „creative dramatics". Sie arbeitete am Anfang der 1930er Jahre mit einem ganzheitlichen Ansatz, bei dem die Verwendung der professionell dargebotenen Theatervorstellung als ein unentbehrliches Element in die dramapädagogische Arbeit einfloß (vgl. WARD 1931).

Auch in der evangelischen Dramapädagogik der 1930er Jahre hatte die Theatervorstellung einen wichtigen Platz. So war zum Beispiel Peter SLADE selbst Schauspieler an einem professionellen Kindertheater. Hieraus entwickelte sich sein Interesse für dramapädagogische Arbeit. In gewisser Weise war seine Arbeit der Vorläufer für die englische „Theatre in Education"-Bewegung, die man in diesen Jahren in Skandinavien entdeckt (vgl. HANSEN 1981; O'TOOLE 1976).

Weiterhin muß man auch auf die Anregungen hinweisen, die aus dem deutschen Kindertheater kamen, zum Beispiel vom GRIPS-Theater, das ja bereits zu Beginn der 1970er Jahre sogenannte Nachbereitungshefte ausarbeitete. Die Art dieser Hefte, eine Kombination aus Faktensammlung, Vorschlägen für Improvisationen, Text- und Bildmaterial aus der Vorstellung, ist als Anregung für eine Arbeit mit Nachbereitungsmaterialien auch in Skandinavien empfohlen worden (vgl. SZATKOWSKI 1979a).

Aber so gut ist das Klima der Zusammenarbeit zwischen Kindertheater und Dramapädagogik nicht immer gewesen. Am Anfang der Entwicklung des neuen Kindertheaters gab es eine klar markierte Grenze zwischen beiden. Darüber schrieb Jørn LANGSTED (1976):

„Das neue Kindertheater ist an seinem Ausgangspunkt wegen seines Mangels an Professionalismus angegriffen worden . . . Das Kindertheater war daher gezwungen, in seiner Argumentation scharfe Grenzen zwischen sich selbst und pädagogischem Drama zu errichten. Das bewirkte, daß heute in Dänemark eine klare Linie Theater für Kinder vom Theater mit Kindern trennt. Eine Trennung, die man nicht aus einer politischen Analyse begründen kann. Eine Grenze also, die sich dadurch als hinderlich für die Entwicklung von Strategien für politische Kindertheaterarbeit erweist" (LANGSTEDT 1976, 12).

Heute gibt es zwar den Willen, diese Grenze zu eliminieren, aber leider kein Geld.

Die Theaterleute haben eingesehen, daß es notwendig ist, auf die gesamte pädagogische Situation, in die ihre Aufführung trifft, einzugehen. Wenn die Theatervorstellung in der Schule einen anderen Stellenwert bekommen soll und mehr als nur eine verlängerte Pause darstellen soll, dann muß man von beiden Seiten an dem Projekt arbeiten, künstlerischen Ausdruck in die pädagogische Arbeit zu integrieren. Das gilt unabhängig davon, on das nun in Form von Vor- und Nachbereitungsmaterial von der Theatergruppe oder dadurch geschieht, daß die Vorstellung an sich dramapädagogische Arbeit beinhaltet.

2. Die spontane dramatische Improvisation; Modell 2

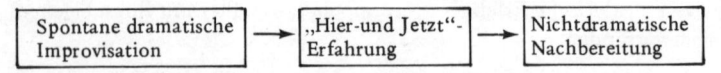

| Spontane dramatische Improvisation | → | „Hier-und Jetzt"-Erfahrung | → | Nichtdramatische Nachbereitung |

Während bei den ersten beiden Modellen der Schwerpunkt auf dem niedergeschriebenen Text, der fertigen Vorstellung, also dem fixierten Theaterausdruck liegt, verlagern wir bei der dritten Variante die Aufmerksamkeit auf das Improvisierte, das Unvorbereitete, das spontane Schaffen.

Die Arbeitsformen, die dieses Modell benutzen, bauen im wesentlichen auf die „Hier-und-Jetzt"-Erfahrung, die der Spielende in der dramatischen Improvisation erlebt. Erfahrungen, Gefühle und Haltungen werden dabei an die Oberfläche gebracht und können so einen Ausgangspunkt zum Beispiel für eine Diskussion bilden.

Es sind Arbeitsformen innerhalb dieses Modells, die die wichtigsten Methoden in der zweiten Phase der dramapädagogischen Entwicklung ausmachen. Peter SLADE war ein Vertreter dieser Richtung und er hatte wesentlichen Einfluß auf die Entwicklung der Dramapädagogik innerhalb dieses Modells. Wenn er sagt, daß eine „Theatervorstellung mit Sicherheit nicht das Wesentliche" in der Dramaarbeit ist, denkt er dabei an Kinder, die im Rahmen des „Erwachsenentheaters" auftreten. Das war für SLADE unvereinbar mit seiner Sicht von Drama. 1954 erschien das Buch, in dem SLADE hervorhob, daß Kindertheater (Child Drama) weder ein Fach noch eine Methode des Unterrichts sei, sondern eine eigenständige Kunstform, gänzlich verschieden von dem Theater, das in der Welt der Erwachsenen existierte. Drama ist.

„... die großartige Aktivität, die überall dort herrscht, wo Leben ist. Sie ist ewiglich verbunden mit der mentalen Gesundheit. Drama ist Lebenskunst" (SLADE 1954, 25).

SLADEs beschriebene Haltung wurde von vielen Pädagogen übernommen und führte die englische und damit auch einen großen Teil der skandinavischen Dramapädagogik in einen kreativitäts-pädagogischen Strudel, mitten hinein ins ideologische Zentrum der „Reformpädagogik".

Ein Beispiel dafür ist das dänische Schriftstellerpaar KONGSRUD / ROSDAHL (1968), das versuchte, in diesem Arbeitsfeld eine neue „Terminologie" zu konstruieren. In ihrer theoretischen Ausrichtung stützten sie sich auf zum Beispiel die Rollentheorien von G. H. MEAD, die die Fähigkeit zur Emphatie als Voraussetzung des spezifisch Menschlichen hervorheben. Und wenn man die Einfühlung mit Spontaneität kombiniert, entsteht eine Möglichkeit zur Persönlichkeitsentwicklung:

„Der spontane Ausdruck, die spontane Bewegung ist die *ursprünglichste* Manifestation des Menschen. Sie ist die eigentliche Quelle menschlichen Selbstausdrucks.
In allen Bereichen des Ausdrucks, in denen sie nützlich ist, soll die Spontaneität durchbrechen und mitreißen können; und nützlich ist sie gerade innerhalb des Kreativen und des Musischen im Menschen. Die Spontanietät bleibt nämlich die *persönlichste* Manifestation des Menschen, und wir sollten die Persönlichkeit der Kinder und Jugendlichen stärken" (KONGSRUD / ROSDAHL 1968, 110).

Diese Auffassung der Spontaneität als dem Ursprünglichsten und Persönlichsten illustriert die idealistische Ideologie der reformpädagogischen Bewegung mit ihrer Auffassung vom Menchen als einer schöpferischen, unberührten Ganzheit, die sich schon unter bloßer kundiger Anleitung entfalten würde. Man muß aber fordern, den Menschen über diese Auffassung

hinaus als *sowohl prägend* (schöpferisch) *als auch geprägt* zu betrachten. Geprägt von der Gesellschaft und der Geschichte, die die Menschheit selbst bereits zuwegegebracht hat. Die Spontaneität ist damit auch „*geprägt*" durch anderes als nur das Individuum selbst — und damit ist sie *nicht* das Ursprünglichste. Nur ein Paradoxon kann die doppelte Perspektive festhalten, die oben in einer Beschreibung des „Ursprünglichsten" angedeutet ist. Das Ursprünglichste in der Natur des Menschen ist seine Gesellschaftlichkeit (vgl. HOLZKAMP-OSTERKAMP 1976, Bd. II, 161).
Die Pädagogik, auf die dieses Modell aufbaut, versteht das Kind als eine Pflanze, deren Wachstum von einem inneren Kern gesteuert wird, auf den der Pädagoge keinen Einfluß nehmen kann. Die erklärte Weigerung, den dramatischen Ausdruck eines Kindes zu beeinflussen und daraus folgend die Ablehnung von Theateraufführungen haben hier ihren Ursprung. Aber dieses Bild vom unverdorbenen, echten und unberührten Kinderspiel stimmt nicht. Die Ausdrücke, die ein Kind in der Dramaarbeit darstellt, kommen ja irgendwo her. Sie können zum Beispiel durch Medieneinwirkungen, wie Fernsehkonsum, von außen induziert sein.
In einer neuen Generation britischer Dramapädagogen (dieser Jahre auf dem Vormarsch in Skandinavien) mit zum Beispiel Dorothy HEATHCOTE und Gavin BOLTON, sehen wir eine etwas andere Argumentation für Arbeitsmethoden, die innehalb des Rahmens dieses Modells bleiben, aber versuchen, die Polemik der Frage Aufführung oder nicht in eine produktivere Richtung zu lenken. Trotzdem ist die dahinterstehende Ideologie noch immer reichlich abstrakt humanistisch.
HEATHCOTE und BOLTON betonen die Notwendigkeit des *Einlebens* in der Improvisation. Sie bauen außerdem auf Fähigkeiten der Kinder, zum Beispiel dauernd zwischen Fiktion und Wirklichkeit wechseln zu können, wie sie sie im Spiel entwickeln. Sie charakterisieren als das Wichtigste am „Hier-und-Jetzt"-Erlebnis die Möglichkeit, etwas „at life rate", *als ob* es Leben wäre, zu erleben in einem fiktiven Universum, aufgebaut von der produktiven Phantasie. Benutzt werden theatralische Kniffe wie Spannungsaufbau, Requisiten, physische Übungen (STANISLAWSKI-Technik für Schauspieler, die ihm beim Aufbau einer Rolle hilft) und anderes. Immer bleibt die Fiktion der schützenden Puffer zwischen dem Teilnehmer und der „richtigen" Wirklichkeit, selbst wenn ja in die Spielsituation immer auch Elemente der Wirklichkeit eingehen; es bin zumindest immer *ich*, der einen anderen spielt, zusammen mit den *anderen*.
Das Modell, besonders in der HEATHCOTE-Ausgabe, läßt sich sehr gut in allen Fächern einsetzen. So kann man die Literatur, Geschichte, Geographie usw. lebendig werden lassen.
Aber soll die Benutzung des künstlerischen Elements, also der dramatischen Eigenart, etwas anderes sein als ein Trick zum Diskussionsstart, ein Stück Zucker im langweiligen Schulbuchstoff, so muß man deutlich sagen, daß die spontane Einmal-Improvisation dann nicht allein, als sozusagen pädagogischer Kunstgriff, stehen kann, wenn das Ziel ist, zusammenhängende Erfahrungen zu vermitteln, Handlungsperspektiven aufzuzeigen in einem ansonsten aufgespaltenen und zusammenhanglosen Leben.

An Kritik an diesem Modell ist geäußert worden, daß es leicht in eine Position verführte, in der nur noch „Ersatzhandlungen" produziert würden, d. h. es würde kompensatorisch für solche Bedürfnisse eingesetzt, die wir im wirklichen Leben nicht ausleben können, mögen oder dürfen. Andere wiederum haben gerade die Wichtigkeit des Probehandelns betont als Voraussetzung dafür, daß in der Welt der Wirklichkeit mit voller Bewußtheit gehandelt werden kann.

Solche Diskussionen spiegeln sehr gut etwas von der Verwirrung wider, die den zweiten Abschnitt in der Geschichte der Dramapädagogik auch charakterisierte. Die Unabgeklärtheiten waren groß und die Lust zu reflektieren und zu theoretisieren war sehr klein. Aufgrund der sehr offenen Definition von Drama wurden unglaublich viele verschiedene Aktivitäten mit Drama synonym gesetzt: von psychotherapeutischen Übungen über sogenannte „Vertrauensübungen" bis zu den steifsten Schultheaterproduktionen. Kein Wunder, daß viele verwirrt waren.

Eine Verwirrung, die natürlich noch dadurch verstärkt wurde, daß man in Skandinavien von einem Durchbruch der englischen Gedanken erst gut zehn Jahre nach deren Aufkommen in England zu sprechen begann. Denn gleichzeitig mit der Blüte der Kreativitätspädagogik unter der Regie der Reformpädagogik blühte ja noch so manches andere: die Jugendunruhen begannen, die anti-autoritäre Erziehung, die politische Kritik, die Theatergruppenbewegung und ein hastig expandierendes Amateurtheater. Und nicht alle diese Blüten paßten gleich gut zusammen.

3. Von der spontanen dramatischen Improvisation zur Stückeproduktion; Modell 3

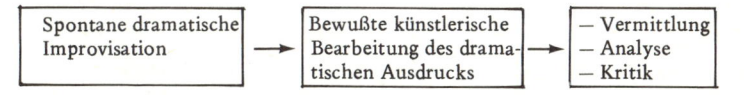

Spontane dramatische Improvisation	→	Bewußte künstlerische Bearbeitung des dramatischen Ausdrucks	→	– Vermittlung – Analyse – Kritik

Dieses ist das umfassendste Modell. Es beinhaltet Elemente aus den anderen drei Modellen: Ausgehend von den ersten Überlegungen und spontanen Improvisationen, über eine dramaturgische Verknüpfung einzelner Improvisationen, gelangt man zu einem Ganzheitsausdruck, der die Erkenntnisse der Gruppe in einer künstlerischen Form festhält und wiedergibt. Oft wird dieser Eindruck für Zuschauer bei einer Aufführung dort besonders deutlich, wo hinterher die Möglichkeit besteht, das Gesehene zu diskutieren und zu kritisieren.

In der dramaturgischen Bearbeitung kann die Annahme, für ein bestimmtes Publikum zu spielen, mit unterschiedlich starker Gewichtung einfließen. Genau betrachtet sind ja Publikum schon die anderen in der Gruppe (sogar die eigenen Mitspieler) – „einige eben, die zusehen". Das, was mit dem Publikum variiert, ist der unterschiedliche Grad des Einverstandenseins mit dem, was passiert. Die Gruppe selbst ist wohl das am meisten einverstandene Publikum, und von da an nimmt das Einverständnis gradweise ab, von

Klassen- und Schulkameraden über Lehrer und Eltern bis zum wildfremden Publikum, das von der Straße hereinkommt. Das entscheidende Moment dieses Modells liegt darin, daß im Zentrum immer die *doppelte* Ausnutzung des künstlerischen und dramatischen Prozesses steht: teils in der hier-und-jetzt-Bewegung des Spielerlebnisses, wodurch einige Erkenntnisse entstehen, teils in der Dimension der bewußten künstlerischen Betätigung, die wiederum zu anderen Erlebnissen und Erkenntnisweisen führt. Beides ist gleich wichtig und für beide Formen werden alle Fähigkeiten und Sinne des Menschen in großem Umfang gefordert. Es ist die Wechselwirkung zwischen den beiden Erlebnis- und Erkenntnisweisen, die bewirkt, daß die dem Drama ureigenen Qualitäten voll ausgeschöpft werden können. Das führt aber selbstverständlich auch dazu, daß mit diesem Modell besser in älteren Gruppen gearbeitet werden kann, da es eine Erkenntnisbereitschaft fordert, die die jüngsten Altersgruppen kaum besitzen. Und schließlich muß wohl noch einmal betont werden, daß nicht allein der Prozeß selbst den Verlauf der Gruppenarbeit für die Teilnehmer wertvoll macht: die Auswahl der Inhalte und deren Beziehung zum Alltag und zur Wirklichkeit der Teilnehmer, die eingebauten Handlungsperspektiven u. a. entscheiden darüber, welche Konsequenzen der pädagogischästhetische Prozeß für die Teilnehmer hat.

Die historischen Voraussetzungen für dieses Modell sind recht vielfältig. Ein gutes Stück der Entwicklungsgeschichte des Theaters steht dahinter. Man darf ernsthaft behaupten, daß in der Dramapädagogik Möglichkeiten stecken, das wirklich volksnächste Volkstheater zu werden. Voraussetzung ist natürlich, daß man bereit ist, einen so breiten Theaterbegriff zu akzeptieren. Viele professionelle Theaterleute schütteln auch heute noch den Kopf und lehnen es ab, Dramaarbeit als Theater zu betrachten. In einigen Fällen mögen sie ja Recht haben, dieser neuen Bewegung gegenüber ist es jedoch traurig, obgleich das eine natürliche Konsequenz einer kulturpolitischen Auffassung ist, die das Patent auf *die* Kultur und *die* Kunst hält.

Die kulturpolitischen Strömungen, denen sich die Dramapädagogik anschließen und von denen sie Unterstützung bekommen kann, sind durch den Begriff „kulturelle Demokratie" (vgl. zum Beispiel SIMPSON 1976) charakterisiert. Von seiten der Sozialdemokratie hat man es aufgegeben, *nur* auf die „alte" Strategie zu setzen, bei der man mit allerhand Distributionsorganisationen, Abonnementsangeboten usw. versuchte, den Zugang zur etablierten Kultur zu demokratisieren. Stattdessen wollte man darauf setzen, den verschiedenen existierenden Kulturen demokratisch gleiche Entfaltungsmöglichkeiten zu geben.

Einige einfache Zahlen können als Beispiel dienen: Die Anzahl der Amateurtheater, die dem *Dansk Amatør Teater Samvirke* (DATS, Dänischer Amateurtheaterverband) angeschlossen ist, ist von 53 im Jahre 1973 auf 203 im Jahre 1977 angewachsen (Dansk Kulturstatistik 1979, 72). Auch die übrigen Aktivitäten im Amateurtheaterbereich wurden verstärkt, sowohl die Kursaktivitäten als auch die regelmäßige Betreuung von Gruppen (Konsulent-Støtteordninger). In diesem Zusammenhang hat man die aktive Rolle hervorgehoben, die DATS in der Dramaentwicklung in den letzten zwanzig Jahren spielte, nicht zuletzt als Veranstalter von Fortbildungskursen „mit dem Finger an der Pulsader der Entwicklung". Auch für ganz Skandinavien und Finnland waren die Amateurtheater aktiv im Rahmen des *Nordisk Amatörteater Råd* (NAR), einer Unterorganisation des Nordischen Ministerrats mit Vertretern aus Dänemark, Island, Norwegen, Schweden und Finnland. Auf das NAR-Experiment mit einer „Pädagogik der Erlebnisse" werden wir später zurückkommen. Die gesamte staatliche Unterstützung für DATS wurde im gleichen Zeitraum verzehnfacht und betrug 1976 ca. 1 Mio. Dänische Kronen — es gehört also wohl nicht viel dazu, den staatlichen Zuschußbetrag zu verzehnfachen. Im Jahre 1980 bekam das Amateurtheater ca. 0,2 % des gesamten Zuschusses für Theater in Dänemark und damit 0,0006 % der gesamten Staatsausgaben. Der Zuschuß für Kinder- und Jugendtheater ist von ca. 3 % in 1970/71 gestiegen auf ca. 5 % des Haushaltspostens „Theater" in 1979/80 (vgl. LANGSTED 1979). Aber das ist nicht so imponierend, wenn man die Zahl der Kinder- und Jugendtheater vergleicht, die sich seit 1968 etwa verzehnfacht hat.

Es ist also klar, daß nicht allein vor dem Hintergrund der faktischen ökonomischen und Kulturpolitik neue Ideen und Versuche in solchen Bereichen entstanden, die eine hier geschilderte Entwicklung der Dramapädagogik ermöglichten. Man muß auch die ab 1972/73 gegen die Dramapädagogik gerichtete politische Kritik betrachten. In einer Abrechnung mit dem Politikverständnis der Reformpädagogik versuchte man, neue Standpunkte zu gewinnen.

Es wurde klargemacht, daß Kreativität nicht im luftleeren Raum entsteht. Man verhält sich zu etwas, man schafft nur etwas mit Hilfe von Erfahrungen, Haltungen und Gefühlen, und alle drei Komponenten sind konkrete, wirklichkeitsverankerte Größen. Der luftige Idealismus, der sich in einem großen Teil der Dramapädagogik ausdrückt, wurde scharf unter die Lupe genommen. Leider konnte aber die politische Kritik nicht immer auch Alternativen mit der gleichen Heftigkeit und mit dem gleichen Übereifer aufzeigen, mit dem sie kritisierte.

Das alles muß man im Zusammenhang mit der Entwicklung der Linken seit 1968 sehen. Auch hier hat man versucht, drei Abschnitte zu unterscheiden (vgl. MADSEN 1977; KJAEGÅRD / REICHE 1980). Von der Mitte der 1960er Jahre bis in die ersten Jahre der 1970er war eine *antiautoritäre Phase*, wo Selbstentfaltung in Gemeinschaft mit anderen, ein alternativer sinnlicher und genüßlicher Lebensstil, auf der Tagesordnung waren. Dann, vom Beginn der 1970er Jahre bis etwa 1975/76 folgte eine Phase der *Besinnung* und *Qualifikation* für einen Teil der Linken, während die anderen weiter mit Lebensstilen, Organisationsformen u. a. experimentierten. Im dritten Abschnitt, in dem wir uns heute befinden, versucht man, die theoretischen und praktischen Erfahrungen der früherne Phasen zusammenzudenken. Optimal steht jetzt die radikale „*Zivilisationskritik*" auf dem Programm. In einer Erkenntnis dessen, wohin uns die technische Entwicklung und 500 Jahre Kapitalismus geführt haben, gilt es die Augen zu öffnen

für die Konsequenzen, die ein unverändertes Weitermachen haben wird: eine total ruinierte ökologische Balance. Aber daß das die Konsequenz unseres Tuns ist, ist für viele noch immer schwer einzusehen, denn wir alle sind in unserem Verhalten und in unseren Denkmustern vom Kapitalismus geprägt. Aber deshalb ist es nicht minder notwendig, über Alternativen nachzudenken und so zu handeln, daß sie gefunden werden können.
Diese Entwicklung spiegelt sich auch in der Dramaarbeit und das soll mit einigen einfachen Zitaten illustriert werden, die aus dem Buch der schwedischen Theatergruppe „Narrens Verkstad" stammen, in dem sie ihre Arbeitsmethoden beschreiben. Dort heißt es in einem Nachwort unter dem Titel „Warnung! Schluckt diese Ratschläge nicht! Seid kritisch!":

„Ich habe auch schon einige Male miterlebt, wie sogenannte ‚work shops' in Gruppen außerhalb von Narrens Verkstadt entwickelt wurden, oft mit ursprünglichen Impulsen von uns. Diese Erfahrungen waren Grund zum Nachdenken. Es scheint so, als ob eine Art von Gemeinschaftsübungen enorme, rein gefühlsmäßige Bedürfnisse nach Gemeinschaft weckte. Und bei solchem emotionalen Ausleben gibt es keinen Platz für den Intellekt – der wirkt nur zerstörend. Stattdessen wirft man sich in die Illusion einer mystischen inneren Selbstverwirklichung. . . . Wenn mir heute etwas Angst macht, dann die Tendenz zum Antiintellektualismus, die entsteht aus einem dunklen und unbewußten Protest gegen ‚die Entwicklung' als etwas an sich Schlechtem und Negativem, das nur in die unausweichliche Kataatrophe führt . . . Es gibt keinen Weg zurück zur Natur, aber es gibt unterschiedliche Wege vorwärts, die zu unterschiedlichen Zielen führen . . .
Es bedarf einer höchstentwickelten Wissenschaft, um in Zukunft die Wunden zu heilen, die unsere heutige kurzsichtige und primitive Wissenschaft der Erde zugefügt hat, die wir kommenden Generationen hinterlassen. Wir müssen unsere Kräfte auf das Wissen setzen; darauf, es uns anzueignen, und darauf, das Wissen zu vermitteln. Das ist unser direktes Ziel mit ‚Narrens' Arbeit" (HELLBERG 1971).

Die Stockholmer Theatergruppe „Narren" hat von ihrer Gründung 1966 über Inspiration durch das amerikanische Gruppentheater (La Mama) bis zu diesem kritischen Nachwort eine Entwicklung durchlaufen, die in vielerlei Hinsicht kennzeichnend ist für einige Elemente dramapädagogischer Arbeit.
Während das Nachwort klar einige Erkenntnisse auf theoretischer Ebene vermittelt, ist das Buch im übrigen dominiert von Übungen, die zur eigentlichen Dramaarbeit *hinführen*. Diese Übungen zur Gruppenarbeit standen eine Zeitlang fast synonym mit Dramaarbeit. Sie haben Wurzeln in der amerikanischen Schule der „humanistischen Psychologie" (vgl. BRAANAS 1979b), die sich auf der hastig einherrollenden Welle der Gruppendynamik in den USA entwickelte. Es fehlen Untersuchungen darüber, welche Konsequenzen die theoretische Analyse für die eigentliche Dramaarbeit haben muß.
Das gleiche Problem kehrt wieder in einem anderen skandinavischen Experiment, der „Erlebnispädagogik". Das war ein Versuch, einen Kurs zur Ausbildung von Dramalehrern zu etablieren, der sich auf insgesamt vier Wochen in drei Internatsperioden vom November 1972 bis Oktober 1973 erstreckte (vgl. „Upplevelsens Pedagogik", Drama 1973). Die humanistische Psychologie prägte auch diesen Versuch deutlich. Es gab schon eine Ten-

denz, das Gruppendynamische und die Persönlichkeitsentwicklung so stark zu gewichten, daß eine Verbindung zum Drama- und Theatermäßigen zu schwach, zu undurchdacht war, obwohl die „Erlebnispädagogik" mit ihrem Modell, ähnlich dem hier skizzierten dritten Modell, arbeitet.
Die Übernahme der amerikanischen gruppendynamischen „Steuerungstechniken" war also ein Ansatz für eine mögliche Weiterentwicklung der Dramapädagogik. Andere Orientierungen tauchten auch auf. In der Anthologie „Kinderöffentlichkeit – Sozialistisches Kindertheater" (dänisch; 1977) wird eine andere, alternative dramapädagogische Tradition aufgegriffen, die ihren Ursprung im Deutschland der zwanziger und dreißiger Jahre dieses Jahrhunderts hat. Dazu gehören zum Beispiel Walter BENJAMIN mit dem „Programm für ein proletarisches Kindertheater", die Erfahrungen von Asja LACIS usw. Auch werden in dem Buch Beispiele neuerer politischer Arbeit mit Dramapädagogik vorgestellt, zum Beispiel das Frankfurter Lehrlingstheater (Frankfurt/Main), das Kindertheater im Märkischen Viertel (West-Berlin) usw.
Die politisch-pädagogische Forderung nach einer Verbindung der Lebenssituation der Kinder und der Bedingungen, unter denen Kinder aufwachsen, mit einer bewußt handlungsleitenden pädagogischen Praxis wurde mit großer Vehemenz vorgebracht. Aber ein Teil der Theoriebildungen über Unterricht war von sehr vereinfachenden Lösungen geprägt. Viele Lehrer waren später vor ihren zusammengewürfelten Klassen tief frustriert, als sie vor Arbeiterkindern, Kindern von Büroangestellten, Bauern und Direktoren standen und nicht wußten, was sie nun anfangen sollten.
Etwas besser erging es einer anderen pädagogischen Trumpfkarte: „Man muß von den eigenen Erfahrungen der Kinder ausgehen", hieß die. Dieser Ansatz wurde durch eine neuerliche MARX-Rezeption stimuliert, die diesmal die „subjektive Dimension" einbezog, die bei der ersten Lektüre außer acht blieb.
Aber einerseits sind die Kinder ja immer noch effektiv vom Produktionsleben abgeschirmt, andererseits stellt eine solche Pädagogik unendlich hohe Ansprüche, denn die Erfahrungen, die durch Dramaarbeit vermittelt werden können, fordern ja eine Interpretation, wenn sie benutzt werden und weiterführen sollen. Es geht nicht darum, irgendeine Erfahrung zu vermitteln, um dann so schnell wie möglich wieder vergessen zu werden. Diese Interpretation ist abhängig von uns als Pädagogen und aktualisiert uns mit unseren eigenen Erfahrungen, politischen Haltungen und Überzeugungen.
Wichtig in diesem Zusammenhang ist, daß gerade eine solche Interpretation durch Dramaarbeit ermöglicht wird, wenn sie sich an hier im dritten Modell geschilderten Arbeitsformen orientiert. Der künstlerische Arbeitsprozeß mit dem dramatischen Ausdruck beruht auf einer solchen Interpretation. Und zur Zeit wird also überall in Skandinavien lebhaft mit dieser Arbeitsform experimentiert. Leider gibt es zu wenig Mittel, um diese Arbeit in Forschung und Lehre zu verfolgen.
Die Dramapädagogik muß also auch weiterhin hart dafür kämpfen, eine Position als ein kleines Element in einem größeren bildungs- und kultur-

politischen Kampf zu halten. Ein Kampf, der die zähe, tägliche pädagogische Anstrengung anerkennt, und in dem diese Anstrengung als eine Möglichkeit gesehen wird, mit Hilfe künstlerischer Ausdrucksformen ein Erkenntnismodell anzubieten, das nicht blind die Zersplitterungen reproduziert, die die Gesellschaftlichkeit des Menschen in Stücke reißen, sondern Kräfte freisetzt, um die Erfahrungen zum Durchschauen der Konsequenzen der gegenwärtigen gesellschaftlichen Verhältnisse zu gebrauchen. Ein Modell, mit dessen Hilfe mögliche Handlungen aufgezeigt werden können, die die ersten kleinen Schritte in eine andere Richtung darstellen.

Literatur

Backeus, M. (Hrsg.): Narrenövningar, Gidlunds 1971
Balling, E.: De kierlige Sødskende, 2. uforandrede oplag, v. Jørn Langstedt, Institut for Dramaturgi, Århus 1975
Bolton, G.: Drama and Theatre in Education: a survey, in: Drama and Theatre in Education, hrsg. v. Dodd, N. / Hickson, W., London 1971
Braanaas, N.: Norsk nationsrapport – rapport om dramapædagogik i Norge, Sondernummer von Drama – nordisk dramapædagogisk tidsskrift (1979a)
– Analyser i moderne dramapedagogikk II, Universitetet i Trondheim (1979b)
Børneoffentlighed (Kinderöffentlichkeit): Projektgruppe Børneteater, Institut for Dramaturgi, Århus Universitet, Tiderne Skifter, Kopenhagen 1977
Dansk Kulturstatistik, Kopenhagen 1979
Ehnmark, K.: Svensk nationsrapport – rapport om dramapædagogik i Sverige, in: Drama – nordisk dramapædagogisk tidsskrift (1979)
Hansen, G. A.: Børneteater i Folkeskolen, in: DLH, Odensen 1981
Hegelund, P.: Susanna, Aage Jørgensen red., Kopenhagen 1972
Hellberg, H.: Warnung!..., in: Backeaus (Hrsg.): Narrenövningar, Gidlunds 1971
Holzkamp-Osterkamp, U.: Motivationsforschung, 2. Bd., Frankfurt a. M. 1976
Illeris, K., et al.: Samfundet of pædagogikken, Kopenhagen 1978
Karpinen, T.: Finsk nationsrapport – rapport om dramapædagogik i Finland, Sondernummer von Drama – nordisk dramapædagogisk tidsskrift (1979)
Kjærgård, J. / Reiche, C. C.: Solvognens sceneteater – æstetik & frigørelse, Fagtryk 84, Århus 1980
Kongsrud, L. / Rosdahl, E.: Dramik, Kopenhagen 1968
Langsted, J.: En pluralistisk Børneteaterbevægelse, in: Børneteateravisen 14 (1976)
– En ny testerlov, Institut für Dramaturgi, Århus 1979
Madsen, P.: Det gamle nye venstre... – Vestrebevægelsen i Skandinavien, in: HUG 15/16 (1977)
O'Toole, J.: Theatre in Education, London 1976
Overskou, Th.: Den danske Skueplads, Kopenhagen 1854
Simpson, J. A.: Towards a cultural democracy, Strassbourg 1976
Slade, P.: Child Drama, in: ULP, London 1954
Szatkowski, J.: Dansk nationsrapport – rapport om dramapædagogik i Danmark, Sondernummer von Drama – nordisk dramapædagogisk tidsskrift (1979a)
– Læreren er den vigtigste person i børneteaterarbejdet, in: Drama 1/2 (1979b)
– Drama er...? Om tre engelske undersøgelser, in: Drama 3 (1980)
Upplevelsens pedagogik: Drama, Gråsten 1973
Wagner, B. J.: Drama as a Learning Medium – Dorothy Heathcote, Hutchinson 1979
Ward, W.: Creative Dramatics, New York 1931

4. Expression dramatique
Theorie und Praxis der Spielpädagogik in Frankreich, Kanada und Québec

Gisèle Barret
[Aus dem Französischen von Erika Hannes / Hans Hoppe]

I. Grenzen und Schwerpunkte des Vergleichs

Bei der vergleichenden Darstellung der expression dramatique als einer Form der Spielpädagogik in Frankreich, Québec und Kanada ist man von Anfang an auf die Wechselbeziehungen zwischen europäischen und amerikanischen Tendenzen verwiesen, die im Rahmen des Experimentierfeldes Kanada teils zusammenfließen und teils auseinanderstreben. Dabei nimmt Québec eine gewisse Vorrangstellung in der Geschichte der Erforschung und der pädagogischen Praxis dieser Disziplin und Methodik ein.

1. Einflüsse und Verbindungslinien

In der Tat geht, schematisch gesehen, der Einfluß für das Theater und das darstellende Spiel (jeu dramatique) in der Schule von Frankreich aus. Für alles, was sich „drama" nennt, reichen die Wurzeln nach England. Der Einfluß der Vereinigten Staaten zeigt sich in der Einbeziehung von Elementen aus dem Bereich der Psychologie, die seit mehr als zwanzig Jahren die Pädagogik sowohl in ihrer praktischen Anwendung als auch in ihrer ideologischen Ausrichtung beeinflußt und verändert.
Doch im Gegenzug und trotz des Widerstandes und der Unbeweglichkeit des französischen Erziehungsapparats kehren Ideen nach Frankreich zurück, die sich paradoxerweise in dem begrenzten Gebiet von Québec in einem Höchstmaß an Offenheit entfaltet und institutionalisiert haben. So erweist sich Québec geradezu als ein modernes Laboratorium für neue Experimente und Forschungen, als ein Terrain, auf dem europäische Pädagogen und Wissenschaftler zusammenkommen und wo Austausch in jeder Richtung stattfindet.
Vor diesem Hintergrund werden die Vergleiche zwischen Kanada und Frankreich anzustellen sein, wobei beide Länder Schwierigkeiten und Mängel auf unterschiedlichen Gebieten und in unterschiedlichen Ausmaßen aufweisen, die manchmal nur schwer zu erfassen sind.

2. Québec – Kreuzung und Umschlagplatz

Es ist vielleicht interessant, einen kurzen historischen Abriß über die Entwicklung der Spielpädagogik bzw. der Pädagogik der „expression dramatique" zu geben. In diesem Zusammenhang erlaubt uns das Beispiel Québec, den aktuellen (relativ allgemeinen) Entwicklungsstand zu verstehen, so wie er sich in den meisten Ländern darstellt, selbst wenn diese im allgemeinen noch keine Lösungen hinsichtlich der Vereinheitlichung und Koexistenz der vorhandenen widerstreitenden Tendenzen gefunden haben. Auf diesem Gebiet öffnet das Beispiel der Bundesrepublik Deutschland (HOPPE 1980) den Weg zu den westeuropäischen Ländern, und das Beispiel Australien (COURTNEY 1979), das englische und amerikanische Praktiken miteinander verbindet, bietet ein auf der Welt einmaliges Modell der institutionellen Verankerung.

In einer Zeitspanne von ca. 15 Jahren (was nicht sehr lange ist im Vergleich zu Frankreich, wo die Entwicklung pädagogischer Praktiken stets durch private Initiativen und in einer Bewegung ständiger Erneuerung erfolgte, welche jedoch kaum in der Lage ist, die Schwerfälligkeit des traditionellen Systems zu erschüttern) ist es in Québec gelungen, eine relativ offizielle, anerkannte und vielfältige Aktivität auf diesem Sektor zu entwickeln, die auf allen Ebenen des Erziehungssystems vertreten ist. Hinzu kommt der Aufbau stützender Strukturen (Fachvereinigung, Zeitschrift) sowie einer wissenschaftlichen Forschung, die im internationalen Vergleich zweifellos mit am weitesten entwickelt ist.

Das erklärt sich möglicherweise durch die besondere Situation von Québec. Denn, geographisch gesehen, ist es trotz des Atlantiks der natürliche Knotenpunkt für Wege von und nach Kanada, Amerika und Europa. Sozio-kulturell gesehen, zeichnen sich seine mehr als 6 Millionen Einwohner (davon 80 % frankophone) trotz der verschiedenen Zwänge durch große Weltoffenheit und menschliche Aufgeschlossenheit aus. In historisch-politischer Hinsicht schließlich hat nach der „lautlosen Revolution" von 1960 das klare Bewußtsein einer besonderen Identität bewirkt, daß ein eigenständiger Weg beschritten wurde trotz der ständigen Bedrohung durch die umliegenden Giganten. Es würde zu weit führen, hier in die Einzelheiten zu gehen. Es ist jedoch gut, wenn man sich vor Augen hält, daß innerhalb der Entwicklung der Pädagogik der expression dramatique alle Möglichkeiten, die sich der Praxis und auch der wissenschaftlichen Forschung eröffnen, im allgemeinen Kontext der Geschichte eines Landes und seiner kulturellen und erzieherischen Ideen zu sehen sind, die eingebettet sind in seine Politik und seine Wünsche. Diese Parallelen erlauben es, die Anstrengungen und Kämpfe, die Erfolge oder Niederlagen derjenigen zu verstehen, die auf diesem Gebiet arbeiten, und nicht wenige von ihnen, sei es in Kanada, in Québec oder in Frankreich, versuchen, über die Grenzen hinweg mit Praktikern und Wissenschaftlern der verschiedenen Länder in Verbindung zu treten. Sie arbeiten an derselben Sache, oftmals mit den gleichen Problemen, aber auch mit den gleichen Hoffnungen. – So arbeitet Québec mit Ländern zusammen wie Belgien, Portugal, Spanien, der Schweiz (ohne von Kanada und Frankreich zu reden, die ihre bevorzugten täglichen Gesprächspartner sind; seit kurzem gehört dazu auch die Bundesrepublik Deutschland), mit denen es ständigen fruchtbaren Gedankenaustausch pflegt, woraus sich eine internationale, geflechtartige Zusammenarbeit entwickelt hat, wie sie etwa vor zwanzig Jahren (BARRET 1979, 1980) noch unvorstellbar gewesen wäre.

3. Die Schwierigkeiten des Vergleichs

Um ein Beispiel zu geben von den Beziehungen zwischen Erziehung und Politik mit all den Konsequenzen, die sich im Hinblick auf die Situation der Pädagogik der expression dramatique ergeben, seien hier Kanada und Frankreich als besondere Gegensätze genannt. Man könnte die wesentliche Schwierigkeit dieses Vergleichs darin sehen, daß man versucht, ein sehr dezentralisiertes Land wie Kanada, wo jede Provinz weitgehende Selbstverantwortung im Erziehungswesen besitzt, einem im höchsten Maße zentralisierten Land wie Frankreich gegenüberzustellen, wo alles vom Ministerium für Erziehung einheitlich geregelt und kontrolliert wird und wo kein Raum bleibt für Neuerungen, es sei denn im Rahmen von Randgruppen, von alternativen und parallelen Aktivitäten außerhalb der Institution. Einerseits gibt es in Québec eine Zentralisierung, insofern das Erziehungsministerium fachliche Rahmenprogramme für jede Stufe vorgibt. Andererseits gibt es eine Dezentralisierung in dem Sinn, daß jede der 253 örtlichen Schulkommissionen für sich die Befugnis hat, sich dieser Vorschläge mit einem relativ großen Entscheidungsspielraum zu bedienen. Dadurch ergibt sich eine Vielfalt und Verschiedenartigkeit in den einzelnen Programmen, die ebensoviel Nach- wie Vorteile mit sich bringen.
Die andere wesentliche Schwierigkeit dieses Versuchs eines Vergleichs resultiert daraus, daß das Informationsmaterial weder einheitlich noch vollständig und genau ist. Das gilt für Frankreich ebenso wie für Kanada, und für die Vereinigten Staaten und die meisten anderen Länder würde sich das Problem genauso stellen. Das verpflichtet zu gewissen Einschränkungen im Hinblick auf Verallgemeinerungen, Schematisierungen oder Analogien, welche, um glaubhaft zu bleiben, nur einen Teil der Wirklichkeit repräsentieren. In ihrer Gesamtheit ist diese Realität im Augenblick zumindest weder durch erschöpfende Analysen noch durch umfassende Synthesen zu erfassen. Die Frage stellt sich für Québec nicht in der gleichen Weise, da die Autorin dieses Artikels seit 15 Jahren direkt an dieser Entwicklung beteiligt ist und sie mitinitiiert hat. Hier handelt es sich vielmehr um das Problem der subjektiven Lesart einer wissenschaftlichen Praktikerin, einer Berichterstatterin in eigener Sache, die gleichzeitig kritische Betrachterin, aber auch Teil einer Aktion ist, die sie täglich neu belebt.
Nun trifft es sich jedoch, daß die Autorin auch Zugang zu den wenigen, sowohl französischen als auch kanadischen Informationsquellen hat und daß sie, selbst wenn sie nicht vollständig auf die Fragen „Wer macht was, wo, wann und mit welchen Ergebnissen?" antworten, so doch versuchen kann, die Hauptlinien und Querverbindungen aufzuzeigen, einige Elemente der Problematik vorzustellen, eine bestimmte Zahl repräsentativer Beispiele zu vergleichen, indem sie den Akzent auf die zentralen Artikulationspunkte

legt, kurz, indem sie nützliche Markierungen oder Orientierungspunkte setzt, um ein ebenso diffuses wie undurchsichtiges Feld näher zu bestimmen und zu erhellen.
Zu diesem Zweck wäre zunächst die Bezeichnung dieses weitgespannten Bereiches zu präzisieren. Wenn auch die Terminologie noch weit davon entfernt ist, einheitlich zu sein (BARRET 1979), so entsprechen sich die Oberbegriffe „drama" (für die anglophonen Länder) und „expression dramatique" (für die frankophonen Länder). Dabei sind die folgenden lokalen und nationalen Präzisierungen zu beachten: In Frankreich gibt es — in Konkurrenz zur expression dramatique — den fast identischen Ausdruck „jeu dramatique" (im Singular oder Plural). In Québec sagt man „jeu dramatique" (französischer Einfluß) oder „expression dramatique" (Konzept der Universität Montreal). „Art dramatique" ist ein 1981 vom Erziehungsministerium eingeführter Ausdruck, der inhaltlich jedoch im Sinne der „expression dramatique" gefüllt wird. Desweiteren wird der Begriff „théatre" benutzt (zum Beispiel an der Universität von Québec in Montreal). Im anglophonen Kanada wird der Begriff „developmental drama" verwendet. Er stellt die kanadische Parallele zum englischen Begriff „creative drama" und zum amerikanischen Begriff „creative dramatics" dar, die als Bezeichnungen für den gesamten Bereich des „educational drama" dienen.
Zusammenfassend läßt sich sagen, daß alle in etwa darin übereinstimmen, daß sie sich einerseits der „pédagogie du jeu" (play und Spielpädagogik) und andererseits dem Lernen durch Handeln zuordnen (wobei das „learning by doing" von DEWEY sich hier, abgesehen von Nuancen, mit den aktiven Methoden französischer Provenienz berührt). Was den Bereich des Theaters angeht, so wird immer wieder diskutiert, ob er in die expression dramatique einzubeziehen, ob er streng von dieser abzugrenzen oder ob er ganz zu verwerfen sei.

4. Die Frage „Theater und Erziehung"

Um die Verwirrung nicht noch größer werden zu lassen, werden wir diese Frage ganz kurz behandeln. Denn obgleich das Theater nicht direkt in diesen Zusammenhang gehört, gibt es doch zum Teil unübersehbare Berührungspunkte mit ihm. Diese ergeben sich einerseits von daher, daß es ein literarisches Genre gleichen Namens gibt, das ebenfalls zum schulischen Programm gehört, und andererseits von daher, daß es außerschulische dramatische Aktivitäten gibt, die historisch gesehen die Vorfahren und somit verantwortlich waren für die augenblickliche Präsenz der expression dramatique im Erziehungswesen. Diese beiden historischen Faktoren finden sich im allgemeinen in jedem Land wieder und sie bilden noch häufig die einzig zugelassene Realität und das einzig anerkannte Ziel der Aktivitäten in diesem Bereich. Die Frage „Theater und Erziehung" in dem weiten Verständnis, wie es für deren Behandlung in Frankreich häufig kennzeichnend ist, wirft eine Reihe von Problemen auf. Schematisch gesehen kann man jedoch sagen, daß man in den betreffenden Ländern ungefähr die gleichen divergierenden Tendenzen antrifft — Tendenzen, die sich übrigens in den meisten Ländern in unterschiedlichen Ausmaßen wiederfinden.

Als eigenständige Fachrichtung, unabhängig von der Literatur, ist das Theater an manchen Universitäten und manchmal auch am Ende der Sekundarstufe vertreten.

In Frankreich gibt es an ungefähr 16 universitären Einrichtungen entsprechende Kurse, Übungen, Zertifikate, Studienprogramme für Fortgeschrittene, wissenschaftliche Zentren.

In Québec bieten vier französischsprachige und zwei englischsprachige Universitäten verschiedene Arten von Programmen an: Spezielle Abschlüsse (Bac spécialisé), ein Zertifikat, ein Wahlfach und zwei Übungsprogramme. In Kanada gibt es an verschiedenen Universitäten Theater-Departments und manchmal Studiengänge mit Graduierung unter der Bezeichnung „theater arts" (nach Art der amerikanischen Universitäten, deren theaterwissenschaftliche Abteilungen zu den bedeutendsten der Welt zählen).

Auf der Ebene der Sekundarstufe, vor allem in den höheren Klassen der französischen Gymnasien, in den CEGEP (Kolleg für allgemeine und berufliche Bildung) von Québec oder auch in den kanadischen High Schools ist die Situation sehr unterschiedlich, und die Informationen sind recht unvollständig. (Wir hoffen, bald systematischere Untersuchungen durchführen zu können, um wenigstens die Lage umfassend zu beschreiben.)

In Frankreich gibt es von seiten des Erziehungsministeriums diesbezüglich keine offiziellen Lehrpläne für die Sekundarstufe. Die Empfehlungen der Rektorenkonferenz für „Theater und Unterricht" (1969 bis 1972), die von erheblicher Bedeutung sind, sind in den Schubladen des Ministeriums verblieben. — Vereinzelte Experimente sind ohne Planung und Koordinierung und unter Einsatz verschiedenster Interventionsmethoden in Klassen und Einrichtungen der Sekundarstufe durchgeführt worden. Als deren Träger fungierten abwechselnd: Das Erziehungsministerium, das Ministerium (manchmal Staatssekretariat) für Universitäten, für Jugend, Sport und Freizeit, für Kultur (und Kommunikation), lokale Körperschaften etc. Sie subventionieren direkt oder indirekt „pädagogische Projekte" jeglicher Art und Größe, die manchmal von Verbänden, Forschungszentren, subventionierten Theatern, Kulturhäusern, universitären Projektgruppen, Privatinitiativen durchgeführt werden, ohne daß jedoch irgendwelche Resultate, Auswertungen, Berichte davon offiziell verbreitet würden und ohne daß eine konsequente Fortführung ermöglicht und eine abgestimmte Politik entwickelt werden würde.

Im Gegensatz dazu nimmt in Québec das Theater einen offiziell anerkannten Platz in gewissen CEGEP ein. Sie bieten es wahlweise in den Freizeit- und Französisch-Programmen an, so daß es Teil des schulischen Lebens wird. In der Sekundarstufe ist das neue Programm für „art dramatique" in den letzten beiden Klassen auf das Theater ausgerichtet und nähert sich so bestimmten Lehrplänen der High Schools in den englischen Provinzen Kanadas, wie beispielsweise in Britisch-Kolumbien, wo die Kurse „Drama" in den Klassen 8 — 9 — 10 sich wandeln in schauspielerische

Darstellung, in 11 und 12 in Bühnenbild und -technik, in 11 und 12 in Regie und Textherstellung (Programm mit Modellcharakter, das sich in dieser Reihenfolge der Entwicklung von „drama" zu „theater" im englisch- und amerikanischsprachigen Raum wiederfindet).

II. Probleme der „expression dramatique"

Da die Frage der Beziehungen zwischen Theater und Erziehung als vorläufig abgeklärt zu betrachten ist, kann man sich den allgemeinen Problemen zuwenden, die sich im Zusammenhang mit der expression dramatique ergeben. Denn in der Tat stellt sich die Frage nach dem Theaterspiel als Erziehungsmittel (educational theater) im Elementarbereich praktisch überhaupt nicht. Obwohl es einerseits Ansätze der Hinführung zum theatralischen Schauspiel gibt in Form von Theatervorstellungen in den Schulen, die zuweilen begleitet sind von Animationen und dramatischen Spielen vor und nach der Vorstellung, so scheinen sich doch alle darin einig zu sein, daß die Aktivitäten der expression dramatique von denen des Theaters wesentlich zu unterscheiden sind (Unterschiede in Art und Zielsetzung, wie auch Unterschiede in Praktiken und Spielmethoden). Wenn man sich der Problematik dieser Frage stellen will, so heißt das, diejenigen Punkte, wo theoretisch Einigkeit herrscht, die ideologischen Unterschiede, aber auch die wesentlichen Übereinstimmungen, was die Pädagogik anbetrifft, herauszustellen.

1. Übereinstimmungen in der Theorie

Für die Kinder von der Vorschule bis zum Beginn der Sekundarstufe sind in Kanada ebenso wie in Frankreich und Québec die zahlreichsten, in sich geschlossensten und ähnlichsten praktischen Ansätze in diesem Bereich vorzufinden. Für dieses Niveau gibt es auch die meisten Praktiker, Spezialisten und Wissenschaftler. Was letztere angeht, so sind deren Untersuchungen vor allem empirisch ausgerichtet, wie in den Vereinigten Staaten und England, wo der Fortschritt in der Praxis leider keine parallele Weiterentwicklung der wissenschaftlichen Forschung bewirkte. Hier nimmt Québec eine eher privilegierte Stellung ein. Wir werden auf die Gründe dafür, auf die Charakteristika wie auch auf die Inhalte noch näher eingehen.
Einigkeit herrscht in etymologischer Hinsicht insofern, als die griechischen Wörter „drama" und „dramatique" im Sinne von „action" verstanden werden (CHANCEREL 1936; BARRET 1976; COURTNEY 1980). Der Begriff „action" umschließt gleicherweise die Merkmale der einzelnen Aktivitäten, die Form der Werkstatt-Veranstaltungen und auch die Betonung des eigenen Machens und Handelns. Alle diese Formulierungen finden sich mehr oder weniger in den wichtigsten Werken zum Thema als auch in den meisten offiziellen Programmen wieder, insbesondere in denen von Québec (1981), Ontario (1970 bis 1979) und Britisch-Kolumbien (1977 bis 1979).

Übereinstimmung besteht ebenfalls im Hinblick auf den Sinngehalt dieser Aktivität (RYNGAERT 1977; BARRET 1979), die einerseits durch Annäherung an das Spiel (playing) und andererseits durch die Hervorhebung ihres Prozeßcharakters definiert wird. Durch diese Bestimmungsmerkmale wird die expression dramatique in die Nähe der „pédagogie du jeu" (Spielpädagogik in der Bundesrepublik Deutschland) gerückt. Zugleich stellt sich damit das schwierige Problem, wie in ihr das Verhältnis von Freiheit und Determiniertheit, von Zweckfreiheit und Lernen, von Vergnügen und Arbeit jeweils zu fassen ist (LEIF-BRUNELLE 1976). Ihre Definition als Prozeß richtet sie als fachliche Disziplin eher auf den amerikanischen ganzheitlichen Ansatz (holistic approach) aus, der mit dem theoretischen Konzept der Globalität (BARRET 1979) zu vergleichen ist, wie es in verschiedenen Ländern in unterschiedlicher Weise formuliert wurde.

Man muß hinzufügen, daß diese Disziplin häufig als nützliches pädagogisches Werkzeug (useful tool) angesehen wird. Diese Einschätzung erlaubt es, ihre Präsenz in den Schulen strategisch oder gar philosophisch zu rechtfertigen. Die Vorteile und Wirkungen dieser Disziplin werden auf der Ebene des Transfers gesehen, durch den Bereicherungen im persönlichen, sozialen und fachlichen Bereich ermöglicht werden und der zugleich die Formulierung pädagogischer Zielsetzungen, Vorgehensweisen und Evaluierungsmöglichkeiten erlaubt (COURTNEY / PARK 1980). Diese Theorien des Transfers und deren Konsequenzen ermöglichen es, daß die expression dramatique in die offiziellen Empfehlungen Eingang findet, und zwar in gleicher Stellung wie die Hauptfächer, und daß sie nicht länger zu den niederen, überflüssigen, dilettantischen Praktiken gezählt wird, die von Lehrern, Verwaltung, Eltern und oft leider auch von den Schülern als unnütz angesehen werden. Die Praktizierung der expression dramatique, zumal unter dem täglich größer werdenden Druck ihrer lernzielbezogenen Programmierung, wie sie vor allem nach amerikanischem Vorbild in Québec und Ontario vorgenommen und praktiziert wird, läßt die Entwicklung einer wissenschaftlichen Forschung als wahrscheinlich ansehen, die dem Fach zum einen zwar dazu verhelfen kann, seinen Platz im internationalen Erziehungssystem zu festigen, die zum anderen aber auch dazu beitragen kann, das Fach bis zur völligen Aufhebung seiner wesentlichen Grundlagen zu entstellen. Es ist noch zu früh, um die Folgen dieser Institutionalisierung absehen zu können, der die französischen Praktiker zu widerstehen scheinen und der sie kritisch und skeptisch gegenüberstehen. Dabei könnte es sein, daß durch eine solche kritische Haltung gegenüber dieser Entwicklung möglicherweise die Unversehrtheit des lebendigen Prozesses selbst unter solchen Umständen garantiert wird (RYNGAERT 1977).

2. Die ideologischen Divergenzen

Es geht hier nicht darum, die ideologischen Gegensätze durch eine soziopolitische Untersuchung ihrer jeweils verschiedenen Kontexte zu analysieren. Es kann jedoch aufschlußreich sein, auf drei Aspekte der Diskrepanz der jeweiligen Grundannahmen näher einzugehen: die politische Bedeutung der expression dramatique im Erziehungswesen, die Kluft zwischen Praxis und Theorie (oder besser, das Mißverständnis zwischen Praktikern und Theoretikern) und die Folgen für die prekäre Lage der Forschung auf diesem Gebiet.

a) Die politische Bedeutung der expression dramatique

Hinsichtlich der politischen Bedeutung stellt man mehr oder weniger starke Schwankungen fest zwischen der tatsächlichen oder scheinbaren Integration des Faches in das offizielle System – die Franzosen würden eher dazu neigen, von Vereinnahmung zu sprechen – und der in Frage stellenden oder gar subversiven Bedeutung, die dessen Existenz je nach Bewußtseinsstand im etablierten Milieu haben kann, je nachdem ob die Pädagogik der expression dramatique von offizieller Seite eingeführt ist oder ob sie sich in Form individueller paralleler Aktivität manifestiert.

Im englischen Kanada neigt man eher dazu, eine ausgleichende reformistische Position einzunehmen, indem man unter dem Zugeständnis verschiedener Kompromisse eine Zusammenarbeit anbietet, die die Integration und offizielle Anerkennung erleichtert. Das Interesse der Praktiker oder Fachleute des (engl.) „drama" besteht sicherlich darin, ihr Fach in das Erziehungswesen einzubringen und ihm dort einen möglichst breiten Raum zu geben, und zwar auf allen Ebenen (vor allem bei den Kindern). Um das jedoch durchsetzen zu können, halten sie es für besser, die Entscheidungsträger (vor allem Verwaltung, Eltern und Lehrer) nicht zu beunruhigen, sondern ihnen vertraute pädagogische Argumente zu verwenden und ihre fachlichen Aktivitäten in den allgemein anerkannten Formulierungen darzustellen.

In Frankreich ist eher das Gegenteil der Fall. Da die Regierung keinesfalls dazu bereit ist, der expression dramatique auch nur den kleinsten offiziellen Raum zu gewähren, verstehen deren Verfechter ihre diesbezüglichen Aktivitäten zugleich unter Aspekten des Kampfes oder Widerstandes gegen das System. Da gibt es das Mißtrauen und die Skepsis der linken Intellektuellen, den versteckten Kampf der „institutionellen" Pädagogik, flüchtige Wirbel anarchistischer Strömungen, individualistische Vorbehalte, Infragestellung durch die Bewegungen der neuen Pädagogik usw.

In Québec wäre das Verhalten in dieser Frage eher zwischen diesen beiden Tendenzen anzusiedeln. Auch hier existiert die integrationistische oder reformistische Strömung und sei es auch nur aus Selbsterhaltungstrieb derjenigen, die sich in diesen Zeiten der budgetären Kürzungsdrohungen und Sparmaßnahmen einen kostbar gewordenen Platz bewahren wollen. Die Beziehung zum Staat und insbesondere zur akademischen Freiheit ist nicht so eindeutig wie in Frankreich. Individuelle Initiativen in der Klasse werden oft Gegenstand einer Selbstzensur, die aus der fast ständigen Verunsicherung derjenigen Lehrer resultiert, die ein sogenanntes Nebenfach, in diesem Falle die expression dramatique, unterrichten. Denn ein solches Fach kann von heute auf morgen aus den Lehrplänen und von den Stundentafeln der Schulkommissionen verschwinden. Trotzdem zeigt eine aufmerksame Lektüre der Fachinhalte, daß darin subversive Gärstoffe enthalten sind, die fraglos entwicklungsfähig sind, wenn sie sich wohl auch nur in Abhängigkeit von der Sicherheit des Arbeitsplatzes und vom Mut und Durchsetzungswillen des einzelnen Fachlehrers weiterentwickeln werden.

b) Das Verhältnis von Praxis und Theorie

Bezüglich des Verhältnisses von Theorie und Praxis kann man feststellen, daß zwischen beiden eine mehr oder weniger große Kluft besteht und daß diese oft auch eine entsprechende Trübung der Beziehungen zwischen Praktikern und Wissenschaftlern zur Folge hat. Dabei ist vor allem hervorzuheben, daß dieses Problem sehr und zum Teil so neu ist, daß es von gewissen Kreisen, die sich ausschließlich auf die bloße Wiederholung empirisch entwickelter Praktiken beschränken, gänzlich ignoriert wird. Eben diesen Eindruck hat man gelegentlich vom englischen „creative drama", welches seit zwanzig Jahren die Übungen von Brian WAY wiederholt, das in Kanada sehr verbreitet ist und dessen Übungen in uneingeschränkter Bewunderung für das britische Modell immer noch vorbildgetreu angewendet werden. Diese Ignoranz gibt es vor allem auf der Ebene der unmittelbaren und naturwüchsigen Praxis. Auf einer zweiten Stufe, in der Lehrerausbildung und auf der Ebene der Universitäten entwickelt sich das Bewußtsein von der notwendigen Verbindung zwischen Theorie und Praxis letztlich auch dadurch, daß Studenten und Wissenschaftler ihre Diplom- und Doktorarbeiten über dieses Thema schreiben. Seit etwa zehn Jahren wurden an den Universitäten von Britisch-Kolumbien, von Alberta und Ontario – um nur die bedeutendsten zu nennen – Magister- und Doktorarbeiten zu einschlägigen Themen und Problemen erstellt.

In Québec sind seit 1972 im Rahmen der Magister- und Promotionsstudienprogramme der erziehungswissenschaftlichen Fakultät der Universität von Montreal zehn Magisterarbeiten im Fach expression dramatique unter Anleitung von Gisèle BARRET erstellt worden. Auf dieser Ebene drückt sich der Theorie-Praxis-Bezug vor allem in Form didaktischer Forschungsarbeiten aus. Die Magisterausbildung ist hier in der Tat besonders entwickelt, da ein „Certificat d'Enseignement de l'expression dramatique" erworben werden kann (145 Graduierte von 1973 bis 1981). Außerdem wird ein Studiengang für „Maîtrise Professionelle en Education" angeboten (31 Graduierte von 1977 bis 1981). Die einzigen äquivalenten Ausbildungsgänge im englischsprachigen Kanada sind die des O. I. S. E. (Ontario Institute for Studies in Education), dessen Studentenanzahl in Graduiertenstudiengängen zwar erheblich schwankt, jedoch trotz allem beachtenswert ist. Für 1980 bis 1981: 25 Einschreibungen für M. Ed., fünf für M. A., drei für Ed. D. und zwei für Ph. D., hierfür zuständig und verantwortlich: Richard COURTNEY.

In Frankreich findet man außerhalb der Universitäten einen radikalen Gegensatz zwischen Praktikern und Theoretikern vor: gegenseitiges Mißtrauen, Komplexe auf beiden Seiten, Verständigungsschwierigkeiten, herme-

tischer Fachjargon, abgegrenzte Spezialgebiete. Darüber hinaus wird, bedingt durch die zahlenmäßigen Unterschiede innerhalb der beiden Gruppen, die Minderheit der Wissenschaftler in eine totale Isolierung gedrängt. Ihre beinahe schon obligatorische Zuflucht finden sie in Universitäten, die bereit sind, sie aufzunehmen, und in einer durchweg individualistischen und abstrakten Arbeitsweise. (Die einzige Forschungsgruppe, die Möglichkeiten zur Herstellung von Bezügen zwischen praktischer Erfahrung und deren Reflexion wahrnimmt, ist diejenige der Universität Paris III, die sich unter der Leitung von R. MONOD und J.-P. RYNGAERT mit dem Komplex „Darstellendes Spiel und Pädagogik" befaßt.) Dieser Gegensatz, der häufig ganz deutlich bei Kolloquien oder Kongressen zum Ausdruck kommt („Drama in Education", Scheersberg / Flensburg 1978; „Recontres Internationales du Théâtre pour l'Enfance et la Jeunesse", Lyon 1979), zeigt, in welchem Maß die beiden Gruppen sich unabhängig voneinander entwickelt haben und daß sie noch keine Wege gefunden haben, um eine ebenso wünschenswerte wie unvermeidliche Verbindung herzustellen. Werden die Universitäten in der Lage sein, einen Ort der Annäherung, des Zusammentreffens und der Diskussion zu bieten? Das instinktive und oft geradezu viscerale Mißtrauen der spielpädagogischen Praktiker gegenüber den Theoretikern könnte sie noch lange Zeit vom Ort der Wissenschaft fernhalten.
Auf diesem Gebiet – und um diese lähmende Situation zu verändern – könnte möglicherweise das Beispiel Québec, wo das geschichtliche Handikap der Kluft zwischen Praxis und Theorie nicht zu überwinden war, weil sich beide nämlich fast gleichzeitig entwickelten, als eine Art Vermittlung und zugleich als lebender Beweis dafür dienen, daß – zumindest auf strategischer Ebene – Annäherungen möglich und Zusammenschlüsse lebensnotwendig sind.

c) Der Forschungsstand

Es ist verständlich, daß unter diesen Bedingungen die Forschung weder besonders entwickelt, noch sehr angesehen oder stark vertreten ist. Man muß zugeben, daß die Forschung, was die expression dramatique angeht, noch in den Kinderschuhen steckt: Erst spät hat sie Eingang gefunden an den Universitäten und nur unter Schwierigkeiten gelingt es ihr, sich dort zu verankern. Man muß außerdem sagen, daß im Gegensatz zur Praxis der expression dramatique, die bereits historische Bedeutung erlangt hat, insofern sie – zwar unterschiedlich in den einzelnen Ländern – bereits zwischen zehn und dreißig Jahren existiert, die wissenschaftliche Aufarbeitung dieser Praxis, ihre konzeptuelle Erfassung, ihre didaktische Reflexion und theoretische Begründung relativ jungen Datums sind. Diese historischen Fakten, zusätzlich gekennzeichnet und belastet durch das wichtige Merkmal der Vorurteile auf allen Ebenen, vor allem auf der Ebene derer, die die Entscheidungsgewalt innehaben, sind auch der Grund für das Fehlen der finanziellen Mittel, der menschlichen und körperlichen Kräfte. Diese Mängel sind ihrerseits wieder der Grund für die Armut, ja für die Misere der Forschung und für deren Verpflichtung, für ihr Überleben zu kämpfen.

Auch auf diesem Gebiet ist Québec privilegiert. Es hat Experimentierfelder und Forschungsstätten der verschiedensten Art zu bieten und verfügt im Rahmen seiner Bedürfnisse auch über gewisse Subventionen, sowohl von seiten der Provinzen als auch des Bundes (Stipendien, Finanzierung von Gemeinschaftsprojekten und andere Formen finanzieller Hilfen für diejenigen, die die Geduld, die Fähigkeit und das Durchstehvermögen haben, sich den Auswahlkriterien zu stellen).

3. Übereinstimmungen auf pädagogischem Gebiet

Auf diese Weise könnte die theoretische Übereinstimmung die Grundlage bilden für die Zusammenfassung aller Kräfte unter Einschluß der Praxis. Den ideologischen Meinungsverschiedenheiten, die einen solchen Zusammenschluß bedrohen können, stehen glücklicherweise auch gewisse Übereinstimmungen gegenüber, wie etwa die fächerübergreifende Tendenz, die Verbindungen aus taktischen Überlegungen und die Ähnlichkeit der Probleme, was die Identifizierung und die Abgrenzung des Gebiets angeht.

a) Fächerübergreifende Tendenzen

Um die fächerübergreifende Tendenz zu erklären, muß man verstehen, daß die expression dramatique kein Fach wie die anderen ist, weil sie kein eigenes, streng abgegrenztes Gebiet umgreift, auf dem man immer bestrebt ist, Vorrechte zu behalten, Distanzen aufrecht zu erhalten und die Unterschiede zu seinem nahen und fernen Nachbarn zu betonen. Die expression dramatique ist vielmehr ein Kreuzungs- und Knotenpunkt. Sie ist gekennzeichnet durch einen globalen Zugang und bezieht alles ein, was unter dem Begriff der Human- und Erziehungswissenschaften zusammenzufassen wäre. Obwohl die expression dramatique im allgemeinen als eigenständiges Fach definiert wird (COURTNEY 1974), dessen Praktiken sehr unterschiedlich sein können (RYNGAERT 1977), und obwohl sie auch als pädagogische Methode oder pädagogisches Instrument verstanden wird (WAY 1967, COURTNEY 1977), bleibt trotzdem die Tatsache bestehen, daß ihre wahre Natur durch die vorgenannten Definitionen nicht ausreichend erfaßt wird (BARRET 1976, 1979; COURTNEY 1980). Gewiß, diese umfassendere Sehweise existiert erst seit kurzem und ist nicht Grundlage der geübten Praxis, aber für die fortgeschritteneren Wissenschaftler der meisten Länder, die ausreichend zahlreiche und bedeutsame Erfahrungen auf diesem Gebiet gesammelt haben, beginnt sie ein Gegenstand der Reflexion zu sein. Die einfachste Art, diesen komplexen Aspekt deutlich zu machen, ist der Rückgriff auf die Vorstellung der Trans-, Multi- oder Interdisziplinarität. Eine andere Art, die Dinge zu betrachten, könnte darin bestehen, daß man aufzeigt, wie diese spezielle Fachrichtung im Gegensatz zu den traditionellen Fachrichtungen, die jede einzelne einen bestimmten Gegenstand hat, sich durch die Besonderheit auszeichnet, daß sie eine Pädagogik ohne Gegenstand (wenn auch nicht ohne Ziele) darstellt, oder noch deutlicher, daß es sich dabei um eine Pädagogik handelt, in der das Subjekt selbst Gegenstand seines Lernens ist (BARRET 1979).

b) Taktische Bündnisse

Diese interdisziplinäre Ausrichtung erklärt alle Arten von Bündnissen und Verbindungen, welche Abwechslung in die Praxis bringen und das Experimentierfeld vergrößern. Zum Beispiel die Verbindung mit den traditionellen Fachrichtungen in verschiedenen Formen: Unterricht in der Muttersprache, Fremdsprachenunterricht, Hilfsinstrument für den modernen Mathematikunterricht bei kleinen Kindern, Kommunikationsförderung bei Jugendlichen, physisch-gestische Ergänzung bestimmter musikalischer Ansätze, Hilfsmittel für eine spielerische Sporterziehung, Darstellungs- und Gestaltungsmittel in Geschichte und Geographie ... Als Belege dafür wären beispielsweise zu nennen: die Verwendung der expression dramatique in Frankreich im Rahmen des Französisch- und Literaturunterrichts, in Québec und Kanada im Rahmen des Zweitsprachenerwerbs (Französisch bzw. Englisch), außerdem im Rahmen der Grundschullehrer-Ausbildung in Frankreich und der sozialen Studien (social studies) in Kanada, bei der Behandlung von Verhaltensstörungen in Québec oder auch für soziokulturelle Aktionen in Frankreich, schließlich in der Arbeit mit ethnischen Minderheiten in Kanada und als Medium der Koordination künstlerischer Fachrichtungen in Québec. Die Liste ist lang, und sie wäre noch länger, wenn man Zugang zu allen Informationen hätte. In naher Zukunft wird ihr Umfang weiter zunehmen, wenn man vergleicht, was sich noch vor zehn Jahren auf diesem Gebiet tat und was sich innerhalb der letzten fünf Jahre getan hat.

c) Probleme der Abgrenzung zum Theater und zur Therapie

Diese Tendenz ist nicht ohne Probleme. Eine so offene Disziplin ist verwundbar, vor allem wenn sie weder ihre Grenzen kontrollieren noch ihr Gebiet genau abgrenzen will (BARRET 1979). Sie kann die daraus resultierenden Verwechslungen und Kämpfe um Einflußnahme nicht vermeiden, die sich u. a. ergeben auf dem Gebiet des Ausdrucks (expression), das vom gesprochenen Französisch oder Englisch beansprucht wird, auf dem Gebiet der Bewegung, das der Sport- und Bewegungserziehung zugeordnet wird, auf dem Gebiet des Einfühlungsvermögens und der Vorstellungskraft, die als genuine Bestandteile der Kunst gelten, auf dem Gebiet der Kommunikation, die als Domäne der Psychologie gilt: Alle diese Arten, in benachbarte Gebiete einzudringen, bringen gewöhnlich nur punktuelle Probleme in bezug auf persönliche Egoismen mit sich. Wenn die Beziehungen zwischen den betreffenden Praktikern, Lehrern oder Professoren gut sind, verständigt man sich im allgemeinen darauf, daß Platz für alle da ist und daß letzlich und vor allem die Schüler davon profitieren.
Trotz allem muß man eingestehen, daß es noch zwei Bereiche gibt, bei denen derartige Verwechslungen ernsthafte Probleme mit sich bringen,

nicht etwa solche der Vereinbarkeit, des Kompromisses, der praktischen
Realisierung der Koexistenz, sondern grundsätzliche Differenzen in bezug
auf deren Bedeutung, Wesen und Funktion. Diese beiden Bereiche sind
das Theater und die Therapie, Anziehungs- und Scheidepunkte, die in den
drei miteinander verglichenen Ländern zwar auf verschiedene Weise, jedoch
nicht weniger präzise beschrieben werden (BARRET 1976; COURTNEY
1974; RYNGAERT 1977). Es ist sehr schwierig, diese ziemlich heikle
Frage hier zu behandeln, aber es ist recht einfach, im großen und ganzen
ihre Ursprünge und Folgen zu erkennen. Die Theater-Metapher gibt es
nicht erst seit heute (COURTNEY 1980), und was für das Leben im allgemeinen (theatrum mundi), gilt ganz besonders auch für die Situation einer
einzelnen Klasse. Wenn man zusätzlich bedenkt, daß, historisch gesehen,
die expression dramatique vom Theater herkommt (was ebenso wahr und
falsch ist, wie zu sagen, daß das Theater aus der Kirche hervorgegangen
sei), kann man die verwandtschaftlichen Beziehungen (Liebe – Haß) verstehen, die sie unterhalten können. Was die Therapie angeht, so ist der
Einfluß hier zwar jünger, jedoch nicht weniger wirksam. Zahlreiche Therapieformen, speziell die Therapien für „Normale", „Gruppen" genannt (letzteres
vor allem, wenn man kein einschüchterndes oder gar abschreckendes Etikett
wünscht), sind über ganz Amerika verbreitet und haben zuletzt auch Europa
erreicht, wo die Geschäftswelt, die Kunstszene und das Erziehungswesen
sich ihrer bemächtigt haben und sich ihr wie einer Droge oder einer Religion
hingeben, die als neues Universalheilmittel angesehen wird.

Der Lehrer, unbewußt schwankend zwischen den Funktionen eines Komödianten und denen eines Heilkundigen und nicht zufrieden damit, einfach
nur Pädagoge zu sein, strebt nach der Szene oder dem Divan, d. h. zu zwei
Erscheinungsformen schöpferischen Tuns, durch das er seine Ohnmacht
kompensiert und sich über manchen Verdruß hinwegtröstet. Diese Übertreibung ist nicht einmal als Karikatur zu sehen. Das unerträgliche Erscheinungsbild gewisser theatralisierter Praktiken, die auch heutzutage
noch zu bedrückenden Spektakeln führen, die allein ihre Erfinder und
Mitarbeiter erfreuen, findet seinesgleichen nur noch in den therapieähnlichen Praktiken der Pseudo-Psychologen, die den Zauberlehrling spielen,
indem sie ihre mehr oder weniger bereitwilligen Schüler-Opfer in Rollenspiele und Psychodramen drängen, deren Folgen sich auf kurze Sicht nicht
abschätzen lassen.

Das soll nicht heißen, daß sich diese drei Gebiete nicht vergleichen ließen,
ganz im Gegenteil (COURTNEY 1976). Zahlreiche aufeinander abgestimmte
Forschungen in den Vereinigten Staaten und in Kanada untersuchen bestimmte Parameter, um deren Auswirkungen sowohl auf das Individuum
als auch auf die Gruppe herauszufinden. Es handelt sich auch nicht darum,
den im allgemeinen aus den Schulen verbannten affektiven Bereich zu
beargwöhnen, und ebenso wenig darum, die irratioanlen Aspekte menschlichen Verhaltens zu negieren oder etwa die wichtige Bedeutung des Unbewußten außer acht zu lassen (RYNGAERT 1977). Wenn der Lehrer
alles dieses auch weder ausschließen noch sich ihm entziehen sollte, so

sollte er es jedoch auch nicht provozieren oder sich gar Funktionen anmaßen, die seine Kompetenzen und seinen Aufgabenbereich überschreiten (BARRET 1974).

III. Einige konkrete Gegebenheiten

Es liegt auf der Hand, daß die verantwortlichen Lehrer und Praktiker der expression dramatique es in ihrem Arbeitsbereich schwer haben, zumal sie in der Regel nicht sehr zahlreich vertreten sind. Die offizielle und die inoffizielle Praxis sind umgekehrt proportional. So kommt es, daß sich in Québec, wo die expression dramatique offiziell institutionalisiert ist, weniger die Gelegenheit und die Notwendigkeit ergeben, im außerschulischen Bereich Experimente zu organisieren, wie es in Frankreich der Fall ist. In Kanada scheint ein Gleichgewicht zu bestehen, insofern beide Bereiche vertreten sind, wenn auch mit quantitativen wie qualitativen Unterschieden in den verschiedenen Provinzen. Die empirisch oder intuitiv orientierte Praxis macht häufig Anleihen bei Systemen, Schulen, bei anderen, mehr formalisierten, stärker kodifizierten und daher stärker absichernden Praktiken. Die reflektierte Praxis hingegen entwickelt sich eigenständiger auf der Grundlage bestimmter Vorschläge, die als verpflichtend angesehen werden, sofern sie in einem entsprechenden Programm vorgegeben sind (Britisch-Kolumbien 1977, Québec 1981), und die mehr als Anhaltspunkt dienen, sofern sie von seiten der Ausbilder kommen (BARRET 1974; COURTNEY 1980; RYNGAERT 1977).

1. Die Strukturierung der Praxis

In diesem Zusammenhang kann man drei Arten von Vorschlägen für die Ausrichtung der Praxis vergleichen, die zielbezogene Ausrichtung wie in Kanada (mit drei Variationen: Britisch-Kolumbien, Ontario und Québec), die strukturbezogene Ausrichtung (die „Doppelstruktur" von BARRET) und die inhaltsbezogene Ausrichtung (Typologie der Praktiken von RYNGAERT).
Im ersten Fall erfolgt die Zielfestlegung bei den Anglophonen nach Maßgabe der zu entwickelnden Fähigkeiten, bei den Frankophonen durch Auswahl der Aktivitäten, die den Erwerb und die Entwicklung solcher Fähigkeiten erlauben. Beide Vorgehensweisen treffen sich auf der Ebene der Richt- und Grobziele oder auch auf der des Transfers (COURTNEY 1980).
Im zweiten Fall ist die „Doppelstruktur" (MARECHAL 1979) im Augenblick das einzige didaktische Instrument, bei dem die Progression des pädagogischen Prozesses in Form eines Gitters mit doppeltem Koordinatensystem, unabhängig von Zielen, Inhalten und Animationsstilen, erfaßt wird. Einerseits führt die punktuelle Progression im Rahmen der Werkstattarbeit von der Anwärmphase über die Entspannungs-, Ausdrucks- und Kommunikationsphase bis zur Retroaktionsphase. Andererseits erlaubt

die langfristige Progression, Schwierigkeiten zu begegnen und die Kluft zwischen Wollen und Können schrittweise zu reduzieren unter Nutzung von Medien, Identifikationsmöglichkeiten, themen- und situationsbezogenen Vorgehensweisen.

Im dritten Fall werden die Inhalte wegen der in ihnen enthaltenen Probleme und wegen ihres pragmatischen Gehalts ausgewählt. Von daher ergeben sich Fragen bezüglich der Übungen, des Betrachtetwerdens, der Improvisation, der Texteignung, der Beziehungen zum Spiel, zur Realität, zum sprachlichen Ausdruck, zum Kollektiv.

Jede dieser methodischen Organisationsformen hat ihren Wirkungsgrad, entsprechend den Bedürfnissen, den Einstellungen, dem kulturellen Hintergrund der Praktiker, die sich ihrer bedienen. Das Ärgerliche daran ist nur, daß sie meist nur in ausschließlicher Weise verwendet werden, anstatt als frei verfügbare Vorschläge den jeweils Verantwortlichen zur Wahl zu stehen (wie es ein wenig in Québec der Fall ist, wo alle Ansätze bekannt, geschätzt und je nach Bedingungen und individueller Einschätzung genutzt werden).

2. Experimente außerhalb der Institutionen

Die schulbegleitenden Experimente und Erfahrungen bieten viel mehr Gelegenheit, der expression dramatique näherzukommen. Ihre relativ privilegierte Stellung (außerhalb von Lehrplan, Stundenplan, akademischen Vorschriften) spricht vor allem die Franzosen an, die viel empfindlicher als die Kanadier auf den Druck institutioneller Gewalt reagieren. Dieses Verhalten erklärt auch die nicht zu erfassende Zahl von Experimenten, die aufgrund individueller Initiativen und in eigener Verantwortung (gedeckt durch die sakrosankte akademische Freiheit) in den Klassen gemacht werden. Sie bleiben vollkommen unbekannt und sind meist ohne Kontinuität und Konsequenzen. Diese Art der pädagogischen Praxis „à la française" wird der Öffentlichkeit nur manchmal durch Fachzeitschriften bekannt, durch Vereinsmitteilungen, durch interne Schriften mit niedriger Auflage und erreicht somit nur eifrige und in der Sache engagierte Leser. Die Zeitschrift „Le Français Auhourd'hui", Nr. 33/34 vom Juni 1976, präsentiert in ihrer wichtigen Beilage ungefähr zwanzig Einzel- oder Kollektiv-Experimente innerhalb und außerhalb der Klasse, auf allen Schulstufen und mit einer relativ gewichtigen und neuartigen Betrachtungsweise, in bezug auf Strategie, Verhältnis Kunst – Kultur – Erziehung, Sinn und Widersinn, Infragestellungen, Fachrichtungen und Anwendungsbereiche: das ganze in der konkreten Form beschriebener und kommentierter Praxis oder auch in mehr konzeptartiger und theoretischer Form.

Die Bedeutung der schulbegleitenden Experimente besteht zum Teil darin, daß sie sich im Inneren der Institution selbst entwickeln und daß sie oftmals eine unmittelbare Wirkung auf diese ausüben. In diesem Sinn haben sie manchmal das Glück, Eingang in die Klassen zu finden und dann ganz langsam neue Einstellungen, einen neuen, offeneren, lebendigeren Kontext zu schaffen. Diese etwas hinterlistige, aber wirksame Art der Infiltration ist

zum gegenwärtigen Zeitpunkt der heimliche Eroberungspfad, der den meist unmöglichen offiziellen Zugang ersetzt.
In Kanada sind die Gewohnheiten und entsprechend auch die Einstellungen verschieden. Die unbezahlten Überstunden, die dem Franzosen so „teuer" sind, sind auf dem nordamerikanischen Kontinent fast undenkbar. Motivation, Freude, Beteiligtsein ersetzen nicht das angemessene Gehalt. Oft sind derartige Aktivitäten Bestandteil der Dienstaufgaben des Lehrers, ohne daß sie jedoch im Stundenplan des Schülers angerechnet werden. Es ist selbstverständlich, daß diese Einsatzmöglichkeiten der expression dramatique nur in der Sekundarstufe bestehen, wo man die Schüler – insbesondere in Frankreich – auch nach Ablauf des offiziellen Unterrichts zurückhalten kann. Im übrigen betrifft das aber in der Hauptsache die künstlerischen Fächer, die noch weit weniger Zugang zum offiziellen Lehrplan haben als die expression dramatique, deren betont pädagogische Ausrichtung, vor allem in Québec, eine leichtere Integration erlaubt.
Manchmal gehen die schulbegleitenden in außerschulische Aktivitäten über, wenn sie den Schülern erlauben, ihr erzieherisches Umfeld zu verlassen, um in einer anderen Umgebung andere Verhaltensweisen kennenzulernen und vielfältige neue menschliche und kulturelle Erfahrungen zu machen. Es gibt noch keine Untersuchungen über diese wegen ihrer außerpädagogischen Probleme (Finanzierung, Abgrenzung, Aufsichtspflicht) recht schwierige Situation.
Halten wir fest, daß es in Frankreich und Kanada zahlreiche Animationsgruppen für die expression dramatique gibt, welche den Schulen Programme für die Primar- und Sekundarstufe anbieten, die entweder im schulischen Bereich (DASTE 1975; BEAUCHAMP 1978) oder auch außerhalb der Schule (MONOD 1976) verwirklicht werden können. Fast immer ist es das finanzielle Problem, das zur Rechtfertigung der Durchführung oder der Unterbrechung von Initiativen angeführt wird, obschon es manchmal auch nur zur Bemäntelung von Opposition und Zensur dient (MONOD 1976).

3. Von der Didaktik zur Forschung

Deshalb kommt die wirksamste Hilfe oft von Vereinigungen (in Frankreich: CEMEA, ICEM, SFERPM; in Kanada: ASSITEJ, CCYDA, CODE; in Québec: APEDQ, AQJT, GRTE, CEAD . . .), die damit zugleich eine parallele und punktuelle Ausbildung der Lehrer sicherstellen. Diese Ausbildung ist in Frankreich nur sehr wenig, in Kanada mäßig und in Québec immerhin besser als in vielen anderen Ländern organisiert.
Die Einmütigkeit der drei Regierungen, stillschweigend über die Aus- und Weiterbildung für Lehrer der expression dramatique (sowie im übrigen aller künstlerischen Fächer) hinwegzugehen, ist tatsächlich bemerkenswert. Weder hat man dem jemals Priorität eingeräumt, noch war es je Bestandteil der offiziellen Politik. Es gibt kein Mittel (oder nur sehr wenige), um Lehrer zu informieren oder gar zu motivieren, um ihren Bedürfnissen und Wünschen zu entsprechen (und somit auch denen der Schüler). Wenn die

kanadischen Universitäten oder die von Québec Aus- und Weiterbildungsprogramme für Lehrer anbieten, so deshalb, weil sie autonom sind (ausgenommen die Universität von Québec in Montreal, welche der Regierung untersteht und die einen Abschluß in „Art Dramatique" mit Ergänzungsfach Erziehung anbietet). Ihre Angebote sind ziemlich beschränkt: einige Pflichtstunden in „drama" in den B. A.- oder B. Ed.-Studiengängen einiger kanadischer Universitäten, ein Zertifikat über dreißig Pflichtstunden (Vollzeit- oder Teilzeitstudium) für die Lehrerlaubnis im Fach expression dramatique (für das bestimmte Schulkommissionen erstaunlicherweise einige Stipendien für wenige „Auserwählte" zur Verfügung stellen) an der Erziehungswissenschaftlichen Fakultät der Universität Montreal (Expression Nov. 1980). In Frankreich bieten einige Lehr- und Forschungsbereiche der großen Universitäten (Le Français Aujourd'hui, Juni 1976) wie auch Forschungszentren oder -gruppen von unterschiedlicher Lebensdauer (CRIF in Meyreuil, GREAT in Orléans, CRAP in Rambouillet, CREFATS in Grenoble) Kurse und Praktika an für diejenigen, die in Eigeninitiative ihre Aus- und Weiterbildung betreiben.

Zeitweise und wenn sich die Gelegenheit dazu bietet, können letztere auch die spärlichen Kursangebote des Ministeriums für Jugend und Sport wahrnehmen, die von Lehrerverbänden (AFEF), von freien Trägern, von einzelnen Fachleuten aus dem Bereich der Künste, Psychologie, Psycho-Pädagogik oder Psycho-Soziologie organisiert werden. Begierig nach praktischen Erfahrungen (und manchmal nach Rezepten) gehen sie, ein wenig im Finstern tappend, von LOBROT zu LOUREAU, von ARDOINO zu PAGES, von PINOK und MATHO zu LECOCQ oder ALVAREZ, von BERGE zu BERTHERAT, von FELDENKRAIS zu ALEXANDER, von der Euthonie zur Eurhythmie, von der Gestalt-Therapie zum Rolfing, von den Techniken der Animation zu den Techniken der Kreativität, von Marly nach Chateauvallon, von Esalen nach La Jolla, von BOAL zu BARRET ... und tragen (im besten Fall transponieren) das in ihre Klassen, was sie in der Gruppe erlebt und erfahren haben. Die Anziehungskraft solcher wilden Ausbildungen ist auch in Kanada und Québec festzustellen, wo der Markt von den verschiedenartigsten und verführerischsten Produkten dieser Art überschwemmt ist. Die Moden tauchen auf und verschwinden: körperlicher Ausdruck, Yoga, transzendentale Meditation, transaktionelle Analyse, Bioenergetik und, wie in Frankreich und noch bevor es sie in Frankreich gab, Gestalt und Rolfing, kurz alle therapeutischen Techniken, wie Gruppendynamik, Psychodrama, Biorhythmus, alle körperorientierten Ansätze, wie Hingabe, Kontakt-Tanz, chinesische und japanische Massagen, Ethno-Tanz, Kampftechniken, t'ai chi ... und alle finden sie sich ein: in Toronto, New York oder San Francisco, wo man sich immer mehr gerade auch den Lehrern zuwendet, dieser begierigen, unermüdlichen, naiven und enthusiastischen Kundschaft, die bereit ist, zu zahlen und sich hinreißen zu lassen.

Die Ausbildung der Pädagogen entgleitet den Pädagogen. Das gilt in besonderem Maße für die expression dramatique, wo die eigene praktische Erfahrung Vorrang hat. Ohne das Bindeglied der Didaktik zwischen Praxis und Theorie jedoch kann die Forschung nicht vorankommen.

In Frankreich wie auch in Kanada (und in geringerem Umfang in Québec) stellt sich die Situation unter drei Hauptaspekten dar. Im allgemeinen haben einzelne Praktiker den Wunsch nach etwas mehr. Sie haben jedoch weder das Niveau, noch verfügen sie über die notwendigen Mittel und die Ausbildung, um sich wissenschaftlich zu betätigen. Manchmal wenden sich einzelne Theoretiker intensiv der (theoretischen oder angewandten) Forschung zu und bereichern sie zwar mit interessanten, jedoch wenig nützlichen, weil zu weit von der Praxis entfernten Beiträgen. Oft schließlich ist der Wissenschaftler selbst ein Praktiker, den die Umstände in die Lage versetzt haben, über erlebte Erfahrungen zu reflektieren, um daraus wenn schon nicht Theorien, so doch Analysen der gegebenen Umstände und auch Fragestellungen abzuleiten, die die Praxis wiederum bereichern können und somit die Didaktik weiterbringen. Das ist vor allem in Québec der Fall. Es beginnt jedoch auch anderswo, langsam, mit Schwierigkeiten verbunden, jedoch unaufhaltsam (Expression Nov. 1980).

IV. Schlußfolgerungen

Zusammenfassend kann man sagen, daß die expression dramatique eine Handlung („drama") darstellt, die sich an die Person in ihrer Ganzheit richtet zum Zweck eines zugleich individuellen, sozialen und fachlichen Lernprozesses (Pädagogik). Dieser Lernvorgang erfolgt im Rahmen und in der Form einer Werkstattarbeit, die durch ihre dialektische Dynamik (individuell, kollektiv) gekennzeichnet ist. Dabei ändern sich die Ziele von Land zu Land, von einem Niveau und von einem Ansatz zum anderen. Die vielfältigen, innerhalb und außerhalb des offiziellen Erziehungswesens bestehenden Praktiken bilden manchmal den Gegenstand von Evaluationen sowohl objektiver Art (Handlungsforschung, beschreibend oder experimentell, in Kanada und Québec) als auch subjektiver Art (Erfahrungsberichte und -protokolle in entsprechenden Dokumentationen und Fachzeitschriften in Frankreich). Die Animation und Ausbildung wird von Verantwortlichen mit verschiedenartiger fachlicher Qualifikation vorgenommen, und zwar während der letzten zehn Jahre mit spürbarer Tendenz zu professioneller Vervollkommnung, die durch die Universitäten (dies gilt für Kanada und Québec) oder durch offizielle oder halboffizielle Organe (das gilt für Frankreich) betrieben wird.

Die Schlußfolgerungen wie auch die weiteren Perspektiven bleiben vieldeutig und ungewiß. Auf der einen Seite erleben wir die reaktionäre Verhärtung der Regierungen gegenüber der Entwicklung des menschlichen Potentials (immer größer werdende Schwierigkeiten, Programme durchzusetzen; Streichungen im Budget; verstärkte Ausrichtung der Pädagogik auf Lernziele, Kontrollen, anwendbare Ergebnisse). Andererseits wachsen die Kräfte, innerhalb wie außerhalb und sogar trotz des Systems. Die Handlungsfelder und die Informationsnetze entwickeln sich sowohl innerhalb wie außerhalb der Grenzen. Die Verbindungen zu den großen humanistischen

Strömungen in der Welt fangen an, sich bemerkbar zu machen, und lassen so eine umfassende und stützende Infrastruktur entstehen, deren Bedeutung und Wirksamkeit man jedoch bei weitem weder abzuschätzen noch zu messen vermag.
So sind in einer recht schwierigen, ja sogar belastenden Situation dennoch alle Hoffnungen möglich. Einmal mehr ist es die Qualität der Aktiven, ihre Ausdauer und ihre Fähigkeit zu positivem Widerstand, welche die Situation von morgen prägen wird. Und die Erfahrung scheint zu belegen, daß dieser Optimismus (realistische Entschlossenheit oder utopisches Streben) auch über die hier angesprochenen Bereiche hinaus gerechtfertigt ist.

Literatur

Barret, G.: Pédagogie de l'expression dramatique, Montréal (Université de Montréal; Edition privée) 1974
- L'expression dramatique. Pour une théorie de la pratique, Montréal (Université de Montréal; Edition privée) 1976
- Réflexion ... pour les enseignants de l'expression dramatique ... pratique, didactique, théorique, Montréal (Université de Montréal; Edition privée) 1979
- Plaidoyer pour une terminologie ouverte, in: Jeu 12 (1979), 254 – 260
- Un pari didactique, in: Expression, avril 1980, 5 – 8

Beauchamp, H.: Groupe de Recherche en Théâtre. Le théâtre à la petite école (En collaboration avec le Ministère des Affaires Culturelles du Gouvernement de Québec), Québec (Editeur officiel du Québec) 1978

Chancerel, L.: Jeux dramatiques dans l'éducation, Paris (Editions du Cerf 1936; reimp.; Librairie théâtrale) 1952

Courtney, R.: Play, Drama and Thought: The intellectual background to drama in education, London / Cassel / New York (Drama Book Specialists, 3rd. ed.) 1974
- The Dramatic Curriculum, London (University of Western Ontario) / New York (Drama Book Specialists) 1980

Courtney, R. / Park, P.: Learning through the Arts: The Arts in Primary and Junior Education in Ontario: Roles and Relationships in the General Program of Studies, Toronto (Ministry of Education) 1980

Daste, C. / Jenger, Y. / Voluzan, J.: L'enfant, le théâtre, l'école. Collection „Classe active", Paris 1975

Expression Revue trimestrielle interne de l'Association des Professeurs d'Expression Dramatique du Québec et de l'Université de Montréal – Montréal, Québec, Canada), tous les numéros sont consacrés au sujet depuis 1977

Le Français Aujourd'hui (Revue trimestrielle de l'Association Française des Enseignants de Français, Sèvres, France), cf.: no 3 (11 – 68); 4 (1 – 69); 11 (10 – 70); 13 (3 – 71); 15 (11 – 71); 21 (3 – 73); 27 (10 – 74); 33; 34 et supplément (6 – 76)

Leif, J. / Brunelle, L.: Le jeu pour le jeu, Paris 1976

Hoppe, H.: Spielpädagogik. La pédagogie du jeu en République Fédérale d'Allemagne, in: Expression, Septembre 1980, 45 – 55

Marechal, A.: Analyse comparative de l'utilisation de l'espace dans les ateliers de pratique théâtrale et d'expression dramatique (Doctorat de 3e cycle), Paris 1979

Monod, R.: Le nerf de la guerre, in: Français Aujourd'hui 33 / 34 (juin 1976), 25 – 29

Ryngaert, J.-P.: Le jeu dramatique en milieu scolaire, Paris 1977

Way, B.: Development through Drama, London 1967

5. Möglichkeiten der Selbstverwirklichung im Spiel
Ein Vergleich Japan und USA

Heyo E. Hamer

Das Spiel stellt „ein Grundphänomen menschlichen Lebens" (RÖHRS 1981) dar, das nicht zeitgebunden ist. Gerade weil das Spiel zu den grundlegenden menschlichen Aktivitäten gehört, die auf allen Altersstufen zum menschlichen Leben dazugehören, darf eine Untersuchung des Spiels weder auf eine bestimmte menschliche Entwicklungsphase noch auf eine bestimmte Ausprägung der Kultur beschränkt werden wie zum Beispiel auf die moderne technische Zivilisation mit ihren Mikroprozessoren und Computer-Spielen. Im Spiel offenbaren sich Grundwerte und Grundnormen menschlichen Handelns, die zu einer kulturspezifischen Untersuchung und zu kulturanthropologischen Vergleichen der Spiele herausfordern und auch in unserem Lande ihre Tradition haben (zum Beispiel PLOSS 1912). Dieser Art Untersuchung liegt ein Bemühen um ein besseres Verstehen des Fremden zugrunde, ohne das die uns täglich neu gestellte Aufgabe der Verständigung mit anderen Völkern und ihren gewachsenen Kulturen in unserem Lande nur schwer gelingen kann. Gerade deshalb „wird die Erziehungswissenschaft verstärkt unter der Perspektive des interkulturellen Vergleichs in Anspruch genommen werden müssen" (HOHMANN 1980, 11).

Das uns fremde Spiel stellt eine Herausforderung dar, eine über die eigenen Grenzen hinausschreitende Selbstfindung in unserer menschlichen Existenz zu wagen. Diese Selbstfindung des Individuums ist ebenso wie das Verstehen des Fremden ein Lernprozeß, der meistens zu einer veränderten Einstellung und zu einem veränderten Verhalten führt.

So kann der Mensch im Spiel

- sowohl nützliche Fertigkeiten im Umgang mit Mitmenschen und zweckrationales Verhalten lernen als auch fähig werden,
- Kreativität und Spontaneität in einer kommunikativen Wechselbeziehung des Annehmens und Sichannehmenlassens zu entwickeln oder
- sich selbst zu finden, zu sich selbst zu kommen und dadurch selbständig zu werden.

Wie immer er sich entscheidet, er wird spielend eine neue Welt gewinnen und spielend selber verwandelt werden.

„Spezielle Untersuchungen zum Spiel mit Spielmitteln aus erziehungswissenschaftlich-vergleichender Perspektive sind bislang nicht vorhanden" (NIERMANN 1982, 59). Bei dieser „Quellenlage" werden wir uns darauf einlassen müssen, selber einen Versuch zu wagen, wenn wir das Spiel mit Spielmitteln als Lernprozeß in Japan mit dem in den USA vergleichen wollen. Dabei werden wir bewußt „wissenschaftliche Grenzüberschreitungen" (KREUZER 1981, 535) in Kauf nehmen, um das Besondere und je Eigenartige der Spielzusammenhänge zur Sprache bringen zu können.

I. Das Spiel als Spielmittel in Japan

Für Japan gilt generell, daß es vor allem nach dem Zweiten Weltkrieg zu einem „einmaligen Umschlagplatz für pädagogische Erkenntnisse anderer Länder" (WITTIG 1972, 97) geworden ist. Mag dies zunächst für die pädagogischen Spieltheorien des Westens gelten, die in Japan sehr genau rezipiert worden sind (OURA 1973). Es gilt ebenso für die Spielpraxis. Das geht soweit, daß zum Beispiel das Federballspiel (Hagoita), das Fadenabnehmespiel (Ayatori) oder Blinde Kuh (Ochabozu) gar als „Japanische Kinderspiele" (Tafel Nr. 1, 4 und 11, 1954) ausgegeben und dargestellt werden. Es gibt kaum ein bekannteres Spiel des Westens, das nicht in Japan verbreitet ist und einen Kreis von Anhängern hat. Offensichtlich wird das Spiel mit Spielmitteln aus dem Westen als eine Möglichkeit begrüßt, eine neue, westliche Welt zu gewinnen und sich für die Spieldauer in ihr verwandeln zu lassen (SAKATA 1979, 118).

Aber für Japan ist zumindest seit 1886 (Meiji-Reform) bezeichnend, daß in der neuen Ära „two streams of ideas and policies, Restauration and Renovation" (ANESAKI 1930, 329) vorherrschen und jeder Japaner gleichsam zwei Seelen in seiner Brust trägt: eine renovative westliche und eine restaurative östliche Seele.

Wo aber wird die alte, östliche Welt als neue Welt in Japan spielend wiedergewonnen? In welchen Spielen erfährt der Japaner das „Selber-verwandeltwerden" In den Bahnen seiner östlichen Tradition? Es gibt eine ganze Reihe von Spielen in Japan, wie zum Beispiel das Bogenschießen (Kyudo), das Ballspielen (Temari), das Tauziehen (Tsunahiki) und Ringkämpfen (Sumo), bei denen man heute nicht mehr ohne weiteres ihren ursprünglichen Sitz im Leben erkennt. Nach JOYA (1971, 522) gilt, daß alle japanischen Spiele „have originated with festivals". Sie dienen seit sehr alter Zeit dazu, die Kami-Gottheiten zu erfreuen und zugleich sich selbst zu amüsieren. Die Spiele werden nicht zuletzt deshalb sehr ernsthaft gespielt, weil man fest daran glaubt, daß der Ausgang des Spiels durch die Wünsche der Kami-Gottheiten entschieden wird (TADA 1978, 144 f.).

Viele nicht-japanische Spiele sind in früherer Zeit über China nach Japan gekommen und hier so „japanisiert" worden, daß sie heute als japanische Spiele angesprochen werden. Dazu gehören zum Beispiel das japanische Fußballspiel (Kemari), das Spielen der Bambusflöte (Shakuhachi) und das japanische Schachspiel (Shogi) (vgl. Abb. 1). Gerade an der Geschichte des Spielens mit der Bambusflöte in Japan läßt sich erkennen, wie diese „Japanisierung" darin besteht, daß die Bambusflöte als Musikinstrument (NAKATSUKA 1979, 70), wie sie aus China um 1300 eingeführt wurde (KURIHARA 1975, 36), im 17. Jahrhundert zu einer Zen-Flöte entwickelt wurde als Hilfsmittel für Zen-Buddhisten auf dem Wege zur Erleuchtung (HANA-

Abbildung 1: Das Schachbrett mit den Schriftzeichen, welche die „Figuren" tragen

DA 1982). Die Indigenisierung des Spielens mit der Bambusflöte bedeutet hier nach der Übernahme die Zuweisung eines neuen „Sitzes im Leben". Das Spielen mit der Bambusflöte wanderte von dem profanen Bereich hinüber in den religiösen Bereich und später wieder zurück in den profanen.
Anders ist die spielgeschichtliche Entwicklung beim japanischen Schach (Shogi) verlaufen, das im 15. Jahrhundert seine japanische Form angenommen hat (KORSCHELT 1980, 10), bei Groß und Klein beiderlei Geschlechts

sehr beliebt ist und eigentlich immer ein Spiel des einfachen Mannes im Volke war (JOYA 1971, 554).

Die Spielmittel

Um das japanische Schachspiel (JS) als Lernprozeß analysieren und interpretieren zu können, versuchen wir zunächst, seine Spielmittel (Schachbrett und Figuren) kurz zu beschreiben. Das Schachbrett (vgl. Abb. 1) besteht aus 9 x 9 weißen Feldern im Unterschied zu dem europäischen Schachbrett, das nur 8 x 8 Felder aufweist. Auf jeder Seite werden die „Figuren" (Holzplättchen mit sino-japanischen Schriftzeichen) in drei Reihen aufgestellt. Die Grundlinie ist in der Mitte mit dem König (Osho, wörtlich: königlicher Offizier) besetzt. Rechts und links von ihm stehen jeweils vier verschiedene „Offiziere", und zwar im gleichen Abstand zum König gleichartige „Figuren". Es sind von außen nach innen: Lanze (Yari), Pferd (Keima), Silber (Ginsho: silberner Offizier) und Gold (Kinsho: goldener Offizier). Vor der Grundlinie stehen im zweiten Glied von rechts nach links im zweiten und siebten Feld ein Turm (Hisha) und ein Läufer (Kaku). Vor diesen ist die dritte und zugleich vorderste Linie mit neun Infanteristen (Fu) besetzt. Somit verfügt jeder Spieler über zwanzig „Figuren", die auf drei Linien verteilt stehen. Jede „Figur" mit Ausnahme von Gold und König trägt auf der Rückseite ein anderes japanisches Schriftzeichen. Dieses gewinnt Bedeutung, wenn eine der Figuren die dritte Linie des Gegenspielers erreicht, wo dessen Infanteristen stehen. Dann kann diese „Figur" – außer Gold und König – umgedreht werden, muß es aber nicht. Mit Ausnahme von Turm und Läufer verliert jede Figur durch das Umdrehen ihre alte Funktion zugunsten einer Gold-Funktion. Turm und Läufer erhalten dagegen durch das Umwenden zusätzlich die Funktion des anderen. Eine Königin – wie sie beim europäischen Schach dazugehört – gibt es im japanischen Schachspiel nicht.

Zur Spielregel

Das japanische Schachspiel hat dieselbe Wurzel wie das europäische Schachspiel. Wie bei diesem kommt es darauf an (Ziel), den König des Gegenspielers zu schlagen oder matt zu setzen. Dabei haben die „Soldaten" und „Offiziere" die Aufgabe – wie im europäischen Schach –, den gegnerischen König anzugreifen und den eigenen König zu schützen. Das Besondere des japanischen Schachspiels liegt nun darin, daß „when one takes the opponent's pieces, they can be used as his own. The captured pieces can be placed at any position" (JOYA 1971, 554). Zum anderen spielt – wie bereits erwähnt – die dritte (vorderste) Reihe der Infanteristen eine besondere Rolle. Denn sobald eine der gegnerischen Figuren auf diese Reihe stößt, kann eine Verwandlung einsetzen. Dies gilt auch für jene „Figuren", die als „captured pieces" mit ihrer ursprünglichen Funktion wieder ins Spiel gebracht werden. Hier gilt: erst nach dem ersten Zug im Bereich der drei Linien des Gegners kann die Figur umgewendet werden und die Gold-Funktion erhalten.

Interpretation des japanischen Schachspiels

Gerade weil das japanische Schachspiel mit unserem Schachspiel verwandt ist, läßt sich für einen Europäer sehr gut erkennen, welche kulturraumtypische Ausprägung es in seiner Geschichte als japanisches Schachspiel empfangen hat. Wir versuchen zunächst, die Spielregel des japanischen Schachspiels als Spiegel der geistigen Kräfte der japanischen Kultur zu verstehen und zur Sprache zu bringen.

Die Spielregel des japanischen Schachspiels geht davon aus, daß jede „Figur" zwei Gesichter hat, mit Ausnahme von Gold und König. Sobald wir unterscheiden zwischen Maske und Wesen (SCHINZINGER 1963), stellt sich die Frage: „Was ist Maske und was Wesen?" Bei dieser Frage setzen die spielphilosophischen Überlegungen von TAKIZAWA ein. Dieser weist auf eine anthropologische Doppelstruktur hin, wenn er den Menschen als ein in seiner Tiefe unbegrenzt freies Subjekt und zugleich auf die Rolle des Spiels begrenztes Subjekt sieht (TAKIZAWA 1976, 72). Was dieser als die Freiheit des Menschen auf der Basis der Spielregel definiert, nennt HISANO „unbestimmte Natur" (Mugentei na shizen). Dieser „unbestimmten Natur" des Menschen steht die „bestimmte Natur" (Aroyo) bei HISANO (1973, 4) gegenüber, die nach TAKIZAWA durch seine Rolle begrenzt wird. Ähnlich unterscheidet TADA (1978, 52 ff.) zwischen „Spiel" und „Maske", „Freiheit" und „Gesetz".

Im japanischen Schachspiel trägt jede Figur zunächst ihre Maske, bis sie zunichte wird. Zunichtewerden bedeutet durch Wandlung wesentlich werden. Dies geschieht, wenn eine „Figur" umgewendet wird. Wandlung bedeutet im Spiel Umwendung einer Figur. Wandlung bedeutet Verlust der Eigenart und früheren Besonderheit zugunsten eines einheitlichen Gold (Kin). Wandlung bedeutet Befreiung von der früheren Besonderheit und ist nicht zu verwechseln mit „Wiedergeburt". Wiedergeburt ereignet sich im japanischen Schachspiel, wenn eine gefangene Figur wieder ins Spiel gebracht wird. Dies geschieht immer nur in ihrer alten Funktion, gleichsam mit der Maske ihrer Eigenart. Erst durch Umwendung der „Figur", durch ihre Wandlung, verliert sie diese ihre Eigenart und wird (mit Ausnahme von Turm und Läufer) zu Gold (Narikin: zu Gold werden. Dieser Begriff „Narikin" hat sich verselbständigt. Er wurde auf die Neu-Reichen angewendet, die der Boom im Ersten Weltkrieg hervorgebracht hatte (ANESAKI 1930, 394). Im heutigen Sprachgebrauch wird mit „Narikin" ein Mensch bezeichnet, der keine besondere Ausbildung und keine Familientradition aufweisen kann, jedoch stattdessen viel Geld erworben hat. Eine solche Person wird abwertend „Narikin" genannt, womit eine allgemein materialistische Weltanschauung von einer traditionellen Wertordnung her abqualifiziert wird).

Gold-Werden heißt — im buddhistischen Kontext — die vorletzte Stufe im Rad der Wiedergeburt erreichen, bedeutet eine Art von Boddhisatva-Existenz mit neuem Namen. Wer diese Boddhisatra-Existenz erreicht hat, der steht nach buddhistischer Lehre im Vorhof und erwartet als nächstes die erlösende Buddha-Existenz, die im Spiel durch den König (Osho) repräsentiert wird. In der Spielregel des japanischen Schachspiels spiegelt sich die Lehre des Buddhismus von der Wiedergeburt des Menschen und einem dualistischen Welt- und Menschenbild. Kennzeichen für das Leben nach dieser Lehre ist die Wandlung (Ruten), die große Befreiung oder Erleuchtung (Satori) auf dem Wege zur Buddhaschaft (HANADA 1982). MARGULL (1968) hat mit Recht darauf hingewiesen, daß es im japanischen Schachspiel eigentlich keinen Tod gibt, sondern nur ein Hinübergehen und Herüberkommen, ein Kommen und Gehen. Denn die „Figur", die aus dem Spiel ausscheiden muß, kann ja schon mit dem nächsten Zug wieder eingesetzt werden.

Zu den Spielmitteln

Im japanischen Schachspiel gibt es nur jeweils einen König und nicht auch eine Königin. Eine mögliche Erklärung für diese auffallende Abweichung bei den Spielmitteln bildet wiederum der Buddhismus, in dem die Frau keine oder eine nur unbedeutende Rolle spielt (vgl. Lotos-Sura Nr. 22). Einen anderen kulturraumspezifischen Erklärungshorizont hierfür bildet die Tradition des Konfuzianismus. Es liegt deshalb nahe, im japanischen Schachspiel auch Elemente der konfuzianischen Tradition zu entdecken. Die Sozialethik des Konfuzianismus hat den Geist des Samurai (Ritter) zutiefst beeinflußt und ist bis heute in Japan lebendig (HAMER 1982, 15). In unserem Zusammenhang mag daran erinnert werden, daß die Samurai-Moral (Bushido) eine Ordnung für Männer und nicht für Frauen ist. Die Welt des Kampfes, des Wettkampfes und Wettspiels gehörte in Japan seit eh und je den Männern. Die Samurai-Moral lehrt sie die Unterordnung mit unbedingter Treue dem Herrn (und niemals einer Frau!) gegenüber und eine unbedingte Bereitschaft, sich jederzeit für den Herrn notfalls durch Harakiri (NABERFELD 1965, 30) zu opfern. Eine solche Form der Selbsttötung ist in Japan nur den Männern für ihren Herrn vorbehalten. Diese Bereitschaft ist auch heute noch sehr stark lebendig. Sie hat u. a. auch in das von den USA rezipierte Baseballspiel Eingang gefunden: „Band" wird in Japan häufig praktiziert, während es in den USA selten ist. Das japanische Schachspiel läßt somit in der Auswahl seiner „Figuren" und deren alleiniger Ausrichtung auf den König (Herrn) zugleich einen kulturraumspezifischen Einfluß des Konfuzianismus erkennen, der zusammen mit dem Zen-Buddhismus die tragende Ideologie des Staates im Mittelalter war (KOHLER 1962). Wen wundert es, daß das japanische Schachspiel früher im Volke sehr beliebt war, wo es buddhistische Ideologie und konfuzianische Moral zu verbreiten und zu vertiefen half?

Zum anderen ist bemerkenswert, wie die Spielmittel des japanischen Schachspiels im Vergleich zum europäischen Schach vereinfacht worden sind, was dazu beigetragen hat, daß das Spiel so volkstümlich wurde. Die „Figuren" bestehen aus einfachen, sehr leicht anzufertigenden fünfeckigen Holzplättchen, deren Spitze stets auf die Seite des Gegenspielers gerichtet ist. Nicht durch eine besondere Farbe, sondern durch ihre Ausrichtung sind die eigenen „Figuren" zu erkennen. Nicht eine bestimmte Gestalt, sondern ein bestimmtes Zeichen auf dem Holzplättchen zeigt den Rang oder die Eigenart der „Figur" an. Gerade durch das sino-japanische Schriftzeichen auf

jedem Holzplättchen, das ursprünglich ein Bildzeichen (Kanji) ist, erhält jede „Figur" wiederum ihre kulturspezifische Prägung, die uns erneut zu den bereits genannten geistigen Kräften Ostasiens zurückführt.
So wird der Spielraum — im Spieldreieck durch die Seite „b" zwischen der Spielregel und dem Spielmittel (vgl. Abb. 2) — dadurch hergestellt, daß die Spielregel eine jede „Figur" in Pflicht nimmt und ihr die ihr gemäße Bewegungsfreiheit zuerkennt. Der Spielraum wird also durch die Spielregel geschaffen und durch die Spielmittel ermöglicht. Hier setzen wiederum spielphilosophische Überlegungen von TAKIZAWA ein, der meint, daß ein jeder Mensch — wie eine „Figur" im japanischen Schachspiel — die Spielregel „im Rücken" und die Situation des Wettkampfes „vor sich" (72) habe. Jeder Mensch lebt somit in einer „dynamischen Spannung" (Rikigakuteke koncho (282).

Seine „Spielzeit" ist seine Lebenszeit, die durch die Spielregel in ihrer linearen Abfolge wie zyklischen Ausformung (Wiedergeburt) bestimmt und begrenzt ist.

In diesem Sinne kann HATA sagen: „Das Spiel bleibt nicht Spiel, sondern wird selbst zum ‚lebenden Menschen'" (1980, 224), es wird „Lebensinhalt" (226). Auf diesem Hintergrund wird dann auch die kosmologische Interpretation von TADA (1978, 186 — 194) verständlich, der das Spiel mit dem Schaukeln vergleicht, das „Himmel und Erde miteinander verbindet" (186) und den Menschen in die schwindelvolle Ekstase führt.

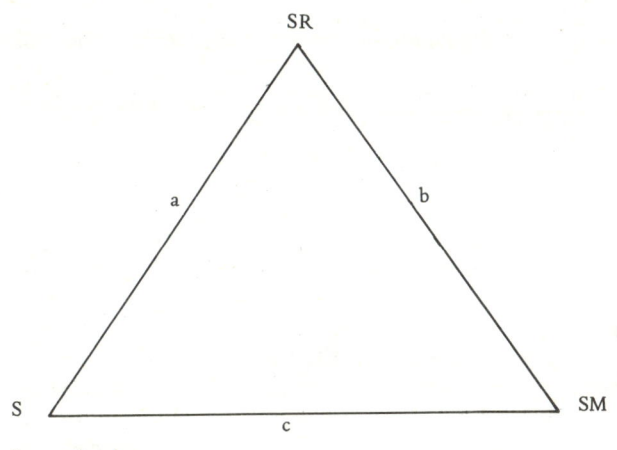

S = Spieler
SM = Spielmittel
SR = Spielregel

Abbildung 2: Das Spiel-Dreieck

Was lernt der Schachspieler?

Zunächst einmal gilt, daß bei einem Schachspieler keine besonderen körperlichen oder geistigen Fähigkeiten vorausgesetzt werden. Auch das Alter und

Geschlecht spielen keine Rolle, wenn der Spieler nur die Regeln beherrschen und die „Figuren" erkennen kann. Voraussetzung ist somit eine bestimmte Fähigkeit der Wahrnehmung und des Lernens. Folgen wir dem Spiel-Dreieck (Abb. 2), so hat der Spieler den Weg (a) zurückzulegen. Er lernt die Regeln und begibt sich damit auf den eigentlichen Grund des „Spielplatzes". TAKIZAWA (1976, 17) berichtet, daß schon in dem Augenblick, wo er seinem Mitspieler gegenüber vor dem Schachbrett Platz nimmt und die Regeln akzeptiert, eine unsagbare innere Ruhe (naiteki shizukesa) und eine ihn von innen her bewegende frische Kraft ihn in ihren Bann nehmen. Der „Spielplatz" wird zum fest eingegrenzten „Übungsplatz", auf dem Ruhe und Kraft erfahren werden. Gehen wir im Spiel-Dreieck noch einen Schritt weiter, so eröffnet (b) den „Spielraum", in dem der Spieler sich bewegen lernt. Er begreift ganz allgemein, daß er als Spieler untrennbar mit dem „Spielplatz" (Regel) verbunden ist und sich in einer unumkehrbaren Richtung von a nach b und nicht von c nach b zu bewegen hat. Insbesondere lernt er,

- daß er im Spiel Rücksicht nehmen muß auf andere eigene und andere fremde „Figuren";
- daß jeder Zug zugleich eine Frage und eine Antwort enthält und daher gründlich geplant und durchdacht werden muß;
- daß sich im „Spielraum" Grenzen ergeben, die nicht durch die „Figuren" bedingt sind, sondern sich erst in actu des Spiels für jede Figur ergeben;
- daß diese Grenzen durch Wandlung überwunden werden können;
- daß es auf dem „Spielfeld" (Regel) kein Töten und somit keine Einmaligkeit und keine Endgültigkeit gibt außer der, die das Spiel beendet;
- daß die Lebenden und „Toten" zusammengehören und mit beiden zu rechnen ist.

So erfährt der Spieler oft unbewußt, daß hinter der heutigen Form des japanischen Schachspiels eine lange Geschichte steht, auf die er sich einläßt, wenn er sich mit der Spielregel im Rücken im „Spielraum" bewegt.
Folgen wir noch einmal dem Spiel-Dreieck, so kehrt der Spieler von (b) nach jedem Zug über den Weg (c) zu sich selbst zurück. Aber er ist jetzt im Spiel und damit ein anderer als der, der das Spiel begann. Ruhig und konzentriert sitzt er weiter in höchster Spannung vor dem Schachbrett in dem ständigen geistigen Bemühen, Fremdbestimmung (durch die Regel) und Selbstbestimmung (durch das eigene Herz) auf einen Nenner zu bringen oder „zu einer Sache werden zu lassen" (TAKIZAWA 1980, 10).
Wenn er beim Spielen aufhört zu spielen, weil der Mitspieler am Zuge ist, dann ist er trotzdem wie ein Flötenspieler in einer Pause in seinem Herzen unmerklich aufs Höchste angespannt. Denn das japanische Schachspiel ist — wie alle japanischen Spiele— von seinem religiös-kulturellen Hinrergrund her zu vrstehen. Es ist ein Hinführungsspiel auf dem Wege der Konzentration zu einem „Nichtspielen", zu einer Erfahrung der Beziehung von „Leere" und „Fülle" (ISHIRARA), zu einer Selbständigkeit menschlichen Verhaltens, die „in der Leere des Spiels" (mui no yu ni oite) (HISANO 1973, 9) begründet ist und „das eigentliche Selbst" (honrai no jiko) hervorbringt. So dient das japanische Schachspiel der Selbstfindung und letztlich einem Leben aus der Identität vom „Ich" und „Selbst".

II. Das Baseball-Spiel (BS)

Es erübrigt sich hier, das Baseball-Spiel ausführlicher zu beschreiben, dessen Regeln 1845 erstmals von A. CARTWRIGHT in New York City festgelegt wurden. Spielregel, Spielmittel und Spiel sind in der Literatur hinreichend beschrieben worden (BROCKHAUS 1977; KOCH 1982; REICHLER 1982).
Wichtig erscheint in unserem Zusammenhang die Feststellung, daß es als das Nationalspiel der Amerikaner gilt (BROCKHAUS 1977, 55). Als solches eignet es sich vielleicht besonders zum internationalen Vergleich.

1. Die Besonderheit des Baseball-Spiels

Das Baseball-Spiel ist ein *Mannschaftsspiel*, bei dem sich zweimal neun Spieler gegenüberstehen. Aber nicht nur vom Spielplatz, der einen Durchmesser von 175 x 125 m aufweisen sollte, und der Anzahl der Spieler (18 Spieler) her ist das Baseball-Spiel aufwendig. Es erfordert als Spielmittel einen Ball (22,86 cm Umfang, 142 bis 149 g schwer), eine Schlagkeule (bis 106,7 cm lang und am Schlagende 6,98 cm breit), Spezialhandschuhe für alle Spieler und Schutzkleidung einschließlich Gesichtsmaske für den Fänger (catcher). Dies zeigt bereits, daß es sich um ein nicht ungefährliches Ballspiel handelt, das nicht zuletzt auch deshalb nur von Männern gespielt wird. Es erfordert ein hohes Maß an Geschicklichkeit und körperlichem Einsatz von jedem Spieler, der jeweils für seine Aufgabe besonders ausgerüstet ist.
Und diese Ausrüstung will gehandhabt sein. Nicht erst im Spiel lernt die Mannschaft, mit den aufwendigen Spielmitteln geschickt umzugehen. Auch außerhalb des Spiels ist ein intensives Training unerläßlich, damit jeder Spieler zu nachweisbaren Steigerungen seiner Leistung kommt. Diese besteht darin, daß er

- „sein" Spielmittel (zum Beispiel Spezialhandschuhe) immer besser zu benutzen versteht;
- durch vorausgegangenes Training „fit" ist;
- seine Rolle im Spiel als Teil eines funktionierenden Ganzen seiner Mannschaft in Anpassung und Wagnis wahrnimmt;
- sich mit seinem Können dem „Boß" (Spielführer oder Trainer) uneingeschränkt unterordnet;
- bereit ist, augenblicklich totalen Einsatz aller Kräfte zu riskieren.

Diese Fertigkeiten (skills), die ein hohes Maß an körperlichen Fähigkeiten und geistiger Wachsamkeit umfassen, stellen an den Spieler des Baseball-Spiels hohe Anforderungen. Ihnen sind zum Beispiel Kinder bis zu 8 Jahren nur dann gewachsen, wenn man den Vorschlag von MORRIS berücksichtigt und die Spielregeln und Spielmittel vereinfacht, um sie dem Alter der Kinder anzupassen. Denn: „Most children eight years old and under cannot efficiently track a ball, move to an intercept point, and catch the ball" (MORRIS, in: RILEY 1977, 26).

Darüber hinaus erfordert das Spiel während des Spielverlaufs vom einzelnen Spieler, daß er „must make rapid perceptual, cognitive motor and affective decisions while under the pressures of game play" (ROBERTSON, in: RILEY 1977, 25).
Das Baseball-Spiel ist daher von den Anforderungen der Spielregeln her weniger ein Spiel für Kinder als für Jugendliche und Erwachsene, die der komplexen Spielsituation gewachsen sind und den körperlichen Einsatz mit den ständig erforderlichen „decisions" zu verbinden vermögen, um folgende Faktoren in den Griff zu bekommen: Körper, Spielfeld, persönliche Energie und Rücksichtnahme auf die sich ständig ändernde „Umwelt" im Spiel. Dies bedeutet, daß von der Spielerpersönlichkeit wiederum ein hohes Maß an Flexibilität erwartet wird, die einen Spieler erst zu einem „skillful games player" macht und ihn seine individuelle Identität im Spiel erreichen und zum Ausdruck bringen läßt. Denn dem Baseball-Spieler wird sein Spiel nur dann Spaß machen, wenn er seine „Kunst" und Fertigkeit offen anwenden und sich mit Vertrauen, innerer Freiheit und Individualität den Spielanforderungen stellen kann. In dieser offenen und dynamischen Haltung gegenüber den Spielumständen bewährt sich sein Geschick (skill), kann er im Prozeß des Spielverlaufs Bestätigung, Erfolg und Leistungssteigerung erfahren, die ihn erfreuen und befriedigen.

2. Zur Deutung des Baseball-Spiels

Im Baseball-Spiel spiegeln sich kulturraumspezifische Elemente, die im Zusammenhang mit der Geschichte der europäischen Einwanderung in Amerika verständlich werden. Das Baseball-Spiel ist ein Kampfspiel, in dem bestimmte Fertigkeiten (skills) gefordert und geübt werden, die zum Überleben und Sichdurchsetzen eines Einwanderers in der fremden neuen Welt notwendig waren: körperliche Fitneß, sportlich-wehrhafte Hochleistungen, unbedingte Unter- und Einordnung, Flexibilität und eigene Verantwortung der autonomen Persönlichkeit, die im christlichen Horizont gesehen hinsichtlich ihrer Individualität und ihrer Lebenszeit einmalig ist. Baseball-Spiel ist ein Kampfspiel, in dem die jugendlichen und erwachsenen Männer sich bewußt oder unbewußt zurüsten oder fit halten für die Verteidigung ihrer Frauen und Kinder und die Bewältigung einer neuen Welt.
ORLICK (in: RILEY 1977, 33) unterscheidet zwischen kooperativen und kompetitiven Spielen. Bei den traditionellen Spielen der Eskimos, die sich durch „simplicity spontaneity and total involvement" auszeichnen, findet er Kooperation, Spaß und Gelächter vorherrschen. Sofern es bei ihren Spielen Konkurrenz (competition) gibt, ist diese verbunden mit Erbarmen (compassion). Demgegenüber beklagt er die durch ihre Spiele einseitig gewordenen amerikanischen Kinder. Sie sind seiner Meinung nach nicht nur „irrationally competitive they are almost sadistically rivalrous" (33). Er bringt diese Feststellung, die als Ergebnis einer empirischen Untersuchung mitgeteilt wird, in Zusammenhang mit den in den USA vorherrschenden traditionellen Spielen, die sich „morally and structurally" nicht um ein

Inch in den vergangenen hundert Jahren verändert hätten. Vielmehr seien die Spiele verdorben durch destruktive Konkurrenz und Aggression, so daß die Kinder heute als Opfer einer ungesunden Konkurrenz gelten können. Denn es gibt nur wenige kooperative Spiele in den USA. „Even when cooperation is promoted within competitive structures it is merely as a meanes to better compete, put down or defeat" (33).

Dieser Hinweis hat auch für das typisch amerikanische Baseball-Spiel eine Bedeutung. Baseball ist ein Kampfspiel, bei dem zweifellos die Kooperation innerhalb einer Mannschaft eine wesentlich geringere Rolle spielt als die Konkurrenz der Spieler. In Japan, wo das Baseball-Spiel heute sehr beliebt ist, wird diese „destruktive Konkurrenz" im Baseball-Spiel gemildert oder punktuell überwunden durch das oben erwähnte „band"-Spielen, bei dem sich ein Spieler für andere opfert. In den USA ist diese Spielweise nicht üblich. Die Spielermannschaft als eine Gemeinschaft von heimlichen Konkurrenten, ja von Rivalen, ist ein Motiv, das uns in der amerikanischen Geschichte nicht fremd ist. Im Puritanismus zum Beispiel begegnet uns gerade in Verbindung mit dem Kapitalismus (EISENSTADT 1970, 8) eine Gruppe von Menschen, die nach Erfolg und Gewinn streben, weil diese in ihrem Leben als Zeichen gottgewirkter Frucht seiner Erwählung zum Heil interpretiert werden. Ein standhafter Charakter, eine entschlossene Handlungsweise, ein persönliches Verantwortungsbewußtsein zeichnen die puritanischen Pilgerväter aus, die nach Amerika eingewandert sind. Diese Eigenschaften sind aber ebenso Merkmale kapitalistischen Unternehmergeistes. Im Baseball-Spiel, das auf dem Hintergrund dieser geistesgeschichtlichen Tradition zu verstehen ist, sehen wir diese kulturraumspezifischen Merkmale wie in einem Spiegel. Sie fördern das Konkurrenzdenken und Konkurrenzverhalten auf Kosten kooperativer und empathischer mitmenschlicher Strukturen.

III. Die Gegenüberstellung

Wenn wir japanisches Schachspiel und Baseball-Spiel als traditionelle Spiele ihres je eigenen Kulturraumes vergleichend gegenüberstellen, so geschieht dies mit dem Ziel, den interkulturell-pädagogischen Aspekt (HOHMANN 1980, 11; NIERMANN 1982, 60) herauszuarbeiten. Dabei wird unter „Kultur" im Gegensatz zur Natur jene von Menschen geschaffene Wirklichkeit verstanden, die menschliche Existenz in ihren verschiedenen gesellschaftlichen und geschichtlichen Ausprägungen ermöglicht, umgibt und regulativ bestimmt. Gefragt wird in einer interkulturellen Pädagogik nach den Elementen von zwei oder mehr verschiedenen Kulturen, die zur Entwicklung der Persönlichkeit in einer interkulturellen Sozialisation besondere Bedeutung gewinnen und deshalb vermittelt werden. Auf die beiden Spiele (japanisches Schachspiel und Baseball-Spiel) angewendet, sind zunächst bei der Gegenüberstellung folgende Gemeinsamkeiten im emotionalen, konativen und kognitiven Bereich festzuhalten: Beide Spiele sind

Übersicht 1: Gegenüberstellung von japanischem Schachspiel und Baseball-Spiel

	japanisches Schachspiel	Baseball-Spiel
1. *Subjekt des Spiels*	einzelner	Mannschaft
Menschenbild	‚mystischer Mensch'	‚olympischer Mensch'
Abhängigkeiten	innengeleitet	außengeleitet
1. *Ziel des Spiels*	Erfahrung geistiger Überlegenheit	Erfahrung physischer Überlegenheit
Nebenziele	Selbsterfahrung	Gemeinschaftserlebnis
	Besonnenheit	schnelle Reaktionsfähigkeit
3. *Tätigkeiten, die durch das Spiel begünstigt werden*	taktieren, evaluieren, konzentrieren, gründlich reflektieren	üben, belasten und entlasten, berechnen, konzentrieren, entscheiden, sich einordnen
4. *Methode des Spiels*	verstehen	beobachten
	Verschmelzen von Bewußtsein und Sein	analysieren
	hermeneutisch-pragmatisch	induktiv / deduktiv
5. *Kulturraumspezifische Elemente*	Das Leben hat zwei Seiten (Wandlung)	Gleichberechtigung aller Spieler
	Das Leben hat ein Ziel, (Wiedergeburt)	Unterordnung unter den „Boß"
		Leben ist begrenzt und daher einmalig
6. *Leistung*	Selbstbeherrschung	Körper-Fitneß und Technik
	Gründlichkeit	

- Spiele mit Spielregeln und Spielmitteln, die zu überschauen und zu beherrschen beglückende Erfahrungen vermitteln und Vergnügen bereiten können;
- Kampfspiele, die das Leben bejahen, den Durchsetzungswillen zum Überleben stärken und den persönlichen Erfolg suchen.

Unterschiedliche Elemente werden deutlich, wenn wir die allgemeinen Unterscheidungskriterien heranziehen, die OKA (1976, 142) herausgearbeitet hat. Nach ihm geht es beim japanischen Schachspiel um Spielen im Sinne von „Gelassenheit-üben" und aus konzentrierter eigener Ruhe handeln, während es beim Baseball-Spiel um Spielen im Sinne von Aktivität ausüben und zu Hochleistungen fähig werden geht. Nach TAKIZAWA (1976, 160) handelt es sich im japanischen Schachspiel um eine Anleitung zu geistigen Bewegungen im einzelnen Spieler, für die wir die Begriffe „innengeleitet" oder „Bewegungen in der In-Welt" heranziehen möchten. Diesen nach innen gerichteten Bewegungen stehen im Baseball-Spiel die eindeutig nach außen gerichteten Aktionen der Spieler gegenüber, die ihren Schwerpunkt im Physischen haben. Das Baseball-Spiel tendiert in die Richtung auf einen „olympischen" Menschen, während das japanische Schachspiel einen „mystischen" Menschen favorisiert, wie dies die vorstehende Gegenüberstellung, die keinerlei Anspruch auf Vollständigkeit erhebt, deutlich macht (vgl. Übersicht 1).

IV. Der Vergleich von japanischem Schachspiel und Baseball-Spiel

Vergleichen bedeutet beurteilen unter einem übergeordneten Gesichtspunkt. Es setzt voraus, daß vergleichbare Größen vorgegeben oder geschaffen worden sind. Die vergleichbare Größe in unserem Falle ist der Spieler als Persönlichkeit, der durch die beiden Spiele unterschiedlich in Anspruch genommen wird.

Unser leitendes Interesse gilt der interkulturellen Situation, die sich in den USA (Rassenkonflikt) und in Japan (Koreaner-Problem) ebenso wie in der Bundesrepublik Deutschland (Türken-Problem) zunehmend als ein den sozialen Frieden gefährdendes Problem erweisen kann. Es zwingt zum Nachdenken über neue Möglichkeiten der Verständigung und Kooperation, durch die Integration spielend vorbereitet oder praktiziert wird.

Es gibt die verschiedensten Zielvorstellungen, die mit dem Begriff der Integration verbunden werden und die dementsprechend für ganz unterschiedliche Wege maßgebend sind:

- Der Einbahn-Weg, auf dem sich die Minderheit an die Lebensgewohnheiten, die Werte und Normen der Kultur der Mehrheit rücksichtslos anzupassen hat (Ziel: Anpassung).
- Der „Un"-Weg, auf dem eine Koexistenz ohne jegliche grenzüberschreitenden Aktionen auf beiden Seiten gepflegt wird (Ziel: Ghettoisierung).
- Der interaktionistische Weg (CROPLEY 1979, 52 ff.), auf dem bewußt ein Miteinander in gegenseitiger Achtung der kulturellen Eigenart gesucht, das Verstehen des anderen gefördert, Mißverständnisse ausgeräumt und Begegnungen angebahnt werden.

Soviel ist durch die vorhergehende Gegenüberstellung bereits deutlich geworden, daß der Spieler im Spiel mit dem „Gegner" weder im japanischen Schachspiel noch im Baseball-Spiel eine menschliche Kommunikation erfährt. Der Spieler wandelt sich durch das Spiel zum homo militans, der sich selbst für den Lebenskampf stärkt. Der Gegenspieler – und nur von diesem kann im Vergleich die Rede sein und nicht von einem Mitspieler – spielt nur in dem Sinne eine Rolle, als er mir hilft,

- mich an ihm zu messen und meine Leistungen zu steigern,
- mich mit ihm auseinanderzusetzen, mich von ihm aus zu reflektieren und dadurch innerlich stark und frei zu werden.

Ob man nun eine Verwandlung des Spielers und Selbstverwirklichung im Geiste eines American way of life oder eines Japanese style ins Auge faßt, primär dienen beide Spiele nicht der Interaktion und damit auch nicht dem sozialen Frieden. Beide Spiele sind Kampfspiele und scheinen von daher zunächst weniger geeignet, Brücken der Verständigung, des Annehmens und Sich-annehmen-lassens, der Kommunikation und Kooperation aufzubauen.

Aber wenn wir im Sinne von SCHWARTZMANN (1978, 212) nach dem fragen, was ein Spieler im Spiel nebenbei noch lernt (Deuterolernen) im Blick auf ein interaktionistisches Verhalten, so bereitet zumindest das japanische Schachspiel dadurch, daß es ein konsequentes Sich-einstellen auf den Gegenspieler verlangt, die Möglichkeit vor, einer anderen Person menschlich durch Empathie zu begegnen; denn die Spieler des japanischen Schachspiels kennen sich gegenseitig im Unterschied zu den Spielern des Baseball-Spiels nach dem Spiel besser als vorher. Durch das totale Aufeinanderbezogensein der beiden Spieler ist das japanische Schachspiel ein dialogisches Spiel, wenngleich es in der Atmosphäre des Schweigens gespielt wird. Aber gerade das Schweigen kann im japanischen Kontext eine Form des konzentrierten Sprechens bedeuten, zu dem dieses Spiel den Spieler hinführen kann.

Damit ergibt sich hier folgender positiver Aspekt: Der Schachspieler wird kommunikationsfähig, indem er lernt, dialogisch zu denken und schweigend sowohl sich selbst zu finden als auch den anderen zu verstehen.

Auf der anderen Seite läßt sich festhalten, daß gerade deshalb, weil im Baseball-Spiel der Spieler in eine Mannschaft eingebunden spielt, das Element des kontinuierlichen persönlichen Gegenübers zum Gegenspieler fortfällt. Da durch den ständigen Wechsel des Gegenübers eine kontinuierliche Beziehung und ein Eingehen auf den anderen nicht aufgebaut werden können, muß das Nationalspiel der Amerikaner selbst im Hinblick auf eine Befähigung zur Kommunikation im Sinne des Deuterolernens als absolut unergiebig bezeichnet werden.

Literatur

Akatsuka, Y.: Asobi Sedairon (Theorie des Spielalters). Ron bo‚so zoku shutsugen no Shuhen ni tsuite (Überlegungen zum Kontext der Entstehung von Rockerbanden), in: Seinen Shinri (Die Psyche der Jugend) 13, März 1979, 36 — 48

Anesaki, M.: History of Japanese Religion, London 1930

Brockhaus, F. A. (Hrsg.): Der Sportbrockhaus, Wiesbaden 1977

Coble, Ch. R.: Fun + Games = learning, in: Science and Children, 15, Okt. 1977, 15 — 17

Chranger, J. / Maury-Hess, S.: Games: An alternative to pedagogical instruction, in: Journal of Nursing Education Vol. 19, No. 3, March 1980, 45 — 52

Cropley, A. J.: Erziehung von Gastarbeiterkindern — Kinder zwischen zwei Welten, Ravensburg 1979

Durojaiye, S. M.: Childrens Traditional Games and Rhymes in Three Cultures, in: Educational Research Vol. 19, No. 3, June 1977, 223 — 226

Eisenstadt, S. N.: Die protestantische Ethik und der Geist des Kapitalismus, in: Kölner Zeitschrift für Soziologie und Sozialpsychologie 22 (1970), 1 — 23 und 165 — 299

Ensminger, D. R.: Games — More Than Just Fun, in: Science and Children, 17, Febr. 1980, 18 — 20

Flitner, A., u. a.: Der Mensch und das Spiel in der verplanten Welt, München 1976

Fujimoto, K.: Kodomo no asobikukan (Der Spielraum der Kinder), Reihe NHK — bukkusu 204, Tokyo 1979

Fukaya, M. / Fukaya, K.: Asobi to benkyo, Kodomo wa do kawatta ka (Spielen und Lernen. Wie haben sich die Kindert verändert?), Reihe: Chuko Shinsho 434, Tokyo 1976

Hamer, H. E.: Der Geist der Samurai — eine Herausforderung an den Westen?, in: Beiträge pädagogischer Arbeit, hrsg. von der GEE in Baden, 25 (1982), H. 3 und 4, 10 — 18
Hanada, N.: Fuke shu ni okeru ichion jobutsu (Durch einen Ton Buddha werden in der Fuke-Sekte), in: Theoria (Jahresschrift der Abteilung für allgemeine Bildung der Kyushu Universität), Nr. 25 (1982), 1 — 53
Hata, M.: Asobi no nakano puro to amachua (Profi und Amateur im Spiel), in: Asobu (Spielen), Reihe: Heibonsha karucha today 10, Tokyo 1980, 222 — 243
Herron, R. E. / Sutton-Smith (Hrsg.): Child's Play, New York 1971
Hisano, A.: Shizenyu (Das Spiel in der Natur), in: Riso (Das Ideal) 478, März 1973, 1 — 10
Hohmann, M.: Pädagogische Aspekte der Migration als Gegenstand eines interkulturellen Vergleichs, in: Boos-Nünning, U. / Hohmann, M. (Hrsg.): Ausländische Kinder, 3. Aufl. Düsseldorf 1980, 7 — 15
Ichibangase, Y. / Izumi, J., u. a.: Kodomo no seikatsuken (Der Lebensbereich der Kinder), Reihe: NHK — bukkusu 86, Tokyo 1979
Ishihara, T.: Kyojitsu no tawamure (Das Spiel in Beziehung zu Leerheit und Wirklichkeit), Yugi no genshogakuteki Kosatsu (Phänomenlogische Untersuchung des Spiels), in: Riso (Ideal) 478, März 1973, 11 — 19
Japanische Kinderspiele mit Einleitung von Oscar Benl, Reihe: Der silberne Quell, Bd. 22, Baden-Baden 1954
Joya, M.: Things Japanese, 6. Aufl. Tokyo 1971
Kato, T.: Seinen no asosbi no kyoko to jitsuzo (Das reale und irreale Bild des Spiels der Jugendlichen), in: Seinen Shinri (Psyche der Jugend) 13, März 1979, 49 — 59
Koch, K.: Kleine Sportspiele, Schorndorf 1982
Kohler, W.: Die Lotus-Lehre und die modernen Religionen in Japan, Zürich 1962
Korschelt, O.: The Theory and Practice of Go, 7. Aufl. Vermont / Tokyo 1980
Koshigi, K.: Asobi (Das Spiel), Sono shinteki Kozo nitsuite (Zu seiner psychischen Struktur), in: Shiso (Der Gedanke) 173, März 1973, 43 — 51
Kreuzer, K. J.: Spiele, Feste, Feiern in der Schule, in: Handbuch Schule und Unterricht, hrsg. v. W. Twellmann, Bd. 4.2, Düsseldorf 1981, 532 — 553
Kurihara, H.: Shakuhachi shiko (Überlegungen zur Geschichte der Bambusflöte), 2. Aufl. Tokyo 1975
Margull, H.-J.: Tod Jesu und Schmerz Gottes, in: Leben angesichts des Todes, H. Thielicke zum 60. Geburtstag, Tübingen 1968, 269 — 276
Moriya, M.: Asobi no Hoiku (Erziehung durch das Spiel), 2. Aufl. Tokyo 1979
Naberfeld, P. E.: Kurzgefaßte Geschichte Japans, in: Mitteilungen der OAG, Supplementband XIX, 2. Aufl. Tokyo 1965
Nagata, E.: Asobi to warabe uta (Spiel und Kinderlied), Aoki Kyoiku Sosho (Aoiki pädagogische Reihe), Tokyo 1982
— Asobi toshite no warabe uta (Das Kinderlied als Spiel), in: Kyoiku (Pädagogik), September 1982, 122 — 123
Nakatsuka, Ch.: Kinkoryu shakuhachi shinkan (Übersicht über die Geschichte der Kinko-Shakuhachi-Schule), Tokyo 1979
Niermann, J.: Spiele und Spielmittel in interkulturellen Erziehungs- und Bildungsprogrammen, in: PSOW 30 (1982), H. 4, 52 — 61
Oka, K. (Hrsg.): Asobi no Kenkyu (Spielforschung), Tokyo 1976
Onda, A.: Asobi to Sozosei (Spiel und Kreativität), in: Shiso (Der Gedanke) 478, März 1973, 20 — 33
Oura, T.: Yugito Kyoiku (Spiel und Erziehung), in: Shiso (Der Gedanke) 478, März 1973, 34 — 51
Ploss, H.: Das Kind in Brauch und Sitte der Völker, Bd. 2, 3. Aufl. Leipzig 1912
Riley, M. (Hrsg.): Games teaching, in: Journal of Physical Education and Recreation, Sept, 1977, 17 — 35
Reichler, J. L. (Hrsg.): The Baseball-encyclopedia, New York 1982

Röhrs, H. (Hrsg.): Das Spiel, ein Urphänomen des Lebens, Wiesbaden 1981
Saito, M.: Asobi to yojiki (Spiel und Kindheit), 4. Aufl. Tokyo 1978
Sakata, M.: Wakamono reja no kino, kyo, asu (Die Freizeit der Jugendlichen gestern, heute und morgen), in: Seinen Shinri (Die Psyche der Jugend) 13, März 1979, 118 bis 123
Sato, T.: Seinen bunkaron (Theorie zur Kultur der Jugendlichen), in: Seinen Shinri (Die Psyche der Jugend) 13, März 1979, 26 — 35
Schinzinger, R.: Maske und Wesen, in: Mitteilungen der OAG, Bd. 44, Teil 1, 1963, 1 — 44
Schwartzmann, H. B.: Transformations, The anthropology of children's play, New York / London 1978
Shibatani, H.: Asobi no kyoikuteki yakuwari (Die erzieherische Rolle des Spiels), Nagoya 1979
Sutton-Smith, B.: Play and learning, New York 1979
— Die Dialektik des Spiels, Schorndorf 1978
Tada, M.: Asobi to Nihonjin (Das Spiel und der Japaner), Reihe: Chikuma Sosho 245, Tokyo 1978
Takizawa, K.: Kyogi, Geijutsu, Jinsei (Wettkampf, Kunst und Leben), Tokyo 1976
Wittig, H.-E.: Bildungswelt Ostasien, Paderborn 1972
Yasuda, T.: Asobi no ron (Theorie des Spiels aus dem Spielen), 2. Aufl. Tokyo 1976

6. Das Spiel des Vorschulkindes im Sozialismus
dargestellt am Beispiel DDR

Werner Jeske

I. Die Basis

Zunächst ist festzustellen, daß es in der DDR zur Spielpädagogik keine neuere Literatur gibt. Bei neueren Veröffentlichungen handelt es sich meist um überarbeitete Erstauflagen. So kann es auch nicht verwunderlich sein, wenn die Zitate älteren Auflagen entnommen sind. Allgemein kann man feststellen, daß innerhalb der sozialistischen Erziehung der letzten 15 Jahre keine neue spielpädagogische Theorie bzw. neuere spielpädagogische Ideen veröffentlicht wurden.

Inhaltlich soll der Frage nachgegangen werden, welchen Stellenwert das Spiel in der sozialistischen Erziehung für das Vorschulkind hat.

Vieles lernt das Kind bereits ehe es zur Schule kommt. Im Kindergarten geschieht das nach dem ‚Bildungs- und Erziehungsplan des Kindergartens'. Die Vorschulkinder leben im Kindergarten in Gemeinschaft Gleichaltriger. Ihre Spiele lenkt eine Erzieherin, sie führt an das Lernen heran und sie leitet die Kinder bei der Arbeit im Kinderkollektiv an.

Die Persönlichkeit des Kindes soll sich im Kollektiv entwickeln. Das Kind muß lernen, es muß seinen Platz finden, sich behaupten, andere neben sich achten, anderen helfen, Hilfe annehmen. Diese und weitere Persönlichkeitsqualitäten und Charaktereigenschaften sollen im Vorschulalter herausgebildet werden. Kindergarten und Familie haben hier ihre besondere Aufgabe.

„Elterliche Erziehung und öffentliche Erziehung lösen einander nicht ab, sondern vervollständigen sich. Wir können der elterlichen Erziehung nicht entraten, auf daß die Kinder zu starken Persönlichkeiten von ungebrochener Eigenart erwachsen" (ZETKIN 1957, 4).

II. Das Spiel — Weg zur Erkenntnis der Welt

„Das Spiel, recht erkannt und recht gepflegt — öffnet dem Kinde den Blick in die Welten, für die es erzogen werden soll, und entwickelt es dafür" (FRÖBEL 1947, 17)

Vielseitige Beziehungen zu ihrer Umwelt stellen die Kinder im Spiel her. Ihnen erschließt sich manches Neue; sie sammeln vielfältige Erfahrungen im

Spiel. Sie erwerben neue Kenntnisse und dringen tiefer in die Lebens-Umweltbereiche ein.

Die Kinder erwerben und vervollständigen im Spiel auch Fertigkeiten, die sie brauchen, um zunehmend selbständiger zu werden. Sie lernen, daß ein Spielmaterial funktionsgerecht zu behandeln und zu verwenden ist. Farben und Formen werden allmählich differenziert u. a. m. Durch andere Tätigkeiten sind Spiele nicht ersetzbar; sie sind ‚ein psychisches Vitamin' (vgl. ARKIN).

Spiel ist somit eine Tätigkeit der Kinder, um die Welt zu be-greifen, in die sie geboren werden. Sie entwickeln ihre Persönlichkeit im Spiel und die

„eigene aktive Auseinandersetzung bedeutet für das Kind, daß es seine Kräfte erprobt und entwickelt, daß es sich über seine Tätigkeit die Umwelt aneignet" (KRANZ 1970, 7).

Die Kinder gestalten im Spiel selbständig Erscheinungen ihrer gesellschaftlichen Umwelt nach und reproduzieren sie. Sie handeln und verhalten sich so, als ob ihre Darstellungen Wirklichkeit wären; sie wollen so handeln, wie die Erwachsenen. Damit wird die Darstellung des Inhalts der Tätigkeit von Erwachsenen zum Ziel ihres Spiels.

Im Verlauf des Spiels kommt es aber zu keinem unmittelbar nützlichen, verwertbaren Ergebnis für die Gesellschaft. Das ist charakteristisch für das Spiel. Die Handlung, nicht das Ergebnis ist für das Kind bedeutsam.

Erfahrungen werden gesammelt in der Nachahmung und Umgestaltung der Erwachsenen und ihrer Wirklichkeit im Spiel. Hier liegt der Sinn für das gegenwärtige und künftige Leben des Kindes.

Zwischenmenschliche Beziehungen entwickeln sich früh und finden im Spiel ihren Ausdruck.

Durch genaues Beobachten und Nachahmen übernehmen sie Werte von Gut und Böse, Falsch und Richtig von den Erwachsenen.

III. Spiel und Arbeit — Formen menschlicher Tätigkeit

Menschliche Tätigkeit ist vielgestaltig und umfassend; ihre grundlegende Form ist die Arbeit. Sie dient der Güterherstellung und bildet die gesellschaftliche Basis, da alles Lebensnotwendige durch Arbeit geschaffen wird. Das Resultat der Arbeit ist also von vornherein gewollt. Es ist eine zweckbestimmte zielgerichtete Tätigkeit, die durch die Verwendung von Arbeitsmitteln gekennzeichnet ist. Arbeit zeigt ein Verhältnis des Menschen zur Natur und zu Mitmenschen.

Auch das Spiel ist eine Form menschlicher Tätigkeit. Um das Wesen des Spiels transparent zu machen, gehen wir vom Verhältnis des Spiels zur Arbeit aus. Es sollen Gemeinsamkeiten und Unterschiede herausgearbeitet werden. Durch das kindliche Spiel ergibt sich kein für die Gesellschaft unmittelbar nützliches und verwertbares Ergebnis (Kuchen aus Sand formen — Sand ist nicht eßbar). Obwohl das Kind keine unmittelbar nützlichen und notwendigen Werte schafft, verfolgt es im Spiel bestimmte Ziele (Bäcker sein u. a.). Wobei die Handlung selbst wesentlich ist und nicht ein gegenständliches Ergebnis. Darin liegt das Besondere des Spiels, und hier unterscheidet es sich grundsätzlich von Arbeit.

RUBINSTEIN (1977) sagt, daß das Spiel der Kinder eine sich von der Arbeit unterscheidende, aber auch mit ihr verbundene und von ihr ausgehende Form der menschlichen Tätigkeit ist. Daraus läßt sich folgern, daß das Wesen des Spiels nur erkannt werden kann, wenn auch die Kohäsion und die Interpendenz mit der Arbeit beachtet und mit erfaßt wird.

Kinder leben in einer durch Arbeit geprägten Welt, ihr Leben ist eng mit dem gesellschaftlichen Leben verbunden. Die Arbeit der Erwachsenen besitzt für sie besondere Anziehungskraft, daher ist Arbeit ein Impuls zur Nachahmung. Aus diesem Grund spielen sie auch häufig Spiele der Arbeitswelt (Kuchen backen / Haus bauen). Sie können aber nur die Erscheinungen der Umwelt nachgestalten, wenn die Erwachsenen durch ihre Arbeit die Voraussetzungen und die Möglichkeiten dazu schaffen und den Lebensunterhalt sichern. Wenn diese Bedingungen fehlen, sind die Kinder gezwungen, ihren Lebensunterhalt selbst zu bestreiten, dann werden sie wenig oder gar nicht spielen (vgl. Entwicklungsländer, in denen Kinderarbeit üblich ist).

ALT (1956, 36) sagt, daß Spiel und Arbeit auf der frühen menschlichen Entwicklungsstufe noch eine Einheit bilden und

„... nur solche spielähnlichen Handlungen des Kindes auftreten, die im Rahmen der frühen Teilnahme an der Arbeit sich dadurch ergeben, daß das Kind noch ohne echtes Ziel, noch ohne völlige Beherrschung der Technik, die Tätigkeit der Erwachsenen nachzuahmen sucht, daß es mit einem Bewußtsein, das noch nicht zu dem von den Erwachsenen dieser Entwicklungsstufe erreichten Reifegrad gediehen ist, an die Bewältigung der Aufgaben der Erwachsenen geht. Spiel und Arbeit sind hier nicht zu trennen..."

Bei dieser ‚Erkenntnis' ALTs handelt es sich allerdings, wie er selbst sagt, um eine Hypothese, die aber viel Wahrscheinlichkeit besitzt. Sicher ist jedenfalls, daß

„... die Behauptung bürgerlicher Wissenschaftler wie von GROOS oder HOFFMANN, die Arbeit habe sich aus dem Spiel entwickelt, in der historischen Entwicklung der Menschheit gehe das Spiel der Arbeit voraus, von falschen Voraussetzungen ausgeht, daß sie unwissenschaftlich ist" (CHRISTENSEN / LAUNER 1979, 13).

Spielen können die Kinder erst dann, wenn ihre Lebensgrundbedürfnisse (essen, trinken, kleiden, wohnen) gesichert sind.

In der gemeinschaftlichen Arbeit entwickelt sich die Sprache als Verständigungsmittel aller an ihr Beteiligten, in Zusammenhang damit das Denken und es entstehen neue Fähigkeiten, Fertigkeiten, Willens- und Gefühlseigenschaften. Das Bewußtsein bildet sich heraus.

„Fragt man weiter, was denn Denken und Bewußtsein sind und woher sie stammen, so findet man, daß es Produkte des menschlichen Hirns (sind) und daß der Mensch selbst ein Naturprodukt (ist), das sich in und mit seiner Umgebung entwickelt hat ..." (ENGELS 1948, 41).

In diesem komplizierten Prozeß hat sich auch das Spiel aus der Arbeit als eine besondere Form der menschlichen Tätigkeit herausgebildet (vgl. CHRISTENSEN / LAUNER). Spiel ist dort notwendig und möglich, wo die Arbeitsmittel einen Grad der Vervollkommnung erreicht haben, daß Kinder nicht mehr unmittelbar an der Sicherung ihrer Lebensgrundlage beteiligt sind.

„Mit der Entwicklung der Produktionsmittel, mit einer komplizierten Handhabung der Werkzeuge wird dieses reine Spiel, das noch nicht unmittelbare Teilnahme am Leben der Erwachsenen ist, sondern Übung und Vorbereitung darauf, zu einer unumgänglichen Notwendigkeit; ohne diese Vorbereitung kann das Kind die kompliziertere Arbeit nicht mit Erfolg ausüben" (ALT 1956, 51).

Spiel ist somit notwendige Vorbereitung auf den Umgang mit den komplizierten Arbeitsmitteln. Das Spiel wird als vorbereitende Tätigkeitsform auf die Arbeit angesehen; es ist für die Kinder Arbeit.

Historisch gesehen waren also Spiel und Arbeit auf das engste verbunden. Hinter den Spielen stand die Befriedigung menschlicher Lebensgrundbedürfnisse. Heutige Kinderspiele dagegen sind nicht unmittelbar auf ein Arbeitsereignis gerichtet. Der Sinn des Spiels aber, die Kinder auf das Arbeitsleben vorzubereiten, blieb erhalten (vgl. ARNDT 1976).

Psychologen westlicher Industrienationen – Wissenschaftler bürgerlicher Psychologie – vertreten auch die These, daß das Spiel Vorbereitung der Kinder auf ihre Umwelt, ihre spätere Tätigkeit ist. Trotzdem besteht ein prinzipieller Gegensatz zwischen der bürgerlichen und der sozialistischen Auffassung. Wissenschaftler sozialistischer Systeme werfen den Vertretern westlich-demokratischer Systeme vor, daß sie Spiel interpretieren als die Ausbildung angeborener und durch nichts zu verändernde Instinkte und Triebe (vgl. CHRISTENSEN / LAUNER 1979). Die Bedeutung der Arbeit für das Leben der Menschen, ihre Entwicklung, ihrer Beziehungen zueinander und für die menschliche Gesellschaft überhaupt wird nicht erkannt. Arbeit darf in diesem Zusammenhang nicht einseitig als produktivtechnische Tätigkeit verstanden werden.

„Wesentlich für die Arbeit als Quelle des Spiels ist ihr gesellschaftliches Wesen, der spezifische Charakter der Arbeit als einer Tätigkeit, die, statt wie die Lebenstätigkeit der Tiere, sich einfach der Natur anzupassen, diese verändert. Das Spiel ist mit der Praxis, mit der Einwirkung auf die Welt verbunden. Das Spiel des Menschen ist ein Erzeugnis der Tätigkeit, in der der Mensch die Wirklichkeit umgestaltet und die Welt verändert" (RUBINSTEIN 1977, 727).

Hauptmangel der Spieltheorien westlicher Vertreter ist nach RUBINSTEIN, daß sie nur den ‚Sinn' des Spiels aufzeigen, nicht aber die Ursachen, die es hervorrufen, nicht die Motive, die zum Spiel anregen. Diese Spieltheorien können halt nicht dialektisch-materialistisch geklärt werden.

MAKARENKO (1970, 399) weist auf den Zusammenhang von Spiel und Arbeit in der Kindererziehung ausdrücklich hin.

„Arbeit ist Teilnahme des Menschen an der gesellschaftlichen Produktion, an der Schaffung materieller, kultureller, anders gesagt sozialer Werte. Das Spiel verfolgt nicht solche Ziele, es hat keine direkte Beziehung zu gesellschaftlichen Zielen, wohl aber eine indirekte Beziehung: Es gewöhnt den Menschen an die körperlichen und geistigen Anstrengungen, die für die Arbeit notwendig sind."

IV. Spielentwicklung

Das Spiel ist nach Auffassung sozialistischer Spielpädagogen aus der Arbeit entstanden und hat sich im Laufe der Entwicklung der gesellschaftlichen Verhältnisse und der Stellung der Kinder in der Gesellschaft im Zusammenhang und in Abhängigkeit von diesen Faktoren geändert und gewandelt.
Der Entwicklungsprozeß nachwachsender Generationen bedarf der Lenkung durch die Erwachsenen. So wird den Kindern die Erfahrung der Erwachsenen, ihr Wissen und Können, vermittelt und sie können es weiterentwickeln; das Bestehen der menschlichen Gesellschaft ist somit gewährleistet. Dieser von Menschen bewußt gelenkte Entwicklungsprozeß ist immer bestimmten Zielen untergeordnet, die sich aus konkret-historischen gesellschaftlichen Verhältnissen ergeben.
Ebenso wie die Periode der Kindheit eine Geschichte hat – sie ist der Veränderung, Anpassung und Entwicklung unterworfen –, verhält es sich auch mit dem Spiel. Innerhalb des historischen Prozesses trat es mehr und mehr in Erscheinung, gewann an Bedeutung und wurde zur bestimmenden Tätigkeit im Vorschulalter. Das Spiel ist somit nicht statisch, sondern dynamisch; es ist wie jede Erscheinung des gesellschaftlichen Seins der Entwicklung unterworfen.

V. Die ursprüngliche Spielform: Das Rollenspiel

Das Spiel läßt sich in verschiedene Spielarten aufgliedern, die den unterschiedlichen Bedürfnissen der Kinder entsprechen sollen. Dies verdeutlicht Abbildung 1.

```
                        Spiel
          ╱         ╱     │     ╲       ╲
   Rollenspiel          Handpuppenspiel    Spiele mit Bausteinen und
                                            Naturmaterial
          │                 │                    │
   didaktische Spiele   Bewegungsspiele     Stegreifspiele
```

Abbildung 1: Die Spielarten (aus VOGT 1972, 163)

CHRISTENSEN / LAUNER (1979, 10) kommen zu der Aussage: „Das Rollenspiel ist die reifste und vollendetste Form kindlichen Spiels." 1979 erweitern sie den Ansatz, indem sie die These aufstellen, daß die ursprünglichste Spielform als Art menschlicher Tätigkeit das Rollenspiel ist.
Das Rollenspiel nach sozialistischem Ansatz wird definiert als Tätigkeit

„... in der das Kind bestimmte Rollen erwachsener Menschen übernimmt und unter besonders geschaffenen Spielbedingungen die Tätigkeit erwachsener Menschen und die Beziehungen zwischen ihnen nachgestaltet. Das Kind verwendet dabei die verschiedensten Spielsachen, mit denen es die von den Erwachsenen bei ihrer Arbeit wirklich benutzten Gegenstände ersetzt" (ELKINSON 1965, 134).

Das Spiel ist einer Entwicklung unterworfen, die über die Wiedergabe der sozialen Bedeutung der Gegenstände zur Darstellung der sozialen Beziehungen der Menschen im Rollenspiel führt und in diesen seinen Höhepunkt findet.

Die gesellschaftlichen Beziehungen werden im entwickelten Rollenspiel zum Hauptinhalt; es müssen somit vor allem kollektive Spiele sein, in denen die Kinder verschiedenartige Beziehungen gestalten und eingehen können. Dies verlangt von den Kindern Aktivierung der eigenen Vorstellungen über die dargestellten Begebenheiten. Es erfordert Phantasie, um den Sinngehalt der Spielhandlung der anderen zu erfassen, es verlangt, das eigene Verhalten darauf einzustellen und über Handlung, Gestik, Mimik und Wort die eigenen Spielabsichten transparent zu machen. Des weiteren werden Beweglichkeit im Denken und schöpferische Ideen vorausgesetzt, um einen eigenen Beitrag zum Fortgang des Spiels zu leisten. Dazu gehört auch die Bereitschaft der Kinder zugunsten eines interessanten, alle Spielteilnehmer befriedigenden Spiels, die Lösung anderer anzuerkennen und nicht auf dem eigenen Vorschlag zu beharren. Aber gerade hierdurch gewinnt das Rollenspiel seine Anschauungskraft. Rollenspiele sind von großer Bedeutung für die Persönlichkeits- und Kollektiventwicklung der Kinder.

Einige Voraussetzungen für das Rollenspiel sind:

„— ausreichende, sich ständig erweiternde Lebenserfahrungen der Kinder, die das Wissen über die materiell-gegenständliche Seite der Tätigkeit des Menschen genauso einschließen wie ihre Kenntnisse über Sinn und Bedeutung des Tuns,
— entsprechendes Spielmaterial, das die Kinder sowohl zur Übernahme bestimmter Rollen stimuliert als auch bei der Gestaltung unterschiedlicher Rollen, als Ersatz für die Gegenstände, die die Erwachsenen bei ihrer Arbeit benutzen, verwendet werden kann,
— ausreichend Platz zum Spielen, damit sich die Kinder selbst die Bedingungen für ihr Spiel schaffen können,
— genügend Zeit für das Spiel, damit die vom Kind geplanten Spielvorhaben auch verwirklicht und die übernommenen Rollen ‚ausgespielt' werden können" (CHRISTENSEN / LAUNER 1979, 85).

Das Rollenspiel ist eine Quelle sozialer Erfahrungen. Soziale Beziehungen der Erwachsenen sind Gegenstand kindlicher Erkenntnis. Ideelle Handlungsmuster werden durchgespielt und damit gänzlich neue Verhaltensqualitäten herausgebildet. Wichtig soll dabei sein, daß die gesellschaftlich gerichteten Motive des Handelns übernommen werden.

„Da sie im Spiel das Leben und Verhalten der Erwachsenen und deren Beziehungen zueinander gestalten, erkennen und erleben sie, daß das menschliche Tun, die Arbeit gesellschaftlich gerichtet ist, das heißt nur über die Befriedigung gesellschaftlicher Bedürfnisse die eigenen Bedürfnisse befriedigt werden. Im Rollenspiel wird die gesellschaftliche Funktion der Erwachsenen gestaltet, und so werden die sozialen Beziehungen zum Gegenstand der Erkenntnis der Kinder. Damit bildet sich ihr soziales Bewußtsein, eignen sie sich auf eine besondere Art und Weise die Normen des Verhaltens an" (LAUNER 1970, 6).

VI. Das Spiel der Kinder als selbständige Gestaltung ihres Lebens

Aus der ständigen und engen Verknüpfung der Kinder mit der Umwelt und dem unmittelbaren Interesse für ihre Erscheinungen ergeben sich vielfältige Anregungen, welche die Kinder zum Tätigsein motivieren. Das Kind hat das Bedürfnis, aktiv am gesellschaften Leben teilzunehmen; es will die Bedeutung der Umwelterscheinungen (Baustelle, Kaufhaus, Elternhaus, Kindergarten) verstehen.

„Das Kind will, wie es dies in jedem Augenblick seitens der Erwachsenen erlebt, auf die Welt gestaltend einwirken" (ALT 1956, 51). Nur dadurch, daß das Kind tätig ist und handelt, daß es danach strebt, gestaltend auf die Welt einzuwirken, kann es alle seine Kräfte entwickeln und zu einem menschlichen Wesen werden; denn nur im Prozeß der Einwirkung und Veränderung der Umwelt kann der Mensch in das Wesen der Dinge eindringen und diese erkennen.

„Das Kind lernt die Umwelt nicht durch passive Beobachtung kennen, sondern indem es aktiv ist. Sein sich entwickelnder Organismus verlangt nach Bewegung, ebenso verlangt sein sich entwickelnder Verstand nach Betätigung. Darum ist das Kind im Vorschulalter in unermüdlicher Bewegung, es strebt nach Selbständigkeit und ist voller Wissensdurst und Neugier" (MENDSHERIZKAJA 1949, 10).

Die Umwelt, in der die Kinder leben, setzt ihnen bestimmte Determinanten. Sie ergeben sich aus der Tatsache, daß die Kinder ihre Absichten und Bestrebungen in der Umwelt / Wirklichkeit zu realisieren versuchen. Für die Welt der Erwachsenen sind sie jedoch noch nicht befähigt, d. h. sie können nicht wie Erwachsene gestaltend auf ihre Umwelt einwirken. Ihnen fehlt es an Technik der auszuführenden Tätigkeiten und sie besitzen nicht das erforderliche Wissen und Können. Daraus ist zu folgern, daß sie ihre Bestrebungen noch nicht im spielfreien Bereich realisieren können. Dieser Widerspruch, der sich aus dem Bedürfnis der Kinder und ihrem Bestreben, aktiv am gesellschaftlichen Leben teilzunehmen, und ihren Möglichkeiten, ihrem Können hierfür ergibt, wird im Spiel und durch das Spiel gelöst. Die Tätigkeiten der Kinder werden im Spiel nicht begrenzt. Alles was sie sehen, erleben, hören u. a. können sie spielend wiedergeben, indem sie die Haltung einnehmen, als ob ihr Tun Wirklichkeit wäre; sie übernehmen Rollen.

Rollenspiele sind ihrem Wesen nach Gruppenspiele, obwohl auch alleinspielende Kinder Rollen übernehmen und gestalten können. In Einzelspielen, die in bestimmten Entwicklungsabschnitten bedeutsam sind, erkennen sie die Einseitigkeit ihrer Handlung und bemerken, daß diese kaum ausbaufähig ist. Hieraus wächst der Wunsch zum gemeinsamen Spiel.

Themen werden im Zusammenspiel, durch Zusammenwirken vielseitiger Inhalte umfangreicher und interessanter. Es entstehen vielerlei Kontakte zwischen den Spielen, zum Beispiel Einigung auf ein Spielthema, Festlegen der Inhalte, Bedingungen schaffen, Material auswählen. Handlungen müssen aufeinander abgestimmt werden und übernommene Rollen in Interdependenz mit anderen gebracht werden. Im koordinierten Handeln müssen alle ‚Spieler' begreifen, wozu der spezifische Anteil jedes einzelnen am gemeinsamen Vorhaben besteht und ihr subjektives Verhalten danach ausrichten. Dies ist eine schwierige Forderung, die nicht ohne Konflikte zu lösen ist. Die Art der Konfliktlösung und wie Kinder ihre Beziehungen zueinander gestalten,

- ob als freundschaftlich und solidarisch sich entwickelnde Kollektive oder
- ob sie geprägt sind von individualistischem Verhalten,

hängt ab von den konkret-historischen Verhältnissen, in denen Kinder aufwachsen; zudem wird es entscheidend geprägt durch die Einflußnahme der Erwachsenen und die gesamte Erziehung der Kinder überhaupt.
Obwohl Kinder häufig ganz in ihrem Spiel aufgehen, verwechseln sie niemals Spiel und Wirklichkeit. Dies wird durch das Beziehungsgeflecht der Kinder beim Spiel deutlich. USSOWA (1966) hat nachgewiesen, daß sich ihr Verhalten zueinander im Spiel auf zwei Ebenen bewegt:

a) spielbestimmtes Verhalten; es bleibt für die Dauer des Spiels erhalten,
b) reales Verhalten der Kinder, wie es außerhalb des Spiels besteht.

Diese beiden Beziehungsebenen (im Spiel und allgemeingültig) bedingen und ergänzen sich. Ebenso können sie auch in Widerspruch zueinander geraten und Konflikte auslösen, die im Spiel nicht gelöst werden und zum Auseinanderfallen führen.
Die Rollenspiele weisen eine Eigenart auf, da Kinder imstande sind, spontan die übernommene Rolle zu durchbrechen, um zwischendurch sie selbst zu sein. Dies tritt besonders deutlich hervor, wenn die Spielsituation konfliktträchtig ist. Da Kinder lernen müssen, Konflikte selbst zu lösen, sind diese Situationen pädagogisch bedeutsam. Sie müssen lernen, ihr Verhalten gegenseitig zu steuern.
R. PFÜTZE (1962, 101) stellt fest:

„Die Erziehung zu freundschaftlichem Verhalten der Kinder war im Verlauf der Entwicklung ein Prozeß, der sich mit der Herausbildung des sozialistischen Spielinhalts und des Spielkollektivs vollziehen konnte. Indem die Erzieherin zu freundschaftlichem Verhalten erzog, mußte sie sowohl den sozialistischen Spielinhalt als auch das kollektive Spiel entwickeln, um sie zur Bedingung und zum Mittel für die Erziehung zu freundschaftlichem Verhalten wieder einzusetzen."

Zum Integrieren des rollenspezifischen Verhaltens in das kindliche Gesamtverhalten bedarf es allerdings besonderer Maßnahmen. Nicht nur zwischen dem Rollenverhalten und dem Realverhalten kann ein Widerspruch bestehen, sondern dies kann auf das Spielverhalten allgemein zutreffen. So gibt es Kinder, die gute Spielgefährten sind, sich aber nur schwer in eine Gruppe integrieren. Diese Widersprüche zwischen Spielverhalten und realem Verhalten können nur im Spiel gelöst werden.
Spiel ist selbständige Veranstaltung der Kinder, sie bestimmen, legen fest, wählen Material, Regeln, Ort, Spielpartner aus. Nur in der Tätigkeit selbst

können sie Erfahrungen sammeln, die sie befähigen, ihre realen Beziehungen mit den im Spiel gewonnenen Einsichten in Übereinstimmung zu bringen.

VII. Spiel und Persönlichkeit

Die Wirklichkeit wird im Spiel nicht nur abgebildet, sondern das Kind bildet sie um, indem es umgestaltet, Wirklichkeit und Erdachtes verbindend. So entwickeln sich im Spiel, durch das Spiel, kognitive und physische Kräfte des Kindes, es bildet sich seine Persönlichkeit heraus. Im Spiel lernt das Kind, denken wird geübt, indem es Erscheinungen der Wirklichkeit analysiert, Bekanntes und Erscheinungen miteinander vergleicht und häufig auf seine (neue) Weise verbindet, also eine Synthese herstellt. Diese kognitiven Operationen und bestimmte Qualitäten (Ausdauer, Konzentration, Probierbereitschaft, Hilfsbereitschaft, Kritikfähigkeit, Kritikfreudigkeit u. a.) entwickeln sich im Spiel. Sie bilden wichtige Grundlagen sozialistischer Persönlichkeitszüge. Spielend lernt das Kind, vervollkommnet es bestimmte Fähigkeiten und Fertigkeiten. Es dringt spielend in seine Umwelt / Erlebnisfelder ein und erwirbt leichter und besser manche Erkenntnisse. Kinder wissen, daß Spiel nicht mit Arbeit gleichzusetzen ist; doch vollbringen sie im Spiel häufig große Anstrengungen zur Erreichung des angestrebten Zieles:

„In allen Spielen, solange sie nur vollauf überzeugt sind, daß es nur ein Spiel ist, ertragen sie, ohne zu klagen und sogar lachend das, worum sie unter Umständen Ströme von Tränen vergossen hätten" (ROUSSEAU 1958, 167)!

Für die Erziehung des Willens, der Ausdauer und der Ausbildung des Charakters ist das Spiel wertvoll. Die Anstrengungen im Spiel werden auch bei der späteren Arbeitstätigkeit gebraucht, daher ist es wichtig für das Kind, selbst zu erfahren, daß man sich auch um Spielerfolge bemühen muß, daß es im Leben immer und überall spezifischer Anstrengungen bedarf. Das Kind muß lernen, im Spiel Rücksicht zu nehmen, Hilfe anzubieten. Es muß lernen, seine Rolle – Führer-, Neben- oder Untergeordnetenrolle – anzunehmen. Allerdings sollen Erzieher darauf achten, daß nicht immer die gleichen Kinder Führungspositionen ausüben. Führung und Unterordnung sollten wechseln, damit sich bei allen Kindern gleiche Fähigkeiten ausbilden. Alle Kinder sollen lernen, selbstbewußt zu handeln, aber sich auch ein- und unterordnen können. Die gleichen Anforderungen müssen alle Erwachsenen bei ihrer Arbeit erfüllen und sie sind wichtig für die Herausbildung kindlichen Verhaltens. Das Zusammenspiel ist zur Ausbildung kollektiver Verhaltensweisen (Rücksichtnahme, Höflichkeit, gegenseitige Hilfe, zeitweilige Unterordnung) bedeutsam.

„Das Spiel ist der Weg der Kinder zur Erkenntnis der Welt, in der sie leben und die umzugestalten sie berufen sind" (GORKI 1964, 20).

VIII. Interaktion mit der Umwelt durch das Spiel

Dem Bestreben nach selbständiger Tätigkeit entspricht das Spiel am besten. Es ist eine echte Freude des Schaffens.

„... die Freude über die Bewegung auf ein Ziel hin und die Überwindung von Schwietigkeiten, die Freude an der schöpferischen Arbeit von Phantasie und Idee" MENDSHERIZKAJA 1952, 77/78).

Die Quelle der Freude ist das im Spiel immer wieder erfahrene und bestätigte Erlebnis, sinnvoll tätig zu sein. Der Grund der Freude ist

„... im Wesen des Spiels zu suchen, denn es ist die Form der Praxis des Kindes, mit deren Hilfe es die Umwelt erkennt und verändert" (LUBLINSKAJA 1961, 209).

Die Wiedergabe der Wirklichkeit wird in den Spielen der Kinder sichtbar. Diese Transparenz entsteht in einer Reihe von sinnvollen, zweckbestimmten Handlungen, die einzeln auftreten können, oft auch untereinander verbunden sind und die von Anfang an einem Thema untergeordnet werden und einen entsprechenden Inhalt besitzen. Das Spielthema ist ein Wirklichkeitsbereich, der von den Kindern nachgestaltet wird.

„... zum Spielinhalt gehört das, was das Kind als zentrales und charakteristisches Moment der Tätigkeit Erwachsener nachgestaltet" (ELKINSON 1974, 43).

Spielthemen und -inhalte sind die Wiedergabe von Erlebnissen und Erscheinungen, die das Kind unmittelbar beobachtet hat, an denen es beteiligt ist, über die es aus Geschichten o. ä. erfahren hat. Es sind vor allem handelnde Menschen, ihr Verhältnis zu Gegenständen, zueinander und zu ihrer Tätigkeit, die in den Kinderspielen zum Ausdruck kommen.

In ihren Spielen vollziehen Kinder einen ganzen Komplex sinnvoller Tätigkeiten, die nach der Realisierung einer bestimmten Absicht streben. Spieltheorien, die im Kinderspiel eine zweckfreie Tätigkeit sehen und von Selbstzweck sprechen, gehen von einer falschen Ansicht vom Wesen menschlicher Tätigkeit aus.

„Sie erkennen nicht, daß die Tätigkeit des Menschen ein bewußtes Tun und auch das Spiel der Kinder, die als Glieder der menschlichen Gesellschaft heranwachsen, ein spezifisch menschliches Handeln ist" (CHRISTENSEN / LAUNER 1979, 38).

Bestimmte Bereiche der Wirklichkeit (Familienspiel) setzen die Kinder besonders gern ins Spiel um. Sie treten in unterschiedlichen Variationen und Kombinationen auf. Damit erschließen sich die Kinder neue Seiten der Erscheinung; sie setzen sich durch praktisches Handeln immer wieder neu mit dem Bereich auseinander. Die Anziehungskraft des Themas ‚Familie' liegt darin, daß in der Familie immer etwas geschieht und die Kinder an diesem Geschehen unmittelbar beteiligt sind bzw. es sie berührt.

Allerdings bleibt festzuhalten, daß die Spielthemen so vielgestaltig sind wie die Umwelt der Kinder, in der sie leben und Erfahrungen sammeln. Thema und Inhalt des Spiels hängt von den Lebensbedingungen ab, in denen Kinder aufwachsen, von gesellschaftlichen Verhältnissen, von Erziehung und Bildung sowie vom Einfluß der Erwachsenen.

Die Kinder gestalten die Lebens- und Denkweisen der Erwachsenen im Spiel nicht nur nach, sie bringen auch ihr Verhältnis zu ihr zum Ausdruck. In die übernommenen Rollen leben sie sich hinein und werden dadurch mit Normen und Regeln, die das Verhalten der Menschen in der Gesellschaft bestimmen, vertraut.

Zur Realisierung der Spielvorhaben verwenden die Kinder differentes Material ebenso wie sie Gegenstände der Umwelt einbeziehen (Sand, Steine, Stöcke); so können sie verändernd und umgestaltend auf ihre Umwelt einwirken. Das Spiel ist nicht auf Schaffung nützlicher Werte ausgerichtet. Daher ist eine Einwirkung auf reale Gegenstände, wie es im spielfreien Bereich notwendig ist, nicht erforderlich. Im kindlichen Spiel handelt es sich um eine Scheinwirklichkeit („Als-ob-es-Wirklichkeit-wäre"), die die kindlichen Beziehungen zu den Gegenständen bestimmt und den Umgang damit regelt.

Die Erwachsenen üben durch Herstellung und Bereitstellung unterschiedlichster Materialien und Gegenstände Einfluß auf das Spiel der Kinder aus; denn durch eben diese unterschiedlichen Materialien werden die Kinder zur Auseinandersetzung mit der Umwelt angeregt.

„Im Spielmaterial liegt ein guter Teil Realisierens, gleichzeitig läßt es auch Raum für die Phantasie, und zwar nicht nur für die bloße Einbildungskraft, sondern für die große schöpferische Arbeitsphantasie" (MAKARENKO 1970, 404).

Material zur Umgestaltung, das den Kindern noch keine fertigen Lösungswege vorgibt, motiviert die Kinder stärker, sich ihrem Alter und ihren Möglichkeiten entsprechend selbständig an der Schaffung der Spielbedingungen zu beteiligen. Zudem führt es zu einer aktiven Auseinandersetzung mit der Umwelt. So machen sie die grundlegende Erfahrung, daß man auf die in der Umwelt vorgefundenen Stoffe einwirken, daß man sie verändern und umgestalten kann, um sie den Zielen und Zwecken, die man verfolgt, unterzuordnen.

Kenntnisse, Erfahrungen und Erlebnisse, welche die Kinder außerhalb des Spiels in den verschiedenen Bereichen des gesellschaftlichen Lebens erworben haben, bilden die Basis des Spiels. Wo keine enge Verbindung zum Leben der Erwachsenen besteht, das Leben der Kinder eintönig verläuft und es den Kindern an echten Erlebnissen fehlt, kann sich das Spiel nur schwer entwickeln.

Die Verbindung Kind — Umwelt wird wesentlich vom Erwachsenen gelenkt, gestaltet und festgelegt. Erwachsene machen Kinder mit ihrer Umwelt bekannt, sie wählen aus, worin Kinder unterrichtet werden müssen und was sie sich durch unmittelbare Teilnahme aneignen können. Durch das Spiel erweitern sie ständig Wissen und Können. Alles, was Kinder berührt, kann in das Spiel aufgenommen und im praktischen Handeln ausprobiert und angewendet werden. Sie vergleichen ihre Handlungen mit Ereignissen des Spiels, auch das trägt zu einem umfassenderen und tieferen Eindringen in ihre Bedeutung bei. Ohne Widersprüche läuft dieser Prozeß nicht ab. Wissen und können der Kinder reichen nicht immer, um ihre Absichten zu realisieren. So ergeben sich im Spielgeschehen selbst neue Fragen, die einer Antwort bedürfen.

IX. Das Spiel – eine schöpferische Tätigkeit

„Das Spiel ist eine Tätigkeit, in der sich Kinder praktisch handelnd, unter Anwendung ihrer Kenntnisse und der Sprache, mit Hilfe von Gegenständen und körperlichen Bewegungen mit ihrer Umwelt auseinandersetzen, spielend in viele Zusammenhänge eindringen und ihre Bedeutung begreifen" (CHRISTENSEN / LAUNER 1979, 53).

Um etwas begreifen zu können, d. h. es denkend begreifen zu können, muß man es zuvor physisch begriffen haben, und erst aus diesem physischen Begreifen entwickelt sich das denkende Begreifen (BECHER 1962).

„Die freie, ichbezogene Phantasie ist nicht der Ursprung, aus dem das Kind willkürlich seine Spielwelt aufbaut, sondern sie wird erst durch das Spiel angeregt und entwickelt" (LEONTJEW 1975, 315). Hierin liegt das Verhältnis von Phantasie und Wirklichkeit im kindlichen Spiel, d. h. die Phantasie kommt aus der Wirklichkeit, aus den Erlebnisfeldern der Kinder. Die Selbständigkeit von Phantasie und Traum wird deutlich abgelehnt, sondern diese Begriffe werden an der Realität festgemacht.

X. Spiel und Erziehungsziele

Die Tätigkeit der Kinder im Spiel wird bestimmt von den Zielen und Aufgaben der Erziehung, die ihrerseits wiederum abhängig sind von den gesellschaftlichen Verhältnissen und die in der Klassengesellschaft unterschiedlich für die Kinder der verschiedenen Klassen sind (vgl. CHRISTENSEN / LAUNER 1979). Es müssen also klare Zielvorstellungen vorhanden sein über den Erwerb von Wissen und Können, Fähigkeiten und Fertigkeiten, Eigenschaften und Willensqualitäten, Einstellungen und Verhaltensweisen, die von den Kindern erlernt und als Ergebnis übernommen werden sollen. Der Pädagoge hat die Verantwortung dafür, daß die Kinder sich das aneignen, was den formulierten Zielen entspricht.

Im pädagogischen Prozeß des Kindergartens wird das Spiel immer der Zielsetzung der kommunistischen Erziehung, der allseitigen Entwicklung der Vorschulkinder untergeordnet und dementsprechend pädagogisch gestaltet. Allerdings stellt MAKARENKO (1956, 244) auch fest:

„Die gesamte Organisation eines Kinderkollektivs muß vom Spiel durchdrungen sein, und wir, die Erzieher, müssen am Spiel teilnehmen."

Das Spiel läßt sich einteilen in eine vorbereitende, durchführende und abschließende Phase. Entscheidende Aufgabe der Erzieherin in der vorbereitenden Phase ist das Geben von Impulsen, damit Spielinteressen geweckt und Spielideen sich ausformen. In der durchführenden Spielphase übernimmt die Erzieherin Stützfunktionen, gibt Hilfen, damit die Spielidee verwirklicht werden kann. Sie muß darauf achten, daß das Spiel den Kindern Leistung abverlangt, sie vor Probleme stellt, deren Lösung sie kognitiv und physisch aktiv und schöpferisch werden läßt und deren Bewältigung ihnen Freude bereitet und ihr Selbstvertrauen stärkt. In der abschließenden Spielphase sollte die Erzieherin reflektieren, ob jedes Kind sein Spielziel erreicht hat. So kann sie durch Spielanalyse jedem einzelnen Kind bei neuen Spielen bessere individuelle Impulse geben.

Geplant wird nicht das Spiel der Kinder, sondern der pädagogische Prozeß im Spiel. Hieraus ist zu folgern, daß nicht geplant wird, was die Kinder tun sollen, sondern was die Erzieherin tun wird, um die Kinder mit Hilfe des Spiels zu erziehen. Dies läßt sich um so präziser festlegen, je besser sie das Spiel ihrer Gruppe kennt, je genauer ihre Vorstellungen darüber sind, welche pädagogischen Aufgaben sie mit Hilfe des Spiels lösen will. Die Bewältigung der Aufgaben / Ziele geschieht unter Anleitung der Erzieherin im Kinderkollektiv. Die pädagogisch-methodischen Grundsätze der führenden Rolle der Erzieherin und die Erziehung im Kollektiv werden im Kindergartenplan deutlich hervorgehoben.

XI. Kritische Reflexion

Mit der Ausrichtung des Spiels als eigene Tätigkeitsform und als Vorform planmäßigen Lernens und Arbeitens zeigt sich die einseitig gesellschaftsbezogene Ausdeutung dieser kindlichen Aktionsform. Auch beim Spielen entfaltet sich die Individualität vorwiegend in Sozialbezügen (s. Rollenspiel): Die Selbstfindung im Spiel durch das Spiel hat kaum noch einen Platz in der Spieltheorie der DDR.

Auch das Spiel des Vorschulkindes als Teil von Bildung und Erziehung ist einer Grundkonzeption untergeordnet, die einerseits auf der unrealistischen Annahme einer totalen Identifikation, einer konfliktfreien Harmonie von individueller und gesellschaftlich-kollektiven Interessen beruht und andererseits doch keine Möglichkeit der Bildung und Erziehung ungenutzt läßt, um die unbedingte Unterordnung unter die als „gesellschaftliche Interessen" deklarierten ideologischen Ausschließlichkeitsansprüche einer Parteidoktrin und unter die machtpolitischen Interessen der herrschenden Gruppe zu bewirken und zu sichern.

Die Anforderungen müssen vom Erzieher so gestellt werden, daß sie den durch die Entwicklung geschaffenen Möglichkeiten und Bedürfnissen des Kindes entsprechen und von diesem als erstrebenswert angenommen werden. Für die sozialistische Pädagogik bedeutet das an erster Stelle gesellschaftlich bedeutsame Aufgabenstellungen der sozialistischen Gesellschaft zu für die Kinder persönlich bedeutsamen Forderungen an sich selbst zu machen (ROUSSEAU spricht davon, daß sich das Allgemeininteresse im Einzelinteresse aufhebt und umgekehrt) und diese in das beim Kind bereits vorhandene System von Strebungen, Wünschen und Anschauungen einzubauen, um sie zu echten, führenden Motiven zu entwickeln. Dies ist die

zentrale, aber auch besonders schwer zu realisierende Aufgabe der sozialistisch-kommunistischen Erziehung.
Die Erziehung der Liebe zur Arbeit ist ein wesentlicher Grundbestandteil der zentralen und umfassenden Aufgabe der sozialistischen Bewußtseinsbildung der Kinder. Im Vorschulalter sollen bereits erste Erkenntnisse und Einsichten darüber grundgelegt werden — durch das Spiel —, daß Arbeit im Sozialismus den gesellschaftlichen und persönlichen Interessen dient.
Die Erziehung der Persönlichkeit erfolgt im Kollektiv und durch das Kollektiv zum kollektiven Verhalten.

Literatur

Alt, R.: Vorlesungen über die Erziehung auf frühen Stufen der Menschheitsentwicklung, Berlin (Ost) 1956
Arndt, M.: Didaktische Spiele, 4. Aufl. Stuttgart 1972
— u. a.: Das Vorschulkind, 7. Aufl. Berlin (Ost) 1976
Becher, R.: Über Kunst und Literatur, Berlin (Ost) 1962
Christensen, N. / Launer, I.: Über das Spiel der Vorschulkinder, Berlin (Ost) 1979
Eichberg, E.: Vorschulerziehung in der Sowjetunion, Düsseldorf 1974
Elkinson, D. B.: Zur Psychologie des Vorschulalters, Berlin (Ost) 1965
— Psychologie der Persönlichkeit und Tätigkeit des Vorschulkindes, Berlin (Ost) 1974
Engels, F.: Herrn Eugen Dübings Umwälzung der Wissenschaft, Berlin (Ost) 1948
Fröbel, F.: Fröbels Theorie des Spiels, Langensalza 1947
Gorki, M.: Über Kinderliteratur, Berlin (Ost) 1964
Groos, K.: Spiele der Tiere, Jena 1896
Hoffmann, E.: Spielpflege, in: Mitteilungen aus der neuen Mädchenschule 3, Berlin 1953
Kranz, Chr.: Zur Interpretation des Bildungs- und Erziehungsplanes. Inhalt und Aufbau des Planes (II), in: Neue Erziehung im Kindergarten 23 (1970), 5/6
Krecker, M.: Die Entwicklung des Kindergartens und der Vorschulpädagogik in der DDR, in: Beiträge zur Geschichte der Vorschulerziehung, Hrsg.: Barow-Bernstorff, E., u. a., Berlin (Ost) 1969
Launer, I.: Persönlichkeitsentwicklung im Vorschulalter bei Spiel und Arbeit, Berlin (Ost) 1970
— Einige Probleme des pädagogischen Prozesses im Kindergarten, in: Neue Erziehung im Kindergarten 23 (1970), 7
Leontjew, A. N.: Probleme der Entwicklung des Psychischen, Berlin (Ost) 1975
Lublinskaja, A. A.: Die psychische Entwicklung des Kindes, Berlin (Ost) 1981
Makarenko, A. S.: Werke, Bd. 5, Berlin (Ost) 1956
— Werke, Bd. 4, Vorträge über Kindererziehung, Berlin (Ost) 1970
Mendsherizkaja, D. W.: Die Vorschulerziehung, in: Leitfaden für Kindergärtnerinnen, Berlin / Leipzig 1949
— Der Einfluß des Erziehers auf den Inhalt des Kinderspiels, in: Beiträge aus der sowjetischen Vorschulpädagogik, Heft 2, Berlin (Ost) 1952
Netschatjewa, W. G.: Arbeitserziehung im Kindergarten, Berlin (Ost) 1966
Pirjow, E. D.: Probleme des Spiels im Kindergarten, Berlin (Ost) 1974
Pfütze, R.: Die Erziehung der Kinder zum kollektiven Verhalten im Rollenspiel, Berlin 1962
Rajewa, L. / Krufskaya, N. K.: Über die darstellende Tätigkeit der Kinder, in: Neue Erziehung im Kindergarten 24 (1971)
Rousseau, J. J.: Emile oder über die Erziehung, Berlin (Ost) 1958

Rubinstein, S. L.: Grundlagen der Allgemeinen Psychologie, Berlin (Ost) 1977
Schroeter, L.: Die Entwicklung des Kinderkollektivs und der kindlichen Persönlichkeit im Spiel, in: Neue Erziehung im Kindergarten 4 (1971)
Stolz, H. / Hermann, A. / Müller, W. (Hrsg.): Beiträge zur Theorie der sozialistischen Erziehung, Berlin (Ost) 1971
Suchodolski, B.: Einführung in die marxistische Erziehungstheorie, Köln 1972
Vogt, H.: Vorschulerziehung und Schulvorbereitung in der DDR, Köln 1972
Wygotski, L. S.: Das Spiel und seine Rolle für die psychische Entwicklung des Kindes (1933), in: Ästhetik und Kommunikation 4 (1973), Heft 11
Zetkin, C.: Über Jugenderziehung, Berlin (Ost) 1957

Personenregister

Algarra, M. 89
Alt, R. 19, 533 f., 537
Ambros, J. 269
Anesaki, M. 516
Ansbacher, H. L. 378
Ariès, Ph. 243
Aristoteles 231, 283
Arhaud, S. 332

Balling, E. 484
Bally, G. 45, 70, 474
Barrét, G. 497, 503
Basedow, J. B. 247
Bateson, G. 338
Bayr-Klimpfinger, S. 461
Beauchamp, H. 510
Beckers, G. 271
Beenen, G. 146
Beneke, E. 263
Benjamin, W. 493
Berlyne, D. E. 58, 127, 325
Bishop, D. W. 325
Bittner, G. 343, 348, 398, 404
Bladergroen, W. J. 90 f., 107, 303, 310
Blochmann, E. 424
Blumenthal, E. 392
Blurton-Jones, N. G. 106
Blij, E. v. d. 146
Bolton, G. 481, 488
Bornemann, E. 392
Bower, T. G. R. 139
Braanas, N. 481
Brenner, Ch. 133
Brok, A. J. 328
Brunelle, L. 501
Bruner, J. 43, 52 f., 56, 140, 359
Bruyn, E. E. J. 327
Bühler, Ch. 95, 106 ff., 125, 306, 310 ff., 321 f.
Bühler, K. 32, 47
Buytendijk, F. J. J. 20, 75, 198 f., 297, 304 f.

Callois, R. 8, 163
Calliess, E. 172, 175 f., 205

Carr, H. A. 7
Catz, J. 472
Chancerel, R. 500
Charms, R. de 327
Château, J. 11, 107, 135, 186 f., 189 f., 304 ff., 324, 328
Christensen, N. 533 ff., 540, 542
Christian III. 483
Cicero, M. T. 233
Claparède, E. 473
Cochenhausen, V. 266
Colozza, G. A. 265
Comenius, J. A. 237
Courtney, R. 496, 503
Craig, W. 48 f.
Cranach, M. v. 476
Curry, N. 332

Daublebsky, B. 174
Daucher, H. 210
Decroly, O. 472
Delft, P. v. 389
Dewey, J. 484, 498
Döpel, W. 393
Dollase, R. 195
Dumont, J. J. 318

Eibl-Eibesfeldt, I. 48, 50 ff., 71, 74, 373
Eifermann, R. R. 320
Eigen, M. 43, 62
Eisenstadt, S. N. 525
Elkinson, D. B. 536, 540
Elkonin, D. 18
Ellis, M. J. 324, 327
Ehnmark, K. 481
Elschenbroich, D. 420
Erb, A. 12, 106, 326
Erikson, E. H. 11, 56, 61 f., 122, 321 ff.

Feldmann, E. 424
Feyler, J. 473
Fischer, A. 162
Flarell, J. H. 317
Flitner, A. 14, 182, 187, 204, 208 f., 216, 221, 304 f., 320, 420

Francke, A. H. 240, 286
Frazer, A. 380
Freud, A. 378
Freud, S. 11, 35 f., 217, 321, 343
Frey, O. 392, 398, 404
Freyhoff, U. 224
Fröbel, F. 57, 60 f., 211 f., 259 f., 290 f., 424, 472
Frommberger, H. 421
Fuxloch, K. 265

Gallagher, J. Mc. C. 316
Gaudig, H. 267
Gehlen, A. 51, 198
Grethe, J. W. 211
Goetze, H. 321
Groos, K. 48, 71, 264, 300, 307, 394
Groot, R. de 145
Grossmann, K. E. 357, 366
Gruber, H. E. 317
Gump, P. V. 325
Guts-Muths, J. E. F. 252, 297 ff.

Haase, D. 266, 391
Häberle, W. 476
Haigis, E. 202
Hall, G. S. 299 f.
Hahn, A. v. 266
Hamburger, D. 52
Hamer, H. E. 520
Hanada, N. 516
Hansen, G. A. 486
Harding, G. 321
Hartmann, K. 302
Hartmann, W. 104, 463
Hasse, D. v. 89
Hassenstein, B. 48 f., 51, 53, 72
Hayes, C. 59, 84
Hayes, K. 84
Heathcote, D. 488
Heckhausen, H. 11, 36, 58, 204, 379
Hegelund, P. 483
Heidemann, I. 389
Helanko, R. 144
Hellberg, H. 492
Hemprich, K. 286
Henriot, J. 163 f.
Heraklit 287
Hessen, S. 259
Hetzer, H. 95, 107, 128, 143, 310
Hildebrandt, P. 393
Hilmer, J. 421
Hisano, A. 519
Höltershinken, D. 404
Hohmann, M. 515
Holzkamp-Osterkamp, U. 488

Hoser, H. 270
Howard, J. A. 475
Hüttenmoser, M. 476
Huizinga, J. 8 ff., 70, 198, 203, 332
Hutt, C. 120, 164
Hutt, S. J. 120

Illeris, K. 485

Jacob, F. A. H. 266
Jaspers, K. 304
Jöde, F. 266
Johannesson, J. 144
Johnson, J. 144
Joya, M. 516
Jünger, F. G. 12, 411

Kamp, L. N. J. 106 f., 144
Kant, I. 31
Karpinen, T. 481
Kjaegård, J. 491
Klein, M. 321, 323, 343
Klinke, W. 408, 434, 440, 442
Kluge, N. 14 f., 106, 221, 326, 420
King, C. E. 389
Köhler, A. 391, 409
Köhler, W. 45, 54, 56
Kohlberg, L. 100
Kohut, H. 343
Kongsrud, L. 485
Kooij, R. van der 104 f., 107, 115 ff., 131, 133, 137, 140 ff., 156, 302, 304, 332
Kretschmann, J. 266
Kreuzer, K. J. 7, 11
Krings, H. 223
Krivohlavy, J. 13
Kronen, H. 424
Krüche, H. 267
Kruglansky, A. W. 327
Kube, K. 326, 424
Kunz, H. 24, 474

Lacis, A. 493
Lange, K. 7
Langveld, M. J. 304
Langstedt, J. 486
Largo, R. H. 475
Launer, I. 537
Lawick-Goodall 52
Lazarus, M. 301 f.
Lebede, H. 266
Lefèbre, C. B. 326
Leif, J. 501
Leutz, F. 271
Levenson, H. 328
Levy, J. 297, 321, 326

Leyhausen, P. 48 f., 71, 77
Lichtwark, A. 267
Lietz, H. 267
Lighthart, J. 333 f.
Lippit, R. 144
Locke, J. 239
Löschenkohl, E. 467
Loizos, C. 75
Lorenz, K. 48 f., 71, 288, 337
Ludwig XIII. 243
Lüthi, M. 353
Lütkenhaus, P. 361
Luserke, M. 266

Madsen, P. 491
Makarenko, A. S. 534, 541
Marechal, A. 508
Marrou, H. J. 230
Marx, K. 8, 493
Mayer, C. 472
McDonald, A. P. 328
McCune-Nicolich, L. 144
Mead, G. H. 487
Mead, M. 21, 299
Meierhofer, M. 476
Mendsherizkaja, D. W. 537, 540
Meyer-Holzapfel, M. 69, 72, 462
Michelet, A. 303
Middleton, D. 136
Mieskes, H. 23, 393, 399, 434, 442
Miller, S. 297
Möller, P. 89
Möse, A. 270
Moller, E. 262
Monod, R. 504
Montaigne, M. de 243
Montessori, M. 60, 224, 259
Moor, P. 474 f., 477
Morris, D. 77
Moster, P. G. 164
Mounoud, P. 475

Neisser, U. 316
Neulinger, J. 326, 328
Neumann, E. 297, 327
Neumann, J. v. 13
Newson, E. 89
Newson, J. 140
Niemeyer, H. 263
Niermann, J. 515
Nietzsche, F. 70, 287, 391
Nohl, H. 267
Novalis 287

Oerter, R. 379
Oka, K. 526
Osiek, Ch. 475

O'Toole, J. 486
Otto, B. 266
Otto, E. 267
Overskou, Th. 483

Paivio, A. 332
Pallat, L. 266
Park, P. 501
Patrick, G. T. W. 301 f., 327
Paul, J. 255
Peiper, A. 471
Pestalozzi, J. H. 472
Petersen, P. 421
Piaget, J. 44, 107, 139, 169, 183 ff., 189 ff.
   205, 207, 316 ff., 358, 369, 474 f.
Platon 231, 283
Pöschl, V. 411
Ponty, M. 304
Portmann, A. 12, 34 f.
Pressland, D. 389
Prüfer, J. 265
Pulver, U. 476

Raid, D. K. 316
Rakic, V. 7
Raumer, K. G. v. 263
Rausch, H. A. 268
Reiche, C. C. 491
Reichwein, A. 266
Reischle, M. 268
Retter, H. 433, 439
Richter, J. P. F. 263
Ries, H. 476 f.
Ringelnatz, J. 272
Rocholz, E. L. 472
Röhrs, H. 16, 273
Rogers, C. 321
Rosdahl, E. 485
Rost, D. H. 144
Rost, W. K. 144
Roth, W. 95, 97
Rousseau, J. J. 245, 484
Rubinstein, S. L. 533 f.
Ryngaert, J.-P. 501, 504

Saltz, E. 144
Salzmann, Chr. G. 249
Savoiz, E. 476
Sbresny, H. 21
Schäfer, G. E. 342 f.
Schäppi, S. 476
Schaffer, M. A. 393
Scheller, M. 44
Scheller, Th. 272
Schenk-Danzinger, L. 194, 370 ff., 380 ff.
Scheuerl, H. 9 ff., 161, 273, 289, 297, 302,
   304 f., 325

Scheven, B. v. 264
Schiller, Fr. v. 7, 34, 70, 287, 297 f., 300
Schleiermacher, F. E. D. 255
Schilpkötter, A. 269
Schmid, K. A. 263
Schmidtchen, St. 12, 106, 326
Schröder, B. 89, 400
Schröer, H. 264
Schuettler-Janikula, K. 390
Schwarz, Fr. H. Chr. 263
Scott, W. A. 113
Seitz, R. 210
Simpson, J. A. 490
Singer, J. L. 127
Sinhart, D. 222
Slade, P. 485
Smilansky, S. 170 f., 320, 325
Smit-Voeth, A. 141
Spencer, H. 47 f., 297 ff.
Spies, A. 263
Spies, W. 224
Sprüngli, J. J. 472
Staaij-Saal, J. M. 104
Stabbs, G. v. 321
Steiner, R. 266
Stern, D. 357
Stern, W. 11
Stolz, A. 271
Stuckenhoff, W. 183, 185, 207 f.
Sturm, J. 237
Sutton-Smith, B. 21, 36 f., 58, 164 f., 325
Szatkowski, J. 481

Tada, M. 519
Tagore, R. 1
Takizawa, K. 519
Tietz, B. 400
Tinbergen, N. 48 f.
Tolicic, J. 106, 128, 143
Trapp, E. Chr. 250
Trevarthen, J. 140
Trudewind, C. 365

Turnbull, C. 58
Twellmann, W. 198

Uexküll, J. 48

Veenen, J. v. 90
Vegius, M. 236
Vermeer, E. A. A. 107, 298, 304
Villaume, P. 251
Vives, J. L. 237, 287
Vonessen, F. 18
Vrijhof, H. J. 156

Waelder, R. 322
Waerden, B. L. v. d. 13
Ward, W. 486
Watson, J. 359
Watzlawick, P. 59
Way, B. 503
Weber, M. 286
Wehnes, F. J. 472
Weismantel, L. 269
Wenzel, A. 400, 409
White, R. W. 358
Wichern, J. H. 261 f.
Winnicott, D. W. 339 f.
Wipper, D. 270
Witt, P. A. 325
Witte, E. 265
Wolfgang, C. 332
Wood, D. 136 f.
Würtz, F. 471
Wygotski, L. S. 53, 59, 100
Wylick, M. van 106 f., 115 f., 120, 129, 143, 310

Yates, R. 328
Yawkey, T. D. 144, 332

Ziegenspeck, J. 89
Zulliger, H. 474

Sachregister

Abteilung
— theaterwissenschaftliche 499
Akkommodation 317 f., 369, 372, 380, 382
Ambivalenz 38
Amerika 496
Angstabwehr 323
Animation 17
— -sgruppen 510
Ankleidepuppen 453
Anthropomorphismus 377
Appell
— der Älteren 306
Arbeit 202 f.
— -sausschuß gutes Spielzeug 143
— -shaltungen 384
— -shaltungen (Aufmerksamkeitsspanne, willkürliche Aufmerksamkeit, Konzentration) 375 f.
— -smittel 431 ff.
Assimilation 317 f., 369, 371, 378, 380
Aufforderungscharakter 434 f.
Aufklärung 484
Ausbildung
— punktuelle 510
— der Lehrer 510
Austausch 353
— Ich — Umwelt 337 ff
— innere — äußere Realität 339
— -prozesse 342

Baseballspiel 523 ff.
Bausteinspiel
— geistig behinderter Kinder 466
Begutachtung 411 ff.
Belgien 496
Belohnung 249
Benennung 374
Beobachtung 402
Beobachtung
— des Spielverhaltens 476
Beratung 417 ff.
Bereiche
— spielpädagogische 21

Beurteilung
— Kriterien der 404
Bewahrung 208
Bewegung
— -reformpädagogische 487
— -sspiele 141, 382
— -spossenspiele 141
Bibliographien
— zur Spielpädagogik 89
Bildhaftigkeit 38
Bildung
— des Körpers 251
— musische 231
— -spotenzen 436
— -sprogramm ,,Spiel — Baustein des Lebens" 463
Buchstabenspiel 249
Buddhismus 520
Bundesrepublik Deutschland 496

Children Apperception Test 152
canere 235
cantus 235
Child drama 487
chi-square-Modell 120
Christentum 233, 472
Commandirspiel 249
creative dramatics 486

Dänemark 481
Dansk Amatør Teater Samvirke (DATS) 490
Demokratie
— kulturelle 490
Denken 236
— egozentrisches 380
— prälogisches 380
Dichotomie 263
Didaktik 511
Distress-Signal 76
Divergenzen
— ideologische 501
Division élementaire 473
Drama 421

- in Britisch-Kolumbien 499
- Definition von 489
- developmental 498
Dramaarbeit 481
- als Theater 490
Dramapädagogen
- britische 488
DÜSS-Test 132

Einmal-Improvisation 489
Einübungstheorie 301
Elementarwerk 249
Energieüberschußtheorie 298, 294
Entspannungstheorie 301
Entwicklung
- Definition der 369
- fundamentaler Bedürfnisse 370
- kindliche 140
Entwicklungspsychologie 122
- des Spiels 475
Erbkonstellation 373
Erfahrung
- Hier-und-Jetzt 486
- sensomotorische 371
Erholungstheorie 269, 301
Erlebnispädagogik 492
Ernst
- des Lebens 234
Erziehung
- ästhetische 70
- und Theater 498
Erziehung(s)
- -potenzen 436 f.
- -wesen, Selbstverantwortung im 497
Ethno-Tanz 511
Ethologie 71, 476
Eurythmie 266
Evaluationsmodell 433 ff.
Erwachsenenspiel 242
Exkursions-Spiel(e) 74
Experimente
- schulbegleitende 509
Explorationsspiel(e) 371, 376, 379
Expression dramatique 495
- Definition der 498, 500 f., 505 ff.
- politische Bedeutung der 502
- Probleme der 500
- Verhältnis Praxis — Theorie für die 503 ff.

Faktorenanalyse 102
Familie
- spielstimulierende 153

Feier 203 f.
Feld
- entspanntes 38
Fiktionsspiel 312 f.
Finnland 481
Forschungsmethodik 476
Freizeit 286
- -beschäftigung 341
- -spiele 249
Funktionslust 32
Funktionsspiel(e) 311 ff., 370, 383
- und Körperbeherrschung 372
- materialspezifische 372, 376, 379
- materialunspezifische 371, 376

Game 4
Geist 338
Geländespiel 266
Geschichte
- des Kinderspiels 471 f.
Geschicklichkeitsspiel 13
Gesellschaftsspiel(e) 381
Glück 232
- -sspiel 9
Griechen 229
Grundlagenforschung 400
Gruppe(n) 81, 489, 507
- -dynamik 482, 511
- -prozesse 482
Gruppierungsspiel 108, 114 f.
Gymnastik 231

Handlungsforschung
- in Kanada 512
Handlungsperspektive 488
Handreichungen
- praktische 265
Hazardspiele 251
Hybris
- pädagogische 16

I.C.C.P.
- Conference 1962 93
Identifikation 132
Ideologie 70
- idealistische 487
Illusion
- (als-ob-Einstellung) 377
Illusionsspiele 377
- Bedeutung der 378
- soziale 380
Imaginäre(s) 341
Imitationsspiel 78, 107, 114 ff.
Implikation
- des Spiels 263

Improvisation 489
— spontane, dramatische 486
Individualisierung
— des Unterrichts 473
Informationsanalyse 113
„innere Unendlichkeit" 38
Innovation
— durch Spiel 53 ff.
Instinkt
— -handlung und Spiel 48 f., 54
— -spiele 74
Inszenierung 482
Intellektualismus 236
Intensitätsbeurteilungsskala 145 ff.
Interaktion
— Erwachsene — Kind 137 ff.
— soziale 136
— -srituale 140
„intermediärer Raum" 339 f.
Internal
— Locus of Control 149, 328 f.
International
— Council of Children's Play 1959 90
— Playground Association 1962 90
Intersubjektivität
— soziale 140
iocus 235

Jeu dramatique 495
Juden 229
Jugend
— -bewegung 266
— -spielzeug 105

Kampfspiele 527
Kind 289
Kinder
— -garten 260, 473
— -gartenpädagogik 263
— -psychologie 139
— -spiel 14, 211, 216, 242
— und Jugendtheater 491
— -theater in Dänemark 489
— -theater in Schweden 485
— -theater, neues 486
Kindheit 473
Körper
— -bewegung 471
— -übung 234
Kognition 315 f.
Kombinationsspiel 115
Kommunikation
— vorsprachliche 359 f.
Kompetenz
— soziale 134
— -entwicklung 357 ff.

Konstellation 236
Konstruktion 236
— -sspiel 108, 114 f., 185, 188, 190, 193,
  207, 209, 312 f.
Kontingenzerfahrung 358 f.
Konzentrationstest 131
Kooperation 357 ff.
Kraftüberschußhypothese 265
Kreis-
— und Singspiele 382
Kreativität 210, 376, 380, 491
Kriterienskala 434 ff.
Kulturpolitik 491
Kunst
— -erziehungsbewegung 266
— -form, arrangierte 200
— -griff, pädagogischer 488

Laienspielbewegung 266
La Mama 492
Learning
— by doing 485
Lebens
— -entwurf 288 f.
— -form, freie 199 f.
— -spiel 60 ff.
Lehrerausbildung 503
Lehrwerke
— pädagogische 271
Leistungsmotiventwicklung 365 f.
Lern
— -begriff 218 ff.
— -funktion 218
— -materialien 216
— -mittel 216
— -schwierigkeiten 128
— spiel 74, 266, 440 f.
— -theorien 214
— -wirkungen des Spiels, empirische Belege
  für 169 ff.
Lernen 204 ff., 234
— als Austausch 338
— durch Spiel 46 f., 57
— spielendes 181 f., 187, 191, 194,
  203 ff., 211 ff.
— spielerisches 473
Lernendes
— Spielen 211 ff.
Lokomotivspiele 74
ludere 235
ludus 235
Lust 232
— -prinzip 322
— -spiele, Kinder- 472

Mädchen
— -erziehung 237
— -rolle
— -spielzeug 105
Man Withney U-Test 127
Marx-Rezeption 492
Massagen
— japanische 511
Mastery 36 f.
Match 2 ff.
Materialien
— didaktische 440
Mediatisierung 283 ff.
Menschenaffe 82
Minderwertigkeitsgefühle
— Kompensation der 378
Mittelhochdeutsch 229
Motivation
— intrinsische 147, 327 ff.
Mutter
— -einfluß 137
— -Kind-Interaktion 357 ff.
— -lieder und Koselieder 259

Nachahmung 83, 377
Nachbereitung
— nicht dramatische 486
Narrens Verkstad 492
Neuschöpfung 208
Nichtspielen 522
Norwegen 481

Observationskategorien 107 f., 118

Pädagogik
— experimentelle 265
— praktische 265
— der Spielmittel 395
pädagogische
— Effektivität 438 ff.
— Funktionalität 433 ff.
Pädagogisierung 281 ff.
Pädopathologie 398
Pädotropie 394
Pädotropika 394
Papier
— -spielzeug 447 ff.
— -theater 453 ff.
Pédagogique du Jeu 498
phänomenologische
— Theorien 304 ff.
Phantasie 339 ff., 474
Philanthropen 247
Planspiel 207, 209
Play 2 ff.
Playing 501

Portugal 496
Primärprozeß 341
Prinzip
— des Hebels 99 f.
— der schiefen Ebene 98 f.
Problemlösen 371, 376
Prozeß
— dramatischer 490
Pseudo-Psychologen 507
Psychodrama 507
Psychologie
— humanistische 492
Puppen
— Magie der 237

Quartierarbeit 477
Quasi-Realität 38

Rangordnung
— soziale 79
Raumbeziehung 373
Realität
— äußere 339 f.
— innere 339 ff.
Recapitulationstheorie 299
Reformpädagogik 266
Regelspiel 184 f., 189 ff., 193, 205, 207,
  209 f., 381
Regimentsspiel 69
Reifung
— neuromuskuläre 371, 376
— neurophysiologische (cerebrale) 369, 3´,
— neurophysiologische — und werkschaffe
  des Spiel 375
Repräsentantensystem 87
Rezeptionsspiel 313
Römer 229
Rolle 488
Rollenspiel(e) 185, 187, 189 ff., 196 ff.,
  377, 379, 535 ff.
— und Illusionsspiele, Bedeutung der 378
— soziale 380
Rousseau-Institut 473

Sänger
— frühe 71
Samurai-Moral 520
Schach
— japanisches 517 ff.
Schattentheater 454, 458
Schauspiel 238
Schauspieler 486
Schaustellung
— große 230
Schein-Charakter 38
Schola Ludus 238

Schul
- -alltag 266
- -eingangsstufe 473
- hof 22
- -leben 265
- -system, holländisches 128
- -theater 238, 481
- -theatertradition 483
Schweden 481
Selbst
- -bestätigung 306
- -bewertung 361 ff.
- -bezug 347 ff.
- -entäußerung 351 f.
- -entwurf 349 f.
- -erfahrung im Spiel 477
- -findung 522
- -gestaltung 350 f.
- -symbolisierung 348
- -verwirklichung 289
Sensomotorik 319
Sequenzanalyse 121
Situation
- pädagogische 398
Situationseinfluß 135 f.
Skandinavien 481
So-tun-als-ob 329 f.
Sozial
- -demokraten 267
- -pädagogik 477
- -spiele 77
- -entwicklung und Spiel 55 f., 58
Spanien 496
Spaß 231
Spectaculum 235
Spiel(s)
- ästhetisches 7
- äußere Bedingungen des 75
- und Arbeit
- Definitionsmerkmale des 37 f.
- echtes 72
- Erkennungsmerkmale des 72 f.
- Ernst des 20
- in der Erziehung
- und Erziehungsziele
- und Familiensituation 145
- Funktionalität des 77
- Funktionen des 263
- als Gestalterfahrung 22
- Grundfunktionen des 50 ff., 61
- als Heilfaktor 22
- und Interaktion 540 ff.
- kindliches 174 ff.
- multidimensionale Behandlung des 134

- als natürliche kindliche Lebensäußerung 239
- ökologische Faktoren des 134
- als ontologisches Prinzip 43 ff., 53, 62
- Pädagogisierung des 272
- als Paradigma 477
- und Persönlichkeit
- physisches 7
- und Selbständigkeit 537 ff.
- sozialpädagogischer Aspekt des 261
- sprachliche Herkunft des Begriffes 234
- Stabilität des 119 ff.
- symbolisches 319
- therapeutischer Aspekt des 261
- Umweltbezug des 74
- und Unterricht 472
- Verzweckung des 1
- werkschaffendes 381, 383
Spielablauf 264
Spielaktion 17
Spielaktivierung 140 ff.
Spielaktivitäten 133
Spielangebot 268
Spielanleitung 268
Spielappetenz 45 ff., 58
Spielbegriff
- allgemeiner 160 ff.
- kindlicher 163 ff.
Spielbejahung 272
Spielbereitstellung 268
Spielbewegung 265
Spielbibliographien 89
Spieldefinition 7 ff.
Spiele 25, 229, 389
- elektronische 18
- im Freien 92
- fundamentale 370, 372, 380
- im Haus 92
- integrative 527
- des Kleinkindalters 370 ff.
- kognitive 524
- konstruktive 374, 382
- kriegerische 266
- nächtliche 245
- olympische 230
- panhellenische 230
- und ihre Rolle für die Entwicklung 383
- des Schulalters 380 ff.
- sensomotorische 141
- spannungsmindernde 379
- spannungsverstärkende 379
- Übersicht der 260
- Universalität der 369 ff.
Spielecken 477

Spielen(s) 2, 229, 389
— und Entwickeln
— Ermöglichung freien 174 ff.
— und Erfahren 220
— und Lernen 216 f., 238
— als Lernform 166 ff.
— und Lerntheorie 222
— lernzielbezogene Organisation des 176 f.
— Planbarkeit von 17
— von Tieren 71
— als verselbständigtes Appetanzverhalten 461 f.
— als Zeitvertreib 239, 241
Spielentwicklung 535
— -sstufen 475
Spielerei 235
Spielerfahrung 21
— pädagogisch geleitete 21
Spieleuphorie 271
Spielfanatismus 19
Spielförderung 191 ff.
Spielformen 73, 212
Spielforschung 216 f.
— empirische 2, 89
Spielfunktionen 217
Spielgaben 212, 259, 472
Spielgegenstand 20
Spielgemeinschaft 270
Spielgesicht 76
Spielgestik 76
Spielgut 271
Spielhaltung 51
Spielhandlung 17, 234
Spielinhalte 239
Spielinitiatoren 239
Spielinteresse 268
Spielkategorie(n) 121
Spielkollektiv 538 ff.
Spielkurs(e) 264
Spielmaterial 198 f., 225
— technisches 102
Spielmethode 250
Spielmittel 23, 387 ff., 431 ff., 518
— -beurteilung 431 ff.
— -forschung 396 ff.
Spielmöglichkeit(en) 476
Spielmimik 76
Spielnachmittage 267
Spielniveau 136
Spielobservationsschema 147
Spielpädagogik 1, 20, 419 ff., 481
— in Amerika 496
— Bibliographie zur 89
— in Frankreich 495
— in Japan 520 f.

— in Kanada 495
— in den Niederlanden 89, 297
— in Österreich 461
— in Quebec 495
— in der Schweiz 471
Spielprozeß(en)
— Initiierung von 17
Spielraum 471
Spielregel 198 f., 288, 518
Spiel-Research 144
Spielschriften 264
Spielsituation
— Erwachsene in der — der Kinder 125 ff.
Spielstimulierung 152 f.
Spielstrategie 19
Spielstunden 265
Spielsucht 251
Spieltechnik 18
Spieltextvorgaben 268
Spieltheorie 11, 212, 389, 474
Spieltrieb 7
Spieltypen 144
Spielumstände 239
Spielumwelt 22
Spielverhalten 103, 112 ff., 135, 475
Spielverhalten(s)
— Analyse des 155
— -analyse 118
— -beurteilung 120
— Einfluß von Erwachsenen auf das 125
— Geschlechtsunterschiede im 122 ff.
— und Identifikation 132 f.
— individuelles 106
— und Intelligenz 128 ff.
— von Jungen 123
— Komplexität des 144
— und Konzentration 131 f.
— von Mädchen
— -skala 146
— spontanes 475
— Stabilität des 119
— Unterschiede beim 122
— Wechsel beim 119
Spielverneinung 272
Spielwelt 239
Spielwirklichkeit
— zeitgeschichtliche 229
Spielwirkungen 264
Spielwut 19
Spielzeug 89, 477
— neutrales 105
— technisches 95
— technisches — im Rahmen des Schulunterrichtes 467

— -material, taktile Unterscheidung von 94
— -übersicht 90 ff.
— -wahl 104 ff., 133
— -wahl, spontane 104
Spiliman 235
Spontaneität 487
Sprach
— -entwicklung 479
— -entwicklung und Spiel 58 ff.
— -prozeß, kognitiver 134
Stanislawski-Technik 488
Steuerungstechniken
— gruppendynamische 492
Straßenspiele 272
Strukturstufe 369
— der konkreten Operation 380
— des kritischen Realismus 382
— des naiven Realismus 380
Suspension of Reality 329, 332
Symbolspiel 184 ff., 188 ff., 205
Symbolstufe 374

Tanz 69, 235
Teamspiele
— Bedeutung der 383
Techniken
— therapeutische 511
Text
— dramatischer 482
Theater
— Abgrenzung zur Therapie 506
— und Erziehung 498
— als Fachrichtung 498 ff.
— und Unterricht in Frankreich 499
theater arts 499
Theateraufführung 485
Theaterbegriff 490
Theatergruppen 481
Theaterleute 486
Theaterspiel
— als Erziehungsmittel 500
Theatervorstellung 489
Theatre in Education 486
Theorie
— der Erziehung 255
— und Praxis 503
— des Spiels 474
Therapie 474
— -formen 507
Tierspiel 44 ff.

Tischtheater 456 f.
Tradition
— Träger von 84
Turnen
— vaterländisches 263

Übergangsobjekt 339 f.
Übung 247
— -sspiel 184, 186, 188 ff.
Umwelt 477
— Einfluß der 383 f.
— Verhaltensmodelle der 369, 379
Universitäten
— kanadische 511
Urmißtrauen
— und Spiel 56 ff.
Urvertrauen
— und Spiel 56 ff.

Vergnügen 247
Verhalten
— der Erwachsenen 384
— intellektuelles 128
Verhaltens
— -blöcke, koordinierte 77
— -repertoire des Neugeborenen 357 f.
— -weisen, soziale 381
Verständnis
— für Getriebe 100 f.
— technisches 95, 97, 102 f.
Verzweckung
— des Spiels 272
Video-Beobachtungsverfahren 476
Volks-
— und Jugendspiele 230

Waldorfschulen 266
Werkreife 374
Wiederholungs-
— spiel 107, 114 ff.
— -zwang 322 f.
Wiener Kindergarten-Intensivprogramm 464 ff.
Wilcoxon-Test 142
Wirkung
— ideengeschichtliche 234
Wörterlottospiel 249
Wohnsituation
— und Spiel 136

Zivilisationskritik 491

Die Autoren

Gisèle Barret, Docteur ès lettres des l'Université des Paris, Professeur titulaire an der Faculté des Sciences de l'Education Section d'Enseignement secondaire et collégial Université des Montréal – Québec – Canada
Privatanschrift: 25 Vincent d'Indy – App. 701, Outremont – Québec – Canada H2V 2S8

Veröffentlichungen
Pédagogie de l'expression, Montréal, Edition privée 1973 – Guide Pédagogique de l'expression dramatique au secondaire – Montréal, Ministère de l'education du Québec 1974 – Guide Pédagogique de l'expiression dramatique à l'élémentaire (traduction et adaptation) Montréal, Ministère de l'Education du Québec 1975 – L'expression dramatique: pour une théorie de la pratique – Montréal – Edition privée 1976 – Réflexions... pour les enseignants de l'expression dramatique... pratique, didactique, théorique – Montréal – Edition privée 1979

Winfried Böhm, Dr. phil., Professor der Pädagogik am Institut für Pädagogik I der Universität Würzburg, Am Hubland, 8700 Würzburg
Privatanschrift: Am Katzenbergweg 11, 8700 Würzburg

Veröffentlichungen
Maria Montessori. Hintergrund und Prinzipien ihres pädagogischen Denkens, Bad Heilbrunn 1969 (mit einer internationalen Montessori-Bibliographie) – Kulturpolitik und Pädagogik Paul Oestreichs, Bad Heilbrunn 1973 – (Hrsg.): Der Schüler. Reihe: Klinkhardts Pädagogische Quellentexte, Bad Heilbrunn 1977 – Die italienische Pädagogik im 20. Jahrhundert, Stuttgart 1969 – Die Pädagogik der frankophonen Länder im 20. Jahrhundert, Stuttgart 1980 – La education de la persona, Buenos Aires 1982 – Wörterbuch der Pädagogik, Stuttgart 1982

Klaus Grossmann, Ph. D., Professor für Psychologie an der Universität Regensburg, Lehrstuhl für Psychologie IV (Entwicklungspsychologie)
Privatanschrift: Am Beschlächt 3, 8400 Regensburg

Veröffentlichung
Angst und Lernen, München 1977 – Entwicklung der Lernfähigkeit, München 1977 – Emotionale und soziale Entwicklung im Kleinkindalter, in: H. Rauh (Hrsg.): Jahrbuch für Entwicklungspsychologie, Stuttgart 1978 – Mother Childs Relationship, in: German Journal of Psychologie 1971

Hejo E. Hamer, Dr., Dipl.-Päd.; akademischer Oberrat an der Universität Essen Gesamthochschule, Fachbereich 1, Philosophie, Religions- und Sozialwissenschaften
Privatanschrift: Irmgardisweg 15, Haldern, 4242 Rees 3

Veröffentlichungen
Einleitung und Herausgabe von Takizawa Katsumi, Reflexionen über die universale Grundlage von Buddhismus und Christentum, Frankfurt / Bern / Cirencester 1980, Studien zur interkulturellen Geschichte des Christentums Bd. 24 — Europäische Schulen im Vergleich, in: Twellmann, W. (Hrsg.): Handbuch Schule und Unterricht, Bd. III, Düsseldorf 1981 — Didaktik anderer Religionen, in: Twellmann, W. (Hrsg.): Handbuch Schule und Unterricht, Bd. V 1, Düsseldorf 1981 — Der Geist der Samurai. Eine Herausforderung an den Westen?, in: Beiträge pädagogischer Arbeit, hrsg. von der GEE Baden 25 (1982), Heft 3 und 4 — Befreiung in zen-buddhistischer Tradition, in: Beiträge pädagogischer Arbeit, hrsg. von der GEE Baden 25 (1982), Heft 3 und 4 — Reichtum verpflichtet, in: Pädagogik und Schule in Ost und West 30 (1982), Heft 4

Hans Hoppe, Dr. phil., Professor für Spiel- und Theaterpädagogik an der Universität Gesamthochschule Siegen, Fachbereich Sprach- und Literaturwissenschaften
Privatanschrift: Ludwigstr. 44, 5900 Siegen

Veröffentlichungen
Das Theater der Gegenstände. Neue Formen szenischer Aktion, Reihe: Theater unserer Zeit, Bd. 10, Bensberg-Frankenhorst 1971 — Spielpädagogik kontrovers. Diskussionsbeiträge zur didaktischen Begründung pädagogischer Spielpraxis, Scheersberger Schriftenreihe, Bd. 15, Scheersberg / Flensburg 1979 (zusammen mit Kühl, H. / Nötzel, W.)

Marco Hüttenmoser, Dr. phil., wissenschaftlicher Mitarbeiter, verantwortlicher Redakteur der Zeitschrift „Und Kinder", wissenschaftlicher Mitarbeiter des Marie Meierhofer-Instituts für das Kind, Rieterstr. 7, CH-8002 Zürich
Privatanschrift: Schmidtenbaumgarten 253, CH-8911 Oberlunkenhofen

Veröffentlichungen
Familienleistung und Schuleintritt, in: Bildung und Erziehung 30/4 (1977) — Kinder als Zuhörer und Zuschauer, in: Und Kinder 3/51 (1980) — Das Kind und seine architektkonische Umwelt, in: Und Kinder 0 (1979) — Sozialisation und Einschulung, Frankfurt a. M. 1981

Werner Jeske, Dr. phil., Dipl-Päd., Wiss. Ass. im Fachbereich 2, Erziehungswissenschaft, an der Universität Essen Gesamthochschule
Privatanschrift: Keplerstr. 107, 4300 Essen 1

Veröffentlichungen
Lernverhalten 14 Tage nach der Einschulung, in: Modellversuch Vorklasse in NW, Köln 1978 (zusammen mit E. Müller) — Vevreemding tussen ovders en Kinderen kan ontpooiing in de wegstaan, in: Zeitschrift Oderwijs, Holland 1978 (zuammen mit G. A.

Hochstrate) — Problemfelder der institutionalisierten Praxis der Sozialpädagogik und -arbeit, in: Die Heimstatt, Heft 3 — 4 (1978), Köln 1979 — Berufsfeldorientierte Ausbildung im Sozialwesen — Forschungsberichte aus der Universität Essen 1979 (zusammen mit R. Krisam u. a.) — Bestimmt der soziale Status des Vaters immer noch den Bildungsweg der Kinder? — Eine empirische Untersuchung, in: Die deutsche Schule 5 (1980), Hannover 1980 (zusammen mit G. A. Hochstrate) — Konfliktfeld Schule, Düsseldorf 1981 (zusammen mit M. Behr) — Schulalternativen, Düsseldorf 1982 (zusammen mit M. Behr) — Versetzen oder Sitzenbleiben — Das Problem der Leistungsversager, in: Twellmann, W. (Hrsg.): Handbuch Schule und Unterricht, Bd. 1, Düsseldorf 1981 — Schule als „soziale Dirigierungsstelle"?, in: Twellmann, W. (Hrsg.): Handbuch Schule und Unterricht, Bd. 2

Winfried J. Klinke, Dr. phil., Lehrer, Wissenschaftlicher Mitarbeiter am Institut für Pädagogische Grundlagenforschung, Fachbereich 04: Erziehungswissenschaften der Justus Liebig-Universität Gießen
Privatanschrift: Gießener Str. 118, 6301 Leihgestern

Veröffentlichungen
Spiel- und Arbeitsmittel im Vor- und Grundschulalter, Strukturbild — Funktionsprofil — Beurteilungskriterien, Wien / München 1976 — Begabung und Intelligenz garantiert?, in: Ehrenwirth Grundschulmagazin, München, 9 (1977) — Spielend Lernen — ein Radio-Kolleg des Deutschlandfunks, Köln 1977 — Womit soll mein Kind spielen? Ein Handbuch für Eltern, Schule und Kindergarten, Wien / München 1979 — Schulpädagogische Aspekte des Spiels und der Spiel- und Arbeitsmittel, Wien / München 1979 (zusammen mit H. Mieskes)

Rimmert van der Kooij, Dr., Hauptdozent für Kinderpsychologie und Heilpädagoge am Institut für Heilpädagogik der Reichsuniversität Groningen / NL
Privatanschrift: Postfach 8, 9480 AA Vries / NL

Veröffentlichungen
Spelen met Spel, Ijmiuden 1974 — That's all in the game, Rheinstetten 1977 (zusammen mit R. de Groot) — Leermoeilykheden, Visie op behandeling, 2. Aufl. Groningen 1979 — Differentiatietoets voor het L. B. O., Groningen 1980 (zusammen mit R. de Groot) — Klassieke en Moderne Speltheorieën, Soorten van Spel gedrag, in: Compendium Spelen Speelgoed, Alphen a/d Rijn, 1981/82 — Totale der Veröffentlichungen: über 50 Artikel in amerikanischen, deutschen und französischen Zeitschriften

Karl Josef Kreuzer, Dr., Dipl.-Päd., Privatdozent für Eriehungswissenschaft an der Universität Essen Gesamthochschule, Fachbereich 2
Privatanschrift: Ilexweg 17, 4630 Bochum 7

Veröffentlichungen
Theorie und Praxis der Elternmitarbeit im Kindergarten, in: Dollase, R. (Hrsg.): Handbuch der Früh- und Vorschulpädagogik, Düsseldorf 1978 — Mitarbeit an der „Kommentierten Bibliographie Pädagogik" (Hrsg.: Jung, M. / Zimmermann, W.), Stuttgart 1979 — Expressive Pädagogik. Zur Grundlage einer neuen Kultur- und Erziehungstheorie, Düsseldorf 1980 (zusammen mit W. Twellmann / H.-W. Jendrowiak / T. Hansel) — Lehrer beurteilen Lehrer. Methoden, Befunde, Alternativen, Düsseldorf 1980 (zusammen mit H.-W. Jendrowiak) — Lehrer zwischen Angst und Auftrag,

Düsseldorf 1980 (zusammen mit H.-W. Jendrowiak) — Hausaufgaben als permanentes Schulproblem, in: Pädagogische Rundschau 12 (1980) — Anthropologische Grundlagen des Unterrichts (zusammen mit H.-W. Jendrowiak), Düsseldorf 1982 — Die Schule in der Spannung von Expressivität und Reduktivität: Elemente einer Theorie, in: Twellmann, W. (Hrsg.): Handbuch Schule und Unterricht, Bd. 1, Düsseldorf 1981 (zusammen mit W. Twellmann / H.-W. Jendrowiak / T. Hansel) — Zur Situation des Lehrers zwischen Anspruch und Wirklichkeit, in: Twelmann, W. (Hrsg.): Handbuch Schule und Unterricht, Bd. 1, Düsseldorf 1981 (zusammen mit H.-W. Jendrowiak) — Spiele, Feste, Feiern in der Schule, in: Tewllmann, W. (Hrsg.): Handbuch Schule und Unterricht, Bd. 4.1, Düsseldorf 1981 — Spiele, Feste und Feiern der Jugend, in: Reumann, K. (Hrsg.): Jugend heute: Aufbruch oder Aufstand?, Köln 1982 — Dem Spiel eine Chance in der Schule, in: Lehrer-Journal 7/8 (1983)

Paul Lütkenhaus, Dipl.-Psych.; Verwalter der Dienstgeschäfte eines Wissenschaftlichen Assistenten an der Universität Regensburg, Lehrstuhl für Psychologie 4 (Entwicklungspsychologie)
Privatanschrift: Am oberen Weinberg 18, 8403 Bad Abbach / Oberndorf

Hans Mieskes, Dr. phil. habil.; Arzt, Professor und Direktor des Instituts für Pädagogische Grundlagen- und Unterrichtsforschung der Justus Liebig-Universität Gießen, Fachbereich 04; Erziehungswissenschaft, Stephanstr. 41, 6300 Gießen
Privatanschrift: Anneröderweg 56, 6300 Gießen

Veröffentlichungen
Der Jugendliche in der Situation der Straffälligkeit. Untersuchungen zum Problem Erziehung und Strafe, Jena 1956 — Jenaplan und Schulreform, 1966 — Die Pädagogik der DDR in Wissenschaft, Forschung und Praxis. Entwicklung und Entwicklungsstand, 2 Bde., Oberursel (Ts.) 1971 — Das pädagogische Problem in Forschung, Schulalltag und Lebenswirklichkeit, Oberursel (Ts.) 1973 — Spielmittel — recht verstanden, richtig gewählt und gut genutzt. Eine Anleitung, Augsburg 1974

Wilfried Nold, Buchhändler und Verleger, Kronbergerstr. 19, 6000 Frankfurt a. M. 1
Privatanschrift: Eppsteiner Str. 22, 6000 Frankfurt a. M. 1

Veröffentlichungen
Die Abenteuer des Odysseus, Frankfurt 1977 — Als die Römer..., Frankfurt 1978 — Museum zum Weitermachen — ein Spielbuch für Kinder, Frankfurt 1980 — Museumstheater mit Kindern, Frankfurt 1980

Hermann Röhrs, Dr.; Professor und Leiter der Forschungsstelle für Vergleichende Erziehungswissenschaft, Erziehungswissenschaftliches Seminar der Universität Heidelberg, Akademiestr. 3, 6900 Heidelberg 1
Privatanschrift: Bergstr. 58, 6901 Wilhelmsfeld

Veröffentlichungen
Allgemeine Erziehungswissenschaft, 3. Aufl. Weinheim 1973 — Kindergarten, Vorschule, Elternhaus in Kooperation, München / Basel 1976 — Die Reformpädagogik —

ihr Ursprung und Verlauf in Europa, Hannover 1980 — Spiel und Sportspiel — ein Wechselverhältnis, Hannover 1981 — Das Spiel — ein Urphänomen des Lebens (Hrsg.), Wiesbaden 1981 — Sportpädagogik und Sportwirklichkeit. Eine Einführung in ihre Probleme, Tendenzen, Perspektiven, Bad Homburg 1982 — Frieden — eine pädagogische Aufgabe, Braunschweig 1983

Gerd E. Schäfer, Dr. rer. soc.; Wissenschaftlicher Assistent am Institut für Pädagogik I der Universität Würzburg, Am Hubland, Geb. 7
Privatanschrift: Peter-Haupt-Straße 80, 8700 Würzburg

Veröffentlichungen
Spielgruppen als soziale Lernfelder, 2. Aufl. München 1975 (zusammen mit Bittner und Strobel) — Das Selbst im Spiel, in: Zeitschrift für Pädagogik 26 (1980) — Heilendes Spiel, in: Kindheit 1 (1979) — Wege zur Realität — Bildung des Selbst im Realitätskontakt, in: Bittner (Hrsg.): Selbstwerden des Kindes, Fellbach 1981 — Ausgrenzung und Übergang — Fallskizze zur Dialektik früher Eltern-Kind-Beziehungen, in: Kindheit 2 (1980)

Lotte Schenk-Danzinger, a. o. Universitätsprofessor, Dr.; zur Zeit im Ruhestand, vorher Leitung des Schulpsychologischen Dienstes für die Pflichtschulen der Stadt Wien, Professor an der pädagogischen Akademie des Bundes, Lehraufträge an den Universitäten in Innsbruck und Graz
Privatanschrift: Dornbacherstr. 29, A — 1170 Wien

Veröffentlichungen
Entwicklungspsychologie, 14. Aufl. Wien 1980 — Pädagogische Psychologie, 4. Aufl. Wien 1972 — Handbuch der Legasthenie im Kindesalter, 3. Aufl. Weinheim 1973 — Möglichkeiten und Grenzen der kompensatorischen Erziehung, Wien 1980 — Psychologie im Dienste der Schule, Wien 1980

Rudolf Schenkel, Dr., Professor, Leiter der Arbeitsgruppe Ethologie / Ökologie, Universität Basel, Zoologisches Institut, Rheinsprung 9, CH — 4051 Basel
Privatanschrift: Nadelberg 29, CH 4051 Basel

Veröffentlichungen
Ausdrucks-Studien an Wölfen, in: Behaviour I (1947) — Zur Ontogenese des Verhaltens bei Gorilla und Menschen, in: Zur Morph. Anthropol. 54 (1964) — On Sociology and Behaviour in Impala, in: Zur Säugetierkunde 31 (1966) — Ecology and Behaviour of the Black Rhinoceros, Mammalia Depicta, Parey (1969) (zusammen mit L. Schenkel-Hulliger) — Ökologie des Menschen, in: Die Psychologie des 20. Jahrhunderts, Bd. VI: Lorenz und die Folgen, 1978

Hans Scheuerl, Dr. phil.; o. Professor für Erziehungswissenschaft im Fachbereich Erziehungswissenschaft der Universität Hamburg, Von-Melle-Park 8, 2000 Hamburg 13
Privatanschrift: Bockhorst 46, 2000 Hamburg 55

Veröffentlichungen
Das Spiel, 10. Aufl. Weinheim / Basel 1977 — Die exemplarische Lehre, 3. Aufl. Tübingen 1969 — Die Gliederung des deutschen Schulwesens, 2. Aufl. Stuttgart 1970 — Probleme einer systematischen Pädagogik, in: Erziehungswissenschaftliches Handbuch, hrsg. von Th. Ellwein, H. H. Groothoff, H. Rauschenberger und H. Roth, Bd. IV, Berlin 1975 — Klassiker der Pädagogik (Hrsg.), 2 Bde., München 1979

Ernst Schmack, Dr. phil., Professor für Allgemeine Didaktik und Schulpädagogik an der Universität Dortmund, Abt. Erziehungswissenschaften und Biologie
Privatanschrift: Gögestr. 16, 4600 Dortmund 50

Veröffentlichungen
Unterrichtsanalytik, Kastellaun 1976 — Offenes Curriculum — Offener Unterricht, Möglichkeiten und Grenzen, Kastellaun 1978 — Handbuch Pädagogikunterricht in der Sekundarstufe II, Paderborn 1981 (zusammen mit R. Hülshoff / H. Heiland) — Chancen der Umwelterziehung. Grundlagen einer Umweltpädagogik und Umweltdidaktik, Düsseldorf 1982 — Zum Gestaltwandel der Modernen Fibel. Die Fibelentwicklung innerhalb der Grundschulreform, in: P. Braun / D. Krallmann: Handbuch Deutschunterricht, Bd. 2: II. Literatur, Düsseldorf 1983 — Gundula Niemands erstes Zeugnis, 1977 — Modernes Schulleben. Begründung und Gestalt, Ratingen 1966 — Primarstufenstudien. Beiträge zur empirischen Unterrichts- und Erziehungsforschung, Folge 5, Saarbrücken / Kastellaun 1976 (zusammen mit Th. Rutt u. a.) — Henns Pädagogische Taschenbücher (Hrsg.), Bd. 15 bis 86, 1968 bis 1981 — Die Zweite Staatsexamensarbeit 1969, 1974

Wolfgang Stuckenhoff, Dr., Professor, in den Bereichen Kunstpädagogik und Spielpädagogik, Universität Dortmund / Abteilung 16, Emil-Figge-Str. 4, 4600 Dortmund
Privatanschrift: Nothweg 27, 5860 Iserlohn 9

Veröffentlichungen
Spiel, Persönlichkeit und Intelligenz, Ravensburg 1975 — Rollenspiel in Kindergarten und Schule, Paderborn 1978 — Kunstpädagogisches Lexikon, Düsseldorf 1971/75 — Beiträge zum Thema Figurentheater, in: Spielzeug, Markt und Spielmittel — Aufsätze über ‚Lernspiele im Test' 1975 bis 1981

Janek Szatkowski, Assistant professor an der Aarhus universität, Willemoesgade 15 D, DK — 8200 Aarhus, Institut für Dramaturgie
Privatanschrift: Gudenåvej 56, Voervadsbro, DK — 8660 Skanderborg

Veröffentlichungen
Die Probleme um Prozeß und Produkt in der Projektarbeit, in: Krambrich V., u. a. (Hrsg.): Prozeß und Produkt — The educational function of drama process and dramatic performance, ITATA, Hamburg 1979

Ingeborg H. Tschinkel, Dr. phil.; Psychologin für die Kindergärten der Stadt Wien, Jugendamt, Sonderkindergarten „Schweizer Spende", Auer-Welsbach-

Park, A — 1140 Wien, im Nebenberuf: Vertragslehrerin an den Bundes-
Bildungsanstalten für Kindergärtnerinnen in Wien und Mistelbach / Zaya,
Fach Pädagogik
Privatanschrift: Johannesgasse 15, A — 1010 Wien

Veröffentlichungen
Schulreife — Entwicklungshilfe — Basale Begabungsförderung im Kindergarten —
Natur- und Sachbegegnung mit Kindern — Heute mal ich, morgen schreib ich — Reihe:
Bilderbücher zur Natur- und Sachbegegnung (20 Titel)

Walter Twellmann, Dr. phil., Professor für Allgemeine Pädagogik und Schulpädagogik an der Universität Essen — Gesamthochschule, Fachbereich 2, Erziehungswissenschaft
Privatanschrift: Neudorfer Str. 170, 4100 Duisburg

Veröffentlichungen
Frühpädagogische Förderung — Zur Effektivität von Vorklasse und Kindergarten in NRW, in: Modellversuch Vorklassen in NRW, Köln 1978 (zusammen mit H.-W. Jendrowiak) — Mitarbeit an der „Kommentierten Bibliographie Pädagogik" (Hrsg. M. Jung / W. Zimmermann), Stuttgart 1979 — Expressive Pädagogik. Zur Grundlegung einer neuen Kultur- und Erziehungstheorie, Düsseldorf 1980 (zusammen mit Jendrowiak / Kreuzer / Hansel) — Bildungspläne und Lernziele der vorschulischen Erziehung in der Bundesrepublik, in: Dollase, R. (Hrsg.): Handbuch der Früh- und Vorschulpädagogik, Düsseldorf 1978 — Vorschulerziehung im internationalen Vergleich, in: Dollase, R. (Hrsg.): Handbuch der Früh- und Vorschulpädagogik, Düsseldorf 1978 — Auswirkungen frühpädagogischer Förderung auf den Primarbereich, in: Emden, H. / Engels, A. (Hrsg.): Fortschritt und Engagement, Sankt Augustin 1980 (zusammen mit H.-W. Jendrowiak) — Die Schulpädagogik als Wissenschaft von Schule und Unterricht, in: Twellmann, W. (Hrsg.): Handbuch Schule und Unterricht, Bd. 1, Düsseldorf 1981 — Die Schule in der Spannung von Expressivität und Reduktivität; Elemente einer Theorie, in: Twellmann, W. (Hrsg.): Handbuch Schule und Unterricht, Bd. 1, Düsseldorf 1981 (zusammen mit H.-W. Jendrowiak, K. J. Kreuzer, T. Hansel) — Zur Geschichte der Schulpädagogik, in: Twellmann, W. (Hrsg.): Handbuch Schule und Unterricht, Bd. 3, Düsseldorf 1981 — Die „Arbeit" im Unterricht, in: Twellmann, W. (Hrsg.): Handbuch Schule und Unterricht, Bd. 4, Düsseldorf 1981 — Schule, Unterricht und pädagogischer Status — Ein Ausblick, in: Twellmann, W. (Hrsg.): Handbuch Schule und Unterricht, Bd. 5, Düsseldorf 1981